David E. Barclay

Schaut auf diese Stadt

Der unbekannte Ernst Reuter

Siedler

Inhalt

Vorwort

Als Junge habe ich Briefmarken gesammelt. Heutzutage ist das eher ungewöhnlich. Doch für ein Kind, das in den fünfziger Jahren in Florida aufwuchs, war das Briefmarkensammeln eine Gelegenheit, etwas über Geschichte und über Teile der Welt zu erfahren, die ihm fremdartig und unendlich fern erschienen. 1957 begann die amerikanische Post mit der Herausgabe von Sondermarken über historische Persönlichkeiten, die als »Vorkämpfer für die Freiheit« gewürdigt wurden: Ramon Magsaysay, Simón Bolivar, José de San Martin, Lajos Kossuth und – im Jahre 1958 – Ernst Reuter. Von Ernst Reuter hatte ich noch nie etwas gehört. Meines Wissens war er der erste Deutsche, dem nach dem Zweiten Weltkrieg die Ehre zuteil wurde, auf einer amerikanischen Briefmarke abgebildet zu sein.

Es liegt eine gewisse Ironie darin, daß ich mehr als vierzig Jahre später über einen Mann schreibe, den ich zuerst als Zehnjähriger auf einer Briefmarke gesehen habe. Dies ist nicht die erste Biographie über Ernst Reuter. Bahnbrechend war das Werk der Sozialdemokraten Willy Brandt und Richard Lowenthal, das 1957 erschien.[1] Die beiden Autoren kannten Reuter seit Jahren, und beide Männer – der eine ein aufstrebender und ehrgeiziger Politiker, der andere ein aktiver Linker, der nach den dreißiger Jahren in England eine akademische Karriere gemacht hatte – identifizierten sich stark mit Reuter und seinen Idealen. Ihre hervorragende (und hervorragend recherchierte) Arbeit steht daher beispielhaft für das Genre, das der britische Schriftsteller Brian Brivati als »parteiergreifende politische Biographie« bezeichnet hat. Weitere nützliche Kurzbiographien erschienen in den ersten Jahren nach Reuters tragisch frühem Tod im Jahre 1953, wobei insbesondere die Arbeiten von Klaus Harpprecht und Hans J. Reichhardt zu nennen sind. Die wichtigsten Schriften und Reden Reuters haben zwischen 1972 und 1975 Reuters ehemaliger Pressesekretär Hans E. Hirschfeld und Hans J. Reichhardt herausgegeben, versehen mit einem erstklassigen Kommentar. 1987 erschien eine weitere biographische

Arbeit aus der Feder von Hannes Schwenger, für den sich in Ernst Reuters Werdegang weniger der Geist des Kalten Krieges als vielmehr – gleichsam vorwegnehmend – der kritische Protestgeist widerspiegelte, der in den achtziger Jahren die westdeutsche Friedensbewegung prägte. Außerdem erschienen Ende der achtziger Jahre – teilweise im Zusammenhang mit der hundertsten Wiederkehr seines Geburtstags im Januar 1989 – einige biographische Essays. Doch als 1998/99 des fünfzigsten Jahrestages der sowjetischen Blockade, der Luftbrücke und der Gründung der Bundesrepublik gedacht wurde, fand Ernst Reuter sowohl in Deutschland als auch in den Vereinigten Staaten kaum Erwähnung. Am Ende des zwanzigsten Jahrhunderts geriet Ernst Reuter immer mehr in Vergessenheit, und es ist bezeichnend, daß eine kürzlich erschienene zweibändige Essaysammlung über die führenden politischen Persönlichkeiten der Bundesrepublik von 1949 bis 1969 nicht einen einzigen Beitrag über den Regierenden Bürgermeister von Berlin enthielt. Auch fehlt bislang eine wissenschaftliche Biographie, wie sie vielen seiner prominenten Zeitgenossen, von Konrad Adenauer, Ludwig Ehrhard und Karl Arnold bis hin zu Erich Ollenhauer, Carlo Schmidt, Kurt Schumacher und Hans Böckler, längst zuteil geworden ist.

Mit dem Ende des Kalten Krieges, dem Zusammenbruch der Sowjetunion, der Wiedervereinigung Deutschlands und der Hauptstadtentscheidung zugunsten Berlins scheint es jedoch an der Zeit, über Leben und Wirken von Ernst Reuter neu nachzudenken, zumal die neue Weltlage die Möglichkeit eröffnet hat, weitere, bisher unzugängliche Quellen heranzuziehen. Ohne den Rat und die Hilfe mehrerer Freunde und Kollegen in Deutschland, Großbritannien und den USA wäre dieses Buch jedoch nie zustande gekommen, und ihnen allen möchte ich an dieser Stelle danken. Die finanzielle Unterstützung des Deutschen Akademischen Austauschdienstes (DAAD), des Kalamazoo College Faculty Development Fund und des Center for Western European Studies am Kalamazoo College ermöglichte die archivalische Forschung und die Fertigstellung des Manuskripts. Den Leitern und Mitarbeitern der verschiedenen Archive, Bibliotheken und Forschungseinrichtungen, die ich im Laufe der letzten Jahre besucht habe, bin ich zu besonderem Dank verpflichtet. An erster Stelle sei dem Landesarchiv Berlin und dessen Direktor, Dr. Jürgen Wetzel, sehr herzlich gedankt. Auch für die großzügige geistige, organisatorische und räumliche Unterstützung der Gedenkstätte Deutscher Widerstand beziehungsweise der Forschungsstelle Deutscher Widerstand in Berlin bin ich sehr dankbar, insbesondere Prof. Dr. Peter Steinbach und Dr. Johannes Tuchel. Dr. Hans J. Reichhardt, der sich jahrzehntelang um die Erforschung der Geschichte Berlins verdient gemacht hat, danke ich ebenfalls sehr herzlich. In der Friedrich-Ebert-Stiftung (Bonn–Bad Godesberg) haben mir Dr. Christoph Stamm und Dr. Patrik von zur Mühlen sehr geholfen, ebenso wie Gertrud Lenz M.A., die mir bei der Benutzung des Willy-Brandt-Archivs im Archiv der sozialen Demokratie der Friedrich-Ebert-Stiftung hilfreich zur Seite gestanden hat. Für die Genehmigung, diese unentbehrliche Sammlung durchzusehen, möchte ich ebenfalls danken. Im Politischen Archiv des Auswärtigen Amts half mir Dr. Peter Grupp. Den Mitarbeitern des Franz-Neumann-Archivs in Berlin danke ich für ihre freundliche Unterstützung, ebenso wie dem Deutschen Historischen Institut in Washington, D.C., seinem Direktor Dr. Christof Mauch und Dr. Andreas W. Daum. Und ohne die großartige Hilfe John Taylors wären meine Forschungen im National Archive in College Park kaum denkbar gewesen.

Die erste Anregung zu diesem Buch kam von Wolf Jobst Siedler, dem ich an dieser Stelle meine Dankbarkeit aussprechen möchte, ebenso wie Edzard Reuter, der das Zustandekommen dieses Projekts über seinen Vater mit stetem Interesse und Engagement verfolgt hat. Prof. Dr. Timothy Reuter hat mir interessante Unterlagen zur Geschichte seiner Familie bereitgestellt. Außerdem möchte ich all den Kollegen, die mir geholfen haben, meinen Dank aussprechen: Dr. Stefan Appelius; Prof. Dr. Hermann Beck; dem verstorbenen Prof. Dr. Otto Büsch; Dr. Felix Escher; Prof. Dr. Ernst Engelberg; Dr. Karl F. Mautner und seiner Frau Martha Mautner; Prof. Dr. Diethelm Prowe; Prof. Dr. Donald Raleigh; Dr. Manfred Rexin; Prof. Dr. Hermann-Josef Rupieper; Dr. Michael Scholz; Prof. Dr. Thomas Stamm-Kuhlmann; Dr. Carola Tischler; Ann Tusa; Prof. Dr. Eric D. Weitz und Dr. Gerd-H. Zuchold. Mein langjähriger Kollege am Kalamazoo College, Prof. Dr. David Strauss, hat zu meiner Freude jeden Entwurf dieser Arbeit mit Feingefühl, Sorgfalt und Kritik durchgelesen.

Mein ganz besonderer Dank gilt Prof. Dr. Harold Hurwitz, dem wohl besten Kenner der Materie und einem großartigen Menschen. Als junger Amerikaner lernte er Ernst Reuter persönlich kennen und arbeitete in den fünfziger Jahren als Forschungsassistent bei Willy Brandt und Richard Lowenthal. Ohne seinen Beistand, seine Großzügigkeit, seine Hilfe, seinen Rat und seine Kritik wäre diese Arbeit vielleicht nicht zustande gekommen.

Kalamazoo, Michigan, im August 1999

Zweimal Rückkehr nach Deutschland

Karl Radek genoß bei seinen bolschewistischen Genossen zu Recht den Ruf, ein Kenner der deutschen Verhältnisse zu sein. Im österreichischen Galizien geboren, war er 1908 nach Deutschland gegangen und hatte bis zum Ausbruch des Krieges im Jahre 1914 dort gelebt. Danach hatte er sich in der Schweiz den im Exil lebenden russischen Bolschewisten angeschlossen. Von der Schweiz aus gelangte er Ende 1917 in das revolutionäre Rußland. Als 1918 auch das deutsche Kaiserreich zusammenbrach, glaubten viele Bolschewisten, nun stünde die Weltrevolution unmittelbar bevor. Im Dezember 1918 sollte in Berlin ein Reichskongreß der Arbeiter- und Soldatenräte stattfinden, und Radek beschloß, daran teilzunehmen.[1] Anfang Dezember machte er sich zusammen mit einigen Genossen zur deutschen Grenze auf. Doch die deutschen Behörden verweigerten ihnen den Grenzübertritt; also versuchte der findige Radek, auf illegalem Wege nach Deutschland zu gelangen, diesmal in Begleitung von drei Deutschen. Einer von ihnen nannte sich »Felix Wolf«, ein anderer war erst wenige Monate zuvor aus der Kriegsgefangenschaft entlassen worden – Ernst Reuter.

Radek, Reuter, Wolf und ihr vierter Reisegefährte fuhren mit gemieteten Schlitten durch das winterliche Polen und erreichten schließlich Wilno, wo sie sich falsche Papiere beschafften, die sie als österreichische Soldaten auswiesen. So konnten sie vorgeben, auf dem Weg in ihr Heimatland zu sein. Mit dem Zug überquerten sie die deutsche Grenze bei Eidkunen und fuhren nach Königsberg. Von da aus ging es weiter nach Berlin.[2] Ernst Reuter war in die Stadt zurückgekehrt, die für immer mit seinem Namen verbunden bleiben sollte, eine Stadt, die er zuletzt dreieinhalb Jahre zuvor gesehen hatte.

Aber sowohl Berlin als auch Reuter hatten sich verändert. Das alte Kaiserreich war untergegangen und durch eine provisorische Regierung ersetzt worden, die von ebender Sozialdemokratischen Partei geführt wurde, der er einmal angehört hatte. Reuter indes war nicht mehr Sozialdemokrat, sondern Bolschewist, entschlossen, an den revolutionären Veränderungen mitzuwirken, die, wie er hoffte, für alle Zeiten die Art von Krieg unmöglich machen würden, die er gerade erlebt hatte. Er ging seine politischen Aufgaben mit großer Begeisterung an und schrieb seiner Mutter Anfang Januar: »Mir geht es gut, sehr gut, ich bin gesund und wohl, wie selten.«[3] Seine revolutionären Hoffnungen sollten freilich schon bald zunichte gemacht werden. Nach der verheerenden Niederlage des Spartakusaufstands in Berlin schickte die neugegründete Kommunistische Partei Deutschlands Reuter in das unruhige Oberschlesien, wo er versuchen sollte, eine Parteiorganisation aufzubauen. Im Frühjahr 1919 wurde er verhaftet und für einige Monate in »Schutzhaft« genommen.[4]

Achtundzwanzig Jahre später, im November 1946, kehrte Ernst Reuter abermals nach Deutschland zurück: diesmal allerdings legal, mit Erlaubnis der siegreichen Alliierten, und als engagierter Sozialdemokrat. Zwölf lange Jahre hatte er im aufgezwungenen Exil in der Türkei verbracht. Aber während der ganzen Zeit war er überzeugt gewesen, daß er eines Tages in sein Heimatland zurückkehren würde. Er hatte die Türkei zwar lieben gelernt, aber, wie er mehrmals sagte: »In all den Jahren, die ich dort gelebt habe, hatte ich nur einen Wunsch: dieses Land zu verlassen und nach Deutschland zurückzukehren.«[5] Schon im April 1945 hatte sich Reuter bei der amerikanischen Botschaft in Ankara um die Erlaubnis zur Rückkehr nach Deutschland bemüht.[6] Trotz seiner dringenden Bitten mußte er jedoch noch eineinhalb Jahre warten. Diesmal kam er nicht heimlich ins Land, sondern in Begleitung seiner Frau und seines achtzehnjährigen Sohnes. Auch war er nicht mehr der besitzlose Revolutionär von 1918; die Behörden gestatteten ihm, neunhundert Kilo persönlichen Besitz per Schiff nach Deutschland bringen zu lassen.[7]

Zuerst fuhr Reuter nach Hannover, in die Heimatstadt seiner Frau, wo sich ihm Bilder der Verwüstung boten, die für den jungen Revolutionär von 1918 unvorstellbar gewesen wären.[8] Einem alten Bekannten aus seinen Jahren im Exil schrieb er:

> »Furchtbar sind die Trümmer. Hannover ist ein Ruinenfeld ohnegleichen. Schaurig und gespenstisch ragen die Schornsteine und Brandmauern der zerbombten und ausgebrannten Häuser in den Himmel hinein. Es ist eine Wanderung durch ein Inferno, wenn man durch die Innenstadt geht. Der trübe, naßkalte No-

vemberhimmel macht den Anblick noch schauriger und bedrückender.«[9]

Einem britischen Freund gestand er: »Natürlich haben wir all dies gewußt; uns war die ganzen Jahre bewußt, daß das bittere Ende des Naziregimes die völlige Zerstörung unseres Landes bedeuten würde. Aber zu wissen, ist etwas anderes, als zu sehen (...).«[10] Doch bei aller Verzweiflung hielt er an der Hoffnung fest, ein Wiederaufbau Deutschlands sei möglich:

> »Aber unter diesen Trümmern laufen die Menschen geschäftig hin und her. Jeder ist beladen mit Taschen, Rucksäcken und ich weiß nicht, was noch mehr. Jeder offenbar verbissen von dem Gedanken besessen, es muß doch wieder in Ordnung kommen, wir müssen uns doch wieder so etablieren, wie es war, und wir müssen unsere Bude doch wieder schmücken und wohnlich machen.«

Reuter ließ sich die Hoffnung nicht nehmen, daß seinem Volk eine moralische Erneuerung gelingen werde und daß auch für Deutschland nach dem Alptraum der Hitler-Jahre »die Wandlung zum Besseren« möglich sei. »Für mich aber ist es schon klargeworden, daß ich in die interessanteste und lohnendste Phase meines Lebens komme, und alle äußeren Schwierigkeiten wiegen demgegenüber wenig.«[11]

Mehr als ein Vierteljahrhundert liegt zwischen der ersten und der zweiten Rückkehr Ernst Reuters nach Deutschland, ein Vierteljahrhundert, das reich ist an historischen und persönlichen Umwälzungen und Erfahrungen, an Widersprüchen und Brüchen. Er habe einen »merkwürdigen und so hin und her gehenden Lebensweg«, schrieb Reuter einmal an seinen Bruder Karl,[12] und tatsächlich sieht es auf den ersten Blick so aus, als habe man es bei Reuter mit ganz verschiedenen Identitäten zu tun. Da ist der sozialdemokratische Parteijournalist, der mit seiner bürgerlichen Herkunft gebrochen hat; der Generalsekretär der KPD, der sich zum entschiedenen demokratischen Antikommunisten wandelt; der disziplinierte und in sich gekehrte Intellektuelle, der sich als Volkstribun einen Namen macht und schließlich zur Stimme Berlins in der Welt wird; der philosophische Idealist, der als praxisorientierter und pragmatischer Kommunalpolitiker Karriere macht.

Doch bei all den Wandlungen, den Merkwürdigkeiten und scheinbaren Unvereinbarkeiten im Leben Reuters gibt es Wesenszüge, die dieses Leben konstant durchziehen und einen Schlüssel zum Verständnis bieten. Reuter war ein Wanderer, der sich nie wirklich zur Ruhe setzte – rastlos, der Zukunft zugewandt, sich ständig verändernd, erneuernd und von unbändiger Energie wie die Stadt Berlin, in die er zweimal zurückgekehrt war. Er war ein Reisender zwischen den Welten, vertraut mit den verschiedenen politischen und ideologischen Strömungen seines Landes, dem er kritisch und liebevoll, distanziert und engagiert zugleich zugeneigt war. Aber er ging immer seinen eigenen Weg, und dieser Weg hatte eine Richtung: die Zukunft.

Ernst Reuter nahm an vorderster Front an den großen Auseinandersetzungen seines Jahrhunderts teil, mal beobachtend, meist aber gestaltend. Und so ist sein »merkwürdiger und so hin und her gehender Lebensweg« in vielerlei Hinsicht exemplarisch. Bis zu einem gewissen Grad kann sein Leben als Versuch verstanden werden, sich mit den unterschiedlichen deutschen Zukunftsentwürfen des zwanzigsten Jahrhunderts auseinanderzusetzen – einige davon vielversprechend, hoffnungsvoll und emanzipatorisch; andere von rücksichtsloser Härte, repressiv und den menschlichen Geist zerstörend; wieder andere, die ihre Versprechen nicht einlösten. Daher helfen uns die großen Themen, die Reuters wechselvolle Biographie begleiteten, die Bedeutung dieses Lebens zu erkennen. Zugleich aber wirft dieses Leben ein Licht auf die großen Fragen des von Umbrüchen gekennzeichneten Jahrhunderts, das gerade zu Ende gegangen ist.

1. KAPITEL

Die Zukunft des Individuums

Wie steht es aber um das Verhältnis zwischen der Gesellschaft und dem Individuum? Darauf kommt es uns hier beim Probleme der Freiheit mehr an als auf das Verhältnis zwischen der Gesellschaft und dem Staate. Was bedeutet das Individuum unter dem Zeichen der Gesellschaft?

Hermann Cohen, »Ethik des reinen Willens«[1]

Einleitung: Ein Skandal im Hause Reuter

Es war ein schwerer Schock für Wilhelm und Karoline Reuter, als ihnen ihr dreiundzwanzigjähriger Sohn Ernst im Februar 1913, einige Monate nach bestandenem Staatsexamen, eröffnete: »Es war nun seit Jahren mein Wunsch, wenn es ginge, nicht Oberlehrer zu werden, sondern in der Arbeiterbewegung tätig sein zu können.« Er hoffe, in der Sozialdemokratischen Partei eine bezahlte Tätigkeit zu finden, etwa als Redakteur. Damit könnte er schnell dreitausend Mark pro Jahr verdienen und es schließlich auf sechstausend bringen. Der junge Mann wußte, daß sein Geständnis ein »harter Schlag« für seine Eltern sein würde, daß für sie »ein Sozialdemokrat zum wenigsten ein ganz zweifelhafter Mensch ist«. Aber wenn er die Beamtenlaufbahn wählte, müßte er »ein ganz gewöhnlicher Heuchler und Lügner« werden. Und das konnte er nicht.[2]

Man kann sich kaum vorstellen, welch ein »harter Schlag« Ernsts Eröffnung für seine Eltern tatsächlich war. Sozialist, das bedeutete in ihren Augen, ein Außenseiter, ein Gefallener, ein Bohemien, ein unmoralischer Mensch zu sein – und die Regeln und Normen zu verletzen, die die Welt des Bürgertums prägten, dem Ernst entstammte und von dem er sich jetzt abwandte. Kein Wunder also, daß daraufhin ein intensiver Briefwechsel einsetzte, in dem es nicht an erbitterten Tönen fehlte. Obwohl Ernst »die heiße und glühende Liebe zu meinen Volksgenossen« als ausschlag-

Ernst Reuters Eltern, Wilhelm Reuter und Karoline Reuter, geb. Hagemann, in ihrer Dienstwohnung in der Königlich Preußischen Navigationsschule zu Leer.

gebend für seinen Entschluß ins Feld führte – ein Entschluß, der immerhin mehr als drei Jahre lang in ihm gereift war –, waren seine Eltern überzeugt, er ließe sich rückgängig machen; bis dahin würden sie ihre finanzielle Unterstützung einstellen. In einem leidenschaftlichen Brief vom 7. März bat Ernst seinen Vater um Verständnis: »Wenn ich den traurigen Mut hätte, das, was mein Gewissen mich zu sagen treibt, zu verleugnen, dann wäre ich ein innerlich unglücklicher Mensch.« Und weiter: »Du weißt nicht, wie ich an Dir hänge, trotzdem es keine Sache gibt, in der ich nicht anders denke als Du, wie ich trotzdem Dich liebe und achte, so gut wie jeder Deiner anderen Söhne. Und nun kommst Du und verlangst von mir, daß ich das Resultat jahrelanger Qual und Not, daß ich meine heiligsten Ideale aufgeben soll, weil Du es nicht ertragen kannst, weil es Dir undenkbar ist, daß diese vaterlandslosen Gesellen, wie Du sie in innerer Verblendung nennst, auch Ideale im Kopfe und im Herzen haben.«[3]

Wenngleich seine Eltern nicht mit ihm brachen und ihn des Hauses verwiesen, konnten sie seine Entscheidung doch nie verstehen und erst recht nicht billigen. Vor allem seine Mutter litt darunter, denn sie empfand es als skandalös, einen Sozialisten in der

Familie zu haben. Ernsts Halbbruder Otto Siegfried schrieb einmal, daß »sich die Ahnen der Familie im Grab umdrehen würden, wenn sie sähen, was aus ihm geworden ist«.[4] Ernst beklagte sich bitter über Ottos »so peinlichen Brief, in dem er mich ohne jeden richtigen Grund wie einen Schulbuben abgekanzelt hat«.[5]

Ernsts Entscheidung war tatsächlich ein Skandal. Wenn sich ein Kind aus bürgerlichen Verhältnissen damals von den sozialen und kulturellen Werten seiner Schicht abwandte, vollzog es einen Schritt, der es zu einem Leben am Rande der achtbaren Gesellschaft zu verurteilen schien. Sozialdemokraten konnten nicht mit einer Karriere im Staatsdienst rechnen, noch nicht einmal mit einer gesicherten Existenz. Gleichzeitig barg Ernsts bürgerliche Herkunft das Risiko, daß er auch in der Arbeiterbewegung immer ein Außenseiter bleiben würde. Er konnte nicht sicher sein, wirklich mit offenen Armen von der Arbeiterklasse aufgenommen zu werden, deren Sache er zu seiner eigenen gemacht hatte. Ernst Reuter war ein sehr großes Risiko eingegangen, eines von vielen, die er in seinem Leben noch eingehen sollte.

Die Welt des deutschen Bürgertums

Ernst Reuters Vorfahren stammten aus Nordwestdeutschland. Sein Urgroßvater Bernhard Reuter (1770–1847) hatte einen Gasthof und ein Theater in Hildesheim betrieben, dessen Vater Joachim Reuter (1731–1808) war Ratsweinschenk und dessen Vater Bürger und Brauherr aus Hildesheim gewesen. Die Familie seiner Mutter – die Hagemanns – kam größtenteils aus Arolsen im Waldeckschen. Über Generationen waren die Hagemanns ehrbare Bürger gewesen: Bürgermeister, Domänenpächter, Pastoren.[6] Kurzum, Ernst Reuter entstammte einer Familie von Honoratioren und kleinstädtischen Bürgern beziehungsweise Stadtbürgern, die den Traditionen, dem Geist und den Anschauungen des relativ gutgestellten norddeutschen Bürgertums anhingen.

Dies traf in besonderer Weise auf seinen Großvater Wilhelm Reuter d. Ä. (1803–1881) zu, der 1833 Lehrer an der städtischen Lateinschule in Aurich wurde und später der Schule als Rektor vorstand. Wilhelm glaubte an die befreiende Macht der Bildung, an das fortwährende, ernsthafte und lebenslange Streben nach seelischer, moralischer und geistiger Vervollkommnung, wie es dem

Humboldtschen Ideal des frühen neunzehnten Jahrhunderts entsprach. Damit einher gingen politischer Konformismus und eine protestantisch-christliche Geisteswelt, die vom theologischen Rationalismus bis zum Pietismus und zur lutherischen Orthodoxie reichte.

Sein Credo hatte Wilhelm Reuter eindrucksvoll in dem Einführungsvortrag »Über die wahre Grundlage der Erziehung« dargelegt, den er 1833 an der Auricher Lateinschule hielt und der einen interessanten Einblick in die moralischen und geistigen Einflüsse gibt, die noch Ernst Reuter prägen sollten. Wilhelms Ausführungen zufolge reichte es nicht, dem Kind »Klugheit« zu vermitteln. Auch konnten »Brauchbarkeit« oder »Nützlichkeit«, so wichtig sie waren, nicht als Maßstab für eine gelungene Erziehung gelten, wenngleich sie viel zur Entwicklung der bürgerlichen Tugenden beigetragen hatten:

> »Niemand wird leugnen, daß auf diese Weise ehrliche, brauchbare brave Bürger erzogen werden, welche durch emsige Arbeitsamkeit den Wohlstand des Landes fördern und durch Sparsamkeit ihren eigenen Haushalt in der besten Ordnung halten. Aber wir müssen behaupten, daß diese Brauchbarkeit im bürgerlichen Berufe nicht das einzige, auch nicht das höchste Ziel ist, das den Bemühungen eines guten Erziehers Richtung und Zusammenhang geben soll, daß es ein höheres Ziel gibt, durch welches, ohne dem Berufe des Bürgers zu schaden, der Mensch zum Menschen gebildet wird. Diesen Zweck scheint die Erziehung zu verfolgen, welche die Bekämpfung der Sinnlichkeit sich vorgesetzt hat. (...) Sie geht nicht darauf aus, die Sinnlichkeit des Menschen zu unterdrücken, sondern sie in Übereinstimmung mit dem Geiste zu bringen. Sie verlangt nicht die Unterdrückung aller Wünsche und die Entsagung aller Freuden, sondern sie lenkt nur auf das Schöne, Wahre und Gute, so daß der Mensch, wenn er begehrt und genießt, von ganzer Seele, mit vollkommener Übereinstimmung seines Inneren, begehren und genießen kann.«

Es ging also darum, »das Urbild der göttlichen Menschheit in jedem Einzelnen zu entwickeln«, denn nur so konnte der einzelne das Reich der Notwendigkeit in das Reich der Freiheit verwandeln. Überdies mußte die Erziehung vom Geist des Christentums durchdrungen sein, »denn das Christenthum ist die Religion der Freiheit und der Liebe.«[7]

Diese Ideen waren weder sonderlich neu noch originell. Man konnte sie im neunzehnten Jahrhundert in Hunderten von deutschen Schulen und Zirkeln hören, spiegelten sie doch die Gedankenwelt der sich neu formierenden Schicht wider, die zumeist gehobene akademische Berufe ausübte oder im Staatsdienst tätig war und später als Bildungsbürgertum bezeichnet wurde.[8] Hinzu kamen Staatstreue, das »Postulat der lebenslangen Arbeit an der eigenen Formung« (Thomas Nipperdey), der hohe Stellenwert, der der Familie – als schützendem Hafen – und einem gesicherten Einkommen, häufig im Staatsdienst erworben, eingeräumt wurde, sowie eine zunehmende Distanzierung sowohl von der traditionellen Oberschicht als auch von den traditionellen Handwerksberufen und der neuen Arbeiterklasse.[9]

Auch Wilhelms gleichnamiger Sohn fühlte sich dieser Schicht zugehörig, ein Kapitän zur See in der Handelsmarine, der viel von der Welt gesehen hatte, ehe er sich als Navigationslehrer an der Königlich Preußischen Navigationsschule zuerst in Apenrade in Schleswig und danach in Leer in Ostfriesland niederließ.[10] Wilhelm Reuter (1838–1926) war zweimal verheiratet und Vater von sechs Söhnen, von denen Ernst der zweitjüngste war. Ernsts ältester Halbbruder Wilhelm (1875–1947) wurde wie sein Vater Kapitän zur See und Navigationslehrer. Der nächste Halbbruder, Otto Siegfried (1876–1945), von Beruf Postbeamter, verfaßte später recht esoterische und exzentrische deutschtümelnde Texte – »Das Rätsel Edda und der arische Urglaube« etwa oder »Germanische Himmelskunde« –, für die er 1939 von der Universität Leipzig sogar die Ehrendoktorwürde bekam. Er schrieb Lieder, Theaterstücke und Romane, untersuchte Tonscherben und germanische Ornamente und war 1911 einer der Gründer der »Deutschreligiösen Gemeinschaft«, immer auf der Suche nach dem »arischen Himmelsglauben«.[11] Wilhelm Reuters zweite Ehefrau, Karoline Hagemann (1851–1941), Pastorentochter und dreizehn Jahre jünger als ihr Mann, brachte vier weitere Söhne zur Welt. Hermann (1885–1915) wurde Lehrer und fiel im Ersten Weltkrieg. Karl (1886–1968) wurde evangelischer Pastor und verbrachte viele Jahre in den berühmten Bodelschwinghschen Anstalten in Bethel. Der jüngste Sohn Edzard (1893–1919), ein Seemann, starb früh an seinen Kriegsverletzungen.

Ernst Reuter wurde am 29. Juli 1889 in Apenrade in Schleswig geboren. 1892, als Ernst noch keine drei Jahre alt war, wurde sein Vater von der Apenrader Navigationsschule an eine ähnliche Einrichtung in der alten ostfriesischen Hafenstadt Leer versetzt, zwanzig Kilometer von der holländischen Grenze entfernt und in dem Marschgebiet gelegen, in dem Ems und Leda zusammenfließen. Diese herb-schöne Landschaft Ostfrieslands mit ihrem weiten Himmel und den ausgedehnten Wasserflächen prägte den jungen Ernst, der »sich gern als Friese betrachtete«.[12]

Leer hatte damals zwölftausend Einwohner, und der Einfluß der nahegelegenen Niederlande war überall spürbar. Einst Zentrum der Leinenweberei in Ostfriesland, hatte die Stadt im siebzehnten und achtzehnten Jahrhundert mit Emden um die vorherrschende Stellung in der Region gewetteifert. Als die Reuters hierher zogen, verwiesen Spuren jener Zeit – vor allem die holländische Barockarchitektur im Stadtzentrum und die Existenz einer reformierten und einer lutherischen Gemeinde – noch auf die frühere Bedeutung der Stadt. Obwohl Leer im wilhelminischen Deutschland kaum als ein Ort pulsierenden kulturellen und wirtschaftlichen Lebens betrachtet werden konnte, war es immer noch ein verhältnismäßig lebendiges und wohlhabendes Städtchen. Das repräsentative Rathaus wurde 1894 fertiggestellt.

Die Reuters führten ein zurückgezogenes Leben. Als Zugezogener und Lehrer im Staatsdienst konnte Wilhelm Reuter nicht damit rechnen, in die Elite der Stadt aufgenommen zu werden, die sich aus den seit Generationen ansässigen patrizischen Kaufmannsfamilien rekrutierte. Folglich beschränkten sich die Reuters weitgehend auf ihr Familienleben und blieben in der geräumigen Dienstwohnung, die direkt in der Navigationsschule in der Bergmannstraße lag, unter sich.[13] Und dort verbrachten die jüngeren Brüder eine schöne, wenn auch an sozialen Kontakten arme Jugend. Es wurden Radtouren in die Umgebung und Familienausflüge in nahegelegene Ortschaften wie Leerort unternommen, man erhielt Besuch von Verwandten, und am Sonntag wurde die lutherische Kirche besucht. Wilhelm Reuter verrichtete bis zu seiner Pensionierung im Jahre 1911 seine Arbeit gewissenhaft und mit Erfolg. Nach der Erinnerung seines Sohnes Karl war er »durch und durch kerndeutsch und väterländisch gesinnt«. Als überzeugter deutscher Patriot hatte Wilhelm Reuter die Arbeit der Frankfurter Nationalversammlung respektiert, und als Norddeutscher hatte er die deutschen Ansprüche auf Schleswig vehement unterstützt. Er hatte nicht nur in der preußischen Handelsmarine, sondern auch als Johanniter im Krieg gegen Frankreich von 1870/71 gedient; er bewunderte Ernst Moritz Arndt, den Freiherrn vom Stein, Heinrich von Roon und – merkwürdigerweise – Friedrich Wilhelm IV.[14] Kurz gesagt, Wilhelm war loyal und patriotisch, aber im Gegensatz zu vielen bürgerlichen Patriarchen kein Haustyrann und geistiger Despot. Viele Jahre später schrieb Ernst Reuter, daß Wilhelm Reuter trotz seiner »konservativen Gesinnung im Grunde genommen ein sehr aufrechter Demokrat war, wenn man dieses Wort nicht im parteipolitischen Sinne nimmt, sondern auf die geistige und menschliche Haltung bezieht«.[15] Und wie sein Respekt für Stein und Arndt zeigte, war er kein unkritischer Bewunderer der Bismarckschen Politik. Auch deutet nichts darauf hin, daß er einem gedankenlosen, für die wilhelminischen Jahre typischen Hurrapatriotismus huldigte.[16] Was Karoline betrifft, so verehrte sie Wilhelm I.; ein Bild des verstorbenen Kaisers, das ihn in seinem Arbeitszimmer zeigte, stand auf einer Etagere, die ihr gehörte. Der *Reichsbote* war die Tageszeitung des Reuterschen Haushalts.[17]

Die Reuters führten offensichtlich ein angenehmes und friedliches Familienleben, wenngleich es im letzten Jahrzehnt des neunzehnten Jahrhunderts von einigen Wolken überschattet wurde. In seiner ansonsten heiteren Beschreibung des Alltags in Leer vermerkt Karl Reuter, sein Vater habe oft an »Verstimmungszuständen« gelitten. »Das war dann für unsere Mutter immer ein schwerer Druck.«[18] Schwer zu sagen, wo das Problem lag; jedenfalls waren die Reuters für ihre Nachbarn stets der Inbegriff der Ehrbarkeit, »alle gleich würdig, Vater, Mutter und die Söhne Reuter«.[19] Und wenn man Karl Reuter glauben kann, dann war die Reuter-Familie trotz fehlender Kontakte zu ihren Nachbarn »nicht ängstlich asketisch und weltflüchtig gerichtet«.[20] Allerdings herrschte, wie Willy Brandt und Richard Lowenthal gezeigt haben, bei den Reuters ein einengender und erstickender Puritanismus.[21] Hinzu kam ein nicht geringer Familienstolz, der vor allem von Karoline Reuter gepflegt wurde, denn sie war überaus – und vielleicht übermäßig – stolz auf ihre Herkunft aus der Hagemann-Familie, wobei sich dieser Stolz bei ihr zu einem regelrechten Standesdünkel gesteigert hatte.[22] Daran änderte offenbar auch die Tatsache nichts, daß die jüngeren Generationen der Hagemanns zu Nervenleiden und psychischen Störungen neigten, was, wie ein mit ihnen gut bekannter Zeitgenosse spitz feststellte, »in manchen alten und hochgezüchteten Familien« nichts Ungewöhnliches war.[23]

Die Reuters verfügten zwar über ein gesichertes Einkommen, waren aber keineswegs wohlhabend, und bei sechs Söhnen mußte sehr sparsam gewirtschaftet werden. Nach dem Zweiten Weltkrieg vertraute Ernst Reuter denn auch seiner Frau mit einiger Verlegenheit an, daß die Reuter-Kinder nicht immer ausreichend ernährt worden seien. Er vergaß nie, daß er an einem Weihnachtsfest bitterlich weinte, als er entdeckte, daß sein einziges Geschenk aus einem Paar selbstgestrickter Strümpfe bestand.[24] Karl Reuter erinnerte sich später an seine Mutter: »Bis zu unserem 14. Lebensjahr hat sie alle unsere Anzüge selbst angefertigt, mit geringen Geldmitteln hat sie das Größte zustande gebracht und hatte immer noch einen Groschen und einen Notpfennig in der Hand, immer bereit, andern zu helfen und beizustehen mit tatkräftiger Hilfe (...). Welch ein Festtag war es ihr, wenn sie auf einer Auktion ein noch fehlendes Möbelstück für einen billigen Preis hatte erstehen können, und wie freuten unser Vater und wir Kinder uns über den neu erworbenen Gegenstand (...).«[25] Aber für die Reuters war ihre bürgerliche Identität nicht von Geld, sondern von Bildung und Achtbarkeit abhängig. Wilhelm und Karoline Reuter waren nach damaligen Maßstäben humanistisch gebildet und belesen. Während Karoline Schiller bevorzugte, konnte Wilhelm lange Passagen aus dem Werk Goethes auswendig rezitieren; er war ein Kenner Shakespeares und hatte seiner Frau sogar einmal die ganze »Ilias« vorgelesen![26]

Auch die Jungen lasen zu Hause viel. Sie waren nicht nur mit den Klassikern der deutschen Literatur vertraut, sondern befaßten sich außerdem intensiv mit den Werken der klassischen Antike, mit Büchern über Geographie und Darstellungen der Weltgeschichte. Der junge Ernst verschlang Beckers »Sagen des klassischen Altertums«, die Grimm-Märchen, Stielers Atlas oder die historischen Werke von Joseph Annegarn und Heinrich Dittmar. Und schon frühzeitig, noch bevor er Leer verließ und zur Universität ging, entwickelte er ein besonderes Interesse für Bücher über die jüngere deutsche Geschichte, für philosophische Schriften und die Werke griechischer und römischer Autoren. Fast jeder, der ihn kannte, hielt ihn für ausgesprochen sprachbegabt.[27] In seinem späteren Leben lernte er schnell, Russisch, Türkisch und Englisch fließend zu sprechen, wobei ihm das Englische am wenigsten lag.[28] Wirklich hingezogen aber fühlte er sich zu den Sprachen der klassischen Antike. Als Schüler konnte er Homer und Plato lesen, und 1904/05, im Alter von fünfzehn Jahren, übersetzte er für seinen Vater eine Reihe von nautischen Texten aus dem Lateinischen ins Deutsche, da dieser »des Lateinischen nur sehr unvollkommen mächtig war«.[29] Mit sechzehn konnte er, nach seinen eigenen Worten, Homer »wie Wasser« lesen, während Pindar – bekannt für seinen komplizierten und schwierigen Stil – zu einem von Ernsts Lieblingsautoren geworden war. »Jedenfalls werde ich sicher wohl Philologe werden«, meinte er damals zuversichtlich.[30] Diesen Traum erfüllte er sich nicht; dennoch sollte Reuter in einigen seiner schlimmsten Lebenskrisen geistige Kraft aus den Schriften der Klassiker schöpfen, etwa in den schwierigsten Tagen der Berlin-Blockade, als er von Bouvier in Bonn weiterhin griechische und lateinische Texte bezog. Als er 1953 starb, wurde er mit einem Exemplar von Boethius' »Trost der Philosophie« begraben.[31]

Nach allem, was wir wissen, war Ernst Reuter ein ruhiger und sehr ernsthafter Junge, der nur mit wenigen Menschen außerhalb seines engsten Familienkreises Kontakt hatte. Zu seinen älteren Halbbrüdern Wilhelm und Otto Siegfried was das Verhältnis eher distanziert. Besonders Ottos »germanischer« Enthusiasmus rief bei ihm immer ironische Abwehr hervor.[32] Offensichtlich fühlte er sich zu den beiden Brüdern am meisten hingezogen, die ihm altersmäßig am nächsten waren, besonders zu dem frommen, sensiblen, musikalisch begabten und aufrechten älteren Bruder Karl. Unglücklicherweise litt Karl unter verschiedenen körperlichen Gebrechen, die sein Leben stark einschränkten (er mußte beispielsweise ein Korsett tragen, um seine Wirbelsäule zu strecken). Er war früh gezwungen, seinen Beruf als Pastor aufzugeben, und verbrachte danach viele Jahre in den berühmten Bodelschwinghschen Anstalten in Bethel. Obwohl Karl gänzlich andere religiöse Ansichten hatte als Ernst, blieben die Brüder zeit ihres Lebens einander sehr zugetan. Zu seinem Bruder Hermann, der mit Ernst in Marburg studierte, war der Kontakt ebenfalls eng. Auch Hermann hatte gesundheitliche Probleme, allerdings mehr psychischer oder »neurasthenischer« als organischer Natur. Dadurch verzögerte sich sein Studium, und auch später noch, als Hermann bereits den Lehrerberuf ausübte, klagte er über starke Depressionen und quälende Kopfschmerzen.[33]

Als Schüler hatte Ernst kaum Umgang mit den Kindern aus der Nachbarschaft, die einer niedrigeren sozialen Schicht angehörten.

Die Familie Reuter 1900. Von links nach rechts: Ernst, Mutter Karoline, Edzard, Vater Wilhelm, Karl und Hermann. Hermann fiel im Ersten Weltkrieg; Edzard, der jüngste Bruder, erlag 1919 seinen Kriegsverletzungen.

So berichtete beispielsweise der Sohn eines Handwerksmeisters aus der Nachbarschaft, der junge Ernst Reuter sei ihm immer »unsympathisch« gewesen. »Die Reuters sind mundfaule Leute und sehr stolz – das etwa war das Urteil der Jungen aus der Nachbarschaft. Wie oft bin ich hinter Ernst Reuter auf dem Schulweg hergetrabt, ohne daß er mich auch nur einmal angeschaut hätte. Nie habe ich je ein Lächeln um seine Mundwinkel gesehen. Irgendwelche Sympathien für Menschen niederen Standes habe ich damals wirklich nicht an Ernst Reuter bemerkt. Aber lernen konnten die Reuters alle: als Primusse verließen sie das Gymnasium.«[34] Diese Einschätzung war nicht ganz richtig: Ernst entwickelte insgeheim Sympathie für Harry Bruns, einen Jungen aus der Nachbarschaft, der immer in Schwierigkeiten zu stecken schien und den Ernsts jüngerer Bruder Edzard trotz der starken Ablehnung der alten

Reuters zu seinem heimlichen Spielkameraden gemacht hatte. Viele Jahre später gab Ernst Reuter seinem ältesten Sohn in Erinnerung an Harry Bruns den Namen Gerd Harry.[35]

In der Schule – zuerst, aus Mangel an einer nahegelegenen Alternative, in der Vorschule der höheren Töchterschule in Leer, danach auf dem städtischen Gymnasium – war Ernst Reuter erfolgreich, wenn auch zunächst nicht herausragend.[36] Als er im März 1907 sein Reifezeugnis erhielt, gehörte er allerdings zu den Klassenbesten. In seinem Zeugnis hieß es, »Betragen und Fleiß« seien »sehr gut bzw. im ganzen gut« gewesen. Er erhielt die Note »gut« in so unterschiedlichen Fächern wie Religionslehre, Deutsch, Mathematik und Physik und sein einziges »Mangelhaft« in Turnen.[37] Sein Bruder Karl schrieb, Ernst habe schon in seiner Schulzeit über eine geistige Unabhängigkeit und ein objektives Urteilsvermögen verfügt, die mitunter schon an eine kalte Distanziertheit gegenüber den von ihm analysierten Sachverhalten grenzten. Wie Karl außerdem feststellte, war in Ernsts ganzem Wesen zugleich etwas »in sich Abgeschlossenes, Festes und Sicheres« – was durch die meisten anderen zeitgenössischen Berichte bestätigt wird.[38]

Nach dem Abitur wollte Ernst heraus aus dem »Klatschneste Leer« und die Welt kennenlernen. Er beschloß, in Marburg zu studieren, Geschichte und Griechisch als Hauptfächer, Latein vielleicht als Nebenfach. Er hatte vor, sich ganz der Wissenschaft zu widmen und Oberlehrer zu werden.[39] Marburg sollte indes mehr für ihn bereithalten, als er erwartet hatte.

Neue Horizonte: der Neukantianismus

Ernst Reuter war noch keine achtzehn, als er im Frühjahr 1907 in der alten Universitätsstadt Marburg an der Lahn ankam. Sofort von der Schönheit der alten Stadt und ihrem regen geistigen Leben fasziniert, fand er schnell ein Zimmer in der Wilhelmstraße 16 »mit einer Aussicht auf ganz Marburg, den Wilhelmsturm und die Terrassen«. Er schloß sich der nichtschlagenden Verbindung Frankonia an, die sich weitgehend aus jungen Männern wie ihm zusammensetzte: Sie kamen aus dem unteren Bildungsbürgertum, viele aus protestantischen Pastorenfamilien.[40] Obwohl es später politische und moralische Konflikte mit der Verbindung gab, die immer zwischen ihren »liberalen« und ihren religiös-konservativen Flügeln hin- und hergerissen wurde, genoß Reuter es zunächst sehr, daß er bei den »Franken« das Eintreten für feste moralische Prinzipien mit studentischer Geselligkeit verknüpfen konnte. Nur wenige Monate nach seiner Ankunft in Marburg kam es deshalb zu einem emotionalen und recht erbitterten Briefwechsel mit seinen besorgten Eltern, die vermuteten, er verschwende Geld, verbringe zuviel Zeit mit seinen Freunden und vernachlässige sein Studium. Der erzürnte junge Student antwortete etwas selbstgerecht: »Die Kollegs, die ich versäumt habe, schreibe ich nach, und Ihr müßt auch bedenken, daß ich im ersten Semester stehe, das soll nicht heißen, daß ich noch möglichst faul sein kann, sondern daß meine Aufgabe noch eine ganz andere ist wie später. Für mich gilt es zunächst einmal, meinen Gesichtskreis nach Möglichkeit zu erweitern, damit ich allmählich imstande bin, auch rein wissenschaftlich zu arbeiten. (...) Darum habe ich [es] auch nicht für so schlimm gehalten, wenn ich einmal vier Tage sieben Kollegstunden versäumte. Ich weiß nicht, ob Ihr das anerkennen werdet, aber ich kann nicht mehr als Euch das sagen, wie ich darüber denke. Die Universität ist doch auch keine Schule mehr, sondern eine freiere Anstalt.« Er beklagte sich darüber, daß seine Eltern ihn für »leichtsinnig und faul« hielten, versicherte ihnen aber, das sei nicht der Fall.[41]

Ernst Reuter war einer von weniger als zweitausend Studenten an der alten Philipps-Universität in Marburg, der sechstgrößten der zehn preußischen Universitäten. Zu Reuters Zeit waren 82,1 Prozent der Marburger Studenten Protestanten; nur 1,45 Prozent kamen aus adligen Familien, während 58,5 Prozent – wie Ernst Reuter – Kinder von Staatsangestellten waren. Auch gab es in Marburg unverhältnismäßig viele Studentenverbindungen und -korporationen, und es war naheliegend, daß Reuter sich einer von ihnen anschloß.[42] Seine Verbindung, die Frankonia, fiel allerdings etwas aus dem üblichen Rahmen. Als Teil eines größeren Verbandes, der seinen Sitz in Erlangen hatte und sich »Schwarzburgbund« nannte, vertrat sie vage christliche Prinzipien und lehnte Duell und Mensur ab. Die Verbindungen des Schwarzburgbunds hatten immer viele Theologen angezogen. Als Reuter in die Frankonia ging, waren jedoch viele Mitglieder auch an philologischen, philosophischen und insbesondere ethischen Fragen interessiert. Er war in dieser Organisation sehr aktiv und wurde im zweiten Semester zum »Historiographen«, zum Fuxmajor, und im Frühjahr 1908 zum Ersten Chargierten gewählt; als solcher war er für die Schulung der jüngeren Füxe verantwortlich, für die er unter anderem »Wissenschaftliche Abende« veranstaltete.[43] Sein eigener Fuxmajor war ein junger Mann namens Hans Schlemmer, der Philosophie studierte und sich vor allem für die Marburger Schule des Neukantianismus interessierte.[44] Die Beschäftigung mit dieser Schule erwies sich als ein Wendepunkt in Ernst Reuters jungem Leben und sollte ihn maßgeblich beeinflussen, solange er im öffentlichen Leben stand.

Obwohl Reuter, wie viele andere Menschen seiner Generation, ständig auf der Suche nach höheren, die Oberflächlichkeit und den Materialismus der wilhelminischen Gesellschaft transzendierenden Idealen war, hatte er nichts für den Autoritarismus, den Chauvinismus und die – so der zutreffende Ausdruck von Konrad Jarausch – Kultur des akademischen »Illiberalismus« übrig, die im Kaiserreich an den deutschen Universitäten vorherrschend waren.[45] In gewisser Weise stand er für das ältere Bildungsbürgertum, also jene Deutschen, die im frühen neunzehnten Jahrhundert von den Bildungsidealen Wilhelm von Humboldts und der »neuhumanistischen Bildungsreligion« durchdrungen waren, einer Ersatzreligion, die es ihnen erlaubte, die persönliche Bildung mit dem Ideal des Dienstes an der Menschheit zu verbinden.[46] Wie bereits erwähnt, war Reuters Vater zwar ein loyaler und recht konservativer deutscher Patriot, aber weder ein Anhänger Bismarcks noch des draufgängerischen Wilhelms II. Vielmehr orientierte er sich an den emanzipatorischen Impulsen der Ära des Freiheitskrieges von 1813 und an den großen Männern der preußischen Reformbewegung. Diese Vorbilder imponierten offenbar auch seinem Sohn. Als Student in Marburg und dann in München entwickelte Ernst Reuter eine starke Abneigung gegen das Erbe Bismarcks; vor allem widerstrebte ihm die Bismarcksche Realpolitik, die Politik der Nutzenabwägung jenseits von moralischen Prinzipien. Im Sommersemester 1908 hörte er eine Vorlesung des Historikers Heinrich Glagau über Bismarcks »Gedanken und Erinnerungen«, die ihn zutiefst schockierte und erheblich zu seiner politischen Radikalisierung beitrug – insbesondere der Teil, der sich mit der berüchtigten Manipulation der Emser Depesche von 1870 befaßte.[47] So war der junge Reuter in vielerlei Hinsicht persönlich und geistig reif für die Begegnung mit dem Neukantianismus, den er vor allem durch die Lehrveranstaltungen der bekannten Marburger Philosophen

Paul Natorp (1854–1924) und Hermann Cohen (1842–1918) kennenlernte.[48]

»Ich werde niemals meinen Lehrer, Hermann Cohen, vergessen. Ich habe als Student, als junger Mensch, ich möchte beinahe sagen, mit kindlicher Ehrfurcht aus der Ferne zu ihm aufgesehen. Ich habe nie gewagt, diesen Mann anzureden, der in meinem Leben, in meiner geistigen Entwicklung die tiefsten Spuren zurückgelassen hat, die überhaupt ein Mensch – außer dem Elternhause – in einem geistigen Leben zurücklassen kann.«[49] Für Reuter war Cohen »die wirklich innere Versöhnung und Aussöhnung, die wirklich innere Verschmelzung all dessen, was Gutes in diesen großen Kräften, die unser Volk, die unsere Welt bewegt haben, begründet liegt«,[50] weil er zu zeigen versuchte, daß der Sozialismus seine Wurzeln in Kants Ethik hatte und deren logische Konsequenz war.

Als Reuter die neukantianische Ethik zu entdecken begann, fand in der SPD eine teilweise sehr heftig geführte Grundsatzdiskussion über das Verhältnis zwischen Sozialismus und Ethik statt; den Rahmen dafür bot die größere und bekanntere Auseinandersetzung über Eduard Bernsteins Revisionismus-Theorie.[51] 1899 hatte Bernstein in der Partei mit seinem berühmten Werk »Voraussetzungen des Sozialismus« die Revisionismus-Debatte ausgelöst. Er behauptete, sowohl die historischen Entwicklungen als auch die tägliche reformistische Praxis der Arbeiterbewegung verlangten nach einer grundlegenden Überprüfung der marxistischen Zielsetzung, einen revolutionären Umsturz herbeizuführen.[52] In dieser Arbeit sowie in seinen darauffolgenden Beiträgen zur Debatte forderte Bernstein die Sozialisten auf, ihre Vorstellungen vom Materialismus, vom historischen Prozeß und von der historischen Notwendigkeit historischer Prozesse zu überdenken. Der Sozialismus könne nicht mehr als eine wissenschaftlich begründete und objektive historische Notwendigkeit verstanden werden, sondern nur als das mögliche Ergebnis langfristiger konkreter und bewußter Anstrengungen zur Verbesserung der Lebens- und Arbeitsbedingungen der Arbeiterklasse sowie ihrer politischen Betätigungsmöglichkeiten. Der Weg dorthin sei wichtiger als das Ziel. Bernstein forderte unter anderem eine Rückkehr zum Idealismus Kants, der die Sozialisten seiner Ansicht nach befähigen würde, kritischer über ihre Bewegung nachzudenken und die ethischen Grundlagen ihres Kampfes für soziale Gerechtigkeit und soziale Gleichheit durch eine radikale gesellschafliche Veränderung einer kritischen

Überprüfung zu unterziehen.[53] Schon 1897/98, noch vor der Veröffentlichung seiner »Voraussetzungen des Sozialismus«, hatte Bernstein die Auffassung vertreten, die Sozialisten könnten von Kant lernen und sich zumindest teilweise die neukantianische Idee »Zurück auf Kant« zu eigen machen.[54] Während viele Marxisten wie Clara Zetkin oder Lenin Bernsteins Ansichten in der heftig geführten Debatte als »revisionistisch« zurückwiesen, argumentierten andere, die SPD sei die einzige politische Partei in Deutschland, die Kants Postulat ernst nehme, daß »jede menschliche Persönlichkeit Selbstwert, Selbstzweck in sich sei«.[55] Genau dieses Postulat lag auch der ethischen Argumentation von Hermann Cohen zugrunde und sollte Ernst Reuters gesamten Werdegang beeinflussen.

Der Marburger Neukantianismus ging auf die Mitte des neunzehnten Jahrhunderts zurück, als einige liberale Denker versuchten, die wachsende Kluft zwischen Proletariat und Bourgeoisie durch ein erneutes Aufgreifen der ethischen Grundpositionen Kants zu überbrücken. Ihrer Auffassung nach mußte Kants Betonung der moralischen Autonomie des Individuums letztlich zum Entstehen einer Sozialdemokratie führen, die auf jede Form von Zwang verzichtete und den Rechtsstaat bejahte. Mit anderen Worten, die Neukantianer gingen davon aus, daß es wirkliche individuelle Autonomie nur im Rahmen einer *societas*, so der Ausdruck von Hermann Cohen, und einer demokratischen Ethik geben könne.[56] Cohens Ideen waren bereits in den Schriften des »kantianischen Demokraten« Friedrich Albert Lange (1828–1885), seines Vorgängers am Lehrstuhl für Philosophie in Marburg, vorgezeichnet. In »Die Arbeiterfrage« (1865) und »Die Geschichte des Materialismus« (1866) hatte Lange eine einflußreiche reformistische Sichtweise entwickelt, die erheblich zur Entwicklung und Popularisierung der neukantianischen Ideen am Ende des Jahrhunderts beitragen sollte, da sie die kantianischen Kategorien als Alternative zum typischen, mittlerweile aber diskreditierten Materialismus der Vormärz-Radikalen nahelegte. Als Lange 1875 starb, führte der dreiunddreißigjährige Hermann Cohen seine Bemühungen fort – allerdings wesentlich abstrakter und »scholastischer«.[57]

Cohens Neukantianismus war das Resultat seines lebenslangen Versuches, Kant neu zu bewerten und wiederzubeleben, sowie seiner frühzeitigen Beschäftigung mit Langes Schriften. Wie Lange kritisierte auch Cohen den abgehobenen, unpolitischen Charakter der post-hegelianischen Philosophie in Deutschland. Und er wollte –

auch darin Lange ähnlich – an eine Zeit anknüpfen, in der die deutschen Universitäten und die dort stattfindenden philosophischen Diskussionen dem Leben der Nation wichtige Anstöße gegeben hatten.[58] Als ein Mann, der seinen Prinzipien treu war – etwa der Überzeugung, daß die damalige deutsche Kultur und die Werte seines eigenen liberalen Judentums sehr gut miteinander vereinbar waren –, scheute Cohen auch die öffentliche Kontroverse nicht. So setzte er sich in den siebziger und achtziger Jahren öffentlich mit so berüchtigten Antisemiten wie Heinrich von Treitschke und Paul de Lagarde auseinander. In Marburg wurde er zum führenden Kopf der neukantianischen Schule. Zu seinen Marburger Kollegen gehörten Rudolf Stammler und Paul Natorp, bei denen Reuter ebenfalls studierte, und zu seinen Schülern zählten Kurt Eisner, Leonard Nelson, Franz Staudinger, Karl Vorländer und Ernst Cassirer. Jeder von ihnen sollte eine bedeutende Karriere machen, gekennzeichnet jeweils durch eine auffallende politische und intellektuelle Individualität und Unabhängigkeit.[59]

Obwohl Cohen schon 1877 begonnen hatte, über Kants Ethik zu schreiben, kommt sein Eintreten für einen ethisch begründeten, reformistischen Sozialismus am deutlichsten in zwei späteren Arbeiten zum Ausdruck, und zwar in einem 1896 erschienenen Kommentar zu Langes »Geschichte des Materialismus« und in seinem Opus magnum »Ethik des reinen Willens« (1904).[60] In beiden Schriften vertritt Cohen zwei grundlegende Thesen: Erstens, »der Gegenstand der Ethik ist der Mensch« und damit »die Lehre vom Begriffe des Menschen«; zweitens, nur die Mitgliedschaft in einer *societas* ermöglicht die Existenz des freien Individuums und somit der individuellen Freiheit.[61] Aber eine solche *societas* war nur in einem echten Rechtsstaat möglich – und das war das kaiserliche Deutschland Cohens Ansicht nach ganz und gar nicht: »Der empirische Staat ist freilich der Staat der Stände und der herrschenden Klassen; er ist nicht Rechtsstaat. (...) Ohne den Staat kein Menschenrecht. Aber auch ohne das Menschenrecht kein Recht des Staates, als des Staates der Gerechtigkeit.«[62] Der wahre Rechtsstaat mußte auf einem grundlegenden kantianischen Postulat basieren: daß Menschen immer als Selbstzweck und niemals als Mittel zu betrachten sind.[63] Cohens Auffassung zufolge konnten die Deutschen durch eine kritische Wiederaneignung der Ideen Kants nicht nur der Falle eines geistlosen Materialismus entgehen, sondern auch auf einer rational-säkularen Basis die Grundlagen für eine wahrhaft moralische und ethische öffentliche Ordnung schaffen. Folglich war Kant, so Cohens feste Überzeugung, der »wahre und wirkliche Urheber des deutschen Sozialismus.«[64] Doch der Sozialismus ist nur dann gerechtfertigt und in seinem Wesen moralisch, wenn er in einer auf dem Idealismus basierenden Ethik und nicht in einem diskreditierten materialistischen Ethos oder in angeblich »wissenschaftlichen« Prinzipien begründet ist. In »Ethik des reinen Willens« drückte Cohen das so aus:

> »Kein Zweck darf als sittlich gelten, für den der Mensch, der wie jeder andere, nur als Werkzeug zu arbeiten hätte; in dem er nicht vielmehr den Zweck seines eigenen Daseins, seines eigenen Begriffs vollzöge; in dem er nicht als Endzweck fungierte. *Die Idee des Zweckvorzugs der Menschheit wird dadurch zur Idee des Sozialismus, daß jeder Mensch als Endzweck, als Selbstzweck definiert wird.*«[65]

Der Sozialismus konnte dann eine säkulare und rationale Alternative zur geoffenbarten Religion darstellen, wenn er auf dem basierte, was Cohen als »die Kernwahrheit des Gottesglaubens, die Nächstenliebe« beschrieb.[66] So war, wie Hermann Lübbe geschrieben hat, »Cohens idealistischer Sozialismus eine Philosophie politischer Versöhnung«[67]: einer Versöhnung von Individualismus und Kollektivismus, von Staat und Gesellschaft, von Liberalismus und Sozialismus, von Bürgertum und Arbeiterklasse.

Es überrascht nicht, daß solche Vorstellungen von denjenigen Sozialdemokraten positiv aufgenommen wurden, die mit Bernsteins Revisionismus sympathisierten, und wie bereits erwähnt, war Bernstein selbst an der neukantianischen Ethik der Marburger Schule interessiert.[68] Die Arbeiterbewegung machte sich den Neukantianismus freilich nie zu eigen; ihre führenden Theoretiker und Ideologen diffamierten die revisionistische Theorie, wenngleich die praktische Politik der SPD zunehmend einen reformistischen, ja revisionistischen Charakter annahm. Cohen und andere Neukantianer sind daher gewöhnlich als Randfiguren in der Geschichte der Sozialdemokratie und des demokratischen Sozialismus in Deutschland wahrgenommen worden.[69] Doch die Debatte über die neukantianische Ethik und den Revisionismus hat viel dazu beigetragen, die sozialistische Arbeiterbewegung jungen bürgerlichen Intellektuellen nahezubringen.

Für den jungen Ernst Reuter war der Neukantianismus zweifellos die geistige Brücke, die es ihm ermöglichte, seinen eigenen Weg zu finden und seine bürgerliche Vergangenheit allmählich hinter sich zu lassen. Die Idee der autonomen individuellen Persönlichkeit gab er indes nie auf. Und auch die Arbeiten von Marx und Engels scheinen ihn nicht sonderlich interessiert zu haben. Als er schließlich in der SPD aktiv wurde, hatte er sich natürlich mit den Grundzügen des Marxismus vertraut gemacht, aber er beurteilte diese immer differenziert und stand ihnen skeptisch gegenüber. 1913 rief Reuter beispielsweise in einem ideologisch unorthodoxen Artikel, der in der Bielefelder *Volkswacht* zum Gedenken an den dreißigsten Todestag von Karl Marx erschien, den modernen Sozialisten ins Gedächtnis, daß Marx' offenkundiger Dogmatismus seine Wurzeln in der für die Mitte des neunzehnten Jahrhunderts kennzeichnenden geistigen Situation hatte. Die modernen Sozialisten, die in einer anderen Zeit lebten, sollten der Versuchung widerstehen, sich zu eng an die Ideen des historischen Materialismus zu halten: »Marx kämpfte gegen seine Zeitgenossen, seine Gedanken waren neu, und in der Freude des Kampfes gefiel er sich oft genug in der aufs Paradoxe zugespitzten Formulierung seiner Gedanken. Wir sehen schärfer, wie doch unter der Oberfläche dieses Werkes, das ja einen dumpfen Fatalismus zu predigen scheint, die glühende revolutionäre Leidenschaft und ein starkes ethisches Pathos liegen, die im Kampfe unsere besten Waffen sind und sein müssen.«[70]

Auf der Suche nach der eigenen Identität

Bei all seinem Selbstvertrauen, seinem unabhängigen Urteilsvermögen und seiner lebenslangen Neigung zu ironischer Distanz war Ernst Reuter zugleich ein sehr anlehnungsbedürftiger Mensch.[71] Er brauchte die Gewißheit, daß es Menschen gab, die ihn sehr mochten, und er hatte – wie viele junge Menschen zu allen Zeiten, aber besonders in den Jahren vor dem Ersten Weltkrieg – ein starkes Bedürfnis, sich mit einer größeren Sache verbunden zu wissen. Wie fast alle Menschen in seinem Alter suchte er nach einer eigenen Identität: Diese Suche war für ihn um so schwieriger, als ihm schmerzlich bewußt war, daß er auf einen Bruch mit seiner Familie und seiner Herkunft zusteuerte. Er mußte anderswo Geborgenheit

Ernst Reuter (Mitte, sitzend) als Fuxmajor und Erster Chargierter bei der »Frankonia« in Marburg, 1908/09.

und eine Art familiäres Zugehörigkeitsgefühl finden: in seiner Verbindung, bei einer kleinen Gruppe von sehr engen Freunden, bei einigen älteren Menschen, die Autoritäts- und Bezugspersonen zugleich waren, bei politisch Gleichgesinnten.

Im Frühjahr 1909 verließ Reuter Marburg und setzte sein Studium in München fort. Mit diesem Schritt reagierte er auf zwei schwierige, von Auseinandersetzungen geprägte Semester in seiner Marburger Verbindung Frankonia. Er war zu einer Art Leitfigur für jüngere Mitglieder geworden, die von seiner Tatkraft, seinem Engagement, seiner Ernsthaftigkeit und seinen intellektuellen Fähigkeiten fasziniert waren. Begeistert hatte er an seine Mutter geschrieben, »welche Freude und welch ein Gewinn es ist, Leute in den Geist einer großen Sache einzuführen; sie auf die Dinge zu lenken, die wichtig sind, und dann langsam zu sehen, daß die Mühe nicht vergebens gewesen ist, daß man etwas erreicht hat. Wie schön muß doch der Lehrerberuf sein (...)!«[72] Freunde wie Kritiker bescheinigten ihm auch im späteren Leben Führungsqualitäten wie Nachdenklichkeit, Sachlichkeit und eine große Ausstrahlungskraft.[73] Aber im jungen Reuter steckte auch eine gehörige Portion Selbstgerechtigkeit und Puritanismus, die ihn manchmal in Schwierigkeiten brachte. Einige seiner Gegner in der Verbindung warfen ihm autoritäres Auftreten und Ansätze zum Personenkult vor, außerdem hemme sein »Intellektualismus« die »Fröhlichkeit« im Verbindungsleben. Nach immer persönlicheren Angriffen legte er im Februar 1909 schließlich seine Funktionen nieder und wurde ein »Inaktiver«.[74]

Obwohl Ernst Reuter einer der größten Kommunalpolitiker seines Jahrhunderts werden sollte, hatte er vor seiner Ankunft in München noch nie eine moderne Großstadt kennengelernt. Jetzt konnte er zum ersten Mal das vielfältige geistige und kulturelle Angebot genießen, das eine solche Stadt für einen Jungen aus einer ostfriesischen Kleinstadt bereithielt. Gleichzeitig setzte er das in Marburg begonnene Studium fort, wozu auch die Lektüre von Langes »Geschichte des Materialismus« und die Stücke von Ibsen gehörten, für die er eine echte Leidenschaft entwickelt hatte: wohl nicht zuletzt wegen des bitteren sozialen Realismus des Autors und dessen Eintretens für individuelle Selbstverwirklichung. Reuter befaßte sich mit den Schriften Eduard Bernsteins ebenso wie mit denen des kritischen Sozialliberalen Friedrich Naumann und begann, Joseph Blochs reformistische *Sozialistische Monatshefte* zu lesen.[75] Eine kurze Tätigkeit als Hauslehrer für den Sohn eines reichen Gutsbesitzers in Westerode bei Bad Harzburg in den Semesterferien des Jahres 1909 gab ihm Gelegenheit, seine Gedanken über all diese Fragen zu sammeln und zu systematisieren. In einem sehr aufschlußreichen Brief an seinen Bruder Karl im August 1909 schrieb Ernst, daß er gerade Schiller gelesen habe und besonders begeistert sei von der »Größe seiner sozialen Ansichten«. Weiter hieß es: »Erziehung ist zwar mein höchstes Ideal, aber keine Erziehung kann wurzeln auf ungesunden sozialen Zuständen. Nur auf dem Boden einer wahren, rechten Volksgemeinschaft kann eine Erziehung des Volkes und nicht nur bevorzugter Individuen aus den höheren Ständen zum Menschentum stattfinden, und nicht zuletzt muß hier der Hebel mit ansetzen. (...) So bin ich dazu gekommen, zusammen mit Freunden in München mich mit der sozialen Frage, mit Politik usw. eingehender zu befassen, und kam auf diesem Wege auch zu erneutem historischem Studium. Merkwürdig, wie der Gang so gehen kann.«[76]

Nach seiner Ankunft in München schloß sich Reuter wieder einer Verbindung an, der Herminonia, die wie die Frankonia zum

Schwarzburgbund gehörte. Noch immer suchte der junge Mann nach einer Art inneren Heimat, einem Ort, wo er Anlehnung, Bestätigung und ein Forum für seine schnell reifenden ethischen und politischen Ansichten finden konnte; und wieder schien die Verbindung ihm diese Dinge zunächst zu bieten. Abermals gelangte er rasch in hohe Funktionen. Aber wie in Marburg brachten ihn seine strikten ethischen und sozialen Vorstellungen auch hier in Schwierigkeiten. Vor allem sein lehrreicher Aufenthalt bei dem Gutsbesitzer in Bad Harzburg führte zu einer heftigen Ablehnung der Arroganz und des Kastengeistes, die für die herrschenden Eliten im wilhelminischen Deutschland typisch waren – jene Eliten nicht ausgenommen, die aus den Verbindungen hervorgingen, denen er sich angeschlossen hatte. Im Oktober 1909 sprach Reuter diese Fragen in seinem ersten wichtigen Artikel an, den er für die landesweit erscheinende Zeitung des Schwarzburgbunds schrieb. Das Hauptziel der Verbindung, so meinte er, sollte nicht in solchen »Albernheiten« wie dem Tragen von Couleur oder in alkoholischen Exzessen bestehen. (Reuter trat damals entschieden für Alkoholabstinenz ein.) Das Ziel sei vielmehr die Pflege und Vertiefung der »sittlichen Ideale«, auf die echte Erziehung sich gründen müsse. In einer Zeit, in der »der soziale Gedanke alles beherrscht«, fuhr er fort, dürften Verbindungsstudenten »nicht mehr in eng begrenzten Kastenvorurteilen« leben.[77] So ist es kaum überraschend, daß er die Herminonia schon bald nach seinem Eintritt wieder verließ. Wieder war er abgeschnitten und isoliert; mehr oder weniger allein in München und vor schwierige Entscheidungen gestellt, klagte er häufig über Kopfschmerzen und eine anhaltende melancholische Stimmung. Diese Symptome plagten ihn jahrelang: Möglicherweise waren sie Ausdruck innerer Kämpfe,[78] die er nach außen hin mit ruhiger Selbstsicherheit zu überspielen suchte.

Als er im Sommersemester 1910 nach Marburg zurückkehrte, blieb er zunächst als Inaktiver in der Frankonia, überwarf sich dann aber nach einer sehr heftig geführten Debatte über die Zulässigkeit von offenen politischen Stellungnahmen von Verbindungsstudenten endgültig mit der Verbindung. Den Anlaß dafür bot der Ausschluß des Marburger Studenten Walther Grau, der anonym im sozialdemokratischen *Vorwärts* und in den *Sozialistischen Monatsheften* Artikel veröffentlicht hatte. Reuter und mehrere seiner Kameraden protestierten mit einem langen Brief an die »Franken« gegen den Ausschluß, konnten die Verbindung aber nicht umstimmen. Im Juni 1911 zogen sie ihre Konsequenzen und traten aus.[79] Der Schritt fiel Reuter nicht leicht. Wehmütig schrieb er an seine Mutter, nun müsse er sich »allein durchschlagen«. Wie Walther Grau war Ernst Reuter damals zwar schon ein Anhänger der Sozialdemokratie, aber noch kein formelles Parteimitglied. Auch hatte er seinen Eltern gegenüber bisher nur vage angedeutet, in welche Richtung sich sein Leben entwickelte: Er war mittlerweile ein leidenschaftlicher Anhänger des ethischen Idealismus, verwarf schließlich die Religion der Staatskirche, empfand einen starken Widerwillen gegen die Selbstherrlichkeit und Überheblichkeit der herrschenden Klasse im wilhelminischen Deutschland und tendierte immer stärker zum Sozialismus. Nach seinem Austritt aus der Frankonia indes konnte er seine Ansichten immer schwerer verbergen, auch nicht gegenüber seinen Eltern.

Die beiden letzten Briefe an die Frankonia schrieb Reuter bereits aus Münster, wohin er im Frühjahr 1911 gegangen war, um sich intensiv und ungestört auf sein Staatsexamen vorzubereiten. Den Vorschlag, nach Münster zu gehen, hatte ihm Wilhelm Gaede gemacht, der Sohn eines Schulrektors in Münster und einer von Reuters engsten Freunden aus der Frankonia. Wenn er erwartet hatte, sich in Münster in aller Ruhe seinem Studium widmen zu können, so hatte er sich allerdings getäuscht, denn dort traf er seine erste Liebe. Henriette (»Henny«) Meyer war gerade siebzehn Jahre alt, katholisch und Tochter eines Staatsbeamten. Obwohl Ernst Reuter während seiner Schulzeit mit einigen Mädchen enger befreundet gewesen war, hatte er sich bis jetzt mit keinem Mädchen ernsthaft eingelassen. Die ersten Wochen und Monate ihrer Beziehung waren von ungetrübtem Glück, und die beiden jungen Leute faßten Heiratspläne. Reuters Freunde glaubten allerdings nicht, daß Henny die richtige Frau für ihn sei. Henny sei »still, bescheiden, im Gespräch entwickelte sie keinen Charme«. Hans Naumann, Reuters Schulfreund aus Leer, meinte, die Familie Meyer sei ein »besonders spießbürgerliches Haus«.[80] Anfang 1912 ging Ernst jedoch das Geld aus – dies sollte viele Jahre lang sein Problem sein –, und er mußte nach Aurich zurückkehren, wohin seine Eltern nach der Pensionierung Wilhelm Reuters gezogen waren. Im Frühjahr konnte der sehr hilfsbereite Walther Gaede, Wilhelms Bruder, ihm jedoch eine Stelle als Hauslehrer für die beiden Söhne von Dr. Otto Cramer, einem Rechtsanwalt in Bielefeld, vermitteln, der ein Jahr im Ausland verbringen wollte.[81] Dies war eine gute Lösung: Ernst konnte sich im Juli auf sein Staatsexamen vorbereiten, etwas Geld verdienen, und eine Verlobung mit Henny rückte in den Bereich des Möglichen. Da Hennys Vater Wert darauf legte, daß seine Tochter eine gute Partie machte, verlangte er von Ernst zu promovieren. Reuter dachte an eine Doktorarbeit bei dem renommierten Marburger Philologen Gottfried Friedrich Aly.[82] Er ging nach Bielefeld, trat seine neue Stellung an und bestand im Juli 1912 sein Staatsexamen, allerdings nur mit »genügend«. (Er sei nervös gewesen, meinte er später, und habe deshalb in Deutsch und Geographie nicht gut abgeschnitten.) Jetzt konnte er Geschichte für die erste Stufe und Deutsch und Erdkunde für die zweite Stufe unterrichten.[83] Aber Ernst Reuter wurde nicht Lehrer. Denn in Bielefeld bekannte er sich offen zur Sozialdemokratie.

Bielefeld galt als Zentrum der sozialdemokratischen Bewegung und der Gewerkschaftsbewegung in Westfalen. Seit langem für seine Leinenweberei und für seine mittelgroßen Eisen- und Stahlwerke bekannt, hatte die Stadt viele Facharbeiter hervorgebracht, die eine wichtige Rolle in der Frühgeschichte der deutschen Arbeiterbewegung spielten. Einer von ihnen war Carl Severing, Herausgeber der in Bielefeld erscheinenden sozialdemokratischen Zeitung *Volkswacht*, für die Ernst Reuter im November 1912 seinen ersten Artikel als Sozialdemokrat schrieb. In diesem Artikel kritisierte er die demoralisierenden Wirkungen »des übermäßigen Alkoholgenusses«, der seiner Ansicht nach zu einer »unverkennbaren Verrohung der akademischen Jugend in Deutschland« geführt hatte.[84] Als Student hatte Reuter die Alkoholabstinenz befürwortet; als frischgebackener Sozialdemokrat unterstützte er die Arbeit von Organisationen wie dem Arbeiter-Abstinentenbund.

Ernst Reuter kam in ein Milieu, das ihm zutiefst fremd war. Neuere Untersuchungen belegen zwar, daß die Sozialdemokratische Partei in den Jahren vor dem Ersten Weltkrieg die Stimmen einer beträchtlichen und wachsenden Zahl von bürgerlichen Wählern erhielt, von denen die meisten – wie Reuter – aus protestantischen Kreisen stammten,[85] aber nur wenige von ihnen wurden Parteimitglieder. Für bürgerliche Akademiker mit intellektuellen Neigungen konnte die Partei zuweilen ein unbehaglicher Ort sein. Wie Hendrik de Man es 1926 formulierte, wurden sozialistisch eingestellte Intellektuelle gewöhnlich als Gäste und nicht als Klassenbrüder behandelt.[86] In Bielefeld gab es eine reiche und lebendige

Arbeiterkultur, die, wie fast überall im wilhelminischen Deutschland, größtenteils von der sozialdemokratischen Bewegung getragen wurde.[87] Es fiel Reuter um so schwerer, sich in diese Welt zu integrieren, als die Bielefelder dafür bekannt waren, Fremden nicht gerade mit offenen Armen zu begegnen. Und Reuters Zusammenarbeit mit dem Arbeiter-Abstinentenbund – im Januar 1913 wurde er Vorsitzender der Bielefelder Sektion – erschwerte die Situation zusätzlich, da sich diese Organisation von anderen sozialdemokratischen Gruppen abhob. Viele Sozialdemokraten betrachteten den Abstinentenbund – vielleicht zu Recht – als einen kleinbürgerlichen Verein.[88]

Problematisch gestaltete sich das Verhältnis Reuters zu Severing, der ihn angeblich nicht mochte, und zu Carl Schreck (1873–1956), dem mächtigen Vorsitzenden des SPD-Bezirksvorstands Östliches Westfalen und beider Lippe. Sowohl Severing als auch Schreck waren Facharbeiter. Schreck, ein militanter Kämpfer mit etwas rauhen Sitten, stand Bürgerlichen, die sich zur Sache des Sozialismus bekannten, immer mißtrauisch gegenüber: »Das Ideal eines Sozialdemokraten sah er in einem Proletarier, der sich seine einzige Bildung durch das Studium des Marxismus in Partei-Zirkeln erworben hat. Aus diesem Grunde mußte er dem Akademiker Ernst Reuter mit einem gewissen Mißtrauen gegenübertreten.«[89] Obwohl Schreck Reuter später als »lieben Kerl« und »seelensguten Menschen« beschrieb, nannte er ihn auch einen »Schulmeister«, einen »Spießbürger ersten Grades«, einen »langweiligen Peter«. Reuter war seiner Meinung nach ein »unbeholfener Mensch (...), der zwar viel wußte, aber nichts damit anfangen konnte«. Auf Schrecks Vorschlag, Reuter könne in einer Fabrik arbeiten und so das Leben der Arbeiterklasse kennenlernen, soll Reuter geantwortet haben, »er sei kein Arbeiter«. Das machte er auch in seiner Kleidung deutlich. Nach der Erinnerung seines Freundes Walther Gaede trug Reuter damals immer »einen großen Schlapphut, eine Pelerine, fliegende Krawatte und sogenannte ›Jesuslatschen‹«.[90] Reuter hatte sich nicht in der Partei hochgearbeitet, und darin lag Schreck zufolge ein Teil seines Problems.[91] Reuters Antwort mag zum Teil Ausdruck einer ernsthaften Identitätskrise nach dem Bruch mit seiner Herkunft gewesen sein, sicherlich spiegelt sie eine gewisse Unreife wider. Die existentielle Unsicherheit eines Arbeiterlebens hatte er noch nicht erlebt, und seine Vorstellungen waren noch etwas vage und abstrakt.

Der österreichische Metallarbeiter Karl Klos und seine Frau Luise wurden für Ernst Reuter (rechts) zur »Brücke zwischen der akademischen Welt und der realen Welt«. Das Photo entstand um 1913 in Bielefeld, wo Reuter nach dem Abbruch seiner akademischen Karriere erste Versuche als Wanderredner unternahm.

Aber alles in allem machte sich Reuter als Neuling in der sozialistischen Bewegung gut. Ende 1912 fing er an, für die *Volkswacht* zu schreiben, und ab 1913 verfaßte er regelmäßig Artikel, vor allem Gedenkartikel: zum dreißigsten Todestag von Karl Marx, zur Erinnerung an die März-Revolution von 1848 und – das schien ihm wohl besonders wichtig – eine dreiteilige Serie über die Befreiungskriege von 1813. Diese Serie, unter anderem eine Reflexion über den Freiherrn vom Stein, ist aufschlußreich: Zum einen ging es um die Frage, wie sich die Idee der freien Individualität mit der kollektivistischen Botschaft des Sozialismus vereinbaren ließe; zum anderen um seinen Versuch, einen neuen deutschen Patriotismus zu begründen, der in den durch den integren preußischen Reformer verkörperten ethischen Werten wurzeln sollte. Seit der Zeit des verhaßten »Junkerlein Bismarck« habe sich, so Reuter, die Qualität des öffentlichen Lebens in Deutschland durch die »Erbärmlichkeit gesinnungsloser Machtpolitiker« ständig verschlechtert.[92]

Deren unseliges Erbe konnte nur in die Katastrophe führen, und um diesem Schicksal zu entgehen, täten die Deutschen gut daran, sich wieder auf Reformer – insbesondere auf Stein – zu besinnen. Dies sei um so notwendiger, als die Machtpolitiker ihrerseits versuchten, die Reformer für ihre eigenen unlauteren Ziele zu vereinnahmen – wie sich an dem Völkerschlachtdenkmal in Leipzig zeige. Die Folge sei, daß »die höfische Liebedienerei« aus dem Gedenken an 1813 ein »Zerrbild« mache, durch das die eigentliche Bedeutung dieses Kampfes – als große Volksbewegung – in Vergessenheit gerate.[93] Darüber hinaus behauptete Reuter, Steins Staatsvorstellung habe nicht auf der Idee der Macht, sondern auf der Idee der gesamtgesellschaftlichen Verantwortung für das Gemeinwohl beruht: »Ihm ist der Staat nicht Macht und Herrschaft, weder nach außen noch nach innen, ihm ist er innere Zusammenfassung aller lebendigen Volkskräfte zu einem wirkenden Ganzen, immer spürt man die glühende Leidenschaft des großen Idealisten, des Überfliegers.« Obwohl den älteren, einfachen moralischen Werten des norddeutschen Protestantismus verpflichtet, habe Stein begriffen, daß sich die Welt verändert hatte und daß sich die Deutschen ebenfalls verändern mußten. »Seine Grundaufgabe war auch die, der französischen Revolution, den wirtschaftlichen und sozialen Notwendigkeiten der Zeit zu folgen und Staat, Volk und Individuum wieder zu einem Ganzen zusammenzuschmieden.« Von diesen kühnen Gedanken beflügelt, habe er – leider verfrüht – versucht, sein Volk aus »der Enge spießerhafter Privattugend und beschränkten Untertanenverstandes« herauszuführen.[94]

Reuters Lobeshymne war sicherlich übertrieben, und das Bild, das er von dem Reformer zeichnet, zweifellos zu positiv und einseitig. Wichtiger ist jedoch, was die Artikel über den jungen Reuter aussagen. Er war zu der Überzeugung gelangt, daß die Zukunft des Individuums untrennbar mit der Zukunft des ganzen Gemeinwesens verknüpft sei. Und deshalb müsse man auch den Charakter des deutschen Patriotismus und der Vaterlandsliebe von Grund auf überdenken. Bei seiner Suche nach einem neuen Vaterland hatte er nicht nur den Sozialismus, sondern auch die Arbeiterklasse entdeckt: Von der Teilhabe an der Gesellschaft ausgeschlossen, stelle für sie der Sozialismus die Alternative zum Bismarckschen Machtstaat dar. Doch war es tatsächlich nur ein Zufall, daß er einen ganzen Artikel über den Freiherrn vom Stein geschrieben hatte, den deutschen Staatsmann, den sein Vater am meisten bewunderte, und zwar zu einem Zeitpunkt, als er seinen Eltern endlich seine Bekehrung zum Sozialismus gestanden hatte?

Im Winter 1913 verlor Ernst seine Stelle als Hauslehrer für die Kinder von Dr. Cramer, die er zwar zeitaufwendig und langweilig gefunden, die es ihm aber ermöglicht hatte, sich in Bielefeld finanziell über Wasser zu halten. Dr. Cramer kehrte eher als erwartet aus dem Ausland zurück und war im großen und ganzen mit Reuters Arbeit zufrieden, bis er im Januar 1913 von dessen Zugehörigkeit zur SPD erfuhr. Der – häufig beschriebene – Vorfall, der zu Reuters Entlassung führte, war einigermaßen theatralisch: Bei einem Konzert trafen Dr. Cramer und seine Frau Reuter »in Sandalen und ohne Hut«! Mißtrauisch geworden, fing Cramer an, sich umzuhören, und fand zu seinem Entsetzen heraus, daß der junge Mann nicht nur Sozialdemokrat war, sondern auch sozialistische Zeitungsartikel verfaßt hatte. Und um das Maß voll zu machen, hatte Reuter Cramers Köchin zu einer sozialdemokratischen Versammlung mitgenommen. Das war zuviel, und Reuter wurde auf der Stelle entlassen.[95]

Zum ersten Mal in seinem Leben stand Reuter ohne Arbeit, ohne Geld und ohne Zukunftsaussichten da. Jetzt plötzlich war er abhängig von der Arbeiterklasse, der er sich verschrieben hatte. Er aß und schlief bei der Familie des österreichischen Metallarbeiters Karl Klos, mit dem er befreundet war. Meistens aber blieb er für sich. Reuter versuchte durch verschiedene Arbeiten für die SPD seinen Lebensunterhalt zu verdienen. Seine einstmals unbeschwerte Beziehung zu Henny Meyer war ebenfalls gefährdet, vor allem durch Hennys Eltern. Wieder könnte die Geschichte, obgleich wahr, aus einem schlechten Roman oder Film sein, und es ist nicht nötig, alle Details zu wiederholen.[96] Als Ernsts Eltern von der politischen Orientierung ihres Sohnes erfuhren, informierten sie die Meyers in Münster, die natürlich auch fassungslos, in ihrer Reaktion aber nicht ganz so unnachgiebig waren. Sie erklärten sich bereit, die Verlobung weiterhin zu dulden, wenn Ernst den Beweis erbringen würde, daß er tatsächlich von der Parteiarbeit leben konnte. Leider verdiente er im März/April 1913 aber nur sechzig Mark im Monat, was Hennys Eltern nicht zufriedenstellte. Dann schien sich ihm allerdings eine andere Möglichkeit zu bieten. Max Poensgen-Alberty, ehemals Theaterdirektor in Frankfurt am Main und der arbeiternahen »Volksbühnen«-Bewegung verbunden, suchte Reuter in Bielefeld auf und fragte ihn, ob er nicht »Wanderredner« für die Partei werden wollte. Der junge Mann hatte bereits beschlossen, die Schulung von Arbeitern zum Schwerpunkt seiner Tätigkeit zu machen, so daß dieser Vorschlag ihm gerade recht kam. Außerdem hatte Poensgen-Alberty eine Wohnung in Weimar, in der Reuter im Mai für einige Wochen umsonst wohnen konnte. Allerdings hielt sich Reuter 1913 weder hier noch anderswo lange auf. Er reiste nach Münster, um mit Hennys Eltern zu sprechen, und fuhr dann in Begleitung seines guten Freundes Walther Gaede weiter nach Aurich, um mit seinen eigenen Eltern wieder ins reine zu kommen.[97] Im Oktober zog er als Wanderredner durch die Pfalz, wo er über »Die Freiheitskämpfer vor 100 Jahren« sprach. Und zwischen den einzelnen Veranstaltungen fuhr er nach Berlin, um seine nicht gerade vielversprechenden Karriereaussichten in der Partei zu verbessern.

Mit vierundzwanzig Jahren hielt sich Reuter zum ersten Mal in der Stadt auf, die er so nachhaltig symbolisieren sollte. Aber er war nicht sonderlich beeindruckt von der »fiesen« Hauptstadt des wilhelminischen Deutschland.[98] Im Gegenteil, er hegte eine starke Abneigung gegen Berlin. Die Stadt, so schrieb er, »ist mir höchst unsympathisch. Staub und entsetzlich viel Menschen, die alle rennen, als ob sie die Minute 10 Mark kostete.«[99] Er beklagte sich über das »Hasten und Protzen des gräßlichen Berlin« und schrieb im Februar 1914 an seinen Bruder: »Deine Abneigung gegen Berlin teile ich nachgerade vollständig, es ist eine scheußliche Stadt.« Er fügte jedoch hinzu: »Ich werde aber noch lange in ihr leben müssen.«[100] Wenn er gewußt hätte ...

Hinzu kam, daß er »sehr niedergeschlagen« in Berlin ankam.[101] Er war allein, hatte kein Geld, kannte niemanden und stand vor einer unsicheren Zukunft. Aber er war ein junger, verliebter Mann, auch wenn er nach dem Frühjahr 1913 seine Verlobte nur flüchtig – und heimlich, mit Hilfe der Gaede-Brüder – treffen konnte. Obwohl nichts darauf hindeutet, daß er jemals an der Richtigkeit seiner Entscheidungen zweifelte, forderten sie dennoch einen hohen Preis von ihm, was seinen Widerwillen gegen die Heuchelei und Scheinheiligkeit der Welt, von der er sich abgewandt hatte, nur verstärkte. Oskar Meyer, Hennys Vater, war mittlerweile äußerst besorgt über Ernsts schlechte finanzielle Aussichten. Nachdem er einen Brief Reuters an seine Tochter geöffnet und gelesen hatte, gelangte er zu der Überzeugung, daß der junge Sozialist kein passender Schwiegersohn sei, und löste im August die Verlobung.

Henny Meyer (hier 1912), Reuters erste große Liebe: Sie war »schlicht, natürlich und sehr anziehend. (...) Es war rührend anzusehen, wie er sich um sie kümmerte. Für andere Frauen«, so sein Freund Walther Gaede, »hatte er kein Auge.«

Danach drohte er Ernst rechtliche Schritte an, wenn er ihm nicht eine »Entschädigung« in Höhe von sechshundert Mark – wofür auch immer – zahlen würde; am Ende verlief die Sache im Sand.[102] Ernst und Henny konnten noch einige Monate in Kontakt bleiben, aber gegen Ende des Jahres riß auch dieser ab. Ein letzter Versuch Ernsts, sich mit ihrem Vater auszusöhnen, scheiterte Anfang 1914. Obwohl er es sich noch nicht eingestehen wollte, war Ernst Reuters erste Liebe an Klassendenken, Politik, Ideologie und »Ehrbarkeit« des Bürgertums gescheitert – auch weil eine Flucht mit seiner Braut nach New York, wie sein Freund Hans Naumann es ihm vorgemacht hatte, für ihn nicht in Frage kam. Laut Naumann führte er »einen grimmigen Kampf mit sich selbst (...) mit dem Ziel, das alles radikal zu überwinden«.[103]

In Berlin bezog Reuter ein Zimmer bei Auguste Daverkausen in der Lützenstraße 10 in Halensee, einem Wohnviertel in Wilmersdorf im Westen Berlins, wo er dem entrinnen konnte, was ihm so verhaßt war – dem Staub und den vielen Menschen. Er hatte das

Zimmer durch die Vermittlung von Hans Naumann bekommen. Als er sich in Frau Daverkausens Mieterbuch eintrug, bezeichnete er sich äußerst zutreffend als »berufs- und konfessionslos«. Frau Daverkausens Kinder erinnerten sich später, bei ihm habe es nie Wurst oder Käse oder andere Lebensmittel als trockenes Brot gegeben. Die Daverkausens luden ihn häufig zum Essen ein, und der hungrige junge Mann verzehrte oft soviel gebratenen Hering und andere gute Dinge, daß seine Monatsmiete von fünfundzwanzig Mark mehr als aufgewogen wurde.[104] Eine andere Bekannte schilderte ihn als »mehr als bescheiden, [er] aß alles, was auf den Tisch kam, gleich, ob es etwas Feines oder Primitives war, er stellte keine Ansprüche. Er war sehr dankbar. (...) Ich machte auch heimlich seine Wäsche, die war sehr ärmlich, er war wirklich ein armer Teufel.«[105]

Halensee war ein sehr gehobenes, »hochherrschaftliches« Wohnviertel, wo ein armer Mann wie Reuter wie eine Provokation wirken mußte. Doch damit nicht genug: Vollends skandalös war, daß sich Reuter den sozialdemokratischen *Vorwärts* an seine Privatadresse schicken ließ! Frau Daverkausen ließ sich durch die Beschwerden der Nachbarn nicht beirren. Sie scheint vielmehr gespürt zu haben, daß dieser ernsthafte, hart arbeitende junge Mann – oft »die Nacht hindurch« – sehr allein war, abgeschnitten von seiner Familie und seinen Wurzeln. »Der Herr Reuter muß sehr viel Liebe haben, ich muß ihm die Mutter ersetzen.«[106]

Reuter war nach Berlin gegangen, um seine Chancen für eine feste Anstellung in der Partei zu verbessern, wobei er besonders an den Bildungsbereich dachte. Er hoffte stark, dort einige führende Parteimitglieder, beispielsweise Eduard Bernstein und Georg Ledebour, zu treffen. Es gelang ihm, mit Heinrich Schulz, dem Verantwortlichen für die Bildungsarbeit, zu sprechen, und dieser stellte ihm eine feste Tätigkeit für das Jahr 1914 in Aussicht. In den nächsten Monaten referierte Reuter im Auftrag der Partei in Berlin, Dresden, den anhaltinischen Ländern und Schlesien über verschiedene Themen. Nach seiner einmonatigen Rundreise durch die Pfalz als Wanderredner hoffte er, für diese Art von Arbeit fest angestellt zu werden. Bei seinem nächsten Aufenthalt in Berlin erhielt er den Auftrag, an einer Anti-Alkohol-Ausstellung mitzuarbeiten, Zeitungsartikel zu schreiben und Kurse für Arbeiter in Geschichte, Nationalökonomie und Geographie zu halten,[107] den ersten davon im Herbst 1913 über »Die nationale Frage in der Geschichte des

19. Jahrhunderts« an der berühmten Berliner Arbeiterbildungsschule.[108] Er glaubte, für ihn hätten sich einige Türen geöffnet, aber es sollte noch eine Weile dauern, bis er in der Partei wirklich Fuß fassen konnte. Er mußte seine Karten geschickt ausspielen: »Hier muß ich aber in [der] Politik sehr vorsichtig sein und etwas den Radikalen spielen, was mir nicht liegt.«[109] Tatsächlich schienen sich seine harte Arbeit und seine Hingabe an die Sache auszuzahlen. Da Reuter die Bildungsarbeit zu seinem Schwerpunkt gemacht hatte, fand er in der SPD eine natürliche Heimat. Eines der Hauptübel des Kapitalismus und der deutschen Klassengesellschaft lag nach Ansicht führender Sozialdemokraten im systematischen Ausschluß der arbeitenden Klassen von den höchsten Gütern der deutschen und europäischen Kultur – auch und vor allem der »bürgerlichen« Kultur. Daher hatten die proletarischen Kreise, insbesondere die in der SPD und in der Gewerkschaftsbewegung organisierten, immer die Bedeutung der Bildung als Schlüssel zur Befreiung der Arbeiterklasse betont. Nach 1890 hatte die Partei ein umfassendes Netz von Bildungseinrichtungen geschaffen, von Chören bis zu den Naturfreunden, von Leihbibliotheken bis zu vielfältigsten Seminaren und Vortragsreihen. Der gebildete Reuter, dem Bildung für alle ein echtes Anliegen war, bot sich auch aus Sicht der SPD für diese Art von Arbeit geradezu an. Und er scheint seine Sache gut gemacht zu haben. Er trat nie kumpelhaft oder burschikos auf, sondern zeigte auch in jener Zeit eine unaufdringliche Kompetenz und die Fähigkeit, Menschen zu führen, indem er selbst mit gutem Beispiel voranging.[110] Anfang 1914 stellte ihm der Zentralbildungsausschuß der SPD für den Herbst eine feste Stelle in Aussicht. Im Januar 1914 verdiente er 266 Mark, im Februar 240; so konnte er endlich seine Schulden begleichen, die sich im April noch immer auf 488 Mark beliefen.[111] Weitere Aufträge folgten. Er wurde ein überzeugender und beliebter Redner, und im Frühsommer 1914 hielt er in mehreren Städten Vorträge über die schreckliche Lage der politischen Gefangenen im zaristischen Rußland.

Durch die Hilfe eines ihm wohlgesonnenen sozialdemokratischen Reichstagsabgeordneten hatte Reuter im Winter 1913 außerdem eine Halbtagstätigkeit als Sekretär beim Komitee Konfessionslos in Berlin erhalten, dem wichtigsten organisatorischen Forum der sich immer lauter zu Wort meldenden Kirchenaustrittsbewegung. Reuter hatte zunehmend Anstoß an der engen Verflechtung von Thron und Altar im preußisch beherrschten Deutschland genommen, und er selbst hatte sich schon 1909 – wenn nicht früher – vom offiziellen Christentum abgewandt und wahrscheinlich auch den Glauben an einen persönlichen Gott verloren. Im Komitee Konfessionslos konnte er daher nicht nur Geld verdienen, sondern auch für eine Sache arbeiten, die er unterstützte. Allerdings hat er das Komitee wohl vor allem als Sprungbrett begriffen; eigentlich, so meinte zumindest sein Freund Hans Naumann, habe er die Leute »für einen Haufen Affen« gehalten.[112]

Nach der Einführung der Trennung von Kirche und Staat im Jahre 1906 in Frankreich wollten diejenigen, die eine solche Trennung auch in Deutschland für erstrebenswert hielten, die offizielle staatliche Unterstützung für die Amtskirche durch eine massive Kampagne unterlaufen, die die Menschen zum Austritt aus der katholischen und evangelischen Kirche aufforderte. Hier setzte das Komitee Konfessionslos an. Es sei notwendig, so das Komitee, die deutsche Kultur »von dem Dunkelmännertum in Kirche, Schule und öffentlichem Leben zu befreien. Die Kirche, die durch die Schule die Jugend und damit die Zukunft beherrscht, will unser fortschreitendes Leben für alle Zeit auf längst erstarrte Bekenntnisformen festlegen, die höchstens noch von pietistischen Kreisen geglaubt werden. Der Glaube an Dogmen hat mit der auf Wissenschaft gegründeten Religion der Menschlichkeit [die das Komitee favorisierte; d. Verf.] nichts zu tun.« Um den größtmöglichen Propagandaeffekt zu erreichen, forderte das Komitee seine Unterstützer auf, zu bestimmten Daten gemeinsam aus der Kirche auszutreten, um so »tatkräftigen Protest gegen den Geist des Mittelalters, gegen Romkirche, Zentrum und Muckertum« zu erheben. Den Angaben des Komitees zufolge waren bei der Volkszählung von 1910 nur zweihunderttausend Menschen als »konfessionslos« registriert, 1913 waren es bereits dreihunderttausend, und allein in Berlin hatten in diesen Jahren vierzigtausend Menschen der Kirche den Rücken gekehrt.[113]

Das Komitee Konfessionslos wurde von einer Reihe prominenter Intellektueller unterstützt, darunter dem darwinistischen Zoologen Ernst Haeckel, einem Mitbegründer des Deutschen Monistenbundes, und dem Chemiker Wilhelm Ostwald, dem Vorsitzenden des Bundes. Haeckels monistische »Religion« wollte den Idealismus mit der Erforschung der Natur und Wissenschaft mit Religion verknüpfen; ein weiteres Ziel war der Kampf gegen die etablierten Kirchen und deren Beziehungen zum bestehenden politischen System.[114] Während manche Monisten – zu Unrecht, wie der Historiker Alfred Kelly aufgezeigt hat – mit dem völkischen Denken in Deutschland in Verbindung gebracht wurden, richteten sich die Aktivitäten des Monistenbundes in Wirklichkeit gegen die Rechte, und viele seiner Mitglieder (zu denen Linksliberale wie Carl von Ossietzky oder der Sexualreformer Magnus Hirschfeld gehörten) suchten die Zusammenarbeit mit den Sozialdemokraten. So ist es keineswegs überraschend, daß Reuter über die SPD zur Kirchenaustrittsbewegung kam.[115] Arthur Drews war ihr Präsident; aber der wahre Spiritus rector der Kirchenaustrittsbewegung, der eine wichtige Rolle in Reuters Leben spielen sollte, war ihr Geschäftsführer Otto Lehmann-Rußbüldt (1873–1964), eine schillernde und teilweise etwas überspannte Persönlichkeit. In Berlin geboren, war er auf den schlichten Namen Otto Lehmann getauft worden, später fügte er jedoch »Rußbüldt« hinzu, womit er sich für die Hilfe erkenntlich zeigen wollte, die er von einer Mecklenburger Familie dieses Namens erhalten hatte. Der gelernte Buchhändler Lehmann hatte sich als junger Mann Emmanuel Swedenborgs Neuer Kirche zugewandt, die ihm die Möglichkeit bot, Spiritualität, Pazifizismus und Wissenschaft zu verbinden oder, wie er es ausdrückte, »Darwinismus, Kriegsdienstverweigerung, Spiritismus und urchristliche Ethik«. Er wurde früh in Haeckels monistischer Bewegung aktiv und entwickelte sich zum eigentlichen Organisator des Komitee Konfessionslos. Als er im Frühjahr 1914 kurz wegen »Gotteslästerung« inhaftiert wurde, erregte das Komitee großes Aufsehen.[116] Lehmann-Rußbüldts spektakuläre Angriffe auf das offizielle Christentum waren in der Tat geeignet, die Aufmerksamkeit der Öffentlichkeit auf sich zu ziehen. So schrieb er etwa 1914: »Das Christentum ist eine Zerfallsreligion. Es lebte geistig von den Trümmern der zerstörten vorderasiatischen, semitischen, ägyptischen und griechischen Weltanschauungen und erhielt seinen verderblichen Einschlag durch die buddhistische Lebensverneinungs- und Freudeabtötungsstimmung.«[117]

Im Frühjahr 1913 hatte die wohlhabende Witwe Emma Krappek, die in Berlin drei Häuser und eine Wohnung besaß, dem Komitee einen Raum in der Regensburger Straße 30 zur Verfügung gestellt, und hier sollte Ernst Reuter viel Zeit verbringen, nachdem er sich bereit erklärt hatte, als Sekretär für das Komitee zu arbeiten und die zweimal im Monat erscheinende *Kirchen-Austritts-Correspondenz* herauszugeben.[118] Frau Krappek selbst war ursprünglich religiös und patriotisch im konventionellen Sinne gewesen, geriet dann aber in den Bann des charismatischen Lehmann-Rußbüldt und damit der monistischen Bewegung.[119] Reuter war da skeptischer; immer sachlich und nüchtern, immer von Enthusiasten unbeeindruckt, stand er Lehmann-Rußbüldt eher ironisch-reserviert gegenüber, und nichts deutet darauf hin, daß er sich von dessen exzentrischen religiösen und spirituellen Ansichten angesprochen fühlte. Hans Naumann gegenüber meinte er, Lehmann-Rußbüldt sei »aus ›Pappe‹. Pappe war ein Ausdruck, den Reuter häufig anwandte, wenn er jemanden charakterisieren wollte, der ihm zu lasch war.«[120] Gleichwohl wurde die Wohnung der Frau Krappek für ihn zu einer Art zweiten Heimat, in der er sich wohler fühlte als in seinem Zimmer in Halensee. Hier spielte er Klavier und versuchte – allerdings ohne viel Erfolg –, der dreizehnjährigen Lotte Unterricht zu geben, die im Sommer 1914 als Frau Krappeks Pflegetochter ins Haus kam. Lotte hatte offenbar Schwierigkeiten, sich Reuter als Lehrer vorzustellen, denn wenn er mit seiner kurzen Hose und seinen langen schwarzen Wollstrümpfen am Tisch saß, wirkte er so »unbekümmert«. Allerdings bemerkte auch sie, daß seine Stimmung umschlagen und er mitunter »kolossal bedrückt« sein konnte. Der Grund mag sein noch immer ungeklärtes Verhältnis zu Henny Meyer gewesen sein. Doch wie so oft verbarg er seine privaten Sorgen.[121]

Der fünfundzwanzigjährige Ernst Reuter hatte sich zu einer eigenständigen, geistig unabhängigen Persönlichkeit entwickelt, die nach Jahren des Suchens eine recht klare Vorstellung von ihrer zukünftigen Rolle im Leben und ihrem Lebenszweck gewonnen hatte. Er mußte freilich einen hohen Preis für seine Autonomie bezahlen. »Schmalbrüstig, schwächlich, so gut wie hager«, hatte er gelernt, mit wenigen leiblichen Genüssen auszukommen.[122] Seine Kleider waren ziemlich schäbig, seine Bedürfnisse spartanisch. Jeder, der ihn damals kannte, hätte wahrscheinlich Lehmann-Rußbüldt zugestimmt: »Reuter war in allem ein derart bescheidener Mensch, schwerer als ich, ein Friese, kein Berliner. Was an ihm angenehm auffiel, war, daß er sich behaglich fühlen konnte und das auch gern tat, aber – er war sehr bescheiden.«[123] Das einzige, wofür er Geld auszugeben bereit war, waren Bücher. Diese Leidenschaft sollte ihn sein Leben lang begleiten.[124]

Wie viele junge Erwachsene seiner Generation in Deutschland und anderswo war er mit den offenkundigen Mängeln der Gesellschaft, in der er lebte, unzufrieden: ihrem äußeren Gepränge, ihrer Arroganz, den großen sozialen Unterschieden, den gesellschaftlichen Privilegien, ihrer Heuchelei, Machtbesessenheit und Selbstglorifizierung. Auf der Suche nach einem tieferen Lebenssinn wandten sich manche junge Deutsche der Jugendbewegung zu. Andere suchten ihr Heil bei der literarischen und künstlerischen Avantgarde, die ihre Vorposten in Städten wie Dresden, München oder Berlin hatte. Wieder andere, darunter der junge Ernst Jünger, fühlten sich von den elitären Werten eines Nietzsche, der Gewaltverherrlichung eines Sorel oder der Lebensphilosophie eines Bergson angezogen. Eine kleinere Gruppe, zu der auch Reuter gehörte, war zu der Überzeugung gelangt, Deutschland ersticke in Heuchelei und in einer Bürokratie, die sich politisch nicht zu verantworten hatte. Das Land würde sich von diesen erdrückenden Verhältnissen nur befreien können, wenn es – wie Reuters politische Erben Jahrzehnte später immer wieder betonten – die Werte des Machtstaates verwarf und Demokratie wagte.[125]

Dann kam der Krieg, und alles wurde anders.

Auf der Suche nach einem neuen Vaterland

Auch Ernst Reuter ließ sich zunächst von der Hochstimmung und Aufregung nach dem Ausbruch des Ersten Weltkriegs im August 1914 anstecken. Wie für viele, wenn nicht die meisten Sozialdemokraten spielte dabei auch für ihn die Tatsache eine wesentliche Rolle, daß das zaristische Rußland, über das er gerade eine Reihe von Vorträgen gehalten hatte, der Hauptfeind war. An seine Eltern schrieb er: »Gegen die russische Knute wird bei uns der letzte Mann mithelfen.« Er selbst meldete sich zum Landsturm des dritten Armeekorps in der Mark Brandenburg, der bei der Einbringung der Ernte helfen sollte, was für Reuter bedeutete, daß er vorerst seine Arbeit in Berlin fortsetzen konnte. Er hoffte sehr, daß die schicksalhafte Entscheidung der SPD vom 4. August, den Krieg zu unterstützen, endlich beweisen würde, daß auch die Sozialdemokraten Patrioten waren – und nicht, wie auch die Eltern glaubten, »vaterlandslose Gesellen«. In einem Brief an seine Eltern vom 7. August schimmert indes bereits Skepsis durch. Er hatte nur »die leise Hoffnung, daß doch nach dem Kriege die zuletzt geradezu fanatische Verfolgung der Arbeiterbewegung verschwinden wird, die in der letzten Zeit eingesetzt hatte, und wir vielleicht doch zu Zeiten kommen werden, wo man aufhören muß, uns als ›vaterlandslose Gesellen‹ zu bezeichnen. Das würde für die Kraft Deutschlands mehr Gewinn sein als ein gewonnener Krieg.«[126]

Seine Skepsis war berechtigt. Die Aussichten auf Emanzipation der Arbeiterklasse, die an den »Burgfrieden« mit dem Staat geknüpft waren, sollten den Zusammenhalt der sozialdemokratischen Bewegung immer weniger gewährleisten können. 1916/17 zerfiel die SPD schließlich in zwei Parteien: in die sogenannten Mehrheitssozialisten und in die Unabhängige Sozialdemokratische Partei Deutschlands (USPD), die die Kriegspolitik der Regierung mit mehr Entschiedenheit zurückwies. Ernst Reuters – wenn auch verhaltene – Kriegsbegeisterung schlug bald um. »Wenn der Krieg lange dauern sollte«, vertraute er bereits am 11. August seinem Bruder Karl an, »wird er für das Volk zu einer furchtbaren Katastrophe werden; nachdem schon über ein Jahr lang eine ungewöhnlich große Arbeitslosigkeit geherrscht hat, sind die Leute nicht mehr so widerstandsfähig.« Und seinem Freund Walther Gaede gegenüber äußerte er: »Ich halte es für unangebracht, daß wir unser Leben jetzt für das Vaterland opfern, nach dem Kriege kann es Lagen geben, wo das angebrachter ist. Auf jeden Fall müssen wir dann auf dem Posten sein, wenn dieser Geist des verbrecherischen Wahnsinns, der sich jetzt austoben kann, nun uns die Quittung präsentiert. Es gibt das schöne Wort, daß die Welt staunen wird über den Undank. Wir müssen später verhindern, daß das Volk über den Undank seiner Gebieter staunen darf. Jetzt gilt es: Zähne zusammenhalten und ausharren. Ein Sieg in dem Stile von 1870 wäre das Schlimmste für unser Volk.«[127]

Um einen solchen Ausgang zu verhindern, bemühte sich Reuter zusammen mit seinen Berliner Mitarbeitern, dem Chauvinismus, der Begeisterung für territoriale Annexionen und dem aggressiven Streben nach einem »Siegfrieden« entgegenzutreten, die die öffentliche Debatte in Deutschland beherrschten. Schon im August hatte Lehmann-Rußbüldt begonnen, mit Freunden und Mitarbeitern über die Gründung einer Gruppe zu diskutieren, die für einen Frieden ohne Annexionen eintreten sollte – ganz so, wie es die offiziellen Verlautbarungen des Kaisers und des Kanzlers Theobald von

Bethmann Hollweg verkündeten. Im November 1914 wurde, unter anderem von Lehmann-Rußbüldts langjährigem Unterstützer und Mentor Kurt von Tepper-Laski (1850–1931), ein Bund mit dem Namen »Neues Vaterland« ins Leben gerufen, der für einen Verhandlungsfrieden, also einen Frieden ohne Annexionen und Reparationen, eintrat, einen Frieden, der dazu beitragen konnte, ein stärkeres Bewußtsein für eine gemeinsame europäische Identität, Kultur und Zukunft zu schaffen. Nach den Satzungen des Bundes war ein solcher Frieden nur im Zusammenhang mit einer tiefgreifenden politischen Demokratisierung erreichbar: Das alte politische System, in dem »einige Wenige über Wohl und Wehe von Hunderten Millionen Menschen zu entscheiden haben«, galt es abzuschaffen.[128] Die »Kulturnationen« Europas müßten sich von »Wehrstaaten zu Wohlfahrtsstaaten« wandeln, so die kühne Formulierung Tepper-Laskis.[129] Und schließlich befürwortete der Bund mutige Schritte in Richtung einer verstärkten europäischen Union und Integration für die Zeit nach dem Krieg. Der Bund wollte alle europäischen Staaten ermutigen, sich dem »Kulturgedanken des friedlichen Wettbewerbs und des überstaatlichen Zusammenschlusses« zu öffnen.[130] Tepper-Laski wurde der Erste Vorsitzende der Organisation, Georg Graf von Arco und Karl von Puttkamer waren seine Stellvertreter; zu den Sekretären gehörten Lehmann-Rußbüldt, Lilli Jannasch, Elsbeth Bruck und Ernst Reuter. Reuter war aufgrund eines Gesprächs mit Lehmann-Rußbüldt am 8. August, in dem dieser ihn davon überzeugt hatte, daß der Bund ebenso wie die Sozialdemokraten auf eine demokratische Revolution zielte, zu der Organisation gekommen.[131]

Der Bund konnte rasch Mitglieder aus verschiedenen sozialen Schichten gewinnen. Viele von ihnen, darunter auch Tepper-Laski, hatten sich schon seit langem für friedliche Beziehungen zwischen den Staaten eingesetzt und seit Jahren daran gearbeitet, Brücken zu Deutschlands potentiellen Feinden, insbesondere zu Frankreich, zu bauen. Tepper-Laski, ein ehemaliger Soldat und Rittmeister, der sich auch als Rennstallbesitzer und Hindernisreiter einen Namen gemacht hatte, entstammte einer alten aristokratischen Familie, die sich im Deutsch-Französischen Krieg ausgezeichnet hatte; in diesem Krieg hatte auch er das Eiserne Kreuz erhalten. Er gehörte zu den Gründern des Deutschen Monistenbundes und hatte jahrelang die Behandlung der politischen Gefangenen in Rußland öffentlich angeprangert.[132] Sein von einer hohen Gesinnung getragener Aktivismus und seine Verbindungen zu gehobenen gesellschaftlichen Kreisen prädestinierten ihn geradezu, an der Spitze des Bundes Neues Vaterland zu stehen. Und es gelang ihm auch tatsächlich, eine Reihe von bekannten bürgerlichen Intellektuellen, Hochschulwissenschaftlern, liberalen Adligen und Sozialdemokraten für seine Sache zu gewinnen, darunter bedeutende Persönlichkeiten aus unterschiedlichen politischen Lagern wie Eduard Bernstein, Rudolf Breitscheid, Lujo Brentano, Albert Einstein, Kurt Eisner, Hellmut von Gerlach, Rudolf Goldscheid, Emil Gumbel, Carl Landauer, Max Lehmann, Ludwig Quidde, Hans Schäffer, Walther Schücking, Hugo Simon, Ferdinand Tönnies und Hans Wehberg.[133] Außerdem sympathisierten einige hochrangige Staatsbeamte mit ihm, darunter Botho Graf von Wedel im Auswärtigen Amt und der Diplomat Unico Graf von der Groeben, der den stetig wachsenden Einfluß der militärischen Führung auf politische Entscheidungen kritisierte. Überdies stellte der Bund Kontakte zu ähnlichen Organisationen in verschiedenen Ländern her wie zum Nederlandsche Anti-Oorlog-Raad, der Union of Democratic Control in Großbritannien und dem einflußreichen Antikriegs-Schriftsteller Romain Rolland in Genf.

Je länger der Krieg dauerte, desto mehr Schwierigkeiten bekam der Bund Neues Vaterland trotz seiner gemäßigten Forderungen und des gesellschaftlichen Ansehens eines Großteils seiner Mitglieder. Im April 1915 nahmen einige führende Mitglieder, darunter Lehmann-Rußbüldt, an einer internationalen pazifistischen Konferenz in Den Haag teil, auf der sie zu der Überzeugung gelangten, es gebe eine reale Chance für einen Verhandlungsfrieden mit Großbritannien. Ihre Bemühungen in dieser Richtung riefen jedoch den erbitterten Widerstand der Alldeutschen und des Militärs hervor. Die publizistische Arbeit des Bundes nahm an Intensität und Entschiedenheit zu, bis der gesamten Organisation nach dem Februar 1916 jegliche Aktivität untersagt wurde. Mehrere Mitglieder versuchten – ohne viel Erfolg –, dieses Verbot durch die Gründung neuer Organisationen anderen Namens zu unterlaufen. Im Oktober 1918, am Vorabend des militärischen Zusammenbruchs des deutschen Kaiserreiches, wurde die Organisation wieder unter ihrer ursprünglichen Bezeichnung aktiv. 1922 benannte sie sich in »Deutsche Liga für Menschenrechte« um.[134]

Abgestoßen von dem »widerlichen Hurraschreien der großen Bierbankstrategen und Politiker«, nahm Ernst Reuter 1914 voller

Begeisterung seine Arbeit für den Bund auf. Sie bot ihm zugleich die Möglichkeit, aus der schrecklichen »Geldkalamität« herauszukommen, in der er seit dem Sommer steckte. Der Krieg hatte seine Pläne für eine Vollzeittätigkeit im Herbst durchkreuzt, so daß seine finanzielle Situation erneut äußerst prekär war.[135] Er stürzte sich sofort in die publizistische Arbeit des Bundes, die weniger auf die breite Masse zielte, als vielmehr die Ideen und Einstellungen nationaler Entscheidungsträger zu beeinflussen suchte. Da aufgrund des Krieges eine strenge Zensur herrschte, mußte die Organisation vorsichtig agieren. Im Herbst 1914 führte sie eine Briefaktion und Diskussionen mit führenden Persönlichkeiten über die Frage der Lebensmittelversorgung durch.[136] Im Januar 1915 brachte sie hektographierte Tätigkeitsberichte und Flugschriften in Umlauf.[137] Reuter war an all diesen Aktivitäten beteiligt. Er sammelte unter anderem Bismarck-Zitate für eine polemische Flugschrift gegen territoriale Annexionen, um zu belegen, daß selbst Bismarck gegen eine solche Politik gewesen wäre. Wichtiger noch: Im Januar 1915 erteilte der Bund Reuter den Auftrag, eine kritische Denkschrift über den deutschen Expansionismus und die Weltpolitik während der Kanzlerschaft Bernhard von Bülows zu verfassen. Nach Lehmann-Rußbüldts Vorstellungen sollte dieses Papier als Grundlage für Gespräche mit Beamten des Auswärtigen Amtes dienen; folglich wurde Reuter eingeschärft, keinen allzu polemischen Ton anzuschlagen. Das Ergebnis war eine ausgewogene und geschickt aufgebaute Kritik an der Diplomatie in der Nach-Bismarck-Ära und an der Art und Weise, wie die deutsche Außenpolitik zunehmend von »dilettantische[r] Marktschreierei« und »übertriebenen Machtgelüste[n] des Militärs und ehrgeiziger Politiker« beherrscht worden war.[138] Da das Papier nicht einen spezifisch sozialdemokratischen Standpunkt zum Ausdruck bringen sollte, stellte es nicht den Gedanken einer bedeutenderen Rolle Deutschlands in der Welt in Frage, sondern die Mittel, mit denen dieses Ziel bislang verfolgt worden war. Graf von der Groeben – ein Nachfahre des Freiherrn vom Stein – las und billigte Reuters Entwurf, von dem schließlich zweihundert Exemplare unter prominenten Entscheidungsträgern zirkulierten. Die Schrift führte unter anderem dazu, daß Eduard Bernstein in den Bund Neues Vaterland eintrat, und löste beträchtliche Diskussionen im Auswärtigen Amt aus.[139] Karl Max Fürst Lichnowsky, ehemaliger Botschafter in Großbritannien und bekannter Kritiker der deutschen Vorkriegsdiplomatie, war von Reuters Analyse so fasziniert, daß er sich im März 1915 eine Stunde lang mit ihm unterhielt.[140]

In den meisten Kreisen des Auswärtigen Amtes erregte Reuters Denkschrift über Bülows Weltpolitik allerdings heftigen Unwillen; dabei stand Reuter dem Krieg wesentlich ablehnender gegenüber, als aus der Denkschrift hervorging. Ende Februar 1915 schrieb er an seinen Freund Walther Gaede, der Bund Neues Vaterland habe mehr Erfolg gehabt, als er sich anfangs hätte vorstellen können. Der Krieg sei jedoch unvorstellbar grauenhaft, eine »große Schlachterei«, eine »Schweinerei« sondergleichen. Und bald war er selbst betroffen.[141] Ebenfalls im Februar schrieb er besorgt an seine Eltern und an seinen Bruder Karl, er habe lange nichts von seinem älteren Bruder Hermann gehört: Hermann, der sensible, der sehr intelligente, aber etwas unpraktische Bruder, um den sich Ernst während der gemeinsamen Studienzeit in Marburg immer gekümmert hatte. Nach schwierigen Jahren war Hermann endlich Lehrer geworden, 1914 aber zur Armee gegangen. Am 25. Februar schrieb Ernst beunruhigt, er habe von »sehr heftigen Kämpfen« in dem Gebiet gehört, in dem Hermann stationiert war, und Anfang März, als seine Denkschrift über Bülow im Umlauf war, erfuhr er, daß Hermann vermißt wurde. Später wurde ermittelt, daß er am 16. Februar in Perthes in Flandern gefallen war.[142]

Ernst Reuters eigener militärischer Status war zwischen Ende 1914 und Anfang 1915 völlig ungeklärt. Er arbeitete jeden Tag in Frau Krappeks Wohnung in der Regensburger Straße und in den Büroräumen des Bundes in der Tauentzienstraße 9. Anfangs träumte er noch davon, eines Tages Henny Meyer zu heiraten, und abends, wenn er mit der dreizehnjährigen Lotte, Frau Krappeks Pflegetochter, von der Regensburger Straße den Hohenzollerndamm hinunter zur Westfälischen Straße ging, sann er laut darüber nach, wie sie sich einrichten würden. Selbst die junge Lotte merkte, daß Reuter ein Mensch war, der sich nach moralischer Unterstützung sehnte: »Er war ein Mensch, der ein Mädchen brauchte, da er Henny treu war, wandte er sich an mich.« Aber 1915, als die Verbindung zu Henny immer schwächer wurde, fand der einsame junge Mann eine neue Freundin, die wesentlich ältere Gymnastiklehrerin Meta Mittag. Meta hätte Ernst gern geheiratet, und daß er fast zugestimmt hätte, lag wohl daran, daß er nichts mehr von Henny gehört hatte (die jetzt volljährig war und Kontakt zu ihm hätte aufnehmen können). Die Beziehung zu Meta bestand bis 1916. Doch da war Reuter schon an der Front.[143]

Reuter wurde im März 1915 einberufen. Mit einer Gruppe von Berlinern, von denen die meisten zwischen 1887 und 1889 geboren worden waren, wurde er den Jägern in Hirschberg/Schlesien zugeteilt. Jetzt sollte er die unbeschreiblichen Schrecken des Krieges unmittelbar kennenlernen. Was er dort sah und erlebte, veränderte ihn von Grund auf. Überzeugt, daß es für die herrschenden Schichten Deutschlands keine Hoffnung gebe, glaubte er, sein Traum von einem wirklich demokratischen neuen Vaterland würde sich nur durch eine wahrhaft revolutionäre Veränderung erfüllen können. Das erste dramatische Experiment des zwanzigsten Jahrhunderts kündigte sich an, und Ernst Reuter war bereit, daran teilzunehmen.

2. KAPITEL

Die Zukunft des Kollektivs

Die Geschichte im allgemeinen und die Geschichte der Revolutionen im besonderen ist stets inhaltsreicher, mannigfaltiger, vielseitiger, lebendiger, »vertrackter«, als die besten Parteien, die klassenbewußtesten Avantgarden der fortgeschrittensten Klassen es sich vorstellen.

W. I. Lenin, 1920[1]

Es ist Zeit für die kleinen Utopien, die bescheidenen, die unaufdringlichen.

Jens Reich, 1996[2]

Einleitung: Ein zukunftsweisendes Rededuell

Im Dezember 1921, kurz vor Silvester, strömten die Funktionäre der Berliner Parteiorganisation der Kommunistischen Partei Deutschlands (KPD) in die große Halle der Brauerei Friedrichshain. Anlaß für die Versammlung an diesem kalten, dunklen Abend war die sogenannte »Friesland«-Krise.

Einer der Hauptredner war Ernst Reuter, der sich seit seiner Rückkehr nach Deutschland des revolutionären Decknamens »Friesland« bediente und die Krise, die die Berliner Parteiorganisation erschütterte, ausgelöst hatte. Der andere Hauptredner war Wilhelm Pieck, ein führender kommunistischer Funktionär, der eher für seine Bereitschaft, die jeweils geltende Parteilinie zu verteidigen, als für seine Intelligenz oder Originalität bekannt war.[3]

Pieck griff Friesland sofort heftig an, weil dieser die Parteiführung kritisiert hatte. Pieck behauptete, Friesland habe im März 1921 anläßlich eines großen, aber gescheiterten Arbeiteraufstands in Mitteldeutschland voll und ganz hinter der sogenannten »Offensivtheorie« gestanden, mit der der Aufstand gerechtfertigt worden war. Und jetzt stelle er sich im nachhinein gegen diese Theorie. Friesland sei inkonsequent und habe daher jegliche Glaubwürdigkeit verloren. »Also wenn schon jemand mit einem gewissen Makel – so fassen die Genossen es auf! – behaftet wäre, dann der Genosse Friesland! Dann wäre er der Ungeeignetste, als Ankläger aufzutreten. (Wiederholte Zustimmung.) Denn, Genossen, das versteht kein Arbeiter: Wer so schnell umlernt, wie der Genosse Friesland, bei dem kann doch die Erfahrung nicht allzu tief wurzeln, bei dem ist doch die Gefahr des Rückfalls größer als bei irgend jemand anders. (Lebhafte Zustimmung.)«[4]

Friesland wehrte sich, so gut er konnte. Es gehe hier um mangelnde Ehrlichkeit sich selbst gegenüber; wenn die Partei nicht fähig sei, Fehler zuzugeben, werde sie zu einer Gruppe von selbstgerechten Fanatikern, die die breiten Arbeitermassen nicht mehr erreichen werde. Vor allem müsse die Parteiführung auf demokratische Weise Rechenschaft ablegen: »Wir verlangen von unserer Partei, wir verlangen von der Kommunistischen Partei, daß die Genossen, die an der Spitze stehen, in ihren politischen Handlungen absolut in jedem Schritte vollkommen offen vor der Mitgliedschaft dastehen und der Mitgliedschaft gegenüber das verantworten, was sie getan haben.«[5] Überdies sei die Zeit nicht günstig für revolutionäres Sektierertum; Lenin selbst habe zugegeben, daß der Kapitalismus in eine Phase der Stabilisierung eingetreten sei.[6] In einer solchen Situation dürfe die KPD sich nicht auf die reine Ideologie zurückziehen, sondern müsse eine Strategie zur Gewinnung der breiten Massen entwickeln. Die diskreditierte Politik der Kommunistischen Partei – die bedauerlicherweise von den Vertretern der Kommunistischen Internationale unterstützt werde – mache dies allerdings unmöglich, da sie die Möglichkeit eines effektiven Bündnisses mit Sympathisanten aus anderen Lagern ausschließe. Stattdessen herrsche die Tendenz vor, »in die alten Methoden des Schimpfens, Entlarvens und Denunzierens zurückzufallen, ein gefährlicher Versuch (...), an dem die Kommunistische Partei zweifellos scheitern würde«. Die »Politik des Verleumdens, des persönlichen Herunterreißens, des Bekämpfens, des Beschmutzens« müsse ein Ende haben.[7] Friesland wurde emotionaler und schlug mit der Faust auf das Rednerpult, als er die deutschen Kommunisten aufforderte, ihre Entscheidungen ohne äußere Einmischung aus Moskau zu treffen: »Wir haben aber nicht angenommen, daß die Kommunistische Internationale die Arbeit und die Führung der einzelnen Landesparteien selbst ersetzen soll. Wir sagen: Es ist eine vollkommene Utopie und eine vollkommene Unmöglichkeit, und am Ende dieser Auffassung steht die Zerschlagung der kommunistischen Massenparteien (...).«[8]

Trotz – oder vielleicht wegen – der Leidenschaft, mit der er seine Ansichten verteidigte, stand Friesland auf dieser Sitzung weitgehend isoliert da. Er wurde bei jeder Gelegenheit durch Zwischenrufe unterbrochen und ausgebuht, während Pieck unverdrossen die Bindungen der Partei an die Kommunistische Internationale verteidigte und alle Kommunisten dazu aufrief, Frieslands Kritik zurückzuweisen. Zum Schluß zitierte er einen weiteren Gegner Frieslands: »Nacht ist es, wo Frieslands Sterne strahlen! Ich aber sage: Wir wollen zum Licht und nicht zur Nacht, und deshalb trennen wir uns von Friesland! (Sehr gut! und Beifall.)«[9] Binnen eines Monats waren Friesland und seine Mitstreiter aus der Partei ausgeschlossen.

Wie war es zu dieser dramatischen Konfrontation gekommen?

Krieg und Gefangenschaft

Am 16. August 1916 erfuhren Ernst Reuters Eltern, daß ihr zweitjüngster Sohn seit sechs Tagen als an der Ostfront vermißt gemeldet war. Einige Wochen später teilten die Militärbehörden mit, er sei wahrscheinlich bei einem russischen Angriff gefangengenommen worden, da über fünfzig Mitglieder seiner Kompanie vermißt wurden. Ernst war tatsächlich in Gefangenschaft geraten. Jahrzehnte später schrieb er: »Ich war mit einem gebrochenen Oberschenkel liegengeblieben und konnte von den Kameraden meines zurückflutenden Bataillons nicht mehr mitgenommen werden.«[10] Er hatte außerdem zwei Schußwunden im linken Unter- und Oberschenkel, so daß die Russen ihn über Odessa in ein Lazarett zuerst nach Moskau, dann nach Nischni-Nowgorod brachten.[11] Das Bein heilte nie richtig; der Stock, den er für den Rest seines Lebens brauchte, wurde ebenso zu seinem Markenzeichen wie später die berühmte Baskenmütze.

Reuters Einheit, die Hirschberger Jäger, hatte zum Zeitpunkt seiner Gefangennahme erst eine Woche an der Ostfront gekämpft. Ende Juli war sie von den Argonnen an der Westfront in den Osten verlegt worden. In den Argonnen hatte er wie viele junge Männer seines Alters die unbeschreiblichen Schrecken der modernen Kriegsführung mit ihrer Mischung aus Blut, Langeweile, Dreck und

Ernst Reuter (links) als Soldat bei den Hirschberger Jägern, 1915. Der Dienst war »anstrengend, da er so entsetzlich langweilig und mechanisch ist. Tagsaus tagein dasselbe.« Im Frühjahr 1916 wurde seine Einheit an die Front verlegt.

Angst kennengelernt. Seine Briefe aus Frankreich berichten von den Erfahrungen, die eine ganze Generation traumatisierten. »Ratten, unendlich, laufen am Tage ja sogar übers Gesicht, benutzen meine Lagerstätte als Abtritt für ihren Unrat. (...) Läuse! Regen und Nässe mit zugehörigem Dreck. (...) Seelisch sind die Menschen dem auf die Dauer nicht gewachsen, werden nervös und leidend. Auch sind wir keine großen Helden, sondern so vorsichtig, als es geht. Und doch täglich Abgänge! Und von allem weit und breit kein Ende!«[12] Verschlimmert wurde seine persönliche Situation nicht nur durch den Verlust seines Bruders Hermann, sondern auch durch die Angst um seinen geliebten jüngeren Bruder Edzard, der in jenem schrecklichen Sommer 1916 bei der Skagerrak-Schlacht auf einem Torpedoboot durch Giftgas schwer verletzt worden war. Edzard erholte sich nie von seinen Verletzungen und starb drei Jahre später im Alter von nur sechsundzwanzig Jahren.[13] Alle diese Ereignisse verstärkten Ernsts Abscheu vor dem Krieg – »Massenmord um den Futtertrog« – und vor denjenigen, die seiner Ansicht nach dafür verantwortlich waren: »Ich bin gewiß, daß auch unsere Zeit kommt, wo der Lügen- und Mordschlange der Kopf zertreten wird.«[14]

Auch vor seiner Gefangenschaft hatte Reuter nie versucht, seine politischen Ansichten zu verbergen; aber als Kriegsgefangenem fiel es ihm offensichtlich wesentlich leichter, mit seinen Kameraden über Politik zu sprechen.[15] Nach seiner Entlassung aus dem Lazarett im November 1916 kam er in ein Kriegsgefangenenlager nach Pereslawl-Salesski etwa zweihundert Kilometer nordöstlich von Moskau; das »Lager« war ein halbfertiges Schulgebäude mitten in der Stadt. Dort tat der hagere, bescheidene, hinkende junge Mann, angetan mit einer alten Uniform und einer Pelzmütze, den einen Fuß in einem Militärstiefel, den anderen in einem Strohpantoffel, das, wozu er sich schon früher berufen gefühlt hatte: Er propagierte den Sozialismus. Ein Zeitgenosse schätzt, daß Reuter mit seiner gelassenen und selbstbewußten Art von den annähernd vierhundert bis sechshundert Gefangenen im Lager etwa hundert bis hundertfünfzig politisch beeinflussen konnte. Seine Sozialismusversion war zwar theoretisch nicht gerade ausgefeilt, aber das spielte in diesem Umfeld auch keine Rolle. In den Gesprächen mit seinen Mitgefangenen betonte Reuter vor allem seine absolute Monarchiefeindlichkeit und seine Überzeugung, daß Deutschland eine wesentliche Mitschuld an diesem Krieg trage. Nach dem Sieg des Sozialismus »werde es keine Not unter den breiten Massen mehr geben, keinen Hunger, keine Arbeitslosigkeit, kein Mensch brauche mehr Angst zu haben vor Alter und Sorgen. Ein Straßenfeger werde genausoviel verdienen wie ein Professor.«[16]

Die Gefangenen blieben bis zum Frühjahr 1917 in Pereslawl-Salesski. Reuter nutzte die erzwungene Untätigkeit, um Russisch zu lernen, womit er schon im Lazarett von Nischni-Nowgorod begonnen hatte.[17] Innerhalb weniger Monate beherrschte er die Sprache nahezu fließend. Nach der Februar-Revolution und dem Zusammenbruch des Zarismus im März 1917 sollten sich seine Sprachkenntnisse als ausgesprochen nützlich erweisen.

Obwohl die Absetzung des Zaren in ganz Rußland mit Freudenfesten gefeiert wurde und Reuter begeistert auf den Sturz der Monarchie reagierte, wurde die Februar-Revolution im Schulgebäude von Pereslawl-Salesski kaum zur Kenntnis genommen.[18] In der nationalen und populistischen Euphorie jener Tage waren die antideutschen Ressentiments stärker als je zuvor, und unter diesen Umständen konnten die deutschen Kriegsgefangenen – insgesamt zwischen hundertsechzig- und hundertachtzigtausend[19] – kaum mit einer Verbesserung ihrer Lage rechnen.[20] Die allgemeine Stimmung, so schwankend sie im revolutionären Überschwang auch war, schien eine Fortsetzung des Krieges zu fordern, zu der sich die neue Provisorische Regierung unter Fürst Lwow denn auch unablässig bekannte.

Im Sommer 1917 wurde Reuter wieder in die Nähe von Moskau verlegt. Obwohl es zunächst hieß, er solle mit anderen Gefangenen in einem Bergwerk arbeiten, hoffte er, aufgrund seiner Verletzungen zusammen mit anderen kampfunfähigen Kriegsgefangenen im neutralen Schweden interniert zu werden. Außerdem erhielt er wegen seiner Russischkenntnisse die Erlaubnis, sein Quartier zu verlassen und nach Moskau zu fahren, wo er sich Zeitungen besorgen und wohl auch über politische Fragen diskutieren konnte. Am Ende beschlossen die Russen allerdings, ihn nicht nach Schweden ausreisen zu lassen, und Ende August wurde er mit anderen Gefangenen in ein Kohlebergwerk bei der Bahnstation Obolensk in der Nähe des Dorfes Sawinsk in der Region Tula geschickt. Das Bergwerk war ziemlich klein und sehr alt. Die Gefangenen arbeiteten dort in Sechs-Stunden-Schichten und erhielten dafür vom Bergwerksbesitzer, Herrn Nikonow, ebenso wie die russischen Bergleute im Werk einen Schichtlohn. Auch die Lebensbedingungen in der Wohnbaracke waren recht gut. Zuerst mußte Reuter in einer alten Schachtanlage »unter Tage« arbeiten, eine schmutzige und gefährliche Tätigkeit; schließlich durften viele Gefangene, darunter Reuter, weniger anstrengende Arbeiten verrichten. Zusammen mit den beiden Gefangenen Willy Barenschee und Wilhelm Seibert mußte Reuter Wasser aus dem neuen Schacht abpumpen, was zwar monoton war, den drei Männern aber viel Zeit für philosophische Diskussionen und Auseinandersetzungen ließ.[21]

Dann kam der Rote Oktober. Wegen seiner Russischkenntnisse hatte Reuter die Erlaubnis erhalten, ab und zu ins Dorf Sawinsk zu gehen, und sich dort sogar mit einer Familie angefreundet, der er regelmäßig Sprachunterricht gab.[22] Jetzt, nach der bolschewistischen Machtübernahme, richteten die Dorfbewohner einen Dorfsowjet ein und enteigneten Nikonow, den Bergwerksbesitzer. Das war der Moment, in dem Ernst Reuter, neunundzwanzig Jahre alt, in einem fernen Winkel eines riesigen Landes, das gerade eine Umwälzung ungeheuren Ausmaßes erlebte, zum ersten Mal seine Fähigkeiten als gewandter Verwaltungsmann unter Beweis stellen konnte. Die Bauern der Umgebung, weitgehend Analphabeten und ungebildet, waren nicht in der Lage, das Bergwerk zu nutzen, das sie gerade in Besitz genommen hatten; so zog Reuter in das Kontor ein und übernahm faktisch die Leitung des Bergwerks. In dieser Funktion schlichtete er einen Lohnstreit zwischen den russischen und den deutschen Arbeitern, und im Januar 1918 konnte er das Schwedische Rote Kreuz in Moskau dazu bewegen, dem Bergwerk und dem ganzen Dorf Medikamente zu schicken.[23] Kurz darauf fuhr er nach Tula, der größten Stadt in der Region, um mit den dortigen bolschewistischen Behörden über die Belange des Dorfes und des Bergwerks zu sprechen. Von seiner politischen Klugheit und seiner Begeisterung beeindruckt, schickten diese ihn nach Moskau, wo er im revolutionären Kriegsgefangenenkomitee mitarbeiten sollte. Und hier lernte er Karl Radek kennen.

Da Radek als Deutschlandexperte galt, wurde er mit der Agitation der deutschen Kriegsgefangenen und der Soldaten der Verbündeten beauftragt. Radek war Trotzkis Außenkommissariat gegenüber verantwortlich, in dessen Zuständigkeit die Herstellung sowohl von Zeitungen – darunter insbesondere *Die Fackel* oder *Völkerfriede*, wie sie 1918 hieß – als auch von Agitationsflugblättern fiel. Zum Kriegsgefangenenkomitee zählten unter anderem die Ungarn Béla Kun und Imre Nagy sowie der Kroate Josip Broz, der später als Tito bekannt wurde.[24]

Obwohl genaugenommen Radek der Herausgeber des *Völkerfriedens* war, wurde die eigentliche redaktionelle Arbeit von Irma Petroff, einer Deutschen, geleistet. Petroff war mit einem russischen Menschewisten verheiratet, und die beiden waren erst kurz zuvor aus dem Exil in Großbritannien zurückgekehrt. Um die Zusammenarbeit mit anderssprachigen Zeitungen zu fördern, schuf Irma Petroff ein Komitee, dem unter anderen Béla Kun, der Deutsche Hermann Osterloh, ein Schweiz-Österreicher mit Namen Artur Ebenholz (dessen richtiger Name anscheinend Bergmann war) und der russische Bolschewik Iwan Uljanow angehörten.[25] Petroff reiste von Lager zu Lager, um die Kriegsgefangenen für die Sache der Revolution zu gewinnen. Zuerst arbeiteten sie und ihr Mann von Petrograd aus, wo die ersten Versuche zur Organisierung deutscher Kriegsgefangener schon im November 1917 unternommen worden waren; die konstituierende Versammlung des

Petrograder Organisationskomitees hatte Weihnachten in Anwesenheit von fünftausend Kriegsgefangenen stattgefunden.[26] Im Februar 1918 rückten die deutschen Linien jedoch sehr nahe an Petrograd heran, während in Brest-Litowsk schwierige Friedensverhandlungen geführt wurden. Daher siedelte die Petroff-Gruppe aus Sicherheitsgründen nach Moskau über, wo sie bald auf Ernst Reuter traf, der sich schlicht als »deutscher Sozialdemokrat« vorstellte. Für den Anhänger der USPD war diese Bezeichnung noch vereinbar mit seiner Selbstsicht.[27]

Am 19. Februar 1918 nahm Reuter zum ersten Mal an einem Treffen von »kriegsgefangenen Sozialdemokraten-Internationalisten« in Moskau teil und wurde sofort in deren Exekutivkomitee gewählt.[28] Er widmete sich intensiv der Arbeit des Komitees, und in Anbetracht seines Werdegangs und seines Engagements in der sozialdemokratischen Bildungsarbeit in der Vorkriegszeit waren seine Empfehlungen nicht überraschend: »Genosse Reuter entwickelt ein eingehendes Aktionsprogramm des Komitees auf erweiterter Grundlage. Er schlägt vor, die rein politische Agitation zu erweitern und zu vertiefen durch Einrichtung belehrender Vorträge in allen Moskauer Bezirken. Er begründet die Notwendigkeit vertiefender Arbeit mit dem Abflauen des Erfolges unserer Agitation. Als mögliche Themen solcher Vorträge führt er an: Einführung in das Wesen der russischen Revolution, ihre geschichtliche Entwicklung, Bedeutung der Agrarreform, Übergang der Industrie in Gemeinbesitz, Aufbau der Sowjetgewalt, auswärtige Politik der russischen Regierung u. s. w.« Gleichzeitig stellte Reuter abermals seine praktischen administrativen Fähigkeiten unter Beweis. Nachdrücklich trat er für konkrete Maßnahmen ein, um die politische Unterstützung derjenigen deutschen Kriegsgefangenen zu gewinnen, die besonders wertvolle »Spezialisten und Professionisten« waren: »Sie müssen an der Erhöhung der Produktion durch ihren Einfluß auf die Gefangenen mitarbeiten und überall den Kontakt zwischen der Masse der Gefangenen und der russischen Leitung aufrechterhalten.«[29] Kurzum, Reuter befürchtete bereits, Chaos und Desorganisation könnten die Revolution in unvorhergesehene und schädliche Bahnen lenken. Seiner Ansicht nach war ein planmäßiges Vorgehen das Gebot der Stunde; gleichwohl wurden auf diesem Treffen keine konkreten Entscheidungen gefällt.

Fünf Tage später führte Béla Kun den Vorsitz auf einer Delegiertenversammlung der Kriegsgefangenen des Moskauer Militärbezirks. An dieser Versammlung, die Reuter als Vertreter der Deutschen ins Präsidium wählte, sollen zwanzigtausend Gefangene teilgenommen haben. Reuter wurde außerdem als Sekretär in das Moskauer Komitee gewählt, dem der Österreicher Ebenholz vorstand. Obwohl Reuter diese Funktion mehrere Monate lang innehatte, wurde seine Arbeit von Differenzen über die Zukunft der revolutionären Kriegsgefangenen überschattet: Sollten sie die russische Staatsangehörigkeit bekommen und Teil einer Emigrantenpartei werden, wie Kun es wollte, oder in einer internationalistischen Organisation ihre eigene nationale Identität behalten? Reuter, der mit dem fanatischen Aktivisten Kun nie gut auskam, war eindeutig für die zweite Lösung: »Die Gründung einer kommunistischen Emigrantenpartei wird den Gefangenen unverständlich sein, da sie in ihrer großen Mehrzahl eben nicht Emigranten sein wollen, sondern in die Heimat wollen.«[30] Das galt zweifellos auch für Ernst Reuter. Trotz seiner großen Sympathie für die russische Revolution betrachtete er sich in erster Linie als deutschen Revolutionär. Er hatte dem bürgerlichen Milieu den Rücken gekehrt und sich dem Sozialismus verschrieben, weil er die Heuchelei speziell seiner Gesellschaft und seiner sozialen Schicht haßte. Er hatte sich nach 1914 radikalen politischen Ansichten zugewandt, weil er insbesondere das politische, wirtschaftliche und kulturelle Establishment seines Landes verabscheute. Und als Deutscher fühlte er sich besonders verpflichtet, am Aufbau einer besseren Zukunft für die Massen seines eigenen Landes mitzuwirken. Und so trat er auch in Rußland immer als deutscher – wenngleich internationalistisch eingestellter – Sozialdemokrat auf.[31] Aber trotz des Vertrages von Brest-Litowsk, der den Krieg zwischen Deutschland und Sowjetrußland beendete, und des Austausches diplomatischer Vertreter zwischen den beiden Ländern verzögerte sich Reuters Rückkehr nach Deutschland um einige Monate. Denn unerwarteterweise erhielt er eine ganz ungewöhnliche Aufgabe.

An der Wolga

Ende April 1918 wurde Ernst Reuter im Auftrag der neuen sowjetischen Regierung als Kommissar für deutsche Angelegenheiten in das Wolgagebiet geschickt. Obwohl er nur knapp sechs Monate an der Wolga verbrachte – und diese zumeist in Saratow –, wurde dieses Kapitel seines Lebens zum vielleicht umstrittensten und am wenigsten verstandenen. Nach seiner Rückkehr nach Deutschland gingen Gerüchte um, er sei als radikaler Bolschewist für mehrere Dutzend, ja sogar Hunderte von Hinrichtungen von »Volksdeutschen« verantwortlich gewesen. Vor allem die antirepublikanische, völkische Presse trumpfte gern mit diesen Vorwürfen auf. Dahinter stand oft der lutherische Pastor Dr. Johannes Schleuning, der behauptete, Reuter sei für ein gegen die Wolgadeutschen gerichtetes »Blutregiment« verantwortlich gewesen.[32] 1921 sollte beispielsweise die *Deutsche Tageszeitung* schreiben, Reuter habe mit »größter Rücksichtslosigkeit und den schärfsten Mitteln Kontributionen eingetrieben, den wolgadeutschen Bauern Vieh, Häuser und anderes Gut weggenommen und die deutschen Landsleute, wie auch Deutsch-Österreicher, gleich Gefangenen gezwungen, in die Rote Armee einzutreten. Wo man sich seinen Gewaltmaßnahmen widersetzte, wurde Gericht gehalten. Zu Hunderten ließ Reuter seine unglücklichen Opfer ins Gefängnis werfen, martern, verschleppen und zum großen Teil niederschießen.«[33]

Die gleiche Geschichte wurde von Joseph Goebbels' Zeitung *Der Angriff* genau zehn Jahre später kolportiert. Und nach 1933, als die Nazis Reuter als Oberbürgermeister von Magdeburg abgesetzt hatten, blieb Pfarrer Schleuning nicht nur bei seinen Behauptungen, sondern warf Reuter außerdem vor, er habe niemals wirklich mit dem Kommunismus gebrochen: »Soviel ich weiß, hat er [Reuter] auch als Oberbürgermeister von Magdeburg und SPD-Mann seine guten Beziehungen zu Sowjet-Rußland nicht aufgegeben, trotz seines Parteiwechsels, sondern ist auch während dieser Zeit mehrfach in Rußland gewesen.«[34] All diese Beschuldigungen waren zwar absurd, führten aber zweimal zu einer Verhaftung Reuters, zuerst 1921 und dann erneut im April 1933 durch die Nationalsozialisten. 1921 wurden die Anschuldigungen schließlich fallengelassen, und auch 1933 erwiesen sie sich als so fadenscheinig, daß sie selbst von den Nationalsozialisten nicht ernst genommen wurden.[35] Trotzdem sollten sie Reuter ein Leben lang verfolgen, wenngleich dieser Zeugen beibringen konnte – darunter mehrere mit ganz anderen politischen Ansichten –, die seine Unschuld bestätigten.

Die Gebiete der Wolgadeutschen hatten unter der kommunistischen Herrschaft tatsächlich schrecklich zu leiden. 1921 erlebten die Wolgadeutschen eine verheerende, politisch gewollte Hungersnot, die auf gewaltsame Requisitionen und Enteignungen sowie auf den äußerst brutal geführten Bürgerkrieg und den Kriegskommunismus zurückging, motiviert durch antideutsche Haßgefühle. Allein 1920/21 wurden 41,9 Prozent der Getreideernte von kommunistischen Funktionären beschlagnahmt, und die Bevölkerung der Region nahm um zwanzig Prozent ab.[36] In den folgenden Jahren fiel die 1924 gegründete, angeblich »autonome« Wolgadeutsche Republik zunehmend dem Wüten der Stalinschen Revolution zum Opfer, und 1941/42 wurden etwa dreihundertachtzigtausend Wolgadeutsche aus ihrer Heimat vertrieben und nach Sibirien und Mittelasien deportiert. Damit endete die Geschichte einer deutschen Siedlung, die fast zwei Jahrhunderte zuvor begonnen hatte.[37]

Reuters Aktivitäten an der Wolga waren lange Zeit schwer einzuschätzen, da es über diese Zeit kaum Dokumente gibt. In den letzten Jahren hat sich die Quellenlage allerdings etwas verbessert, da mehr russisches Archivmaterial zugänglich geworden ist. So ist es heute möglich, Reuters Erfahrungen an der Wolga detaillierter, wenn auch nicht lückenlos, nachzuzeichnen.

Im April 1918, als in Moskau ein Kongreß der Kriegsgefangenenkomitees stattfand, trafen dort zwei Delegationen von Wolgadeutschen ein und baten um Hilfe bei der Gestaltung ihres Verhältnisses zu der neuen bolschewistischen Regierung, bei der Lösung der wirtschaftlichen und sozialen Probleme der Region und bei der Klärung von Fragen im Zusammenhang mit der Selbstverwaltung der Wolgadeutschen.[38] Die eine Gruppe von »deutschen Sozialisten aus der Provinz Saratow« stand unter der Leitung des politisch aktiven Lehrers Adam Emich und nahm auf dem Kongreß Kontakt mit Irma und Peter Petroff auf, die ihrerseits ein Gespräch mit dem Volkskommissar für Nationalitätenfragen vermittelten – Jossif Wissarionowitsch Stalin. Stalin versicherte, die Regierung habe keine Einwände gegen die »Selbstverwaltung der deutschen werktätigen Massen gemäß sowjetischen Prinzipien«[39], und schickte die deutschsprachigen »Kommunisti-Internationalisti« Ernst Reuter und Karl Pettin nach Saratow, die dort ein »Wolga-Kommissariat für deutsche Angelegenheiten« einrichten sollten. An das Komitee der deutschen Sozialisten in der Provinz Saratow telegraphierte er: »Wir zweifeln nicht daran, daß sich euer Komitee bemühen wird, alle Maßnahmen zu unterstützen, so daß alles, was nach Weisung eurer erprobten Genossen Reuter und Pettin geschieht, garantieren wird, daß eure Aktivitäten in der Region schließlich zum Sieg des Sozialismus führen werden.«[40] Reuter und Pettin reisten sofort zusammen mit der deutschen Wolga-Delegation ab und trafen am 26. April in Saratow ein. Reuter zog in das Haus der Reinekes, der drittreichsten Familie in Saratow, und richtete dort auch sein Büro ein. Binnen vier Tagen hatte das neue Kommissariat seine Arbeit aufgenommen.[41]

Einigen Quellen zufolge hatte Reuter wegen seiner Meinungsverschiedenheiten mit Béla Kun über die Schaffung einer kommunistischen Emigrantenpartei für diese Tätigkeit zur Verfügung gestanden. Auf dem Kriegsgefangenenkongreß, den die Wolgadeutschen besucht hatten, hatte die Gruppe um Kun die Oberhand gewonnen, so daß Reuter sein Amt als Sekretär des Moskauer Komitees verlor, das er seit Februar ausgeübt hatte. Irma Petroff sagte später, sie habe Reuter der Delegation der Wolgadeutschen empfohlen und Stalin habe ihrer Empfehlung zugestimmt.[42] Ein anderer gutinformierter Zeitgenosse, Hermann Osterloh, berichtet, Reuter habe gut mit dem Volkskommissar des Äußeren Georgi Wassiljewitsch Tschitscherin und mit Nikolai Bucharin, dem Wirtschaftstheoretiker der Bolschewisten, zusammengearbeitet. Aufgrund dieser Verbindung sei es zu einer langen Unterredung zwischen Reuter und Lenin gekommen, nach der dieser, beeindruckt von dem jungen deutschen Revolutionär, Reuter für den Posten an der Wolga vorgeschlagen habe.[43] Dieser Respekt war gegenseitig. Auch nach seinem Bruch mit dem Kommunismus hielt Reuter Lenin immer für eine faszinierende und starke Persönlichkeit, einen »im Gegensatz zu Stalin (...) bedeutenden Mann (...)«.[44]

Die Einzelheiten seiner Mission an der Wolga wurden schließlich in einem Gespräch mit Tschitscherin, Radek, Nikolai Bucharin, Grigori Sinowjew, Iwan Uljanow und Hermann Osterloh geklärt. Die Funktionen des neuen Kommissariats sahen folgendermaßen aus: »1. das ideologische Zentrum der sozialistischen Bewegung für die gesamte wolgadeutsche Region zu sein, 2. den Wolgadeutschen zu helfen, Autonomie gemäß sowjetischen Prinzipien zu verwirklichen, und 3. einen Kongreß sowjetischer Arbeiter und armer Bauern für die deutschen Kolonien vorzubereiten.«[45] Karl Pettin, ein Lehrer lettischer Herkunft, erhielt die Aufgabe, die Aktivitäten der politischen Polizei (Tscheka) in der Region zu koordinieren.[46]

Saratow war damals mit zweihundert- bis zweihundertfünfzigtausend Einwohnern die elftgrößte Stadt in Rußland und Hauptstadt einer Provinz, die für ihre ethnische Vielfalt und ihre radikale politische Tradition bekannt war. Einige der bekanntesten russischen Revolutionäre, darunter der berühmte Sozialrevolutionär Viktor Tschernow, stammten aus dieser Gegend. Etwa drei Viertel der mehr als 2,5 Millionen Einwohner waren russischer Abstammung. 1887 hatten die Deutschstämmigen 6,97 Prozent der Bevölkerung gestellt;[47] ihre Zahl stieg jedoch kontinuierlich und betrug vor dem Ersten Weltkrieg mehr als vierhundertachtzigtausend. Die Nachfahren der Siedler, die seit den sechziger Jahren des achtzehnten Jahrhunderts ins Land gekommen waren, lebten in ländlichen Kolonien, die über die ganze Provinz Saratow und die benachbarte Provinz Samara sowie an beiden Ufern der Wolga verstreut waren. Die stärkste Konzentration Deutschstämmiger gab es jedoch südlich und östlich von Saratow. Die Stadt selbst blieb weitgehend russisch.[48]

Für die Wolgadeutschen war das Leben immer hart gewesen. Es war schwierig, an der unteren Wolga Landwirtschaft zu betreiben, und ihre landwirtschaftlichen Methoden waren alles andere als fortschrittlich, wenngleich sie es zu etwas mehr Wohlstand brachten als ihre russischen Nachbarn, weil sie neben der Landwirtschaft außerdem Heimarbeit betrieben. Die Landwirtschaft war größtenteils gemeinwirtschaftlich organisiert; dennoch waren die Wolgadeutschen neueren Forschungen zufolge keine einheitliche oder egalitäre Gemeinschaft, wie man lange angenommen hat. Zwischen den Bauern bestanden vielmehr erhebliche Unterschiede, da es neben einer Schicht von relativ wohlhabenden Mittelbauern eine große Zahl von landlosen, verarmten Landarbeitern gab.[49] Das anhaltende Bevölkerungswachstum verschärfte die Situation noch. Die verhältnismäßig kleine städtische Arbeiterklasse fand vor allem Beschäftigung in den sich zunehmend ausbreitenden Getreidemühlen.[50]

Überdies hatte die zaristische Regierung die Wolgadeutschen vor 1917 immer mit Mißtrauen betrachtet und sie entsprechend schlecht behandelt. Die Deutschstämmigen galten als potentiell subversive Kraft und waren daher eine geeignete Zielscheibe für den Zorn russischer Bauern, die mit ihnen um das Land konkurrierten. Erst die Februar-Revolution verhinderte die Abschaffung der wolgadeutschen Kolonien und wurde von den Wolgadeutschen deshalb begeistert begrüßt.[51] Dem Historiker James Long zufolge waren die Wolgadeutschen indes bald von der Provisorischen Regierung enttäuscht und entwickelten vage sozialistische Sympathien, wobei sich viele vom Landprogramm der Sozialrevolutionären Partei angesprochen fühlten; Bolschewisten und Menschewisten waren auf dem Land nur schwach vertreten. In dieser unsicheren Situation erhoben mehrere Organisationen den Anspruch, die Interessen der Wolgadeutschen zu vertreten: das Zentralkomitee der deutschen Wolgakolonisten, das besonders an politischen Reformen und an Fragen der Autonomie interessiert war und mit Reuters späterem Gegner, Johannes Schleuning, zusammenarbeitete; der eher linksgerichtete Bund der deutschen Sozialisten an der Wolga, in dem der Lehrer Adam Emich aktiv war; eine radikalere Lehrergruppe mit sozialrevolutionärer Orientierung, die aktivste und militanteste Gruppierung der wolgadeutschen Gemeinschaft.[52] Die bolschewistische Machtergreifung im Herbst 1917 stieß daher bei den Wolgadeutschen auf unterschiedliche Reaktionen, und die Umstände, unter denen Reuter im April 1918 seine Mission erhielt, deuteten darauf hin, daß es »Monate dauern würde, bis die bolschewistische Macht die Bauerndörfer und die wolgadeutschen Siedlungen effektiv durchdringen würde«.[53] Man begeisterte sich anfangs auch nicht sonderlich für die Idee politischer Autonomie. Das Eintreten der Bolschewisten für eine Föderation scheint dem Autonomiegedanken erst allmählich Auftrieb gegeben zu haben. In ihrer Mehrzahl waren die Wolgadeutschen vor allem an Fragen der Landverteilung, der Landwirtschaft und der Bildung (etwa dem Gebrauch der deutschen Sprache in den Schulen) interessiert.[54] Um eine Basis für gemeinsames Handeln zu finden, nahm eine Gruppe führender Wolgadeutscher, darunter die »deutschen Sozialisten« um Emich, an einer Konferenz in der Kleinstadt Warenburg teil, und da man sich in der Autonomiefrage nicht einigen konnte, reisten im April zwei Delegationen nach Moskau. Das Ergebnis war bekanntlich die Schaffung des Kommissariats für deutsche Angelegenheiten.[55]

Reuter, der in Armeestiefeln und einer alten Hose wie ein »deutscher Bauer« aussah, legte den üblichen Arbeitseifer an den Tag und verschaffte sich als Hauptrepräsentant der Sowjetmacht im Wolgagebiet schnell Anerkennung. Er interessierte sich besonders für Fragen der Bildung und Kultur sowie für die politische Organisation der Bauerndörfer; außerdem mußte er aufgrund der anhaltenden Knappheit von Waren wie Seife, Leder und Papier ökonomische Entscheidungen treffen.[56] Aber Reuters Autorität waren

Grenzen gesetzt, was weitgehend daran lag, daß in den Jahren von Revolution und Bürgerkrieg im gesamten unteren Wolgagebiet eine fast schon in Chaos übergehende Anarchie herrschte.[57] Im Frühjahr 1918 begannen verschiedene Gruppen, die angeblich im Namen der Sowjetmacht handelten, die Getreidevorräte der Bauern zu requirieren und »Kontributionen« zum Ausgleich für ihre Ausgaben zu verlangen. Schon im Mai wurde berichtet, verschiedene Militäreinheiten, von denen sich einige »Komitees bewaffneter Arbeiter« oder lokale »Sowjets« nannten und die teilweise die Unterstützung der Tscheka hatten, aber allesamt nicht vom Kommissariat für wolgadeutsche Angelegenheiten kontrolliert wurden, hätten durch Terror und Erpressung das Eigentum insbesondere der Mittelbauern an sich gebracht. Im Juni wurden zunehmend Beschwerden über diese Praktiken an die deutsche Gesandtschaft in Moskau und das neue deutsche Konsulat in Saratow gerichtet, die nach dem Friedensabkommen von Brest-Litowsk und der Aufnahme diplomatischer Beziehungen zwischen Sowjetrußland und dem deutschen Kaiserreich eingerichtet worden waren. In einem Memorandum an den deutschen Gesandten Graf Mirbach stellte Pfarrer Schleuning fest, die »terroristischen Überfälle von seiten der bolschewistischen Roten Gardisten« hätten zur Ermordung Hunderter von Männern, Frauen und Kindern geführt.[58] Obwohl Schleunings Behauptungen übertrieben waren, gab es in diesen Monaten tatsächlich viel Grausamkeit und sinnlose Gewalt. Einem belegten Fall zufolge forderte beispielsweise ein Vertreter des örtlichen »Militärs« von einem Dorf eine »Kontribution« von fünfhundert Rubeln zur Unterstützung seiner Männer und preßte den unglücklichen Dorfbewohnern zwanzigtausend Rubel ab, als diese die Forderung ablehnten![59] Ein anderer Fall: Am 14. Mai kam eine Gruppe von hundertsechzig Männern in die Stadt Balzer, eine der größten deutschen Kolonien, um die Einwohner auszuplündern. Sie verhöhnten die Bevölkerung mit den Worten »Kaiser Wilhelm läßt Euch grüßen, aber wir liefern Euch ihm so aus, wie Euch die Mutter geboren hat!«[60] Für viele Wolgadeutsche, vor allem aus den besitzenden Schichten (zu denen die Mittelbauern oder »Kulaken« – ein Zwangsbegriff, der der leninistischen Theorie eigentlich zuwiderlief – gehörten), waren die Bolschewisten im allgemeinen und Ernst Reuter im besonderen für diese Ausschreitungen verantwortlich. Die beiden Beamten, die für das deutsche Konsulat in Saratow arbeiteten, sprachen mit Reuter häufig über

Hinrichtungen und andere Greueltaten, aber ihnen war klar, daß der Kommissar dagegen weitgehend machtlos war, vor allem, wenn diese Taten von der Tscheka verübt wurden, für die Pettin zuständig war. Einige Wolgadeutsche beschuldigten Reuter, an der Erhängung von drei Männern in der Kirche der Kolonie Stephan beteiligt gewesen zu sein, aber einer der deutschen Konsuln in Saratow, der keinen Grund hatte, Reuter zu mögen, widersprach dem energisch. Wie er später äußerte, basierten die Beschuldigungen wohlhabender Kolonisten gegen Reuter auf »reiner Assoziation, weil sie nicht unterscheiden konnten, wer was angeordnet hatte«.[61]

Reuter versuchte, die Gewalt einzudämmen und die Beschlagnahmung von Getreide in geordnete Bahnen zu lenken. Im Juni teilte er mit, er brauche »absolut zuverlässige Rotarmee-Abteilungen, einen kleinen, aber geschulten Trupp deutscher Kollegen, die wir auf die Kolonien verteilen können«. Noch bevor Reuter dafür aus Moskau grünes Licht bekam, fand er in Saratow ungefähr sechzig loyale Soldaten (unter ihnen Tschechen, Deutsche, Polen und Ungarn), die er Anfang Juli zu einer Truppe zusammenstellte.[62] Ende des Monats gab der Rat der Volkskommissare in Moskau schließlich einen von Lenin unterzeichneten Erlaß heraus, in dem es hieß, »alle Kontributionen, Konfiskationen und Requisitionen von Getreide unter den deutschen Kolonisten an der Wolga dürfen nur mit Zustimmung des Kommissariats für deutsche Angelegenheiten in Saratow stattfinden. Vom Gesichtspunkt der allgemein-staatlichen Interessen können jegliche eigenmächtige Aktionen der örtlichen Sowjets im Verhältnis zu den deutschen Kolonien zu sehr bedauerlichen Folgen führen.«[63] In den folgenden Wochen kehrte auf dem Land wieder Ordnung ein, und bald gaben die Wolgadeutschen freiwillig Getreide ab – eine beachtliche Leistung, wenn man bedenkt, welches Chaos und welche Gewalt in den übrigen Teilen der Wolgaregion, insbesondere in der Gegend um Samara, südlich von Saratow, herrschten.[64] Richard Lowenthal bemerkte vor einigen Jahren zu Recht, daß die Beiträge der Wolgadeutschen, die großenteils Reuters Bemühungen zu verdanken waren, Moskau geholfen hätten, einige der schwierigsten Phasen des Bürgerkriegs durchzustehen.[65]

Mittlerweile konnte sich der junge Kommissar auch eine klarere Vorstellung von seinen politischen und administrativen Aufgaben machen. Kurz nach seiner Ankunft in Saratow hatte sich herausgestellt, daß sein Auftrag und der Umfang seiner Kompetenzen noch weitgehend offen waren. Ende Mai fuhr er deshalb nach Moskau.[66] Stalin und der Volkskommissar des Inneren Grigori Petrowski gaben daraufhin einen Erlaß heraus, in dem es hieß, Reuter vertrete sowohl die sowjetische Regierung als auch die Interessen der Wolgadeutschen: »Das Kommissariat wird für die Umsetzung der Dekrete und Anordnungen der Sowjetmacht verantwortlich sein.« Da das Kommissariat auch die »werktätigen Massen der deutschen Kolonisten in Bezirkssowjets« organisieren sollte,[67] fand am 30. Juni 1918 der Erste (Konstituierende) Sowjetkongreß der deutschen Kolonien an der Wolga im Volkshaus von Saratow statt. Unter Reuters Vorsitz erörterte der Kongreß Fragen der Autonomie, der »Volkserziehung« (einschließlich der Frage der zugelassenen Sprachen), der Landverteilung und der Wahlen. In seinen einleitenden Bemerkungen betonte Reuter, wie ernst er den Einsatz der Wolgadeutschen für die Erhaltung ihrer Sprache, ihrer Kultur und ihrer Erziehungseinrichtungen nehme; außerdem unterstütze er die Idee einer Föderation der Sowjets für die wolgadeutschen Kolonien.[68] Der Kongreß billigte die Schaffung eines »Rats der Kommissare« und Wahlen zu Dorfsowjets, denen die Umsetzung des bolschewistischen Aufteilungsdekrets vom November 1917 zufallen sollte.[69] Nach dem Kongreß wurden in einer Reihe von deutschen Kolonien örtliche Kommissariate eingerichtet. Die Dorfsowjets – von denen wohlhabende Wolgadeutsche ausgeschlossen waren – gingen unter anderem daran, örtliche Rote-Armee-Abteilungen aufzustellen.

Reuter legte großen Wert auf Agitation und Propaganda. Obwohl er viele Gegner hatte, konnte er auf die Unterstützung einflußreicher Mitglieder der stark gespaltenen wolgadeutschen Gemeinschaft zählen. Das galt insbesondere für jüngere, politisch radikalisierte Lehrer und Anhänger der »deutschen sozialistischen« Gruppe, von denen die meisten ihre Organisation verließen und sich im September der neuen deutsch-kommunistischen Partei, einem Zweig der Kommunistischen Partei Rußlands, anschlossen.[70] Kurz darauf gab die Gruppe eine Zeitung heraus. Da es Reuter gelang, »eine anständige Druckerei« aufzutreiben, war das Kommissariat jetzt in der Lage, Material zu drucken und zu verteilen.[71]

Im Oktober 1918 unternahmen die Wolgadeutschen den ersten wichtigen Schritt in Richtung politischer Autonomie, der sechs

Jahre später zur Gründung der Autonomen Sowjetischen Sozialistischen Wolgarepublik führen sollte. Ein Dekret von Lenins Rat der Volkskommissare schuf die institutionelle Grundlage für ein neues »wolgadeutsches Gebiet« (Oblast Njemzew Powolschja). Eine Gebietsexekutive und eine Kommission zur Festlegung der Grenzen des neuen Gebietes wurden eingerichtet. Am 20. Oktober tagte der Zweite Sowjetkongreß der deutschen Wolgakolonien in der kleinen deutschsprachigen Stadt Seelmann. Von den Kommunisten dominiert, wählte der Kongreß, der 223 deutsche Kolonien und die deutschsprachigen Arbeiter von Saratow vertrat, eine neue, fünfundzwanzig Personen umfassende Exekutive für das Wolgagebiet, an deren Spitze Reuter stand.[72] Dies war bislang Reuters größter politischer Triumph. Am 24. Oktober fuhr er nach Moskau, um am Allrussischen Sowjetkongreß teilzunehmen. Er sollte nie mehr an die Wolga zurückkehren.

Das kaiserliche Deutschland löste sich militärisch und politisch auf. Am 9. November wurde die Republik ausgerufen, und Wilhelm II. floh nach Holland. Zwei Tage später unterzeichneten Vertreter der neuen provisorischen Regierung, die von Reuters alter Partei, der SPD, und der von Kriegsgegnern gegründeten Unabhängigen Sozialdemokratischen Partei Deutschlands (USPD) gestellt wurde, das Waffenstillstandsabkommen, das den Krieg beendete. Jetzt war Ernst Reuter entschlossen, so schnell wie möglich nach Hause zurückzukehren.

Der junge Mann, der nur einige Monate zuvor ein Gefangener gewesen war, der Wasser aus einem Bergwerksschacht abgepumpt hatte, hatte eine schwindelerregende Erfahrung gemacht. Er hatte die wichtigsten Führer der bolschewistischen Revolution kennengelernt: Lenin, Stalin, Bucharin, Tschitscherin, Sinowjew und Radek. In einer Zeit großer Wirren und eines sich abzeichnenden Bürgerkrieges hatte er eine ihm völlig fremde und politisch sensible Region mehr oder weniger erfolgreich organisiert. In einer Zeit, als Rußland in Chaos und Anarchie versunken war, hatte er geholfen, die Ordnung aufrechtzuerhalten und die schlimmen Exzesse zu vermeiden, zu denen es unter seinen Nachfolgern noch kommen sollte. Dennoch hatte ihn die Erfahrung von Krieg und Revolution in Rußland sehr radikalisiert, und er war fest davon überzeugt, daß die Zukunft dem Kommunismus und dem Proletariat und nicht dem bürgerlichen Individualismus gehöre. In den Augen einiger seiner Zeitgenossen war er zu einem wahrhaft Gläubigen, einem »Fanatiker«, geworden, »kein Theoretiker, sondern ein Praktiker, ein radikaler Kommunist«, ein Mann, der »nach Bolschewismus roch«.[73] In der aufgeheizten Atmosphäre jener Tage glaubte auch er, die Welt stehe kurz vor einer Revolution – die in Deutschland ihre Feuerprobe erleben würde. So beschied er etwa zwei skeptische deutsche Konsuln in Saratow: »Jetzt erst wird Deutschland ganz groß werden. Die absolute Freiheit, der Sozialismus. Die Feindschaft zwischen den Menschen wird aufhören. Wir sind jetzt eins mit dem russischen Brudervolk; es wird keine Grenzen mehr geben.« Dem Personal der deutschen Botschaft in Moskau gegenüber äußerte Reuter im November: »Jetzt wird in Deutschland der Sozialismus durchgeführt – wer sich widersetzt, wird weggeräumt.«[74] Dem Kampf und dem Aufbau einer neuen Gesellschaft in Deutschland verpflichtet, schlug Ernst Reuter den Weg eines Berufsrevolutionärs ein und nahm eine neue Identität an.

Der Revolutionär

Reuter verbrachte über einen Monat in Moskau, bevor er im Dezember 1918 zusammen mit Karl Radek und Felix Wolf nach Deutschland zurückkehren konnte. Radek erreichte Berlin am 19. Dezember; Reuter kam anscheinend erst Weihnachten an, und sein erster Weg führte ihn in die Wohnung der Frau Krappek. Er wurde sofort in die revolutionäre politische Arbeit einbezogen und nahm vom 30. Dezember 1918 bis zum 1. Januar 1919 am Gründungsparteitag der KPD teil. Wie Radek war er nicht Delegierter des Spartakusbundes, sondern »Vertreter der russischen Sowjetrepublik«. Aber auf der Versammlung, die von Persönlichkeiten wie Rosa Luxemburg, Karl Liebknecht, Leo Jogiches, Paul Levi und Karl Radek dominiert wurde, gehörte er nicht zu den Hauptakteuren und ergriff auch nicht das Wort.[75]

An einem Tag im Januar 1919 kam Ernst Reuter in das KPD-Büro, um mit Leo Jogiches zu sprechen. Rosi Wolfstein, Parteisekretärin und eine von Rosa Luxemburgs Mitarbeiterinnen, war gerade anwesend und erinnerte sich später an ihre erste Begegnung mit dem frisch aus Rußland eingetroffenen Revolutionär: »Als R[euter] auf dem Büro auftauchte, sah ich einen großen, hageren, exotisch (Pelzmütze) aussehenden Mann, half ihm aus seinem gefütterten schweren Mantel. Er: ›Vorsicht, da sind die Handgranaten drin.‹ Ich erschrak einen Moment, bevor ich den Witz verstand.« Reuter war offensichtlich ein »intellektueller Typ, sah etwas asketisch aus« und vermittelte den Eindruck »von Selbstvertrauen und Distanz«.[76] Zu dieser Zeit wurde Reuter gesucht. Die Behörden hatten schnell erfahren, daß sich ein Sympathisant des Spartakusbundes in der Wohnung von Frau Krappek in der Regensburger Straße aufhielt, und im Januar 1919 waren Frau Krappek, ihre Pflegetochter Lotte und Otto Lehmann-Rußbüldt verhört worden. Da Reuter nicht in die Wohnung zurückkehren konnte, verließ er Berlin und wohnte bei seinem Freund Wilhelm Gaede in Bunzlau; begleitet wurde er von der siebzehn Jahre alten Lotte, zu der sich eine engere Beziehung entwickelte.[77]

Kurz darauf erhielt er seinen ersten bedeutenden Parteiauftrag: Er sollte in Oberschlesien, einer Region, die damals für ihre chaotischen Zustände, ihre radikalen politischen Basisbewegungen und ihre komplizierten ethnischen Konflikte bekannt war, einen kommunistischen Parteiapparat aufbauen. Mitte März begab er sich dorthin und verwendete hier zum ersten Mal den Decknamen »Friesland«, eine Anspielung auf seine Heimat. Er wurde vor allem deswegen nach Oberschlesien geschickt, weil die Partei nur wenige führende Leute hatte, die sich in konkreter Verwaltungsarbeit auskannten, und weil Reuter »auf Grund seiner Praxis in Rußland ein gewisses Maß von Erfahrungen« hatte. Die halfen ihm allerdings nicht sehr viel. Die örtlichen kommunistischen Gruppen waren von Spitzeln und Agenten durchsetzt, und binnen weniger Wochen wurde Friesland denunziert und festgenommen.[78] In Beuthen verurteilte man ihn zu drei Monaten Gefängnis, und trotz seiner etwas naiven Hoffnung auf vorzeitige Entlassung blieb er bis zum Spätsommer in sogenannter Schutzhaft. Anfang Oktober nach Berlin zurückgekehrt, erhielt er einen weiteren Parteiauftrag: Diesmal sollte er Berliner Bezirkssekretär werden und als solcher in der Stadt eine effiziente Parteiorganisation auf die Beine stellen – eine fast schon beängstigende Aufgabe in Anbetracht der schwierigen Situation der Partei und der Tatsache, daß sie in Berlin nur achthundert Mitglieder hatte.[79] In den nächsten anderthalb Jahren arbeitete er intensiv als hauptamtlicher KPD-Funktionär: Er organisierte Veranstaltungen für Jugendliche, hielt Reden und Vorträge und kümmerte sich um den Aufbau einer örtlichen Parteistruktur.

In diesen Monaten und Jahren lebte er weitgehend so, wie er es vor seinem Militärdienst getan hatte. Er konnte in seine alten Räume bei der Familie Daverkausen in der Lützenstraße zurückkehren und nahm auch seine reichhaltige Lektüre wieder auf. Da er nunmehr Kommunist und somit noch »verdächtiger« war als früher, war allerdings größere Vorsicht geboten. Wenn Friesland Besuch bekam, mußte Herr Daverkausen oft mit dem Hund spazierengehen, um festzustellen, ob das Haus beobachtet wurde.[80] Friesland verbrachte auch wieder viel Zeit in Frau Krappeks Wohnung; diese schillernde und etwas bohemienhafte Person war selbst Kommunistin geworden, so daß die beiden viel Gesprächsstoff hatten. Sie dekorierte den Balkon ihrer Wohnung in der Regensburger Straße sogar mit einer roten Fahne![81]

Hinzu kam, daß er die Geborgenheit, nach der er immer suchte, bei Frau Krappeks Pflegetochter Lotte gefunden zu haben schien. Am 7. Januar 1920 wurden Ernst und Lotte getraut, und ein Jahr darauf wurde ihre Tochter Hella (1920–1983) geboren. Ihr folgte ein Jahr später der Sohn Gerd Harry (1921–1992). Doch die Ehe zwischen Ernst und Lotte war alles andere als eine Verbindung zwischen Gleichgesinnten. 1901 in einer Familie Scholz geboren, war Lotte weitgehend von Frau Krappek großgezogen worden, die sie ein Jahr nach der Heirat mit Ernst adoptierte. Die warmherzige, einfache und redliche Lotte Reuter war gänzlich unpolitisch und hatte keinerlei intellektuelle Ambitionen; wie sie selbst zugab, interessierte sie sich nicht für Ernsts politische Aktivitäten.[82] Ernst indes ging ganz in seiner politischen Arbeit auf und verbrachte viele Abende außer Haus. Zwar deutet nichts darauf hin, daß Ernst ein schlechter und nachlässiger Vater war, aber offensichtlich bestand zwischen den Eheleuten wenig Kommunikation. Nach ihrer Heirat wohnten sie in Frau Krappeks Wohnung; ihr schmales Budget erlaubte keine eigene Wohnung. Allerdings sorgte Ernst dafür, »daß immer etwas für Bücher da war«.[83]

Als Gründungsmitglied der KPD erlebte Friesland zwischen 1919 und 1922 alle politischen Kursänderungen sowie die Höhen und Tiefen ihrer wechselvollen Frühgeschichte.[84] Die neue Partei war ein Konglomerat von divergierenden Gruppen und Interessen, und viele radikale Aktivisten und Rätekommunisten standen dem »Parteikommunismus« der Russen mißtrauisch gegenüber. Nur zwei Wochen nach der Parteigründung wurden ihre führenden Mitglieder Karl Liebknecht und Rosa Luxemburg nach dem fehlgeschlagenen Januaraufstand in Berlin ermordet; knapp zwei Monate später wurde Leo Jogiches ebenfalls von Rechtsextremisten umgebracht. Gespalten, führungs- und orientierungslos, war die neue KPD vorübergehend verboten und mußte 1919 weitgehend eine konspirative Existenz im politischen Untergrund führen. Die Möglichkeiten einer deutschen Revolution unter Führung der KPD im Stile der Bolschewisten waren nie besonders groß und schienen von Monat zu Monat mehr zu schwinden. Zwar gab es viele radikale Arbeiter in Deutschland, die mit den neuen Institutionen der jungen Weimarer Republik unzufrieden waren, doch in den ersten Monaten waren die Kommunisten unfähig, dieses Reservoir wirksam zu erschließen. 1919 und 1920 verlor die Partei sogar Mitglieder, und zwar nicht nur wegen der politischen Repression, sondern auch wegen ihrer verworrenen und ineffektiven Strategie. Im Herbst 1919 hatte sie noch hunderttausend Mitglieder, aber binnen eines Jahres war diese Zahl auf sechsundsechzigtausend gesunken. Im März und April 1920 reagierte sie unsicher und zwiespältig auf den antirepublikanischen Kapp-Putsch, den Generalstreik, der zum Zusammenbruch des Putsches führte, und die spontanen Selbstverteidigungsaktionen der radikalen Arbeiter an der Ruhr.[85] Sie hatte außerdem eine Spaltung zu verkraften, denn fünfzigtausend radikale Kommunisten trennten sich von der Partei und gründeten im Frühjahr 1920 eine neue Kommunistische Arbeiter-Partei Deutschlands (KAPD).[86] Aber das war noch nicht alles: Die Führung der neugegründeten Kommunistischen Internationale (Komintern) hoffte, die KAPD für die Sache des internationalen Kommunismus zurückgewinnen zu können, und hielt – zum großen Verdruß der KPD[87] – an der Auffassung fest, die KAPD sei eine »sympathisierende« Partei. Im Klartext bedeutete dies die Anerkennung zweier konkurrierender kommunistischer Parteien in Deutschland.[88]

Daher war es ein enormer Glücksfall für die bedrängte Partei, daß die Komintern eine weitere Spaltung förderte, diesmal jedoch in den Reihen der USPD, einer großen, heterogenen Gruppierung, die sich aufgrund von Meinungsverschiedenheiten über die Kriegsziele 1917 von der SPD abgespalten hatte. Obwohl die USPD bei den Wahlen zum neuen Reichstag im Juni 1920 sehr gut abschnitt, konnte sie ihren Erfolg nicht nutzen. In sich zerrissen, spaltete sie sich im Herbst 1920 schließlich wegen der Frage, ob die »21 Bedingungen« für die Mitgliedschaft in der Komintern, die auf deren

Protestkundgebung der KPD gegen die Ermordung des Zentrumspolitikers und ehemaligen Reichsfinanzministers Matthias Erzberger am 31. August 1921. Die Rednerin Clara Zetkin (1857–1933), eine der schillerndsten Gestalten der deutschen Arbeiterbewegung, war 1921 mit der Gruppe um Paul Levi verbündet.

Zweitem Weltkongreß zu Anfang des Jahres gebilligt worden waren, angenommen werden sollten. Die meisten Unabhängigen Sozialdemokraten waren dafür und vereinigten sich im Dezember 1920 offiziell mit der KPD zur Vereinigten Kommunistischen Partei Deutschlands. (Obwohl die neue Partei bis Ende 1921 offiziell VKPD hieß, werden wir sie weiterhin als KPD bezeichnen, da sie diesen Namen später wieder annahm und unter ihm am bekanntesten ist.) Die KPD war plötzlich zu einer Massenpartei geworden, wie Eric Weitz feststellt: »Sie hatte über 350 000 Mitglieder, gab verschiedene Zeitungen heraus, war stark in den Gewerkschaften und Parlamenten vertreten und fest in den meisten deutschen Industriegebieten, insbesondere in Halle-Merseburg, an der Ruhr, in Sachsen, Hamburg und Berlin, verankert.«[89]

Paul Levi (1883–1930), der nach dem Tod von Luxemburg, Liebknecht und Jogiches Parteivorsitzender geworden war, kam diese neue Situation sehr zupaß. Levi, Sohn eines Textilunternehmers, hatte in Heidelberg, Berlin und Grenoble studiert und in Frankfurt am Main eine Anwaltskanzlei eröffnet. Dort war er zum Sozialdemokraten und Rechtsberater von Rosa Luxemburg geworden, mit der ihn eine enge persönliche und politische Freundschaft verband. Während des Krieges lernte er auch Lenin und Radek kennen und wurde Mitglied des Spartakusbundes. Als ein Mann mit großen geistigen Fähigkeiten, festen Überzeugungen und einer verfeinerten, großbürgerlichen Lebensart war er gleichsam der natürliche Nachfolger von Luxemburg.[90] Im Spätsommer 1919 sah er die Chancen für eine Revolution in Deutschland rasch dahinschwinden. Folglich mußte die KPD seiner Ansicht nach die Massen gewinnen und politische Isolation und Sektierertum vermeiden. Sie sollte an Wahlen teilnehmen, auch wenn das die Trennung von den Linksradikalen bedeutete, die schließlich in der KAPD landeten; und er übte entschiedene Kritik am »Putschismus«. Seit dem Zweiten Weltkongreß der Komintern im Sommer 1920 stand Levi dieser Organisation, ihrer Politik und ihrem wachsenden Einfluß auf die westlichen und mitteleuropäischen Parteien mit zunehmender Skepsis gegenüber. Er begrüßte daher die Vereinigung mit der USPD Ende 1920, und im Januar 1921 gab die Zentrale der KPD – das höchste Exekutivorgan der Partei – einen von ihm autorisierten »Offenen Brief« heraus, der sich an die Gewerkschaften und die sozialdemokratischen Parteien in Deutschland mit der Botschaft richtete, die Kommunisten seien bereit, reformistische Ziele zu unterstützen und auf revolutionäre Kompromißlosigkeit zu verzichten. Verfaßt worden war der Brief von Karl Radek, jetzt der Vertreter des Exekutivkomitees der Kommunistischen Internationale (EKKI) in Deutschland und nicht gerade ein natürlicher Verbündeter Levis. Unerwarteterweise wurde der »Offene Brief« auch von Lenin unterstützt, aber binnen eines Monats mußte Levi den Parteivorsitz niederlegen. Danach wurde er zu einem der schärfsten Kritiker der Parteiführung, insbesondere der sogenannten »Märzaktion«, einem der schwerwiegendsten Rückschläge in der wechselvollen Geschichte der jungen Partei. Diese Ereignisse ebneten den Weg für den kurzen, steilen Aufstieg Frieslands an die Spitze der KPD.

Begonnen hatte dieser Aufstieg mit der besonderen Verantwortung für die Berliner Parteiorganisation, die bekannt war für ihren kompromißlosen und, so kann man rückblickend sagen, weitgehend utopischen Sozialismus. Es kann daher kaum überraschen, daß die Berliner Levis Auffassung vom »Absterben« der kurz- und mittelfristigen revolutionären Aussichten nicht teilten. Friesland war nicht der einzige bürgerliche Intellektuelle, der in der Berliner Parteiorganisation aktiv war. Und obwohl er zweifellos zu den prominentesten Berliner Genossen zählte, war er keineswegs der radikalste. Das konnte man wohl eher von Ruth Fischer (1895–1961) und Arkadi Maslow (1891–1941) sagen. Fischer, die ältere Schwester des Komponisten Hanns Eisler, galt als »fanatische junge Kommunistin«.[91] Ihr Freund und Mitarbeiter Arkadi Maslow, gebürtiger Russe und Sproß einer wohlhabenden Familie, hatte nicht das geringste Interesse an Politik gezeigt, bis er 1919 Fischer und Paul Levi begegnete und sich vor allem Fischers Ansichten zu eigen machte.[92] Doch weder Reuter noch Fischer, noch Maslow hatten dem alten Spartakusbund angehört. In der Partei galten sie daher als »Außenseiter«.[93]

Reuters geistige und administrative Fähigkeiten und seine disziplinierten Arbeitsgewohnheiten wurden allgemein anerkannt; dennoch scheint er unter den damaligen Spitzen der KPD verhältnismäßig wenige politische Freunde gefunden zu haben. Eine Ausnahme war Ernst Meyer (1887–1930), eine der sympathischsten Gestalten in der Geschichte der deutschen Arbeiterbewegung. Als Sohn eines armen Lokomotivführers aus Ostpreußen hatte Meyer die finanziellen und sozialen Schranken seines Milieus überwunden und unter großen Opfern Philosophie, Psychologie und Nationalökonomie studiert. Dieser moralisch und persönlich sehr integre Mann stammte aus einer dezidiert antisozialistischen Familie, war aber wie Reuter von der moralischen und wissenschaftlichen Überlegenheit des Sozialismus überzeugt. Er hatte sich politisch immer weiter nach links entwickelt und übte nach der Gründung der KPD in der Partei verschiedene Funktionen aus, zu denen insbesondere die des Chefredakteurs der Parteizeitung *Die Rote Fahne* gehörte, für die Reuter gelegentlich schrieb. 1921/22 war Meyer Parteivorsitzender, gab dieses Amt jedoch bald wieder auf, weil er Schikanen ausgesetzt war: Es gelang ihm ebensowenig wie Levi, Friesland und Ruth Fischer, sich die Unterstützung der russischen Genossen zu sichern.[94]

Ohne großes Aufsehen nutzte Friesland seine Position in der Berliner Parteiorganisation, um in der nationalen Parteihierarchie aufzusteigen. Ende Februar 1920 wurde er auf dem Dritten Parteitag der KPD in Durlach und Karlsruhe als »Ersatzmann« in die Parteizentrale gewählt. Im Frühherbst reorganisierte die KPD die Arbeit der Zentrale und teilte deren Funktionen zwischen einem Politischen Büro (Polbüro) und einem Organisationsbüro (Orbüro) auf. Levi, Meyer, Clara Zetkin, Heinrich Brandler und August Thalheimer gehörten zum Polbüro, Friesland, Pieck, Hugo Eberlein und Fritz Heckert zum Orbüro. Pieck war Leiter des Orbüros, während Friesland sich weiterhin vor allem um die »Berliner Bewegung« kümmerte.[95] Als Leiter der Berliner Organisation hatte er nach dem Vereinigungsparteitag von KPD und USPD-Linken im Dezember außerdem einen Sitz im Zentralausschuß der Partei inne, der aus den Vertretern der verschiedenen Bezirksorganisationen der KPD zusammengesetzt war (und nicht mit der kleineren, stärker zentralisierten Zentrale zu verwechseln ist!). Trotz dieser neuen Aufgaben hielt er sich jedoch auf nationalen Konferenzen sehr zurück und begann erst Anfang März 1921, die Sitzungen der Zentrale regelmäßig zu besuchen.[96] Unterdessen herrschte in der Partei große Aufregung über Paul Levi.

Zugespitzt wurde die Situation noch durch die komplizierte Beziehung zwischen der deutschen Partei und der Kommunistischen Internationale, insbesondere dem Exekutivkomitee. Nach der Vereinigung mit der USPD-Linken hatte die neue VKPD zwei Vorsitzende, Ernst Däumig von der alten USPD und Paul Levi von der alten KPD. Schon zu dieser Zeit war Levi entschlossen, den revolutionären Aktivismus aufzugeben und den Weg für die spätere Einheitsfronttaktik der Partei zu bereiten. Lenin teilte Levis Vorstellungen, wie sich auf dem Zehnten Parteitag der russischen KP im März 1921 und an der Einführung der gemäßigten Neuen Ökonomischen Politik (NEP) in Sowjetrußland zeigte.[97]

Über diesen Weg geriet Levi indes bald in Konflikte sowohl mit seiner eigenen Parteilinken als auch mit der Führung der Komintern in Moskau, vor allem mit dem Vorsitzenden des EKKI, Grigori Sinowjew. Ein Hauptstreitpunkt war Levis Forderung nach einem »Bündnis mit Sowjetrußland«, das heißt nach einem formellen, gegen die Westmächte und deren Reparationsforderungen gerichteten diplomatischen Bündnis zwischen der jungen Weimarer Republik und Sowjetrußland. Die Berliner Linke um Friesland lehnte das, wie Sigrid Koch-Baumgarten schreibt, »als unkommunistisch ab, da es einerseits gegen den prinzipiellen Internationalismus der kommunistischen Weltanschauung verstoße und andererseits der deutschen Bourgeoisie einen Ausweg aus der Krise weise, wo es doch Aufgabe einer Kommunistischen Partei sein müsse, aufzuzeigen, daß allein die Revolution die Chance biete, dem Dilemma des Versailler Friedensvertrags zu entrinnen«.[98] Friesland befürchtete im Gegensatz zu Levi vielleicht auch schon, die internationale kommunistische Bewegung werde den Interessen Sowjetrußlands untergeordnet, und wollte dem nicht durch ein von der KPD initiiertes Bündnis Vorschub leisten.[99] Das ist jedoch reine Spekulation.

Gleichzeitig spann der Deutschlandexperte der Komintern, Karl Radek, Intrigen gegen seinen Rivalen Levi. Auf einer Sitzung des EKKI in Moskau am 22. Februar 1921 monierte er: »Der Hauptkampf ist jetzt: Wie kommen wir an die Massen heran. Da muß ich nun sagen, wir wären in dieser Frage viel weiter links, wenn nicht stark opportunistische Tendenzen in der V.K.P. wirksam wären, und da möchte ich offen sagen, der Exponent dieser opportunistischen Tendenzen ist der Genosse Levi.«[100] Am selben Tag schied Levi in Berlin zusammen mit Clara Zetkin, Adolph Hoffmann, Ernst Däumig und Otto Brass (die drei Letztgenannten waren ehemalige Mitglieder der USPD) aus der Zentrale aus.[101] Levi und Däumig wurden durch den Parteilinken Heinrich Brandler (1881–1967) und den früheren USPD-Mann Walter Stoecker (1891–1939) ersetzt.

Unmittelbar nach Levis Ausscheiden wandte sich die Partei einer revolutionären »Offensivtheorie« zu und initiierte die sogenannte »Märzaktion« – einen massenhaften, aber schlecht organisierten Arbeiteraufstand in Mitteldeutschland. Über die Ursachen dieser grotesken Episode in der Geschichte des deutschen Kommunismus ist man sich bis heute nicht einig. Die Historiker der ehemaligen DDR haben im allgemeinen den Standpunkt vertreten, die Märzaktion sei eine Reaktion auf eine Provokation der preußischen Behörden gewesen, die über das gewaltige Anwachsen der proletarischen Militanz in der Provinz Sachsen, speziell in dem Gebiet um Halle und Merseburg sowie im Mansfelder Land und in den Leuna-Werken, besorgt gewesen seien. Tatsächlich hatte in dieser Region monatelang Unruhe geherrscht, und im Februar kamen zwei sozialdemokratische Funktionsträger, der preußische Innenminister Carl Severing und der Oberpräsident der Provinz Sachsen, Otto Hörsing, zu dem Schluß, daß bald ein energisches Einschreiten notwendig sei. Am 13. März entdeckten Polizeibeamte in Berlin sechs Kilogramm Sprengstoff, mit dem die Siegessäule im Berliner Tiergarten in die Luft gesprengt werden sollte. Obwohl der Sprengstoff eindeutig von Mitgliedern der KAPD stammte, wurde er als Beweis für einen bevorstehenden Putschversuch der KPD gewertet, und drei Tage später verkündete Hörsing öffentlich, bald würden Polizeieinheiten in das mitteldeutsche Industrierevier einrücken, um die Ordnung wiederherzustellen und die »wilden Streiks, Raub und Plünderungen« in diesem Gebiet zu beenden.[102] Der offiziellen Ansicht der Komintern zufolge war die Märzaktion also »ein der VKPD durch den Angriff der Regierung auf das mitteldeutsche Proletariat aufgezwungener Kampf«.[103]

Obwohl marxistische Historiker später einräumten, daß die kommunistische Führung schwerwiegende Fehler gemacht habe, vertraten sie weiterhin die Auffassung, die Aktion sei durch die preußischen Behörden ausgelöst worden.[104] Dabei ist die aktive Verantwortung der kommunistischen Führung – in der Komintern und in der deutschen Partei – für das Desaster im März 1921 weitaus größer, als es diese Analyse vermuten läßt. Durch die überstürzte Hinwendung zur »Offensivtheorie« schlitterte die KPD in eine Situation, auf die sie überhaupt nicht vorbereitet war. Anfang März trafen drei Vertreter der Komintern in Deutschland ein: der bedenkenlose Béla Kun, der den Aufstand um jeden Preis wollte, der Ungar József Pogány (später unter dem Namen »John Pepper« Parteivorsitzender der Kommunistischen Partei der Vereinigten Staaten) und der wenig bekannte A. Guralsky, entweder Pole oder Lette. Die »Turkestaner«, wie sie genannt werden sollten, drängten die neue KPD-Führung – die Linken Paul Fröhlich, Ernst Meyer und August Thalheimer – zu der offensiven »aktionistischen« Strategie, die sie selbst, entschiedener sogar als die Komintern-Führung, für die einzig richtige hielten. Der Aufruhr unter den proletarischen Massen, insbesondere in Mitteldeutschland, die Reparationszahlungen und die scheinbare Schwäche der Reichsregierung schienen darauf hinzudeuten, daß die Zeit reif für eine revolutionäre Erhebung war.[105] Kurzum, die Kommunisten bereiteten ihre Aufstandspläne genau in dem Augenblick vor, als die preußischen Behörden ein scharfes Durchgreifen der Polizei ins Auge faßten.[106]

Am 17./18. März trat der Zentralausschuß der Partei in Berlin unter dem Vorsitz von Heinrich Brandler zusammen und beschloß, die Aktion nach Ostern am 27./28. März durchzuführen. Mit dem

Aufstand sollten mehrere Ziele verfolgt werden, darunter vor allem der »Sturz der Regierung«, ein »Schutz- und Trutzbündnis mit Sowjetrußland« und die »Entwaffnung der Konterrevolution und Bewaffnung der Arbeiter«. Die Parteiführung unterstützte dezidiert einen Aufruf zum Generalstreik und auch »bewaffnete Konflikte«.[107] Das Einrücken der Polizei in die preußische Provinz Sachsen am 19. März machte eine Vorverlegung der Aktion notwendig – und das Ergebnis war eine totale Katastrophe. Die Aufrufe der KPD zum Generalstreik blieben selbst in Mitteldeutschland weitgehend unbeachtet. Es gab schwere bewaffnete Auseinandersetzungen, die großenteils von dem legendären, romantischen Revolutionär Max Hoelz organisiert wurden, aber Polizei und Militär gewannen schnell die Oberhand. Am 29. März beschossen die Sicherheitskräfte die radikalen Arbeiter in den Leuna-Werken – die zu ihrer Verteidigung einen Panzer gebaut hatten! – und zwangen sie zur Kapitulation. Am 1. April war die Zentrale schließlich bereit, den Konflikt zu beenden.[108] Wie August Thalheimer zugab, hatte die Partei »schwere Fehler« gemacht; sie hatte »eine Generalstabspolitik mit einer rein putschistischen Einstellung« betrieben.[109] Von gewaltsamen Aktionen in Hamburg abgesehen, hatte sich der Aufstand nicht über das mitteldeutsche Industrierevier hinaus ausgebreitet. Etwa hundertfünfundvierzig Menschen waren umgekommen, ungefähr 34 700 Arbeiter wurden festgenommen; insgesamt hatten sich nur rund zweihunderttausend Arbeiter an dem Aufstand beteiligt.[110] Und wieder erlebte die Partei einen starken Mitgliederschwund. Im Januar 1921 hatte die Zentrale die Zahl der Parteimitglieder mit vierhundertfünfzigtausend angegeben, aber bis August war sie auf hundertsechzigtausend und bis November auf zwischen 135 000 und 150 000 gesunken.[111] Der Fehlschlag zog eine endlose Kette von Vorwürfen und Gegenvorwürfen nach sich. Während die Parteiführung lahme Verteidigungsversuche unternahm, ging die Opposition um Zetkin und Levi in die Offensive. In einer Broschüre mit dem Titel »Unser Weg. Wider den Putschismus« verdammte Levi die Märzaktion als den »größten Bakunisten-Putsch der bisherigen Geschichte«, wofür er Mitte April aus der Partei ausgeschlossen wurde. Danach brachte er eine Zeitung mit dem Namen *Unser Weg* heraus, in der er die Politik der kommunistischen Parteiführung scharf kritisierte. Im Herbst schlossen sich ihm mehrere Abtrünnige an und schufen eine neue Organisation, die Kommunistische Arbeitsgemeinschaft

(KAG), die sich nicht als eine politische Partei, sondern als eine Interessengruppe verstand, die für die Einheit der Arbeiterklasse und die Schaffung einer schlagkräftigen Massenpartei eintrat.[112]

Welche Rolle spielte Ernst Reuter bei alledem? Die Berliner Linke unterstützte bekanntlich die »aktionistische« Linie der drei Komintern-Vertreter und der neuen Parteiführung. Friesland nahm nach dem 8. März faktisch an jeder Sitzung der Zentrale teil und hielt im März und April weiterhin an seinen radikal-sektiererischen Ansichten fest. Auf der Sitzung des Zentralausschusses am 17. März forderte er gezielte und gut organisierte Aktionen statt leerer Worte oder hohler Phrasen, was darauf hindeutet, daß er die Erfolgsaussichten der Partei durchaus skeptisch beurteilte. Seine Äußerungen, die in der älteren biographischen Literatur nicht zu finden sind, verdienen eine etwas ausführlichere Darstellung:

»(...) wenn manchmal davon gesprochen wird, daß wir mit unseren 500 000 Mitgliedern in vollem Umfange einen Machtfaktor bilden, so glaube ich, kommt das auch daher mit, daß nicht die schlechtesten unserer Parteigenossen sich gefragt haben: Ja, was hat dann die Kommunistische Partei bisher geleistet? Sie hat dasselbe bisher wie die Unabhängige Partei getrieben. Wir müssen also mit allen Mitteln darauf hinarbeiten, durch unsere *Taten* den Unterschied zwischen uns und der Unabhängigen Partei herauszuarbeiten. Es wird sich klar und deutlich zeigen, daß wir entschlossen sind, die augenblicklich gegebenen Konflikte bis zum äußersten zuzuspitzen. So z. B. jetzt in Mitteldeutschland. Die Kommunistische Partei muß dies auch auf die Gefahr hin tun, daß dies nur eine der berühmten Teilaktionen bleibt und sie sich nur auf dieses Gebiet beschränkt. Wir müssen diese Konflikte unbedingt ausnutzen, um mit äußerster Energie diese Konflikte beantworten zu können. Die Einstellung der Kommunistischen Partei, daß wir evtl. Teilniederlagen erleiden könnten, ist eine der gefährlichsten Einstellungen. Wir müssen durch die Tätigkeit der Partei die Massen dazu bringen, daß jeder Schlag der Reaktion mit einem Gegenschlag der Arbeiterschaft beantwortet wird. Und wenn sich dabei auch hie und da Niederlagen ergeben werden, so schadet das durchaus nicht der Partei, im Gegenteil, die Massen werden dann Vertrauen zu der Kommunistischen Partei bekommen, sie sehen dann, daß die Partei kämpft für die Idee in der einzelnen geschaffenen Situation. Es ist natürlich außerordentlich schwierig, einen umfassenden und bis ins Kleinste festgelegten Plan zu fassen, weil die konkreten außen- und innenpolitischen Anlässe für das ganze Reich heute noch nicht vorliegen und weil wir sie nur erst sehen. Aber wichtig ist es, daß die Partei sich auf diese Zuspitzung einstellt und jede Organisation bereit ist, auch den kleinsten und kleinlichsten Kampf mit äußerster Energie zu forcieren.«[113]

Während des Aufstands blieb Friesland in Berlin, wo er kurz inhaftiert und am 22. März wieder auf freien Fuß gesetzt wurde; Ende April wurde er abermals verhaftet, aber nicht im Zusammenhang mit dem Aufstand, sondern wegen Beschuldigungen in bezug auf seine Aktivitäten an der Wolga. Wieder wurde er schnell freigelassen.[114] Das ganze Frühjahr hindurch hielt er an seinen militanten Ansichten fest. Während der bewaffneten Auseinandersetzungen stellte er sich auf die Seite derjenigen in der Partei, die die Aktion nicht stoppen wollten.[115] Nach der Katastrophe versuchte Friesland in einer Rede vor Parteifunktionären in Berlin am 7. April, das Beste aus der Situation zu machen. Es sei notwendig, so Friesland, daß sich die Partei furchtlos auf Kritik, Selbstkritik und Diskussionen einlasse. Nur offene Diskussionen könnten der Partei helfen, wieder Tritt zu fassen. Es hatte nach einer geeigneten Situation für eine große Manifestation proletarischer Stärke ausgesehen, denn an dem Tag, als der Zentralausschuß zum Aufstand aufgerufen hatte, fand vor dem Berliner Rathaus eine große Demonstration statt. Aber der Zentralausschuß habe nicht erkannt, daß die meisten einfachen Parteimitglieder auf die revolutionäre Offensive nicht vorbereitet waren. Es würde lange dauern, bis die Partei eine echte revolutionäre Avantgarde sein konnte, und bis dahin würde sie noch viele praktische Dinge lernen müssen. Obwohl der Aufstand als eine »Niederlage« zu betrachten sei, war Friesland überzeugt, daß die Partei im großen und ganzen richtig gehandelt hatte. »Ich bin der Auffassung, daß trotz aller Komplikationen, die sich für uns ergeben haben, die Partei recht daran getan hat, die Arbeiter zur Abwehr aufzurufen, daß die Partei den angegriffenen Arbeitermassen beispringen und verhindern mußte, daß es zur Abschlachtung einzelner Teile des Proletariats kam.« Daß Generalstreik zum Sieg einer kommunistischen Regierung in Deutschland führen würde, sei allerdings eine Illusion gewesen. Die Ziele müßten bescheidener sein. Die Kommunisten sollten aus ihren Fehlern lernen und erkennen, daß »die vollendete Planmäßigkeit wohl nur in der Studierstube existiert und daß in der rauhen Wirklichkeit immer Fehler gemacht werden«.[116]

In den folgenden Wochen warnte Friesland seine Partei davor, in Verzweiflung, Defätismus oder Resignation zu verfallen. Auf dem Bezirksparteitag der Parteiorganisation von Berlin-Brandenburg am 7. Mai hielt Friesland eine eindrucksvolle Rede und schlug trotz der Kritik an vielen Aspekten der Parteiaktivitäten einen optimistischen Ton an. Zuerst führte er aus, daß angesichts der Situation in Mitteldeutschland »versucht werden [mußte], das Proletariat in den Abwehrkampf zu führen. Aber unsere Genossen in Mitteldeutschland gingen zum bewaffneten Kampf über, bevor es zu einem Streik der breiten Arbeitermassen gekommen war. Daran waren die verschiedenen Auffassungen schuld, die wir in der Partei gehabt haben.« Dennoch gebe es keinen Grund zur Niedergeschlagenheit, auch wenn »wir noch viel zu lernen haben«. Und in seinem Schlußwort drängte er seine Genossen im Hinblick auf den bevorstehenden Dritten Weltkongreß der Komintern in Moskau, praktisch zu denken, sich also auf konkrete, machbare Aktionen und nicht auf hohle Parolen zu konzentrieren: »Die Tätigkeit der Partei soll sich nicht erschöpfen in der Fabrikation von Parolen.«[117]

Ende Mai fuhr Friesland als Mitglied der deutschen Delegation zum Dritten Weltkongreß der Komintern nach Moskau; es sollte seine letzte Reise nach Rußland und seine letzte Begegnung mit Lenin sein.

Der Skeptiker

Als Friesland Anfang Juni in Moskau ankam, quartierte er sich mit seiner Delegation im Hotel »Lux« ein, das in den dreißiger und vierziger Jahren als Unterkunft kommunistischer Emigranten berühmt wurde. Da sich herausstellte, daß noch mehrere Wochen vergehen würden, bis alle Delegationen eingetroffen waren und der Kongreß beginnen konnte, mußte er sich anderweitig beschäftigen. Es gab politische Diskussionen über die KAPD, die sich der Komintern im Februar 1921 angeschlossen und als »sympathisierende« Partei eine Delegation zum Kongreß geschickt hatte. Als Vertreter der radikalen Berliner Parteiorganisation wollte Friesland mit der KAPD zusammenarbeiten, vor allem wegen der »Kräftevergeudung proletarischer Energien, die in der parallelen Existenz zweier benachbarter kommunistischer Parteien liegt«. Er hatte sich jedoch damit abgefunden, daß die beiden Parteien voraussichtlich getrennte Wege gehen würden.[118]

Da Friesland in Rußland den Ruf eines effizienten Verwaltungsexperten genoß, bat man ihn, bis zum Beginn des Kongresses die Lebensbedingungen der Deutschen zu untersuchen, die nach Sowjetrußland gekommen waren, um beim Aufbau des Sozialismus zu helfen, jetzt aber ohne Arbeit waren. Also reiste er im Juni in das Gebiet Kolomna, um mit den deutschen Genossen vor Ort herausfinden, wo das Problem lag. Es gab viele erstklassige moderne Fabriken, in denen die deutschen Facharbeiter sinnvoll eingesetzt werden konnten. Leider hatte die alte Auswanderungsgesellschaft eine »skandalöse, dilettantische Arbeit« geleistet, »die unsere Arbeit für Sowjet-Rußland aufs schwerste zu kompromittieren droht«. Er schlug sofortige Gespräche zwischen der deutschen Partei und dem russischen Arbeitskommissariat vor.[119] Obwohl nicht bekannt ist, ob bei diesen Bemühungen irgend etwas herauskam, zeigte seine Inspektionsreise wieder einmal, wo seine wahren Neigungen lagen: in dem Wunsch, anstehende Fragen praktisch zu lösen.

Nach der Ankunft der deutschen Delegation hatte jedes Mitglied von Trotzki einen Fragebogen erhalten, der sich mit der Zukunft der Kommunistischen Internationale befaßte. Friesland antwortete mit einem langen Memorandum, das deshalb von Bedeutung ist, weil sich hier eine tiefgreifende Veränderung in seinem politischen Denken abzuzeichnen beginnt. Zuerst hob er einige Punkte hervor, auf die er seit langem hingewiesen hatte.

»1. Der revolutionärste Moment seit der Beendigung des Krieges war in Deutschland ohne Zweifel der Kapp-Putsch. In den Kapp-Putsch-Tagen war die revolutionäre Spannung in Deutschland so groß, wie sie nie zuvor gewesen war, und auch das Bürgertum eine Zeitlang in höchstem Maße verwirrt und ohne politische Direktive.

2. Nach dem Kapp-Putsch ist nach außen hin eine relative scheinbare Befestigung der bürgerlichen Herrschaft festzustellen. Allerdings ist auch diese äußere Festigung der bürgerlichen demokratischen Regierung selbst nach außen hin sehr relativ. Der ständige und nicht aufhörende Streit um die Regierungsbildung, um die Beteiligung der Deutschen Volkspartei auf der einen, der Sozialdemokratie auf der anderen Seite ist ein äußeres Symptom für die politisch zugespitzte Situation, unter der wir in Deutschland leben.«

Hätte es in den Tagen des Kapp-Putsches eine starke Kommunistische Partei gegeben, so Friesland weiter, wäre es vielleicht möglich gewesen, die revolutionäre Grundlage für das Entstehen einer Kommunistischen Räterepublik zu schaffen. Aber diese Chancen waren nicht genutzt worden. In der Zwischenzeit sei es der deutschen »Handels- und Industrie-Bourgeoisie« gelungen, sich wieder eine starke Position zu verschaffen, während die Kommunistische Partei unter »der gänzlichen Abwesenheit einer revolutionären Führung« zu leiden habe.

All das war nichts Neues. Am Ende seiner Ausführungen aber erkennt man plötzlich einen anderen Ton. Das größte Problem der Revolution sei das Fehlen einer effizienten, einheitlichen Führung. Die Komintern sei nicht zu dem politischen »Zentrum« geworden, das eigentlich erforderlich sei. Die Führung der Komintern sei »nicht auf der Höhe«, ihre Organisation »sehr mangelhaft«. Diese Bemerkungen zielten sowohl auf Sinowjew als auch auf Bucharin, die im Jahr zuvor die Offensivtheorie unterstützt hatten. Ein Teil des Problems der Komintern-Führung sei ihre Ausrichtung an Rußland: »So sehr wir verstehen, daß der Kampf in Rußland für die russischen Genossen im Mittelpunkt ihrer Interessen steht, die europäische Gesamtentwicklung ist doch wichtiger.«[120] Dies war der erste leise Hinweis darauf, daß Friesland von der Art und Weise enttäuscht war, wie die Russen die internationale kommunistische Bewegung führten, ja beherrschten.

Nach dem Beginn des Dritten Weltkongresses am 22. Juni 1921 zwang Lenin denn auch der gesamten internationalen kommunistischen Bewegung die russische Kursänderung – das heißt das Umschwenken auf die Neue Ökonomische Politik und die Absage an die Weltrevolution – auf.[121] Der Kongreß registrierte das »Abflauen des Tempos der Weltrevolution«, und Lenin attackierte die »linken Dummheiten« und den »Putschismus« der Linkskommunisten. Trotzki kritisierte außerdem die Offensivtheorie, die die deutschen Kommunisten entwickelt hatten (wobei er die Tatsache überging, daß es die Vertreter der Komintern gewesen waren, die diese Theorie im März durchgesetzt hatten). Es sei notwendig, das Vorgehen der Kommunistischen Internationale zu ändern, die Massen zu erreichen und deren Unterstützung zu gewinnen. Die führenden russischen Genossen meinten, Levi hätte völlig recht gehabt; das räumte Lenin gegenüber Clara Zetkin ein, die zu den standhaftesten Verteidigern Levis und schärfsten Kritikern der Of-

Wladimir Iljitsch Lenin auf dem Dritten Weltkongreß der Komintern im Juli 1921, der bei Reuter einen dramatischen Sinneswandel einleitete. Vor dem Kongreß ein radikaler Verfechter der revolutionären Offensivstrategie, plädierte er kurz darauf für eine gemäßigtere Taktik und wandte sich schließlich ganz von der kommunistischen Bewegung ab.

fensivtheorie gehörte.[122] Dennoch durfte Levi nicht in den Schoß der Partei zurückkehren, wie Lenin es wünschte; er hatte es gewagt, die kommunistische Führung zu einem Zeitpunkt öffentlich zu kritisieren, als diese ihre Entschlossenheit demonstriert hatte, jegliche »Fraktionsbildung« und öffentliche Diskussion in den Reihen der Kommunisten zu unterbinden. Jetzt wurde von der gemaßregelten KPD-Führung eine Änderung ihrer Strategie und Taktik erwartet, während Mitglieder der Pro-Levi-Opposition wie Clara Zetkin gedrängt wurden, wieder hohe Funktionen in der Partei zu übernehmen. Kurzum, Lenin und Trotzki forderten von der Komintern das Einschwenken auf die sogenannte Einheitsfronttaktik.

Die deutsche Delegation war bereits vorgewarnt worden. Lenin hatte von Vertretern der Pro-Levi-Opposition verlangt, nach Moskau zu kommen, und die Komintern-Führer waren schon vor Beginn des Kongresses mit der deutschen Delegation zusammengetroffen. Dennoch traf der Kurswechsel die »offizielle« deutsche Delegation wie ein Schock. Als Sprecherin der Pro-Levi-Opposition trug Zetkin eine vernichtende Kritik an der Offensivtheorie und ihren Folgen vor. Frieslands Erwiderung ließ erkennen, daß er öffentlich noch immer scheinbar unbeirrt an seiner Auffassung festhielt, noch immer zur Parteilinken gehörte. Zornig griff er Zetkin und den abwesenden Levi an: Die Partei habe zwar Fehler gemacht, man könne diese Fehler jedoch nur mit denjenigen Genossen diskutieren, »die mit uns gekämpft haben und nicht mit solchen, die die Kämpfe des Proletariats sabotiert haben«.[123] Doch trotz der Hartnäckigkeit, mit der er seine Ansichten verteidigte, gehörte Friesland eindeutig zu den Verlierern des Kongresses. »Heran an die Massen!« hieß von nun an die Losung.[124] Bevor die Deutschen Moskau verließen, trafen die Russen sowohl mit der alten Pro-Levi-Opposition als auch mit den Vertretern der KPD-Führung zusammen, um den »Friedensvertrag« zu bekräftigen, den sie zwischen den beiden Gruppen zustande gebracht hatten. Die meisten Historiker sehen in diesem »Friedensvertrag« eine dramatische Einschränkung der Handlungsfreiheit der KPD und eine beträchtliche Zunahme ihrer Abhängigkeit von Moskau.[125]

Friesland war nach diesem Kongreß ein anderer Mensch. Vielleicht hatte er tatsächlich eingesehen, daß die von ihm vertretene Politik in eine Sackgasse geführt hatte. Vielleicht hatte auch Lenin, mit dem er während des Kongresses mehrfach zusammengetroffen war, ihn überzeugt, daß es jetzt darauf ankam, die Massen durch gebündelte und wirksame Aktionen zu gewinnen.[126] Nach seiner Rückkehr nach Deutschland erklärte, verteidigte und unterstützte er jedenfalls bei jeder Gelegenheit die Beschlüsse des Kongresses und den »Friedensvertrag«.[127] Außerdem ging er allmählich auf Distanz zu Linken wie Ruth Fischer und Arkadi Maslow, die weiterhin mit den Beschlüssen der Komintern haderten, und arbeitete offen mit den in der Partei verbliebenen Parteigängern der alten Pro-Levi-Opposition zusammen – »den Leviten«, wie sie genannt wurden. Am 2./3. August schlug er vor dem Zentralausschuß einen kritischen und zugleich versöhnlichen Ton an. Die russische Partei sei eindeutig »nach rechts« gerückt. Gleichzeitig hätten die von der KPD-Zentrale vorgelegten Thesen den Eindruck vermittelt, »als wolle die deutsche Partei ihre Politik einstellen auf eine Kanonade von Märzaktionen«. Das sei natürlich inakzeptabel. Und auch wenn führende russische Genossen wie Trotzki oft nicht wüßten, was für die westlichen und mitteleuropäischen kommunistischen Parteien gut sei, müsse die deutsche Partei den Blick auf die Zukunft richten. Das gelte insbesondere für die vom Komintern-Kongreß entwickelten Thesen. »Die deutsche Partei würde ihrer geschichtlichen Aufgabe nicht gerecht werden, wenn sie sich auf das Herumstöbern in alten Sachen beschränken würde. Unsere Hauptaufgabe liegt darin, daß wir jetzt positiv zeigen, wie verstehen wir für die deutsche Situation die Anwendung dieser Themen; welches politische Programm bieten wir unserer Partei und bieten wir den Arbeitermassen außerhalb der Partei. (...) Nur die Partei, die sofort versteht, auf Grund dieser Beschlüsse zu handeln und das Programm des Handelns zu entwickeln, nur sie wird die Führerin der Arbeitermassen in der jetzigen Situation werden.«[128] Mit anderen Worten: Die Partei solle lernen, sich praktisch zu bewähren; sie solle *handeln* und nicht nur reden, *agieren* und nicht bloß reagieren.

Aber viele von Frieslands Genossen waren nicht bereit, seinen »Rechts«-Schwenk mitzumachen. Während er und sein Kollege Ernst Meyer jetzt eng mit Leuten wie Clara Zetkin und Walter Stoecker zusammenarbeiteten, blieben andere Parteiveteranen wie Wilhelm Pieck, Hermann Remmele und Hugo Eberlein den »Leviten« und der alten Opposition gegenüber zutiefst feindselig. Die »Liquidierung des Parteistreites« gestaltete sich in der Tat sehr schwierig, und Friesland konnte nicht mehr in jedem Fall auf die Unterstützung der Berliner Parteiorganisation zählen, die Fischer und Maslow gegenüber loyal blieb und auf dem Bezirksparteitag am 7. August seine Resolution zur Unterstützung der Kongreßbeschlüsse ablehnte.[129]

Trotz der wachsenden Entfremdung von seinen früheren Genossen schien Frieslands Stern in der Partei schnell aufzusteigen. Auf dem Parteitag der KPD – wie sie nun wieder offiziell hieß – vom 22. bis 26. August in Jena verteidigte Friesland vehement die Versuche, Meinungsverschiedenheiten in der Partei zu »liquidieren«.[130] Er wurde zum Generalsekretär der Partei gewählt, ein neuer Posten, der sowohl die Erledigung der politischen Tagesgeschäfte als auch die Schlichtung von Differenzen in der Parteiführung umfaßte. Der Parteitag beschloß eine Reihe von Resolutionen, die erstaunlich gemäßigt und sogar verdächtig reformistisch klangen, etwa Forderungen nach Lohnerhöhungen und einer größeren Rolle des Staates bei der »Erfassung der Gold- bzw. Sachwerte« von privaten Unternehmungen. Wie Heinrich August Winkler urteilt, »klang das alles eher nach dem Programm einer linkssozialistischen als einer kommunistischen Partei«.[131] Der Parteitag bestätigte außerdem Ernst Meyer als Parteivorsitzenden und wählte die übrigen Mitglieder der neuen Zentrale. Wieder war sie in ein Polbüro und ein Orbüro aufgeteilt, wobei Hugo Eberlein Vorsitzender des letzteren war; auch Friesland arbeitete weiterhin im Orbüro mit.[132]

Friesland hatte seit einiger Zeit erkannt, daß die Partei eine konsequente Führung und eine effiziente Organisation brauchte, und in den Wochen und Monaten nach dem Jenaer Parteitag nahm er diese beiden Aufgaben in Angriff. Die Partei konzentrierte sich zunehmend auf die Frage, wie Parteitagsbeschlüsse am besten umzusetzen und die Botschaften der Partei den Massen am ehesten zu vermitteln seien. Dabei faßte sie auch (und insbesondere) Nicht-Kommunisten und potentiell neue Wählerschichten wie Angestellte und Landarbeiter ins Auge.[133] Im Herbst sah Friesland darüber hinaus reale Möglichkeiten für eine Zusammenarbeit mit den Gewerkschaftsführern. Auch Gespräche mit den Mitgliedern von Levis Kommunistischer Arbeitsgemeinschaft (KAG) seien nicht grundsätzlich abzulehnen. Am 16. und 17. November schien der Zentralausschuß Frieslands schrittweise Übernahme von »rechten« Positionen zu billigen, obwohl Ruth Fischer alles, was seit dem Sommer in der Partei geschehen war, in Grund und Boden verdammte.[134] Die KAG erhielt durch die Beschlüsse des Zentralausschusses Auftrieb; Ende November nahm Otto Brass sogar an der Reichskonferenz der KAG teil.[135] Friesland schien die Politik der KAG zunehmend zu befürworten, ohne daß er allerdings mit ihren Mitgliedern zusammentraf oder sich mit ihnen persönlich identifizierte.[136] Levi und Friesland hatten sich nie gemocht.

Doch auch wenn sich die Situation innerhalb der KPD allmählich beruhigte, blieb Frieslands Verhältnis zu den Genossen aus dem Apparat der Komintern gespannt. Dabei ging es in erster Linie um die anhaltende Einmischung der Komintern in die Angelegenheiten der deutschen Partei; beispielsweise schickte die Komintern regelmäßig und ohne Wissen des Generalsekretärs Agenten und Agitationsmaterial nach Deutschland.[137] Erschwerend kam hinzu, daß Friesland mit den maßgeblichen russischen Genossen in der Komintern nicht gut auskam. Das EKKI wiederum zeigte sich über

Frieslands wachsende Unabhängigkeit beunruhigt, besonders, als dieser öffentlich forderte, der Einfluß der Komintern auf die einzelnen Mitgliedsparteien möge sich auf Angelegenheiten »der politischen Führung« beschränken. Außerdem sollten sich die einzelnen Parteien selbst finanzieren: »Für die deutsche Partei ist es eine Lebensfrage, daß sie lernt, sich selbst von der kleinsten bis zur größten Organisation zu unterhalten.«[138] Derlei war Häresie für das EKKI; es schickte die beiden Vertreter der KPD in Moskau, Wilhelm Pieck und Fritz Heckert, im Herbst zurück nach Berlin, um die Mißbilligung der Komintern über den neuen Kurs der deutschen Partei zum Ausdruck zu bringen und eine Ablösung Frieslands durch Hugo Eberlein zu erwirken.[139] Ihre Bemühungen blieben erfolglos. Am 25. November veröffentlichte die sozialdemokratische Zeitung *Vorwärts* plötzlich einen sensationellen – und zutreffenden – Artikel, der enthüllte, daß Hugo Eberlein als Leiter des militärpolitischen Apparats der KPD während der Märzaktion Terrorakte geplant hatte, die er der »Reaktion« in die Schuhe schieben wollte.[140] Die KAG, Friesland und die zentrale Gewerkschaftsabteilung der KPD unter Führung von Heinrich Malzahn forderten die uneingeschränkte Aufklärung dieser unseligen Angelegenheit und die Absetzung der Schuldigen – insbesondere Eberleins. Das war zuviel für die Zentrale. Sie bestritt die Enthüllungen des *Vorwärts* halbherzig und brach den Kontakt zur KAG endgültig ab. Mitte Dezember wurde Friesland für seine abweichende Haltung von der Parteiführung zur Rechenschaft gezogen, und Wilhelm Pieck übernahm die Rolle des Racheengels. Am 12. Dezember trat das Polbüro zusammen. Friesland verteidigte seine Haltung. Und dann sagte er vernichtende Worte: »Die Dinge in Rußland entwickeln sich vom Kommunismus weg.«[141] Sogar sein alter Mitstreiter Meyer überwarf sich deshalb mit ihm, während Pieck behauptete, die ganze Arbeit der Partei werde durch Frieslands Einstellung »sabotiert«. Er forderte die »Aufhebung des Generalsekretariats«. August Thalheimer konnte keine wirklichen Differenzen zwischen Friesland und der KAG beziehungsweise zwischen Friesland und der SPD mehr feststellen. Ein anderer führender kommunistischer Funktionär, Jakob Walcher, war über Frieslands Ansichten so entsetzt, daß er vorschlug, »daß Friesland nach Moskau gehen soll, um sich eine kalte Dusche zu holen«. Daraufhin beschloß das Polbüro mit fünf zu drei Stimmen, das Generalsekretariat abzuschaffen, und mit sechs zu zwei Stimmen,

Friesland nach Moskau zu schicken, was dieser kategorisch ablehnte.[142]

Die Diskussionen wurden zwei Tage später auf einer Sitzung fortgesetzt, bei der die gesamte Zentrale anwesend war. Der Ton der Auseinandersetzungen wurde immer erbitterter und persönlicher. Friesland verteidigte seine Ansichten sachlich, aber temperamentvoll. Pieck war jedoch im höchsten Maße aufgebracht. Friesland sei »hinter dem Rücken der Zentrale« aufgetreten. An einer Stelle wurde Pieck so ausfallend, daß es im Protokoll hieß: »Es entsteht ein Zwischenfall, da die Genossen Widerspruch erheben gegen die zu scharfen Äußerungen von Pieck.« Der empörte Pieck begründete seinen Zorn damit, »daß der Genosse Friesland sein Amt als Generalsekretär gebraucht hat zum Schaden der Partei«; Frieslands Feststellung, »daß unsere finanzielle Abhängigkeit zur geistigen Abhängigkeit« von Moskau führen werde, sei »eine Infamie«. Schließlich beschloß die Zentrale mit acht Stimmen, einer Gegenstimme und einer Enthaltung die Absetzung Frieslands als Generalsekretär und mit acht Stimmen bei einer Stimmenthaltung, daß Friesland nach Moskau gehen solle.[143] Eine Woche später gab Friesland vor der Zentrale zu, daß er mit Vertretern der KAG zusammengetroffen war, darunter auch mit Paul Levi, mit dem er im Reichstag etwa eine Stunde lang geredet habe. »Er sagt weiter, daß eine Freiheit der Diskussion existieren sollte, und hält es für sein Recht, mit Levi zu konferieren.« Trotz Piecks Forderung, Friesland aus der Zentrale auszuschließen, räumte das Gremium ein, daß es Kontakte mit der KAG nie untersagt habe; der Antrag auf Ausschluß Frieslands wurde nicht angenommen.[144] Aber das war nur eine Frage der Zeit. Am 27. Dezember war es schließlich wegen »grober Vertrauensbrüche« soweit. Die ganze Angelegenheit sollte auf einer Sitzung des Zentralausschusses am 22. Januar 1922 diskutiert werden.[145]

Für die Zentrale bestand Frieslands Vergehen darin, daß er mit seinen Befürchtungen und seiner Kritik an die Öffentlichkeit gegangen war. Zusammen mit der Berliner Ortsverwaltung des Deutschen Metallarbeiterverbandes hatte er seit Mitte Dezember Unterschriften für eine Erklärung gesammelt, die die Partei aufforderte, offen und ehrlich mit den Enthüllungen im *Vorwärts* umzugehen. Die Erklärung war von 128 Parteifunktionären unterzeichnet und einer Broschüre mit dem Titel »Zur Krise unserer Partei« beigelegt worden, die Friesland am 20. Dezember veröffentlichte.

Ebenfalls beigelegt war ein von Friesland und seinen neuen Verbündeten Heinrich Malzahn und Otto Brass unterzeichneter »Aufruf«.[146] Nach Frieslands Ausschluß aus der Zentrale setzten die drei ihre Namen unter einen weiteren Aufruf, der von 28 Mitgliedern der neuen Parteiopposition unterschrieben wurde.

Friesland war zweifellos klar, daß das alles nichts fruchten würde. Wie zur Bestätigung seiner Warnung vor der russischen Einmischung in die Angelegenheiten der Partei waren die Komintern-Führer über sein ganzes Tun informiert worden. Hermann Remmele, ein Vertreter der KPD in Moskau, berichtete, Sinowjew sei, als er Frieslands Kritik an der »finanziellen Abhängigkeit« der Partei von der Komintern las, »die Schamröte ins Gesicht gestiegen, und zwar nicht allein deswegen, weil diese Anschauung in der Zentrale nicht die nötige Abweisung erfahren hat«. Pieck war Sinowjew zufolge derjenige Genosse, der am klarsten »das Schimpfliche der Friesländischen Behauptung« erkannt hatte. Falls andere deutsche Kommunisten »sich hierbei auf den Standpukt des Gen. Friesland stellen [sollten], wäre eine Zusammenarbeit ganz unmöglich. Die komm. Internationale müsse es ablehnen, mit gekauften Subjekten zu arbeiten. Wer nicht aus innerer Überzeugung für den Kommunismus tätig sei, dürfe unter keinen Umständen gehalten werden. Sinowjew war über diese Frage sehr erregt.«[147] Am 18. Januar 1922 veröffentlichte *Die Rote Fahne* einen Brief des EKKI, in dem die KAG als eine Gruppe »von politischen Quacksalbern« beschimpft und behauptet wurde, »Levi, Brass, Malzahn und Friesland« wollten die KPD politisch erpressen. Und in einem von Lenin, Trotzki, Sinowjew, Bucharin und Radek unterzeichneten Brief hieß es, jeder, der die KAG unterstütze, sei »gegen die Kommunistische Internationale«.[148] Die Botschaft aus Moskau war klar. Der Zentralausschuß stimmte mit 41 gegen 4 Stimmen dafür, die 28 Unterzeichner des Aufrufs aus der Partei auszuschließen.[149] Friesland gehörte nicht mehr zu der Partei, der er einige der besten Jahre seines Lebens gewidmet hatte. Aus dem kommunistischen Revolutionär wurde wieder Ernst Reuter.

Jemand, der Ernst Reuter gut kannte, sagte einmal, dieser habe schon als junger Mann den ganzen Ballast des bürgerlichen neunzehnten Jahrhunderts mit sich herumgetragen.[150] Da sich die individualistischen Werte des neunzehnten Jahrhunderts aber als unzulänglich erwiesen hatten, schien das zwanzigste fraglos dem Kollektiv, der Arbeiterklasse, dem internationalen Proletariat zu gehören. In seiner Empörung über den Krieg und dessen Auswirkungen hatte sich Reuter zu einem beinharten, engagierten, prinzipienfesten Linksradikalen entwickelt. Aber wenn es Empörung war, die ihn zum Bolschewismus geführt hatte, so war es auch Empörung, gepaart mit einem ausgeprägten Sinn für das Pragmatische und wirklich Erreichbare, die ihn vom Kommunismus wegführte. Vor allem sein Verhalten 1921/22, zwischen der Märzaktion und seinem Parteiausschluß, macht deutlich, daß er niemals den ethischen Idealismus aus den Augen verlor, den er sich vor dem Krieg zu eigen gemacht hatte. Er hatte gelernt, daß der Mensch Selbstzweck ist. Für die Kommunisten waren Menschen Mittel zum Zweck geworden. Ernst Reuter empfand immer eine starke Abneigung gegen jede Form von Arroganz, insbesondere gegen die Arroganz der Macht. Er war einer der ersten in seiner Generation, die erkannten, daß der Marxismus-Leninismus »dem sektiererischen, zelotischen Geist des Fanatismus und des Beschnüffelns« zum Opfer fiel. Und er wies bald mit ungewöhnlicher Weitsicht darauf hin, daß dieser Geist in einen Teufelskreis, in die »Liquidation der Liquidatoren« münden würde.[151] Reuter war tief enttäuscht von dem Mangel an Freiheit in einer Bewegung, die sich angeblich genau dieser Freiheit verschrieben hatte. Und in einer letzten Abrechnung mit dem Kommunismus, die in Levis Zeitung *Unser Weg* erschien, bemängelte er die »Haltlosigkeit« der theoretischen »Scholastik« des Marxismus, »die mit marxistischem Formgeklingel ihre absolute Weltfremdheit und ihre vollständige Unkenntnis elementarster Tatsachen zu verdecken sucht«. Angesichts der Mittelmäßigkeit der kommunistischen Führung und ihrer Angst vor wirklicher »Meinungsfreiheit« kam er zu dem Schluß: »Die KPD muß in dieser Luft bleiben, was sie ist. Nicht die Führerin, sondern ein Hemmschuh proletarischer Entwicklung. Eingeschnürt durch die spanischen Stiefel sogenannter Disziplin, die in Wahrheit das Gegenteil revolutionärer Disziplin bedeutet, beengt durch ihre Vorhutideologie und verblendet durch den Drang, zu jeder Stunde ›Aktionen‹ und ›Kampagnen‹ ›aktionisieren‹ und ›inszenieren‹ zu müssen (...).«[152] Der dominierende russische Einfluß tue ein übriges.

Nach seinem Ausschluß aus der Kommunistischen Partei mußte Ernst Reuter eine neue politische Heimat und neue Verdienstmöglichkeiten finden. Die Frage der politischen Heimat war schnell gelöst. Wie andere ehemalige Kommunisten in den frühen zwanziger Jahren, Paul Levi und die meisten Anhänger der KAG eingeschlossen, ging Reuter in die Rest-USPD. Aber die Unabhängigen Sozialdemokraten führten bereits ein Schattendasein, und 1922 wechselten die meisten Mitglieder wieder zur alten SPD. So kehrte Reuter in die politische Heimat zurück, die er als russischer Kriegsgefangener verlassen hatte. Er sollte bis zum Ende seiner Tage Sozialdemokrat bleiben, wenngleich sein Verhältnis zur Partei immer spannungsreich war. An einer Karriere als Parteifunktionär oder -bürokrat war er nie interessiert; er bekleidete nie hohe Parteiämter. Als ehemaliger Kommunist stieß er zudem in der SPD zunächst auf Mißtrauen. Nach Auffassung des ehemaligen russischen Menschewiken Alexander Stein befürchtete man bei Reuter, der zur extremen Linken gehört hatte, eine »Pendelbewegung« hin zur Parteirechten.[153] Man meinte anscheinend, er müsse sich erst »bewähren« und beweisen, daß er seine kommunistische Vergangenheit wirklich hinter sich gelassen hatte. Nach den Aussagen mehrerer Zeitgenossen konnte Reuter in der Partei oft eine äußerst »unbequeme« Person sein. Während die sozialdemokratische Bewegung für ihre Mitglieder aus der Arbeiterklasse nach einer Formulierung von Peter Lösche und Franz Walter eine »Solidargemeinschaft« war, betrachtete Reuter sie als für die Erreichung höherer politischer und ethischer Ziele notwendigen Organisationsapparat.[154] Im Gegensatz zu vielen einfachen Parteimitgliedern war die SPD für Reuter daher nie ein gemütliches Refugium oder ein geselliger Verein. Die Berliner Politikerin Ella Kay, mit der er in den zwanziger Jahren zusammenarbeitete, beschrieb Reuter als »damals noch (...) junge[n] Mann, voller Elan, von dem man das Gefühl hatte, daß er ständig arbeitete, und bei dem man sich kaum vorstellen konnte, daß er einmal einen Feierabend hatte. (...) Er hatte damals noch nicht das verbindliche Wesen späterer Jahre, sondern vertrat seine Auffassung sehr energisch und hartnäckig.«[155]

Doch zunächst einmal mußte er Geld verdienen, um so mehr, als er jetzt zwei kleine Kinder hatte. Da er nie einen anderen Beruf ergriffen hatte, versuchte er es wieder als Parteijournalist, zuerst bei der USPD-Zeitung *Freiheit* und nach der Vereinigung der beiden sozialdemokratischen Parteien als Autor für die SPD-Zeitung *Vorwärts*. Dessen Chefredakteur, der respektgebietende Friedrich Stampfer, meinte im nachhinein, Reuter sei »ein solider Journalist, kein glänzender« gewesen.[156] Aber er war sehr produktiv und benutzte seine Schreibmaschine – keineswegs überraschend – für eine polemische Abrechnung mit dem Kommunismus. Nicht nur im *Vorwärts*, sondern auch in verschiedenen anderen Zeitungen und Zeitschriften – darunter der menschewistischen *Sozialistitscheski Westnik*, Levis *Unser Weg* und Alexander Parvus-Helphands *Die Glocke* – prangerte Reuter den »Banditismus und Putschismus«, die »jakobinischen« Tendenzen und die »Anmaßung und Überheblichkeit« seiner ehemaligen Genossen an; und im Zusammenhang mit der Besetzung der Ruhr durch die Franzosen im Jahre 1923 warf er ihnen vor, in skrupelloser Weise die Appelle an den deutschen Nationalismus zu unterstützen.[157] 1926 schrieb er, durch seine ganzen Fehler und Mißerfolge habe der Kommunismus gezeigt, daß er eine »Sektenpartei« sei, ein »mißglücktes Experiment! Es wäre Zeit, die Scherben abzufahren!«[158] Der Traum von der Weltrevolution sei eine Illusion, die in der Komintern organisierten kommunistischen Parteien seien im wesentlichen zu Instrumenten der sowjetischen Außenpolitik geworden. Als echte Interessenvertreter der internationalen Arbeiterklasse könne man sie nicht mehr betrachten. Daher hätten die Sozialdemokratie – die die wahre Zukunft der Arbeiterklasse repräsentiere – und der Kommunismus nichts mehr gemein. 1924 drückte Reuter es so aus: »Sozialismus und Kommunismus stehen sich jetzt nicht mehr als feindliche Brüder, sondern als vollkommen wesensfremde Bewegungen gegenüber.«[159]

3. KAPITEL

Die Zukunft der Großstadt

Jedes Volk also, das eine Ansammlung einer solchen Menge ist, wie ich sie darlegte, jede Bürgerschaft, die eine Ordnung des Volkes darstellt, jedes Gemeinwesen, das, was ich sagte, die Sache des Volkes ist, muß durch vernünftiges Planen gelenkt werden, damit es dauernd ist. Dieses vernünftige Planen ist zum ersten immer auf die Ursachen zu beziehen, die den Staat hervorgebracht haben.

Cicero, »De re publica«[1]

Einleitung: Vision der Großstadt

Im Sommer 1929 unternahm Ernst Reuter, Stadtrat für Verkehrswesen in Berlin, zusammen mit dem Berliner Baustadtrat Martin Wagner eine sechswöchige Studienreise in die Vereinigten Staaten. Er wollte sich darüber informieren, wie amerikanische Großstädte ihre Verkehrsprobleme lösten, wobei ihn vor allem das öffentliche Verkehrswesen interessierte. Auf dieser Reise, die ihn von New York nach Boston, Philadelphia, Cleveland, Detroit, Chicago, San Francisco und Los Angeles führte, konnte er viele Ideen und Eindrücke sammeln – positive wie negative.

Wie viele Europäer, die in den zwanziger Jahren nach Amerika fuhren, fand er einiges, was er dort sah, abstoßend, von anderem war er sehr angetan, einiges verwirrte und vieles faszinierte ihn.[2] Ein durch die Schrecken des Krieges in seinen Grundfesten erschüttertes Europa, das jetzt mit den Ungewißheiten des Wiederaufbaus konfrontiert war, konnte von der zupackenden Energie und unbändigen Vitalität der Vereinigten Staaten nicht unbeeindruckt bleiben. Einige Europäer betrachteten Amerika als mögliches Zukunftsmodell, vielleicht auch als Alternative zum sowjetischen Modell. Daher interessierten sie sich weniger für die Ideen Jeffersons, Hamiltons, Madisons, Lincolns oder Wilsons als für die Leistungen eines Henry Ford. Schließlich war der »Fordismus« zu einem der Schlagworte der zwanziger Jahre geworden und galt

Seine USA-Reise 1929 beeindruckte Reuter tief. In Amerika sehe man die Welt der Zukunft »wie in einem Spiegel«, schrieb er nach Hause, faszinierend und abstoßend, überwältigend und erschreckend zugleich.

als handliche Beschreibung dessen, was viele Europäer als »ein neues Erklärungsmodell für den wirtschaftlichen Aufstieg der Vereinigten Staaten« ansahen.[3]

Wurde der Begriff Fordismus mit bestimmten Erscheinungen – beispielsweise einem auf einem hohen Produktivitäts-, Lohn- und Konsumniveau basierenden Industriemodell – verbunden, so bezog sich ein anderer Begriff, »Amerikanismus«, auf die »vorbehaltlose und bedingungslose Modernität«, die mit den Vereinigten Staaten assoziiert wurde und sich ausdrückte in einer sich rasant entwickelnden Industrie, in Effizienz, Rationalisierung, riesigen Metropolen, Wolkenkratzern, Hollywood-Filmen, Jazz, Autos, Massenkonsum und dergleichen mehr.[4] Und diese amerikanische Modernität war in der Großstadt am greifbarsten, offenkundigsten, dynamischsten und problematischsten. Die Großstadt schien die Welt der Zukunft zu sein, denn sie war, wie Amerika selbst, vom Ballast der Vergangenheit befreit. Berlin wiederum war zweifellos so amerikanisch, wie es eine europäische Stadt nur sein konnte: mit seinen häßlichen, überfüllten Mietskasernen, seinem Lärm, seinem regen kulturellen Leben, seiner Liberalität und Urbanität, seiner rasanten Geschäftigkeit – kurz gesagt, mit seinem berühmten Tempo. In den späten zwanziger Jahren lebten dort mehr als vier Millionen Einwohner, und Berlin war damit nach London und New York die drittgrößte Stadt der Welt. Es war also kein Wunder, daß der Berliner Stadtrat für Verkehrswesen sich von den Herausforderungen der amerikanischen Modernität an Ort und Stelle ein Bild machen wollte.

In den Berichten über seine Reise verwendete Reuter die Superlative, die für viele europäische Reportagen in den zwanziger Jahren kennzeichnend waren. So versicherte er zuversichtlich, daß er die Welt der Zukunft in Amerika »wie in einem Spiegel« sehe. Die Größe und die Dimensionen Amerikas überträfen alles, was er bisher erlebt hatte. Die Wolkenkratzer und die erstaunliche Gleichförmigkeit der amerikanischen Großstädte beeindruckten ihn tief, ebenso der Aufstieg des Automobils und dessen Folgen für das amerikanische Verkehrssystem. In New York, Chicago und Los Angeles war er sogar auf erste Ansätze moderner Autobahnen gestoßen. Die Zukunft gehöre dem Automobil, davon war er nach seiner Rückkehr überzeugt.[5]

Gleichwohl war Reuter bei aller Offenheit und Aufgeschlossenheit kein unkritischer Bewunderer amerikanischer Verhältnisse. Vor allem bemängelte er die »Planlosigkeit«, die ihm dort aufgefallen war, und die anscheinend totale Kapitulation des Staates vor dem Diktat des Privatkapitals. Trotz unübersehbarer Ähnlichkeiten zwischen Berlin und den amerikanischen Metropolen könne die Stadtentwicklung in den Vereinigten Staaten kein Modell oder Vorbild für Europa sein, das seinen eigenen Weg finden müsse.[6]

Doch wie war Ernst Reuter zur Kommunalpolitik gestoßen?

Die Mehrheitssozialisten nach 1918 waren praktisch denkende Reformisten, die revolutionäre Experimente ablehnten und sich statt dessen um die Konsolidierung eines wahrhaft demokratischen parlamentarischen und konstitutionellen Systems in Deutschland bemühten. Praxisnah und in der konkreten Partei- und Gewerkschaftsarbeit verankert, legten viele führende Sozialdemokraten weniger Wert auf große Theorien als auf pragmatische Maßnahmen zum Nutzen einer aktiven Sozialpolitik. Denn ein engagiert und entschlossen handelnder Sozialstaat, so der Gedanke, würde zur Stabilisierung der demokratischen Institutionen und zu einer höheren Akzeptanz der fragilen neuen Republik in der Bevölkerung beitragen. Die Republik aber bot die Chance, den politischen und sozialen Raum für das Entstehen kleiner sozialistischer Inseln zu schaffen, die die allmähliche Herausbildung einer echten sozialen Demokratie in Deutschland vorwegnehmen konnten: einer Demokratie, in der alle Menschen den gleichen Zugang zu den Kulturgütern haben würden, die bisher nur einigen wenigen vorbehalten gewesen waren.[7] Das waren Ideen, mit denen sich auch Ernst Reuter identifizieren konnte: »Bei den Bedingungen, unter denen die Arbeiterbewegung heute sich entfalten kann, verliert das Bekenntnis zur revolutionären Mission der Arbeiterklasse seinen primitiven Sinn, der verständlich war, solange es absolutistische Staatsgewalten zu stürzen galt. Nur die Entfaltung der Demokratie, nur ihre volle Entwicklung, nur die volle Ausnutzung aller ihrer Möglichkeiten, der Ausbau breiter Millionenorganisationen garantierten im geschichtlichen Entwicklungsprozeß den Sieg der Arbeiterklasse. Der Aufstieg zur Macht ist nicht mehr ein einmaliger Akt, er wird zu einem Umwälzungsprozeß, in dem Schritt für Schritt das Proletariat die Staatsgewalt anzuwenden, die Wirtschaft zu beeinflussen, dann zu verwalten und zu lenken lernt.«[8]

Am deutlichsten formulierte diesen Standpunkt der führende Parteitheoretiker Rudolf Hilferding 1927 auf dem SPD-Parteitag in Kiel. Die Verteidigung der Demokratie und der Republik sei daher das wichtigste Anliegen der Partei.[9] Der Schlüsselbegriff »Wirtschaftsdemokratie«, der im folgenden Jahr von Funktionären der Freien Gewerkschaften in die Diskussion gebracht wurde, beruhte auf ähnlichen Vorstellungen. Die Entwicklung einer demokratischen Selbstverwaltung und die Zunahme von öffentlichen Betrieben spielten dabei eine zentrale Rolle.[10] Der natürliche Ort aber, wo diese Maßnahmen die größten Wirkungen entfalten und die dauerhaftesten Folgen haben konnten, war die Kommune. In der für ihn typischen Weise faßte Reuter bereits 1922 die anstehenden Aufgaben sozialistischer Gemeindearbeit zusammen: »Wir verteidigen hier nicht nur unsere Gegenwart, viel mehr noch unsere ganze Zukunft.«[11] Die Stadt war der Kampfplatz, auf dem sich die Zukunft von Sozialismus und Demokratie entscheiden würde.

Mitte der zwanziger Jahre hatte Ernst Reuter endlich seine politische Heimat gefunden. Nach zwei Jahrzehnten politischen Suchens hatte er sich, nunmehr Mitte dreißig, für die politischen und sozialen Auffassungen entschieden, an denen er im wesentlichen für den Rest seines Lebens festhalten sollte. Daß Reuter sich dabei der Kommunalpolitik zuwandte, ist eigentlich nicht überraschend. Schließlich hatte er seine ersten wichtigen Erfahrungen in praktischer Politik im Wolgagebiet gesammelt – einem relativ kleinen und fest umrissenen Gebiet, wo er gelernt hatte, Probleme an der Basis zu lösen. Und wenn er sich in der KPD auch vor allem als Theoretiker hervorgetan hatte, so waren es doch seine offenkundigen organisatorischen Fähigkeiten, die seinen Aufstieg in der Kommunistischen Partei beschleunigt hatten. In seiner Eigenschaft als Generalsekretär der KPD war er im Oktober 1921 in die Berliner Stadtverordnetenversammlung gewählt worden, und dieses Mandat hatte er auch nach seinem Ausscheiden aus der KPD Anfang 1922 behalten. Schon im Frühjahr 1922 hatte er in Paul Levis Zeitschrift *Unser Weg* Überlegungen zur Entwicklung der »sozialistischen Gemeinde« angestellt und darauf hingewiesen, daß die Sozialisten auf kommunaler Ebene vor großen politischen Hindernissen standen. Die Reformen, die 1918/19 auf Reichs- und Landesebene durchgeführt worden waren, hatten die Städte noch nicht erreicht, die in Preußen im wesentlichen noch nach der »veralteten und vergilbten« Städteordnung von 1853 regiert wurden. Die deutschen Städte waren nach wie vor in den Händen einer Bürokratie, die der jungen Republik feindselig gegenüberstand. Außerdem waren die Gestaltungsräume der Kommunen durch Inflation und Reparationszahlungen erheblich eingeschränkt. Aber trotz der Rückschläge, die das Proletariat seit 1919 habe einstecken müssen, so Reuter, seien die Arbeiter selbst für die »Lauheit und Unentschlossenheit« verantwortlich, die sie bislang in der kommunalpolitischen Arbeit gezeigt hätten. Nur wenn es gelänge, die Arbeiterklasse dafür zu mobilisieren, könne das sozialistische Potential kommunaler Politik verwirklicht werden.[12]

Als ein Bewunderer der britischen Labour Party war Reuter für die Idee eines Gemeinde- bzw. »Gas- und Wasser«-Sozialismus nach englischem Muster eingenommen, dem zufolge es die Pflicht der Gemeinde war, verschiedene Dienstleistungs- und Versorgungsbetriebe in Gemeindebesitz zu übernehmen. Aber schon bald sollte das öffentliche Verkehrswesen das Gebiet sein, für das er sich besonders interessierte. Berlin boomte in den zwanziger Jahren, und jedes Jahr zogen durchschnittlich achtzig- bis hunderttausend Menschen neu in die Stadt.[13] Wo würden sie wohnen, in diesem Berlin, das seit langem für seine schlechten Wohnverhältnisse bekannt war? Und wie würden sie sich in dieser Stadt fortbewegen, die mittlerweile geographisch und demographisch zu einer der größten Städte der Welt angewachsen war? Das waren die konkreten Fragen, die nach 1922 zunehmend Reuters Zeit und Energie in Anspruch nahmen. Im November jenes Jahres wurde er als Mitglied der Stadtverordnetenversammlung aufgefordert, in der Deputation für Verkehr mitzuarbeiten, einer von siebzehn »Deputationen«, von denen jede aus maximal fünf Magistratsmitgliedern, sechzehn Stadtverordneten und sechs Bürgerdeputierten bestand. Obwohl diese Organe die Verwaltung Groß-Berlins erleichtern sollten, waren sie veraltet, undurchsichtig und schwerfällig.[14] Dennoch bot die Verkehrsdeputation Reuter Gelegenheit, die komplizierten Verkehrsprobleme der Stadt zu studieren, und schon 1923 begann er Ideen zu deren Lösung zu entwickeln. In den nächsten drei Jahren verfaßte er eine Reihe von Artikeln über die städtischen Betriebe Berlins und deren Zukunft und wurde in der Stadtverordnetenversammlung allmählich einer der sozialdemokratischen Experten in Fragen der Kommunalwirtschaft. Nach 1925 war er im Vorstand des Deutschen Städtetags tätig; hier konnte er seinen kommunalpolitischen Horizont über Berlin hinaus erweitern und außerdem Kontakte knüpfen, die sich in späteren Jahren als sehr hilfreich erweisen sollten.[15] Im Spätsommer 1926 nominierte ihn seine Fraktion für den vakanten Posten eines besoldeten Stadtrats für Verkehrswesen. Als die Stadtverordnetenversammlung im Oktober zusammentrat, um die Angelegenheit zu entscheiden, kam es zu lautstarken und erregten Auseinandersetzungen zwischen kommunistischen und rechtsgerichteten Abgeordneten. Der Grund war die ehemalige Zugehörigkeit Reuters zur KPD, an der sich beide Fraktionen stießen. Die Kommunisten kritisierten das Wahlverfahren als »einen neuen unerhörten Verrat an den Interessen der Berliner werktätigen Bevölkerung«, und die Sitzung wurde fünfmal durch »Tumulte« unterbrochen. Schließlich wurde Reuter als besoldeter Stadtrat bestätigt.[16]

Verkehr in der Millionenstadt: die Gründung der BVG

Endlich bezog Ernst Reuter ein auskömmliches, wenn auch relativ bescheidenes Jahresgehalt von 18 000 Reichsmark.[17] Gleichzeitig bahnten sich in seinem persönlichen Leben wichtige Veränderungen an. Wie bereits erwähnt, teilten Ernst und Lotte Reuter nur sehr wenige persönliche, kulturelle und geistige Interessen. Nach ihrer Heirat lebten sie weiterhin in der Regensburger Straße 33 bei Frau Krappek. Aber Frau Krappek war immer etwas überspannt gewesen, und das Verhältnis zwischen Ernst und seiner Schwiegermutter verschlechterte sich nach seinem Bruch mit dem Kommunismus, an dem Frau Krappek weiterhin festhielt. Außerdem stritten die beiden über finanzielle Angelegenheiten. Frau Krappek hatte Reuter anscheinend Geld für die Eröffnung einer radikalen Buchhandlung in Berlin geliehen, aus der nichts wurde, und ihr Geld verloren. Im September 1923 waren die Reuters mit ihren beiden kleinen Kindern nach Wilhelmsaue in eine Wohnung gezogen, die Frau Krappeks Schwester gehörte. Ein Jahr später zogen sie abermals um, diesmal nach Köpenick, zuerst in ein kleines Haus, dann in ein etwas größeres Einfamilienhaus in einer Siedlung. Ernst arbeitete wie immer viel; das Paar ging abends selten aus. Außerdem mißbilligte es der Abstinenzler Ernst, wenn seine Frau bei gesellschaftlichen Anlässen Alkohol trank. Erst in der zweiten Hälfte der zwanziger Jahre, nach einer schweren Erkrankung an Paratyphus und einer Erholungskur am Rhein, gönnte auch er sich gelegentlich ein Glas Wein.

Laut Frau Krappeks Neffen, der in Wilhelmsaue die Wohnung mit den Reuters teilte, zeigte sich frühzeitig, daß die Ehe der Reuters problematisch war. Sie hatten zwar nie offenen Streit, paßten aber offensichtlich nicht zueinander. Lotte Reuter war schlicht und häuslich und an Ernsts Sorgen und Ideen kaum interessiert. Ernst wiederum neigte zum Sarkasmus und machte häufig – besonders bei familiären Zusammenkünften – zynische Bemerkungen, unter denen Lotte sehr litt.[18]

Als Reuter 1926 Stadtrat wurde, war die Ehe bereits zerrüttet. Einige Monate später, im Frühjahr 1927, wurden die Reuters geschieden, und kurz danach heiratete Ernst Reuter Hanna Kleinert. Elf Jahre jünger als er und Tochter eines aktiven Sozialdemokraten aus Hannover, teilte Hanna Reuter die Leidenschaft ihres Mannes für die Politik. Sie war Reuter das erste Mal 1924 oder 1925 begegnet, als sie in Berlin für den *Vorwärts* arbeitete, und schon bald hatten die beiden gemeinsame politische und kulturelle Interessen entdeckt.[19] Nach ihrer Heirat zogen Ernst und Hanna Reuter zunächst in eine Dreieinhalbzimmerwohnung in der Schwarzburgallee (jetzt Olympische Straße) in Charlottenburg-Westend, dann in eine größere Wohnung in der Fridericiastraße, nicht weit entfernt vom Funkturm, dem Symbol Berlins in der Weimarer Zeit.[20] 1928 wurde ihr Sohn Edzard geboren, so genannt nach Ernsts jüngerem, 1919 verstorbenem Bruder. Die beiden älteren Kinder verbrachten weiterhin viel Zeit mit ihrem Vater.

Als Stadtrat für Verkehrswesen mußte sich Reuter tagtäglich mit den Folgen der strukturellen Neuorganisation Berlins von 1920 befassen. In jenem Jahr war ein gewaltiger Eingemeindungsprozeß zum Abschluß gekommen, durch den Berlin zu »Groß-Berlin« und einer der größten Städte der Welt geworden war, regiert von einem Oberbürgermeister, einem Magistrat und einer Stadtverordnetenversammlung.[21] In der Folge dieses Prozesses wurde 1921 der ehemalige Stadtkämmerer Gustav Böß (1873–1946) für zwölf Jahre zum Oberbürgermeister gewählt und in den folgenden Jahren – administrativ tüchtig, taktisch jedoch ungeschickt – zu einem Symbol des neuen, demokratischen Berlin.[22]

Politisch der linksliberalen Deutschen Demokratischen Partei (DDP) nahestehend, erhielt Böß bei der Wahl auch die Unterstützung der SPD.[23] Er stand vor enormen Aufgaben: Er mußte die kleineren Verwaltungseinheiten in eine neue, effiziente Stadtverwaltung verwandeln, die äußerst schwierigen Finanzprobleme der Stadt, insbesondere während der Inflationsjahre vor 1923/24, lösen, das nahezu unkontrollierbare Wachstum der neuen Metropole in den Griff bekommen, das Verhältnis zwischen der neuen Stadtverwaltung und den neuen Bezirken austarieren und darüber hinaus in den erbitterten parteipolitischen Konflikten in der Stadt vermitteln. Die Stadtverordnetenversammlung bestand aus 225 Mitgliedern – das war eine ungewöhnlich hohe Zahl –, und alle mußten in einer verwirrenden Vielzahl von Komitees und Deputationen untergebracht werden. Hinzu kamen zunächst dreißig, ab 1925 nur noch vierundzwanzig Magistratsmitglieder, die ebenfalls in den Ausschüssen vertreten sein mußten. Zwölf von ihnen waren besoldet und, wie der Oberbürgermeister, für zwölf Jahre gewählt, die anderen zwölf waren unbesoldet und wurden von den in der Stadtverordnetenversammlung vertretenen politischen Parteien ernannt. Erschwert wurde die Arbeit noch dadurch, daß bis 1928/29 etwa hundert Stadtverordnete die republikanischen Institutionen entschieden ablehnten, so daß Böß, der diese schließlich auf lokaler Ebene repräsentierte, ständig Angriffen ausgesetzt war.[24] So gerieten die Sitzungen der Stadtverordnetenversammlung nur allzu häufig zur Bühne politischer Selbstdarstellung und zogen sich endlos, aber ergebnislos hin. Im Magistrat hingegen wurde meist effizient und kollegial zusammengearbeitet.

Obwohl die SPD sich zwischen 1920 und 1928 auf Reichsebene aus der Regierungsverantwortung zurückzog, blieb sie auf Landes- und Kommunalebene sehr aktiv, vor allem in Preußen, der Bastion der Weimarer Demokratie. In Berlin waren die Sozialdemokraten weiterhin die größte Partei, wenngleich sie in der kurzen Stabilisierungsphase zwischen 1925 und 1929 in der Stadtverordnetenversammlung nur 73 von 225 Sitzen innehatten. In jenen Jahren versuchte die SPD, die Grundlagen für eine »moderne Leistungsverwaltung« (Wolfgang Haus) zu schaffen, und dies vor allem in den Bereichen Bildung, Sozialfürsorge, Wohnungsbau und Verkehr. Viele Sozialdemokraten, die nach 1945 in Berlin aktiv waren – Otto Ostrowski, Ella Kay, Franz Neumann, Otto Theuner und natürlich Reuter selbst –, verdienten sich hier in den zwanziger Jahren ihre Sporen, oft in heftiger Auseinandersetzung mit den Kommunisten, die sich ebenfalls in diesen Bereichen engagierten.

Eines der wichtigsten Ziele sozialdemokratischer Kommunalpolitik bestand in der Schaffung besserer Wohnverhältnisse für die Durchschnittsbevölkerung, wodurch die hoffnungslos überfüllten Mietskasernen in der Innenstadt entlastet werden sollten. Außerdem mußten die Tausenden von Menschen untergebracht werden, die jedes Jahr in die aufstrebende Metropole zogen. Neuen Wohnraum am Stadtrand zur Verfügung zu stellen wurde daher zu einer der vordringlichsten Aufgaben von Stadtbaurat Martin Wagner. In diesen Jahren entstanden so bekannte Projekte wie die Hufeisensiedlung in Britz, die Waldsiedlung »Onkel Toms Hütte« in Zehlendorf, Siemensstadt und die »Weiße Stadt« in Reinickendorf. Sie alle lagen in weniger dicht besiedelten Berliner Stadtteilen und zeugten von den Bemühungen der größten Architekten dieses Jahrhunderts, darunter Martin Wagner, Bruno Taut, Walter Gropius, Hugo Häring und Hans Scharoun, um nur einige zu nennen.[25] Die Siedlungen zogen zwar viel Aufmerksamkeit auf sich, konnten aber den Berliner Wohnungsbedarf nicht decken. Obwohl zur Finanzierung neuer Bauprojekte eine Hauszinssteuer herangezogen wurde, war das Geld ständig knapp; gleichzeitig konnten sich viele Arbeiterfamilien die Miete in diesen neuen Wohnkomplexen schlicht nicht leisten. 1929, als Wagner mit Ernst Reuter nach Amerika reiste, mußte Berlin nach Wagners Meinung die Zahl der Neubauwohnungen von zwanzig- auf siebzigtausend pro Jahr erhöhen. Diese Zahl mag übertrieben gewesen sein; für vierzigtausend neue Wohnungen jährlich allerdings gab es Bedarf. Die Stadt erreichte dieses Ziel nie, und seit 1929 machte die Weltwirtschaftskrise ohnehin alle Kalkulationen zunichte.[26]

Die Berliner Wohnungsbauprobleme werfen ein Licht auf einige der Schwierigkeiten, vor denen die sozialdemokratische Wirtschafts- und Sozialpolitik in den Weimarer Jahren stand. Nachdem die SPD in den unruhigen Wochen und Monaten nach dem Herbst 1918 radikale Experimente mit Sozialisierung, Rätedemokratie und dergleichen abgelehnt hatte, stellte sie sich auf den Boden des Parlamentarismus und der demokratischen Verfassung, weil sie hoffte, ein demokratischer Staat würde den Weg für eine wahrhaft egalitäre soziale Demokratie ebnen: Kurzum, Sozialpolitik würde zum Sozialstaat führen.[27] Aber wer sollte das bezahlen? Die sogenannte Stabilisierung zwischen 1925 und 1929 hat sich im nachhinein weitgehend als Illusion herausgestellt. Der Weimarer Sozialstaat lebte über seine Verhältnisse, Investitionen und Wachstum waren vor 1929 niedrig, die Löhne hingegen hoch.[28] Die großen sozialstaatlichen Erwartungen vieler Sozialreformer scheiterten letztlich an den wirtschaftlichen Realitäten der zwanziger Jahre, und die sozialdemokratische »Wirtschaftsdemokratie« blieb ein Traum.

Doch zurück zu den konkreten Berliner Problemen: Wenn viele Berliner am Stadtrand leben sollten, dann mußten sie schnell und bequem durch die riesige Stadt befördert werden. Und die Berliner, die in der Innenstadt lebten, mußten zu erschwinglichen Preisen die Erholungsgebiete und andere Einrichtungen am Stadtrand oder in der Berliner Umgebung erreichen können. Dafür waren günstige Verkehrstarife und problemlose Umsteigemöglichkeiten erforderlich. Doch das war leichter gesagt als getan, denn das öffentliche Verkehrswesen in Berlin lag in den Händen konkurrierender Gesellschaften und Organisationen.[29] Kompliziert wurde die Angelegenheit vor allem durch die neugegründete Deutsche Reichsbahn, die die für die Berliner Wirtschaft wichtige S-Bahn, die Ringbahn und die Wannseebahn betrieb. Zwar konnte die Reichsbahn niedrige Tarife anbieten, aber an der Rationalisierung des öffentlichen Nahverkehrs in der Hauptstadt war sie nicht sonderlich interessiert. Die Straßenbahn erhielt Mitte der zwanziger Jahre – nach erheblichen finanziellen Engpässen – als »Berliner Straßenbahn-Betriebs-GmbH« die organisatorische Form eines kommunalen Unternehmens. Die Kommune besaß außerdem erhebliche Anteile an der »Berliner Nordsüdbahn-AG« und war Eigentümerin bestimmter Teilstrecken des U-Bahnnetzes. Ein großer Teil des städtischen U-Bahnnetzes wurde jedoch von der privaten »Gesellschaft für elektrische Hoch- und Untergrundbahnen« betrieben, ein Unternehmen, das mit der Firma Siemens eng verbunden war und eine Pionierrolle bei der Elektrifizierung des städtischen Verkehrs spielte. In den zwanziger Jahren wurden überdies verstärkt Busse eingesetzt, und für diese war wiederum hauptsächlich die »Allgemeine Berliner Omnibus-AG« (ABOAG) zuständig.[30] Viele Berliner fanden es sinnvoll, diese Aktivitäten zu koordinieren, die Offenlegung der Bilanzen durchzusetzen und einen Einheitstarif zu schaffen. Ernst Reuter hatte diese Vorhaben seit 1923 unterstützt und war jetzt in der Lage, sie zu beschleunigen. 1924 hatte die Berliner Bevölkerung die Vier-Millionen-Grenze überschritten, und es war unübersehbar, daß Berlins Verkehrswesen einer Stadt, die Weltstadt sein wollte, längst nicht mehr angemessen war. Anfang 1927 umriß Reuter seine Pläne folgendermaßen: »Die Lösung dieser Aufgabe ist nur durch die Stadt möglich. (...) Daher die zwangsläufige Entwicklung zum Verkehrstrust. Nur auf Grund gemeinsamen Besitzes lassen sich Entscheidungen fällen, die allein das sachliche Ziel im Auge haben. (...) Nur die Stadt als Besitzerin aller Unternehmungen garantiert die wirtschaftliche Stärke im Verein mit dem Vorherrschen rein verkehrlicher Gesichtspunkte.«[31] Kurzum, nur eine kommunale Gemeinwirtschaft konnte die Probleme lösen, die das Privatkapital nicht lösen konnte oder wollte.[32]

Verkehr in der Millionenstadt: Der Potsdamer Platz (hier in einer Aufnahme um 1924 mit Hotel Fürstenhof, Haus Vaterland und Potsdamer Bahnhof) war der verkehrsreichste Platz Europas. 1928/29 vereinigte Ernst Reuter die Verkehrsträger Straßenbahn, Bus sowie Hoch- und U-Bahn zur Berliner Verkehrs-Aktiengesellschaft (BVG).

Mit unermüdlichem Arbeitseifer machte sich Reuter an seine neue Aufgabe. Sein Büro lag nicht im Roten Rathaus, sondern im Verkehrsamt in der Friedrich-Ebert-Straße 5. In seinem Auftreten, seiner Kleidung und seinem Umgangsstil blieb er so bescheiden, wie er es seit je gewesen war. Auch wahrte er weiterhin eine gewisse Distanz gegenüber Menschen, die nicht zum engsten Familien- oder Freundeskreis gehörten. Nie sprach er mit seinen Kollegen über private Angelegenheiten; er wußte offenbar noch nicht einmal, wann seine Sekretärin Geburtstag hatte. Auf der anderen Seite fiel er durch seine »Ruhe und Ausgeglichenheit« auf: »Nichts konnte ihn aufregen.« Doch er schlief schlecht und achtete nicht auf seine Ernährung. Wenn er im Büro arbeitete, ging er im allgemeinen nicht in die Kantine, und Hanna Reuter mußte seine Sekretärin bitten, ihn mit Milch und heißen Würstchen zu versorgen.[33] Die sozialdemokratische Politikern Ella Kay erinnerte sich später daran, »daß er als Stadtrat wegen seines Arbeitstempos direkt gefürchtet war. Er kannte keine Pausen, und was er in einen

Der U-Bahn-Bau gehörte zu den ehrgeizigsten, aber auch umstrittensten Projekten Reuters. Vor allem die damit verbundenen Kosten führten zu heftigen politischen Auseinandersetzungen.

Arbeitstag hineinlegte, war unglaublich. Wenn er zum Beispiel mit seinen Mitarbeitern die U-Bahnbauten besichtigte, dann fuhr man ohne Halt von einer Baustelle zur anderen, statt einer Mittagspause wurde kurz vor einem Bäckerladen gehalten und eine Tüte mit Schnecken eingekauft.«[34]

Reuters Eifer wurde rasch belohnt. Allerdings konnte er auch davon profitieren, daß es die Idee der Vereinheitlichung – wenn auch nicht Kommunalisierung – der verschiedenen Berliner Verkehrsbetriebe schon vor seiner Zeit als Stadtrat gegeben hatte. Die Stadt Berlin kontrollierte bereits die »Berliner Straßenbahn-Betriebs-AG«, und 1926, einige Monate vor Reuters Wahl, hatte sie die Aktienmehrheit sowohl bei der Hochbahngesellschaft als auch bei der ABOAG erworben. Reuter trieb nun einen Arbeitsausschuß voran, der im Herbst 1926 geschaffen wurde, um die Arbeit der drei Verkehrsträger zu koordinieren, die jetzt Eigentum der Stadt Berlin waren. Das Ergebnis war – im Februar 1927 – eine »Interessengemeinschaft«, in der sich die drei Unternehmen auf einen Einheitstarif von 20 Pfennig einigten und darauf, daß die Fahrgäste von einem Verkehrsträger auf den anderen umsteigen durften. Kurz darauf schloß die Interessen- bzw. Vertragsgemeinschaft ein Abkommen mit der Deutschen Reichsbahn: Von nun an konnten die Fahrgäste für 30 Pfennig auch in die S-Bahn umsteigen. Die drei in der Interessengemeinschaft vertretenen Gesellschaften hatten einen gemeinsamen Aufsichtsrat unter dem Vorsitz Ernst Reuters.

Obwohl die Fusion dieser drei Konzerne nahelag, erwies sie sich als besonders schwierig; unter anderem mußte eine Möglichkeit gefunden werden, alle Privataktionäre »restlos« zu entschädigen. Mit Geschick und Fingerspitzengefühl führte Reuter die Verhandlungen, die im September 1928 in eine Vorlage für die Schaffung einer neuen »Berliner Verkehrs-Aktiengesellschaft« (BVG) mündeten. Gegen die Stimmen der Kommunisten und der rechtsgerichteten Wirtschaftspartei billigte die Stadtverordnetenversammlung die Vorlage schließlich im November, und im Januar 1929 nahm die neue BVG ihren Betrieb auf.[35] Die Stadt, die sich viel auf ihre Größe und ihre Dynamik zugute hielt, hatte mit der BVG das größte öffentliche Nahverkehrsunternehmen der Welt geschaffen. Es startete mit einem Aktienkapital von 400 Millionen Reichsmark, das der Stadt Berlin gehörte, beschäftigte 28 400 Personen und umfaßte etwa fünftausend Fahrzeuge verschiedener Art.[36] Getreu Reuters Vision von einem rechenschaftspflichtigen öffentlichen Unternehmen, das zum Wohl der Stadt beitragen sollte, richtete die BVG eine selbständige Betriebskrankenkasse ein, bei der 26 500 BVG-Mitarbeiter und etwa 28 000 Familienmitglieder versichert waren. 1929 baute beziehungsweise renovierte die neugegründete »Gemeinnützige Heimstättenbaugesellschaft der BVG GmbH« 1800 Wohnungen für BVG-Beschäftigte.[37] Reuter war der Vorsitzende des achtzehnköpfigen Aufsichtsrats des neuen Unternehmens. Zum Vorstand gehörten fünf Direktoren: die Sozialdemokraten Fritz Brolat und Wilhelm Majerczik, Ernst Lüdke von der Straßenbahn, Gottfried Quarg von der ehemaligen ABOAG und Hermann Zangemeister von der U-Bahn. Mit Lüdke und Brolat sollte Reuter Schwierigkeiten bekommen, die vorwiegend mit deren enormen Gehältern zusammenhingen. Gottfried Quarg war dagegen ein Gleichgesinnter, ein hochgebildeter Fachmann, der Reuters Leidenschaft für die Altphilologie teilte. Manchmal sprachen sie sogar Griechisch oder Latein miteinander.[38]

Die Schaffung der BVG war zweifellos ein großer Triumph, auf den Reuter mit Recht stolz sein konnte. Im Dezember 1928 schrieb er an seinen Bruder Karl: »Die Arbeit reißt eben bei mir nie ab, und Berlin stellt schon seine Anforderungen an die Menschen. Nachdem jetzt meine große Vorlage über die Gründung einer großen Berliner Verkehrsgesellschaft glücklich erledigt ist, kommen im Frühjahr neue Bauprogramme, Straßendurchbrüche usw., die wieder sehr viel Arbeit erfordern werden.«[39]

Reuters Äußerungen erinnern daran, daß er die Vereinheitlichung des Berliner Nahverkehrs stets als Teil eines größeren historischen Prozesses verstand, der einerseits zur Herausbildung einer sozialen Demokratie führen und andererseits den konkreten Erfordernissen des modernen Städtebaus gerecht werden sollte. Spätestens seit seiner Reise in die Vereinigten Staaten war er überzeugt, daß die Zukunft der Großstädte sehr stark, vielleicht sogar entscheidend, durch den Aufstieg des Automobils geprägt sein würde. Vorerst war allerdings ein umfassendes, modernes und billiges öffentliches Verkehrssystem als erschwingliche Alternative zum Auto vorrangig. Außerdem unterstützte Reuter Wagners Vorhaben, die Bevölkerungsdichte im Stadtzentrum zu reduzieren, indem am Stadtrand mehr gebaut und die Höhe der Gebäude im Herzen der Stadt begrenzt wurde. Und die beste Art und Weise, viele Menschen schnell, problemlos und ohne Staus zu befördern, war die Untergrundbahn. Der Bau neuer U-Bahnlinien sollte auch zur Lösung anderer drängender sozialer Probleme beitragen, wie er Anfang 1931 in einer Radiosendung ausführte: »Es hat durch viele Jahre hindurch eine deutlich spürbare Tendenz zur wirtschaftlichen Degradierung der Berliner City bestanden. Diese Entwicklung, wenn sie weiterginge, würde Milliardenwerte, die in der City investiert sind, gefährden. Die hochwertigen Geschäftsviertel der Innenstadt bedürfen einer sorgsamen Pflege und richtigen verkehrlichen Erschließung. Die Untergrundbauten und die mit ihnen zusammenhängenden zwangsläufigen Straßen- und Platzerweiterungen in bestimmten Stadtteilen führen dieser City neues Leben zu.« Von diesen Entwicklungen würde besonders der Alexanderplatz, der Knotenpunkt mehrerer Verkehrsadern, profitieren. Zusammen mit Martin Wagner entwickelte Reuter Pläne zum Umbau des Alexanderplatzes: »Wer die Gegend um den Alexanderplatz nicht nur aus Döblins Roman, sondern auch aus langer eigener Anschauung kennt, wird es bestimmt nicht bedauern, wenn durch diese Neubauten und Durchbrüche hier, noch lange nicht gründlich genug, aufgeräumt worden ist.«[40]

So widmete Reuter ab 1929 einen großen Teil seiner Energie dem U-Bahnbau, und seine Leistungen auf diesem Gebiet waren bemerkenswert. Vor 1914 verfügte Berlin nur über etwa 36 U-Bahnkilometer; in den Weimarer Jahren wurde diese Zahl mehr als verdoppelt, ein großer Teil davon während Reuters Amtszeit. Mehr als jeder andere kann Ernst Reuter für sich in Anspruch nehmen, der Vater nicht nur der modernen BVG in Berlin, sondern auch des U-Bahnnetzes zu sein, das Hunderttausenden von Berlinern seit Generationen vertraut ist. Und noch ein weiterer Punkt ist von Bedeutung: Reuters Erfolge aus den zwanziger Jahren bei der Schaffung einer modernen Infrastruktur sollten nach 1948 entscheidend zur Fähigkeit der Berliner Westsektoren beitragen, politisch und wirtschaftlich zu überleben.

Zwar sind die langfristigen Folgen des Bauprogramms beeindruckend, aber die kurzfristigen Kosten waren enorm. Reuters Pläne für den Ausbau der U-Bahn waren sehr ehrgeizig; er wollte den bereits fertiggestellten neugebauten Strecken weitere 38 Kilometer hinzufügen. Ende 1930 hatten die neuen U-Bahnstrecken bereits über 350 Millionen Reichsmark verschlungen, hinzu kamen weitere 130 Millionen für Grundstückskäufe. All dies mußte über Kredite finanziert werden. Und angesichts der aufkommenden Wirtschaftskrise schien Berlins Fähigkeit, seinen finanziellen Verpflichtungen nachzukommen, immer zweifelhafter, zumal die Stadt, wie andere Gemeinden in Deutschland, von dem Reichsbankpräsidenten Hjalmar Schacht zu drastischen Ausgabenkürzungen gedrängt wurde.[41] Schon Ende 1929 hatte die Stadt, um der Zahlungsunfähigkeit zu entgehen, einen Sonderkredit bei der Preußischen Staatsbank aufnehmen und massive Sparmaßnahmen durchführen müssen; sie durfte keine neuen Ausgaben tätigen und hatte dem Schuldendienst absolute Priorität einzuräumen.[42] Die BVG war von diesem Druck direkt betroffen. Der Bau neuer U-Bahnen wurde 1930 weitestgehend eingestellt, und, was noch alarmierender war, der Überbrückungskredit zwang die Stadt zu einer Erhöhung der Tarife. Am 25. Januar 1930 erhöhte die BVG ihre Fahrpreise mit Umsteigeberechtigung von 20 auf 25 Pfennig, im Juli waren es schon 30 Pfennig. Jetzt stiegen viele Berliner auf die billigere S-Bahn um. Für die BVG hatte das gravierende Konsequenzen.[43] Wieder mußte die Frage gestellt werden, wer den Sozialstaat auf welche Weise bezahlen sollte. Aber in der aufgeladenen politischen Situation der späten Weimarer Republik war eine sachliche und nüchterne Erörterung dieser Frage kaum mehr möglich.

In einer Reihe von Artikeln, Reden und Radiointerviews versuchte Reuter zu erklären, warum die Tariferhöhungen aufgrund der langfristigen Schuldenkrise Berlins unvermeidlich waren – dabei immer sorgsam bemüht, Demagogie oder simplifizierende Antworten zu vermeiden. Dennoch nahm er kein Blatt vor den Mund. Vor allem warf er Hjalmar Schacht vor, den Kredithahn zugedreht zu haben, und beschuldigte andere Politiker mit ähnlichen Ansichten, opportunistisch die angebliche »Mißwirtschaft« in Berlin anzuprangern.[44] Über diese Probleme läßt sich heute noch diskutieren. Schacht machte sich nicht ganz zu Unrecht Sorgen über die ausufernden Ausgaben der deutschen Städte, und er hatte die Pflicht, vor den Gefahren zu hoher Ausgaben zu warnen.[45] (Der Umfang der Kredite, die die Gemeinden aufnehmen konnten, war in der Weimarer Zeit stark begrenzt, da diese nach den Bestimmungen des Dawes-Plans von 1924 für ausländische Kredite die Genehmigung des Reichsfinanzministeriums einholen mußten.)[46] Selbst wenn Schacht den Kredithahn nicht zugedreht hätte, wäre die Inanspruchnahme ausländischer Kredite nach 1929 schwierig, wenn nicht gar unmöglich gewesen. Aber Schachts Appelle zur Sparsamkeit waren einseitig, und Berlin wurde, wie Oberbürger-

Ernst Reuter um 1926 als Berliner Stadtrat für Verkehrswesen in seinem Amtszimmer, wo er allerdings selten anzutreffen war. Lieber verfolgte er mit seinen Mitarbeitern an Ort und Stelle die Entwicklung des Berliner Verkehrswesens.

meister Böß in zahlreichen Kontroversen mit dem Deutschen Städtetag häufig beklagte, bei der Vergabe von Geldern für die Stadtentwicklung benachteiligt. Berlin mußte einfach für die Zukunft bauen. Um es in der Sprache der Stadtplaner des späten zwanzigsten Jahrhunderts auszudrücken: Eine Stadt mit einer Bevölkerung von 4,3 Millionen Menschen mußte mit einer angemessenen Infrastruktur ausgestattet werden. Solche Projekte erfordern zwangsläufig das, was heute *deficit spending* genannt wird.[47] Dennoch konnte die kurzfristige Frage – wie wird der U-Bahnbau finanziert? – nicht einfach ignoriert werden, und die BVG sah sich zum Teil heftigen Angriffen von rechts wie von links ausgesetzt. 1930 übte beispielsweise der linksgerichtete Stadtkritiker Werner Hegemann scharfe Kritik an den Kosten des U-Bahnbaus; höhere Ausgaben für die Hochbahnen wären seiner Ansicht nach finanziell wesentlich sinnvoller gewesen.[48]

Als sich die Wirtschaftskrise zuspitzte, kam es in der Reichshauptstadt zu einem häßlichen Skandal, der sich über Monate hinzog, die Karriere von Oberbürgermeister Böß zerstörte, die Legitimität der demokratischen Institutionen untergrub und auch die BVG in Mitleidenschaft zog. Die Rede ist vom berüchtigten Sklarek-Skandal. Die drei Brüder Sklarek waren Eigentümer einer Firma, der es durch Betrug und Korruption gelungen war, alleiniger Lieferant für Dienstkleidung verschiedener Berliner Behörden zu werden. In dieser schmutzigen Affäre waren Millionen von Mark geflossen, und einige Politiker waren tief in die Sache verstrickt.[49] Als die Sklareks Ende September 1929 festgenommen wurden, ging eine Welle der Hysterie durch Berlin, angeheizt durch eine skandalhungrige Presse und demagogische Politiker von rechts und links (ungeachtet der Tatsache, daß ein in Berlin bekannter Kommunist und ein namhaftes Mitglied der Deutschen Volkspartei mit den Sklareks gemeinsame Sache gemacht hatten). Ernst Reuter – der mit dieser Affäre nichts zu tun hatte – war einer der ersten Mandatsträger, die die »Amokläufer« in der Boulevardpresse und in der *Roten Fahne* kritisierten.[50] Manche Gruppen nutzten den Skandal zur Propagierung antisemitischer Auffassungen (die Sklareks waren Juden), zur Diskreditierung der Republik und zu Angriffen gegen die SPD und deren politische Verbündete. Das bekannteste Opfer dieser Agitation war Oberbürgermeister Böß selbst. Obschon engagierter Republikaner, hatte er wenig Gespür für die psychologische Seite von Politik, und dieser fehlende Sinn für politische Stimmungen wurde ihm zum Verhängnis. Er selbst war nur ganz am Rande in den Sklarek-Skandal verwickelt: Seine Frau hatte von den Sklareks einen Pelzmantel zu einem besonders günstigen Preis gekauft. Als der Skandal ausbrach, befand er sich auf einer Dienstreise in den Vereinigten Staaten. Nach seiner Rückkehr wurde er von Demonstranten empfangen, die seine Entlassung forderten. Böß beurlaubte sich selbst und unterzog sich einem Disziplinarverfahren, das sich freilich nicht so sehr mit dem Pelzmantel seiner Frau, sondern mehr mit Böß' allgemeinem Führungsstil beschäftigte. Nachdem sich die Angelegenheit mehr als ein Jahr hingezogen hatte, stellte das Preußische Oberverwaltungsgericht zwar fest, daß sich Böß keines Dienstvergehens schuldig gemacht hatte, kritisierte aber seinen Umgang mit dem Kauf des Pelzmantels und erlegte ihm eine Geldstrafe in Höhe eines Monatsgehalts auf. Die extremistischen Parteien und ihre Presse wetterten lautstark gegen diese Entscheidung, und Böß selbst, dessen Ruf irreparabel, wenn auch zu Unrecht, ruiniert war, ging aus Gesundheitsgründen vorzeitig in den Ruhestand.[51]

In Berlin war der demokratischen Politik ein schwerer Schlag versetzt worden, und das in einer Zeit, in der sich die Stadt so etwas am wenigsten leisten konnte. Obwohl Reuter selbst nicht in den Skandal verwickelt war, betrafen dessen Konsequenzen auch ihn. Große Teile der Öffentlichkeit waren über die hohen Gehälter der BVG-Direktoren empört; das Gehalt des Straßenbahndirektors war beispielsweise doppelt so hoch wie das des Reichspräsidenten von Hindenburg. Ein anderer Direktor, der Sozialdemokrat Fritz Brolat, ein gelernter Schlosser, der in der Novemberrevolution politisch aktiv geworden war, brachte für seine Position bei der BVG kaum Qualifikationen mit. Sein Jahresgehalt von 72 000 Reichsmark (Reuter verdiente damals ein Viertel der Summe) stieß daher bei vielen auf völliges Unverständnis. Brolat gehörte außerdem zu denjenigen, die von den Sklareks »Gefälligkeiten« erhalten hatten, in diesem Fall sechs teure Seidenhemden. Obwohl Reuter weder über die Gehälter der Direktoren bestimmen noch ihr Verhalten überwachen konnte, bot dieser Vorfall seinen politischen Gegnern eine weitere Gelegenheit, die BVG anzugreifen.[52]

Schwerer als der Fall Brolat wogen allerdings die Grundstückskäufe der BVG. Unter dem Druck verschiedener Fraktionen in der Stadtverordnetenversammlung leitete der neue Amtierende Oberbürgermeister Arthur Scholtz eine Untersuchung ein und stellte im März 1930 kritisch fest, daß zu wenige Mitglieder der Verwaltung über die Käufe der BVG informiert gewesen waren. Daraufhin setzte die Versammlung zwei Ausschüsse ein, die sich mit der Finanzierung der BVG im allgemeinen und ihren Grundstücksgeschäften im besonderen befassen sollten – eine willkommene Gelegenheit für verschiedene Kritiker der BVG, der sozialdemokratischen Gemeindepolitik oder auch der Person Reuter selbst, ihrem Unmut Luft zu machen. So stellte etwa der einflußreiche ehemalige Stadtsyndikus und damalige Stadtkämmerer Friedrich C. A. Lange – selbst Sozialdemokrat – das Konzept kommunaler Aktiengesellschaften an sich in Frage, weil diese aufgrund ihrer Unabhängigkeit von der Stadtverwaltung schwer zu kontrollieren seien; diese Gesellschaften führten »ein Eigenleben ohne Rücksicht auf die Belange der Stadt«. Die BVG sei für »eine ungesunde, privatwirtschaftlich nie zu rechtfertigende Expansionspolitik« verantwortlich. Reuter verteidigte ein gewisses Maß an Geheimhaltung im Zusammenhang mit Grundstückskäufen, da ansonsten die Preise für die in Frage kommenden Immobilien rasant gestiegen wären. Schließlich arbeitete Scholtz eine Kompromißlösung aus, wonach die BVG und die Stadt im Rahmen einer größeren Reorganisation und Rationalisierung der Verwaltung öffentlicher Grundstücke den neuerworbenen Besitz unter sich aufteilen sollten.[53] Als die Pläne dafür fertig waren, war Reuter allerdings nicht mehr Stadtrat in Berlin.

Der Kampf um die soziale Demokratie: Magdeburg

Ende 1930 kam Hermann Beims zu dem Schluß, daß es an der Zeit sei, sich als Oberbürgermeister von Magdeburg zu verabschieden. Er hatte dieses Amt fast zwölf Jahre lang bekleidet und war in dieser Zeit zu Deutschlands erfolgreichstem sozialdemokratischem Kommunalpolitiker geworden. Beims hatte der Industriestadt an der Elbe einen unauslöschlichen Stempel aufgeprägt. Doch jetzt war er alt, erschöpft und gesundheitlich angeschlagen; angesichts der sich verschärfenden wirtschaftlichen und politischen Krise in Deutschland fühlte er sich den Herausforderungen nicht mehr gewachsen.[54] Die örtliche SPD konnte sich allerdings nicht auf einen Nachfolger aus den eigenen Reihen einigen. Nach monatelangem Tauziehen wandte sich die Magdeburger SPD im Frühjahr 1931 an die Parteiführung in Berlin und bat um Unterstützung. Aus den historischen Quellen geht nicht eindeutig hervor, ob es der Parteivorsitzende Otto Wels oder der preußische Innenminister Carl Severing war, der als erster Reuter für den Posten vorschlug; sicher ist allerdings, daß Wels Reuters Kandidatur stark unterstützte. Der Reichstagsabgeordnete für Magdeburg, Gustav Ferl, beschrieb später seine Begegnung mit Wels und Reuter im Reichstag: »Ich brauchte nicht länger zu erklären, um was es sich handelte. Reuter hörte mich an, und er sah mich an, gleichsam, als wollte er meine Gründe nicht nur hören, sondern mit seinen großen braunen Augen auch sehen, in meinem Gesicht lesen. Der Eindruck, den ich bei dieser Besprechung von Reuter erhielt, hat mich nie verlassen. Er war überzeugend.«[55] Eine Delegation aus Magdeburg besuchte Reuter in seiner Berliner Wohnung, »und wir waren beeindruckt, wie bescheiden er als Stadtrat wohnte«.[56] Beims kannte Reuter schon seit Jahren, sowohl von der Partei her als auch von Sitzungen des Deutschen Städtetags.[57] Am 29. April 1931 – kurz vor Beims geplantem Ausscheiden – wählte die Stadtverordnetenversammlung Reuter für zwölf Jahre zum Oberbürgermeister. Reuter erhielt 38 von 66 Stimmen, neunzehn gingen an den Kandidaten der »Rechtsfraktion« in der Stadtverordnetenversammlung, sechs an den kommunistischen Kandidaten.[58] Zum Zweiten Bürgermeister wurde der Jurist Herbert Goldschmidt gewählt, Mitglied der Staatspartei (früher Deutsche Demokratische Partei) und seit langem als besoldeter Stadtrat in der Magdeburger Verwaltung tätig.[59]

Trotz dieser komfortablen Mehrheit war Reuters Wahl umstritten, noch bevor sie offiziell vollzogen war. Magdeburgs rechte Presse hatte lautstark gegen Reuters »unglückselige Kandidatur« protestiert, während die Kommunisten behaupteten, als Stadtrat in Berlin habe Reuter »die Stadt Berlin in die schwersten Schulden und (...) nahezu in den Bankrott« getrieben.[60] Die Rechtsfraktion – ein Bündnis zwischen der Deutschen Volkspartei (DVP) und der Deutschnationalen Volkspartei (DNVP) – wärmte die alte, auch in Joseph Goebbels' Zeitung *Der Angriff* nachzulesende Verleumdung auf, Reuter sei 1918 für Greueltaten an der Wolga verantwortlich gewesen. Der Führer der Rechtsfraktion, der Magdeburger Großkaufmann Max Hennige (1891–1937), stellte sich auf den Standpunkt, »ein gedeihliches Zusammenarbeiten« mit Reuter sei erst dann möglich, wenn die im *Angriff* erhobenen Anschuldigungen ausgeräumt worden seien. Die Angelegenheit war schnell erledigt, als Carl Severing versicherte, daß die gegen Reuter erhobenen Vorwürfe 1926 gründlich untersucht worden waren und sich als grundlos erwiesen hatten.[61] Anläßlich seiner Amtseinführung am 15. Mai 1931 stellte Reuter ein wenig traurig fest, die »politische Zerrissenheit unseres Landes und der Mangel an politischer Kultur« erklärten die Schärfe der Angriffe gegen ihn: »Es wird einer erheblichen Arbeit bedürfen, um überall Achtung vor dem politischen Gegner zu dem zu machen, was sie unter allen Umständen sein sollte: zu einer Selbstverständlichkeit, die die Grundlage politischer Kultur in jeder wahren und freien demokratischen Selbstverwaltung sein muß.«[62] In seiner Zeit als Kommunist hatte er genug sinnlose Polemiken und Diffamierungen erlebt. (Die Kommunisten boykottierten seine Amtseinführung in Magdeburg übrigens ebenso wie die örtlichen Nationalsozialisten und die Mitglieder der Rechtsfraktion.)[63]

Ernst Reuter (1931) mit seinen drei Kindern Gerd Harry, Edzard und Hella.

Nach Reuters Amtsantritt setzten die Rechtsfraktion und die rechtsgerichtete Presse ihre Kampagne fort und behaupteten im Juli, Reuter habe seine Dienstwohnung aufwendig und teuer renovieren lassen. Allerdings hatte Reuter die Wohnung am Kaiser-Otto-Ring 27 gar nicht beziehen wollen, zumal der Magistrat die Entscheidung, die Wohnung zu renovieren, »ohne sein Zutun und in seiner Abwesenheit« getroffen hatte. Es stellte sich heraus, daß die Renovierungskosten 3500 Reichsmark betrugen, was die Vertreter aller Fraktionen für »angemessen« hielten.[64] Reuters Gegner warfen ihm außerdem vor, sich einen Dienstwagen auf Kosten der Allgemeinheit zu halten. Dieser politisch motivierten Angriffe und Belästigungen überdrüssig, zog Reuter 1932 mit seiner Familie in eine Vier-Zimmer-Wohnung in einer für Magdeburg in den zwanziger Jahren typischen Genossenschaftssiedlung.[65] Aber diese beiden Vorfälle – die alte Geschichte über die Wolga-Zeit und die Aufregung über die Dienstwohnung – machten deutlich, in welchem Maße die Magdeburger Politik im Jahre 1931 polarisiert war. Wie Reuter im August 1931 etwas wehmütig bemerkte, hatte er »eine gewisse Rekordleistung« an Diffamierung einstecken müssen.[66] Unter diesen Umständen würde seine Arbeit nicht leicht sein.

Magdeburg war lange eine Hochburg der deutschen Sozialdemokratie gewesen. 1931 hatte die Stadt offiziell 308 922 Einwohner, über 22 000 mehr als 1919; in Wirklichkeit lag die Bevölkerungszahl wohl etwas höher. Die ehemalige Garnisonsstadt mit ihrer Festung hatte schon früh Verwaltungsfunktionen für die Region übernommen; und seit Mitte des neunzehnten Jahrhunderts war sie aufgrund ihrer günstigen Verkehrslage an der Elbe zum dynamischsten Industriezentrum Mitteldeutschlands aufgestiegen. Die Entwicklung der Industrie hatte ganz bescheiden mit der Raffinierung von Zucker und der Verarbeitung von Zichorie begonnen, doch nach der Jahrhundertmitte hatte die Gewinnung von Braunkohle und Kali zum explosiven Wachstum der Schwerindustrie, insbesondere des Maschinenbaus – symbolisiert im Krupp-Grusonwerk –, beigetragen. Magdeburg war also zu Beginn des zwanzigsten Jahrhunderts eine relativ wohlhabende Stadt, allerdings auch gekennzeichnet durch große soziale Gegensätze. 1907 lebten in der Stadt 107 Millionäre, und gleichzeitig gab es eine schnell wachsende Arbeiterschaft. Einer Erhebung von 1925 zufolge machten Arbeiter und ihre Angehörigen 42,59 Prozent der Bevölkerung aus.[67] Zudem war Magdeburg eine überfüllte Stadt, weil die alte Festung – die erst 1912 aufgelöst wurde – Stadterweiterungen in ost-westlicher Richtung erschwerte. Die neue Industriestadt Magdeburg hatte daher zu Recht den Ruf einer »unausgeglichenen«, ja häßlichen Stadt.[68] Angesichts dieser Bedingungen war es nicht überraschend, daß sich in Magdeburg schon früh eine militante Arbeiterbewegung bildete, die sich auf eine starke radikal-demokratische Tradition stützte.

1864, im Todesjahr Lassalles, wurde in Magdeburg eine Sektion von Ferdinand Lassalles Allgemeinem Deutschem Arbeiterverein und 1869, kurz nach dem berühmten Parteitag von Eisenach, ein Sozialdemokratischer Arbeiterverein gegründet. Jahrzehntelang hatte die Magdeburger Arbeiterbewegung mit besonders schlimmen Schikanen und Repressalien von seiten der Behörden zu kämpfen. Nach der Jahrhundertwende erlebte die SPD dann ein geradezu phänomenales Wachstum: 1914 hatte Magdeburg 7500 SPD- und 30 700 Gewerkschaftsmitglieder, von denen über ein Drittel Metallarbeiter waren.[69] Magdeburg wurde nicht nur zu einer Hochburg der Sozialdemokratie, sondern auch zu einer Hochburg der pragmatischen, reformistischen, ja revisionistischen Tendenzen innerhalb der Sozialdemokratischen Partei.[70] Die Person, die am deutlichsten den Geist der Magdeburger SPD verkörperte, war der große alte Mann Hermann Beims (1863–1931).

Als Sohn eines Webers und Hausschlachters machte er eine Tischlerlehre und trat 1888 in die noch verbotene SPD ein. Wie viele Sozialdemokraten fand er über die Selbstverwaltungsstrukturen des deutschen Sozialversicherungssystems den Weg in die Politik. 1896 wurde er Rendant der Ortskrankenkasse in Goslar, 1902 ernannte ihn das Magdeburger Gewerkschaftskartell zum Arbeitersekretär, 1905 wurde er Mitglied der Stadtverordnetenversammlung und im Jahr darauf Bezirksparteisekretär für Magdeburg-Anhalt.[71] Dann kam der Erste Weltkrieg. Beims, der die Entscheidung der SPD, den Burgfrieden von 1914 zu unterstützen, verteidigte, war ein loyaler Anhänger der Mehrheitssozialisten. 1917 übernahm er erstmals direkte administrative Verantwortung als unbesoldeter Stadtrat und wurde dadurch endgültig zur zentralen politischen Figur in Magdeburg.[72]

Die Novemberrevolution von 1918 vollzog sich in Magdeburg wenig gewaltsam. Die Mehrheitssozialisten saßen – mit komfortablen Mehrheiten – politisch fest im Sattel, und so wählte die Stadtverordnetenversammlung im April 1919 Beims für zwölf Jahre zum Oberbürgermeister.[73] Beims sah sich mit erheblichen Problemen konfrontiert. Die Demobilisierung und die Verkleinerung der Reichswehr wirkten sich ebenso negativ auf die Wirtschaft der Stadt aus wie der Verlust von Munitions- und Rüstungsaufträgen. Nach einigen ernsthaften gewalttätigen Auseinandersetzungen 1919 ging es in der Stadt zwar relativ friedlich zu, aber die scharfen Gegensätze zwischen links und rechts, zwischen Arbeitern und

Bürgerlichen sowie zwischen Anhängern und Gegnern der jungen Republik bestanden noch jahrelang weiter. Es ist kein Zufall, daß sowohl die sozialdemokratisch-republikanische Wehrorganisation »Reichsbanner Schwarz Rot Gold« als auch der antirepublikanische »Stahlhelm« in Magdeburg gegründet wurden.[74] Hinzu kam, daß Beims – wie auch später Reuter – zu den ganz wenigen sozialdemokratischen Oberbürgermeistern der Weimarer Republik zählte. Vor dem Krieg waren die Sozialdemokraten aus den kommunalen Verwaltungen ausgeschlossen gewesen; und nach 1918 fiel es den linksgerichteten Parteien häufig schwer, sich auf einen Kandidaten zu einigen, der sich gegen die bürgerlichen Parteien hätte durchsetzen können.[75]

Beims versuchte die Instrumente des demokratischen Staates schrittweise, aber kontinuierlich zu nutzen, um den Grundstein für eine soziale Demokratie und eine demokratische Gemeinwirtschaft zu legen. Wie Reuter glaubte auch Beims, die Instrumente der demokratischen Selbstverwaltung ließen sich am effektivsten auf kommunaler Ebene einsetzen, um die Alltagsbedürfnisse der Bevölkerung zu befriedigen. Aber wer würde für eine großzügige und expansive Sozialpolitik aufkommen? Wie konnten ein moderner öffentlicher Nahverkehr und ein gemeinnütziger Wohnungsbau finanziert werden? Und wie war ein sozialer Konsens in bezug auf die Sozialstaatsidee in einer so tief gespaltenen Gesellschaft wie der deutschen zu erreichen?[76]

Zuerst hatte es den Anschein, als könne Beims diese Fragen zumindest in Magdeburg lösen. Pragmatisch genug, um konsensfähig zu sein, konnte er nach der Rückkehr zu finanzieller Stabilität im Jahre 1924 einige seiner Vorhaben mit beachtlichem Erfolg verwirklichen. Wie bereits erwähnt, stand Magdeburg zu Recht in dem Ruf, eine unattraktive und überfüllte Stadt mit abschreckenden Wohnverhältnissen zu sein. Beims und seine Kollegen waren entschlossen, die Stadt zu verschönern, neue Arbeitsplätze einzurichten und neue Wohn- und Lebensbedingungen auf genossenschaftlicher beziehungsweise gemeinwirtschaftlicher Grundlage zu schaffen. Beims gelang es, den renommierten Architekten Bruno Taut aus Berlin zu holen; und trotz Tauts erheblicher politischer Naivität und Unbeholfenheit hinterließ dieser als Baustadtrat in Magdeburg ein bleibendes Erbe. Seine wohl spektakulärste Leistung war die berühmte Kampagne für »Farbiges Bauen«, ein Versuch, viele Gebäude der Stadt farbig zu streichen, einen Groß-

Magdeburg galt gemeinhin als häßliche Stadt. Eine Ausnahme war der Breite Weg, eine zwei Kilometer lange Einkaufsstraße, umsäumt von zahlreichen Barockhäusern.

teil davon in hellen Farben und modernem Design. Das »Farbige Bauen« wurde in den Weimarer Jahren ebenso wie das »Bunte Rathaus« zu einem der Markenzeichen des »Bunten Magdeburg«. Doch noch bedeutsamer waren Tauts Pionierleistungen auf dem Gebiet des historischen Denkmalschutzes (»Schutz dem Breiten Weg«, 1921) und der Neuorganisation der Bauverwaltung sowie seine Bemühungen, die Wohnungsnot in der Stadt zu beseitigen.[77] In den Jahren nach Tauts Weggang 1924 – erzwungen durch politische Intrigen – kam es denn auch zu einem regelrechten Bauboom, der im Jahre 1927 mit der Fertigstellung einer großen neuen Stadthalle, eines Ausstellungsgeländes, einer erweiterten Frauenklinik, eines ultramodernen chirurgischen Pavillons im Krankenhaus Sudenburg und mit 1287 neuen Genossenschaftswohnungen seinen Höhepunkt erreichte.[78] Tauts Nachfolger Göderitz konnte mit berechtigtem Stolz verkünden, daß Magdeburg »die Stadt des neuen Bauwillens« geworden sei. War Tauts ursprünglicher Generalsiedlungsplan aus dem Jahre 1923 von einem dreihunderttausend Menschen umfassenden Stadtgebiet ausgegangen, so war es laut Göderitz jetzt notwendig, für siebenhunderttausend Menschen zu planen. Diese sprunghafte Zunahme der Bevölkerung würde die »Aufstellung eines Idealplanes nach den Gesichtspunkten der Totalität und Vollkommenheit« erforderlich machen.[79]

Aber Göderitz' hochgesteckte Ziele wurden nicht realisiert. Die zwanziger Jahre waren ein Jahrzehnt der Illusionen, in Magdeburg wie in Berlin und anderswo, und die Hoffnung, in Deutschland könne langsam, aber sicher eine neue Form wirtschaftlicher und sozialer Demokratie entstehen, zerschellte am finanziellen Zusammenbruch, an Arbeitslosigkeit, zunehmender sozialer Polarisierung und politischer Gewalt. Die Träume von Beims, Taut, Göderitz und ihren Genossen hingen von einer prosperierenden Wirtschaft ab, und Beims hatte sein Bestes getan, um neue Investitionen und Industriebetriebe in die Stadt zu holen. Aber die für die Stadt so wichtige Schwerindustrie, vor allem der Maschinenbau, erholte sich in den zwanziger Jahren nicht mehr, ihre internationale Wettbewerbsfähigkeit und ihr technologisches Niveau stagnierten erst und verschlechterten sich dann sogar. 1928/29 entwickelte sich die Wirtschaft Magdeburgs generell rückläufig, und bestimmte Branchen, darunter die Lebensmittelindustrie, mußten schwere Einbußen hinnehmen. Im Oktober 1929 räumte Beims öffentlich ein, daß es faktisch einen unaufhaltsamen »Niedergang der Magdeburger Wirtschaft« gegeben habe.[80] Die finanzielle Situation der Stadt blieb zunächst einigermaßen stabil, und 1930 verbesserte sich die Beschäftigungssituation sogar ein wenig. Im November jenes Jahres fanden Wahlen zur Stadtverordnetenversammlung statt, bei denen die SPD 32 der 77 Sitze im Stadtparlament errang und die bestehende Koalition mit der DDP bestätigt wurde. DVP und DNVP, erbitterte Gegner des Oberbürgermeisters, hatten eine »Bürgerliche Einheitsliste« aufgestellt (aus ihr ging später die »Rechtsfraktion« hervor), die achtzehn Sitze errang. Aber der durch die Wahlen vermittelte Eindruck der Stabilität war trügerisch. Ende 1929 waren Magdeburgs sozialpolitische Institutionen bereits überstrapaziert; verglichen mit anderen Städten, hatte Magdeburg eine besonders hohe Zahl von Unterstützungsempfängern.[81]

Dann verschlimmerte sich die Situation dramatisch. Die Krise der Arbeitslosenversicherung auf Reichsebene bedeutete, daß die finanziell schwer angeschlagenen Kommunen einen gewaltigen Teil der Finanzlast zur Unterstützung der Erwerbslosen tragen mußten. Ende 1929 gab Magdeburg bereits ein Drittel seines Gesamthaushalts für Wohlfahrtszwecke aus.[82] Ende 1930 mußte die Stadt 26 314 Erwerbslose unterhalten. Und die Lage verbesserte sich auch nicht, als es wärmer wurde. Im Juni 1931, einen Monat nach Reuters Amtseinführung, betrug die Zahl der Arbeitslosen noch immer fast 26 000, und Ende 1931 war sie auf 31472 gestiegen.[83] Von den zwanzigtausend Metallarbeitern, die 1928 in Magdeburg beschäftigt waren, hatten 1931 nur noch achttausend Arbeit.[84] Angesichts des drohenden finanziellen Bankrotts versuchte Beims' Magistrat Ende 1930, eine Steuererhöhung durchzusetzen, aber die Stadtverordnetenversammlung verweigerte ihre Zustimmung. Der Magistrat mußte daraufhin seine finanzielle Unabhängigkeit weitgehend aufgeben; ein preußischer Staatskommissar wurde eingesetzt, der Steuern ohne die Zustimmung des Stadtparlaments erhöhen konnte. Damit war ein wesentlicher Teil der kommunalen Selbstverwaltung Magdeburgs verlorengegangen.[85] Unterdessen hatte Beims seinen Rücktritt angekündigt.[86] Erschöpft wie er war, überließ er gern Ernst Reuter die gewaltigen Probleme seiner krisengeschüttelten Stadt.

Für Reuter hätte der Zeitpunkt kaum ungünstiger sein können. Die bürgerlichen und rechtsgerichteten Gruppen hatten heftig gegen seine Einsetzung opponiert, die in ihren Augen schlicht eine Neuauflage der Politik seines Vorgängers bedeutete. Und diese Politik war nach Ansicht der konservativen *Magdeburgischen Zeitung* zutiefst diskreditiert. Die grandiosen Pläne, die Beims für Magdeburg entwickelt hatte, so die Zeitung, »gingen eben überall weit in Wolkenkuckucksheim hinein«. Beims' Politik habe vor allem an zwei Fehlern gekrankt: »Sie hat das Bürgertum ausgeschaltet und sich damit isoliert, und sie hat die Möglichkeiten der Stadt Magdeburg wesentlich überschätzt (...).« Mit Reuter würde es nicht anders sein: »Denn auch der Nachfolger ist unter den gleichen Voraussetzungen wie Beims bestellt worden: Rote Politik über alles.«[87] Bei aller rhetorischen Übertreibung machten diese Äußerungen deutlich, wie distanziert ein großer Teil der bürgerlichen Öffentlichkeit der Republik auf allen Ebenen gegenüberstand, auch auf der Ebene der Kommunalverwaltung in einer »roten« Stadt wie Magdeburg. Eine von Reuters schwierigsten Aufgaben würde folglich darin bestehen, das Vertrauen der maßgeblichen Wirtschaftskreise, Geschäftsleute und Selbständigen der Stadt zurückzugewinnen und zugleich seinen Prinzipien treu zu bleiben.

Die ständige Verschlechterung der sozialen Lage und die zunehmende politische Gewalt stellten ihn vor zusätzliche Probleme. Obwohl die Kommunisten in Magdeburg durchaus eine gewisse Rolle spielten, waren sie bis zum Ausbruch der Wirtschaftskrise nicht auffällig in Erscheinung getreten, und ihre Aktivitäten wurden sowohl von den preußischen als auch von den örtlichen Behörden aufmerksam verfolgt.[88] Magdeburg war lange eine Bastion des prorepublikanischen Reichsbanners gewesen. Doch die Krise und der damit verbundene Aufstieg des Nationalsozialismus hatten die Spielregeln verändert. Hatte die NSDAP bei den Reichstagswahlen im Juni 1928 in Magdeburg nur 2915 Stimmen bekommen, so waren es im September 1930 schon 38 089.[89] Zu den ersten Gewalttätigkeiten zwischen Kommunisten und Nationalsozialisten in der Stadtverordnetenversammlung war es im Dezember 1929 gekommen; und obwohl Magdeburg danach die Gewaltexzesse erspart blieben, die andere Städte erlebten, verfiel die öffentliche Ordnung in der Stadt allmählich. Kommunisten und Nationalsozialisten schossen im März 1931 im Stadion »Neue Welt« aufeinander, und im Juni, weniger als einen Monat nach Reuters Amtseinführung, schlugen sich zweihundertfünfzig Nationalsozialisten mit zweihundert Kommunisten in der Wilhelmstadt.[90] In Magdeburg wie in anderen Städten waren die Nationalsozialisten unermüdliche Wahlkämpfer, und so prominente Redner wie Gottfried Feder, Gregor Strasser und Hitler selbst kamen von Zeit zu Zeit in die Stadt, um vor ihren Anhängern zu sprechen. Gewaltsame Zusammenstöße mit Kommunisten waren bei solchen Gelegenheiten keine Seltenheit.[91]

Bezeichnend für diese Entwicklungen und die schwierige Situation, die Reuter zu bewältigen hatte, war ein Vorfall, der sich am 11. August 1931, dem Verfassungstag, ereignete. Der neue Oberbürgermeister nutzte den Anlaß der Verfassungsfeier, um in der überfüllten Stadthalle, dem Symbol des sozialdemokratischen Magdeburg, eine seiner eindrucksvollsten und wichtigsten Reden zu halten: »Anstatt daß gemeinsame Not große Volksschichten zu gemeinsamer Arbeit zusammenführt, scheint der Riß, der durch die Parteien und Klassen klafft, nicht kleiner, sondern größer zu werden. Alles das, was in den zwölf Jahren seit dem Bestehen der Weimarer Verfassung an politischem und kulturellem Fortschritt erzielt worden war, scheint ins Wanken zu geraten; und wie der einzelne auch in diesem Kampf der Geister, der leider nicht immer nur ein Kampf der Geister, sondern oft auch ein Kampf roher und niedriger Gewalt ist, stehen mag, wohl jedem drängt sich die bange Frage nach Deutschlands Schicksal und Zukunft auf.« Reuter erinnerte in diesem Zusammenhang an den Freiherrn vom Stein, den Vater der kommunalen Selbstverwaltung in Deutschland, der hundert Jahre zuvor, 1831, gestorben war. Stein, so Reuter, sei zugleich Deutscher und Europäer gewesen, ein Mann, der aktiv und kreativ auf die bittere Not reagiert habe, in der sich sein Land während der napoleonischen Besetzung befunden hatte. So wie Stein für ein »einheitliches, freiheitlich gesinntes und freiheitlich geführtes Reich« gewirkt habe, müsse nun die neue Generation von Deutschen für den Aufbau eines freien und gesitteten Landes arbeiten: »Der Gedenktag der Verfassung soll uns ein Anlaß sein, unermüdliche Arbeit für diese Zukunft unseres Volkes zu geloben.«[92] Nach seiner Rede marschierten Mitglieder des Reichsbanners und eine Kapelle der Schutzpolizei in einem großen Fackelzug über die neue Friedrich-Ebert-Brücke in die Stadt und zum Alten Markt. Reuter hatte die Vision einer friedlichen und demokratischen Zukunft beschworen, aber am Ende der Gedenkfeier brachen sich plötzlich die bitteren Realitäten der Gegenwart Bahn.

Auf ihrem Heimweg wurden mehrere Mitglieder des Reichsbanners von Nationalsozialisten angegriffen. Der schwerwiegendste Vorfall ereignete sich in der Nähe des Lokals »Insleber Schloß«, das gegen den Willen seines Eigentümers in ein Standquartier der SA verwandelt worden war. Als ein Zug von Reichsbannerleuten an dem Lokal vorbeiging, rief einer der Männer »Freiheit auf die Republik!«, worauf einige Nationalsozialisten mit »Deutschland, erwache!« antworteten. Sofort kam es zu einer Schlägerei. Die Nationalsozialisten verbarrikadierten sich im Garten des Lokals und warfen Gartenstühle »und andere Gegenstände« auf die Reichsbannerleute. Schließlich wurden aus dem Lokal drei oder vier Schüsse abgegeben. Die inzwischen eingetroffene Polizei schoß zurück; ein Polizist und ein Mitglied des Reichsbanners wurden leicht verletzt. Nach diesem Vorfall stürmte die Polizei ein SA-Heim in der Kaiser-Friedrich-Straße, nahm 48 Nationalsozialisten fest und beschlagnahmte zahlreiche Waffen.[93]

In dieser schwierigen Situation war es um so wichtiger, daß Reuter sich auf eine Reihe von fähigen und tatkräftigen Kollegen stützen konnte. Dazu gehörten Bürgermeister Herbert Goldschmidt, ein gestandener und engagierter Demokrat und erfahrener Verwaltungsjurist, der schon mehrere Jahre für Magdeburg gearbeitet hatte; der Stadtverordnetenvorsteher Otto Baer; der altgediente SPD-Politiker Ernst Wittmaack und der Stadtbaurat Johannes Göderitz; der sozialdemokratische Regierungspräsident Paul Weber; Max Pulvermann, ehemaliger Stadtrat in Halberstadt und Ministerialdirektor im Reichsinnenministerium, den Reuter für das Amt des Stadtkämmerers gewinnen konnte; Horst Baerensprung, der sozialdemokratische Polizeipräsident, und Heinz Guradze, ein junger Magistratsrat.[94] Das Jahr 1933 sollte für sie alle zu einem tiefen Einschnitt werden. Baer blieb in Deutschland und wurde 1945/46 vorübergehend Oberbürgermeister in Magdeburg, bis die sowjetischen Besatzungsbehörden ihn festnahmen und durch einen gefügigeren Mann ersetzten. Pulvermann emigrierte nach Palästina, während Baerensprung und Guradze in die USA auswanderten. Baerensprung war dort in der sozialdemokratisch ausgerichteten »Association of Free Germans« aktiv, zu der auch Max Brauer, der spätere Oberbürgermeister von Hamburg, gehörte. Heinz Guradze lehrte im Staat Missouri Deutsch, arbeitete nach 1945 in der amerikanischen Militärregierung, erhielt schließlich die deutsche Staatsbürgerschaft zurück und wurde Professor in Köln.[95] Goldschmidt, der jüdischer Herkunft war, blieb nach 1933 tragischerweise in seinem Heimatland. Reuter versuchte noch vom Exil aus, Goldschmidt aus Deutschland herauszuholen, aber vergeblich. 1943 wurde der ehemalige Bürgermeister nach Auschwitz deportiert; er starb entweder auf dem Transport oder kurz danach im Lager selbst.[96]

Mit Hilfe seiner Kollegen und Freunde konzentrierte sich Reuter in Magdeburg auf vier wichtige Gebiete. Es gelang ihm erstens, den Haushalt der Stadt zu sanieren und die Ausgaben weitestgehend zu begrenzen, zweitens, die Infrastrukturprogramme in Verbindung mit Arbeitsbeschaffungsmaßnahmen fortzuführen, drittens, Selbsthilfeprojekte für Arbeitslose zu fördern, und viertens, neue Wege bei der Lösung der Fürsorgeprobleme zu gehen, wofür die berühmte Magdeburger »Winternothilfe« das beste Beispiel war.

Zum ersten Punkt: Reuter war entschlossen, die Finanzen der Stadt stabil zu halten und die Stadtverwaltung rationeller und effizienter zu gestalten. Aufgrund seiner Erfahrungen mit der BVG kannte er sich mit den komplexen Problemen öffentlicher Finanzen aus und vermied in Magdeburg einige der Fehler, die er in Berlin gemacht hatte. Da der neue Oberbürgermeister unbedingt die

Zahlungsfähigkeit der Stadt aufrechterhalten wollte, kümmerte er sich intensiv um die Belange der Stadtbank und der Sparkasse.[97] Aber auch durch drastische Maßnahmen konnte nicht erreicht werden, daß der Haushalt ausgeglichen blieb. Die Belastungen durch die Erwerbslosenunterstützung waren zu hoch; außerdem kam es im Sommer 1931 zu einer Reihe von Bankzusammenbrüchen, was die Finanzplanung erheblich durcheinanderbrachte. Um Geld einzusparen, strich Reuter fünfundsiebzig Beamtenstellen; aktive Beamte und Angestellte bekamen ihre Gehälter nicht mehr in wöchentlichem Turnus, und auch die Erwerbslosenunterstützung mußte gekürzt werden. Zum Ausgleich für diese Kürzungen senkte der Magistrat die Kosten für Gas, Kohle, Straßenreinigung und – im Dezember – für die Straßenbahn.[98] Um die Effizienz der Stadtverwaltung zu steigern, reduzierte Reuter die Zahl der besoldeten Stadträte von vierzehn auf zwölf und dann – 1932 – auf zehn.[99]

In einer Rede, in der er Churchillsche Leidenschaft mit nüchternem finanziellem Sachverstand verband, forderte Reuter die Stadtverordnetenversammlung Mitte August 1931 auf, aufgrund der Haushaltslage drastische Einschnitte zu akzeptieren. Zunächst lehnte die Versammlung eine Erhöhung der Bürgersteuer ab; als der bestellte Staatskommissar jedoch damit drohte, neue Kürzungen zu erzwingen, gab sie nach und stimmte den Maßnahmen zu.[100] Ironischerweise trug die angedrohte Intervention von außen dazu bei, ein Minimum jener Selbstverwaltung aufrechtzuerhalten, die für Reuter und andere Oberbürgermeister während der Krise so wichtig war. Aber die Finanzmisere hielt auch 1932 noch an, und jetzt mußten »Notetats für einen begrenzten Zeitraum« vorgelegt werden.[101] Trotzdem war eine gewisse systematische Planung notwendig, wie Reuter etwas entnervt auf einer interfraktionellen Sitzung im September 1932 feststellte: »Bindende Erklärungen abzugeben sei der Magistrat nicht in der Lage, schon mit Rücksicht auf die eingehenden Reichsregierungsverordnungen. Es würde gespart, soweit dies möglich sei. Der Kredit und das Ansehen der Stadt würden Schaden leiden, wenn die Feststellung der Haushaltspläne jetzt nicht erfolge.« Gleichzeitig konnte er mit einigem Stolz darauf verweisen, daß Magdeburg im Haushaltsjahr 1931 ein Defizit von nur 203 000 Reichsmark hatte.[102]

Der Oberbürgermeister versuchte, kreative Lösungen für die Krise zu finden. Zusammen mit Stadtkämmerer Max Pulvermann arbeitete er einen Plan zur Eintreibung von Abgaben wie Grunderwerbssteuer oder Anliegerbeiträgen aus, die in den meisten deutschen Städten während der Wirtschaftskrise kaum noch entrichtet wurden. Sich seine Berliner Erfahrung zunutze machend, fand Reuter auch einen Weg, eine Anleihe von zehn Millionen Schweizer Franken zu bekommen. Grundsätzlich war es für die Gemeinden sehr schwer, ausländische Kredite zu erhalten, aber Reuter löste das Problem, indem er die Magdeburger Stadtwerke – für die die Anleihe bestimmt war – in eine Aktiengesellschaft umwandelte, die sich dann an Stelle der Stadt offiziell um den Kredit bemühte.[103]

Galt Reuters Hauptsorge als Oberbürgermeister dem Zustand der städtischen Finanzen, so war sein zweitwichtigstes Anliegen der weitere Ausbau der Infrastruktur und die Durchführung öffentlicher Projekte vor allem dort, wo diese den Magdeburger Bürgern direkt zugute kamen und Arbeitsplätze schaffen konnten: Dabei ging es um die Einrichtung von Nähstuben für das Wohlfahrtsamt, Fort- und Berufsbildungsstätten und dergleichen mehr.[104] Reuter war nicht mehr bereit, sich auf langfristige Infrastrukturmaßnahmen einzulassen, wie er es bei der BVG getan hatte, aber entschlossen, besonders wichtige, von Beims initiierte Projekte zum Abschluß zu bringen, zu denen eine Hafenerweiterung, die Fertigstellung der Friedrich-Ebert-Brücke und der Ausbau des Mittellandkanals gehörten.[105] An erster Stelle stand jedoch die Fertigstellung eines Wasserwerkes in Colbitz, das Trinkwasser für die Letzlinger Heide lieferte und von Reuter im August 1932 offiziell eingeweiht wurde.[106]

Drittens bemühte er sich intensiv um die Selbsthilfe für Arbeitslose, eine Initiative, die ursprünglich von der Reichsregierung ausgegangen war, vom Oberbürgermeister jedoch tatkräftig unterstützt wurde. War die Stadt auch nicht in der Lage, mehr als die übliche Fürsorge zu leisten, so konnte sie den Arbeitslosen doch zumindest Anreize bieten, gewisse Grundbedürfnisse selbst zu befriedigen: sich vor allem selbst Häuser in Stadtrandsiedlungen zu bauen. Nachdem der Magdeburger Magistrat die Genehmigung für den Bau solcher Siedlungen erteilt hatte, wurde die erste mit fünfzig Einfamilienhäusern im Mai 1932 in Lemsdorf in Angriff genommen. Bis August waren fünf solcher Siedlungen im Bau, mit insgesamt 280 Häusern. Die Arbeitslosen wurden vom Hochbauamt unterstützt, und örtliche Geschäftsleute stellten Baumaterial zur Verfügung. Die Siedlung »Am Milchweg« kostete nur 2750 Reichsmark, von denen 1875 Reichsmark aus einem Reichsdarlehen kamen. Im Laufe des Jahres ermöglichte die Stadt Arbeitslosen auch den Erwerb billiger Schrebergärten.[107]

Schließlich wandte Reuter viel Zeit für das große Heer von Bedürftigen auf, die nicht ausreichend für sich sorgen konnten. Am 23. September 1931 lud er Repräsentanten vieler Organisationen – von den Gewerkschaften bis zu Arbeitgeberorganisationen, von Industriebetrieben bis zu wohltätigen Organisationen – zu Gesprächen ins Rathaus ein, in denen es um die freiwillige Unterstützung der Armen, vor allem in den kalten Monaten, ging. Das Ergebnis war die berühmte »Winternothilfe«. Im Aufruf der Winternothilfe hieß es: »Der schwerste Winter seit Jahrzehnten steht vor der Tür. Arbeitslose, Kurzarbeiter, Sozialrentner, Kriegsbeschädigte, Kriegshinterbliebene und andere Unterstützungsempfänger sind in schwerster Not. Wohlfahrtsamt und Arbeitsamt unterstützen zusammen 40 000 Familien, mehr als 80 000 Personen. Zahlreiche andere, nicht unterstützte Volksgenossen sind ebenfalls in schwieriger Lage.«[108] Die Reaktion war überwältigend. Mitte November wurden an speziellen, über die ganze Stadt verteilten Stellen dreitausend Portionen warmes Mittagessen ausgegeben. Bis Ende Dezember waren 219 814 Portionen verteilt worden.[109] Von November 1931 bis Mai 1932 sammelte die Winternothilfe fast 450 000 Reichsmark für Kleidung, Nahrungsmittel und Heizmaterial; alles in allem verteilte sie über eine Million Portionen warmes Mittagessen an mehr als 24 000 Personen. Über vierzigtausend Menschen erhielten Kleiderspenden.[110] Örtliche Reichswehreinheiten beteiligten sich an der Ausgabe der Speisen und boten Erwerbslosen außerdem Unterhaltungsprogramme zu erschwinglichen Preisen. Auch das Reichsbanner und der Stahlhelm nahmen teil. Sie organisierten kostenlose kulturelle Veranstaltungen, von Konzerten bis zu Reit- und Fahrturnieren.[111] Die Aktivitäten wurden im Winter 1932/33 fortgesetzt, und diesmal war der Andrang noch größer; im Herbst 1932 stellte der Magistrat 150 000 Reichsmark für die Winternothilfe zur Verfügung. In den ersten drei Wochen hatte die zweite Winternothilfe bereits 120 074 Portionen warmes Mittagessen ausgegeben.[112]

Durch seine zupackende Art, seine pragmatisch orientierte Arbeit und sein Engagement konnte Reuter das Mißtrauen, das ihm bei seiner Ankunft in Magdeburg entgegengeschlagen war, zu gro-

Die »Winternothilfe« war eine der wichtigsten Initiativen Reuters als Magdeburger Oberbürgermeister. Auch die Reichswehr beteiligte sich daran, wie hier bei einer Armenspeisung vor der Kaserne an der Jerichower Straße, 1932.

ßen Teilen ausräumen. Wenn auch mitunter widerwillig, wurde Reuter von den meisten gesellschaftlichen Gruppen in Magdeburg respektiert. (Angriffe kamen vor allem von seiten der Kommunisten, der Nationalsozialisten und der wirtschaftsnahen Presse.) Zu diesem Respekt beigetragen haben neben seinem Sachverstand und seiner integren Art sicherlich auch sein – manchmal sarkastischer – Humor und seine Abneigung gegen Angeberei und Wichtigtuerei. In einer Rede vor der Stadtverordnetenversammlung meinte er einmal trocken, nachdem seine Finanzpolitik gelobt und sein Vorgänger indirekt kritisiert worden war: »Ich habe zu Hause die Äußerungen, die über mich gemacht worden sind, als ich hierherkam, in einer Mappe gesammelt, damit ich, wenn ich einmal gelobt werde, die Nase nicht gen Himmel trage.«[113] Der Magdeburger Sozialdemokrat Gustav Ferl erzählte viele Jahre später: »Sein Humor war glänzend und sein Witz manchmal sarkastisch. Aber sein Sarkasmus war niemals in einer Art gebraucht, daß er verletzend wirken mußte. Und wenn es galt, das Ansehen eines

Menschen zu wahren, so verteidigte er diesen Menschen. Der Mensch stand ihm über alles. Dem Menschen und der Menschheit war sein Leben gewidmet.«[114] Sein Sinn für Fairneß – eine seltene Gabe, besonders in den frühen dreißiger Jahren – galt auch anderen politischen Parteien, einschließlich der extremistischen Parteien, die auf seinen Sturz hinarbeiteten. So widersetzte er sich dem Versuch des Regierungspräsidenten, den unbesoldeten Vertreter der NSDAP aus dem Magistrat auszuschließen, und trat auch dafür ein, den Kommunisten das Recht auf Ernennung eines Stadtrats zu erhalten. Er bemerkte in diesem Zusammenhang, »daß es mein Bemühen sei, die Verwaltung der Stadt Magdeburg soweit als möglich von dem politischen Parteienkampf fernzuhalten und die einzelnen Parteien hier in Magdeburg zu einem besseren Zusammenarbeiten zu führen. (...) Aus den gleichen Gründen habe ich gegen Ende des Jahres auch in offener Stadtverordnetenversammlung mich gegen einen Erlaß des Herrn Ministers gewandt, der bestimmten Parteien die Benutzung unserer aus Mitteln der Stadt Magdeburg erbauten Stadthalle verbieten sollte.«[115] (Natürlich hatte er sich auch gegen die Intervention von außen gewandt, um von der alten Tradition der kommunalen Selbstverwaltung soviel wie möglich zu erhalten.) In der Magdeburger SPD war Reuter ungemein beliebt, und sie nominierte ihn für den Reichstag, in den er im Juli 1932 auch gewählt wurde.

Bei diesen Wahlen wurden die Nationalsozialisten zur stärksten Fraktion, und auch im Stadtkreis Magdeburg erhielten sie den größten Stimmenanteil (73 823 gegenüber 71 300 für die SPD und 24 421 für die KPD). Das war fast eine Verdoppelung gegenüber den September-Wahlen von 1930. Obwohl Ernst Reuter sich bemühte, die Stimmung in Magdeburg relativ ruhig zu halten, konnte er nicht hoffen, die soziale und politische Spaltung der Stadt zu überbrücken. Die NSDAP rechnete sich in der Industriestadt an der Elbe gute Chancen aus, und während des Wahlkampfes für die nächsten Reichstagswahlen am 6. November kam Adolf Hitler selbst nach Magdeburg und sprach vor zwanzigtausend Menschen, pikanterweise in der Stadthalle, die der Republikaner Johannes Göderitz erbaut hatte.[116]

Ernst Reuter war fest entschlossen, die Republik nach besten Kräften zu verteidigen, aber viel konnte er nicht tun. Am 20. Juli, elf Tage vor der Reichstagswahl, die Reuter in den Reichstag brachte, hatte Reichskanzler Franz von Papen seinen berüchtigten

Staatsstreich gegen Preußen durchgeführt, die vom Volk gewählte preußische Regierung abgesetzt und dadurch eine der wenigen Bastionen der republikanischen Demokratie in Deutschland zerstört. Reuter war über Papens Vorgehen so entsetzt, daß er und Polizeipräsident Baerensprung zwei Einheiten Bereitschaftspolizei nach Berlin schicken wollten, um der preußischen Regierung in ihrem »Widerstand« gegen den Putsch beizustehen. »Reuter sprach hierbei auch in dem Sinne«, wird von einer Sitzung beim Oberbürgermeister berichtet, »daß er persönlich noch seinen Einfluß geltend machen wolle, daß alle anderen treuen Polizeipräsidenten in gleicher Weise mit Hilfsangeboten durch Polizeiverstärkungen eingreifen.«[117] Als deutlich wurde, daß die abgesetzte preußische Regierung keinen Widerstand leisten würde, waren auch Reuter die Hände gebunden. In den folgenden Monaten versuchte er noch, Anhänger der Republik zu mobilisieren, etwa am Verfassungstag im August und im November, als er bei einer Festveranstaltung zum siebzigsten Geburtstag des großen Bühnenautors Gerhart Hauptmann in der Stadthalle vor vielen Menschen sprach. Im *Reichsbanner* rief er die Republikaner Anfang November auf, die Feinde der Demokratie mit vereinten Kräften zu bekämpfen: »Die Freiheit des Volkes kann nur verteidigt werden, wenn das Volk den Republikanern wieder die politische Macht gibt, die notwendig ist, um aus Elend und Not herauszukommen und neuen Aufstieg vorzubereiten.« Die Republikaner müßten offensiv gegen die »Volksbetrüger«, »die Abenteurer und Demagogen« in der nationalsozialistischen Führung vorgehen.[118]

Einen »neuen Aufstieg« sollte es freilich nicht geben. Am 30. Januar 1933 wurde Adolf Hitler Reichskanzler. Kurz darauf kündigte die neue Regierung für den 5. März Reichstagswahlen und für den 12. März Kommunalwahlen an. Auch Magdeburg wurde von der Terror- und Einschüchterungswelle, die in den Wochen vor den Wahlen über Deutschland hinwegging, nicht verschont. Am selben Tag, als der Reichstag in Berlin brannte, demolierten SA-Banden in Magdeburg die Büros der SPD- und der KPD-Zeitungen. Trotzdem bekam die NSDAP bei den Reichstagswahlen in Magdeburg keine Mehrheit, was allerdings kaum noch von Bedeutung war. Schließlich hatte Hermann Göring bereits im Februar angekündigt, die bevorstehenden Wahlen würden die letzten für die nächsten fünfzehn oder vielleicht auch hundert Jahre sein. Am 9. März griffen SA-Banden Kaufhäuser in Magdeburgs Haupteinkaufsstraße Breiter Weg an, »von deren Inhabern man annahm, daß sie Juden seien«.[119]

Zwei Tage später, am Tag vor der Kommunalwahl, stürmten SA-Männer das Rathaus, um Ernst Reuter und Herbert Goldschmidt festzunehmen. Fünf SA-Leute drangen in Reuters Dienstzimmer ein, um ihn angeblich in Schutzhaft zu nehmen. »Der Oberbürgermeister machte sie auf das Ungesetzliche ihres Vorhabens aufmerksam, doch ließen die SA-Leute den Einwand unberücksichtigt«, berichtete die *Magdeburgische Zeitung*. Die SA-Männer brachten Reuter zum Rathauseingang hinter dem Johanniskirchhof. Gleichzeitig drang ein anderer SA-Trupp in das Magistratskonferenzzimmer ein, wo eine Sitzung des Personalausschusses stattfand. Dort nahmen sie Goldschmidt fest. Unterdessen hatten etwa fünfzig SA-Leute unter Musikbegleitung (!) das Rathaus umstellt und versucht, alle Eingänge zu blockieren. In diesem Moment traf ein Polizeimajor mit einer kleinen Gruppe Schutzpolizisten ein, verschaffte sich Zugang zum Rathaus und stellte Reuter unter seinen Schutz. Nachdem er dem Oberbürgermeister erlaubt hatte, Mantel und Hut anzuziehen, brachte er Reuter ins Polizeipräsidium – hauptsächlich, um ihn vor der SA in Sicherheit zu bringen. Nach einigen Stunden war er wieder frei. Goldschmidt hatte nicht soviel Glück. Er »wurde von der SA genötigt, an der Spitze ihres Zuges durch die Straßen der Stadt, ohne Mantel und ohne Hut zu marschieren«.[120] Der Marsch endete bei den Büroräumen des Reichsbanners. Die SA besetzte das Gebäude, hißte eine Hakenkreuzfahne und zwang Goldschmidt, diese »durch Aufheben der Hand« zu grüßen. Erst da traf die Polizei ein und nahm Goldschmidt in Schutzhaft, so wie sie es mit Reuter getan hatte.[121]

Reuter schickte sofort ein Protesttelegramm an Reichspräsident von Hindenburg, in dem er darauf hinwies, daß er und Goldschmidt »durch schwer bewaffnete SA unter Anwendung von Gewalt und schweren Demütigungen an der Ausübung ihres Amtes behindert worden« waren. Er bat den Präsidenten um die Zusicherung, daß so etwas nicht noch einmal passieren würde.[122] Natürlich bekam er keine Antwort.

An jenem Tag unterschrieb Reuter sein letztes Dokument als Oberbürgermeister von Magdeburg, dann wurde er zusammen mit Goldschmidt »beurlaubt«. Die beiden gehörten zu den vielen Bürgermeistern, die an diesem Tag ihr Amt verloren, darunter auch

Max Brauer in Altona. Obwohl die Nationalsozialisten bei der Kommunalwahl am 12. März keine Mehrheit erhielten, wurden in den darauffolgenden Tagen praktisch alle Kollegen Reuters in der Stadtverwaltung »beurlaubt«. Ende Mai wurde der Nationalsozialist Fritz Markmann als »kommissarischer Oberbürgermeister« der Stadt eingesetzt.[123] Wenige Tage später stimmte die Magdeburger Stadtverwaltung einer Ehrenbürgerschaft Adolf Hitlers »bei Stimmenthaltung der sozialdemokratischen Fraktion« zu.[124]

War Reuter gescheitert? Hatte er alles falsch angefaßt? Reuters Vision von einer demokratischen Erneuerung erforderte guten Willen, die Bereitschaft, die Klassenspaltungen zu überwinden, Kompromißfähigkeit, eine prosperierende Wirtschaft und viel Geld. Nichts von alledem war zwischen 1926 und 1933 in Deutschland vorhanden. Es war einfach nicht die richtige Zeit für die Art von Gemeindesozialismus, die ihm vorschwebte. Kurzfristig war er also an Kräften gescheitert, die völlig außerhalb seiner Einflußmöglichkeiten lagen. Und im März 1933 sah es so aus, als wäre seine politische Karriere beendet. Die lange Nacht der Barbarei hatte sich über Deutschland und Europa gesenkt.

4. KAPITEL

Die Zukunft der Demokratie: die Auseinandersetzung mit dem Nationalsozialismus

Tritt das Bild jener schrecklichen Nacht mir wieder vor Augen, welches für mich in der Stadt blieb als die späteste Frist, denk' ich wieder der Nacht, da ich so viel Teures verlassen, dringen die Tränen mir jetzt noch aus den Augen hervor.

Ovid, »Tristia«[1]

Unser Volk ist im Guten und im Bösen nicht so viel anders als andere Völker auch. Wir haben nur dafür zu wirken, daß die Wunden geheilt [werden], daß ein Weg in eine neue Zukunft gefunden wird. Daran mitzuarbeiten ist unsere Pflicht Deutschland gegenüber, aber auch all den anderen Völkern gegenüber, denen der Krieg so entsetzliche Wunden geschlagen hat. Denn wenn ihnen nicht der Glaube an eine bessere Zukunft gegeben werden kann, wovon sollen sie in Zukunft leben? Vom Haß etwa? Das ist eine Speise, die niemanden auf die Dauer satt machen wird.

Ernst Reuter an Thomas Mann,
November 1943[2]

Einleitung: Die Quäker und der Sozialdemokrat

Es war nie leicht, Quäker zu sein. Seit ihrer Gründung durch George Fox Mitte des siebzehnten Jahrhunderts in England war die religiöse Gemeinschaft »Society of Friends« (»Gesellschaft der Freunde«) anhaltender Verfolgung ausgesetzt. Ihre Ablehnung kirchlicher Hierarchien, ihr konsequentes Festhalten am Prinzip der Gewaltlosigkeit, ihre Lehre, daß alle Menschen wegen des ihnen gemeinsamen »inneren Lichtes« vor Gott und den Menschen gleich seien, boten gesellschaftlichen Zündstoff. Außerdem setzten sie ihre Überzeugungen immer wieder auch in politisches Handeln um – als Vorkämpfer der Sklavenbefreiung etwa, als entschiedene Befürworter von Gefängnisreformen oder der Gleichberechtigung von Mann und Frau.

Ein Quäker, der für seine Überzeugung ins Gefängnis ging, war Corder Catchpool. 1883 geboren, hatte er im Ersten Weltkrieg zunächst freiwillig als Sanitäter in der britischen Armee gedient; wenngleich die Quäker selbst keine Waffe in die Hand nehmen, lehnen sie zivile Hilfsdienste in der Armee gewöhnlich nicht ab. Als Großbritannien 1916 jedoch die allgemeine Wehrpflicht einführte, machte Catchpool eine tiefe Krise durch und verweigerte fortan den Dienst. Nachdem er verkündet hatte, er wolle »lieber sterben als am Krieg teilnehmen«, wurde er von einem Kriegsgericht zu zweieinhalb Jahren Haft in einem britischen Gefängnis verurteilt, die er voll abbüßte. Die Sache des Friedens, insbesondere die Versöhnung zwischen Großbritannien und Deutschland, wurde daraufhin zum prägenden Thema seines Lebens. 1931 arbeitete er als Vertreter des »Friends Service Council« beim Berliner Sekretariat der deutschen Quäker, außerdem beteiligte er sich aktiv an der »Jahresversammlung der Deutschen Freunde«.[3] Ab 1933 wandten sich Gegner des neuen nationalsozialistischen Regimes (beziehungsweise deren Verwandte) immer wieder mit verzweifelten Bitten um Hilfe an ihn, so auch im Falle Ernst Reuters.

Hanna Reuter, »eine mutige Frau«, hatte mit ihm mehrere Male über ihren Mann gesprochen. Anfang Juli 1934 schrieb Catchpool deshalb an Elizabeth (»Elsie«) Howard in England. Nachdem Ernst Reuter schon einmal im Konzentrationslager Lichtenburg gewesen war, sei er jetzt zum zweiten Mal dort eingeliefert worden: »Ich weiß, daß Frau Reuter nach ihrer Rückkehr nach Magdeburg einen schlimmen Zusammenbruch erlebt hat, was nicht verwunderlich ist, und ich habe angeboten, sie und die Kinder 14 Tage zur Erholung in den Harz zu schicken, sobald sie sich fähig fühlt, die Reise anzutreten. (...) Frau Reuter lebt zur Zeit von den Ersparnissen ihres Mannes, die anscheinend noch einige Monate reichen, länger nicht.« Er wies darauf hin, daß eine »kluge Intervention aus dem Ausland« helfen könnte, Reuter freizubekommen. Er selbst hatte an die Gestapo geschrieben, Reuter habe viele Freunde in Großbritannien und seine schnelle Freilassung liege im »Interesse des guten Willens und Einvernehmens zwischen England und Deutschland«.[4]

Elsie Howard kannte Ernst Reuter bereits, und auch die Verhältnisse in Deutschland waren ihr vertraut. Während des Ersten

Elizabeth Fox (»Elsie«) Howard verdankte Reuter sein Leben. Durch ihr mutiges Auftreten und den klugen Einsatz ihrer zahlreichen Kontakte erreichte sie seine Entlassung aus dem Konzentrationslager. Die Aufnahme entstand 1934 im Erholungsheim der Qäker in Falkenstein/Taunus.

Weltkriegs hatte sie sich um die deutschen Internierten in Großbritannien gekümmert und nach 1920 in wohltätigen Einrichtungen der Quäker in Deutschland gearbeitet.[5] Howard, eine direkte Nachfahrin des Sektengründers George Fox, war eine Frau von außergewöhnlichem Mut. Im Juni 1933 hatte sie beispielsweise Ernst Röhm, den Chef der SA, im persönlichen Gespräch aufgefordert, auf Gewalt und Einschüchterung im Umgang mit den Gegnern des Regimes zu verzichten, und sie schreckte auch nicht davor zurück, das gefürchtete Gestapo-Gebäude in der Prinz-Albrecht-Straße zu betreten, um ihre Anliegen vorzubringen. Nach 1933 leitete Howard als Hausmutter ein Erholungsheim der Quäker in Falkenstein im Taunus, später dann in Bad Pyrmont, wo die Quäker 1800 das erste Versammlungshaus eröffnet hatten. Das Erholungsheim sollte Menschen, die vom Regime rassisch oder politisch verfolgt worden waren, einige Wochen der Erholung ermöglichen.[6] Hier begegnete sie Ernst Reuter, der nach seiner ersten Entlassung aus dem Konzentrationslager im Januar 1934 durch Vermittlung von Änne Justus, einer Lehrerin aus Magdeburg, nach Falkenstein gekommen war.[7] Elsie Howard beschrieb später in ihren Memoiren, wie sie den ehemaligen Oberbürgermeister von Magdeburg an einem regnerischen Abend an einer Bushaltestelle im Taunus abgeholt hatte. Sie habe selten einen Menschen mit so traurigen Augen gesehen, aber er habe auch standhaft und mutig gewirkt, ein Mensch, der mit seinen veränderten Lebensbedingungen fertig wurde, ohne »für einen Augenblick in seinen Überzeugungen schwankend zu werden«.[8] Zwischen der Quäkerin und dem Sozialdemokraten entwickelte sich schnell eine Freundschaft, die über Jahrzehnte Bestand haben sollte.

Als Howard von Corder Catchpool erfuhr, daß Reuter im Juni 1934 abermals festgenommen worden war, mobilisierte sie in ihrer Heimat sofort Unterstützung für Reuters Freilassung und kehrte schnell nach Deutschland zurück, um sich vor Ort für ihren Freund einzusetzen. Sie sprach unter anderem mit Ernst (»Putzi«) Hanfstaengl, dem damaligen Auslandspressechef der NSDAP, der Hitler persönlich nahestand. Howards Bemühungen waren tatsächlich erfolgreich, wenn auch nicht aus den Gründen, die der publicityhungrige Hanfstaengl später kolportierte, indem er behauptete, Reuters Freilassung Anfang September erwirkt zu haben. In Wirklichkeit spielten Howards Beziehungen nach Großbritannien sowie einige alte Bekannte Reuters von der Wolga eine zentrale Rolle.[9]

Wichtig war indessen nur, daß Reuters Entlassung tatsächlich erreicht wurde. Ihm war immer klar, daß er Glück gehabt hatte, denn nicht alle Bemühungen der Quäker verliefen so erfolgreich. Auch waren ihre Verhandlungen mit dem Regime nicht unumstritten. So geriet beispielsweise Corder Catchpool in die Kritik, weil er den Nationalsozialismus angeblich verharmlose, indem er naiverweise glaubte, ein durch und durch böses Regime ließe sich doch irgendwie vom Geist der Versöhnung und des guten Willens beeindrucken.[10]

Ernst Reuter vergaß nie, was er den Quäkern zu verdanken hatte.[11] In den langen Jahren des Exils, während des Krieges und auch danach blieb er regelmäßig mit Elsie Howard in Kontakt.[12] Und im Juni 1937 vertraute er ihr an: »(...) daß, abgesehen von dem extremen Pazifismus, den ich für unpolitisch und unmöglich halte, ich nicht recht eine geistige Welt wüßte, die mir näher stünde als die der Quäker, und daß das nicht nur auf dem tiefen Gefühl der Dankbarkeit beruht, was ich für die Quäker empfinde, sondern auf der Tatsache, daß für deutsche Sozialisten unsere Arbeit immer den Charakter einer Religion – wenn auch nicht im üblichen Sinn – gehabt hat.«[13]

Im Konzentrationslager

Nach seiner »Beurlaubung« als Oberbürgermeister von Magdeburg am 11. März 1933 befand sich Ernst Reuter in einem seltsamen Wartezustand. Er rechnete fest damit, daß die Nationalsozialisten einen Vorwand finden würden, um ihn aus dem Weg zu räumen, die Frage war nur, wie und wann. Zunächst versuchten sie es über ein Kreditabkommen, das Reuter 1930 mit der Darmstädter und Nationalbank (Danatbank) zur Finanzierung der U-Bahnbauten abgeschlossen hatte. Seit 1931 hatte einer von Reuters Gegnern, Senatspräsident Grützner vom Oberverwaltungsgericht in Berlin, behauptet, Reuter hätte die Kreditbedingungen rechtswidrig in »eigenmächtiger« Weise abgeändert. Obwohl Heinrich Sahm, nach 1932 Oberbürgermeister von Berlin, den Fall geprüft und festgestellt hatte, daß die Vorwürfe unbegründet waren, rollte Grützner den Fall im Frühjahr 1933 wieder auf.[14] Der kommissarische Regierungspräsident für Magdeburg meinte zwar im Mai, dafür bestehe kein Anlaß, fügte aber im übrigen lapidar hinzu: »Reuter ist inzwischen von den Dienstgeschäften als Oberbürgermeister der Stadt Magdeburg beurlaubt, sein Ausscheiden aus dem Amt wird gemäß § 4 des Reichsgesetzes zur Wiederherstellung des Berufsbeamtentums vom 7.4.1933 zu erwarten sein.«[15]

Unterdessen war Reuter eine neue Funktion zugefallen: Bei den Märzwahlen war er in den Landtag der Provinz Sachsen gewählt worden, ein Beweis für das Vertrauen und die Popularität, die er weiterhin in Magdeburg genoß.[16] Aber weder als Landtags- noch als Reichstagsabgeordneter waren er oder seine sozialdemokratischen Kollegen in der Lage, die Entwicklung aufzuhalten. Was damals geschah, ist bekannt und muß hier nicht im Detail wiederholt werden. Schon nach dem »Ermächtigungsgesetz« vom 23. März waren im Rahmen der sogenannten Gleichschaltung prominente, politisch gefährdete Sozialdemokraten ins Ausland geflohen, in Prag war die Exilorganisation der SPD eingerichtet worden (die sogenannte Sopade), im Juli wurden sämtliche politischen Parteien mit Ausnahme der NSDAP verboten und ausgeschaltet.

Zu diesem Zeitpunkt war Reuter bereits inhaftiert – allerdings nicht wegen der vorgeblichen Mißwirtschaft bei der BVG, sondern wegen seiner angeblichen Greueltaten an der Wolga.[17] Wieder einmal wurden die alten Verleumdungen aufgewärmt, obwohl selbst führenden Nationalsozialisten klar sein mußte, daß diese Vorwürfe absurd waren.[18] Auf die Bitte von Hanna Reuter hin bezeugte Alfred Bonwetsch, der ehemalige deutsche Konsul, der Reuter in Saratow gekannt hatte – und dessen politische Ansichten nicht teilte –, im Juli 1933 Reuters Unschuld, so wie er es schon bei anderen Gelegenheiten getan hatte. Und selbst Reuters ehemaliger Sekretär an der Wolga, Fritz Nonnenbruch, inzwischen Anhänger der NSDAP und Wirtschaftsredakteur beim *Völkischen Beobachter*, beschrieb Reuter in einer Aussage als einen »ehrlichen Menschen«, der die Ordnung aufrechterhalten und in Rußland keine Greueltaten begangen habe. Erst nach Reuters Weggang habe »die Schweinerei« begonnen.[19]

Reuter war am 8. Juni 1933 ohne Angabe von Gründen in »Schutzhaft« genommen worden.[20] Seinem Anwalt, Alfred Petzold, war es zwar gelungen, Nonnenbruch zu einer entlastenden Aussage zu bewegen,[21] aber die Polizei zeigte sich davon unbeeindruckt. Sie präsentierte einen »Augenzeugen« – einen Kriminellen, der mit der Polizei eine Abmachung getroffen hatte –, der behauptete, Reuter aus der Zeit an der Wolga zu kennen und dessen Untaten mit eigenen Augen gesehen zu haben. Die Polizei nahm daraufhin auch Reuters Anwalt fest.[22] Gleichzeitig trieb der für Magdeburg zuständige Regierungspräsident seinen Plan voran, Reuter dauerhaft seines Amtes zu entheben. Der NSDAP-Gauleiter für Magdeburg/Anhalt sicherte ihm uneingeschränkte Unterstützung zu: »Mit Ihrem Vorhaben, diesen üblen marxistischen Beamten

Der idyllische Schein trügt: Das Konzentrationslager Lichtenburg bei Torgau an der Elbe, berüchtigt für die Brutalität seines Lagerleiters, war in einem ehemaligen Renaissanceschloß untergebracht, das vordem bereits als Zuchthaus gedient hatte.

der Nachkriegszeit auf Grund des Gesetzes zur Wiederherstellung des Berufsbeamtentums v. 7.4.33 aus dem Amt zu entfernen, bin ich durchaus einverstanden.«[23] Am 29. Juli teilte das preußische Innenministerium Reuter mit, er sei auf Grundlage des »Gesetzes zur Wiederherstellung des Berufsbeamtentums« vom April 1933 »aus dem Dienst der Stadt Magdeburg« entlassen worden.[24] Am 11. August wurde Ernst Reuter in das Konzentrationslager Lichtenburg in der Nähe von Torgau an der Elbe gebracht.

Die Lichtenburg war eine düstere alte Festung, die vor 1928 als Zuchthaus für dreihundert Gefangene gedient hatte. Im Frühjahr 1933 machte die neue Regierung daraus ein Konzentrationslager, in dem bald bis zu zweitausend – politische und kriminelle – Häftlinge untergebracht waren.[25] Kommandant der Lagerwache war der auffallend brutale SS-Truppführer Edgar Entsberger, und unter seiner Führung verschlimmerte sich die Situation im Lager dramatisch. Ein Fünfundfünfzigjähriger wurde unter seiner Aufsicht zu

Tode gefoltert,[26] außerdem führte Entsberger »eine ›Begrüßungszeremonie‹ ein, in deren Verlauf neu eingetroffene Häftlinge unterschiedslos geprügelt wurden«.[27] Ernst Reuter gehörte zu denjenigen, die diese Tortur zu erleiden hatten, wie ein Augenzeuge später berichtete: »Mit Ernst Reuter wurde es besonders schlimm. Er wurde zu Boden gerissen und mit Karabinerkolben, Gummiknüppeln bearbeitet. Dabei wurde er angebrüllt mit rotem Schwein, elende Sau etc. pp. Nach dieser Prozedur wurden seine Kleider und die Koffer untersucht. Dabei fiel diese Meute zum zweiten Mal über ihn her. Warum, war mir nicht ersichtlich. Er blutete aus Mund und Nase. Von ihm erfuhr ich anderen Tages, daß man bei ihm eine französische Spielkarte im Koffer gefunden hatte. In Mitteldeutschland wird meist nur mit der zweiteiligen deutschen Spielkarte gespielt. Die Worte ›Du Schwein hast auch noch französische Karten‹ gaben das Signal zu den zweiten schweren körperlichen Mißhandlungen.«[28]

Als »Prominenter« wurde Reuter in eine neue, für »Untermenschen« eingerichtete Abteilung gesteckt; sechzig Männer waren dort in drei »Korporalschaften« zu je zwanzig Personen eingeteilt, und Reuter wurde zum »Stubenältesten« für seine Korporalschaft ernannt. Zuerst waren fast neunzig Prozent der Gefangenen Kommunisten und zehn Prozent Sozialdemokraten, aber diese Zusammensetzung änderte sich im Herbst, als immer mehr Sozialdemokraten inhaftiert wurden – darunter Carlo Mierendorff, später aktiv in der Widerstandsgruppe Kreisauer Kreis, der Rechtsanwalt Hans Litten, der Gewerkschafter Wilhelm Leuschner, der später nach der gescheiterten Verschwörung vom 20. Juli 1944 hingerichtet wurde, Hermann Lüdemann, der ehemalige Oberpräsident von Schlesien, und Friedrich Ebert, der Sohn des ehemaligen Reichspräsidenten und spätere Oberbürgermeister von Ost-Berlin. Wie die anderen Häftlinge war auch Reuter gezwungen, entwürdigende Arbeiten zu verrichten – beispielsweise Schweine zu entlausen –, und wie sie wurde er vom Wachpersonal bei der geringsten Verletzung der Lager-Ordnung schwer mißhandelt.[29] Der sadistische Entsberger, obwohl formell dem Verwaltungsdirektor des Lagers unterstellt, schaltete und waltete nach Belieben, und bald war das Lager für seine Brutalität bekannt. Zwischen 1933 und 1935 wurden auf der Lichtenburg mindestens dreizehn Menschen ermordet. Entsberger wurde 1936 wegen seiner Eigenmächtigkeiten belangt.[30]

Im Januar 1934 wurde Reuter plötzlich aus dem Lager entlassen und durfte nach Magdeburg zurückkehren.[31] Er erholte sich eine Zeitlang im Erholungsheim der Quäker in Falkenstein im Taunus, hielt aber weiterhin Kontakt zu Sozialdemokraten, darunter zu dem ebenfalls freigelassenen Wilhelm Leuschner und zu Carl Severing, den er noch aus seiner Bielefelder Zeit kannte.[32] Am 16. Juni 1934 wurde er erneut verhaftet. Anlaß waren wiederum seine Aktivitäten an der Wolga, wie die Gestapo in einer Stellungnahme Mitte August mitteilte. Das erste Mal war Reuter »mit Rücksicht auf seine frühere unheilvolle Tätigkeit im Wolgagebiet« und seine »staatsfeindliche« Haltung als Mitglied von KPD und SPD festgenommen worden. Jetzt war es laut Gestapo notwendig geworden, ihn um seiner eigenen Sicherheit willen in »Schutzhaft« zu nehmen – die in Deutschland lebenden Wolgadeutschen befänden sich aufgrund der »Anschuldigungen« gegen ihn in »einer außerordentlich starken Erregung«. Zudem versuchte der nationalsozialistische Staatskommissar und Oberbürgermeister von Berlin, der berüchtigte Julius Lippert, die Frage der Grundstückskäufe der BVG wieder aufzurollen.[33]

Als Reuter zum zweiten Mal verhaftet wurde, waren seine beiden Söhne – der dreizehnjährige Gerd und der sechsjährige Edzard – in der Wohnung. (Seine Tochter Hella lebte bei ihrer Mutter in Berlin, kam aber häufig nach Magdeburg zu Besuch.) Hanna Reuter erzählte später: »(...) jetzt schreie ich den Kindern, die in der Küche Obst aßen, zu: Die bringen Vati wieder nach Lichtenburg. Wie entsetzt sie mich beide ansehen! Gerd fängt an zu weinen. Edzi schreit und stampft vor Verzweiflung mit den Füßen: Nein, nein, nein. Lieber Vati. Wir reißen die Tür auf und umarmen den Vati, der dort ganz blaß, aber wie immer ruhig und gefaßt sitzt. Er erschrickt so, als er die Kinder sieht. Edzi klettert auf seinen Schoß, klammert sich an seinen Hals. (...) Gerd und Edzi umarmen stillweinend ihren Vati. Jetzt hat er doch Tränen in den Augen. Wie hängt er an den Kindern. Wie sagt er immer, wie glücklich er ist, wenn wir alle vier mit den Kindern durch den Busch fahren auf unseren Rädern, er mit Rucksack voll Badezeug auf dem Rücken.« Ein weiterer Beamter kam, ein SS-Mann – »dumm, brutal, arrogant« –, und führte Reuter ab. »Der Wagen steht unter den Bäumen. Ich kann ihn nicht sehen. Aber ich winke, winke. Vielleicht sieht er mich. Ich kann vor Tränen nichts sehen. Nur die blaue Leinenjacke, die mein Mann trägt, sehe ich noch einmal aufleuchten.«[34]

Die zweite Haftzeit auf der Lichtenburg gestaltete sich noch schlimmer als die erste. Reuter wurde in eine Einzelzelle gesteckt und von Zeit zu Zeit mit Dunkelarrest bestraft. Außerdem wurde ihm eine besonders entwürdigende Arbeit zugewiesen: Jeden Abend mußten er und zwei Mithäftlinge mit einem Jauchewagen kommen und die Grube unter der Latrine reinigen. Ein Mitgefangener berichtete später, Reuter habe »die Abfälle von mehreren hundert Menschen« mit einem kleinen Korb beseitigen müssen. »Es war eine Arbeit, wie sie schlimmer nicht gedacht werden konnte. Der Gestank war barbarisch, aber vielleicht kann man dagegen abstumpfen. Reuter, so weit man dies beobachten konnte, verzog nie eine Miene und ließ sich seine Gefühle nicht anmerken.«[35] Henry Marx, ein sozialdemokratischer Mithäftling, berichtet, Reuter habe diese Arbeit bis zu seiner Entlassung verrichtet; der Kommunist Otto Franke schrieb hingegen 1951, Reuter habe nach sechs Wochen eine Arbeit in der Effektenkammer zugeteilt bekommen.[36] Die Wachleute isolierten Reuter gewöhnlich von den anderen politischen Gefangenen; wenn er überhaupt mit Mithäftlingen in Kontakt kam, dann mit Kriminellen. Seine Arbeit sowie die physische und psychische Isolation griffen seine Gesundheit in dem langen Sommer 1934 stark an. Am 29. Juli bekam Hanna Reuter auf Intervention eines ausländischen Bürgermeisters die Erlaubnis, ihren Mann zu besuchen. Er trug Sträflingskleidung und war kahlgeschoren; als er seine Frau sah, »fiel er in eine Ohnmacht, die selbst die SS-Leute erschütterte«.[37] Die Lagerhaft sollte bleibende gesundheitliche Schäden bei ihm hinterlassen. Reuter litt unter anderem an starkem Husten, der sich als Bronchialkatarrh herausstellte und ihm später immer wieder zu schaffen machte. Auch sein Gehör war geschädigt, so daß er – auch mit einem Hörgerät – nur schlecht hören konnte.[38] Einer seiner späteren Nachbarn in Ankara erinnerte sich daran, wie er mit den Reuters im Sommer schwimmen ging: »Herr Reuter hatte seine Badehose an, und ich konnte seinen mit tiefen Narben bedeckten Rücken sehen. Ziemlich gedankenlos frage ich ihn: ›Herr Reuter, sind das Narben, die Sie sich im Ersten Weltkrieg geholt haben?‹ Er blickte mich nur erstaunt an und sagte: ›Konzentrationslager.‹«[39]

Hanna Reuter, zwischen Verzweiflung, Angst und Entschlossenheit hin und her gerissen, setzte alle Hebel in Bewegung, um ihren Mann freizubekommen. Als entscheidend für ihren Erfolg sollte sich ihr Kontakt zu Elsie Howard in England herausstellen,[40] denn Howard wandte sich unter anderem an den Labour-Politiker Lord Noel-Buxton. Wohlmeinend, wenn auch naiv, war Noel-Buxton, wie viele Briten in wichtigen Positionen, von der Möglichkeit einer Verständigung mit Deutschland überzeugt und hatte sich daher mit einigen hochgestellten Vertretern des Regimes, darunter Hitler selbst, getroffen. Mitte Juli 1934 schrieb er auf Howards dringende Bitte hin an den deutschen Botschafter in London und bat um Reuters Freilassung. Dieser informierte das Auslandsamt Berlin, das Noel-Buxtons Bitte an die Gestapo weiterleitete und um rasche Prüfung bat.[41] Zu diesem Zeitpunkt war auch das deutsche Regime an guten Beziehungen zu einflußreichen britischen Persönlichkeiten interessiert, da es noch immer auf eine Verständigung mit England hoffte. Am 18. August empfahl daher die Gestapo in einer internen Stellungnahme die Freilassung Reuters im Rahmen einer bevorstehenden Amnestie anläßlich des Todes von Reichspräsident von Hindenburg,[42] und höchstwahrscheinlich war es der damalige Chef der Gestapo, Hermann Göring, der die Liste der freizulassenden Häftlinge absegnete.

Anfang September verließ Reuter die Lichtenburg am Rande totaler physischer Erschöpfung. Er wußte, daß einige wichtige Entscheidungen sehr schnell zu treffen waren. Da er kaum Ersparnisse hatte – sein Verdienst hatte im Vorjahr 16 569 Reichsmark betragen, Nebeneinkünfte bezog er nicht –, sah er sich gezwungen, bei Fritz Markmann, dem nationalsozialistischen Oberbürgermeister von Magdeburg, eine Rente zu beantragen.[43] Der Antrag wurde im April 1935 vom Reichsministerium des Innern abschlägig beschieden, »da der Antragsteller eines solchen Gnadenerweises nicht würdig ist«.[44]

Reuter mußte sich außerdem eine andere Wohnung suchen. Ihm war unmißverständlich klargemacht worden, daß er aufgrund seiner Popularität nicht in Magdeburg bleiben dürfte. Bis Oktober wohnte die Familie im Haus von Hannas Mutter in Hannover; danach nahmen die Quäker die gesamte Familie für einige Zeit in ihrem Erholungsheim in Bad Pyrmont auf. Doch obwohl die Reuters dort eine unbeschwerte Zeit verlebten, kamen sie widerstrebend zu dem Schluß, daß eine Auswanderung unumgänglich war. Wegen seiner Kontakte zu den Quäkern plante Reuter, zunächst allein nach England zu gehen und sich dort eine Arbeit zu suchen, um die Familie dann nachholen zu können. Anfang November fuhr er nach Norddeutschland, um seinen älteren Bruder Otto, mit dem er sich trotz großer persönlicher und politischer Unterschiede immer gut verstanden hatte, in Bremen und seine dreiundachtzigjährige Mutter in Aurich zu besuchen. Sein Vater, zu dem sich sein Verhältnis nach seiner Rückkehr aus dem Krieg verbessert hatte, war bereits 1926 gestorben. Wie Reuter an Elsie Howard schrieb, hatte seine Mutter »viele, viele Jahre gebraucht, um den Sinn meiner persönlichen Arbeit zu verstehen«. Aber sie sei eine »bemerkenswerte Frau«, der er immer eng verbunden bleiben würde; und jetzt, da er sie in Ostfriesland besuchte, tat er es in dem Bewußtsein, sie wohl zum letzten Mal zu sehen.[45] Seine Vorahnung war richtig. Karoline Reuter starb 1941, fünf Jahre bevor ihr Sohn aus dem Exil heimkehren sollte.

Exil

Ende Januar 1935 brach Reuter nach England auf. Seine Frau und seine Söhne Gerd und Edzard blieben vorläufig in Hannover, Hella lebte ohnehin bei ihrer Mutter in Berlin. Ernst hatte keinen Moment zu früh das Land verlassen. Zwei Wochen nach seiner Abreise kam die Gestapo in das Haus seiner Schwiegereltern, um ihn erneut zu verhaften.[46]

Reuters finanzielle Lage war prekär; außerdem machte er sich Sorgen um die Ausbildung seiner Söhne – insbesondere um die Gerds, der jetzt dreizehn Jahre alt war und im Ausland einer unsicheren Zukunft entgegensah. Wohnen konnte Reuter bei Elizabeth Fox Howard in Essex, die ihre weitverzweigten Beziehungen nutzte, um ihm weiterzuhelfen. Er fuhr häufig nach London und vor allem nach Cambridge,[47] wo er in der Leys School, einem Internat, das auch eine kleine Zahl von Emigrantenkindern aufnahm, einen Platz für Gerd fand.[48] Unterstützt wurde er dabei von dem bemerkenswerten Ehepaar Charles und Greta Burkill. Charles Burkill war Mathematiker am Peterhouse College in Cambridge, und er und seine Frau kümmerten sich um Flüchtlingskinder aus Deutschland. Burkill nahm Gerd Reuter – in England unter seinem zweiten Namen »Harry« gerufen – unter seine Fittiche, und wie dieser sollte sich auch Harry später der Mathematik zuwenden.[49]

Eine Zeitlang sah es so aus, als könne Reuter an der London School of Economics unterkommen; später meinte er, er habe es bedauert, sich nicht energischer um diese Stelle bemüht zu haben, denn dann wäre er dem Zentrum sozialdemokratischer Aktivitäten im Exil näher gewesen. Allerdings geht aus seinen Briefen von Anfang 1935 hervor, daß er verzweifelt nach irgendeiner angemessenen Arbeit suchte; so konkret kann das Angebot also nicht gewesen sein. Anfang Februar wandte er sich an den Sozialdemokraten Fritz Baade. Der Agrarexperte hatte von 1929 bis 1933 die Forschungsstelle für landwirtschaftliches Marktwesen geleitet und als Reichskommissar bei der Deutschen Getreidehandelsgesellschaft gearbeitet. Im Reichstag hatte er den Wahlkreis Magdeburg vertreten, daher kannte ihn Reuter.[50] 1931/32 hatte Baade einige Berühmtheit erlangt, weil er zusammen mit Wladimir Woytinsky und Fritz Tarnow den sogenannten WTB-Plan der Gewerkschaften entworfen hatten, in dem die drei wirksame Arbeitsbeschaffungsmaßnahmen zur Ankurbelung der Wirtschaft gefordert hatten. Innerhalb der SPD war der Plan allerdings weitgehend auf Ablehnung gestoßen; man befürchtete inflationsfördernde Konsequenzen.[51] Ende 1934 hatte die türkische Regierung Baade den Posten eines Sonderberaters für Landwirtschaftsfragen angeboten. Er sollte in Ankara als Sachverständiger »für die Organisation des Absatzes von landwirtschaftlichen Erzeugnissen«, insbesondere die Ausfuhr von Rosinen und Apfelsinen, tätig sein.[52]

Am 3. Februar schrieb ihm der frühere Oberbürgermeister aus Essex: »Lieber Baade, ich weiß nicht, ob dieser Brief Sie erreicht, aber ich will den Versuch wagen, und wenn ich eine Antwort erhalte, kann ich Ihnen vielleicht noch schreiben. Über meine Schicksale in 1934 werden Sie unterrichtet sein. Ich bin jetzt seit einigen Tagen hier in England bei einer guten Freundin – einer Quäkerin –, die viel für mich getan hat. Meine Familie ist in Deutschland. Ich muß den Versuch machen, irgendwie etwas zu tun zu bekommen. Gibt es für jemand wie mich in der Türkei eine Möglichkeit? Sie können mich ja beurteilen und können vielleicht auch übersehen, ob da etwas zu machen ist. *Hier* ist das sehr schwer!«[53]

Reuter nahm auch Kontakt zu anderen Deutschen auf, die Deutschland bereits verlassen hatten, zu dem SPD-Journalisten Victor Schiff etwa, den er aus der Redaktion des *Vorwärts* in Berlin kannte, und zu dem Biophysiker und Radiologen Friedrich Dessauer, der vor 1933 der Zentrumsfraktion im Reichstag angehört hatte. (Dessauer hatte bereits eine Stelle in Istanbul.)[54] Wie viele andere Deutsche, die in die Türkei emigrierten, setzte er sich auch mit der »Notgemeinschaft Deutscher Wissenschaftler im

Ausland« in Verbindung, einer Flüchtlingsorganisation mit Sitz in Zürich, die von dem Frankfurter Pathologen Philipp Schwartz gegründet worden war. Schwartz selbst war einer von dreiunddreißig Wissenschaftlern, die 1933 ihre Stelle in Deutschland verloren und in der neugegründeten Universität Istanbul eine Anstellung gefunden hatten.[55]

Baade ermutigte Reuter, Max von der Porten anzuschreiben. Von der Porten, ein Industrieberater, der früher für die deutsche Aluminium-Industrie gearbeitet hatte, war jetzt direkt dem türkischen Ministerpräsidenten unterstellt. Von der Porten war das genaue Gegenteil von Reuter: Stets auffällig in teure Anzüge gekleidet und mit seinem Monokel spielend, redete er von nichts anderem als »Posten und Geld«. Doch er verfügte über ein ansehnliches Netz an Kontakten, und auch Reuter, der ihn nicht besonders mochte, erkannte stets seine Fähigkeiten an.

Und er brauchte von der Portens Hilfe, denn in England wurde die Situation für ihn immer schwieriger: »Hier im Lande ist es scheinbar fast unmöglich voranzukommen. Und mir fehlt das Geld, um etwa ein halbes Jahr hier bleiben zu können. Und das wäre nötig, um das Risiko zu wagen, hier zu bleiben. (...) Ich wate hier wie ein Verzweifelter gegen den Strom; fast jeder Tag bringt dann neue Hoffnungen, aber auch neue Enttäuschungen.«[56] Auch Baade sprach mit von der Porten, und Ende Februar konnte er Reuter mitteilen, er habe gute Aussichten auf »die Stellung eines Sachverständigen für die Kontrolle der öffentlichen Gesellschaften (Verkehrsgesellschaften, Gas, Wasser, Elektrizität usw.) und insbesondere die Kontrolle der Tarife dieser Gesellschaften mit dem Ziel, diese Tarife heraufzusetzen«.[57] Von der Porten, Dessauer und Schwartz unterstützten Reuters Vorhaben, und Mitte März schrieb Baade, die Stelle als Sachverständiger »für Tarife aller Art« für das türkische Wirtschaftsministerium sei ihm sicher. Sein monatliches Nettogehalt würde sich auf achthundert türkische Pfund, umgerechnet etwa 1600 Reichsmark, belaufen; ein Drittel davon dürfe er ins Ausland schicken. Hinzu kam eine Umzugsvergütung von 1500 türkischen Pfund plus fünfhundert Pfund für jeden Erwachsenen und 250 für jedes Kind.[58] Laut Vertrag mußte er seine Arbeit für das Ministerium vertraulich behandeln und sich in der Türkei jeder Art von offener politischer Tätigkeit enthalten.[59]

Es dauerte noch mehrere zermürbende Monate, bis die Einzelheiten seines Vertrages die Mühlen der türkischen Bürokratie pas-

Ankara in den dreißiger Jahren: »Die Altstadt, die sich um einen der früheren Burghügel herumschmiegte, kümmerte ärmlich vor sich hin, während das moderne Leben sich auf den neugebauten Teil Ankaras konzentrierte«, schildert Reuters Sohn Edzard seine Eindrücke. »Alles in allem war Ankara eine Stadt und doch ein Dorf.«

siert hatten.[60] Doch im Frühjahr konnte er sich schließlich auf die Reise machen. Am 4. Juni 1935 kam er in Ankara an.[61] Im Spätsommer trafen auch Hanna und Edzard nach einer viertägigen Reise mit dem Orient-Expreß in Istanbul ein. Einen Tag später erreichten sie mit dem Anadolu-Expreß Ankara, die neue Hauptstadt der jungen Republik. Heute eine aufstrebende Metropole, hatte Ankara damals knapp hunderttausend Einwohner, rechnet man die Vororte hinzu, waren es etwa 170 000.[62] Es war »eine auf 800 Meter Höhe gelegene Ansiedlung mitten im anatolischen Hochland, in den Wintermonaten oft von bitterer Kälte heimgesucht, im Sommer von sengender Hitze und himmelverdunkelnden Stürmen«, erinnert sich Edzard Reuter.[63] Hanna Reuter litt zuerst stark unter der Hitze, aber schließlich gewöhnten sich alle drei an ihre neue Situation.

Der junge türkische Staat war 1923 nach mehreren verlorenen Kriegen aus den Überresten des Osmanischen Reiches hervorgegangen. Mustafa Kemal Pascha hatte in den zwanziger Jahren ein neues republikanisches System geschaffen, das in Anlehnung an westliche Vorstellungen modernisiert wurde, zugleich aber autoritär war. Die von ihm eingeleiteten Reformen griffen tief in das öffentliche Leben ein und waren großenteils von bleibender Bedeutung; sie reichten von Veränderungen auf der symbolischen Ebene – etwa der Abschaffung des Fez, der traditionellen männlichen Kopfbedeckung – bis hin zu institutionellen Umwälzungen: Einführung des westlichen Alphabets und von Nachnamen nach westlichem Muster, Bildungsreform, Ausdehnung des Wahlrechts auf Frauen, Einführung eines Zivilrechts nach dem Vorbild der Schweiz und eines Strafrechts nach dem Vorbild Italiens. Der Kemalismus stützte sich auf sechs Grundpfeiler: »Republikanismus, Laizismus, Nationalismus, Populismus, Etatismus und Revolutionismus«.[64] Mustafa Kemal Pascha – oder Atatürk, wie er seit 1934 genannt wurde – war die treibende Kraft in einem von seiner Republikanischen Volkspartei (Cumhuriyet Halk Partisi oder CHP) beherrschten Einparteiensystem; doch auch wenn das System »mit seiner Vision einer modernen, laizistischen, unabhängigen Türkei« bei vielen Mitgliedern der türkischen Elite große Begeisterung und Unterstützung auslöste, so war der kemalistische Staat in seiner Struktur alles andere als demokratisch und pluralistisch.[65] Wie stark sich in ihm Reformismus und Autoritarismus verbanden, zeigte sich an der Umstrukturierung des höheren Bildungswesens nach 1933. In jenem Jahr wurde das alte osmanische »Haus der Wissenschaften« in Istanbul in eine neue, nach westlichem Vorbild organisierte Universität Istanbul umgewandelt. Zu diesem Zweck entließ der kemalistische Staat zwei Drittel des alten Lehrkörpers (über hundert Personen). Allerdings trug diese Entlassungswelle alle Züge einer politischen Säuberung, gerichtet gegen potentielle oder tatsächliche Gegner des Regimes.[66] Zahlreiche Flüchtlinge aus Deutschland profitierten indes von dieser Situation, denn Hochschullehrer aus dem Westen waren nun in der Türkei gefragt.

Der Staat hatte sich ein rasches Wirtschaftswachstum und eine schnelle Modernisierung zum Ziel gesetzt, und nach Ausbruch der Weltwirtschaftskrise übernahm er dirigistische Planungsmodelle, die sich (in typisch synkretistisch-kemalistischer Weise) sowohl an das sowjetische als auch an das italienische faschistische Beispiel anlehnten. Die Regierung führte 1934 einen Fünfjahresplan ein, und es waren weitgehend staatliche Betriebe, die das Wachstum der türkischen Industrie vorantrieben.[67] Aber die Wirtschafts- und Infrastrukturprobleme des Landes blieben gravierend. 1940 lebten von den fast achtzehn Millionen türkischen Einwohnern etwa 13 745 000 in Dörfern, und siebzig Prozent der Bevölkerung arbeiteten in der Landwirtschaft. Die effiziente Vermarktung der türkischen Agrarprodukte war daher für das Wachstum der Industrie von entscheidender Bedeutung; dies erforderte jedoch nicht nur moderne Bebauungsmethoden, sondern auch ein entwickeltes Transportsystem. Hinzu kam, daß die türkische Bevölkerung in den dreißiger Jahren stetig zunahm, wodurch die Planer mit den vielschichtigen Problemen einer raschen Urbanisierung konfrontiert wurden.[68] Leute wie Ernst Reuter mit Erfahrung in den Bereichen Verkehr, Tarife und Kommunalverwaltung waren deshalb für den kemalistischen Staat ebenfalls von Interesse.

Die wirtschaftliche Lage der Türkei war untrennbar mit ihrer Außenpolitik verbunden, für deutsche Emigranten wie Reuter eine schwierige, ja beunruhigende Situation. Die junge Republik war vor allem bestrebt, gegenüber den Großmächten eine Politik wohlwollender Neutralität zu verfolgen, um im Innern ihre Politik der nationalen Unabhängigkeit, der Strukturreformen und der Konsolidierung des Staates umsetzen zu können. So unterhielt die türkische Republik trotz jahrzehntelanger Feindseligkeit gegenüber dem Zarenreich freundschaftliche und sogar herzliche Beziehungen zur Sowjetunion. In den dreißiger Jahren suchte sie trotz anhaltender Ressentiments aus dem Ersten Weltkrieg, aufgrund der Pariser Friedenskonferenz und des Unabhängigkeitskrieges von 1921/22, die Annäherung an Frankreich und Großbritannien. Kurz nach Ausbruch des Zweiten Weltkrieges schloß die Türkei sogar mit Frankreich und Großbritannien ein gegenseitiges Beistandsabkommen.[69]

Wirtschaftlich war die Türkei in den dreißiger Jahren allerdings von Deutschland abhängig. Fast alle Exporte des Landes waren Agrarprodukte, an denen weder Großbritannien noch Frankreich sonderlich interessiert waren. So ging 1939 nahezu die Hälfte des türkischen Gesamtexports nach Deutschland, das seinerseits fast siebzig Prozent des von der Türkei benötigten Eisens und Stahls, sechzig Prozent der Maschinen und über 55 Prozent der Chemikalien lieferte.[70] Folglich gab es bis 1944 (als die Türkei die diplomatischen Beziehungen zum Dritten Reich abbrach) eine kleine, aber wichtige deutsche Kolonie von Geschäftsleuten und Regierungsvertretern in Ankara und Istanbul – also dort, wo auch die deutschen Flüchtlinge hauptsächlich lebten. Im Juni 1935, zu der Zeit, als Ernst Reuter mit seiner Familie in die Türkei kam, berichtete die Deutsche Botschaft, die Ortsgruppe Ankara der NSDAP zähle rund fünfzig Mitglieder. Die gesamte Kolonie in Ankara – ausgenommen Juden und Emigranten – umfaßte etwa 250 Personen. 1943 schätzten britische Geheimdienstquellen die deutsche Kolonie in Istanbul auf ungefähr 360 Personen.[71] Insgesamt lebten zwischen 1933 und 1944 zwei- bis dreitausend Deutsche in der Türkei, die nicht emigriert waren. In Istanbul gab es einen alten deutschen Club, »Teutonia« Istanbul, der nach 1933 unter den Einfluß der Nationalsozialisten geriet, außerdem eine deutschsprachige Zeitung, die *Deutsche Post*, die ebenfalls dem neuen deutschen Regime nahestand.[72] Darüber hinaus wurde die Türkei aufgrund ihrer Neutralität und ihrer strategischen Lage besonders nach Ausbruch des Krieges ein wichtiges Betätigungsfeld für Spione und Geheimdienstleute der verschiedensten Mächte. Es wird geschätzt, daß während des Zweiten Weltkrieges siebzehn Geheimdienste in der Türkei aktiv waren,[73] und alle interessierten sich selbstverständlich für die deutschen Emigranten, nicht zuletzt die deutsche Regierung selbst, die deren Aktivitäten regelmäßig überwachen ließ.

Die Flüchtlinge mußten daher während ihres Aufenthalts in der Türkei politisch äußerst vorsichtig agieren, und einige von ihnen – wie Baade und Reuter – befanden sich überdies in den ersten Jahren ihres Exils in einer wirtschaftlich unsicheren Lage. Im großen und ganzen konnten sie jedoch mit ihrem Leben in der Türkei sehr zufrieden sein, und für den kemalistischen Staat und seine Politik der Verwestlichung, Modernisierung und Säkularisierung waren sie zweifellos ein Glücksfall. Nach Reuters eigenen Worten waren die deutschen Exilanten »ein Kreis von Menschen, den das Schicksal hierher verschlagen hat, und im Durchschnitt kann man wohl ohne Überhebung sagen, daß die Türkei ohne Hitler ein solches Niveau von Mitarbeitern nicht bekommen haben würde«.[74] Mit ihren breitgefächerten Fähigkeiten und Erfahrungen konnten sie eine wichtige und in manchen Fällen sogar entscheidende Rolle im wirtschaftlichen, kulturellen und geistigen Leben des Landes spielen. Die Emigration in die Türkei beschränkte sich fast ausschließlich auf Wissenschaftler, Techniker und Künstler – mit Familienangehörigen etwa tausend Menschen[75] –, und angesichts des Bedarfs der türkischen Regierung an Fachleuten durften auch etliche ausgebildete Techniker oder Ministerialberater wie Baade, von der Porten, Reuter, der Agrarökonom Hans Wilbrandt und der Verwaltungsjurist Oscar Weigert nach Ablauf ihrer ursprünglichen Verträge bleiben. Für die meisten war es eine »wohlsituierte Emigration. Es gab so gut wie keine Not.«[76] Die Gehälter der deutschen Hochschullehrer lagen sogar bedeutend höher als die ihrer türkischen Kollegen, wodurch unweigerlich Ressentiments entstanden. Dennoch waren die deutschen Professoren im allgemeinen hochangesehen; sie bildeten eine ganze Generation von türkischen Studenten auf den verschiedensten Gebieten aus, und ihr Einfluß war noch Jahrzehnte danach spürbar.[77]

Für einen Mann wie Ernst Reuter, der an eine intensive, ja aufreibende politische Arbeit gewöhnt gewesen war, war das Leben im Exil friedlich, relativ ereignislos und damit zutiefst frustrierend. Weitgehend abgeschnitten von den sozialdemokratischen Exilanten in West- und Nordeuropa, Großbritannien und den Vereinigten Staaten,[78] gierte er förmlich nach Informationen, sobald sich die Gelegenheit dazu ergab. 1937 hatte er für kurze Zeit Kontakt mit Paul Hertz, dem früheren Sekretär der SPD-Reichstagsfraktion. Hertz lebte damals in der Tschechoslowakei, wo der Exilvorstand der SPD (Sopade) seinen Sitz hatte, und so erfuhr Reuter etwas über die Konflikte innerhalb der sozialistischen Exilgemeinschaft, über die Rolle der Exilgruppe »Neu Beginnen« und dergleichen mehr.[79] Er bezog ausländische Zeitungen und den von der Sopade herausgegebenen *Neuen Vorwärts*, korrespondierte sporadisch mit dem sozialdemokratischen Journalisten Victor Schiff, der bis zur Niederlage Frankreichs 1940 in Paris lebte,[80] und 1939 ließ sich eine private Unterredung mit dem ehemaligen Oberbürgermeister von Leipzig, Carl Goerdeler, arrangieren, der damals Ankara besuchte.[81]

Doch in der Hauptsache widmete Reuter sich seiner Arbeit im Wirtschaftsministerium und seiner Familie. Hella war bei ihrer Mutter in Berlin geblieben.[82] Edzard, zu jung für ein Internat, war mit seinen Eltern in die Türkei gekommen und erinnerte sich später an diese Zeit als eine recht idyllische Kindheit. Da es in Ankara keine geeignete deutsche Schule gab, erhielt er sogar Privatunterricht von einer Deutschen, Leyla (Doris) Kudret-Erkönen. Sie war mit einem Türken verheiratet und lebte schon seit Jahren in Ankara.[83] Zu Gerd – jetzt Harry genannt – gestaltete sich das Verhältnis bald schwieriger. Da Reuter unsicher war, ob er die Türkei nicht vielleicht kurzfristig wieder würde verlassen müssen, hatte er sich entschlossen, Gerd in England zurückzulassen. In einer Zeit, in der der Junge Stabilität brauchte, wollte er ihn nicht einer derart unsicheren Situation aussetzen. Das Internat, so glaubte er, würde Gerd diese Stabilität bieten können; eine Entscheidung, die allerdings einen hohen Preis von ihm forderte.[84] Reuter war überglücklich, als Harry, mittlerweile britischer Staatsangehöriger, ihn zum Jahreswechsel 1938/39 in Ankara besuchte; dieser sei in seinem ganzen Auftreten richtig »englisch« geworden, notierte Reuter stolz. Doch dann sahen sich die beiden jahrelang nicht, und zum Entsetzen seines Vaters wurde Harrys Korrespondenz unregelmäßiger. Aus ihr geht hervor, daß die Distanz zwischen Vater und Sohn nicht nur geographischer Natur war.[85] Diese Entfremdung war nichts Ungewöhnliches. Viele Exilanten hatten eine außerordentlich schwierige und ambivalente Beziehung zu ihren Kindern, die in einem bestimmten Alter nur schwer verstehen konnten, was ihre Eltern durchmachten und wie es dazu gekommen war. Und die im Exil lebenden Eltern empfanden gegenüber ihren Kindern – vor allem, wenn diese noch jung waren – oft Schuld, Angst und Unsicherheit. »Wie kann man es verantworten, seine Kinder in Deutschland zu verlassen! Und wie kann man es verantworten, sie von ihrer Heimat zu trennen!« schrieb Reuter an Elsie Howard.[86] Und: »Daß ich von den Kindern so getrennt bin, ist bitter und mir oft beinahe täglich schmerzlich.«[87]

Reuter schickte regelmäßig Geld nach England, um Harrys Schulgeld zu bezahlen, auch Hella wurde von ihm finanziell unterstützt. So wie er seinen beiden Söhnen eine »Nazierziehung« ersparen wollte, wollte er auch seine Tochter aus Deutschland herausholen. Die Gestapo beobachtete das Mädchen regelmäßig, und als Tochter »der[s] berüchtigte[n] Kommunistenführer[s] und Marxistenführer[s] Ernst Reuter«[88] hatte sie es nicht leicht, zumal sie keiner NS-Organisation angehörte. 1939, nachdem sie ihr Abitur gemacht hatte, kam auch sie nach Ankara. Ursprünglich war geplant, daß sie ein Jahr später zur Fortsetzung ihrer Ausbildung nach England gehen sollte. Aber dann kam der Krieg, und Hella blieb schließlich bis 1949 in der Türkei.[89]

Ernst Reuters Bekanntenkreis in der Türkei war bunt gemischt, umfaßte aber kaum Menschen, die vor 1933 politisch aktiv gewesen waren. Da waren zum einen seine regelmäßigen Skatpartner, der Assyrologe Benno Landsberger (später Professor an der Universität von Chicago) und der Dirigent Ernst Praetorius, der bis 1933 das Opernhaus in Weimar geleitet hatte. Auch seiner Leidenschaft für die Klassiker konnte Reuter sich wieder widmen; der Altphilologe Georg Rohde hatte eine Gruppe namens »Graeca« ins Leben gerufen, die griechische Werke im Original las und diskutierte. Rohde zählte zu den bemerkenswertesten Bekannten Reuters. Als Sohn eines Straßenbahnschaffners in Berlin hatte er es zum Professor für Klassische Philologie in Marburg gebracht, dann aber wegen seiner »nichtarischen« Frau seinen Lehrstuhl verloren. Er bekam eine Stelle in Ankara, wo er bis 1949 blieb; nach seiner Rückkehr nach Deutschland wurde er Professor und später Rektor der Freien Universität Berlin.[90]

Zu den anderen Freunden und Bekannten in Ankara gehörten der Regisseur Carl Ebert, der Kinderarzt Albert Eckstein, der Hautspezialist Alfred Marchionini, der Verwaltungsjurist Oscar Weigert (den Reuter aus seinen Berliner Tagen kannte) sowie die Architekten Bruno Taut und Martin Wagner; mit letzterem hatte er 1929 seine Amerika-Reise unternommen.[91] Nicht alle blieben in der Türkei. Weigert und Wagner etwa gingen in die Vereinigten Staaten, Weigert als Professor an die American University in Washington, D.C., Wagner an die Harvard University.[92] Mit Wagner unterhielt Reuter eine umfangreiche und intellektuell anregende Korrespondenz, in der sie unter anderem die Frage erörterten, wie die deutschen Städte nach den massiven Kriegszerstörungen wieder aufgebaut werden sollten.[93]

Zu Fritz Baade allerdings verschlechterte sich Reuters Verhältnis bald. Baade, dessen wirtschaftliche Zukunft unsicherer als die vieler anderer Emigranten war, hielt recht naive politische Kontakte zu deutschen Stellen aufrecht, und die Deutsche Botschaft war der Ansicht, Baade leiste nützliche Dienste für den deutsch-türkischen »Warenaustausch«. Er traf sich regelmäßig mit deutschen Behördenvertretern zu Gesprächen über technische Probleme der Agrarexporte, was das Generalkonsulat in Istanbul 1939 zu dem Schluß veranlaßte, Baade sei »ein durchaus loyaler Mann«. Von der deutschen Kolonie, die dem NS-Regime mehr oder weniger wohlwollend gegenüberstand, hielt Baade sich jedoch fern. Der ehemalige sozialdemokratische Reichstagsabgeordnete, der mit einer deutschen Jüdin verheiratet war, verkehrte eher in »Emigrantenkreisen«, wie die Botschaft in Ankara mit einiger Besorgnis berichtete. Aus keinem ihrer vertraulichen Berichte geht hervor, daß sein Verhalten – wenngleich politisch fragwürdig – für Reuter oder irgendeine andere Person nachteilige Folgen hatte. (Zudem machen diese Berichte deutlich, daß nicht Baade, sondern die Verwandten anderer Emigranten die Deutsche Botschaft über die Aktivitäten der Exilanten auf dem laufenden hielten.)[94] Dennoch war Baade für Reuter ein »schandbarer Verräter«, ein Urteil, das zwar zu hart war, aber deutlich macht, wie unnachgiebig Reuters antifaschistische Einstellung war.[95]

Das Verhältnis zwischen den beiden Männern blieb bis 1943 äußerst kühl; in jenem Jahr schrieb Reuter endlich direkt an Baade, brachte ihre gegenseitige Entfremdung zur Sprache und verurteilte Baades Reisen nach Deutschland sowie dessen »merkwürdige und unklare Beziehungen zur deutschen Botschaft«, der, wie er meinte, »ganzen wilden Barbarei dieses Regimes, ... die den guten Namen unseres Volkes mit unauslöschlicher Schande bedeckt hat«. Dieses Regime – »die Verderber unseres Volkes« – sei vom Augenblick der Machtübernahme an entschlossen gewesen, einen »Revanchekrieg« zu führen. »Meiner Meinung nach konnte es gegenüber dieser Entwicklung nur eine mögliche Form des politischen Verhaltens geben: absolute und kompromißlose Ablehnung.« Der zukünftige Wiederaufbau würde Menschen erfordern, »die durch ihren persönlichen und politischen Charakter Vertrauen im In- und Ausland erworben haben«.[96]

Die Art und Weise, wie Baade sein Verhalten verteidigte, zeigt, wie außerordentlich komplex und moralisch ambivalent die Fragen waren, mit denen die Emigranten im Exil sich konfrontiert sahen – und wie erbittert die Diskussionen im Exil oftmals geführt wurden. Er erinnerte Reuter an ihre gemeinsame Vergangenheit als sozialdemokratische Reichstagsabgeordnete. Als solcher habe er sich verpflichtet gefühlt, so lange wie möglich in Deutschland zu bleiben, und Reuter habe das offenbar ebenso empfunden. Schließlich habe sich Reuter bei der letzten Sitzung der SPD-Reichstagsfraktion im März 1933 in diesem Sinne geäußert und sein Bleiben sogar mit zweimaliger KZ-Haft bezahlt. Folglich habe Baade immer gedacht, er und Reuter teilten die gleichen Ansichten. Dazu gehöre auch die unerbittliche Feindschaft gegenüber dem nationalsozialistischen Regime. Und obwohl er Deutschland besucht und Kontakt zu deutschen Stellen gehalten habe, habe er nie versucht, seine »unbedingte Gegnerschaft gegenüber dem Naziregime und unbedingte Zugehörigkeit zu Deutschland« zu verbergen. Allerdings habe er nicht wie Reuter eine Politik der »Nichtfühlungnahme« verfolgt, sondern den Umgang gepflegt in der Hoffnung, Kontakte zu Regimegegnern herstellen zu können – ein zweifellos ehrliches Ansinnen. Reuter habe von seiner, Baades, Entscheidung für das kleinere Übel sogar profitiert: 1937 habe er erfolgreich bei der Deutschen Botschaft in Ankara interveniert, um eine Verleumdungskampagne zu beenden, die darauf zielte, Reuters Entlassung aus dem türkischen Wirtschaftsministerium zu erreichen.[97] Reuter hielt dies alles zwar für ein wenig übertrieben, ließ die Sache aber auf sich beruhen; allerdings vertraute er Baade nie wieder.[98]

Zu den Freunden und Bekannten in Ankara gesellte sich allmählich auch ein Bekanntenkreis in Istanbul, zu dem vor allem nach Ausbruch des Krieges der Kontakt enger wurde. Da war beispielsweise der Finanzwissenschaftler Fritz Neumark, von dem es heißt, er habe neben Reuter und dem Rechtswissenschaftler Ernst Hirsch den nachhaltigsten Einfluß auf türkische Nachwuchswissenschaftler ausgeübt,[99] außerdem Hans Wilbrandt, wie Ernst Reuter Sozialdemokrat und Sachverständiger im Wirtschaftsministerium; Gerhard Kessler, Nationalökonom und Soziologe, unterrichtete wie auch Alexander Rüstow, ein bemerkenswerter Universalgelehrter und brillanter Gesprächspartner, an der Universität Istanbul. Anders als Reuter, der rasch Türkisch lernte, blieb Rüstow die Sprache seines Gastlandes immer fremd. Viele seiner Bekannten in Istanbul glaubten daher, er führe in Istanbul ein »Elfenbeinturm-Dasein«, doch dieser Eindruck täuschte, wie sich nach dem Krieg herausstellen sollte.[100]

Reuter beschrieb sein Leben in den späten dreißiger Jahren als »sehr, sehr ruhig«.[101] Seine Arbeit für das Ministerium stellte keine besondere Herausforderung dar und war auch nicht sonderlich interessant; doch obwohl er sich in der Türkei sehr wohl fühlte und sie bald als »zweite Heimat« empfand, wartete er sehnlichst auf die Rückkehr nach Deutschland. Manchmal träumte er davon, an seinem fünfzigsten Geburtstag im Sommer 1939 wieder zu Hause zu sein.[102] Wie unrealistisch diese Träume waren, war ihm durchaus bewußt. Er rechnete fest mit einem Krieg und notierte schon 1936: »Ich weiß genau, wie das alles enden wird, und mir graut jetzt schon, wenn ich an den Trümmerhaufen denke, den wir dann wieder in Ordnung bringen dürfen.«[103]

1938 bahnten sich in Reuters Leben wichtige Veränderungen an. Am 10. November 1938 starb Atatürk, und am nächsten Tag wählte das türkische Parlament Ismet Inönü zu seinem Nachfolger. Eineinhalb Wochen später wurde Atatürks Sarg unter großer Anteilnahme der Bevölkerung durch Ankara geleitet. Auch Reuter, beeindruckt, daß »ein Volk ohne Propaganda und irgendwelche große behördliche Organisation aus sich heraus von selber trauert und teilnimmt«,[104] ging im Trauerzug mit – als neues Mitglied des Lehrkörpers der Siyasal Bilgiler Yüksek Okulu (SBO, Hochschule für politische Wissenschaften) oder »Mülkiye«, wie sie im Volksmund hieß. Die SBO war eine praxisbezogene Verwaltungshochschule, deren Ursprünge bis in die Mitte des neunzehnten Jahrhunderts zurückreichten. Wie so viele andere türkische Institutionen wurde auch sie in den dreißiger Jahren umstrukturiert; 1935 zog sie in ein neues Gebäude um und wurde 1936/37 offiziell als eine moderne Institution westlicher Prägung für die Ausbildung höherer Staatsbeamter neu eröffnet.[105] Der Direktor der SBO, Mehmet Emin Erişirgil, wollte Vorlesungen über Urbanistik und die Finanzierung der Kommunalverwaltungen in das Programm der Hochschule aufnehmen. Zwar hatte Martin Wagner an der Hochschule schon eine Reihe von Vorlesungen gehalten, aber als Architekt schien er Erişirgil nicht für die Position geeignet, die ihm vorschwebte. Einer seiner Bekannten, Cevat Dursunoğlu, hatte allerdings als Generaldirektor des Höheren Schulwesens in der Türkei in den zwanziger Jahren einige Zeit in Berlin verbracht und dort Reuter und dessen Arbeitsweise kennengelernt. Auf seine Empfehlung hin bot die Hochschule Reuter im Sommer 1938 eine Stelle an, in deren Rahmen auch ein neues Institut für Städtebau beziehungsweise Stadtplanung geschaffen werden sollte.[106]

Von Reuter wurde erwartet, daß er auf Türkisch lehrte und, wie alle Emigrantenprofessoren, ein Lehrbuch verfaßte. Zunächst mußte er nur zwei Vorlesungen pro Woche halten, bis Juni 1939 wurden von ihm insgesamt sechzig Vorlesungen erwartet. Er unterschrieb seinen Vertrag am 15. November 1938, und von da an bis zu seiner Abreise aus der Türkei im Herbst 1946 war er im wesentlichen als Hochschullehrer tätig. Diese Stelle wurde für ihn um so wichtiger, als ein Jahr nach Beginn des Krieges alle deutschen Sachverständigen in den Ministerien entlassen wurden.[107] Auch

Reuter, der mittlerweile ins Verkehrsministerium gewechselt war, war davon betroffen. Aber noch immer mußte Harry unterhalten werden, und so erleichterte es Reuters finanzielle Situation sehr, als der türkische Ministerrat ihn 1941 als Inhaber des neugegründeten Lehrstuhls für Kommunalwissenschaft zum Professor ernannte. Außerdem konnte er sein Gehalt ab 1944 durch einen Beraterposten bei der Schiffahrts- und Hafenverwaltung in Istanbul aufbessern.[108]

Über Reuters Tätigkeit im Wirtschaftsministerium ist wegen des vertraulichen Charakters seiner Arbeit wenig bekannt. Sicher ist nur, daß er »24 verschiedene Arbeiten in Französisch, Deutsch oder Türkisch über Frachttarife der Schiffahrtslinien, Hafengebühren, Güterbeförderung per Bahn, städtisches Verkehrswesen sowie 84 Statistiken über Transportkosten verschiedener landwirtschaftlicher Produkte« erstellte.[109] Mehr wissen wir über seine wissenschaftliche Tätigkeit. Erst in den letzten Jahren ist der enorme Einfluß gewürdigt worden, den Reuter als Professor für Kommunalwissenschaft auf eine ganze Generation von türkischen Staatsbeamten hatte, von denen einige in ihrem Land glänzende Karrieren machten. Tatsächlich kann man Reuter als den Begründer der modernen türkischen Urbanistik betrachten. Er schuf die institutionellen Grundlagen für das 1953 eröffnete Institut für Wohnungswesen und Urbanistik,[110] veröffentlichte – auf Türkisch – zwei Bücher über Urbanistik und kommunales Finanzwesen und schrieb ein Manuskript in Buchlänge über öffentlichen Nahverkehr.[111] Außerdem verfaßte er neben seiner Lehrtätigkeit technische Berichte über verschiedene kommunalwissenschaftliche Probleme, von einer Analyse der finanziellen Situation der Istanbuler Stadtverwaltung bis zu einem – einige Tage vor seiner Rückkehr nach Deutschland im Herbst 1946 fertiggestellten – Bericht über die jüngsten Entwicklungen der türkischen »Iller Bankası« (Kommunalbank). Er publizierte mehr als sechzig Artikel in zwölf türkischen Zeitschriften und hielt auch außerhalb der Hochschule viele Reden und Vorträge, unter anderem im Rahmen von Sonderkursen für Landräte.

Sein Hauptbetätigungsfeld aber war natürlich die Hochschule. Bei den Studenten war er beliebt: Das lag zum einen an der ihm eigenen Mischung aus Bescheidenheit und persönlicher Autorität. Reuter, der nach wie vor einen einfachen Lebensstil pflegte, radelte beispielsweise täglich von seinem Haus zur Hochschule, bis ein

Ernst Reuter mit seinen Studenten an der Hochschule für politische Wissenschaften in Ankara um 1938. »Reuter hatte die türkische Sprache gut gelernt, so gut, daß er sogar die Kreuzworträtsel in Zeitungen und Zeitschriften lösen konnte. Wir haben uns gemeinsam oft wochenlang bemüht, für neue Begriffe [der Urbanistik] türkische Bezeichnungen zu finden«, erinnerte sich Fehmi Yavuz, einer seiner Schüler.

Staatssekretär ihn eines Tages darauf aufmerksam machte, daß dies unter dem Niveau eines Professors sei, und ihn bat, davon Abstand zu nehmen. Und sein bekanntester Student, der spätere Erziehungsminister Fehmi Yavuz, meinte, Reuter habe durch »seine herzliche, manchmal derbe Ehrlichkeit überzeugt«.[112] Zum anderen pflegte er einen für die Studenten bis dahin ungewohnten Unterrichtsstil. Er forderte sie auf, ihn zu unterbrechen, wenn sein Türkisch unklar war oder wenn die von ihm verwendeten Begriffe nicht adäquat übersetzt worden waren, ermunterte sie zu offenen Diskussionen und selbständigem Arbeiten, zur Infragestellung überkommener Autoritäten. Sein pädagogischer Stil stand in der Tradition der westlichen Aufklärung, und er versuchte – mit beträchtlichem Erfolg – diesen Stil auf die kemalistische Hochschule zu übertragen.[113]

Thematisch befaßte sich Reuter in den Jahren seiner Lehrtätigkeit mit vier großen Bereichen: erstens Urbanisierung; zweitens Wohnungs- und Baugeländepolitik; drittens Städteplanung; viertens Kommunalverwaltung und Finanzwesen der Stadtverwaltungen.[114] In den damaligen Urbanisierungsprozessen zeigte sich nach Reuters Meinung ein Phänomen, das wir heute Globalisierung nennen würden: »Rein äußerlich kommt diese Entwicklung darin zum Ausdruck, daß die Welt sich immer ähnlicher wird. Anstelle der bunten Mannigfaltigkeit der früheren Städte- und Landschaftsbilder tritt die uniforme Gleichmäßigkeit des sogenannten modernen Baustils. Öffentliche und private Bauten, Regierungspaläste, Rathäuser, Krankenhäuser, Schulen, Fabriken, Wohnviertel in allen Teilen der Erde werden einander immer ähnlicher. Der Stil des Eisenbetonbaus triumphiert in den entlegensten Teilen der Erde.« Daher sei es um so notwendiger, diese Prozesse nicht »*wild* und *ohne Plan*« ablaufen zu lassen: »Die Menschen wollen ihre Siedlungsstädte *bewußter* und *planmäßiger* ausbauen.«[115] Gleichzeitig sollten die Kommunen ihre Finanzen selbstständig und ohne die Einmischung äußerer Stellen verwalten. Obwohl Reuter seine Ideen über die kommunalen Finanzen zurückhaltend formulierte, hatte er bei seinen Ausführungen offenbar auch den sehr zentralistischen und bürokratischen Dirigismus des kemalistischen Staates im Auge. In einem 1940 veröffentlichten Artikel heißt es: »Auch die Türkei muß die Kunst der lokalen Verwaltung genauso entwickeln wie der zentralen staatlichen Verwaltung. Es liegt auf der Hand, daß der zentralisierteste Staat nicht alles selber machen kann, daß er lokale Organe braucht, die mit eigener Initiative und eigenen Möglichkeiten ausgestattet, sich den neuen Aufgaben widmen müssen, die der überall unvermeidlich sich vollziehende Wandel an sie stellt.«[116] Ebenso forderte er einen »Finanzausgleich« zwischen den Kommunen und der Zentralregierung und machte sich Gedanken darüber, wie die türkische Iller Bankası (Kommunalbank) nach ihrer Neuordnung im Jahre 1945 die planvolle Stadtentwicklung fördern könnte. Wie schon in Berlin und Magdeburg war er ein unbedingter Befürworter öffentlichen Eigentums – das heißt wirtschaftlicher Unternehmungen, die, wie die BVG, Eigentum der Kommunen waren. Wichtige Grundstücke sollten ebenfalls in öffentlicher Hand bleiben, denn nur so ließen sich Spekulationen und Folgekosten von Planlosigkeit vermeiden. Und nach wie vor war er ein Anhänger des Bausparkassen-Konzepts und des genossenschaftlichen Wohnungsbaus.[117]

Reuter befürchtete vor allem, daß rasch wachsende Länder wie die Türkei die Fehler Westeuropas und der Vereinigten Staaten aus der Zeit des Frühkapitalismus wiederholen würden. Das aber hätte langfristige politische Konsequenzen, wie er in einem erstaunlichen Abschnitt bemerkte, der zeigte, wie weit er sich von seiner KPD-Zeit entfernt hatte: »Hätte diese frühe Entwicklungsphase des Kapitalismus die maßlosen sozialen Mißstände in den Armenvierteln von New York und Chicago, in den Mietskasernen deutscher Städte und in den englischen Slums nicht verursacht, dann wäre die einseitige ideologische Auffassung von Karl Marx niemals möglich gewesen.«[118] Das richtige Verhältnis zwischen Stadt und Land, das Problem der Landflucht und die optimale Größe von Städten beschäftigten ihn daher immer wieder. In seiner unveröffentlichten Arbeit über den Nahverkehr kam er zu dem Schluß, die ideale Einwohnerzahl einer Stadt liege zwischen 20 000 und 25 000. Doch natürlich war es unrealistisch anzunehmen, daß die moderne Welt ohne Großstädte würde existieren können. Die Urbanistik, so Reuter, müsse deshalb hauptsächlich für die menschengerechte Gestaltung der modernen Metropole sorgen. Gartenstädte nach britischem Modell, umweltfreundliche öffentliche Verkehrssysteme, Grünflächen, Vermeidung von Überfüllung und Beschränkungen beim Bau von Hochhäusern seien Möglichkeiten, das unkontrollierte Wachstum der Städte in der neuen Türkei einzudämmen.[119]

Offen gesagt, waren Reuters Ideen weder besonders originell noch theoretisch oder analytisch ausgefeilt, sondern vielmehr eine Kombination aus pragmatischen Vorschlägen und praktischen Erläuterungen. Sie machen allerdings deutlich, auf welche Weise die deutschen Emigranten den neuen türkischen Eliten im laizistischen, kemalistischen Staat westliche Ideen vermittelten. Doch obwohl Reuter sich Gedanken über die Zukunft des Landes machte, das ihm Schutz gewährte, beschäftigte ihn – vor allem nach Beginn des Krieges 1939 – in erster Linie die Zukunft seines eigenen Landes. Welche Aussichten auf eine demokratische Erneuerung würden sich eröffnen? Ab 1943 rückte die Frage nach dem Zeitpunkt seiner Rückkehr nach Deutschland immer stärker in den Vordergrund. Aber darauf sollte er noch lange warten müssen.

Wartestand

Ende April 1939 traf Franz von Papen in Ankara ein, um das Amt des deutschen Botschafters zu übernehmen.[120] Im Gegensatz zu A.F.W. von Keller, seinem relativ unbedeutenden Vorgänger, war Papen eine der schillerndsten, fragwürdigsten, geltungssüchtigsten und negativsten Gestalten in der europäischen Geschichte des zwanzigsten Jahrhunderts. Sein Verhältnis zum nationalsozialistischen Regime war bekanntlich nicht unkompliziert, und durch seine Ernennung zum Botschafter wollte man zweierlei erreichen: ihn ausmanövrieren und zugleich der Türkei signalisieren, wie wichtig ihre strategische Lage für Deutschland war. Eine der ersten Fragen, mit denen sich der neue Botschafter zu befassen hatte, betraf die von der Gestapo vorgeschlagene Ausbürgerung Ernst Reuters.

Ernst Reuter traf nie mit Franz von Papen zusammen. Aber Reuters Paß und Reuters angebliche Kontakte zur Deutschen Botschaft in den Exiljahren waren Themen, die ihn für den Rest seines Lebens ebenso verfolgen sollten wie die Geschichten von den angeblichen Greueltaten an der Wolga. Waren es die Nationalsozialisten und ihre Sympathisanten, die regelmäßig die Wolga-Zeit hervorholten, so waren es vor allem die Kommunisten, die seit 1946/47 das Gerücht ausstreuten, Reuter hätte in der Türkei unzulässige Kontakte zu den Vertretern NS-Deutschlands unterhalten. Aber so, wie die Nationalsozialisten ihre Anschuldigungen selbst nicht hatten ernst nehmen können, deutet auch nichts darauf hin, daß die Kommunisten ihren eigenen Behauptungen über Reuters Verhalten in der Türkei wirklich Glauben schenkten. 1952 forderte beispielsweise die Zentrale Parteikontrollkommission der SED mehrere Kommunisten und Sympathisanten, die ebenfalls im türkischen Exil gewesen waren, auf, sich über Reuters dortige Aktivitäten zu äußern. Aus ihren Schilderungen geht klar hervor, daß er genau wußte, wer sie waren und welche politischen Auffassungen sie vertraten; er begegnete ihnen mit höflicher Zurückhaltung, wenngleich er sich ihnen gegenüber gelegentlich zu sarkastischen oder ironischen Bemerkungen hinreißen ließ.[121] Ebenso deutlich wird allerdings, daß ihnen von Kontakten Reuters zu Papen oder anderen Mitgliedern der regimefreundlichen deutschen Kolonie nichts bekannt war. So erzählte der Architekt Wilhelm Schütte, der in Istanbul lehrte und Reuter 1942 oder 1943 zum ersten Mal in

Ankara traf, daß »Angehörige unserer Gruppe in der Türkei und ihnen Nahestehende uns über Reuter verschiedentlich berichtet« hätten. »Seinen deutschen Paß hatte man Reuter auf der Gesandtschaft regelmäßig verlängert, obwohl er an den Veranstaltungen dort – soviel uns bekannt wurde – nie teilgenommen hat. Die Veranstaltungen wurden bei Leuten, die die Gesandtschaft in irgendeiner Weise unter Kontrolle haben wollte, dann durchgeführt, wenn es sich um eine prominente Persönlichkeit handelte. Außerdem ging Papens Sonderinteresse dahin, sich Leute, besonders prominente Intellektuelle, gewogen zu halten, für den Fall, daß es ihm gelingen würde, an Hitlers Stelle die Macht zu übernehmen.«[122]

Die Frage, warum sein deutscher Paß wiederholt verlängert wurde – erst 1937, dann 1942 und noch einmal Ende 1943 –, blieb auch für Reuter undurchsichtig. In einem bekannten Brief an Thomas Mann im März 1943 bemerkte Reuter, die Tatsache, daß er noch immer einen gültigen deutschen Paß besitze, sei, »wie man mir sagt, das ›Verdienst‹ unseres Herrn Papen, der offensichtlich Wert darauf legt, sich auf solche und andere billige Weise moralische ›Alibis‹ zu verschaffen«. Vier Jahre später stellte Reuter in einem Brief an die SED fest, er habe Grund zu der Annahme, »daß die Botschaft es nicht für richtig gehalten hat, durch die Verweigerung einer Paßausstellung an mich eine Mißstimmung bei der türkischen Regierung hervorzurufen, für die ich (...) tätig war«.[123]

Es war tatsächlich Papen, der Reuters Ausbürgerung verhinderte. Seit seiner Ankunft in Ankara stand Reuter unter Beobachtung, aber da er sich offenbar an das Verbot jeglicher politischer Betätigung hielt, konnten ihm die deutschen Stellen nichts vorwerfen. Im November 1935 teilte die Deutsche Botschaft dem Auswärtigen Amt mit, Reuter habe sich (im Gegensatz zu anderen Emigranten) nicht bei der Botschaft »gemeldet«, er sei jedoch nicht gefährlich: »Daß Reuter eine dem Deutschtum abträgliche Tätigkeit entfaltet, konnte bisher noch nicht bemerkt werden.« Und im Frühjahr 1936 stellte die Botschaft fest, sie wisse wenig über den früheren Oberbürgermeister von Magdeburg.[124] Drei Jahre später erfuhr die Botschaft plötzlich, daß die Gestapo Reuters Ausbürgerung wünschte.[125] Der Zeitpunkt war nicht zufällig gewählt: Reuters Wechsel vom Wirtschaftsministerium in das neue Verkehrsministerium stand bevor. Der Diplomat Hans Kroll, bis zur Ankunft Papens Geschäftsträger in der Botschaft in Ankara, teilte mit, seine Botschaft habe keine Bedenken gegen die vorgeschlagene Maßnahme: »Ich möchte vielmehr anregen, die Ausbürgerung möglichst zu beschleunigen, da der Vertrag Reuters mit dem hiesigen Wirtschaftsministerium voraussichtlich nicht verlängert wird und dann eventuell seine Abschiebung nach Deutschland droht.«[126]

Jetzt wurde der Legationsrat Emil Schumburg, im Auswärtigen Amt für Ausbürgerungsangelegenheiten zuständig, mit dem Fall befaßt. Schumburg, SS-Offizier und außerdem »Judenreferent« im Auswärtigen Amt, hatte neben anderen bekannten Fällen die Ausbürgerung Willy Brandts und Thomas Manns durchgeführt. Seine Aktivitäten sind zu Recht als Beweis für den wachsenden Einfluß der SS und der nationalsozialistischen Ideologie auf die deutsche Außenpolitik gewertet worden.[127] Schumburg befürwortete ein schnelles Ausbürgerungsverfahren, und Ende Juni äußerten Vertreter des Reiches den Wunsch, nicht nur Reuter selbst, sondern auch Hanna, Gerd und Edzard Reuter möglichst rasch auszubürgern.[128] Wieder brachte die Polizei Reuters angebliche Greueltaten an der Wolga vor, wo er angeblich »viele deutsche Menschen foltern, ausrauben und hinrichten ließ«. Hans Krolls Argument aufgreifend, wies die Polizei außerdem darauf hin, daß die Angelegenheit schnell zu erledigen sei, um eine Abschiebung Reuters nach Deutschland unmöglich zu machen, falls er seine Arbeit im Wirtschaftsministerium verlieren sollte. Die Frage der Beschlagnahmung von Reuters Eigentum in Deutschland stellte sich nicht, »da Reuter und seine Familienangehörigen im Inlande keine Vermögenswerte mehr besitzen«.[129]

Es sah so aus, als würden die Reuters wie viele exilierte Deutsche ihre deutsche Staatsbürgerschaft verlieren und staatenlos werden. Aber dann schaltete sich Franz von Papen ein, um das Ausbürgerungsverfahren zu verlangsamen, wenn nicht gar zu stoppen. Papen räumte ein, daß Reuter kein Freund des nationalsozialistischen Regimes sei: »Besondere Tatsachen sind über Reuter während seines hiesigen Aufenthaltes nicht bekannt geworden. Es steht jedoch fest, daß er sich von den deutschen Kreisen in Ankara bisher völlig fern gehalten und, soweit er überhaupt persönlichen Verkehr gepflegt hat, ausschließlich in jüdischen und Emigrantenkreisen verkehrt hat. Dieser Umstand ist insofern besonders bezeichnend, als die deutsche Kolonie in Ankara gerade im Hinblick auf ihre nicht einheitliche Zusammensetzung sich bisher stets besonders bemüht hat, jeden selbst auch früher gegen den Nationalsozialismus eingestellten Volksgenossen zu erfassen, der nicht durch seine Eigenschaft als Jude oder jüdisch versippt aus zwingenden Gründen von der deutschen Gemeinschaft von vornherein ausgeschlossen war. Daß Reuter auf diese Bestrebungen nicht reagiert hat, beweist, daß er nach wie vor ein Gegner des Nationalsozialismus ist.« Dennoch, so Papen weiter, gebe es keine Anhaltspunkte für eine »staatsfeindliche« Tätigkeit Reuters im Exil. Sein Verhalten in der Türkei rechtfertige daher eine Ausbürgerung nicht, während es gute Gründe gebe, auf eine solche Maßnahme zu verzichten. Zumindest eines der von ihm angeführten Argumente war überraschend und kaum typisch für ihn: Man sollte, so schrieb er, »Rücksicht auf die außerordentliche Schwere [nehmen], mit der eine Ausbürgerung Reuters dessen Familie treffen würde«. Außerdem bestehe die reale Gefahr, »daß man im Falle der Durchführung der Ausbürgerung nur einen neuen erbitterten Feind Deutschlands schaffen würde«. (Jemand, der Papens Brief las, schrieb an den Rand »ist Reuter sowieso«.)[130] Dennoch akzeptierte das Auswärtige Amt Papens Empfehlung widerwillig und erklärte sich bereit, das Verfahren für drei Monate auszusetzen. Im Januar 1940 wandte sich Emil Schumburg direkt an die Deutsche Botschaft und erklärte ungeduldig, das Reichsministerium des Innern hätte wiederholt Reuters Ausbürgerung verlangt und fordere die »sofortige Erledigung« der Angelegenheit. Einige Monate später meinte er, das »Vorleben Reuters bietet einen hinreichenden Grund zu seiner Ausbürgerung«.[131] Diesmal entgegnete Papen, die türkische Regierung habe wider Erwarten Reuters Vertrag verlängert. Er betonte noch einmal, daß Reuter nach seiner Ausbürgerung »offen zu den Feinden Deutschlands« überlaufen würde. Zum Schluß führte er ein besonders bizarres Argument an: Die Beziehungen zwischen Deutschland und der Sowjetunion seien dank des Nichtangriffspakts vom August 1939 gut. Also hätte Reuter als ehemaliger kommunistischer Funktionär nicht den Wunsch, die deutschen Interessen in der Türkei zu schädigen! Papen bat darum, für die Dauer des Krieges keinen weiteren Ausbürgerungsversuch zu unternehmen.[132] Anscheinend wurde seiner Bitte stattgegeben, und Reuter behielt seine Staatsbürgerschaft. Reuter, der von diesen Vorgängen nichts wußte, konnte folglich seinen Paß verlängern lassen. Um ganz sicherzugehen (und für den Fall, daß er und seine Familie die Türkei schnell würden verlassen müssen), beantragte er im Februar 1944 außerdem einen Paß beim Konsulat der tschechoslowakischen Exilregierung in Jerusalem.[133]

Hanna und Ernst Reuter 1936 während einer Schiffsreise nach Athen. Hanna Reuter, geb. Kleinert, entstammte einer aktiv sozialdemokratischen Familie. Sie war Reuter das erste Mal 1924 oder 1925 begegnet, als sie in Berlin für den Vorwärts *arbeitete, und wurde ebenso seine Lebensgefährtin wie politische Mitstreiterin.*

Warum Papen Reuters Ausbürgerung verhinderte, werden wir nie genau wissen. Vielleicht wollte er sich bei der türkischen Regierung einschmeicheln oder sich, wie Reuter annahm, »Alibis« verschaffen, sollte er bei einem ungünstigen Kriegsverlauf wieder in die Führung des Reiches aufsteigen können. Reuter selbst war davon überzeugt, daß Papen nichts mit der Verlängerung seines Passes zu tun hatte. Für die erste Verlängerung im Jahre 1937 konnte Papen noch nicht verantwortlich gewesen sein, sein Einfluß hinter den Kulissen bei den Verlängerungen 1942 und 1943 aber ist anzunehmen. Reuter jedenfalls konnte die Angelegenheit beide Male binnen einer halben Stunde problemlos mit einem Konsulatsbeamten erledigen.[134]

Falls Papen glaubte, Reuter für sich einnehmen zu können, so irrte er sich. Einige Emigranten wie Fritz Baade oder der Hautspezialist Alfred Marchionini, der in der Türkei Papens Hausarzt gewesen war und nach dem Krieg für ihn aussagte, waren überzeugt, Papen habe sein Möglichstes getan, um die Türkei seit 1942 aus dem Krieg herauszuhalten, und beurteilten seine Amtsführung in Ankara als »gutgemeint und objektiv nützlich«. Marchionini behauptete sogar, Papen habe diskret, aber ehrlich versucht, das Beste aus einer schlechten Situation zu machen, und mit den Gegnern des Krieges und des nationalsozialistischen Regimes sympathisiert. Baade stimmte zwar einigen Ansichten Marchioninis zu, betonte aber gleichzeitig, Papen sei einer der Hauptverantwortlichen für Hitlers Machtergreifung gewesen – darin stimmte Reuter ihm ausnahmsweise zu.[135] 1949 kritisierte Reuter Marchioninis Aussagen als »zum mindesten gesagt etwas naiv, denn sie verwechseln persönliche Liebenswürdigkeit des Umgangs und persönliche Distanzierung von den Manieren der Nazis mit der entscheidenden politischen Verantwortung von Papens. Von Papen ist für mich einer der Hauptschuldigen in dem ganzen Unglück und wird es bleiben. Die Tatsache, daß er in Dingen des persönlichen Verhaltens kein in der Wolle gefärbter Nazi war, ändert an dieser politischen Verantwortung gar nichts, im Gegenteil, für mich erhöht sie sie noch.« Es treffe zwar zu, so Reuter weiter, daß Papen versucht habe, ein Übergreifen des Krieges auf die Türkei zu verhindern, aber dies mindere seine Verantwortung keinesfalls. »Im übrigen befand sich v. Papen um diese Zeit natürlich längst in derselben Position wie [Hjalmar] Schacht und alle die Leute, die aus ihrer politisch beschränkten Ablehnung der Weimarer Republik heraus Hitler die Tür geöffnet hatten und nun, als es zu spät war, sahen, was sie angerichtet hatten.«[136]

Angesichts Papens Verlogenheit – und seines Mangels an Intelligenz – ist schwer zu sagen, ob er wirklich versuchte, die Türkei aus dem Krieg herauszuhalten oder nicht; fest steht jedoch, daß die Regierung von Ismet Inönü in diesem Punkt nicht überzeugt werden mußte. Im Oktober 1939, einen Monat nach dem Ausbruch der Feindseligkeiten in Europa, schloß die Türkei einen gegenseitigen Beistandspakt mit Großbritannien und Frankreich, der der Türkei umfangreiche Kredite verschaffte und das Land von allen Verpflichtungen befreite, die zu einem Krieg mit der Sowjetunion führen konnten. In den folgenden Monaten, insbesondere nach der Niederlage Frankreichs, übte Großbritannien – vergeblich – Druck auf die Türkei aus, an seiner Seite in den Krieg einzutreten. Inönü und seine beiden Außenminister, Şükrü Saraçoğlu und der äußerst gewiefte (angeblich mit den Deutschen sympathisierende) Numan Menemencioğlu, verfolgten eine Politik der »aktiven Neutralität«, die Deutschland in eine ziemlich schwierige Lage brachte.[137] Trotz der nur widerwilligen Unterstützung aus Berlin drängten Papen und sein wichtigster Mitarbeiter, der Gesandte Hans Kroll, auf den Abschluß eines deutsch-türkischen Freundschaftsvertrags, um den Druck Großbritanniens auf die Türkei zumindest teilweise zu mindern. Als die italienischen und deutschen Streitkräfte im Frühjahr 1941 den Krieg auf den Balkan und somit bis an die Grenzen der Türkei trugen, erwärmte sich die Türkei für die Idee eines solchen Vertrages, und am 18. Juni 1941, drei Tage vor dem Überfall der deutschen Truppen auf die Sowjetunion, wurde das Dokument unterzeichnet. In seiner nahezu grenzenlosen Geltungssucht verkündete Papen sogleich, der Vertrag – der ein Nichtangriffs-Abkommen enthielt – sei ein großer Triumph der deutschen Diplomatie; das Ziel seiner Politik sei es, »die Türkei auf dem Wege der Evolution langsam, aber mit Sicherheit in das Lager der Achsenmächte zu bringen«.[138]

Falls dies wirklich das Ziel seiner Politik war – oder er den Krieg durch einen »Kompromißfrieden« verkürzen wollte –, so hatte er große Schwierigkeiten, diese Politik durchzusetzen.[139] Die Türken hielten an ihrer Neutralitätspolitik fest; Papen gegenüber betonten sie die Bedeutung des älteren Vertrages mit Großbritannien, während sie den Briten versicherten, der Vertrag mit Deutschland habe »nichts zu bedeuten«. Immerhin gelang es ihnen mit dieser Politik der »aktiven« Neutralität, Waffen von beiden Konfliktparteien zu bekommen.[140]

Bedeutsamer für Papen und für alle Deutschen in der Türkei war der für Deutschland ungünstige Kriegsverlauf nach 1942. Ein Jahr nach dem amerikanischen Kriegseintritt im Dezember 1941 waren die deutsche Niederlage in El Alamein und die Landung der Alliierten auch an anderen Orten der nordafrikanischen Küste sowie die sich andeutende Katastrophe in Stalingrad für ungeduldige Exilanten wie Reuter ein klares Signal dafür, daß sie endlich an Rückkehr denken konnten – und an die Aufgaben, die sie zu Hause erwarteten. Ende 1942 und Anfang 1943 unterbreitete Reuter Bekannten in verschiedenen Ländern den Vorschlag, »a kind of ›Free German Movement‹«, eine Art »Bewegung freies Deutschland«, zu gründen; sie sollte die antifaschistischen demokratischen Kräfte mobilisieren und sie auf die moralische und materielle Auf bauarbeit nach dem Krieg vorbereiten. Außerdem sei es notwendig, daß eine Persönlichkeit von hohem Ansehen – vielleicht über Rundfunk – zum deutschen Volk spreche, und dafür kam seiner Ansicht nach nur Thomas Mann in Frage.[141] Reuter war sich darüber im klaren, daß er in bezug auf offene politische Aktivitäten sehr vorsichtig sein mußte und daß er noch immer schlecht unterrichtet war, da die Radiosendungen des BBC und die *Neue Zürcher Zeitung* weitgehend seine einzigen Informationsquellen darstellten. Dennoch war er überzeugt, daß etwas geschehen müsse, und im März 1943 schrieb er direkt an Thomas Mann. Da Reuter nicht genau wußte, wie er mit dem großen Schriftsteller Kontakt aufnehmen sollte, der in Pacific Palisades in Kalifornien lebte, schickte er seinen ersten Brief über die BBC und den Labour-Politiker Richard Crossman, Elsie Howards Neffen, in London.[142]

Reuters Korrespondenz mit Mann und anderen in den Jahren 1943 bis 1946 fügt sich in die Diskussionen ein, die die Exilanten weltweit über den demokratischen Wiederaufbau der deutschen Gesellschaft, Kultur und Politik nach dem Krieg führten. Reuters Beiträge zu dieser Diskussion waren recht typisch, sofern man dieses Wort hier verwenden kann: gekennzeichnet durch hehre Prinzipien, Gründlichkeit und einen Radikalismus, in den sich eine gewisse, durch die Isolation bedingte politische Naivität mischte. Wie andere Sozialdemokraten im Exil, von Hans Vogel und Erich Ollenhauer in Großbritannien bis zu Friedrich Stampfer und Max Brauer in den Vereinigten Staaten, war Reuter überzeugt, daß die deutsche Gesellschaft trotz der unbeschreiblichen Barbarei des NS-Regimes noch immer einen gesunden Kern besitze. Die exilierten Sozialdemokraten glaubten, es gebe »eine verständige und tragfähige Mehrheit unseres Volkes«, so Reuters Worte, das »andere Deutschland«, zu dem auch die Exilanten zählten, und dieses werde nach der Befreiung »vom Joch seiner Peiniger« das Land geistig, moralisch und politisch erneuern müssen.[143] Das könne nicht Aufgabe der Besatzungsmächte, am wenigsten der Sowjetunion, sein. Die Zusammenarbeit mit den westlichen Demokratien allerdings werde ein entscheidendes Element des neuen Nachkriegssystems in Europa darstellen – eines Systems, in dem Deutschland weiterhin eine wichtige Rolle spielen würde, auch wenn es noch auf Jahrzehnte mit dem Mißtrauen und der Feindseligkeit seiner Nachbarn rechnen mußte. Die Deutschen aber würden radikal mit ihrer jüngsten Vergangenheit brechen und sich wieder auf ältere gesündere Traditionen besinnen müssen. So schrieb Reuter in seinem ersten Brief an Mann: »Die Zäsur, die diesmal durch Deutschland gehen wird, wird gewiß größer und vor allem härter sein müssen als je zuvor.« Und im August 1943 führte er Fritz Baade gegenüber aus: »Wir werden in unserem Wirtschaftssystem, ob man will oder nicht, eine gute Dosis Kollektivismus haben, aber von politischen Terrormethoden will unser Volk nichts wissen, und der Boden dafür ist nach den erlebten Schreckensjahren in Wirklichkeit denkbar wenig geeignet. (...) eine politisch erfolgreiche Wirksamkeit scheint mir innerhalb und außerhalb Deutschlands nur dann möglich zu sein, wenn man sich entschließt, endlich, endlich die Dinge zu sehen, wie sie sind, und wenn man begreift, daß wir durch ein tiefes Tal müssen, das wir nur durch radikale Haltung und Handlungen abkürzen können.«[144]

Sowohl in seinen Briefen an Thomas Mann als auch in seiner Antwort auf Eelco van Kleffens, Außenminister der holländischen Exilregierung, verwarf Reuter die Vorstellung einer Kollektivschuld und Kollektivbestrafung des deutschen Volkes, wie sie Lord Robert Vansittart, Unterstaatssekretär im britischen Auswärtigen Amt, und Henry Morgenthau, Finanzminister im Kabinett Franklin D. Roosevelts, vertraten.[145] In seiner Antwort an Kleffens schrieb Reuter: »Historischen Ballast tragen wir alle reichlich mit uns herum.« Von einem unveränderlichen deutschen Nationalcharakter zu sprechen, sei allerdings historisch unverantwortlich. Obwohl der »Hitlerismus (...) eine deutsche Krankheit« sei, »war und ist [er] sogar im Augenblick noch eine internationale Krankheit«. Vor allem komme es darauf an – und darin vertrat er, ohne es zu wissen, die Auffassung vieler anderer Sozialdemokraten im Exil –, daß alle Europäer nach der Niederlage des Nationalsozialismus nach vorn und nicht zurückschauten. Ein dauerhafter Friede in Europa könne nicht aus einem ewigen »Ressentiment selbstgerechter Sieger« erwachsen. Alle Völker Europas, auch die Deutschen, hätten ein Recht, am Aufbau eines neuen Europa mitzuwirken, das, wie er es bei anderen Gelegenheiten ausdrückte, schließlich in einen europäischen Staatenbund, die »Vereinigten Staaten Europas«, münden würde.[146] »Kein Volk kann auf hundert Jahre nur mit dem Büßerstrick um den Hals in Sack und Asche herumlaufen. Solche Ideen sind Utopien, die sich später bitter rächen müssen.«[147]

Es steht außer Frage, daß Reuters Ansichten in bezug auf die Kollektivschuldthese reichlich unbedarft waren. Nicht nur war es unrealistisch anzunehmen, die siegreichen Alliierten würden auf die Mitgestaltung der zukünftigen politischen und verfassungsmäßigen Entwicklung Deutschlands verzichten, sondern es lag auch auf der Hand, daß er und andere Exilanten nicht wußten, wie tief sich der nationalsozialistische Rassismus in die deutsche Gesellschaft hineingefressen hatte. Aber die Abneigung der exilierten Sozialdemokraten gegen die extremen Vorstellungen des »Vansittartismus« oder des Morgenthau-Plans war wohlbegründet und politisch richtig; die Auffassungen von Vansittart und Morgenthau zu akzeptieren hätte bedeutet, den moralischen Anspruch der Exilanten aufzugeben, im Namen eines »besseren« Deutschland zu sprechen und zu handeln.[148] Nach dem Krieg erwies es sich als Vorteil, daß die Exilanten von den schrecklichen Geschehnissen in Deutschland nur wenig mitbekommen hatten. Da sie nicht mit Schuld behaftet waren, die Resignation sie nicht gelähmt und die Niederlage sie nicht in die Passivität getrieben hatte, konnten sie voller Tatendrang die Aufgaben des politischen und materiellen Wiederaufbaus in Angriff nehmen und dort weitermachen, wo sie 1933 aufgehört hatten.[149] Anstatt sich auf die Frage zu konzentrieren, wer für den Nationalsozialismus verantwortlich gewesen war, blickten sie in die Zukunft und beschäftigten sich mit der Erneuerung der deutschen Gesellschaft.

Das galt zweifellos auch für Ernst Reuter. Überzeugt, daß Deutschlands Niederlage unausweichlich war, wollte er so schnell wie möglich in seine Heimat zurückkehren. Sein Tatendrang war geradezu grenzenlos, und seiner Ansicht nach hatten Leute wie er – und Thomas Mann – die Pflicht, sich auf diese Rückkehr vorzubereiten. Diejenigen, die in der »Verbannung« lebten, seien zu lange zur Tatenlosigkeit verdammt gewesen, schrieb er an Mann und bat ihn, seinen Einfluß geltend zu machen und einen »Appell« oder »Aufruf« an das deutsche Volk zu richten, zur »Sammlung des besseren Deutschlands« und Vorbereitung auf die nach der Befreiung anstehenden Aufgaben. Reuters Ideen waren gutgemeint, aber sehr vage, und Mann antwortete höflich und nachdenklich, jedoch ablehnend.[150] Die Zukunft Deutschlands liege in den Händen der künftigen Besatzungsmächte, und diese hätten die Aufgabe, das durchzuführen, was später »Umerziehung« genannt werden sollte. Er bezweifelte, daß die Emigranten mit großer Autorität zu den

Deutschen würden sprechen können, die im Land geblieben waren; auch hätten sie nichts Konkretes über die zukünftige Gestaltung des deutschen Staates und der deutschen Nation zu sagen. In einem zweiten Brief vom April 1944 wandte er sich gegen einen »gewissen deutschen Emigranten-Patriotismus«; die meisten Emigranten hätten nicht die geringste Ahnung von dem ungeheuren Leid, das Deutschland anderen Ländern zugefügt hatte.[151]

Obwohl der Kontakt zu Thomas Mann enttäuschend verlief, ließ Reuter sich nicht entmutigen. Anfang August 1943 fuhr er nach Istanbul, wo er mit einigen Freunden und Bekannten zusammentraf, die ähnlich dachten wie er: Friedrich Breusch, Curt Kosswig, Alexander Rüstow, Hans Wilbrandt und vor allem der frühere Leipziger Professor für Soziologie und Volkswirtschaft, Gerhard Kessler.[152] Bei diesem glänzenden Universalgelehrten verbanden sich Gutmütigkeit und persönlicher Mut mit starken politischen Überzeugungen und »skurrilen« Angewohnheiten in seinem Privatleben, wie Fritz Neumark einmal bemerkte.[153] Vor 1929 Mitglied des Reichsbanners, hatte er danach die Staatspartei, die Nachfolgerin der DDP, unterstützt. Kessler hatte nie ein Hehl aus seinen politischen Überzeugungen gemacht, und seine »scharfe und gehässige Kritik an der NSDAP und ihrem Führer«, wie es 1939 von offizieller Seite hieß, hatte zu seiner Verhaftung und dem Verlust seines Lehrstuhls geführt.[154] Seit Oktober 1933 war er Professor in Istanbul, und im Herbst 1939 wurde er aufgrund seines unerschrockenen Umgangs mit deutschen Diplomaten in der Türkei im Gegensatz zu dem vorsichtigeren Reuter ausgebürgert.[155]

Kessler und Reuter wurden zur treibenden Kraft bei der Gründung einer Organisation, die sich erst »Freie deutsche Gruppe in der Türkei« und dann »Deutscher Freiheitsbund« nannte.[156] Die beiden Männer hofften, so den Grundstein für eine »sozialdemokratisch-bürgerliche Anti-Hitler-Koalition« legen und die Aufmerksamkeit der Alliierten auf ihre Sache lenken zu können. Dabei verfolgten sie auch das Ziel, Zugang zu Radiostationen der Alliierten zu bekommen, die direkt ins Reich sendeten. Doch die zahlreichen Radiosendungen, die der Freiheitsbund verfaßte, wurden nie ausgestrahlt. Die Alliierten waren schlicht nicht interessiert, und dem Freiheitsbund ging schnell die Luft aus.

Dennoch blieb Reuters Engagement im Freiheitsbund nicht bedeutungslos. In den von ihm mitverfaßten programmatischen Aussagen des Bundes zeichnet sich bereits der politische Kurs ab, den er nach 1946 einschlagen sollte. Von den Entwürfen für die Radiosendungen und einem Arbeitsprogramm abgesehen, war das einzige wesentliche Dokument, das die Gruppe in ihrer kurzen Geschichte ausarbeitete, ein Flugblatt mit der Überschrift »Was soll werden?« Darin rief die kleine Gruppe die Deutschen auf, Hitler und seine Anhänger zu stürzen; eine solche Tat könne zu milderen Friedensbedingungen führen. Gleichwohl hätten die Deutschen mit einem harten Friedensvertrag und einem schwierigen, Jahrzehnte dauernden Wiederaufbau zu rechnen. Sie forderten die Aufrechterhaltung der deutschen territorialen Souveränität in den Grenzen des Jahres 1937, die Wiederherstellung der Weimarer Demokratie und Wiedergutmachung für die Länder, die vom nationalsozialistischen Regime überfallen worden waren. Des weiteren seien die »Herren auf den großen Gütern im Osten« und die »Herren der Aktienpakete« zu entmachten, eine Bodenreform durchzuführen, die Groß- und Schwerindustrie zu verstaatlichen, Genossenschaften und Staatseigentum auszubauen, die öffentliche Verwaltung zu demokratisieren und kleine Unternehmer zu fördern. Hinter dieser radikalen Rhetorik verbarg sich ein zugleich vages und überraschend gemäßigtes Programm. Das Istanbuler Dokument war viel weniger radikal als das »Prager Manifest« der Sopade von 1934 oder die späteren Volksfrontideen.[157] Diese Mischung aus bürgerlichen und sozialdemokratischen Vorstellungen nahm vielmehr die Bemühungen der Nachkriegs-SPD vorweg, zu einer »Volkspartei« zu werden, die jenseits der alten Klassenkampfrhetorik für eine gemischte Wirtschaft und ein pluralistisches politisches System eintrat.

Wichtiger aber war, daß Reuters Arbeit für den Freiheitsbund die Aufmerksamkeit der Amerikaner erregte. Auch Hans Wilbrandt und Alexander Rüstow gehörten zum Bund, und es sollte sich herausstellen, daß Rüstow keineswegs in einem Elfenbeinturm lebte, wie seine Bekannten immer geglaubt hatten. Denn sowohl Rüstow als auch Wilbrandt waren amerikanische Agenten, die im Auftrag des Office of Strategic Services (OSS) in der Türkei bei den »Dogwood«-Operationen eingesetzt waren, welche tief in das besetzte Europa hineinwirkten.[158] Seit dem Kriegseintritt der USA war das OSS auch in der Türkei aktiv geworden. Wahrscheinlich ahnte Reuter etwas von Rüstows und Wilbrandts Auftrag, auf jeden Fall aber wußte er, daß sie gute Kontakte zu den Amerikanern hatten. Doch er hätte sich wohl kaum vorstellen können, daß

Rüstow im Auftrag seiner amerikanischen Freunde direkt mit Franz von Papen zusammentraf, dessen Familie er seit Jahren kannte. Mit Fritz Baade hatte Reuter aus einem weitaus geringeren Grund gebrochen.

»Dogwood« war der Deckname von Alfred Schwarz, einem tschechischen Ingenieur und Geschäftsmann jüdischer Herkunft, der seit 1928 in der Türkei lebte. Er verfügte über ein breites Netz persönlicher Kontakte, darunter zum Gesandten des Vatikans, Angelo Roncalli, dem späteren Papst Johannes XXIII. Ursprünglich hatte er mit verschiedenen NS-Gegnern in Istanbul und dem britischen Geheimdienst zusammengearbeitet, 1943 jedoch trat er in den Dienst des OSS, das gerade seine Arbeit aufgenommen hatte. Er lieferte seine Berichte an den amerikanischen Journalisten und OSS-Agenten Archibald Coleman (Deckname »Cereus«). 1943 und 1944 konnte »Dogwood« seine Kontakte bis nach Bulgarien, Ungarn, in die Tschechoslowakei und ins Reich selbst ausweiten.[159] Sowohl Wilbrandt (»Hyacinth«) als auch Rüstow (»Magnolia«) gehörten zur »Dogwood«-Gruppe. Rüstows Tätigkeit hatte dabei besondere Bedeutung. Er war unter anderem der Verbindungsmann zwischen dem OSS und Helmuth James Graf von Moltke, einem der bekanntesten Mitglieder des Kreisauer Kreises, und arrangierte 1943 geheime Zusammenkünfte zwischen Papen und dem amerikanischen OSS-Agenten Theodore A. Morde. Der »Dogwood«-Ring konnte einige spektakuläre Erfolge erzielen; wegen undichter Stellen aber wurden die Operationen Ende Juli 1944 eingestellt.[160]

Am 8. September 1943 übermittelte der für die OSS-Operationen in Istanbul verantwortliche Lanning Macfarland dem OSS in Washington einen Bericht von »Cereus« und »Dogwood« über den Deutschen Freiheitsbund, verfaßt von mehreren deutschen Exilanten, hauptsächlich jedoch von Wilbrandt. Er enthielt eine Übersetzung der grundlegenden Dokumente des Freiheitsbundes, darunter dessen Flugblatt und Arbeitsprogramm, sowie kurze Biographien von Kessler und Reuter. In dem OSS-Bericht stand außerdem, daß der Deutsche Freiheitsbund Kontakt zur Emigrantengruppe »Association of Free Germans, Inc.« wünschte, die in den Vereinigten Staaten von dem Sozialdemokraten Albert Grzesinski geleitet wurde.[161] Beunruhigt wegen der Gründung des von Kommunisten dominierten »Nationalkomitees Freies Deutschland« (NKFD) in der Sowjetunion, wollte das OSS eine Art Gegenkomitee ins Leben rufen. »Dogwood« dachte dabei vor allem an den Freiheitsbund, weil der in einem neutralen Land tätig war und daher nicht als Produkt der westlichen Alliierten hingestellt werden konnte.[162]

Obwohl der Freiheitsbund nur wenig erreichte und die an ihn geknüpften Hoffnungen nicht erfüllte, war das OSS jetzt auf Reuter aufmerksam geworden.[163] Es fing dessen Post an Bekannte in den Vereinigten Staaten ab, und 1944 wurde ein geheimes Gespräch mit ihm arrangiert. Die Unterredung fand am 20. Juli in Ankara statt – an dem Tag, an dem in Ostpreußen das Attentat auf Hitler verübt wurde. Reuters Gesprächspartner war Richard E. Gnade, Mitarbeiter im Außenministerium und dritter Sekretär der US-Botschaft, der für das OSS arbeitete;[164] in den folgenden Monaten entstand zwischen den beiden Männern ein enges Verhältnis.[165] Gnade berichtete in seinem Memorandum, Reuter »hat in deutschen Kreisen in Ankara und Istanbul den Ruf, ein entschiedener und intelligenter Gegner des nationalsozialistischen Systems und all seiner Erscheinungsformen zu sein. In den vergangenen drei Jahren hat er versucht, unter den deutschen Intellektuellen in der Türkei eine feste Oppositionsgruppe zu organisieren, wenngleich er wegen seiner Stellung als türkischer Staatsbeamter und wegen der strengen türkischen Bestimmungen in bezug auf politische Aktivitäten von Ausländern sehr diskret und vorsichtig arbeiten mußte.« Gnade faßte Reuters politische Ansichten folgendermaßen zusammen: »Professor Reuter ist fest davon überzeugt, daß jetzt Vorbereitungen auf die Friedenszeit nach dem Krieg zu treffen sind. Er vertritt die Auffassung, daß nur durch einen aktiven Austausch zwischen den Alliierten und erfahrenen deutschen Politikern, deren antifaschistische Gesinnung bekannt ist, die Grundlagen für eine dauerhafte Friedensregelung in Mitteleuropa geschaffen werden können. (...) Daß Deutschland noch jahrelang von den Alliierten besetzt sein wird, wird von Professor Reuter nicht in Frage gestellt. Aber er meint, die lokale Verwaltung sollte von Deutschen wie ihm in die Hand genommen werden, deren politische Sympathien bekannt und die durch ihre früheren Erfahrungen für diese Aufgabe qualifiziert sind. Er ist sich sicher, daß deutsche Verwaltungsexperten, die mit Vertretern der Alliierten zusammenarbeiten, dem deutschen Volk die Situation, die Erfordernisse der Zeit und die langfristigen politischen Ziele am besten erklären können. (...) Professor Reuter glaubt, daß er durch seine Ausbildung, Erfahrung und politische Haltung hierbei hilfreich sein kann, und er möchte helfen, weil er ein deutscher Patriot ist.« Zum Schluß vermerkte Gnade, daß Reuter »so bald wie möglich« entweder in die britische oder amerikanische Besatzungszone, »aber nicht in das russisch besetzte Deutschland« zurückzukehren wünsche. Zwei Tage später war sein Memorandum in Washington.[166] Danach erhielten die Amerikaner regelmäßig Informationen über Reuter; zu ihren Informanten gehörte auch Reuters Freund Oscar Weigert, Wirtschaftsprofessor an der American University und Mitglied der Abteilung Forschung und Analyse des OSS in Washington.[167]

Reuters Korrespondenz mit Thomas Mann und sein kurzes Engagement im Freiheitsbund führten außerdem dazu, daß Reuter endlich Kontakte zu Emigranten und Intellektuellen in verschiedenen Ländern aufnehmen konnte. Je mehr sich der Krieg seinem Ende näherte, desto intensiver wurde Reuters Korrespondenz mit exilierten Sozialdemokraten: mit Heinz Guradze, Oscar Weigert, Max Brauer und Gerhart Seger in den Vereinigten Staaten, dem früheren Gewerkschafter Fritz Tarnow in Schweden, Hans Vogel und Fritz Heine in London und seinem alten *Vorwärts*-Freund Victor Schiff, der während des Krieges nach London gegangen war und seit der Befreiung Frankreichs wieder in Paris lebte.[168]

Im Juni 1944 trat der türkische Außenminister Numan Menemencioğlu zurück; er war ein entschiedener Befürworter der »aktiven« Neutralität gewesen, und nach seinem Ausscheiden näherte sich die türkische Regierung den Alliierten und insbesondere Großbritannien an.[169] Am 2. August brach die Türkei die Beziehungen zu Deutschland ab, und die meisten Deutschen im Land – ob für oder gegen die Nationalsozialisten – wurden in Lagern in Zentralanatolien interniert. Jetzt wurden auch die postalischen Verbindungen zu Deutschland abgeschnitten, was für Reuter bedeutete, daß er gar keinen Kontakt mehr zu seiner Familie und seinen Freunden hatte, ein Zustand, der bis Anfang 1946 andauern sollte. An seinen Sohn Harry schrieb er: »Ich bin traurig, daß sicher viele unserer Freunde durch Hitlers Gangster umgebracht werden, bevor er selbst zur Hölle geht.«[170] Da Reuter Professor und Angestellter des türkischen Staates war, blieb ihm und seiner Familie die Internierung erspart, und er setzte sich sehr für diejenigen Deutschen ein, die weniger Glück gehabt hatten.[171] Das International Rescue and Relief Committee (IRRC), eine Organisation, die früher deutschen Flüchtlingen geholfen hatte, kümmerte sich nun um die in der Türkei internierten Deutschen sowie um diejenigen Flüchtlinge aus dem Dritten Reich, die nach Palästina wollten. Reuter engagierte sich beim IRRC, sobald eine türkische Niederlassung ins Leben gerufen worden war, die den Internierten bis zum Ende des Krieges und auch noch danach finanzielle, medizinische und sonstige Hilfe zukommen ließ.[172] (Die Türkei hatte Deutschland im Februar 1945 den Krieg erklärt; eine rein symbolische Geste, um Gründungsmitglied der Vereinten Nationen werden zu können.)[173]

Im November 1944 wurde Ernst Reuter schwer krank. Auf einer Dienstfahrt nach Ödemiş, einer kleinen Stadt in der Nähe von Izmir im Westen der Türkei, schnitt er sich mit einem Rasiermesser, und die Wunde entzündete sich. Die Infektion griff auf sein rechtes Bein über und führte zu einer Kniegelenkvereiterung, die nur deshalb relativ glimpflich verlief, weil Reuter dank der Intervention Richard Gnades und des türkischen Gesundheitsministeriums einer der ersten Patienten in der Türkei war, die mit Penizillin behandelt wurden. Dennoch mußte er für vierzig Tage ins Krankenhaus, sein Bein war lange in Gips, und nur mit Mühe konnte er das Knie bewegen und einigermaßen normal gehen; sein linkes Bein war bereits durch die Verletzungen aus dem Ersten Weltkrieg dauerhaft beeinträchtigt.[174]

Trotz dieser gesundheitlichen Probleme betrieb Reuter mit aller Macht seine Rückkehr nach Deutschland. Dieses Ziel verfolgte er mit einer Beharrlichkeit und Unbeirrbarkeit, die ihn von anderen Exilanten unterschieden. Er selbst bemerkte trocken, er sei »vielleicht ein wenig besessen von der Idee, nach Deutschland zurückzukehren«; und Ende 1945 gestand er Martin Wagner, daß es Zeiten gegeben habe, »wo ich fast krank war unter dem Druck dieses Verlangens nach Heimkehr«.[175] Obwohl einige seiner Kollegen, die 1944 ihre Stellen behalten hatten, in der Türkei bleiben wollten, zog es die meisten in die Vereinigten Staaten oder in andere Länder, wo sie ihre akademische Karriere fortsetzen konnten. Ebenso wollten die meisten jüdischen Exilanten verständlicherweise nicht nach Deutschland zurück. In Ländern wie den USA waren viele Emigranten voll integriert, und etliche waren sogar US-Bürger geworden; sie lebten gut, und ihnen boten sich Möglichkeiten, die den Gedanken an Rückkehr in ein zerstörtes, besiegtes und besetztes Deutschland nicht aufkommen ließen. Aber bei Reuter lagen die Dinge anders. Martin Schönfeld hat geschrieben, Reuter sei von dem »Glauben an seine politische Berufung« besessen gewesen,[176] eine Überzeugung, die an die berühmten Aussagen von Max Weber über die Politik als Beruf erinnert. Reuter hatte sein ganzes Leben der Politik und der öffentlichen Verwaltung gewidmet, und bei all seiner Bildung und seinem akademischen Erfolg in der Türkei war er weniger ein Mann der Wissenschaft als ein Mann der Tat. Hinzu kam, daß jetzt, da der Krieg dem Ende zuging, die türkische Regierung ihn drängte, sich einbürgern zu lassen.[177] Aber für einen solchen Schritt fühlte er sich zu stark an seine Heimat gebunden. Im Januar schrieb er einen bewegenden Brief an Martin Wagner, in dem er sich an die Rückkehr von seiner Amerika-Reise im Jahre 1929 erinnerte: Es »zogen, wie in der Jugend, die segelnden Wolken über die grünen Wiesen des Landes bei Cuxhaven, das meiner engeren Heimat so nahe ist. Schön und herrlich wie am ersten Tag stand alles vor mir. Es hat wohl keinen Sinn, darüber zu rechten, dagegen anzugehen, es ist so, und man kann es auch nicht mehr ändern (...). Das ist bei mir kein sentimentales Zurücksehnen und auch nicht etwa Unvermögen, anderes Wesen und Sein zu begreifen. Ich glaube nicht, daß es mir daran fehlt. Wenn ich sage, daß ich zurück will, folge ich nur der inneren Stimme einer Verpflichtung, die ich nicht ablehnen kann, weil sie wirklich höchst unbequem ist.«[178] Und außerdem: Was konnte interessanter und belebender, was konnte fordernder und anregender sein als die Mitwirkung am Wiederaufbau nach der schlimmsten Katastrophe in der Geschichte der europäischen Zivilisation?

Am 14. April 1945, drei Wochen vor der deutschen Kapitulation, schrieb Ernst Reuter an die US-Botschaft in Ankara und bat um eine Empfehlung, die ihm die schnellstmögliche Rückkehr erlauben würde. Der verantwortliche Geschäftsträger leitete das Schreiben mit dem Kommentar an das amerikanische Außenministerium weiter, daß »Botschaftsangestellte, die Professor Reuter kennen, diesen für einen integren Mann halten, der als ein klardenkender und entschiedener Gegner des nationalsozialistischen Totalitarismus bekannt ist«.[179] Reuter traf in dieser Angelegenheit auch mit Walter Senger, dem stellvertretenden Militärattaché an der US-Botschaft in Ankara, zusammen, der dem OSS Anfang Mai berichtete, Reuter gehöre »genau zu der Art von Männern, die für die Besatzungsmächte – besonders die Amerikaner – sehr hilfreich sein dürften, wenn es darum geht, das Chaos in Deutschland zu beseitigen und die Ordnung wiederherzustellen«.[180] Auch in den Vereinigten Staaten hatte Reuter Freunde, die etwas für ihn tun konnten. Am 14. Mai sprach beispielsweise ein hochrangiger OSS-Mitarbeiter in New York mit dem alten Sozialdemokraten Paul Hertz über mögliche demokratische Führungspersönlichkeiten in einem neuen Deutschland. Der OSS-Mitarbeiter dazu: »Als wir diese Persönlichkeiten durchgingen, ließ sich Mr. Hertz recht ausführlich über einen gewissen Ernst Reuter aus, der jetzt in Ankara lebt. (...) Mr. Hertz hat mit ihm korrespondiert und meint, er habe so außergewöhnliche Qualitäten, daß er der zukünftige deutsche Kanzler sein könnte.«[181] Reuters alter Mitarbeiter aus Magdeburg, Heinz Guradze, mittlerweile amerikanischer Staatsbürger und Mitarbeiter der amerikanischen Militärregierung (Office of Military Government oder OMGUS), legte ebenfalls ein gutes Wort für seinen ehemaligen Oberbürgermeister ein, und im August 1945 konnte Guradze Reuter mitteilen, die Erlaubnis zur Rückkehr nach Deutschland werde demnächst erteilt.[182] Reuter ließ nichts unversucht, um auch die Unterstützung anderer Amerikaner zu gewinnen. Er setzte immer noch große Hoffnungen auf seine Beziehung zu Richard Gnade, und im Sommer 1945 wandte er sich außerdem an eine amerikanische Mitarbeiterin der neugeschaffenen United Nations Relief and Rehabilitation Administration. Augusta Mayerson war im Vorjahr aus Kairo in die Türkei gekommen, um Reuter und andere bei ihrer Arbeit für die deutschen Internierten zu unterstützen. Auch sie versprach, zu tun, was in ihrer Macht stehe, und korrespondierte einige Monate lang mit Reuter. Schließlich schrieb er direkt an den amerikanischen General Robert A. McClure, der für die psychologische Kriegsführung verantwortlich gewesen war und jetzt für OMGUS arbeitete. Aber alle diese Interventionen blieben ergebnislos. Auch Reuters Korrespondenz mit der US-Botschaft in Ankara führte zu nichts.[183]

Was war falsch gelaufen? Im Laufe der Jahre ist viel über die Gründe für die lange Verzögerung von Reuters Rückkehr spekuliert worden, und man hat sich gefragt, warum ihm ausgerechnet die Amerikaner Steine in den Weg legten – eine besondere Ironie des Schicksals, wenn man bedenkt, wie gut Reuter später mit ihnen zusammenarbeitete. Die Antwort ist möglicherweise ganz einfach: Die amerikanischen Besatzungsbehörden waren sehr skeptisch in bezug auf die Rückkehr politisch aktiver Exilanten nach

Deutschland. Obwohl der Morgenthau-Plan nie umgesetzt wurde, schlugen sich viele seiner Strafaspekte in dem berühmten Dokument JCS 1067 nieder, das die Grundlage für die offizielle amerikanische Besatzungspolitik in der unmittelbaren Nachkriegszeit darstellte. Viele amerikanische Spitzenpolitiker mißtrauten zunächst allen Deutschen, auch den Gegnern des Regimes. Als der neue Präsident Harry S. Truman im Sommer 1945 achtzehn Tage in Deutschland verbrachte, um an der Konferenz von Potsdam teilzunehmen, weigerte er sich, öffentlich oder privat mit deutschen Demokraten zusammenzutreffen. Und die in Deutschland eingesetzten Amerikaner waren an die Direktiven von JCS 1067 gebunden.[184]

Reuters erstes Gesuch vom 14. April 1945 wurde im Mai an das vorübergehend in Paris ansässige und OMGUS angegliederte Büro des Botschafters Robert Murphy, »United States Political Adviser on German Affairs«, weitergeleitet. Das Außenministerium wollte unter anderem wissen, ob nach Murphys Einschätzung »deutsche Exilanten mit ausgewiesener demokratischer Gesinnung nützliche Funktionen in der Verwaltung Deutschlands durch die Militärregierung ausüben könnten«.[185] Murphy äußerte sich dazu in einem Memorandum, das er am 5. Oktober als Kommentar zur Proklamation Nr. 2 des neuen Alliierten Kontrollrats für Deutschland vom 20. September verfaßte. In dieser Proklamation hieß es, daß »niemand ohne eine von den Vertretern der Alliierten (...) ausgestellte Erlaubnis nach Deutschland einreisen oder Deutschland verlassen darf«. Murphy bemerkte etwas irritiert, viele politisch Tätige in Deutschland meinten, die Emigranten seien zu lange außer Landes gewesen, um nützlich zu sein; aus dieser Perspektive seien die Emigranten der Militärregierung wahrscheinlich wirklich keine große Hilfe. Er selbst hielt diese Sichtweise allerdings für falsch, zumal er nicht hatte feststellen können, daß die Demokraten in Deutschland, mit denen er in Kontakt kam, den Emigranten ablehnend gegenüberstanden. Daher bat er die Militärregierung, den Emigranten individuell die Rückkehr zu gestatten. Die deutschen Behörden müßten ihr Interesse an der Rückkehr bestimmter Personen zum Ausdruck bringen, damit diese die erforderliche Erlaubnis erhielten. Murphy dachte dabei insbesondere an den Verwaltungsexperten Ernst Reuter.[186]

Reuter selbst wurde im Herbst 1945 indirekt über diese Situation informiert. Der altgediente Sozialdemokrat Erich Ollenhauer schrieb Reuter aus London, »daß bisher politischen Emigranten die Rückkehr in die Westzonen nicht bewilligt worden ist«. Die britische Regierung hatte erklärt, die Rückkehr der Emigranten verzögere sich aufgrund von Transportproblemen und Mangel an Lebensmitteln und Wohnraum. Ein nicht identifizierter Bekannter – höchstwahrscheinlich Oscar Weigert – schrieb Reuter aus Washington, »es ist immer noch die Politik unserer Regierung, exilierten Politikern nicht die Rückkehr nach Deutschland zu gestatten«. Da sich diese Politik in naher Zukunft nicht ändern würde, sei Reuter vielleicht gut beraten, sich an die Briten zu wenden, »die möglicherweise nicht ganz so konsequent sind wie das amerikanische Außenministerium«.[187]

So war Reuter das Opfer von Vorbehalten sowohl bei den Westmächten als auch in Deutschland selbst. Vielleicht spielten auch – hier kann man nur spekulieren – Mißtrauen oder unzureichende Kommunikation zwischen dem OSS und dem amerikanischen Außenministerium eine Rolle. Das OSS wurde im Herbst 1945 aufgelöst. Da Reuters Kontakte zu den Amerikanern über das OSS gelaufen waren, ist es durchaus denkbar, daß das Außenministerium zögerte, ihm eine schnelle Rückkehr nach Deutschland zu gestatten. Wahrscheinlicher ist allerdings, daß die generelle Skepsis der Amerikaner gegenüber den Emigranten ausschlaggebend war.

Reuter zermürbte die lange Wartezeit. Im Februar 1946 schrieb er enttäuscht an Elsie Howard, er habe von einigen seiner politischen Freunde in Großbritannien – wahrscheinlich Erich Ollenhauer und Fritz Heine – gehört, sie seien im Begriff, ihre Parteiarbeit in Hannover wieder aufzunehmen, wo sich dank des politischen Einsatzes von Kurt Schumacher die Zentrale der SPD in den westlichen Besatzungszonen befinden werde. »Ich aber sitze immer noch hier und stehe vor einer Mauer, die sich offenbar nicht übersteigen läßt, weil ich nicht in England, sondern in der Türkei bin. Das alles gehört zu den größten Bitterkeiten meines Lebens (...).« Persönliche und familiäre Sorgen machten ihm zusätzlich zu schaffen. Sein Sohn Edzard hatte das Alter erreicht, in dem sich die Frage nach einem Universitätsstudium stellte, und wegen »dieser ganzen sinnlosen Trödelei« konnte keine Entscheidung gefällt werden.[188]

Letztlich waren es die Briten, die, zusammen mit Reuters Parteifreunden in Deutschland, dem ehemaligen Oberbürgermeister die Heimkehr ermöglichten. Wie die Amerikaner, so zögerten auch sie zunächst die Rückkehr von Exilanten in ihre Besatzungszone hinaus. Obwohl Reuter offenbar ganz oben auf der Liste derjenigen stand, die heimkehren durften, war Ende 1945 deutlich geworden, daß sich vor dem Frühjahr nicht viel tun würde.[189] Sozialdemokratische Politiker, die noch in Großbritannien waren, appellierten an Labour-Politiker wie John Hynd, den für deutsche und österreichische Angelegenheiten zuständigen Minister, die Proklamation Nr. 2 abzuschwächen – vergeblich, wie es zunächst schien.[190] Im März 1946 kamen die Dinge jedoch allmählich in Bewegung. Ollenhauer und Heine waren nach Deutschland zurückgekehrt, und Kurt Schumacher und Heinz Guradze (jetzt amerikanischer Besatzungsoffizier in Deutschland) drängten die alliierten Behörden, auch Reuter die Heimkehr zu gestatten.[191] Im Sommer 1946 wurden ihre Bemühungen belohnt. Ollenhauer hatte Reuters Fall mit Philip Noel-Baker – jetzt Staatsminister im Außenministerium – erörtert, und diesmal konnte Noel-Baker Reuter am 15. Juni mitteilen, daß »die Vorbereitungen für Ihre Rückkehr nach Deutschland laufen. Ich befürchte, daß es noch eine Weile dauern wird, bis die nötigen Genehmigungen erteilt sind, aber Sie werden darüber von unserem Vertreter in Ankara informiert werden. Ich werde mein Bestes tun.«[192] Am 29. Juli 1946 – seinem siebenundfünfzigsten Geburtstag – erhielt Reuter endlich von der britischen Botschaft in Ankara die Nachricht, daß das Außenministerium seiner Rückkehr in die britische Besatzungszone in Deutschland zugestimmt hatte. Er würde über Paris reisen müssen, um einen Militärstempel zu bekommen, und von dort aus nach Hannover fahren.[193]

Reuter wußte noch nicht, wohin es ihn verschlagen und welche Art von Arbeit er übernehmen würde. Guradze sprach mit einigen Sozialdemokraten in Bremen, die ihr Interesse an einer Tätigkeit Reuters in ihrer Stadt, vielleicht als Hafendirektor, bekundeten; Reuter legte sich jedoch nicht fest.[194] Er ging davon aus, daß er in der britischen Zone einen Posten finden würde. Zwar wäre er gern nach Magdeburg zurückgekehrt, aber in diesem Fall hätte er in die sowjetische Besatzungszone gemußt. An Guradze schrieb er mit einer gewissen Ironie, im Ersten Weltkrieg habe er Russisch fast ebensogut wie Deutsch gesprochen, und er könne es bei Bedarf wieder auffrischen, »aber ich sehne mich nicht sonderlich nach einer solchen Gelegenheit, Towaritsch«. Ernster klang das, was er Marius Grunwald schrieb: »Eine Rückreise in die russische Zone kommt schon deswegen nicht in Frage, weil ich nicht die Absicht habe, Selbstmord zu begehen. Mein Bedarf an Konzentrationslageraufenthalt ist in Deutschland seinerzeit gedeckt worden.«[195]

Die Abreise der Reuters verzögerte sich, unter anderem durch die Abwertung des türkischen Pfundes, was die Reise verteuerte. Außerdem hatte Reuter in Istanbul noch einige Arbeiten zu erledigen. Als er im Spätsommer nach Ankara zurückkehrte, wußte er nicht, wie er die Reise bezahlen sollte. Schließlich verkaufte er einige seiner geliebten Bücher und einen Großteil der Möbel. Als der Tag der Abreise schon fast gekommen war, baten ihn türkische Beamte des Innenministeriums plötzlich, noch einige Monate zu bleiben und einen Bericht über die Länder- und Kommunalbank zu schreiben. Er erklärte sich bereit, seine Abreise um vier Wochen zu verschieben. »Diese fast tragikomische Verwirrung der letzten Tage«, schrieb er an Elsie Howard, »mit unbeschreiblichem Wirrwarr (...) hat das Gute, daß ich nun die Finanzierung gesichert habe. (...) Nun ist alles soweit in Ordnung, und wir hausen zusammen in einer absolut leeren Wohnung, schlafen auf der Erde, da wir nur noch die Bagage bei uns haben, und machen sozusagen Training für Deutschland.«[196] Am 1. November waren die Reuters schließlich reisefertig. Möbel, Bücher et cetera – insgesamt neunhundert Kilo Gepäck – waren eingeschifft und auf dem Weg in die Niederlande. Der Zug sollte um 20.00 Uhr nach Istanbul fahren, und um 17.30 Uhr war Reuter noch immer in der Bank, um mit dem Direktor über den Bericht zu sprechen, den er tags zuvor fertiggestellt hatte. Am Samstag, dem 2. November, trafen Ernst, Hanna und Edzard in Istanbul ein, am 4. November schifften sie sich ein. Einige Monate später erinnerte sich Reuter: »Am Montag, als unser Schiff den Hafen verließ, sahen wir die Silhouetten der Hagia Sophia, der Sultan-Achmet-Moschee und der Süleyman-Moschee und dann die berühmten Prinzen-Inseln im Marmarameer zum letzten Mal; danach wandten sich die Gedanken den neuen kommenden Dingen zu. Die ganzen Jahre hindurch, in denen ich dort lebte, hatte ich immer nur einen Wunsch: dieses Land zu verlassen und nach Deutschland zurückzukehren.«[197]

Die britische Botschaft in Ankara beschrieb das Ende von Ernst Reuters elfjährigem Exil wesentlich knapper. In einem Bericht an das Außenministerium vom 9. November hieß es: »Reuter, Ehefrau und Sohn verließen Istanbul am 4. November mit dem Schiff in Richtung Frankreich. Abreise der Tochter hat sich verschoben.«[198]

5. KAPITEL

Die Zukunft der Demokratie: die Auseinandersetzung mit dem Kommunismus

Ja, für ein Volk, das die Wahl hat und dem es sonst gut geht, da wäre Krieg zu beginnen eine große Torheit. Wenn es aber galt, entweder nachgiebig sich einfach anderen zu fügen oder unter Gefahren sich zu behaupten, so wäre das Ausweichen vor der Gefahr tadelnswürdiger gewesen als das Standhalten.

Perikles, 430 v. Chr., in:
Thukydides, »Der Peloponnesische Krieg«[1]

Unsere Demokratie, die wir im Deutschland des zwanzigsten Jahrhunderts auf den Trümmern und Ruinen unseres Landes inmitten eines zerrissenen Europas aufzubauen haben, ist dagegen von der Demokratie der athenischen Polis soweit entfernt, daß wir kaum noch das eine mit dem anderen vergleichen können.

Ernst Reuter, 1947[2]

Einleitung: »Ihr Völker der Welt, schaut auf diese Stadt!«

Dies bleibt eines der unvergeßlichsten Bilder aus der Frühgeschichte des Kalten Krieges: Am Spätnachmittag des 9. September 1948 strömte eine riesige Menschenmenge vor die Ruine des Reichstagsgebäudes am Rande des britischen Sektors im besetzten Berlin. Vertreter der Alliierten schätzten die Zahl der Menschen auf zweihundertfünfzig- bis dreihunderttausend. Und es wären noch mehr gekommen. Ein amerikanischer Beobachter stellte fest: »Hätte es mehr Verkehrsmittel gegeben und hätte der Platz ausgereicht, hätten sich am 9. September möglicherweise eine halbe Million Berliner vor dem Reichstag versammelt.«[3] Der große Platz der Republik konnte die vielen Menschen kaum fassen, und viele drängten sich auf den Treppen, Sockeln und in den Vorhallen des Gebäudes, um überhaupt Platz zu finden.

Zu der Veranstaltung hatten Gewerkschaftsführer von der Unabhängigen Gewerkschaftsorganisation (UGO) und die nichtkommunistischen Parteien – die Christlich-Demokratische Union (CDU), die Liberaldemokratische Partei (LDP) und die Sozialdemokratische Partei Deutschlands (SPD) – aufgerufen, um gegen die gewaltsamen Übergriffe zu protestieren, die drei Tage zuvor im sowjetischen Sektor Berlins stattgefunden hatten. Am 6. September hatte eine kommunistisch gelenkte Gruppe das Neue Stadthaus in der Parochialstraße angegriffen, um eine Sitzung der demokratisch gewählten Stadtverordnetenversammlung zu verhindern. Nach den Berichten der meisten Beobachter handelte es sich bei den Demonstranten weitgehend um Angestellte von sowjetischen Aktiengesellschaften und Treuhandbetrieben, die das Neue Stadthaus hatten stürmen können, ohne auf nennenswerten Widerstand zu stoßen. Im Gegenteil: In einem amerikanischen Bericht hieß es, die aufgeheizte Menge sei durch »die Untätigkeit der deutschen Polizei im sowjetischen Sektor« und massive Unterstützung durch Angehörige der sowjetischen Militärverwaltung (SMA) noch ermutigt worden. Der amtierende Oberbürgermeister von Berlin, der Christdemokrat Ferdinand Friedensburg, hatte die Polizei des sowjetischen Sektors gebeten, das Gebäude zu schützen, doch der sowjetische Stadtkommandant, General Alexander Grigorjewitsch Kotikow, hatte rundweg abgelehnt. Die wenigen Polizisten des Westsektors und Ordner, die vor dem Stadthaus postiert waren, waren vor den Demonstranten in die Büros der britischen, französischen und amerikanischen Verbindungsoffiziere geflüchtet. Unter dem Schutz mit Maschinengewehren bewaffneter sowjetischer Soldaten waren daraufhin deutsche Polizisten des sowjetischen Sektors in das amerikanische Verbindungsbüro im Stadthaus eingedrungen, hatten zwanzig Ordner festgenommen und die anwesenden amerikanischen Offiziere beleidigt. Als Reaktion auf diese Einschüchterungsversuche und in Abwesenheit der Abgeordneten der prosowjetischen Sozialistischen Einheitspartei Deutschlands (SED) war die Stadtverordnetenversammlung am selben Tag in den sicheren Räumen der »Taberna Academica«, einem Studentenhaus am Steinplatz im britischen Sektor, zu einer außerordentlichen Sitzung zusammengetreten. Es war unübersehbar geworden, daß die nicht-kommunistischen Parteien im sowjetischen Sektor von Berlin nicht mehr frei arbeiten konnten.[4] Die westlichen Alliierten legten bei Kotikow Protest ein – natürlich folgenlos. Für General Lucius

Nach dem gewaltsamen Sturm auf das Neue Stadthaus am 6. September 1948 schien die Spaltung Berlins unvermeidlich. Aus Angst vor weiteren Angriffen verlegten Magistrat und Stadtverordnetenversammlung ihre Büros in den Westen der Stadt.

D. Clay, den amerikanischen Militärgouverneur in Deutschland, waren diese Übergriffe ein »Vorspiel für den Versuch der von den Sowjets eingesetzten Stadtverwaltung, die Stadt zu übernehmen; dann sollen die Gewalttätigkeiten des Mobs in die Westsektoren getragen werden (...). Meine Gegenmaßnahme wird darin bestehen, Sitzungen der Stadtverordnetenversammlung in den Westsektoren zu unterstützen.« Außerdem drohte er im Falle weiterer Störmanöver mit dem Einsatz der amerikanischen Militärpolizei.[5]

Den Vorfällen vom 6. September war bereits eine Reihe von Zwischenfällen vorausgegangen. Deshalb hatten sich die Massen vor dem Reichstag versammelt. Es war die größte öffentliche Versammlung nach dem Sturz des Nationalsozialismus. Und sie fand im dritten Monat der sowjetischen Blockade der Westsektoren Berlins statt. Seit dem 26. Juni versorgten die Westalliierten die Zivilbevölkerung dieser Sektoren aus der Luft mit Lebensmitteln, Kohlen und anderen Gütern. Im September lieferten die Amerikaner pro Tag durchschnittlich 2997 Tonnen Güter über die Luftbrücke, die Briten im Durchschnitt 1120 Tonnen.[6] Schon wegen des Umfangs der Gegenmaßnahmen der Alliierten war klar, daß die Augen der Welt am 9. September auf Berlin gerichtet sein würden, den Dreh- und Angelpunkt des sich verschärfenden Kalten Krieges zwischen den Mächten, die gerade das nationalsozialistische Deutschland besiegt hatten.

Franz Neumann, der Vorsitzende der Berliner SPD, sprach als erster zu der Menge. Der vierundvierzigjährige Neumann, groß, dunkelhaarig, stämmig gebaut und gut aussehend, war ein »klassischer« Sozialdemokrat, ein Sohn der Arbeiterklasse, »ein echtes Berliner Kind«, wie er selbst sagte. Neumann war von den Nationalsozialisten inhaftiert worden, hatte dann die Kriegsjahre in Berlin verbracht und war im Frühsommer 1945 sofort in der neugegründeten SPD aktiv geworden. Hartnäckig hatte er sich den Versuchen der Kommunisten widersetzt, die SPD mit der KPD zu vereinigen, und seinen Teil dazu beigetragen, daß die SPD im Oktober 1946 einen glänzenden Wahlsieg über die neue SED davontrug.[7] Als der charismatische Redner jetzt vor den Massen stand, rief er dazu auf, der Opfer des Totalitarismus seit 1933 zu gedenken. Die Konzentrationslager seien dieselben geblieben; nur das Hakenkreuz sei durch Hammer und Sichel ersetzt worden.

Nach Neumann betrat der amtierende Oberbürgermeister Ferdinand Friedensburg von der CDU die Rednertribüne und plädierte dafür, daß die Stadtverwaltung so lange wie möglich im sowjetischen Sektor bleiben solle. Als nächster ergriff der Stadtverordnetenvorsteher Otto Suhr (SPD) das Wort, der die Gewaltanwendung der Kommunisten scharf verurteilte und sie als deutliches Zeichen für deren politisches Versagen wertete.[8] Dann trat Ernst Reuter ans Mikrophon.

Das war zweifellos der berühmteste – und gewiß auch elektrisierendste – Augenblick seines Lebens. In diesem Moment entstand die Legende Ernst Reuter. Für moderne Ohren vielleicht schrill, laut und übermäßig pathetisch – Reuter hatte seinen Redestil vor dem Ersten Weltkrieg als sozialdemokratischer Wanderredner entwickelt, als es noch nötig gewesen war, sich ohne Mikrophon in überfüllten und lauten Versammlungslokalen Gehör zu verschaffen –, war er es, der an diesem Tag den richtigen Ton traf. Anders als sonst hatte Reuter keinen sorgfältig vorbereiteten Redeentwurf.[9] Doch er wußte genau, was er sagen wollte: »Heute ist der Tag, an dem nicht Diplomaten und Generäle reden und ver-

»Ihr Völker der Welt, schaut auf diese Stadt!« Die Massenkundgebung am 9. September 1948 vor dem Reichstag begründete die Legende um Ernst Reuter (rechts im Bild: Franz Neumann). Der amerikanische Militärgouverneur Lucius D. Clay indes war not amused: *Bei solchen Massenkundgebungen spiele man »mit Dynamit«.*

handeln. Heute ist der Tag, wo das Volk von Berlin seine Stimme erhebt. Dieses Volk von Berlin ruft heute die ganze Welt.« Die Verhandlungen zwischen Diplomaten und Generälen hätten bislang keinen Erfolg gehabt, und Berlin erlebe jetzt eine »Pause«, in der es an den Berlinern sei, deutlich zu machen, daß die Diplomaten, Generäle und Kabinette nicht versuchen sollten, ihre Freiheit wegzuverhandeln. Denn Berlin sei »ein Bollwerk, ein Vorposten der Freiheit, den niemand ungestraft preisgeben kann«. Eines Tages, so Reuter, würde ganz Deutschland wieder frei sein, wenn »dieses deutsche Volk neu geworden, neu gewandelt und neu gewachsen, ein freies, mündiges, stolzes, seines Wertes und seiner Kraft bewußtes Volk geworden ist, das im Bunde gleicher und freier Völker das Recht hat, sein Wort mitzusprechen«.

Und dann kam sein unvergeßlichster Aufruf: »Ihr Völker der Welt, ihr Völker in Amerika, in England, in Frankreich, in Italien!

Schaut auf diese Stadt und erkennt, daß ihr diese Stadt und dieses Volk nicht preisgeben dürft und nicht preisgeben könnt! Es gibt nur eine Möglichkeit für uns alle: gemeinsam so lange zusammenzustehen, bis dieser Kampf gewonnen, bis dieser Kampf endlich durch den Sieg über die Feinde, durch den Sieg über die Macht der Finsternis besiegelt ist.« Das Volk von Berlin habe seine Pflicht getan. Jetzt sei der Beistand von außen vonnöten, nicht allein durch materielle Hilfe, sondern auch durch das Eintreten »für die gemeinsamen Ideale, die allein unsere Zukunft und die auch allein eure Zukunft sichern können. Völker der Welt, schaut auf Berlin! Und Volk von Berlin, sei dessen gewiß, diesen Kampf, den wollen, diesen Kampf, den werden wir gewinnen!«[10]

Zurück in Berlin

Gustav Klingelhöfer fühlte sich in der zweiten Jahreshälfte 1946 einem besonderen politischen Auftrag verpflichtet. Klingelhöfer, 1888 als das vierte von acht Kindern in Metz in Lothringen geboren, hatte sich schon früh den Sozialisten zugewandt. Nachdem er im Ersten Weltkrieg in einer Münchener Garnison gedient hatte, war er in den ersten Monaten nach der Revolution von 1918 ein aktiver und radikaler Anhänger Kurt Eisners und der Münchener Räterepublik geworden: so aktiv und so radikal, daß er für seine politischen Aktivitäten fünf Jahre im Gefängnis gesessen hatte. Er nutzte die Zeit, um sich gründliche Kenntnisse in Politik und Ökonomie anzueignen, und kaum entlassen, schloß er sich der SPD an und wurde Wirtschaftsredakteur beim *Vorwärts*, für den er bis 1933 arbeitete. Die Schrecken der Hitler-Jahre überlebte er in Deutschland; da seine Mutter jüdischer Herkunft war, ein gefahrvolles Unterfangen.[11] Im Juni 1945 war er wieder in Berlin und wurde in den Trümmern der besetzten ehemaligen Reichshauptstadt sofort für den Wiederaufbau der SPD aktiv. Nach eigener Einschätzung eine »anima candida«, ein aufrechter Geist, und ein Mensch, bei dem sich Radikalismus mit einem scharfen »Realitätssinn« und der Fähigkeit zu originellem und manchmal unkonventionellem Denken verband, unterstützte Klingelhöfer zunächst die Politik der Ostorientierung – die Auffassung, die deutsche Sozialdemokratie könne ihre demokratischen und sozialistischen Traditionen bewahren und gleichzeitig die scheinbar unvermeidliche

Vormachtstellung der Sowjetunion in Mitteleuropa akzeptieren.[12] Klingelhöfer wurde ein enger politischer Berater Otto Grotewohls, der seit Juni 1945 dem Zentralausschuß der SPD in Berlin vorstand, half diesem, seine Reden zu schreiben, und manche nannten ihn sogar Grotewohls »Manager«. Grotewohl, der anfangs einer Vereinigung von SPD und KPD skeptisch gegenübergestanden hatte, änderte im Februar 1946 seinen Kurs. Das führte zum Bruch mit Klingelhöfer, der bei all seinem Radikalismus an der Überzeugung festhielt, daß eine Verschmelzung der beiden Parteien, zumindest unter den damaligen Umständen, katastrophale Folgen hätte – sowohl für die Zukunft des Sozialismus als auch der Demokratie in Deutschland. Also wurde Klingelhöfer in den Reihen derjenigen oppositionellen Sozialdemokraten in den Westsektoren aktiv, die sich weigerten, die Schaffung der Sozialistischen Einheitspartei Deutschlands (SED) im April 1946 zu unterstützen. Im selben Monat wurde Klingelhöfer Leiter des Wirtschaftspolitischen Ausschusses der Berliner SPD und mit der Aufgabe betraut, qualifizierte Parteiarbeiter zu finden und sie nach Berlin zu holen.

Aber wer würde 1946 nach Berlin gehen wollen? Wer von den qualifizierten Sozialdemokraten in Deutschland oder im Ausland konnte den Wunsch haben, in einer zerstörten Stadt zu arbeiten, die inmitten der sowjetischen Besatzungszone lag und in der aller Wahrscheinlichkeit nach, wenn nicht gar mit Sicherheit, die Sowjets – und die SED – das Sagen haben würden? Klingelhöfer wußte, was er zu tun hatte. Er schrieb viele Sozialdemokraten im Ausland an, drängte sie zurückzukehren und bat sie, ihm die Namen anderer Emigranten mitzuteilen, die bereit sein könnten, in Berlin für die Partei zu arbeiten. Die Situation der SPD sei kritisch, fügte er warnend hinzu: »Hier in Berlin sind wir, nachdem wir doch eine Menge Offiziere und Unteroffiziere an die SED abgeben mußten, der Nachwuchs zwölf Jahre fehlt, viele von Hitler liquidiert wurden und unsere Genossen aus dem Ausland noch nicht zurückkommen konnten, außerordentlich arm an wertvollen Kräften. Andererseits ist die Aufgabe, die wir hier in Berlin zu lösen haben, ganz besonders verantwortlich.«[13] Trotzdem blieb er optimistisch, denn, wie er an seinen alten Genossen Gustav Dahrendorf schrieb, in Berlin »startet nach meiner Auffassung die SPD großartig. Die SED hat, wie wir alle glauben, keine Chance. Sie wird umsonst aufgeblasen, die Luft geht ihr immer wieder aus.«[14] Und er hatte Glück, denn er bekam Namen von Menschen, mit denen er sich in Verbindung setzen konnte; so schrieb er Ende Juni 1946 an einen alten Genossen in Schweden: »Es ist uns auch der Name des Genossen Willi Brand [sic!] genannt worden«, und innerhalb weniger Wochen hatte er Willy Brandts Adresse in Oslo.[15]

Aus den verfügbaren Unterlagen geht nicht klar hervor, wann Klingelhöfer von Ernst Reuters Entschluß erfuhr, so schnell wie möglich nach Deutschland zurückzukehren. Aber von allen Emigranten, die nach Deutschland zurückwollten, war Reuter zweifellos derjenige, der der Berliner SPD aufgrund seiner Erfahrung am nützlichsten sein konnte. Und die Berliner SPD verlor keine Zeit. Sie bat Reuter, in seine alte Stadt zurückzukehren, sobald feststand, daß Reuter tatsächlich die Erlaubnis zur Heimkehr erhalten würde.

Am 1. November 1946 telegraphierte Otto Suhr an Erich Ollenhauer in Hannover: Dieser möge Reuter dringend bitten, sofort nach Berlin zu kommen.[16] An ebendiesem Tag verließen Ernst, Hanna und Edzard Ankara. Reuter beschrieb die Schiffsreise in einem Brief an einen Freund: »Die Reise durch das ganz leere Mittelmeer, das wie ausgestorben ist, war natürlich durch die Jahreszeit beeinträchtigt. Aber wir fuhren doch an einem leidlich sonnigen Nachmittag an der Südküste Italiens vorbei, sahen den Ätna in die Wolken aufragen, durchfuhren die Straße von Messina und kamen im Dunkeln an dem rauchenden, manchmal feuerspeienden Stromboli-Vulkan vorbei. Am nächsten Tage kam Capri in voller Schönheit und Neapel mit seinem herrlichen Panorama.«[17] Dort trafen sie am 9. November für zwei Stunden ihren alten Freund Victor Schiff, der mittlerweile als Korrespondent in Rom arbeitete. Zwei Tage später erreichten sie Marseille und fuhren von dort aus nach Paris weiter, wo sie die Erlaubnis zur Einreise in die britische Besatzungszone in Deutschland erhalten sollten. Doch der zuständige britische Militäroffizier verweigerte die Genehmigung.

Elf Tage lang saßen sie in Paris fest, und ihre finanziellen Mittel schmolzen bedrohlich dahin; schließlich baten sie Freunde und Bekannte in London telefonisch um Hilfe – darunter Philip Noel-Baker –, die erreichten, daß das Außenministerium zugunsten der Familie Reuter intervenierte (und ihr Geld lieh). Endlich war der Weg für die letzte Etappe ihrer Reise frei, vom Gare du Nord aus mit dem Nordexpress nach Deutschland. Mitten in der Nacht überquerten sie bei Aachen die deutsche Grenze. Auf der Weiterfahrt nach Hannover brach der Morgen an, und zum ersten Mal nach fast zwölf Jahren sahen die Reuters ihre Heimat wieder. Sie wollten ihren Augen kaum trauen. Hanna und Edzard Reuter sagten später: »Das Schlimmste war, im Speisewagen zu sitzen, selbst zu essen und draußen die Hamsterer wie Gespenster stehen zu sehen.« Bei der Einfahrt in Hannover passierte der Zug die Stelle, wo Hannas Elternhaus gestanden hatte; es war bei einem Bombenangriff zerstört worden. »Dann stiegen sie aus dem Zug und – waren auf einmal Deutsche.«[18] Es war der 26. November 1946.

Das Telegramm, das die Reuters an die SPD-Zentrale in Hannover geschickt hatten, war nicht angekommen, so daß niemand sie abholte. Hanna machte sich auf den Weg zum Parteihaus, wo sie schließlich jemanden fand, der ein Auto losschickte, um Ernst, Edzard und das Gepäck zu holen. Im Parteihaus traf Ernst Reuter auf Erich Ollenhauer und Alfred Nau; auch Kurt Schumacher, der im Begriff war, eine wichtige Reise nach London anzutreten, sprach kurz mit ihm. Die Familie wurde vorübergehend in der vollgestopften Zweieinhalb-Zimmer-Wohnung einer Frau untergebracht, deren Mann in Rußland war.[19]

Wie sollte es nun weitergehen? Der Landesausschuß der Berliner SPD hatte schon am 5. November seine Absicht bekanntgegeben, Reuter für einen der neuen Magistratsposten vorzuschlagen, und bereits vier Tage vorher die Genossen in Hannover dringend gebeten, »zu veranlassen, daß Herr Reuter sofort nach Berlin kommt und sich bei uns meldet.«[20] Franz Neumann, der Schumacher nach London begleiten sollte und daher ebenfalls in Hannover war, drängte Reuter, so bald wie möglich in die ehemalige Hauptstadt zurückzukehren.

Reuter sagte später, er wäre von den Sozialdemokraten anstelle von Otto Ostrowski für das Amt des Oberbürgermeisters vorgeschlagen worden, hätte sich seine Rückkehr nach Deutschland nicht derart verzögert.[21] Dies mag stimmen oder auch nicht: Er hatte fünfzehn Jahre lang nicht in Berlin gelebt und war fast zwölf Jahre außer Landes gewesen, so daß viele jüngere Sozialdemokraten ihn einfach nicht kannten. Dennoch titelte die SED-Zeitung *Vorwärts* bereits am 19. November: »Wird ein Türke Berlins Oberbürgermeister?« Läßt man die fremdenfeindliche Spitze einmal beiseite, dann offenbarten sich hier vor allem die Vorurteile und das Mißtrauen, die den zurückkehrenden Emigranten in ihrer Heimat entgegenschlugen. Danach hieß es in dem Artikel allerdings, die SED halte Reuter für fähiger als Ostrowski.

Der für diesen Artikel verantwortliche Hermann Matern räumte auf einer Sitzung des Landesvorstandes der Berliner SED am 25. November ein, die Schlagzeile sei ein Fehler gewesen; er warnte allerdings, Reuter sei ein ernstzunehmender Gegner. Matern, Kommunist seit 1919, stammte aus Burg in der Nähe von Magdeburg und hatte viele Jahre in dieser Gegend gearbeitet. 1934 war er ins Ausland geflohen, hatte seit 1941 in der Sowjetunion gelebt und war am 1. Mai 1945 nach Deutschland zurückgekehrt, wo er seit April 1946 dem Landesverband Groß-Berlin der SED vorstand. Er kannte Reuter schon lange, wie er seinen Genossen jetzt berichtete: »Reuter war einmal Generalsekretär der KPD. Ich kenne ihn sehr gut. Ich halte ihn für einen außerordentlich fähigen Menschen. Wenn Reuter nach Berlin kommt, wird er in kurzer Zeit die Führung der Partei haben, weil er den Neumanns und Swolinzkys himmelhoch überlegen ist. Davor haben die Leute Angst.« Denn die Führung der Berliner SPD sei ansonsten eher mittelmäßig – ein hartes, aber wahrscheinlich zutreffendes Urteil, das von amerikanischen Besatzungsoffizieren geteilt wurde. So meinte etwa Ulrich E. Biel, Leiter der Politischen Abteilung der amerikanischen Militärregierung in Berlin: »Die SPD hat große Mühe, Ämter mit qualifizierten Leuten zu besetzen. Die von der SED und der CDU [für den Magistrat; d. Verf.] vorgeschlagenen Leute haben mehr persönliches Format als die SPD-Kandidaten.«[22] Die Briten waren in ihren Kommentaren noch schonungsloser. Ein Bericht der Politischen Abteilung der Control Commission for Germany (British Element) vom März 1947 kritisierte »die Inkompetenz der meisten führenden SPD-Politiker. Es ist kaum übertrieben zu sagen, daß die ehrlichen Männer unter ihnen alle Dummköpfe sind, die fähigen Männer aber windige Typen.«[23] Einen Mann wie Reuter konnte die Berliner SPD dringend gebrauchen.

Zwei Tage nach seiner Ankunft in Hannover reiste Ernst Reuter mit einem Militärzug in die ehemalige Reichshauptstadt weiter.[24] Bereits am 1. Dezember hatte er sein erstes Radio-Interview beim RIAS (Rundfunk im amerikanischen Sektor).[25] Am nächsten Tag nahm er zum ersten Mal an einer Sitzung des Berliner Parteivorstandes teil.[26] Nach diesen stürmischen Tagen wieder in Hannover, berichtete er seinem Bruder Karl, daß er »nach anfänglichem Zögern« beschlossen habe, die Berufung in den neuen Magistrat anzunehmen: »Ich werde neben meiner früheren Arbeit, dem Verkehrsdezernat, auch noch die großen Versorgungsbetriebe wie

Elektrizität, Gas und Wasser übernehmen und bei sehr weitgehender Selbständigkeit mehr als reichlich zu tun haben.«[27]

Ganz so sicher war er sich indes doch noch nicht. In jener Zeit war eine mögliche Sozialisierung der Ruhr-Industrie im Gespräch, und Reuter spekulierte in diesem Zusammenhang auf den Posten eines Treuhänders, eine Aufgabe, die ihn durchaus gereizt hätte. Bei einem Aufenthalt in Düsseldorf stellte sich allerdings heraus, daß die ganze Sache noch nicht »spruchreif« war. Außerdem drängte Kurt Schumacher ihn, das Amt in Berlin anzunehmen. Am 16. Dezember brach die Familie dann doch nach Berlin auf, und drei Tage später wurde Ernst Reuter als Stadtrat vereidigt.[28] In welches Land und in welche Stadt war er zurückgekehrt?

Gemäß dem Londoner Protokoll vom 12. September 1944 sollte die Hauptstadt des Deutschen Reiches in einen amerikanischen, einen britischen und einen sowjetischen Sektor aufgeteilt werden; Frankreich kam erst 1945 dazu. Diese Sektoren ähnelten den drei – später vier – Besatzungszonen, in die ganz Deutschland aufgeteilt wurde. Aus dem Wunsch heraus, Deutschlands wirtschaftliche Einheit aufrechtzuerhalten, stimmten die Alliierten im November 1944 der Schaffung eines für die Belange Gesamtdeutschlands zuständigen Alliierten Kontrollrats mit Sitz in Berlin zu. Analog dazu sollten die vier Berliner Stadtkommandanten und ihre Stellvertreter eine Alliierte Kommandantur (Kommandatura) als höchstes Verwaltungsorgan für das 1920 geschaffene Groß-Berlin einrichten.[29]

Doch bevor es dazu kommen konnte, mußte Berlin erst noch furchtbare Straßenkämpfe erleben. In den letzten zwei Wochen vor der Kapitulation Berlins am 2. Mai 1945 wurden schätzungsweise eine halbe Million Menschen – Soldaten und Zivilisten – verletzt oder getötet.[30] Bis zum Sommer übten dann die Sowjets, deren Truppen sich die Stadt ergeben hatte, in der stark zerstörten Hauptstadt die Alleinherrschaft aus. Am 4. Juli rückten gemäß den Vereinbarungen der Alliierten amerikanische und britische Truppen in Berlin ein, die Franzosen folgten fünf Wochen später. Am 11. Juli trat die Kommandantur zu ihrer ersten Sitzung zusammen, am 30. Juli – nach der Potsdamer Konferenz – tagte erstmals der Alliierte Kontrollrat. Bis zu diesem Zeitpunkt hatten die Sowjets bereits eine rudimentäre Stadtverwaltung aufgebaut und sich einen beherrschenden Einfluß gesichert. Schon am 30. April – am Tag von Hitlers Selbstmord – war die sogenannte Ulbricht Gruppe aus

Berlin 1945, Blick in die Stresemannstraße.

Moskau nach Deutschland gekommen, um die kommunistische Partei wiederaufzubauen. Am 17. Mai hatten die Sowjets einen neuen Magistrat eingesetzt, dem der parteilose Ingenieur Arthur Werner als Oberbürgermeister vorstand, und ab Juni wurden die KPD, die SPD und die neugegründeten bürgerlichen Parteien, die CDU und die LDP, in Berlin aktiv. Dem Magistrat gehörten neun Kommunisten, zwei Sozialdemokraten, zwei Christdemokraten und vier Parteilose an.[31]

Aber es waren selbstverständlich die Alliierten, die das Schicksal Berlins und des übrigen Deutschlands bestimmten und in der Viersektorenstadt die eigentliche Macht ausübten. In jenen Monaten entstanden die organisatorischen und personellen Strukturen der Militärverwaltung in Deutschland, mit der Ernst Reuter sich später arrangieren mußte. Als erste wurde die Sowjetische Militäradministration in Deutschland (SMAD) ins Leben gerufen, mit Sitz in Berlin-Karlshorst und geleitet von dem legendären Marschall Georgi Konstantinowitsch Schukow. Nach Schukows Absetzung im Frühjahr 1946 übernahm General Wassili Danilowitsch Sokolowski bis 1949 die Leitung der SMAD.

Als Reuter im Herbst 1946 nach Deutschland zurückkehrte, hatte die SMAD 49 887 Mitarbeiter, darunter Offiziere, einfache

Soldaten und Zivilisten.[32] Aufgrund der dem stalinistischen System immanenten bürokratischen und strukturellen Hemmnisse konnte Militärgouverneur Sokolowski jedoch nie so unabhängig agieren wie seine amerikanischen und britischen Kollegen.[33] Sokolowski war ein altgedienter Kommunist und Offizier der Roten Armee, der sowohl im russischen Bürgerkrieg als auch im Zweiten Weltkrieg gekämpft hatte. Dennoch entsprach er keineswegs den Klischees vom Apparatschik oder Rote-Armee-Offizier, die im Westen so populär waren. Die meisten Berichte beschreiben ihn übereinstimmend als gebildet, liebenswürdig und zugänglich, und sein amerikanischer Kollege, General Lucius D. Clay, schätzte seine Gesellschaft.[34]

Als Militärgouverneur – und ab 1948 als Commander-In-Chief-Europe (CINCEUR) – leitete Lucius D. Clay eine Militärverwaltung, die schnell aufgebaut und an neue Aufgaben angepaßt werden mußte, die häufig improvisierte und zugleich durch Schwerfälligkeit und Ineffizienz gekennzeichnet war. Clay war von Hause aus Ingenieur und ein Berufssoldat, der nie im Krieg gekämpft hatte; es waren vielmehr seine außerordentlichen organisatorischen, administrativen und logistischen Fähigkeiten, die ihm zu seiner ungewöhnlich erfolgreichen Karriere verhalfen.[35] Daß Clay auch viel von Politik verstand, trug ebenfalls zu seinem Erfolg bei. Allerdings war Clay ein eher unzugänglicher Mensch, der kein persönliches Verhältnis zu den deutschen Politikern entwickelte, auch nicht zu Ernst Reuter, mit dem er seit dem Jahreswechsel 1946/47 zusammenarbeitete. (Dahinter stand wohl auch der Wunsch, seine deutschen Gesprächspartner nicht dem Vorwurf der Kollaboration auszusetzen.)[36] Hager, ein Mensch, der nur von Zigaretten und Kaffee zu leben schien, und von seiner Arbeit besessen, vertrat Clay, wie Alan Bullock geschrieben hat, »eine römische Auffassung von seiner Stellung als Prokonsul« und wollte in Berlin seine eigenen Entscheidungen treffen, ohne Einmischung von außen; das galt vor allem für Interventionen seitens des Außenministeriums.[37] Das Office of Military Government (U.S.) oder OMGUS wurde offiziell am 1. Oktober 1945 geschaffen,[38] und die Behörde spiegelte Kompromisse wider, die für die amerikanische Administration typisch sind, etwa der zwischen einem Außenministerium, das nicht die notwendigen Mittel hatte, um ein erobertes Gebiet zu verwalten, und einem Kriegsministerium, das Deutschland gar nicht verwalten wollte. Da sich außerdem mit der Intensivierung des Kalten

Krieges die Ziele änderten, die die Amerikaner in Deutschland verfolgten – Umerziehung, Entnazifizierung, Demokratisierung mögen als Stichworte genügen –, änderte sich auch der Charakter der amerikanischen Militärverwaltung.[39] Jedenfalls war die amerikanische Politik sehr vielschichtig und häufig widersprüchlich, Ausdruck einer »Vielfalt von Interessen«, wie der Historiker John Gimbel ausführt, »von wirtschaftlicher Einheit bis zu Kostensenkung, Kooperation mit den Franzosen, freiem Unternehmertum, Antikommunismus und Eindämmung der Sowjetunion«.[40] Daß zwei so fähige Männer wie Lucius Clay und Robert Murphy, politischer Berater der Militärregierung und Diplomat im Außenministerium, die amerikanischen Interessen in Deutschland wahrnahmen, erwies sich angesichts der komplizierten Situation als Glücksfall.

Der britische Militärgouverneur war General Sir Brian Robertson, ein Mann, der sich durch Herkunft und Beruf erheblich von Clay unterschied. Außerdem war er näher an London als Clay an Washington und dadurch eingeschränkter in seiner Handlungsfreiheit. Robertson stammte aus einer militärisch geprägten Familie. Sein Vater, ein Offizier, war im Ersten Weltkrieg hoch dekoriert worden, und auch Robertson selbst hatte in diesem Krieg gekämpft. Danach war er nach Südafrika gegangen. Im Zweiten Weltkrieg hatte er als Stabsoffizier gedient, bevor er zum stellvertretenden Oberkommandierenden im besetzten Deutschland und dann im November 1946 zum Militärgouverneur ernannt wurde. Den Amerikanern erschien der ruhige, zurückhaltende Robertson mit seiner gestärkten Uniform, seinem schneidigen Auftreten und seinem sorgfältig gestutzten Schnurrbart als Inbegriff eines britischen Offiziers. Doch im Grunde war er wie Clay ein außerordentlich tüchtiger Manager und Verwalter, ein umsichtiger Bürokrat. Während seiner Jahre in Deutschland arbeitete er eng sowohl mit Außenminister Ernest Bevin als auch mit Sir William Strang, dem für Deutschland zuständigen Mitarbeiter des Außenministeriums, zusammen und vermied so in der Regel die von Mißtrauen getragenen Rivalitäten zwischen verschiedenen Stellen, die die amerikanische Politik in Deutschland beeinträchtigten.[41]

Als letzte etablierten die Franzosen ihre Besatzungszone in Südwestdeutschland und in Berlin. Ihr Vertreter im Alliierten Kontrollrat war von Juli 1945 bis August 1949 General Pierre Koenig, ein enger politischer Mitarbeiter von General Charles de Gaulle.

Koenig und seine Kollegen hatten es nicht leicht. Ihre Rolle in Deutschland mißfiel ihnen zutiefst, war ihnen ihre Besatzungszone doch nur widerwillig zugestanden worden; außerdem standen die Franzosen nach dem Krieg vor besonders schwierigen Problemen in bezug auf Wiederaufbau und zukünftige Sicherheit. Die Entschlossenheit der Franzosen, in Deutschland einen unabhängigen politischen und wirtschaftspolitischen Kurs zu verfolgen, verärgerte Amerikaner wie Briten, die schon bald überzeugt waren, daß die Franzosen eine Obstruktionspolitik betrieben, welche die wirtschaftliche Erholung Deutschlands untergrub. Für Berlin und auch für Reuter sollten diese Meinungsverschiedenheiten wichtige Konsequenzen zeitigen.[42]

In der ehemaligen Reichshauptstadt hatten die vier Besatzungsmächte reichlich Gelegenheit zu Kooperation und Konfrontation – sowohl im Kontrollrat, der in einem alten Justizgebäude im Kleistpark tagte, als auch im Hauptquartier der Kommandantur, die in der Kaiserswertherstraße in Dahlem in einem Gebäude untergebracht war, das vormals den Verband der öffentlichen Feuerversicherungsanstalten beherbergt hatte. Dort trafen sich die vier Stadtkommandanten und ihre Stellvertreter regelmäßig. Die Kommandantur war für die Verwaltung Groß-Berlins zuständig. Ihre Anordnungen waren bindend, Magistrat und Stadtverwaltung waren ihr gegenüber verantwortlich; die eigentliche Arbeit leisteten die Expertenausschüsse – Ende 1945 zweiundzwanzig an der Zahl –, die zudem die komplizierte Koordination der Verwaltung einer brachliegenden Stadt übernahmen. Als besonders problematisch erwies sich die Koordination zwischen den Stellen der vier Militärregierungen, zumal jeder Stadtkommandant in seinem Bezirk von Anfang an über ein hohes Maß an Entscheidungsfreiheit verfügte. Überdies wechselten die Stadtkommandanten häufig; zwischen Juni 1945 und November 1947 gaben sich allein sechs amerikanische Kommandanten die Klinke in die Hand. Besondere Bedeutung kam deshalb ihren Stellvertretern zu, denn nur sie konnten eine gewisse Kontinuität in der öffentlichen Verwaltung und in der Politik der Alliierten wahren.[43]

Der amerikanische Stellvertreter war Colonel Frank Howley aus Philadelphia. Howley war bereits seit Juli 1945 in Berlin und blieb bis 1949; im Dezember 1947 wurde er Stadtkommandant und im März 1949 zum Brigadegeneral befördert. Der 1903 geborene Howley hatte in New York und Paris studiert und danach eine erfolgreiche Werbeagentur gegründet. Als Reserveoffizier war er nach Ausbruch des Krieges in den aktiven Dienst eingetreten, betraut allerdings mit Verwaltungsaufgaben. Seine administrativen Fähigkeiten sind denn auch unbestritten, als entscheidende politische Figur im Office of Military Government Berlin Sector (OMGBS) aber war er der falsche Mann. Aufbrausend und reizbar, die Konfrontation suchend und zur Wichtigtuerei neigend, entwickelte Howley trotz seines anfänglichen Bekenntnisses zu Freundschaft und Zusammenarbeit bald eine starke Abneigung gegen die Russen. Zwar stellten ihn die immer häufigeren sowjetischen Provokationen auf eine harte Probe, aber auch er trug zur Verschlechterung der gegenseitigen Beziehungen bei. Als Beispiel mögen seine Bemerkungen gegenüber allen Dienststellenleitern von OMGBS Ende 1948, auf dem Höhepunkt der Luftbrücke, genügen: »Er würde jeden seiner Mitarbeiter erschießen, der mit den Russen fraternisierte, die allesamt Hurensöhne seien.«[44] Seiner Popularität in Berlin tat das keinen Abbruch, und einiges deutet darauf hin, daß Clay froh war, Howley als »den großen Wau-Wau« benutzen zu können, das heißt als jemanden, der Dinge tun und sagen konnte, die Clay sich nicht erlauben durfte.[45]

Typisch für Howley war auch die Beschreibung seines sowjetischen Kollegen, General Alexander Grigorjewitsch Kotikow: »In der Kommandantur war Kotikow mein Gegenspieler Nummer eins. Er war die Verkörperung der von Moskau gepredigten üblen Lehren. Ein großer, massiger Mann mit wehenden weißen Haaren, eisblauen Augen und einem verkniffenen Mund, dessen Denken durch Schalter, die sich im Kreml befanden, automatisch an- und ausgeschaltet wurde.«[46] In Wirklichkeit stand Kotikow bei der SMAD in dem Ruf der Unabhängigkeit; auch munkelte man, er interessiere sich nicht sonderlich für die Angelegenheiten der Kommunistischen Partei. Die Kaderabteilung des Zentralkomitees der Kommunistischen Partei fühlte sich jedenfalls bemüßigt, Kotikow wegen Nichtteilnahme an Parteiversammlungen und »Dünkelhaftigkeit« zu kritisieren.[47] Diese mögliche innere Distanz bedeutet allerdings nicht, daß Kotikow bei Verhandlungen nicht hart, konfliktbereit und kompromißlos auftreten konnte.

Die Hauptstadt von Hitlers Drittem Reich bot 1945 und in den Jahren danach ein Bild schlimmster Verwüstung. Zu Beginn der Besetzung durch die Rote Armee lebten in der Stadt 2,6 Millionen Menschen; vor dem Krieg waren es noch 4,3 Millionen gewesen. Zwischen August 1944 und April 1945 war die Stadt 94 Mal bombardiert worden, und nach den Statistiken der Alliierten befanden sich in der Stadt 55 Millionen Kubikmeter Schutt; in der »Trümmermetropole«, zu der die Stadt nun geworden war, können es auch hundert Millionen Kubikmeter gewesen sein.[48] Zu den Schrecken des Krieges kamen die Schrecken im Zuge der sowjetischen Besetzung, vor allem zahlreiche Vergewaltigungen. Zurück blieb eine Bevölkerung, die, betäubt und demoralisiert, in erster Linie mit dem eigenen Überleben beschäftigt war.[49]

Dies war die Situation, in der sich im Sommer 1945 in Berlin wieder politisches Leben entwickelte. Wie stand es um die antifaschistische Solidarität? Wie sollte sich der demokratische Wiederaufbau gestalten und wie das Verhältnis der beiden Arbeiterparteien zueinander und gegenüber den Besatzungsmächten? Diese Fragen waren von zentraler Bedeutung. Die Beziehungen zwischen KPD und SPD vom Sommer 1945 bis zur Zwangsvereinigung im Herbst 1946 sind in den letzten Jahren ausführlich beschrieben worden, so daß wir diese entscheidenden Entwicklungen knapp zusammenfassen können.[50]

Im Rahmen der bevorstehenden Zwangsvereinigung der beiden Arbeiterparteien im Ostteil der Stadt wie in der Sowjetischen Besatzungszone (SBZ) war es seitens vieler Sozialdemokraten zu heftigem Widerstand gekommen. Auf einer Funktionärstagung der Berliner SPD am 1. März 1946 im Admiralspalast konnte Grotewohl seine Genossen nicht für die Vereinigung von SPD und KPD am 1. Mai gewinnen. Statt dessen forderte der Kreisvorsitzende der SPD in Reinickendorf, Franz Neumann, eine Urabstimmung der Parteimitglieder über die Vereinigung mit der KPD. Sein Vorschlag wurde mit überwältigender Mehrheit angenommen, und am 31. März fand die Urabstimmung statt – aber nur in den zwölf Westbezirken von Berlin. 82,3 Prozent derjenigen, die an der Urabstimmung teilnahmen, lehnten die Vereinigung mit der KPD ab; gleichwohl votierten 62,1 Prozent für die weitere Zusammenarbeit mit den Kommunisten.[51] Die Vereinigung zur SED fand dennoch statt. Es kam zu dem berühmten Händedruck zwischen Grotewohl und Wilhelm Pieck.

Die Berliner Sozialdemokraten hatten bereits am 7. April in der Zinnowwaldschule in Zehlendorf, im amerikanischen Sektor der Stadt, ihre Trennung vom Zentralausschuß beschlossen und die Autonomie der SPD bekräftigt. Die neugegründete SPD konnte auf die stillschweigende Unterstützung sowohl durch die Westalliierten, besonders die Briten und Amerikaner, als auch durch den respekteinflößenden Kurt Schumacher und seine Kollegen in Hannover zählen. Auf dem Parteitag vom 7. April wählten die Vereinigungsgegner Franz Neumann, den Textilkaufmann und Tempelhofer Sozialdemokraten Curt Swolinzky und den bekannten Vereinigungsskeptiker Karl Germer jr. zu gleichberechtigten Vorsitzenden der Berliner SPD.[52] Nur drei Tage später trafen sich Vertreter der neugegründeten Partei mit Schumacher, um den zukünftigen Kurs zu erörtern. Zu ihnen gehörten viele, die in der SPD aufsteigen und in den nächsten Jahren eng mit Ernst Reuter zusammenarbeiten sollten: Neumann, Klingelhöfer und Swolinzky, Gerhard Außner, Buchbinder aus Spandau, Kurt Mattick, Schlosser aus Wilmersdorf und ehemaliger Widerstandskämpfer, Arno Scholz, Journalist, Vertrauter Schumachers, entschiedener Antikommunist und seit dem Frühjahr 1946 Redakteur des immer einflußreicheren *Telegraf*, sowie Otto Suhr, ehemaliger Gewerkschaftsfunktionär, bis 1931 Dozent an der Hochschule für Politik und jetzt Mitglied des Bundesvorstands des Freien Deutschen Gewerkschaftsbundes (FDGB), der in den kommenden Monaten zunehmend unter den Einfluß der SED geraten sollte.[53]

Damit waren die Weichen gestellt. Im Sommer 1946 stimmte der Alliierte Kontrollrat der Abhaltung freier Wahlen zur Stadtverordnetenversammlung in ganz Berlin auf der Grundlage einer Vorläufigen Verfassung zu, die von der Alliierten Kommandantur entworfen und dem Magistrat am 13. August vorgelegt wurde. Als Wahltermin wurde der 20. Oktober festgesetzt. Die Alliierten kamen überein, sowohl der SPD als auch der SED zu gestatten, in allen vier Sektoren der Stadt Wahlkampf zu führen und Kandidaten aufzustellen.[54] Das war der Moment, in dem Klingelhöfer aktiv wurde, um so viele qualifizierte Sozialdemokraten wie möglich zur Rückkehr nach Berlin zu bewegen. Trotz massiver Einschüchterungsversuche der Sowjets in ihrem Sektor wurden die Wahlen – die letzten in ganz Berlin bis 1990 – zu einem überraschend großen Triumph für die neukonstituierte SPD. Die SED erlitt eine vernichtende Niederlage. Bei einer Wahlbeteiligung von 92,3 Prozent erhielten die Sozialdemokraten 48,7 Prozent der Stimmen und 63 Sitze in der neuen Stadtverordnetenversammlung. Zweitstärkste Partei war die CDU mit 22,2 Prozent und 29 Sitzen, während die SED mit 19,8 Prozent und 26 Sitzen nur den dritten Platz erreichte. Abgerundet wurde das Bild durch die LDP mit 9,3 Prozent und zwölf Sitzen.[55] Als weitaus stärkste Fraktion hatte die SPD nun Gelegenheit, einen Oberbürgermeister aus ihren eigenen Reihen durchzusetzen. Am 28. Oktober wählte außerdem der Berliner Parteivorstand einstimmig Otto Suhr zum Stadtverordnetenvorsteher – ein Amt, das er für die nächsten vier Jahre bekleiden sollte.

Am 5. Dezember wählte die Stadtverordnetenversammlung den Berliner Magistrat: Otto Ostrowski (SPD) wurde Oberbürgermeister, Ferdinand Friedensburg (CDU) und Heinrich Acker (SED) wurden Erster und Zweiter Bürgermeister, Louise Schroeder (SPD) Dritte Bürgermeisterin. Sieben Stadträte kamen von der SPD, drei von der CDU, zwei von den Liberalen Demokraten und zwei von der SED.[56] Kaum waren die Wahlen abgeschlossen, gab es auch schon den ersten Eklat. Der alte Magistrat unter Arthur Werner, dem von den Sowjets eingesetzten Oberbürgermeister, weigerte sich, dem neuen Magistrat seine Amtsräume und Geschäfte zu übergeben. Laut § 36 der Vorläufigen Verfassung sei die Übergabe nur dann legal, wenn die Erlaubnis der Alliierten Kommandantur vorliege. Sofort entbrannten unter den Alliierten heftige Diskussionen. Die Amerikaner und Briten vertraten den Standpunkt, demokratisch gewählten Deutschen sollte soviel Selbstverwaltung wie möglich übertragen werden. Ein Veto der Alliierten sei nur dann gerechtfertigt, wenn die vier Besatzungsmächte einen Kandidaten für inakzeptabel hielten.[57] Die Sowjets wiederum, unzufrieden mit den Wahlergebnissen, suchten die Einsetzung des neuen Magistrats zu verzögern. Aber nachdem man mehrere Tage lang auf der Stelle getreten war, gab die Kommandantur am 10. Dezember ihre Zustimmung zu den meisten Mitgliedern des neuen Magistrats, und am 12. konnten diese endlich ihre Büroräume beziehen.[58] Die Kommandantur hatte sich gegen zwei Magistratsmitglieder ausgesprochen, außerdem forderte General Kotikow »weitere Untersuchungen im Falle Ernst Reuter«. Damals und bei späteren Gelegenheiten deuteten die Sowjets an, Reuter hätte sich im Exil in der Türkei politisch kompromittiert und sei daher für sein Amt nicht zumutbar.[59]

Die überraschten Amerikaner und Briten – die Franzosen beobachteten den Vorgang aus vorsichtiger Distanz – konnten Reuters vorübergehende Ernennung durchsetzen. Allerdings empfahlen das Local Government Committee und das Public Safety Committee der Kommandantur, »den Fall Ernst Reuter zu prüfen und

»So eine Stadtverwaltung einer Dreimillionenstadt mit einem deutschen Magistrat, vier Besatzungsmächten, (...) und dann noch eine Kommandantur, die jede Entscheidung einstimmig treffen muß, so eine Stadtverwaltung (...) ist eine Sehenswürdigkeit. Man sollte das auf eine Weltausstellung schicken«, klagte Reuter 1947. Die Aufnahme zeigt sowjetische Soldaten in Berlin 1945.

darüber zu berichten«.[60] Amerikaner und Briten schalteten ihre Geheimdienste ein. Obwohl die Briten von Reuters Tätigkeit in Ankara zumindest seit 1943 gewußt hatten, waren sie über Einzelheiten erstaunlich schlecht informiert.[61] So hieß es in einem Telegramm aus Ankara an das Außenministerium vom 31. Dezember 1946, Reuter habe versucht, »durch Korrespondenz mit Thomas Tehn« – gemeint war natürlich Thomas Mann – »eine Art freie deutsche Bewegung zu schaffen«, aber dabei sei nichts herausgekommen. Reuter sei immer gegen die Nazis gewesen, jedoch nicht türkischer Staatsbürger geworden, informierte die Botschaft weiter. Es sei daher nicht ungewöhnlich, daß er seinen deutschen Paß verlängert habe. Das hätten andere Regimegegner auch getan. Damit trat man den Hauptvorwürfen der Sowjets entgegen. Ein Angehöriger der britischen Militärregierung hatte außerdem am 30. Dezember 1946 eine Unterredung mit Reuter und kam zu dem

Schluß: »Aus einem kurzen Gespräch gewinnt man den Eindruck, daß Reuter jetzt sehr gegen die Russen eingestellt ist. Es war auch nicht zu erkennen, daß er in der Türkei aktiv gegen die Nazis gearbeitet hat. Der Kurs der Russen gegenüber Reuter kann daher nicht sehr überraschen.«[62] Die Amerikaner waren bekanntlich besser informiert, so daß die beiden Alliierten auf der Sitzung der Alliierten Kommandantur am 7. Januar 1947 feststellten, Reuter sei »für den Sitz im Magistrat qualifiziert. Der sowjetische Vertreter erklärte, er sei nicht bereit, über diese Frage zu sprechen, und bat um eine Vertagung der Angelegenheit.«[63] So hatte Reuter eine Atempause bekommen und konnte seine Arbeit fortsetzen.[64]

Ein sowjetisches Veto und seine Folgen

Die Probleme waren horrend. Anfang 1947 erlebte Berlin einen der kältesten Winter des Jahrhunderts. Die Stadt hatte kaum Energievorräte, so daß Heizung und Licht nur in begrenztem Umfang zur Verfügung standen, die Infrastruktur war in einem miserablen Zustand, viele Menschen in der zerstörten Stadt hausten in den Kellern unter den Trümmern. Ende Oktober 1946 lebten offiziell wieder 3 170 832 Menschen in Berlin.[65] Wie hoch die Einwohnerzahl wirklich war, ließ sich schwer feststellen. Außerdem war die Bevölkerungsstruktur äußerst unausgewogen: Es herrschte ein Übergewicht an sehr jungen und sehr alten Menschen, außerdem gab es einen erheblichen Frauenüberschuß. Tuberkulose und Geschlechtskrankheiten forderten zahlreiche Opfer. Zum Jahresbeginn 1947 grassierte die Gonorrhöe, und Penizillin gab es nur im amerikanischen Sektor. Nach dem Höchststand von 64,8 Fällen pro tausend Einwohner im August 1946 war die Zahl der Tuberkulosekranken im Dezember zwar auf etwas mehr als fünfzig Fälle pro tausend Einwohner zurückgegangen, dennoch blieb die Rate gefährlich hoch. Als die Temperaturen im Dezember und Januar sanken, sank auch die Moral der Bevölkerung. Dabei verbesserte sich die Situation allmählich. Es gab einigermaßen gesundes Trinkwasser, und auch das öffentliche Verkehrswesen funktionierte wieder, wenn auch nur sporadisch. Krankheiten wie Unterleibstyphus, Ruhr und Diphterie gingen ebenso zurück wie die Säuglingssterblichkeit, die von 5,9 Prozent im Jahre 1939 auf 36 Prozent Ende 1945 hochgeschnellt war, bevor sie im November 1946 auf 7,7 Prozent sank. Auch die allgemeine Sterblichkeitsrate war von 55,4 pro tausend Einwohner in der zweiten Jahreshälfte 1945 auf 18,8 im Oktober 1946 gefallen.[66] Dennoch: Es war bitterkalt, und es gab unbeschreiblich viel zu tun. Nachdem Ernst Reuter zwölf Jahre lang, wie er meinte, zur Untätigkeit gezwungen gewesen war, war er jetzt bereit, sich mit aller Kraft in seine neue Arbeit zu stürzen.

Er tat dies mit ehrlicher Begeisterung und einem ungebrochenen Optimismus, den vielleicht nur ein heimgekehrter Exilant aufbringen konnte. Eine den Reuters zur Verfügung gestellte Wohnung erwies sich als so unzulänglich, daß sie den Winter in einem Hotel in der Nähe vom Bahnhof Zoo verbrachten. Sie wohnten dort sehr beengt und litten manchmal unter der Kälte, aber Reuter wußte, daß sie Glück gehabt hatten, wenngleich sein Sohn Edzard in jenem Winter schwer krank wurde. Schnell ging Reuter wieder zu seinem gewohnten Arbeitstempo über, kam vor acht Uhr morgens im Büro an und arbeitete oft bis ein Uhr nachts. Er war überglücklich, wieder arbeiten, etwas Konkretes anpacken und verändern zu können. In dieser Situation war nach Reuters Meinung in kurzer Zeit Großes möglich, und er ließ keine Gelegenheit aus, an andere Exilanten zu schreiben und sie zur möglichst baldigen Rückkehr nach Deutschland aufzufordern.[67] Wie Max Brauer in Hamburg – Sozialdemokrat, Bürgermeister während der Weimarer Republik und danach ins Exil getrieben – war auch Reuter überzeugt, daß Deutschland ein beträchtliches politisches Potential besaß: »Je länger ich hier unter diesen Menschen lebe, desto mehr bin ich von der Regenerationsmöglichkeit dieses Landes überzeugt.«[68] Doch es gab auch andere Momente. Anfang Februar 1947 schrieb er seinem alten sozialdemokratischen Bekannten Max Cohen-Reuß: »Erschreckend konservativ sind die Menschen, erschreckend rückwärtsgewandt und wenig produktiv in der Formulierung und wirklichen Erarbeitung von Gedanken, die einen Ausweg nach vorn bieten. Wir entnazifizieren, sind Antifaschisten und erschöpfen uns so im Negativen, statt zu wissen, daß die Zukunft nur dem gehören kann, der den Weg in die Zukunft zu weisen versteht.«[69]

Die Stadt war mit enormen wirtschaftlichen Engpässen konfrontiert, bedingt durch die Demontage deutscher Industrieanlagen seitens der Sowjets und die bürokratische Schwerfälligkeit und Ineffizienz der Viermächteverwaltung. Hinzu kamen parteipolitische Streitereien, die Obstruktionspolitik der SED und der Sowjets sowie der andauernde Mangel an qualifizierten Verwaltungsleuten und politischen Führungskräften. Oscar Weigert, dem früheren Kollegen und ehemaligen OSS-Mitarbeiter in den Vereinigten Staaten, schrieb Reuter irritiert: »So eine Stadtverwaltung einer Dreimillionenstadt mit einem deutschen Magistrat, vier Besatzungsmächten, die jede wieder über eine Fülle von Leuten für alle möglichen Gebiete verfügt, und dann noch einer Kommandantur, die jede Entscheidung einstimmig treffen muß, so eine Stadtverwaltung, lieber Herr Weigert, ist eine Sehenswürdigkeit. Man sollte das auf eine Weltausstellung schicken.«[70]

Vor allem mußte Reuter mit den Problemen des Energie- und Brennstoffmangels fertig werden. Am 31. Dezember 1946 führte der Magistrat sehr knapp bemessene Stromkontingente für die Industrie und die privaten Haushalte ein; zehn Tage später beschrieb Reuter auf einer ordentlichen Sitzung der Stadtverordnetenversammlung Berlins Stromversorgung als »katastrophal«, unter anderem deshalb, weil die Fernstromlieferungen aus der sowjetischen Zone rückläufig seien. Frank Howley zufolge fehlten Mitte des Monats 180 000 Tonnen Steinkohle, die aus den Westzonen, und 80 000 Tonnen Braunkohle, die aus der sowjetischen Zone geliefert werden sollten. Schuld daran waren zum einen die kalte Witterung, zum anderen die mangelhafte Infrastruktur, die den Transport regelmäßig zum Erliegen brachte. Ab Mitte Februar wurden Gaststätten, Theater, Kinos und andere öffentliche Einrichtungen zu Wärmehallen umfunktioniert, Luxusgaststätten und Tanzhallen mit sofortiger Wirkung geschlossen.[71] Reuter hatte die Aufgabe, viele dieser Maßnahmen zu rechtfertigen, und er tat dies mit der für ihn typischen Mischung aus Nüchternheit, Sachverstand, Volksnähe und Appellen an die kollektive Solidarität. Diese Appelle fielen nicht immer leicht. Ende Januar 1947, als Berlin weiterhin »hinter einer undurchdringlichen Wand aus Nebel und Schneewolken« versteckt war, mußte Reuter Einschränkungen im Straßenbahn- und U-Bahnverkehr ankündigen, die vor allem für die Abendstunden und die Wochenenden galten.[72] In einer Rundfunksendung des RIAS räumte er offen ein, »daß wir die Menschen in unseren Verkehrsmitteln, man kann es doch nicht anders nennen und nicht anders sagen, wie die Heringe zusammenpferchen müssen«. Aber er wies auch darauf hin, daß die Berliner, die diese Opfer zu bringen hatten, Befehlen und Anordnungen der Alliierten Kommandantur Folge leisteten. Seinen Traum von einem Berlin mit einer »leistungsfähigen« Innenstadt und einem Grüngürtel von Vororten, »die in sich ein eigenes, lebendiges, kulturelles, geistiges Leben führen können«, habe er nie aufgegeben und hoffe ihn auch zu verwirklichen. Aber man müsse sich der unbequemen Wahrheit stellen: »Ich gehöre nicht zu den Utopisten, die meinen, wir müßten Pläne aufstellen, als ob wir den Krieg nicht verloren, sondern als ob wir ihn gewonnen hätten. Wir müssen auch in dieser Beziehung der harten Realität ins Auge sehen.«[73]

Als endlich das Frühjahr kam, konnte Reuter gleichwohl mit einiger Zufriedenheit auf die von ihm geleistete Arbeit zurückblicken. Das öffentliche Verkehrswesen hatte weitgehend funktioniert, und die meisten Berliner hatten es geschafft, mit dem wenigen auszukommen, das in der Ruinenstadt vorhanden war. Mit dem Beginn freundlicheren Wetters verbesserte sich auch seine persönliche Situation. Nach mehreren Fehlschlägen fanden die Reuters endlich ein kleines Haus im Ithweg in Zehlendorf. Reuter wurde zu einem beliebten Sprecher auf SPD-Veranstaltungen, und sein Ansehen in der Partei und in der Stadt wuchs ständig. Da er nicht wie manche Kollegen durch Schuld- oder Schamgefühle belastet war, nahm er im Umgang mit den Besatzungsbehörden kein Blatt vor den Mund. Seiner Überzeugung nach waren von den vier Besatzungsmächten die Amerikaner am aufrichtigsten bestrebt, die Demokratie in Deutschland wiederherzustellen; bei ihnen traf er auch mit seiner, wie er einräumte, »unnachgiebigen« Haltung in bezug auf »das Recht auf Selbstverwaltung« am ehesten auf Verständnis.[74] Als Reuter dies im April 1947 schrieb, war sein Verhältnis zu den Amerikanern enger geworden.

Es waren die Amerikaner, die in der Kommandantur am entschiedensten Partei für ihn ergriffen. Seine Ernennung vom Dezember blieb »provisorisch«, und da er nicht bereit war, nur als »Befehlsempfänger« der Kommandantur zu fungieren, war er für die Alliierten ein unbequemer Partner, vor allem, wenn er ihre Entscheidungen kritisierte. Meinungsverschiedenheiten über Stromkontingentierungen scheinen dazu beigetragen zu haben, daß die Sowjets im März 1947 seine Absetzung verlangten; das Electricity Subcommittee der Kommandantur empfahl, Reuter zu rügen oder zu entlassen, weil er inkompetent sei, in puncto Stromversorgung falsche Zahlen vorgelegt, die Alliierten kritisiert und die Befehle der Kommandantur nicht befolgt habe. Die Franzosen sympathisierten mit der sowjetischen Position, und General Jean Ganeval meinte, »die moralischen Vorwürfe gegenüber Reuter seien so schwerwiegend, daß eine Rüge oder gar Entlassung gerechtfertigt sei«. Amerikaner wie Briten wiesen diese Argumente jedoch entschieden zurück und wehrten die sowjetischen Bemühungen ab, Reuter loszuwerden.[75] Einige Wochen später hatte sich die Lage grundlegend verändert. Die SPD nominierte Reuter als Nachfolger Otto Ostrowskis.

Oberbürgermeister Ostrowski war sowohl über seine taktische Ungeschicklichkeit als auch über politische Veränderungen in der Berliner SPD gestürzt. Verwaltungserfahrung hatte er vor 1933 als Bürgermeister des Bezirks Prenzlauer Berg gesammelt. Während des Dritten Reiches war er nicht weiter auffällig geworden, und auch in der Frage der Zwangsvereinigung von SPD und KPD hatte er keine führende Rolle gespielt. Doch Ostrowski hegte große Ambitionen, überzeugt von der Richtigkeit seiner Auffassungen und seiner Fähigkeit, die Stadt durch das Dickicht der Viermächtebesatzung zu führen. Noch während des Krieges hatte er Inge Deutschkron gegenüber – deren jüdische Familie er vor Verfolgung und Deportation gerettet hatte – zu verstehen gegeben, »daß er in der kommenden Regierung eine so wichtige Rolle spielen würde«, daß den Risiken, die er für die Verfolgten des NS-Regimes eingehen konnte, Grenzen gesetzt seien.[76] Nach dem Krieg zunächst Bürgermeister des Bezirks Wilmersdorf, wurde er Ende 1946 zum Oberbürgermeister gewählt. Bei seinem Amtsantritt hatte er seine Entschlossenheit bekundet, administrative Probleme – die zwangsläufig die Zusammenarbeit mit allen politischen Kräften, einschließlich den Sowjets und der SED, erforderten – unabhängig von parteipolitischen Interessen, auch denen seiner eigenen Partei, zu lösen. Hier sah er den Schwerpunkt seiner Tätigkeit. Bald kam es darüber zum Konflikt mit seiner eigenen Partei, vor allem mit dem einflußreichen Curt Swolinzky und schließlich auch mit dem Landesvorsitzendes Franz Neumann, der Ostrowski ursprünglich unterstützt hatte. Denn die Berliner SPD hatte sich seit den Wahlen vom Oktober 1946 verändert. Sie verstand sich zunehmend als freiheitlich-antikommunistische »Protest- und Symbolpartei«, was für Neumann hieß, eine prowestliche und antikommunistische Außenpolitik mit einer Innenpolitik zu verbinden, die durch die Beibehaltung marxistisch beeinflußter sozialdemokratischer Traditionen gekennzeichnet war. Diese Akzentverschiebung in der Berliner SPD bedeutete die Aufgabe der Ostorientierung, mit der die

Partei früher geliebäugelt hatte; sie implizierte außerdem eine Annäherung an die SPD Kurt Schumachers in den westlichen Besatzungszonen. Und sie implizierte zweifellos ein tiefes Mißtrauen gegenüber jeder substantiellen Zusammenarbeit mit der SED.[77]

Anfang 1947 fühlte sich Ostrowski jedoch verpflichtet, auf die SED zuzugehen. In der Stadtverwaltung arbeiteten auch nach den Wahlen vom Oktober 1946 noch viele SED-Mitglieder und -Anhänger, insbesondere auf der Ebene der Abteilungsleiter. Die neuen Stadträte wollten diese Mitarbeiter durch andere ersetzen, wurden daran aber von den Sowjets und der SED gehindert, die behaupteten, es handele sich um »leitende Personen der Stadtverwaltung«, deren Entlassung die Zustimmung der Alliierten Kommandantur erfordere.[78] In einer Anordnung vom 28. Februar 1947 hatte die Alliierte Kommandantur die Kategorie der »leitenden Personen«, deren »Versetzung« oder »Entlassung« der Zustimmung der Alliierten bedurfte, in der Tat ziemlich weit ausgelegt. Viele Sozialdemokraten hatten den Eindruck, daß die Alliierten dem Ziel zunehmender Selbstverwaltung, das sie doch angeblich fördern wollten, entgegenarbeiteten.[79]

Um die Angelegenheit zu klären, wollte Ostrowski in seiner Funktion als Magistratsvorsteher direkt mit der sowjetischen Militärverwaltung sprechen. General Kotikow wiederum schlug ein direktes Gespräch mit den SED-Führern vor. Ostrowski willigte ein und traf sich am 22. Februar in Begleitung des sozialdemokratischen Stadtrats Johannes Stumm mit Hermann Matern, Karl Litke und Karl Maron, dem Sekretär der SED-Fraktion in der Stadtverordnetenversammlung und späteren Innenminister der DDR. Die »unverbindliche Besprechung« führte zur Bereitschaft der SED-Vertreter, zwei SED-Mitglieder aus der Stadtverwaltung abzuziehen, außerdem auf zwei weitere zu verzichten, »wenn zwischen der SPD und SED ein gemeinsames Arbeitsprogramm während der nächsten 3 Monate zur Durchführung kommt und alle Polemiken während dieser Zeit in Presse und öffentlichen Versammlungen abgestellt werden«. Die Teilnehmer kamen auch überein, »aus der vorstehenden Besprechung« keine Presseerklärungen ohne die »gegenseitige Übereinstimmung der SPD- und SED-Fraktion des Stadtparlaments« abzugeben.[80]

Ostrowski war in ein regelrechtes Minenfeld gestolpert. Wenige Wochen später fegte ihn die Affäre aus dem Amt. Damit hatte zu Anfang niemand gerechnet. Ostrowski hatte den »unverbindlichen« Charakter des Gesprächs betont und einen Tag nach der Unterredung den SPD-Landesvorsitzenden Franz Neumann und den Stadtverordnetenvorsteher Otto Suhr schriftlich unterrichtet. Hier lag der Kardinalfehler: Weil er sich nicht vorher abgesichert hatte, setzte er sich dem Vorwurf aus, seine eigene Parteiführung hintergangen und sich auf eigenmächtige politische Gespräche mit einer Partei eingelassen zu haben, die die immer militantere SPD mittlerweile als ihren Erzfeind betrachtete. An pragmatischen Lösungen interessiert und einer gewissen Kooperation mit der SED nicht abgeneigt, hatte Ostrowski nicht bemerkt, daß seine Partei zu einer Politik der ideologischen Konfrontation und Abgrenzung vom Osten übergegangen war. Die Tage der Ostorientierung waren definitiv vorüber.

Im März und April stand der Oberbürgermeister im Kreuzfeuer der Kritik, vor allem seitens Curt Swolinzkys – dessen Einfluß auf Personalfragen in der Partei beträchtlich war –, Otto Suhrs und Franz Neumanns. Mittlerweile wurden ihm nicht nur das Treffen mit den SED-Vertretern vorgeworfen, sondern auch angebliche Ineffizienz und Arroganz; Anfang April war klar, daß die SPD im Rahmen ihrer Strategie der ideologischen Wiederaufrüstung Ostrowski so schnell wie möglich loswerden wollte. Nach wochenlangen »politischen Verleumdungen«, wie es britische Beobachter nachsichtig nannten, griff die SPD-Fraktion auf einer Sondersitzung der Stadtverordneten am 11. April schließlich Ostrowskis Amtsführung scharf an und forderte den Rücktritt des gesamten Magistrats. CDU und LDP schlossen sich der Kritik an; einzig aus den Reihen der SED erhielt er Unterstützung. Schließlich beantragte die SPD ein Mißtrauensvotum, das mit 85 zu 20 Stimmen angenommen wurde; nur die SED stimmte dagegen. Tags darauf forderte der Magistrat unter dem Vorsitz des CDU-Politikers Ferdinand Friedensburg Ostrowski ebenfalls zum Rücktritt auf. Die Versuche des Oberbürgermeisters, sich zu verteidigen, waren ungeschickt, dilettantisch und wenig sachgerecht. Den Todesstoß aber versetzte ihm am 15. April Franz Neumann, der ihm in einer RIAS-Sendung »Versagen« und mangelndes »politisches Rückgrat« vorwarf.[81] Am 17. April trat Ostrowski zurück, die sozialdemokratische Bürgermeisterin Louise Schroeder übernahm kommissarisch seine Funktionen.[82] Amerikaner und Briten äußerten sich zufrieden über diese Entwicklung, wie ein britischer Geheimdienstbericht bestätigte: »Ostrowski ist ein aufrechter und ehrlicher Mann.

Er hat jedoch nicht den starken Charakter, der für eine effiziente Leitung des Magistrats notwendig ist, und durch seine halbgeheimen Besuche bei den Russen und seine Verhandlungen mit der SED hat er sich zweifellos taktlos und provokativ gegenüber seiner eigenen Parteiführung verhalten. Sein Nachfolger wird wohl ein erfahrenerer Mann sein, der voll hinter der SPD-Politik steht.«[83] Dieser Nachfolger war niemand anderes als Ernst Reuter. Und offenbar legten die Amerikaner großen Wert auf seine Ernennung.[84]

Welche Rolle Reuter selbst im Fall Ostrowski gespielt hat, ist nicht ganz klar. Von Anfang an hatte er dem neuen Magistrat kritisch gegenübergestanden; der Magistrat sei aus zweitklassigen Leuten aus dem »Reservebataillon« zusammengesetzt und »der Mann an der Spitze eine Unmöglichkeit«, hatte er sich noch im März beklagt.[85] Louise Schroeder zufolge hatte Reuter von Anfang an an Ostrowskis Fähigkeiten gezweifelt, sich aber an den Intrigen gegen Ostrowski nicht beteiligt, sondern vielmehr versucht, ihm zu helfen.[86] Im April jedoch hatte Reuter gegenüber der SPD-Fraktion in der Stadtverordnetenversammlung offen seine Unzufriedenheit zum Ausdruck gebracht: »Nach 6 Wochen Tätigkeit im Magistrat war er sich über die Unmöglichkeit dieser Magistratszusammensetzung klar und hat das gegenüber allen verantwortlichen Genossen geäußert.«[87] Hinzu kam, daß Reuter und Ostrowski sich nicht mochten. Nach britischen Geheimdienstberichten waren die beiden Männer schon 1927 aneinandergeraten, und seitdem konnte man ihr Verhältnis durchaus als frostig bezeichnen.[88] Ostrowski war – wohl zu Recht – immer überzeugt, daß Reuter neben Suhr, Neumann und Klingelhöfer einer der Hauptverantwortlichen für seinen Sturz gewesen sei. Außerdem glaubte er, seine Gegner seien von Anfang an mit den Amerikanern verbündet gewesen, die ihn unbedingt durch jemanden ersetzen wollten, der einen strammeren antisowjetischen Kurs verfolgte. Britische Beobachter, die zunächst mit Ostrowski sympathisierten, der amerikanischen Position skeptisch und der SPD-Führung äußerst kritisch gegenüberstanden, fanden Ostrowskis Vermutung einleuchtend. So berichteten sie schon am 24. Februar – zwei Tage nach Ostrowskis Zusammenkunft mit den SED-Vertretern –, daß Ulrich E. Biel, ein Mitglied der amerikanischen Militärverwaltung, bereits über das Treffen informiert worden sei und das Vorgehen des Oberbürgermeisters scharf mißbilligt hätte.[89] Nach Ostrowskis Aussage wiederum hielt Biel – ein sehr einflußreicher Mann, dessen tatsächliche politische Aktivitäten allerdings nach wie vor im dunkeln liegen – den Oberbürgermeister für ein »trojanisches Pferd« der Russen, das so schnell wie möglich aus seinem Amt entfernt werden müsse.[90] Noch am Nachmittag des 24. Februar hatten Reuter, Suhr und Klingelhöfer Ostrowski auf einer Sondersitzung des SPD-Vorstands heftig angegriffen, und danach waren Reuter und Suhr mit Biel zusammengetroffen, um den Amerikanern die Position der SPD zu erläutern.[91] Ob dies ein Beweis dafür ist, daß Reuter eine führende Rolle bei der Absetzung des Oberbürgermeisters gespielt hat, ist schwer zu sagen; wahrscheinlicher ist, daß Suhr, der schon im Herbst 1946 gegen die Wahl Ostrowskis gewesen war, wesentlich stärker in die Sache verwickelt war. Aber für den Rest seines langen Lebens machte der zutiefst verbitterte Ostrowski – der noch im Spätsommer 1947 mit hochrangigen SED-Politikern zusammentraf – Reuter verantwortlich.[92]

Welche Rolle Reuter bei diesen Ereignissen auch gespielt haben mag, fest steht, daß er ihr Hauptnutznießer war; denn von Anfang an war klar, daß er der neue Kandidat der SPD war, obwohl nach britischer Auffassung »die Russen und Franzosen ihn bestimmt nicht akzeptieren würden«.[93] Und obwohl Reuter zur sozialdemokratischen Parteibasis noch kein wirklich enges Verhältnis hatte: Jedenfalls wurde er auf dem Vierten Landesparteitag der Berliner SPD Ende April nicht auf einen hohen Vorstandsposten gewählt. Etwa zur gleichen Zeit stellte ein britischer Geheimdienstoffizier zutreffend fest, daß die Ostrowski-Krise »die Berliner Bevölkerung nicht aus ihrer Apathie gerissen hat. Nur wenige Leute wissen etwas über ihre amtierende Oberbürgermeisterin Louise Schroeder, und noch weniger Leute kennen ihren zukünftigen Bürgermeister E. Reuter; die allgemeine Stimmung war: ›Was geht uns das an?‹«[94]

Bevor Reuter von seiner Partei offiziell nominiert wurde, kam es unter den Besatzungsmächten zu einem kleinlichen formalistischen Gerangel um Ostrowskis Rücktritt, in dessen Verlauf deutlich wurde, daß die Sowjets alles tun würden, um Reuters Wahl zum Oberbürgermeister zu torpedieren. Auf einer Sitzung der Alliierten Kommandantur am 22. April erklärte General Kotikow, die Sowjetunion könne Ostrowskis Rücktritt erst dann zustimmen, wenn das Local Government Committee der Kommandantur die Hintergründe kenne. Da man sich nicht einigen konnte, trat die Kommandantur sechs Tage später erneut zusammen. Da immer noch keine Einigung erzielt werden konnte, wurde beschlossen, die

Angelegenheit an das Coordinating Committee des Alliierten Kontrollrats zu verweisen. Das Ganze spitzte sich zu, als die Streitereien zwischen den Besatzungsmächten gezielt an die Öffentlichkeit gelangten.

Am 31. Mai wies der Alliierte Kontrollrat die Kommandantur an, Ostrowkis Rücktritt anzunehmen und die Wahl eines neuen Oberbürgermeisters in die Wege zu leiten; vorübergehend solle Louise Schroeder dieses Amt bekleiden.[95] Am 10. Juni gab der Kontrollrat jedoch Order, die Kommandantur habe in diesem speziellen Fall die Wahl einstimmig zu billigen, vermutlich ein Zugeständnis an die Sowjets. Einige Wochen später meinte ein Vertreter der amerikanischen Militärregierung dazu entschuldigend, der »Zweck der Entscheidung bestand darin, Bewegung in eine festgefahrene Situation zu bringen, die Auffassungen der Besatzungsmächte in Einklang zu bringen und der Stadtverwaltung die Weiterführung ihrer Arbeit zu ermöglichen«.[96] Tatsächlich wirkte sich diese Order allerdings als sowjetisches Veto-Recht aus. Die Berliner SPD betrachtete dies zu Recht als eine de facto-Änderung der Verfassung von 1946 durch die Alliierten und als Kapitulation insbesondere der Amerikaner, »die die Partei ermutigt hatten, auf der Nominierung Reuters zu bestehen«. (Die Briten vertraten von Anfang an die Meinung, die SPD täte besser daran, Louise Schroeder zu nominieren.)[97]

Reuter selbst war erbittert. In seinen Augen hatten die Westalliierten ihn verraten, und besonders hart ging er mit General Clay ins Gericht, einem Mann, dem er nie sonderlich nahestand. Monate später schrieb Reuter an einen englischen Bekannten: »Kurz vor meiner Wahl erklärte sich General Clay im Kontrollrat, der der Alliierten Kommandantur übergeordneten Instanz, bereit, das von den Russen geforderte Prinzip der vorherigen Zustimmung zur Wahl des Oberbürgermeisters zu akzeptieren. Damit war sofort klar, daß es nicht möglich sein würde, eine gut funktionierende Stadtverwaltung aufzubauen. Diese plötzliche Entscheidung General Clays, die uns bisher niemand erklären konnte, war unserer Ansicht nach der absolute Tiefpunkt in der Entwicklung Berlins, das heißt der Punkt, an dem man den russischen Vormachtansprüchen am weitesten entgegengekommen ist, wenn man so will, eine Art ›München‹ in bezug auf Berlin. So hatten die Russen meiner Einschätzung nach bereits einen wesentlichen Sieg in der Schlacht um Berlin errungen.«[98]

Trotz des drohenden sowjetischen Vetos waren die Sozialdemokraten entschlossen, Ernst Reuters Wahl durchzusetzen. Am 24. Juni 1947 nominierte ihn die SPD offiziell auf einer Sitzung der Stadtverordnetenversammlung, und er wurde mit einer überwältigenden Mehrheit von 89 zu 17 Stimmen bei 2 Enthaltungen gewählt. Die SED stimmte natürlich gegen ihn, aber selbst das hatte nicht von vornherein festgestanden.[99] Noch Anfang Juni hatte die SED angedeutet, sie würde Reuter unterstützen, wenn dieser bei der Zusammenarbeit in der Stadtverwaltung zu Konzessionen bereit wäre. Reuter lehnte ab.[100] Am Wahlabend wandte er sich über den RIAS an die Berliner. Die wichtigste demokratische Aufgabe, vor der Berlin stehe, sei die Wiederherstellung einer möglichst weitgehenden Selbstverwaltung; andernfalls würden die Mängel und Nachteile der Viermächteverwaltung weiterbestehen. Gleichzeitig müsse Berlin aufgrund seiner Geschichte und Lage jedem ins Gedächtnis rufen, »daß es da ist, daß es auch ein Teil von Deutschland ist, und ein, wie wir glauben, nicht ganz unwesentlicher Teil, ein Teil, in dem die künftige Einheit Deutschlands, die wir alle anstreben, sich verkörpert und am lebendigsten manifestiert«. Daher müsse Berlin auch darauf drängen, in den Gremien vertreten zu sein, die versuchten, die Grundlage für neue Wirtschaftsstrukturen zu legen, darunter der Frankfurter Wirtschaftsrat in der amerikanischen und britischen Zone sowie die Zentralverwaltungen und die Wirtschaftskommission in der Sowjetzone. Über das Tempo der Veränderung aber dürfe man sich keine Illusionen machen: »Wir sind nüchterner, realistischer geworden.«[101]

Er selbst war vor allem realistisch genug, um zu wissen, daß die Chancen für die Bestätigung seiner Wahl gleich Null waren. Wie vorauszusehen, konnte sich die Alliierte Kommandantur am 27. Juni 1947 nicht auf eine Zustimmung zu Reuters Wahl einigen. Die amerikanischen und britischen Kommandanten, die Generäle Cornelius E. Ryan und E. O. Herbert, wiesen nachdrücklich darauf hin, Reuters Wahl sei das Ergebnis korrekter demokratischer Verfahren und müsse daher angenommen werden. Der französische Kommandant, General Jean Ganeval, war zwar der Ansicht, »Reuter sei ein schlechter Kandidat«, erhob gegen dessen Bestätigung jedoch keine Einwände. Ganz anders General Kotikow: »Versuche, Reuter als einen Antinazi und als Opfer des Faschismus hinzustellen, haben sich als zwecklos erwiesen«, behauptete er. Die türkische Regierung habe während des Krieges eine prodeutsche

Politik verfolgt, und Reuter sei ein Beamter dieser Regierung gewesen. Die Tatsache, daß die deutsche Botschaft Reuters Visa verlängert habe, »zeigt das wirkliche Gesicht des ›politischen Flüchtlings‹ und ›Antifaschisten‹ Reuter«. Außerdem habe sich Reuter seit seiner Rückkehr nach Berlin als inkompetent erwiesen.[102]

Zu einer Einigung unfähig, verwies die Kommandantur das Problem an den Kontrollrat. Nach einer Reihe von ergebnislosen Diskussionen im Coordinating Committee des Kontrollrats trat dieser am 10. Juli erneut zusammen, um eine endgültige Entscheidung im Fall Reuter zu treffen.[103] Wieder wurde »keine Einigung erzielt«. Nach weiteren Querelen um die Formulierung einer offiziellen Mitteilung an den Magistrat – die Amerikaner wollten einen expliziten Hinweis auf das sowjetische Veto in den Text aufnehmen – teilten die Kommandanten dem Magistrat erst am 18. August mit: »Die Alliierte Kommandantur hat es nicht möglich gefunden, Dr. Reuter für den Posten des Oberbürgermeisters zu bestätigen.«[104]

Reuter war über diesen Ausgang zwar unglücklich, aber kaum überrascht. Der Amerikaner Donald R. Heath, der am 9. Juli auf einer Party für Kurt Schumacher mit Reuter sprach, beschrieb ihn gleichwohl als »reserviert und verbittert«. Die Sowjets hätten nicht den geringsten Beweis für ihre Anschuldigungen erbringen können, aber trotz dieser Widerstände vertraue er, Reuter, weiterhin auf seine Fähigkeiten und glaube an seine politische Zukunft. »Er versicherte mit einer gewissen Arroganz, daß er, sollte seine Wahl für ungültig erklärt werden und eine Neuwahl stattfinden, mit einer noch größeren Mehrheit wiedergewählt werden würde.« Einstweilen sei es jedoch das Beste, den Status quo beizubehalten und Louise Schroeder die Amtsgeschäfte führen zu lassen. Reuter warnte den Amerikaner davor, Berlin im Stich zu lassen: »Er glaubte sagen zu müssen, daß Amerika Berlin nicht vernachlässigen könne, wenn es ein friedliches und demokratisches Deutschland wolle. Berlin sei immer noch Berlin, die Hauptstadt. Wenn die gegenwärtige Situation bestehenbleibe, sei Berlin für westliche Ideen verloren, und dann könne auch das restliche Deutschland nicht für diese Ideen gewonnen werden. Der wirtschaftliche Wiederaufbau Deutschlands, den die Briten und Amerikaner angekündigt hatten, müsse Berlin einschließen.«[105]

Offenbar spürte Reuter, daß das sowjetische Veto in eine Zeit dramatischer Veränderungen fiel – Veränderungen, die zu einer Intensivierung dessen führten, was der amerikanische Journalist Walter Lippmann bereits damals den »Kalten Krieg« nannte. Indem Lucius Clay dem sowjetischen Veto stattgegeben hatte, hatte er demonstriert, daß er zwar demokratische Verfahrensweisen und ein demokratisches Deutschland zum Ziel hatte, gleichzeitig aber alles tun wollte, um die Einheit Deutschlands zu bewahren und die Zusammenarbeit der vier Mächte aufrechtzuerhalten. Aber es gab Grenzen, die zu überschreiten die Vereinigten Staaten nicht bereit waren. Ihre Erbitterung über das Verhalten der sowjetischen Vertreter in Berlin hatte ständig zugenommen. Bereits kurz vor dem sowjetischen Veto im Kontrollrat hatte der amerikanische Berater für Gewerkschaftsfragen Louis A. Wiesner notiert: »Wir haben mit wachsender Besorgnis den Versuch der SMA registriert, einen demokratisch gewählten Magistratsvorsteher nach dem anderen zu schikanieren, zu diskreditieren und abzusetzen und die Arbeit der neuen Stadtverwaltung lahmzulegen. (...) Wir haben auch geduldig die unverschämte und schmutzige antiamerikanische Propagandakampagne der sowjetischen Militärregierung und ihrer Helfershelfer von der SED hingenommen.« Für die Amerikaner sei nun die Zeit gekommen, gegenüber den Sowjets eine härtere Gangart einzulegen.[106]

Nicht nur in Berlin nahmen die Spannungen zwischen den Alliierten zu. Während der Ostrowski-Affäre, im März/April 1947, hatte Lucius Clay an der Außenministerkonferenz in Moskau teilgenommen, auf der sich der 1945 in Potsdam ins Leben gerufene Rat der Außenminister traf. Die Sitzung in Moskau markierte einen Wendepunkt in den Ost-West-Beziehungen. Sie fand nach der Schaffung der amerikanischen und britischen Bizone 1946 statt, die Amerikaner hatten sich mittlerweile von den in der Direktive JCS 1067 vorgesehenen Strafmaßnahmen für das deutsche Volk abgewandt, Harry S. Truman hatte im März 1947 seine sogenannte »Truman-Doktrin« mit dem Ziel, die Ausbreitung des Kommunismus zu verhindern, verkündet. Die Atmosphäre in Moskau war entsprechend frostig. Nach sechs Wochen fruchtloser Beratungen endete die Konferenz ergebnislos. Sie hinterließ auf beiden Seiten tiefes Mißtrauen. (Clay war in Moskau isoliert, weil er – im Gegensatz zum neuen amerikanischen Außenminister George C. Marshall und zu John Foster Dulles – den Standpunkt vertrat, die Sowjets befänden sich in einer Position der Schwäche, wären auf Reparationen aus den Westzonen angewiesen und hätten, zumindest zu diesem Zeitpunkt, kein Interesse an einer Spaltung Deutschlands.)[107] Marshall kehrte sehr pessimistisch aus Moskau zurück; besorgt über das Unvermögen der Konferenz, eine Einigung über die wirtschaftliche Einheit Deutschlands zu erreichen, befürchtete er, Europa könne in ein wirtschaftliches und soziales Chaos abgleiten, das nur die Anziehungskraft des Kommunismus erhöhen würde.

Abhilfe schaffen sollte das »Europäische Wiederaufbauprogramm«, bekannt als Marshall-Plan. Im Frühjahr 1947 nahm das Programm allmählich Gestalt an, und nach Marshalls berühmter Rede in Harvard am 5. Juni setzte eine breite öffentliche Diskussion darüber ein. Da die Sowjets zuerst nicht wußten, wie sie auf eine mögliche Marshall-Plan-Hilfe reagieren sollten, reiste Außenminister Wjatscheslaw M. Molotow Anfang Juli mit einer großen Delegation nach Paris, um die Einzelheiten der Marshall-Plan-Hilfe mit den beteiligten Mächten zu erörtern. Doch die Konferenz scheiterte, weil man sich nicht darauf einigen konnte, wie die Hilfe verteilt und ob Deutschland einbezogen werden sollte: »Molotow wollte Zusicherungen, daß eine deutsche Teilnahme am Hilfsprogramm mögliche Reparationszahlungen nicht gefährden und nicht zu einer Vergrößerung der deutschen Industriekapazitäten führen würde.« Da Großbritannien und Frankreich ihm diese Zusicherungen nicht geben konnten, verließ Molotow die Konferenz und beschuldigte »die Westmächte, Europa in zwei feindliche Lager spalten zu wollen«.[108] Noch im November 1947 strebten die Sowjets eine Einigung mit dem Westen über ein »vereinigtes demokratisches Deutschland« an; im September allerdings hatte Stalins Berater Andrej Schdanow auf einer Sonderkonferenz der größten europäischen kommunistischen Parteien im polnischen Erholungsort Szklarska Poręba bereits die Vorstellung einer unversöhnlichen Spaltung der Welt in ein »sozialistisches« und ein »kapitalistisches« Lager postuliert[109] – daraus resultierte »eine brutale sowjetische Gegenoffensive als Reaktion auf die politisch-ökonomische Offensive der Amerikaner«.[110] Die Sowjetunion rüstete sich für eine längere Konfrontation mit dem Westen und zog bei den ihr untergeordneten kommunistischen Parteien die Daumenschrauben an. Unter anderem wurde seit der Konferenz in Szklarska Poręba die Umwandlung der SED in eine »Partei neuen Typs« – das heißt in eine marxistisch-leninistische Kaderpartei mit unbedingter Loyalität gegenüber der Sowjetunion – vorangetrieben.[111] In dieser sich ständig verschlechternden Atmosphäre war Berlin geradezu prädestiniert, zu einem der Hauptkampfplätze zwischen dem Westen und der Sowjetunion und ihren Verbündeten zu werden. Und Ernst Reuter, ob amtierender Oberbürgermeister oder nicht, befand sich an der Nahtstelle des Kalten Krieges.

Louise Schroeder fungierte weiterhin als amtierende Oberbürgermeisterin; sie war die erste Frau, die jemals eine deutsche Großstadt regierte. Schroeder, die im übrigen wesentlich mehr Aufmerksamkeit verdient, als sie bisher in der historischen Literatur erhalten hat, stammte aus Altona-Ottensen in der Nähe von Hamburg. In der örtlichen Gewerbeschule zur Sekretärin ausgebildet, arbeitete sie achtzehn Jahre lang bei einer Versicherung in Hamburg, zuletzt als Chefsekretärin. Sie wurde schon früh politisch aktiv, vor allem in Fragen der Sozialpolitik und der Arbeiterwohlfahrt, und war 1919 die jüngste der ersten achtzehn sozialdemokratischen Frauen, die in die Nationalversammlung gewählt wurden. Dieses Mandat – später saß sie im Reichstag – behielt sie bis 1933. Während der NS-Zeit politisch kaltgestellt, arbeitete sie in einer Berliner Baufirma. Doch Schroeder war eine Frau von großem persönlichem Mut und politischem Durchhaltevermögen, und trotz ständiger gesundheitlicher Probleme, darunter eine häufig behandelte Magenerkrankung, ging sie 1945 sofort wieder in die Politik. Sie wurde zunächst zur zweiten Landesvorsitzenden der SPD, dann, im Dezember 1946, zur stellvertretenden Bürgermeisterin und nach dem Veto gegen Reuter zur amtierenden Oberbürgermeisterin gewählt. Und offenbar machte sie ihre Sache gut.[112] Allerdings verschlimmerte sich ihr Gesundheitszustand so sehr, daß sie ihre Funktionen 1949 zunehmend an den ehrgeizigen christdemokratischen Bürgermeister Ferdinand Friedensburg übertragen mußte. Überdies mußte sie darum kämpfen, in der männlich dominierten Politik ihrer Zeit als Frau ernst genommen zu werden. Ende Mai 1947 bemerkte ein britischer Beobachter trocken: »Es war bekannt, daß Frau Schroeder keinen Wert darauf legte, ihr Amt länger als unbedingt nötig zu behalten, und in den politischen Kreisen wurde darüber diskutiert, ob eine Frau das Amt des Oberbürgermeisters von Berlin angemessen ausfüllen kann.«[113] Noch komplizierter wurde die Situation dadurch, daß die Westalliierten sie offiziell als »amtierende« Oberbürgermeisterin von Berlin betrachteten, während die Sowjets auf den »stellvertretenden« Charakter ihrer Tätigkeit pochten. Frank Howley erinnerte sich später: »Sie ging von Sektor zu Sektor, ohne ihre Würde und ihren Sinn für Humor zu verlieren. Als sie mich eines Tages im amerikanischen Sektor aufsuchte, fragte ich sie, wie sie mit ihrem gespaltenen offiziellen Status fertigwerde. ›Nun, Colonel Howley‹, sagte sie mit einem Lächeln, ›ich habe zwei Hüte. Wenn ich in den russischen Sektor gehe, trage ich den Hut des stellvertretenden Oberbürgermeisters. Wenn ich zu Ihnen gehe, setze ich den Hut des amtierenden Oberbürgermeisters auf.‹«[114] Die westlichen Alliierten mochten und bewunderten sie. Ein Bericht der amerikanischen Militärregierung von 1948 lobte Schroeder als »im allgemeinen tolerant und konziliant«, aber »mutig in ihren öffentlichen Stellungnahmen, wenn die vitalen Interessen Berlins bedroht waren«. Und ein britischer Offizier meinte, wohl zu Recht, daß ihr Wirken wesentlich zu den Wahlerfolgen der Sozialdemokraten bei den Berliner Frauen beitrug.[115]

Doch obwohl Schroeder geachtet und ungeheuer populär wurde, regierte Reuter als »heimlicher König« die Stadt. Die Westmächte konsultierten ihn in nahezu allen wichtigen Angelegenheiten, was Schroeders Situation nicht gerade einfacher machte. Dennoch betonte sie selbst immer wieder Reuters Loyalität ihr gegenüber. »Bis er rankam, hat er sich so vornehm verhalten und mir geholfen, wo er konnte.« Reuter unterstützte ihre Wahl zur Präsidentin des Deutschen Städtetages im Jahre 1948,[116] über seine Gespräche mit den Alliierten oder seine zunehmende Reisetätigkeit in andere deutsche Städte unterrichtete er allerdings häufig weder sie noch Friedensburg.[117] Reuter selbst beschrieb Schroeder als »eine angenehme und intelligente Frau, allerdings ohne große Verwaltungsfähigkeiten, ein Manko, das ihr durchaus bewußt war«.[118]

Als gewählter, aber nicht amtierender Oberbürgermeister sah Reuter sich mit einer erheblich gewachsenen Arbeitsbelastung konfrontiert; hinzu kam die Frustration über das sowjetische Veto. Er hatte sich nicht nur um die Aufgaben seines Ressorts zu kümmern, sondern war außerdem mit Entscheidungen befaßt, die den gesamten Magistrat betrafen, wie seine ständigen Besprechungen mit den westlichen Alliierten zeigten. Zudem wuchs sein Bekanntheitsgrad im In- und Ausland. So war durch das sowjetische Veto beispielsweise die sehr einflußreiche »Amerikanische Vereinigung für ein demokratisches Deutschland« auf ihn aufmerksam geworden, deren Vorsitzender, der namhafte amerikanische Theologe Reinhold Niebuhr, Reuters Fall sogar in einem Brief vom 14. Juli

1947 Präsident Truman vortrug. Immer häufiger kam es daher zu Begegnungen mit Amerikanern, die Berlin und Westdeutschland besuchten.[119] Innerhalb Deutschlands sahen manche in ihm einen möglichen Spitzenpolitiker auf nationaler Ebene, ein persönliches und ideologisches Gegengewicht zu dem brillanten, entschlossenen, ideologisch fanatischen und persönlich autoritären SPD-Vorsitzenden Kurt Schumacher – ein Mann, der sich von seinem Naturell her nicht stärker von Reuter hätte unterscheiden können.

Reuter hatte indessen andere Prioritäten. Er stand vor der größten Herausforderung seines Lebens: Er mußte die Berliner davon überzeugen, für ihre noch ungefestigte und stets bedrohte Freiheit zu kämpfen, auch wenn die westlichen Alliierten nicht bereit sein sollten, sich auf Dauer in der Stadt zu engagieren. Im Sommer 1947 fürchteten viele, die Alliierten könnten sich aus der Stadt zurückziehen. Anfang Juli traf sich deshalb der führende christdemokratische Politiker Jakob Kaiser, der seine eigenen Erfahrungen mit den Sowjets und der SED gemacht hatte, mit Robert Murphy und Donald Heath; einige Tage später brachten andere nicht-kommunistische Politiker – darunter höchstwahrscheinlich auch Reuter – Murphy gegenüber ebenfalls ihre »akute Nervosität« zum Ausdruck. »Ihrer Ansicht nach steht Deutschland eine schicksalsschwere Entscheidung der Großmächte bevor, und das Ausmaß ihrer Befürchtungen in bezug auf ein ungünstiges Ergebnis spiegelt sich in ihrer offen geäußerten Angst wider, die Westalliierten könnten sich aus Berlin zurückziehen. Dies wäre in ihren Augen nicht nur eine Katastrophe für die nicht-kommunistischen Parteien, sondern gleichbedeutend mit der Preisgabe Berlins als Informationsquelle und Einflußfaktor im Herzen der Sowjetzone, was die Sowjets als Zeichen westlicher Schwäche ausnutzen und als Ermutigung verstehen könnten, einen eigenen, hochzentralisierten ostdeutschen bolschewistischen Staat mit einer wiederaufgebauten Rüstungsindustrie auf der Basis schlesischer Kohle zu errichten.«[120] Murphy und sein persönlicher Berater Heath beeilten sich zwar, ihren Gesprächspartnern zu versicherten, die Westmächte dächten nicht daran, sich zurückzuziehen, aber die Entwicklungen in den nächsten Monaten trugen wenig dazu bei, deren Ängste zu zerstreuen. Je mehr die Spannungen zwischen den beiden Seiten zunahmen, desto mehr entstand der Eindruck, daß die Westalliierten die Bildung eines westdeutschen Staates ins Auge faßten. Was würde das für Berlin bedeuten?

Im November und Dezember 1947 trat der Rat der Außenminister erneut zusammen, diesmal in London. Noch vor dem offiziellen Konferenzbeginn drängte Lucius Clay: »Wir müssen den Mut haben, die Bildung einer zuerst provisorischen, dann repräsentativen Regierung Westdeutschlands in die Wege zu leiten, falls der Rat der Außenminister keine Antwort für ganz Deutschland findet. (...) wir können nur dann erfolgreich weiterarbeiten, wenn wir einen Regierungsapparat für Westdeutschland einsetzen. Die Abneigung der Deutschen gegen eine Kolonialverwaltung nimmt täglich zu, und diejenigen demokratisch eingestellten Deutschen, die den Kommunismus hassen und die Art von Regierung vorziehen, die auch wir wünschen, werden bald ihre Führungsrolle in der Bevölkerung verlieren.«[121] Das Londoner Treffen endete, wie vorherzusehen, ergebnislos. Amerikaner und Briten, überzeugt davon, daß Deutschland kurz vor einem wirtschaftlichen und psychologischen Kollaps stehe, der den Kommunisten in die Hände spielen würde, wollten die Schaffung eines westdeutschen Staates vorantreiben. Eine Währungsreform würde unvermeidlich folgen. In dem Versuch, dies zu vermeiden, konzentrierten die Sowjets sich weiterhin auf die Differenzen zwischen Amerikanern und Briten, Meinungsverschiedenheiten, die sich ihrer Ansicht nach vor allem auf den Status Berlins bezogen.[122] Würden die Sowjets, um eine Währungsreform und einen Weststaat zu unterbinden, nun den Druck auf Berlin und die Kontrolle über ihren Herrschaftsbereich in Mittel- und Osteuropa verstärken?

Ernst Reuter beurteilte die Erfolgsaussichten eines solchen Vorgehens eher skeptisch. In einem Gespräch mit Vertretern der britischen Militärregierung am 3. Dezember »stimmte er der Auffassung zu, daß die Westmächte sich nicht in Berlin würden halten können, wenn die Russen die Eisenbahn–, Straßen- und andere Verbindungen zu den Westzonen abschnitten«. In einem solchen Fall würden sich die Franzosen mit hoher Wahrscheinlichkeit aus Berlin zurückziehen, vielleicht auch die Briten; die Amerikaner jedoch »hätten sich so stark engagiert«, daß »sie wohl eher Krieg gegen die Russen führen als die Stadt verlassen würden«. Ohnehin glaubte Reuter, daß die Russen bei einem Scheitern der Londoner Konferenz eher versuchen würden, ihren Berliner Sektor mit der sowjetischen Zone zu vereinigen und dadurch die drei Westsektoren von Berlin zu isolieren; zusätzliche Schritte wie die Sperrung der Stromversorgung aus Kraftwerken im sowjetischen Sektor

Sitzung der Alliierten Kommandantur am 12. Dezember 1947 in Berlin-Dahlem. Links, am Tisch sitzend: General E. O. Herbert (Großbritannien) und Oberst Frank L. Howley (USA); rechts vorn General Jean Ganeval (Frankreich) und, rauchend, General Alexander Kotikow (Sowjetunion).

seien wegen der Vergeltungsmaßnahmen der Westmächte für die Sowjets mit zu hohen Kosten verbunden. Seine britischen Gesprächspartner zeigten sich überrascht: »Reuter, der normalerweise eher ein Zyniker ist, ist bemerkenswert optimistisch.« Dieser Optimismus sei jedoch ein wenig deplaziert: »Reuter zeigt den Briten gern seine Überlegenheit auf ziemlich herablassende Weise. Dies ist vielleicht seine Art, zu sagen, ›denkt bitte nicht daran, uns zu verlassen‹. Wenn wir gingen, wäre sein Kopf einer der ersten, der rollen würde.«[123] Auch Reuter wußte bei all seiner zur Schau getragenen Zuversicht zum Jahreswechsel 1947/48 nicht, was aus ihm werden würde. In privaten Briefen äußerte er durchaus die Befürchtung, er und seine Familie hätten vielleicht »eine neue Emigration« vor sich, auch wenn ihre persönliche Situation sich durchaus gebessert hatte. Hanna, so schrieb er Elsie Howard, habe sich von einer Krankheit erholt, die ihr das ganze Jahr hindurch sehr zu schaffen gemacht hatte, Edzard habe sich an der Universität eingeschrieben, und da der Winter 1947/48 recht mild war, sei die Mangelsituation nicht so kraß wie im Vorjahr: »(…) wir haben doch endlich mal das Gefühl einer Ruhepause. Ich bin mir darüber im klaren, daß es nur eine Ruhe vor dem Sturm ist, denn Berlin ist ein viel zu wichtiger Posten, als daß nicht um ihn ein neuer heißer Kampf entbrennen wird, und, ob wir wollen oder nicht, wir werden mitten in ihm drinstehen, es wird um unseren Kopf gehen, und der Kampf wird für uns um so schwieriger sein, weil wir leider nach manchen bitteren Erfahrungen nicht das Vertrauen in die Westmächte haben können, von ihnen immer und in jeder Lage unterstützt zu werden. Das Gefühl der Unsicherheit ist zu groß, und der furchtbare Druck, der immer wieder auf den Menschen liegt, ist oft zu schwer. Er kann nicht von allen getragen werden. (…) Dieser Nervenkrieg wird sich bald steigern, und wir können noch nicht absehen, wohin er noch führen wird.«[124]

Ernst Reuters größte Stunde stand bevor.

Die Lage spitzt sich zu

Noch während er in Ankara ungeduldig auf seine Rückkehr nach Deutschland gewartet hatte, hatte Reuter, im Gegensatz zu einigen seiner pessimistischen Bekannten, die glaubten, die Sowjetunion würde unweigerlich den vom Krieg verwüsteten europäischen Kontinent beherrschen, den Standpunkt vertreten, die Russen würden in einem langanhaltenden Konflikt mit dem Westen »den kürzeren ziehen. Sie werden weder den Bosporus ihr eigen nennen noch in Europa sich halten können, wenn man ihnen nur mit Festigkeit und Klugheit entgegentritt.« Bekanntlich hatte Reuter Stalin zum ersten Mal 1918 getroffen und war von diesem immer auffallend unbeeindruckt geblieben: »Väterchen ist eng, mit ungeheuren Scheuklappen versehen, und sein Mißtrauen ist das untrügliche Zeichen seiner Schwäche, die sich dann auswirken muß, wenn er Gegenspieler findet. Dazu gehören mehr Mut und Festigkeit.«[125] Die Sowjetunion, so glaubte er, sei ein Koloß auf tönernen Füßen.

Dennoch seien die Gefahren eines Kommunismus sowjetischer Prägung nicht zu unterschätzen. So wie Reuter rasch die Notwendigkeit dessen erkannte, was später als »containment« (Eindämmung) bekannt wurde, so war er auch von der Richtigkeit der sogenannten Totalitarismustheorien, die im ersten Nachkriegsjahrzehnt entstanden, überzeugt: von der These, daß, bei aller ideologischen Feindschaft, zwischen Nationalsozialismus und Marxismus-Leninismus eine strukturelle Ähnlichkeit besteht. Nach dieser Sichtweise setzte sich der demokratische Kampf gegen den Faschismus in der Anfangsphase des Kalten Krieges als Kampf gegen den sowjetischen Expansionismus fort. Für Reuter lag »die innere Wesensverwandtschaft des Kommunismus mit dem Nationalismus« auf der Hand.[126] »Der totalitäre Staat der hinter uns liegenden Vergangenheit kann nur durch ein freiheitlich-demokratisches Regime abgelöst werden«, meinte er im April 1947. »Nicht die totalitäre Einheitspartei mit ihrem Propagandarummel, der den Pferdefuß der Lakaienhaltung nicht verbergen kann, sondern der Freiheits- und Unabhängigkeitswille wird sich durchsetzen. Damit ist ein System gegeben, in dem an die Stelle der einen, totalen, zwangsläufig alles umfassenden Einheitspartei der Kampf einer größeren Anzahl von Parteien um den Staat, um die politische Macht und um die geistige Führung in Deutschland treten wird.«[127]

Was er allerdings ablehnte, das war die implizite – und häufig auch explizite – Gewalt- und Kriegsandrohung der Eindämmungsdoktrin; auch der Fanatismus und das »Kreuzzugsdenken« vieler Antikommunisten in Westdeutschland und den Vereinigten Staaten stießen ihn ab, zumal die sowjetischen »Schikanen und Infiltrationsversuche«, die Bemühungen, »die freien Länder von innen zu unterwandern«, wenig Erfolg hätten, solange der Westen an seinen demokratischen Werten festhielt.[128] Außerdem sei die sowjetische Führung nicht mit dem russischen Volk zu verwechseln. Reuter, der selbst Russisch sprach und in diesem Land gelebt hatte, hatte große Hochachtung vor diesem Volk, seiner Kultur und seinen Traditionen, und er wurde nicht müde, dies zu betonen.[129] Dennoch: Die Sowjetunion war in seinen Augen »eine grausame, brutale, rücksichtslose, aggressive, imperialistische Macht«; im September 1948 nannte er sie in seiner berühmten Rede vor dem Reichstag sogar »die Macht der Finsternis«. Das allerdings mag eher Ausdruck seiner Gefühle in einer schwierigen und emotionsgeladenen Zeit gewesen sein als ehrliche Überzeugung.[130]

Für Reuter war der Kommunismus – wie der Nationalsozialismus vor ihm – verabscheuungswürdig, weil er all die ethischen Ideale im Grundsatz verneinte, auf die Reuter sein gesamtes öffentliches Wirken gegründet hatte. Die freie Selbstbestimmung des Menschen und die Vorstellung vom Menschen als Selbstzweck standen in krassem Gegensatz zu der amoralischen Machtpolitik der totalitären Mächte – aus denselben Gründen hatte Reuter als junger Mann auch Bismarcks Realpolitik so vehement abgelehnt. Zudem war Reuter überzeugt, daß der Marxismus-Leninismus, wie er in der Sowjetunion und der Ostzone praktiziert wurde, »mit Sozialismus gar nichts mehr zu tun« hatte.[131] Eine seiner wichtigsten politischen Aufgaben sah er deshalb darin, eine klare sozialdemokratische Vision für ein neues, pluralistisches Deutschland und ein neues, demokratisches Europa zu formulieren.

Ab 1948/49 sollte Reuter in diesen Fragen häufig in Konflikt mit seiner eigenen Partei geraten. Zunächst wichen seine Ansichten jedoch nicht nennenswert von den Vorstellungen seiner Parteiführung in Hannover und Berlin ab. Feindschaft gegenüber dem Kommunismus und Mißtrauen gegenüber der Sowjetunion verbanden sich mit einem engagierten Bekenntnis zu den sozialdemokratischen Ideen, die in den Weimarer Jahren und aus der Erfahrung des Nationalsozialismus heraus entwickelt worden waren. Dazu zählten die Wiederbelebung der historischen Traditionen der Sozialdemokratie, zu denen auch die Ideen von Marx und Engels gehörten; das Beharren darauf, daß die sozialdemokratische Bewegung vorwiegend, wenn auch nicht ausschließlich, eine Bewegung der Arbeiterklasse und eine legitimere Vertreterin der Arbeiterklasse sei als die SED; das Eintreten für zentralistische Formen der Wirtschaftsplanung; Argwohn gegenüber der christdemokratischen Befürwortung eines föderalen Systems; die Überzeugung, daß die meisten Deutschen dem Kapitalismus ablehnend gegenüberstanden und daß – in den Worten Willy Brandts aus dem Jahre 1948 – »die totalitäre Welle nicht durch kapitalistische Restaurationsversuche aufgehalten«[132] werden könne, sowie das Bestreben, den Kapitalismus durch neue Prozesse der »Sozialisierung« zu überwinden – Prozesse, die Reuter mit der systematischen Ausweitung und effizienten Entwicklung neuer »gemeinwirtschaftlicher« Strukturen gleichsetzte.

Gleichzeitig beschritt Reuter bereits 1947 vorsichtig neue Wege. In einem wichtigen Artikel zum Thema Sozialisierung, der Ende jenes Jahres erschien, wies er auf die Gemeinsamkeiten zwischen Kapitalismus und Sozialismus hin, die beide der Idee des Fortschritts und technokratischen Denkweisen verpflichtet seien. Auch sei der Übergang vom Kapitalismus zum Sozialismus – das heißt zu höheren und sozial gerechteren Formen der wirtschaftlichen Organisation – weder »gradlinig« noch eine absolute Gewißheit. Die tragische Geschichte des zwanzigsten Jahrhunderts habe vielmehr mit aller Deutlichkeit gezeigt, daß die Menschheit durchaus in die Barbarei zurückfallen konnte.[133] Dennoch könne den Völkern Europas der Übergang zum Sozialismus gelingen, allerdings nur auf demokratischem Wege, ohne Druck und Zwang. Der Sozialismus würde sich als pragmatische und undogmatische Notwendigkeit entwickeln, und auch die Sozialisierung der wichtigsten Produktionsmittel und des Energiesektors bedeute nicht unbedingt die Ausschaltung privaten Unternehmertums.[134]

Individuelle und soziale Freiheit aber, so betonte Reuter bei unzähligen Gelegenheiten, sei die Grundvoraussetzung für moralische und ökonomische Erneuerung: »Ohne Freiheit erstickt der Mensch in der Seelenlosigkeit der technologischen Maschinerie, wird er zur Ameise in der Ameisenarmee, die Gewaltiges leistet: Grabmäler der Pharaonen gleichermaßen wie die Schützengräben der Weltkriege, wie die Konzentrationslager und Gaskammern. Dem seelischen Tod folgt der physische, folgt die Vernichtung alles dessen, was das Leben lebenswert machen kann.« Und er glaubte – vielleicht auf naive Weise –, daß »kein Volk so sehr nach Freiheit dürsten [kann] wie unser Volk, das durch die furchtbare Tyrannei der Hitlerei hindurchgegangen ist«.[135] Wirkliche Demokratie könne daher nicht durch ausländische Besatzer verordnet werden, sondern müsse vom deutschen Volk selbst ausgehen, aufbauend auf der Tradition der demokratischen Selbstverwaltung, in der seiner Meinung nach Deutschlands wahre Stärke lag. Voraussetzung dafür seien eine pluralistische demokratische Parteienlandschaft und die Überwindung nationaler und nationalistischer Denkweisen. Die Zukunft der Sozialdemokratie liege in der gemeinsamen Zukunft Europas.

Dieses europäische Denken teilten nicht alle seine Genossen, Schumacher etwa schlug ganz andere Töne an. Überraschenderweise kleidete aber auch Reuter seine Überzeugungen in Worte, die in amerikanischen und britischen Ohren nationalistisch klangen. Bei mindestens einer Gelegenheit kritisierten Vertreter der Alliierten Reuter wegen nationalistischer Tendenzen, ein Vorwurf, den er empört zurückwies.[136] Vielleicht spielte das Exil eine Rolle, die Tatsache, daß Reuter die schlimmsten Auswüchse des Nationalsozialismus nicht direkt erlebt hatte. Vielleicht war es auch eine Gegenreaktion gegen die Kollektivschuldthese, die er wie viele Emigranten aus ganzem Herzen ablehnte. »Das, was von uns abgewaschen werden mußte, wovon man sagte, wir seien kollektiv alle schuldig, das haben wir immer abgelehnt. Ich habe mich niemals kollektiv schuldig gefühlt. (...) Aber soweit in unserem Volke eine Schuld war und soweit im Bewußtsein der Welt dieser Makel dem Deutschen anhaftete, so können wir sagen: In dem Prozeß, den wir heute erleben [die Berlin-Blockade; d. Verf.], wird dieser Makel von dem deutschen Volke abgewaschen.«[137]

Spielte Reuter die schwersten Verbrechen des Nationalsozialismus herunter? Relativ wenige Spitzenpolitiker sprachen in der unmittelbaren Nachkriegszeit diese moralischen Fragen direkt an; unter dem Schock von Niederlage und Besetzung war das vielleicht auch gar nicht möglich. Im Vergleich zu vielen anderen Politikern war Reuter durchaus bereit, sich mit den Fragen von moralischer Schuld, moralischer Mittäterschaft und moralischer Verantwortung auseinanderzusetzen, etwa in seiner bedeutenden Rede im November 1951 zum Gedenken an die Reichspogromnacht von 1938 oder in einer vielbeachteten Rede im September 1947, in der er die Deutschen ermahnte, sich den Erfahrungen und der Kultur anderer Völker zu öffnen und ihre Arroganz, Voreingenommenheit und »Hochnäsigkeit« aufzugeben.[138] Aber wie andere zurückgekehrte Exilanten, beispielsweise der Hamburger Sozialdemokrat Max Brauer, hielt Reuter die mit dem materiellen und politischen Wiederaufbau verbundenen schwierigen Aufgaben für dringlicher als die Aufarbeitung oder Bewältigung der jüngsten Vergangenheit.[139] Und hinzu kamen die Frontlinien des Kalten Krieges.

Im Februar 1948 erreichte die Nachricht vom kommunistischen Staatsstreich in Prag Berlin. Unter den Augen der Sowjets und mit ihrer stillschweigenden Unterstützung hatte der tschechische Kommunist Clement Gottwald die Macht ergriffen und die Reste der demokratischen Opposition zerschlagen; der mysteriöse Tod von Jan Masaryk, dem Außenminister der Tschechoslowakei und Sohn des Staatsgründers, war ein klarer Beweis dafür, daß die Kommunisten auf ein Land übergriffen, das einst eine Bastion der mitteleuropäischen Demokratie gewesen war. Der Prager Staatsstreich alarmierte die nicht-kommunistischen Parteiführer in Berlin, deren Reaktion mehr oder weniger einhellig war. Sir Brian Robertson berichtete: »Ihnen war klar, daß die Kommunisten in der Tschechoslowakei eine Zeitlang die Oberhand hatten, aber sie waren von der Schnelligkeit überrascht, mit der diese dann zugeschlagen haben.« Robertson war der Ansicht, daß nach den Prager Ereignissen eine feste Haltung der Alliierten in Berlin »eine außerordentlich große Bedeutung haben wird«.[140] Lucius Clay teilte diese Einschätzung, beurteilte aber die langfristigen Aussichten der Alliierten immer pessimistischer. Gleichwohl war er entschlossen, dem sowjetischen Druck zu widerstehen. Anfang März telegraphierte er nach Washington, er habe seine Auffassung revidiert, daß ein Krieg mit der Sowjetunion in den nächsten zehn Jahren unwahrscheinlich sei. Jetzt sei er überzeugt, daß er »mit dramatischer Plötzlichkeit« eintreten könne.[141]

Über Clays Telegramm vom März 1948 ist häufig spekuliert worden, und man kann bezweifeln, ob er eine kriegerische Entwicklung tatsächlich für so realistisch hielt. Aber Clay wußte, wie die Dinge in Washington liefen: Im Wahljahr 1948, als die Amerikaner hauptsächlich mit dem Präsidentschaftswahlkampf befaßt waren, bedurfte es eines gewissen Maßes an rhetorischer Übertreibung, um die Aufmerksamkeit der Truman-Administration zu erregen und sie davon zu überzeugen, daß es richtig war, in Berlin »hart zu bleiben«. Und zweifelsohne hatte Stalin beschlossen, die Festigkeit der Westmächte in bezug auf Berlin zu testen. Bei einem Treffen mit Wilhelm Pieck und anderen hochrangigen SED-Funktionären in Moskau zu ungefähr dem Zeitpunkt, als Clay sein Telegramm verfaßte, deutete Stalin an, die Zeit sei reif, den Druck auf Berlin zu verstärken. »Versuchen wir es gemeinsam – vielleicht können wir sie ›rausschmeißen‹.«[142]

Stalin war anscheinend zu dem Schluß gekommen, daß sich eine begrenzte Konfrontation in Berlin in mehrerlei Hinsicht politisch auszahlen und vielleicht sogar das Vorhaben der Amerikaner und Briten, einen separaten Weststaat zu schaffen, hinauszögern würde. Die Sowjets glaubten noch immer, daß sich ihre Ziele – unter anderem Zugriff auf die Rohstoffe an der Ruhr und Reparationszahlungen – am besten in einem deutschen Einheitsstaat verwirklichen ließen. Schon seit Monaten hatten daher Moskau und die SED die Karte der deutschen Einheit ausgespielt, zum Beispiel in Form der »Volkskongreßbewegung«, einer weitgehend von der SED gesteuerten Initiative, die sich für einen einheitlichen deutschen Staat stark machte.[143]

Doch das Scheitern der Londoner Außenministerkonferenz und die Unnachgiebigkeit der Sowjets hatten Amerikaner wie Briten davon überzeugt, daß ein provisorischer westdeutscher Staat den

Schlüssel zur wirtschaftlichen Erholung Deutschlands und – unterstützt durch den Marshall-Plan – zur Wiederherstellung der Stabilität in ganz Westeuropa darstellte. Nach ersten Diskussionen über die Umwandlung der Bizone in einen Weststaat und über die Einbeziehung der französischen Besatzungszone in eine neue Trizone beriefen sie im Februar 1948 eine Konferenz der drei Westmächte in London ein, zu der auch die drei Benelux-Staaten eingeladen wurden. Im März kamen außerdem Großbritannien, Frankreich und die Benelux-Staaten in Brüssel überein, eine Westeuropäische Union zum Zwecke der Verteidigung zu schaffen, der erste Schritt zu einem Verteidigungsbündnis, aus dem ein Jahr später die North Atlantic Treaty Organization (NATO) hervorging. Anfang Juni legte die Londoner Konferenz ihre eigenen Empfehlungen vor: Die westlichen Militärgouverneure sollten die Ministerpräsidenten der Westzonen auffordern, eine verfassunggebende Versammlung einzuberufen mit dem Ziel, in Westdeutschland einen föderalen Staat zu schaffen. Die Militärgouverneure ihrerseits sollten ein Besatzungsstatut ausarbeiten, um ihre Machtbefugnisse in dem neuen Weststaat festzulegen.[144]

Die zunehmende Unnachgiebigkeit und Aggressivität der Sowjets im »Nervenkrieg« um Berlin war ein Faktor, der die Alliierten von der Richtigkeit ihrer entschlossenen und zielstrebigen Politik überzeugte. Hunderte von Berlinern, die gegen bestimmte Formen des sowjetischen Besatzungsregimes opponiert hatten, waren einfach von den Straßen der Stadt oder aus der sowjetischen Zone »verschwunden« und wahrscheinlich in sowjetische Gefängnisse oder Lager verschleppt worden. Gleichzeitig übten die Sowjets verstärkt Druck auf die nicht-kommunistischen Parteien in ihrer Zone aus. Dies galt vor allem für die CDU, die in der sowjetischen Zone von so profilierten Leuten wie Jakob Kaiser geführt wurde. Kaiser, der lange für eine Politik des Kompromisses eingetreten war, um die Option der deutschen Einheit aufrechtzuerhalten, fühlte sich Ende 1947 durch die Taktik der Sowjets derart in die Enge getrieben, daß er nun die Trennung der CDU in den drei Westsektoren Berlins von der immer stärker sowjetisch dominierten CDU in der sowjetischen Zone unterstützte.[145] Zu einer dramatischen Zuspitzung kam es am 20. März 1948, als Marschall Sokolowski die Sitzung des Alliierten Kontrollrats verließ. Obwohl die Auswirkungen dieses Vorgangs nicht so entscheidend waren, wie manchmal angenommen wurde (die Unterausschüsse des Kontrollrats arbeiteten weiter), machte Sokolowskis Verhalten unmißverständlich klar, daß die Viermächtekontrolle über Deutschland nicht mehr funktionierte und daß das Land vor einer Spaltung stand.[146] Als wollten sie genau dies demonstrieren, begannen die Sowjets am 1. April den Transport von Gütern und alliiertem Personal durch die sowjetische Zone zu behindern – eine klare Verletzung früherer Übereinkommen. Amerikaner und Briten reagierten sofort. Bereits am 2. April starteten die ersten Flüge von Westdeutschland aus zu den Berliner Flughäfen Tempelhof und Gatow, um die amerikanischen und britischen Garnisonen über eine Luftbrücke zu versorgen. Als drei Tage später ein britisches Flugzeug mit einem sowjetischen Flugzeug kollidierte und alle Passagiere dabei ums Leben kamen, schien sich eine schwere Krise anzubahnen. Clay befürwortete eine harte Reaktion auf die »schleichende Blockade«, die Regierung in Washington jedoch war zu einer großangelegten Konfrontation nicht bereit. Und so ging der Nervenkrieg – oder, präziser, die »Politik der Nadelstiche« – weiter.[147]

Auch die Viermächtekontrolle über Berlin steckte in einer ernsthaften Krise. Schon Anfang März warnten die Sowjets, die Kommandantur verliere immer mehr an Bedeutung, die Amerikaner wiederum beklagten sich über die endlosen und unproduktiven Zusammenkünfte. Auf der Sitzung vom 16. Juni verkündete Colonel Howley nach mehr als dreizehn Stunden fruchtloser Debatten, daß er nach Hause gehen und sein Stellvertreter William Babcock ihn ablösen würde. Der sowjetische Vertreter Oberst Iwan Jelisarow beschwerte sich, Howley habe beim Verlassen des Raumes die Tür unverschämt laut zugeschlagen. Wenn Howley sich nicht für seine »rowdyhaften Manieren« entschuldige, würden die Sowjets künftigen Sitzungen fernbleiben. Der französische General Ganeval, der den Vorsitz führte, versicherte ihm, Howley habe sich korrekt verhalten. Daraufhin verließ auch Jelisarow die Sitzung. Obwohl die Unterausschüsse der Kommandantur noch eine Zeitlang arbeiteten, fanden auf Kommandantenebene keine Sitzungen mehr statt.[148]

Diese letzte Konfrontation in der Kommandantur ereignete sich vor dem Hintergrund der geplanten Währungsreform in den Westzonen, möglicherweise unter Einbeziehung der Westsektoren Berlins. Um die wirtschaftliche Erholung Deutschlands voranzutreiben, hatten Amerikaner und Briten bereits seit einigen Monaten Vorbereitungen für eine neue Währung in ihren Besatzungszonen getroffen. Jetzt, da die Londoner Konferenz die Schaffung eines westdeutschen Teilstaates empfahl, war der Zeitpunkt für die neue Währung – die Deutsche Mark – gekommen. Die Banknoten waren in den Vereinigten Staaten gedruckt und heimlich per Schiff nach Deutschland gebracht worden. Am 18. Juni 1948 verkündeten die Militärgouverneure, daß die Noten binnen drei Tagen in den Westzonen in Umlauf gebracht würden; eine Ausdehnung der Reform auf Berlin wurde von den amerikanischen und britischen Vertretern der Militärregierung zunächst bestritten.[149] Die Sowjets reagierten sofort. Marschall Sokolowski erklärte, die neue Währung führe zur Spaltung Deutschlands. Der gesamte interzonale Personenverkehr und der Verkehr auf allen Straßen, die zu den Westsektoren von Berlin führten, einschließlich der Autobahn, mußte eingestellt werden. Auch die Beförderung von Frachtgut durch die Bahn wurde stark reduziert. Am 23. Juni gab Sokolowski den Befehl Nr. 111 heraus: Die Sowjets forderten darin die Durchführung einer eigenen Währungsreform in allen vier Sektoren Berlins sowie in der sowjetischen Besatzungszone. Kurz nach Mitternacht wurde Bürgermeister Ferdinand Friedensburg im Neuen Stadthaus in der Parochialstraße im sowjetischen Sektor ein sowjetisches Kommuniqué zugestellt, das die amtierende Oberbürgermeisterin Schroeder aufforderte, den Magistrat anzuweisen, die Reform in der gesamten Stadt durchzuführen.[150] Daraufhin erklärten die drei westlichen Kommandanten die sowjetische Reform in ihren Sektoren für ungültig; und da die Sowjets zu einer Kooperation in der Währungsfrage nicht bereit waren, erklärten sie außerdem die neue Deutsche Mark in ihren Berliner Sektoren zum gesetzlichen Zahlungsmittel. Das neue Geld würde mit einem »B« versehen sein, um deutlich zu machen, daß Berlin nicht als Teil der in Westdeutschland entstehenden Wirtschaftseinheit zu betrachten war. Bis 1949 wurde allerdings die neue Ostmark auch in den Westsektoren Berlins angenommen, was vor allem während der Blockade zu einer ungeheuer komplizierten Finanzsituation führen sollte. Die nicht-kommunistischen Parteien in Berlin reagierten mit Unmut und Erbitterung auf diese Kompromißentscheidung der Westalliierten, da die meisten sie als eine »Scheinreform« betrachteten, die die wirtschaftliche und finanzielle Situation der Stadt nur erschwerte. Reuter und Klingelhöfer hatten bereits im Mai von der Absicht der Westmächte erfahren, in Berlin eine separate Währung einzuführen, und dieses Vorhaben vehement kritisiert.[151] Magistrat und Stadtverordnetenversammlung drängten monatelang – anfangs vergeblich – auf die volle Einführung der D-Mark West auch in den Westsektoren Berlins.[152]

Am 23. Juni, dem Tag, als die Vertreter der Westmächte die Einführung der Währungsreform in Berlin ankündigten, kam die Stadtverordnetenversammlung im Neuen Stadthaus zu einer Sitzung zusammen, um über die Einführung von zwei Währungen zu beraten. Eine der SED nahestehende Gruppe drang in das Gebäude ein und verhinderte die Sitzung mehr als zwei Stunden lang. Als die nicht-kommunistischen Mitglieder gingen, wurden sie bedroht, angerempelt und sogar tätlich angegriffen. Die sechzigjährige Sozialdemokratin Jeanette Wolff, die den Holocaust zwar überlebt, aber sechs Jahre im KZ eingesperrt war, wurde zu Boden geworfen und als »Judensau« beschimpft.[153] Am nächsten Tag gaben die sowjetischen Behörden bekannt, der gesamte Bahnverkehr aus den Westzonen nach Berlin sei »aus technischen Gründen« eingestellt worden. Die Stromversorgung West-Berlins fiel ebenfalls aus. Jetzt hatte die richtige Blockade begonnen; und obwohl sie weder mit einem Schlag noch sehr effizient durchgeführt wurde, bekamen die Westsektoren Berlins sofort ihre Auswirkungen zu spüren. Sämtliche Land- und Wasserwege Richtung Westen waren abgeschnitten. West-Berlin hatte Nahrungsmittelvorräte für sechsunddreißig Tage und Kohle für fünfundvierzig Tage.[154] Wie würde der Westen auf diese neue Provokation reagieren, die weit über die »Nadelstiche« des Frühjahrs hinausging?

Reuter und seine Berliner Sozialdemokraten hatten seit Anfang Juni geargwöhnt, die Londoner Empfehlungen der Alliierten zur Schaffung eines westdeutschen Teilstaates könnten die Preisgabe Berlins bedeuten, und sie waren entschlossen, die Alliierten auf ihre Verpflichtungen gegenüber der Stadt und deren Freiheit hinzuweisen.[155] Schon bevor Sokolowski den Befehl Nr. 111 herausgab, befürchtete Reuter eine »Einbeziehung Berlins in die Ostwährung«, was er politisch für eine Katastrophe hielt. Noch am 14. Juni warnte er Briten und Amerikaner davor, einer solchen Regelung zuzustimmen, und wies darauf hin, »daß wir uns damit nicht abfinden und die Bevölkerung der Westsektoren gegebenenfalls auffordern werden, kein russisches Geld zu akzeptieren«.[156] Sokolowskis Befehl Nr. 111 kam daher nicht überraschend.

Am 24. Juni 1948 versammelten sich siebzigtausend Menschen zu einer von der Berliner SPD organisierten Kundgebung anläßlich der Währungsreform und der sowjetischen Blockade. Franz Neu mann und Erich Ollenhauer ergriffen das Wort, dann sprach als Hauptredner Ernst Reuter. Nach einer sarkastischen Anspielung auf Jan Masaryks Tod – den »Fenstersturz von Prag« – fuhr Reuter ernst fort, er habe sich seit dem Staatsstreich in Prag immer wieder gefragt, wer wohl das nächste Opfer sei. Finnland? Oder Berlin? »Das Volk von Berlin hat seine Antwort (...) klar und deutlich gegeben: Berlin wird nicht drankommen! Wir werden uns mit allen Mitteln, über die wir hier verfügen, bis zum Äußersten gegen den Machtanspruch wenden, der uns zu Sklaven, der uns zu Heloten einer Partei machen will. Wir haben unter einer solchen Sklaverei im Reiche Adolf Hitlers gelebt. Wir haben genug davon. Wir wollen keine Wiederkehr!« Die neue Währung sei mehr als nur ein Zahlungsmittel: Sie sei die notwendige Voraussetzung für ein stabiles Wirtschaftswachstum und – aufgrund der demokratischen Rechenschaftslegung und Transparenz – ein Maßstab für den Übergang des Landes zu einer echten Demokratie. Die Ostwährung stehe dazu in krassem Gegensatz. Die Berliner sähen sich daher mit einer gewaltigen Aufgabe konfrontiert: sich selbst treu zu sein und für die Freiheit einzutreten. Man hätte ihm »Einsichtslosigkeit in die realen Verhältnisse« vorgeworfen; 1933 aber hätten sich die Menschen zu schnell mit dem abgefunden, was sie für die »realen Verhältnisse« hielten, und was habe ihnen das gebracht? »Heute geht es im Grunde um genau dasselbe. Auch heute kann Berlin nur leben, wenn es lernt, für seine Freiheit, für sein Recht und für seine Selbstbehauptung zu kämpfen und nicht sein Erstgeburtsrecht zu verkaufen.«[157] Reuter schien damit sagen zu wollen, daß die Deutschen endlich die Gelegenheit hätten zu zeigen, daß sie bereit waren, für die Freiheit einzutreten und so ihre zunehmende Reife und ihre Fähigkeit zu demokratischer Selbstverwaltung unter Beweis zu stellen.

Am nächsten Tag traf Lucius Clay mit Reuter zusammen, um die Möglichkeiten der Versorgung der Berliner Zivilbevölkerung durch eine Luftbrücke auszuloten.

In der Krise

Lucius Clay, Robert Murphy, Frank Howley und andere ranghohe Vertreter der amerikanischen Militärregierung teilten im Juni 1948 Reuters Überzeugung, daß ein Rückzug der Alliierten aus Berlin katastrophale Folgen hätte. Wie Murphy am 26. Juni in einem Telegramm schrieb, war die Anwesenheit der Westmächte in Berlin zu »einem Symbol des Widerstandes gegen den Expansionsdrang des Ostens geworden. Von ihr hängt unser Ansehen im Osten ab.« Sollten sich die Amerikaner und Briten jetzt zurückziehen, würde die Position der Vereinigten Staaten in ganz Europa ins Rutschen geraten, »ähnlich einer Katze auf einem schrägen Blechdach«. Sowohl Murphy als auch Clay glaubten schon seit einigen Monaten, die angemessene Antwort der Alliierten auf die sowjetischen Provokationen bestünde darin, einen bewaffneten Konvoi durch die sowjetische Besatzungszone nach Berlin zu schicken; doch Ende Juni war klar, daß Clays Vorgesetzte einen solchen Schritt nicht billigten. Sie wollten sich auch weiterhin die Möglichkeit offenhalten, mit den Sowjets über die Währungsfrage zu verhandeln.[158] Die Option, Berlin aus der Luft zu versorgen, hatte man indes bereits in Betracht gezogen, und als Reuter sich mit Clay traf, landeten schon die ersten mit Lebensmitteln beladenen C-47 auf dem Flughafen Tempelhof.

Kaum ein Ereignis im Leben Reuters und Clays ist so bekannt und so häufig beschrieben worden wie die Zusammenkunft am 25. Juni 1948, und doch weiß man nicht genau, was dort besprochen wurde.[159] Es ist ebenfalls nicht ganz klar, ob sie sich am 24. oder am 25. Juni zusammensetzten, das letzte Datum ist allerdings wahrscheinlicher. Der fünfunddreißigjährige Willy Brandt, der im Laufe weniger Monate in der SPD rasch zum Verbindungsmann des Hannoveraner Parteivorstands in Berlin aufgestiegen war, begleitete den »gewählten, aber nicht bestätigten Oberbürgermeister« ins Harnack-Haus im grünen Vorort Berlin-Dahlem. Brandt überlieferte später zwei leicht voneinander abweichende Versionen des Geschehens: »Ende Juni begleitete ich ihn zu einer Besprechung mit einigen Herren der amerikanischen Verwaltung. Sie wollten uns ›Mut‹ zusprechen – vielleicht würde es doch möglich sein, Berlin auf dem Luftwege einigermaßen ausreichend zu versorgen. Reuter lächelte skeptisch. Er konnte nicht recht glauben, daß dies gelingen würde. Aber – und er sprach ohne jede Schärfe – ›wir werden auf jeden Fall unseren Weg gehen. Tun Sie, was Sie tun können, wir werden tun, wozu wir uns verpflichtet fühlen.‹ Berlin würde alle Opfer auf sich nehmen und Widerstand leisten – komme, was wolle.« Später schilderte Brandt das Ereignis so: »An einem der letzten Junitage begleitete ich Reuter ins Harnack Haus in Dahlem. Amerikanische Verwaltungsleute machten uns klar, daß eine Versorgung aus der Luft möglich sei. Reuter erklärte, eher ungläubig als staunend: ›Wir werden unseren Weg gehen. Tun Sie, was Sie tun können. Wir werden tun, wozu wir uns verpflichtet fühlen.‹«[160]

Der Legende nach war Clay von der Zuversicht Reuters beeindruckt. Sie habe ihn letztlich von der Opferbereitschaft der Berliner Bevölkerung überzeugt und in seinem Entschluß bekräftigt, das Unternehmen Luftbrücke fortzusetzen. Die Realität war zweifellos ein wenig komplizierter und weniger dramatisch – wenngleich die Auswirkungen dramatisch genug waren. Clay telefonierte mit General Curtis LeMay, dem Kommandeur der amerikanischen Luftwaffe in Europa, und bat ihn, sofort Flugzeuge für den Transport von Nahrungsmitteln nach Berlin zur Verfügung zu stellen.[161] Die Entscheidung kam keineswegs überraschend; Pläne für einen Notfall wie diesen lagen schon seit Monaten in der Schublade. Außerdem war die zu befördernde Frachtmenge überschaubar, einer Notiz Robert Murphys vom 26. Juni zufolge »täglich schätzungsweise 225 Tonnen«. Siebzig Flugzeuge standen sofort bereit, um täglich etwa hundert Flüge zu absolvieren. Angesichts des tatsächlichen täglichen Nahrungsmittelbedarfs von zweitausend Tonnen handelte es sich allerdings eher um eine symbolische Geste.[162] Die Amerikaner dachten noch nicht an eine langfristige Durchbrechung der sowjetischen Blockade, sondern wollten vielmehr ihren Widerstandswillen demonstrieren und Zeit für weitere Verhandlungen in der Währungsfrage gewinnen – Verhandlungen, die auch tatsächlich im Sommer und Frühherbst stattfanden, jedoch ohne greifbare Ergebnisse.[163]

Am 25. Juni traf Reuter außer Clay auch Vertreter der britischen Militärregierung und schlug »einen sehr ernsten Ton an«. Der Magistrat und die Stadtverordnetenversammlung hätten ihren Teil getan, um eine antikommunistische Stimmung zu erzeugen, und dies sei ihnen auch gelungen. Die Alliierten aber müßten mehr tun. »Die Zeit sei knapp. Die Lebensmittelvorräte reichten noch für vier Wochen, aber der Magistrat und das Volk von Berlin müßten vor Ablauf dieser Wochen einen Beweis dafür bekommen, daß wir handeln würden und könnten, um die Lage zu verbessern. Eine frühzeitige Geste der Unterstützung wie das Einfliegen von Lebensmitteln für die Berliner Bevölkerung sei besser als nichts, auch wenn es langfristig an der Versorgungslage nichts ändern könnte.«[164]

Angehörige des britischen Außenministeriums teilten Reuters Besorgnis, ja waren sogar weit pessimistischer als er, was die langfristige Aufrechterhaltung der westlichen Position in Berlin anging. Ihnen war klar, daß die nach Berlin eingeflogenen Lebensmittel nur ein Fünfzehntel des Bedarfs deckten; gelänge es, ein Drittel des Bedarfs aus der Luft zu decken, könnte die Versorgungssituation bei strikter Rationierung stabil gehalten werden. Aber was war mit Kohle? »Wir können keine Kohle nach Berlin fliegen«, stellte ein Vertreter des Außenministeriums fest, so daß die Anstrengungen der Alliierten »das böse Ende nur hinauszögerten«. Man müsse deshalb den Russen so bald wie möglich einen Schritt entgegenkommen: »Wenn wir warten, bis das böse Ende da ist (keine Lebensmittel mehr, keine Kohle mehr, ein Zusammenbruch der Moral wie unter dem Vichy-Regime in Frankreich), werden wir das Spiel von vornherein verloren haben.«[165] Diese Einschätzung war bekanntlich falsch. Außenminister Ernest Bevin teilte die Skepsis seiner Mitarbeiter nicht. Im Gegenteil: In den kritischen Tagen Ende Juni war er maßgeblich daran beteiligt, die Entscheidungsträger sowohl in den Vereinigten Staaten als auch in Großbritannien für die Luftbrücke zu gewinnen.[166] Am 28. Juni endlich sprach sich Präsident Truman, unter anderem in Anspruch genommen durch die Gründung des Staates Israel und seinen eigenen Wahlkampf, für ein bleibendes amerikanisches Engagement in Berlin und für die Ausweitung der Versorgung der Stadt auf dem Luftwege aus. Die Vereinigten Staaten würden sich nicht zurückziehen.[167]

Die Luftbrücke war ein erstaunlicher Erfolg. Im Gegensatz zu den ursprünglichen Erwartungen der Briten flogen die Alliierten in immer größerem Umfang Kohle, Lebensmittel und andere Güter ein. Die Berliner mußten monatelang mit streng rationiertem Strom und Brennstoff auskommen, aber die meisten waren bereit, dieses Opfer zu bringen, auch wenn die wirtschaftlichen und finanziellen Folgen der Blockade hart waren. Im ersten Monat der Luftbrücke brachten ungefähr elftausend amerikanische und britische Flüge fünfzigtausend Tonnen Lebensmittel, Kohle und andere Güter nach Berlin. Im November waren es 100 757 und im Dezember 125 931 Tonnen.[168] Es hatte sich gezeigt, daß Stalins Wunschtraum vom März 1948 – »vielleicht können wir sie ›rausschmeißen‹« – nicht in Erfüllung gehen würde. Seine langfristige Strategie in Deutschland war zum Scheitern verurteilt.

Dabei war auch Glück im Spiel. Zum einen war der Winter 1948/49 vergleichsweise mild, was den Transport von Gütern auf dem Luftwege erleichterte und den Kohleverbrauch verringerte. Wer weiß, was geschehen wäre, wenn der Winter so hart gewesen wäre wie 1946/47. Zum anderen war die Blockade durchlässiger, als lange angenommen. Willy Brandt schrieb im November 1948 – in einer makabren Vorwegnahme dessen, was dreizehn Jahre später geschah –, als Folge der sowjetischen Politik »werde nunmehr zwischen der einen Million Berliner des Ostsektors und den gut zwei Millionen der Westsektoren eine chinesische Mauer errichtet«.[169] Doch das Berlin des Jahres 1948 unterschied sich erheblich von der geteilten Stadt nach 1961. Die sowjetische Blockade war niemals lückenlos. Neuere Untersuchungen haben vielmehr gezeigt, daß die West-Berliner während der Blockade einen erheblichen Teil ihrer Nahrungsmittel und ihres Heizmaterials aus Ost-Berlin und den umliegenden Ortschaften in der sowjetischen Zone erhielten. Das wußten auch die amerikanischen und britischen Beobachter. Die Zahlen der Alliierten selbst belegten, daß die Luftbrücke erst ab Januar 1949 allmählich das tägliche Minimalziel erreichte, das sich die Westmächte Anfang August gesetzt hatten; bis zum März 1949 waren erst 91,54 Prozent der erforderlichen Nahrungsmittel und 76,87 Prozent des Kohlebedarfs über die Luftbrücke nach Berlin gelangt.[170] Ein Vertreter der amerikanischen Militärverwaltung vermerkte im November 1948, daß »sogar die theoretischen Mengen, die über die Luftbrücke eingeflogen werden sollen, für die Versorgung der Berliner Industrie völlig unzureichend sind«.[171] Zwar schlugen die West-Berliner und die Westalliierten Ende Juli 1948 das sowjetische Angebot aus, ganz Berlin, einschließlich der Westsektoren, zu versorgen; stillschweigend aber akzeptierten die Alliierten die Tatsache, daß es Löcher in der Blockade gab – und daß diese gelegentlich nützlich waren.[172]

Vielleicht wichtiger noch war die Tatsache, daß Clay und Reuter sich darin einig waren, daß Stalin keinen Krieg riskieren würde, eine Einschätzung, die sich seit der Öffnung der Archive in der ehemaligen UdSSR bestätigt hat. Die Sowjets waren weiterhin an einer »gesamtdeutschen Viermächte-Regelung« interessiert. Aber weder formulierten sie ihre konkreten Ziele deutlich, noch entwickelten sie effektive Pläne für deren Realisierung. Ende 1948 und Anfang 1949 erwies sich der plumpe Politikstil der Sowjets, verkörpert durch den starren und dogmatischen Außenminister Wjatscheslaw

Erfolgsbild der Alliierten Luftbrücke: Der Berliner Stadtrat für Wirtschaft, Gustav Klingelhöfer, nimmt am 18. Februar 1949 auf dem Flugplatz Gatow die 1 000 000. Tonne Versorgungsgüter in Empfang.

Molotow, als höchst kontraproduktiv:[173] Die Position der SED war weiter geschwächt worden, in Westdeutschland und Berlin entwickelte sich ein antikommunistischer Konsens, die Schaffung eines separaten westdeutschen Staates war unumgänglich geworden, und die Alliierten befanden sich noch immer in Berlin. Gleichzeitig waren die Sowjets weiterhin an der Aufrechterhaltung des Ost-West-Handels interessiert; die alliierte »Gegenblockade« – ab dem 24. Juni wurden keine Güter mehr aus den Westzonen in die sowjetische Zone geliefert – hatte der sowjetischen Besatzungszone erheblich geschadet.[174] Die Sowjets hatten also keines ihrer Ziele erreicht, so begrenzt und unklar diese auch waren.

Daß die sowjetische Politik plumper, die Blockade durchlässiger und die Luftbrücke weniger effektiv war, als es die während des Kalten Krieges entstandene Literatur teilweise annimmt, ändert indes nichts an der Tatsache, daß die Blockade eine Realität war und reales Leiden verursachte. Mitnichten war sie eine Erfindung der westlichen Propaganda, wie die SED und die Sowjets gern behaupteten.[175] Zweifellos aber profitierte der Westen von der sowjetischen Blockade: Zum einen erforderte sie von den Westmächten Entschlossenheit und gemeinsames Handeln, zum andern festigte sie den antikommunistischen Konsens in Westdeutschland und West-Berlin. Und einer der Nutznießer dieses Konsenses war Ernst Reuter, der mit Beginn der Blockade zu dem Symbol West-Berlins schlechthin wurde.

Einem alten Bekannten aus Ankara schrieb Reuter Mitte August 1948 über seinen Alltag: »Die besonderen Verhältnisse dieser Stadt bedingen für diejenigen, auf deren Schultern die eigentliche Verantwortung für ihre Verwaltung gelegt ist, ein Ausmaß von Belastung, die ich auch früher nicht für möglich gehalten habe. (...) Ich bin offiziell Mitglied des Magistrats von Groß-Berlin und leite die Abteilung für Verkehr und Versorgungsbetriebe, bin aber nebenbei von der Stadtverordnetenversammlung zum Oberbürgermeister gewählt. Wenn ich auch wegen des Einspruchs der russischen Besatzungsmacht nicht als Oberbürgermeister fungieren kann, so bin ich doch bei allen grundsätzlichen Entscheidungen eingespannt und beteiligt. Ich bin außerdem an der Führung der größten Berliner Partei, der Sozialdemokratischen Partei, maßgebend engagiert. Ich habe die Stadt im Westen Deutschlands häufig zu vertreten. Alles, was mit der augenblicklichen Blockade und den politischen Schwierigkeiten zusammenhängt, geht durch meine

Hand. Dazu habe ich eine ständige Verbindung und Berührung mit den Alliierten notwendig, und so beginnt mein Tag des morgens um 8.15 und endet um Mitternacht.«[176]

Reuter sah sich mit einer Reihe neuer Aufgaben konfrontiert, einige davon administrativer, andere politischer, wieder andere psychologischer Natur. Trotz seiner langjährigen Erfahrungen als Redner beispielsweise – schließlich war er schon vor dem Ersten Weltkrieg als Wanderredner durch die Lande gezogen –, hatte er nie den Eindruck erweckt, mehr als ein sachkundig Vortragender zu sein, der sich den Menschen gut verständlich machen konnte. Das änderte sich 1948. Der Mann, der immer eine gewisse Aura der Unnahbarkeit um sich verbreitet hatte, wandelte sich plötzlich zu einem Volkstribun. In vielerlei Hinsicht war er das Beispiel eines Menschen, der im entscheidenden Augenblick das tut, was die Zeitumstände von ihm verlangen. In jeder seiner Reden bediente sich Reuter einer Sprache, die zugleich niveauvoll und gut verständlich war, und eines Stils, der Pathos, Sarkasmus, Ironie, Leidenschaft und Direktheit verband. Auf diese Weise trug er nicht nur dazu bei, die Berliner in einer gefährlichen und entbehrungsreichen Zeit zusammenzuschweißen, sondern durch seine geschickte Rhetorik schaffte er es auch, die Alliierten so unter Druck zu setzen, daß sie in seinem Sinne handelten. Das beste Beispiel dafür ist seine berühmte Rede vom 9. September, die für viele alliierte Beobachter einen Wendepunkt darstellte.[177] So meinte etwa Louis Glaser, der Leiter des Civil Administration and Political Affairs Branch der amerikanischen Militärregierung in Berlin, nach Reuters Rede – und anschließenden Zusammenstößen zwischen Ost-Berliner Demonstranten und sowjetischer Militärpolizei – habe sich die Situation »plötzlich geklärt. An dem Tag schien eine Trennungslinie durch Berlin gezogen worden zu sein. Mit einem Mal ging ein scharfer Riß durch Politik und Verwaltung, als wäre eine riesige Axt auf die Stadt niedergesaust.«[178]

Zwar hat jene Rede Reuters politisches Wirken und sein politisches Erbe eher verdunkelt als erhellt, denn sie wurde Teil eines wohlmeinenden, etwas verschwommenen und an der Wirklichkeit vorbeigehenden Reuter-Mythos, der die Tatsache verdeckte, daß Reuter bei allem Idealismus ein nüchterner und pragmatischer Politiker war, der sich keine Illusionen über die komplexen Realitäten machte. Dennoch war diese Rede ein außerordentlich kluger Versuch, eine Position politischer Schwäche in eine Position moralischer Stärke umzumünzen; Reuter hatte die Alliierten, von denen eigentlich er moralisch abhängig war, so an die Wand gedrängt, daß sie keine andere Möglichkeit hatten, als die Politik zu verfolgen, die er für die einzig richtige hielt.

Außerdem besaß Reuter echtes Charisma – um ein überstrapaziertes, hier jedoch durchaus angebrachtes Wort zu gebrauchen. In der Erinnerung Karl Mautners, des amerikanischen Verbindungsoffiziers zum Magistrat, war »Ernst Reuter eine äußerst dominierende Persönlichkeit, die man von Anfang an hoch geschätzt, zugezogen und befragt hat. (...) Reuter hat man vertraut. Und Reuter war vor allem eine überragende Persönlichkeit. Er ist in ein Zimmer gekommen und hat die Leute um den Finger gewickelt.«[179] Reuter wußte dieses Charisma stets zu nutzen, um sich eine gewisse Unabhängigkeit von den Alliierten zu verschaffen. Vor allem zu den Amerikanern, aber auch zu den Briten unterhielt er sehr enge Beziehungen. Natürlich war er von ihnen abhängig, doch er war nie ihr bloßer Erfüllungsgehilfe. Er legte immer Wert auf Bewegungs- und Handlungsfreiheit und setzte seine ganze Autorität ein, um die Alliierten dazu zu bringen, den Deutschen so schnell wie möglich echte politische Macht zurückzugeben.

Doch auf welchem Weg? Insbesondere die Ministerpräsidenten in Westdeutschland hatten nicht sehr positiv auf die Juni-Empfehlungen der Londoner Sechsmächtekonferenz zur Schaffung eines neuen Weststaates reagiert. Da sie befürchteten, die Empfehlungen – niedergelegt in den »Frankfurter Dokumenten« vom 1. Juli 1948 – könnten zu einem Rumpfstaat im Westen Deutschlands führen und dadurch eine Wiedervereinigung ausschließen, waren sie alles andere als glücklich über das von den Alliierten geplante Besatzungsstatut und entsetzt über deren Vorschlag, eine »verfassunggebende Versammlung« einzuberufen und eine »Verfassung« auszuarbeiten. Sie favorisierten vielmehr die Bezeichnungen »Parlamentarischer Rat« und »Grundgesetz«, um den provisorischen Charakter dieser Institute zu betonen. Am 8. und 9. Juli kam es wegen dieser Frage im Hotel »Rittersturz« in Koblenz zu einem spannungsgeladenen Treffen zwischen den Alliierten und den Ministerpräsidenten. Louise Schroeder unterstützte dabei im Namen Berlins die ablehnende Haltung der Ministerpräsidenten, da es wichtig sei, den provisorischen Charakter eines jeden staatlichen Gebildes im Westen zu unterstreichen; andernfalls könnte Berlin verloren sein und die Möglichkeit eines Kompromisses mit dem

Osten verspielt werden.[180] Clay, ein starker Befürworter des Weststaates, zeigte sich über die in Koblenz präsentierten Gegenvorschläge befremdet und war überzeugt, »die Feigheit der deutschen Politiker« könne schwerwiegende Konsequenzen für Deutschland und Berlin nach sich ziehen.[181]

In dieser Situation spielte Reuter sowohl eine versöhnliche als auch eine aggressive Rolle. Im Gegensatz zu Schroeder war er seit geraumer Zeit von der Unumgänglichkeit eines Weststaates und der Notwendigkeit einer festen Bindung Berlins an diesen Staat überzeugt. Anders, so glaubte er, sei eine deutsche Einheit in Freiheit nicht zu erreichen. Da er in Koblenz nicht dabeigewesen war, beschlossen die westdeutschen Ministerpräsidenten, Reuter zu ihrer nächsten Beratungsrunde hinzuzuziehen.

Die Gelegenheit dazu ergab sich im Anschluß an die Frankfurter Konferenz der elf Ministerpräsidenten mit den Militärgouverneuren vom 20. Juli. Nach ihren Gesprächen mit den alliierten Verbindungsoffizieren zogen sich die Ministerpräsidenten am 21. Juli auf dem Jagdschloß Niederwald bei Rüdesheim zu internen Beratungen zurück. Nach Aussage des Hamburger Sozialdemokraten Herbert Kriedemann spielte Reuter bei diesen Gesprächen eine Schlüsselrolle, weil er wieder Bewegung in die festgefahrenen Verhandlungen zwischen den Militärgouverneuren und den Deutschen brachte: »Reuter erwies sich als wesentlich effektiver als Frau Schroeder, denn während diese zögerlich und unentschlossen war, wies Reuter nachdrücklich darauf hin, daß die rasche Schaffung leistungsfähiger Institutionen in Westdeutschland der beste Beitrag für eine zufriedenstellende Lösung für Berlin sei.«[182] In seinen Ausführungen stellte Reuter klar, auch er halte es für wichtig, den provisorischen Charakter des Weststaates zu betonen; gleichwohl müsse dieser so schnell wie möglich geschaffen und Berlin in die Diskussionen mit einbezogen werden. Offenbar hatten seine Worte eine durchschlagende Wirkung. Vier Tage später erzielten die Ministerpräsidenten und die Militärgouverneure eine Einigung über die Modalitäten der neuen Staatsgründung; die Alliierten erklärten sich unter anderem mit dem »Parlamentarischen Rat« und einem »Grundgesetz« einverstanden. Reuter hatte sich außerdem gegen die Idee eines Verfassungsreferendums ausgesprochen, da freie Wahlen zum neuen Parlament das neue politische System wirksamer legitimieren würden. Auch dem stimmten die Militärgouverneure zu.[183]

Einige Mitglieder seiner Berliner Parteiorganisation kritisierten Reuters Auftreten in Rüdesheim, aber auf dem Berliner Landesparteitag der SPD verteidigte er seine Position mit großer Entschiedenheit.[184] Er sei zu der festen Überzeugung gelangt, daß die Deutschen einen Weststaat nicht als ein halbleeres, sondern als ein halbvolles Glas betrachten müßten; die Staatsgründung sei die einzige Möglichkeit, den Weg für die Wiederherstellung echter Einheit, echter nationaler Souveränität und echter Freiheit zu ebnen, selbst wenn sie mit einer vorübergehenden Spaltung des Landes verbunden sei. So war es nur natürlich, daß Reuter als einer der fünf Vertreter Berlins – allerdings nur mit beratender Stimme – in den Parlamentarischen Rat gewählt wurde, der am 1. September 1948 in Bonn seine Beratungen aufnahm. Reuter akzeptierte, daß Berlin wegen der Viermächteverwaltung nicht als zwölftes Bundesland im Sinne des Londoner Protokolls behandelt werden konnte: »Aber es liegt auf der Hand, daß die Stadt Berlin und insbesondere ihre Bevölkerung unter keinen Umständen sich desinteressiert erklären kann an dem, was im Westen vor sich geht.« Die Anwesenheit der Berliner Vertreter werde jedoch an den »nationalen, über die Grenze der bis jetzt elf Länder hinausgehenden Charakter« der Bonner Beratungen erinnern.[185]

Reuters Engagement in Westdeutschland machte seine häufige Abwesenheit von Berlin erforderlich. Gleichzeitig verschlechterte sich der Gesundheitszustand der amtierenden Oberbürgermeisterin Louise Schroeder im Sommer 1948 so dramatisch, daß sie im August nach Hamburg ausgeflogen werden mußte; erst Ende November konnte sie ihre Arbeit wieder aufnehmen. In der Zwischenzeit kümmerte sich ihr ehrgeiziger Stellvertreter Ferdinand Friedensburg um die Amtsgeschäfte, der sich – wahrscheinlich zu Recht – für die einzige Person in Berlin hielt, die aufgrund ihrer intellektuellen und persönlichen Fähigkeiten in der Lage war, Ernst Reuter die faktische Leitung der Stadtverwaltung streitig zu machen. In jenem schicksalsschweren Sommer und Herbst 1948 kam es zwischen den beiden zu heftigen Auseinandersetzungen.

Der 1886 in Schweidnitz in Schlesien geborene Ferdinand Friedensburg war ein Mann von außergewöhnlicher Intelligenz und unbestreitbarer Integrität. Vor dem Ersten Weltkrieg hatte er an der Preußischen Bergakademie sowie in Marburg und Breslau mit dem Berufsziel des Bergassessors studiert. Wie sein späterer Rivale Reuter war er im Krieg schwer verwundet worden, allerdings unter wesentlich anderen Umständen. Bei Kriegsausbruch 1914 hielt er sich in San Francisco auf. Das Schiff, auf dem er nach Deutschland zurückkehren wollte, um sich seiner Artillerieeinheit anzuschließen, wurde von der britischen Marine angehalten, sämtliche Passagiere wurden in Gibraltar interniert. Bei einem Fluchtversuch zog er sich eine Knieverletzung zu; im Rahmen eines Gefangenenaustausches gelangte er schließlich nach Deutschland. Für die ursprünglich angestrebte Karriere in der preußischen Bergverwaltung wegen seiner Verletzung untauglich, übernahm er andere Verwaltungsämter. Vom Landrat in Westpreußen stieg er zum Vizepräsidenten der Berliner Polizei und schließlich zum Regierungspräsidenten in Kassel auf. Als Anhänger der Deutschen Demokratischen Partei (DDP), der die Weimarer Verfassung vehement unterstützt hatte, jagten ihn die Nationalsozialisten im Frühjahr 1933 aus seinem Amt. Die nächsten zwölf Jahre zog er sich in Berlin-Nikolassee in die »innere Emigration« zurück, betrieb bergwirtschaftliche Studien und war für das Deutsche Institut für Konjunkturforschung tätig. Obwohl er gelegentlich mit den NS-Behörden in Konflikt geriet – einmal war er mehrere Monate in einem Gestapo-Gefängnis eingesperrt –, überlebte er das Dritte Reich im großen und ganzen unbeschadet und spielte nach dem April 1945 schnell wieder eine Rolle im öffentlichen Leben. Noch im Mai wurde er Direktor des renommierten Deutschen Instituts für Wirtschaftsforschung, dem er bis zu seinem Tod 1972 verbunden blieb, und im Juni gehörte er zu den Gründungsmitgliedern der neuen Christlich-Demokratischen Union in Berlin. Aufgrund seiner Verwaltungserfahrung, seiner technischen Fähigkeiten und seiner unbestreitbaren antifaschistischen Einstellung wurde Friedensburg im August 1945 von den Sowjets gebeten, die Zentralverwaltung der Brennstoffindustrie in der sowjetischen Besatzungszone zu übernehmen.

Friedensburg war ein Mann mit großen intellektuellen Fähigkeiten; seine eindrucksvolle Darstellung der Geschichte der Weimarer Republik ist auch heute noch höchst lesenswert. Mit seinen politischen Fähigkeiten indes war es nicht so weit her, konnte er doch erstaunlich taktlos und unangebracht direkt sein. Louise Schroeder meinte einmal, er habe »zwei linke Hände und zwei linke Füße«, und die Historiker Ann und John Tusa urteilten, »es war nie leicht, zu entscheiden, ob er ein Vermittler oder ein prinzipienloser Mensch, ob er altruistisch oder von Eitelkeit und Ehrgeiz getrieben war«.[186] Obwohl ein strammer Antikommunist, war Friedensburg, wie viele führende Christdemokraten in Berlin und der sowjetischen Zone, überzeugt, daß man sich mit den Sowjets in irgendeiner Weise würde arrangieren müssen, wollte Deutschland jemals seine Unabhängigkeit und Einheit wiedergewinnen. Das neue Deutschland – und die CDU – könnte in der Nachkriegswelt eine »Brückenfunktion« zwischen Ost und West übernehmen.[187] 1945 schloß sich Friedensburg zwei Organisationen an, die genau diese Ziele auf ihre Fahne geschrieben hatten, dem »Kulturbund zur demokratischen Erneuerung Deutschlands« und der »Gesellschaft zum Studium der Kultur der Sowjetunion«. Im Kulturbund wurde er sogar Vizepräsident. 1948 aber wurde offensichtlich, daß beide Organisationen von den Kommunisten beherrscht wurden, und Friedensburg wurde wegen seiner anhaltenden Kritik an den Sowjets ausgeschlossen. Schon vorher hatte er seinen Posten als Direktor der Zentralverwaltung der Brennstoffindustrie verloren.[188] In der Stadtverwaltung jedoch erhielt er neue Aufgaben: Im Dezember 1946 wurde er christdemokratischer Bürgermeister in dem von Otto Ostrowski geleiteten Magistrat und behielt dieses Amt auch nach Ostrowskis Rücktritt.

Trotz seiner schlechten Erfahrungen mit den sowjetischen Besatzungsbehörden hielt Friedensburg an der Überzeugung fest, die Deutschen in Berlin sollten freundschaftliche Beziehungen zu den Sowjets unterhalten und gleiche Distanz zu allen vier Besatzungsmächten wahren. Im Dezember 1948 schrieb er an Arnold Brecht: »Ich habe mich unendlich bemüht, den Kontakt mit dem Osten nicht zu verlieren.«[189] Folglich ging er seinen eigenen Weg, als er mit einflußreichen sowjetischen Offizieren wie General Kotikow und dem mächtigen Oberst Sergej Tjulpanow, dem Chef der Informationsabteilung in der sowjetischen Militärverwaltung, in Verbindung blieb. Wegen dieser Kontakte kam es immer häufiger zu Spannungen, nicht nur in seinem Verhältnis zu den Sozialdemokraten, sondern auch zu Parteifreunden wie dem Fraktionsvorsitzenden Kurt Landsberg oder dem Landesvorsitzenden Walther Schreiber, als er im Sommer und Herbst 1948 an Stelle der erkrankten Louise Schroeder die Leitung der Amtsgeschäfte übernahm.[190] Obwohl es Friedensburg gelang, ein freundschaftliches Verhältnis zu den Franzosen, insbesondere zu General Jean Ganeval, aufrechtzuerhalten, vertrauten ihm der französische Stadtkommandant, die Amerikaner und die Briten nie. Ein amerikanischer Beobachter bezeichnete ihn im September 1948 als »einen sprunghaften politischen Opportunisten, der manchmal in unkonstruktiver Weise Kritik übt« und »übermäßig ehrgeizig« sei.[191]

Friedensburgs Verhältnis zu Reuter war kompliziert. Reuters späterer Ruf war in Friedensburgs Augen das Ergebnis »eines sehr merkwürdigen Ineinanderwirkens sozialdemokratischer Parteipropaganda, amerikanischer Kalter-Krieg-Agitation und der menschlichen Neigung (...), wichtige politische Ereignisse auf einzelne Persönlichkeiten zu projizieren«. Dennoch sei Reuter zweifellos »ein bedeutender Mann«: »Ich habe selten einen Menschen in meinem langen Leben getroffen, mit dem eine rasche geistige Unterhaltung so viel Reiz hatte wie mit ihm.« Und obwohl sie nie wirklich befreundet gewesen seien,[192] hätten er und Reuter lange recht harmonisch zusammengearbeitet – was durch andere Berichte bestätigt wird. Und Reuter setzte sich trotz seiner Meinungsverschiedenheiten mit Friedensburg bei den Alliierten regelmäßig für seinen christdemokratischen Kollegen ein.[193]

Spätestens Anfang September war Reuter zu der Überzeugung gelangt, daß es nicht nur unumgänglich, sondern wünschenswert sei, die Stadtverwaltung vom Osten in den Westen zu verlegen. In einem persönlichen Gespräch mit Vertretern der amerikanischen Militärverwaltung betonte Reuter die Vorteile: »a. Man würde einen riesigen bürokratischen Apparat in Form von nicht benötigten Akten und Menschen zurücklassen. b. In zwanzig Tagen könnte eine effizientere Stadtverwaltung für die Westsektoren auf die Beine gestellt werden, da die Kommunisten, die eine ständige Obstruktionspolitik betrieben, hinausgeworfen werden könnten und die Stadtverordnetenversammlung ohne Teilnahme der Kommunisten tagen könnte, wodurch stundenlange sinnlose Polemiken entfallen würden, die die Arbeit des Berliner Parlaments stark behinderten.« Ein Mitarbeiter der britischen Behörden berichtete einige Wochen später, Reuter habe sich darüber beklagt, »daß die derzeitige Situation wirklich chaotisch sei und daß die Sabotierung der Arbeit der Stadtverwaltung durch die Russen einen chaotischen Zustand geschaffen habe, der durch den Aufbau einer gut funktionierenden Verwaltung in den drei Westsektoren beendet werden könnte«.[194] Und Ende September akzeptierte auch der SPD-Vorstand Reuters Argument, »der Magistrat müsse dort seinen Sitz haben, wo die Stadtverordnetenversammlung tagt. Wenn die Stadtverordnetenversammlung nicht in den Ostsektor zurückkehren könne, müsse der Magistrat ebenfalls seinen Sitz in die Westsektoren verlegen.«[195]

Mehr noch, Reuter und andere dachten bereits seit einiger Zeit daran, nicht nur die Stadtverwaltung, sondern auch andere Einrichtungen zu verlegen, die dem ideologischen Druck der Kommunisten ausgesetzt waren, darunter die höheren Bildungsanstalten. Schon im Frühjahr 1948 gab es Pläne zur Gründung einer »Freien Universität« in den Westsektoren, und im Sommer setzte sich Reuter sehr engagiert dafür ein. Am 4. Dezember 1948 wurde sie in Dahlem eröffnet; ihr erster Rektor war der Historiker Friedrich Meinecke.[196]

Friedensburg war strikt gegen die Verlegung der Stadtverwaltung in den Westen, da er ein möglichst langes Verbleiben der demokratischen Parteien im Neuen Stadthaus für wichtig hielt.[197] Aber er geriet immer mehr in die Isolation. Am 31. Oktober traf er sich mit Reuter, Otto Suhr, dem Liberaldemokraten Carl-Hubert Schwennicke, dem Herausgeber des *Tagesspiegels* Erik Reger, Robert Murphy und Philip C. Jessup, dem amerikanischen Delegierten bei den Vereinten Nationen. Laut Friedensburg kam man schnell auf die Verlegung der Stadtverwaltung aus der Parochialstraße – das heißt aus dem sowjetischen Sektor – zu sprechen. Mit Ausnahme von Friedensburg waren alle anwesenden Deutschen für diesen Schritt, »nachdem Herr Reuter eine solche Maßnahme mit großer Entschiedenheit vertreten hatte«. Die Angestellten würden bedroht, der Stadtverwaltung sei es kaum möglich, »sachliche« Sitzungen abzuhalten, und für führende Mitglieder der Stadtverwaltung werde es immer gefährlicher, sich in den sowjetischen Sektor zu begeben. Friedensburg wandte ein, »daß ich selbst und mit mir eine große Anzahl von leitenden und nicht-leitenden Leuten bereit seien, das Risiko auf uns zu nehmen. Die Verlegung der Stadtverwaltung würde aber zweifellos die Zerreißung der Stadtverwaltung in zwei Teile und damit unabsehbare Nachteile mit sich bringen.« Reuter und die anderen widersprachen energisch, während die Amerikaner sich aufs Zuhören beschränkten. »Die Meinungsverschiedenheiten waren in der Unterhaltung teilweise recht schroff hervorgetreten – namentlich sprach Reuter mit deutlicher, ja fast verärgerter Mißbilligung meines Standpunktes –, ohne jedoch die Form einer sachlichen Auseinandersetzung zu verletzen.«[198]

Friedensburgs Gegner reagierten mit wachsendem Befremden auf dessen Beharrlichkeit, die nach ihrer Überzeugung auf Ehrgeiz und den unrealistischen Wunsch zurückging, so lange wie nur möglich amtierender Oberbürgermeister zu bleiben. Sie beschwerten sich außerdem über seine Neigung, Entscheidungen zu treffen und durchzuführen, ohne die Vorsitzenden der anderen Parteien zu informieren. Am 4. Oktober nahmen Friedensburg, Reuter, Suhr, Walther Schreiber und Rudolf Markewitz von der LDP an einem Essen mit westlichen Militärvertretern teil, bei dem Friedensburg schnell in die Schußlinie geriet: »Man wirft ihm vor, zuerst zu handeln und dann Zustimmung einzuholen, und im Laufe des Abends wurde deutlich, daß weder die SPD noch die LDP dies länger tolerieren würden.« Reuter befürwortete baldige Wahlen zur Stadtverordnetenversammlung, selbst wenn diese nur in den drei Westsektoren würden stattfinden können, und kritisierte bei dieser Gelegenheit sowohl die Briten als auch die Franzosen; »nach seinem Eindruck behinderten die Briten die Amerikaner«, während die Franzosen »am Ende« seien: »Er meinte, man könne jetzt nicht auf die Franzosen zählen und müsse für ein starkes Deutschland sorgen, da Europa in Zukunft eine starke Führung brauche.« (Der britische Reporter fügte hinzu: »Es lag vielleicht an der hitzigen Auseinandersetzung, daß die Deutschen etwas mehr Wein tranken als sonst, und dies galt besondes für Professor Reuter, obwohl keiner von ihnen in irgendeiner Weise beschwipst war; der Wein löste lediglich ihre Zungen ein wenig.«)[199]

Friedensburg wiederum bemängelte Reuters häufige Abwesenheit von Berlin und die Tatsache, daß er im Herbst 1948 nicht an den Sitzungen des Magistrats teilnahm. Später behauptete er, Reuter sei den Treffen ferngeblieben, um nicht an wichtigen Entscheidungen mitwirken zu müssen, und aus Angst vor dem Betreten des sowjetischen Sektors, was Reuter heftig bestritt. Jahre später unterstellte er Reuter sogar, dieser sei ein Werkzeug der Amerikaner geworden. Da diese im Kalten Krieg die Spaltung Berlins strategisch gewollt hätten, hätten sie Reuters Popularität künstlich aufgebläht.[200] Und in seinen Memoiren kann man lesen: »Ja, es ergab sich das seltsame Paradox, daß die Sowjetrussen bei ihrem Bestreben, nach dem offensichtlichen Mißerfolg der Hungerblockade, die ihnen die ganze Stadt Berlin in die Hand geben sollte, nunmehr wenigstens die Stadt zu teilen, einen Helfer in ihrem leidenschaftlichen Widersacher Reuter fanden.«[201] Woran Friedensburg besonders Anstoß nahm, das war Reuters Entscheidung, Anfang Oktober 1948 sein Sekretariat und drei Dezernate von der Oberwallstraße im sowjetischen Sektor in die Fasanenstraße im britischen Sektor zu verlegen.[202]

So war der Boden für Wahlen zur Stadtverordnetenversammlung vor dem Hintergrund der endgültigen Spaltung der Berliner Stadtverwaltung bereitet – einer Spaltung, die einundvierzig Jahre lang bestehen sollte. Nach der vorläufigen Verfassung von 1946 mußten vor dem November 1948 Wahlen zur Berliner Stadtverordnetenversammlung stattfinden. Im März und April 1948 hatten die alte Stadtverordnetenversammlung und der Magistrat über den Entwurf einer endgültigen Verfassung für die Stadt diskutiert, aber dabei war nichts herausgekommen als erbitterte gegenseitige Beschuldigungen der SED und der nicht-kommunistischen Parteien; und nachdem die Kommandantur im Juni ihre Tätigkeit eingestellt hatte, blieb das Projekt einer endgültigen Verfassung »in der Schwebe«.[203] So hing im Jahr der Luftbrücke in Berlin vieles »in der Luft«, und die Neuwahlen mußten gemäß der Verfassung von 1946 durchgeführt werden. Auf ihrer Sitzung in der Taberna Academica am 6. September – wo sie nach den SED-gesteuerten Übergriffen im Neuen Stadthaus tags zuvor Zuflucht gesucht hatte – setzte die Stadtverordnetenversammlung (in Abwesenheit der SED) die Wahlen für den 14. November an. Der Magistrat versäumte es allerdings, die Wahlordnung den drei westlichen Kommandanten rechtzeitig vorzulegen, so daß diese den Wahlen erst Anfang Oktober zustimmten; am 8. Oktober legte die Stadtverordnetenversammlung den Wahltermin daraufhin auf den 5. Dezember fest. Daß die Vertreter der sowjetischen Militärverwaltung diesem Beschluß heftig widersprachen, war nicht überraschend. General Kotikow wies darauf hin, daß die Wahlen auch im sowjetischen Sektor stattfinden könnten, jedoch unter strengen Auflagen, die im Grunde als Vorwand dienten, sie dort nicht abzuhalten. Am 3. November gab der Magistrat bekannt, alle Wahlvorbereitungen im sowjetischen Sektor seien eingestellt worden.[204]

Die Wahlvorbereitungen wurden von einem zunehmenden Schlagabtausch zwischen Ost und West begleitet, der eine Woche vor der Wahl zur endgültigen Spaltung der Stadtverwaltung führte. Waldemar Schmidt, SED-Mitglied und Stadtrat für Arbeit, hatte seit einiger Zeit die Vorgaben des Magistrats mißachtet und sich unter anderem geweigert, die Tariffähigkeit der Unabhängigen Gewerkschaftsorganisation (UGO) anzuerkennen, die als Gegenorganisation zum von den Kommunisten kontrollierten Freien Deutschen Gewerkschaftsbund (FDGB) gegründet worden war. Am 8. Oktober tagte die Stadtverordnetenversammlung in Abwesenheit der SED im britischen Sektor und stimmte mit 88 Stimmen und ohne Gegenstimme für die Absetzung Schmidts; Otto Suhr erklärte, dies bedürfe nicht der Zustimmung der Alliierten Kommandantur. Fünf Tage später erschien Schmidt zu einer Magistratssitzung im Neuen Stadthaus im sowjetischen Sektor. Friedensburg forderte ihn zum Verlassen der Sitzung auf, und als dieser sich weigerte, verließen die übrigen Magistratsmitglieder das Neue Stadthaus und trafen sich im britischen Sektor. Reuter hatte sehr auf Schmidts Absetzung gedrängt in der Erwartung, dies werde zum unwiderruflichen Bruch mit der SED und den Sowjets führen. Jetzt erklärte er in einer Rede vor dem Magistrat, Schmidts Verhalten belege eindeutig das Vorhaben der SED, die Abteilung für Arbeit und die übrige Stadtverwaltung zu spalten; die Beschlüsse der Stadtverordnetenversammlung würden im sowjetischen Sektor nicht mehr anerkannt. Es seien also die Sowjetunion und die SED und nicht die demokratischen Parteien, die systematisch auf die Teilung der Stadt hinarbeiteten. Der amerikanische Diplomat Robert Murphy glaubte, die Schmidt-Affäre habe der SPD und besonders Reuter und Suhr die Gelegenheit geboten, einen »umfassenden Kampf um die politische Macht« gegen Friedensburg zu führen, der den Standpunkt vertrat, die Sitzung des Magistrats im britischen Sektor sei nur eine »einstweilige Lösung« gewesen.[205]

Mitte November versuchten die Sowjets erneut, Ernst Reuter von seinem Posten als Stadtrat für Verkehr und Versorgungsbetriebe zu entfernen. Oberst Iwan Jelisarow, der stellvertretende sowjetische Stadtkommandant, erklärte, Reuter sei »unfähig«, sei überdies drei Monate lang nicht in seinem Büro im sowjetischen Sektor erschienen und habe sich der »direkten Sabotage der Magistratsarbeit« schuldig gemacht. Jelisarow gab außerdem die Entlassung Gustav Klingelhöfers, des Stadtrats für Wirtschaft, bekannt, der sein Büro bereits in den britischen Sektor verlegt hatte. Lakonisch hieß es dazu von der britischen Regierung, »da die Entlassungsbefehle einseitig erlassen wurden, konnten sie weder von den Westalliierten noch von der Stadtverordnetenversammlung anerkannt werden«.[206]

Am 29. November monierte Marschall Sokolowski schließlich schriftlich bei den drei westlichen Militärgouverneuren, die geplanten Wahlen verstießen gegen die »Bedingungen demokratischer Freiheit« und erlaubten es lediglich »separatistischen Elementen im Magistrat«, ihre Pläne zur Spaltung der Stadt voranzutreiben. Am selben Tag forderte der zweite stellvertretende Stadtverordnetenvorsteher Ottomar Geschke (SED) im sowjetisch kontrollierten Rundfunk eine »außerordentliche Stadtverordnetenversammlung«, die am nächsten Tag in der im sowjetischen Sektor gelegenen Staatsoper im Admiralspalast stattfinden sollte. Die Sitzung war natürlich sorgfältig vorbereitet worden. Eingefunden hatten sich Vertreter des »Demokratischen Blocks« und anderer SED-naher Organisationen; unter den 1616 Teilnehmern waren nur dreiundzwanzig gewählte Mitglieder der Stadtverordnetenversammlung. Die gewählte Versammlung wurde für abgesetzt erklärt und die Schaffung eines »provisorischen demokratischen Magistrats« angekündigt. Dann wählten die Teilnehmer Friedrich Ebert (SED), den Sohn des ehemaligen Reichspräsidenten, »einstimmig« zum Oberbürgermeister. Die Westalliierten und der Magistrat erklärten im Gegenzug diese Maßnahmen für illegal; sie gälten nur für den sowjetischen Sektor der Stadt. Am 1. Dezember fuhr Ferdinand Friedensburg tapfer durch das Brandenburger Tor und versuchte, in seine Büroräume im Neuen Stadthaus zu gelangen, aber Polizisten versperrten ihm den Weg. Später berichtete er: »Schweren Herzens fuhr ich jetzt durch das Brandenburger Tor zurück in den Westen und suchte mich notdürftig einzurichten« – in Ernst Reuters Büroräumen in der Fasanenstraße, die bald zum vorübergehenden Sitz des Oberbürgermeisters wurden. In den folgenden Tagen und Wochen setzte der neue, von der SED beherrschte Magistrat im Osten die Säuberung der Stadtverwaltung von politisch unerwünschten Elementen fort. Nun war die Stadt endgültig gespalten.[207]

Am 5. Dezember gingen mehr als 85 Prozent der Wahlberechtigten in den Westsektoren zur Wahl. 64,5 Prozent stimmten für die SPD (gegenüber 51,7 Prozent in den Westsektoren im Oktober 1946), 19,4 Prozent für die CDU (gegenüber 24,4 Prozent) und 16,1 Prozent für die LDP (gegenüber 10,2 Prozent). Robert Murphy meinte zu diesen Ergebnissen, der überwältigende Wahlsieg habe selbst die SPD-Führung überrascht. Seiner Meinung nach war dieser Triumph der effektiven Organisation, der Unterstützung durch die Presse, der langen Tradition der Partei, ihrer entschieden antikommunistischen Botschaft und der herausragenden Qualität von Leuten wie Reuter, Suhr, Neumann, Kurt Mattick und Willy

Brandt zu verdanken. Der Erfolg der LDP wurde ebenfalls ihrem sehr fähigen Vorsitzenden Carl-Herbert Schwennicke zugeschrieben. Die CDU hatte dagegen keine klare Botschaft vermittelt und daher eine »schwere Niederlage« erlitten. In ihrer Opposition zur SPD hatte sie sich oft »stümperhaft« verhalten, und ihre führenden Leute – Jakob Kaiser und Walther Schreiber nicht ausgenommen – hatten sich überraschend farblos präsentiert. Der größte Verlierer war indes Ferdinand Friedensburg, laut Murphy »ein intelligenter und mutiger Mann«, aber »politisch unentschlossen« und »mit der unseligen Fähigkeit ausgestattet, es sich mit Freunden und Gegnern gleichermaßen zu verderben«.[208]

Schon vor den Wahlen hatten führende Sozialdemokraten deutlich gemacht, daß Ernst Reuter nun endlich das Amt des Oberbürgermeisters übernehmen müsse, für das er 1947 gewählt worden war. Obwohl es einige Zeit dauern würde, einen neuen Magistrat auf die Beine zu stellen, sollte Reuter so schnell wie möglich Oberbürgermeister werden. Vier Tage vor der Wahl hatte Otto Suhr erklärt, Friedensburg habe den Magistrat vor der Spaltung nicht gut geführt; er und seine Anhänger »hätten es versäumt, die notwendigen Akten und Dokumente aus dem Ostsektor herauszuschaffen«. Daher sei Friedensburg nicht geeignet, dem Magistrat in dieser kritischen Zeit vorzustehen, nicht einmal als Übergangsregelung. Die einzige Lösung sei, daß Louise Schroeder – erst einige Tage zuvor nach Berlin zurückgekehrt – wieder ihr Amt als Oberbürgermeisterin aufnahm und Reuter dann in dieses Amt berief. Reuter selbst stellte am 3. Dezember fest, »es sei für ihn jetzt unmöglich geworden, mit Friedensburg als amtierendem Oberbürgermeister zusammenzuarbeiten. Man könne Friedensburg nicht trauen, und Reuter sei ständig über dessen Mangel an Verschwiegenheit besorgt.«[209]

Am 7. Dezember wählte die Stadtverordnetenversammlung Ernst Reuter einstimmig zum Oberbürgermeister von Berlin. Die CDU-Fraktion war zuerst gespalten und hatte mit 14 zu 12 Stimmen für Reuter gestimmt; Kurt Landsberg hatte sich dafür ausgesprochen, Kaiser und Friedensburg dagegen.[210] Als Reuter die Wahl annahm, betonte er erneut, »daß wir Deutschen durchaus fähig sind, einen neuen Weg zu gehen, daß wir imstande sind, die Freiheit unserer Stadt zu verteidigen und zu erkämpfen unter Berücksichtigung aller Faktoren, die in der großen Welt eine Rolle spielen«. Und in einer Radioansprache über den RIAS in derselben Nacht erinnerte

Ferdinand Friedensburg und Ernst Reuter bei der Stimmenauszählung der ersten Wahlen zum neuen Berliner Abgeordnetenhaus im Dezember 1950. Friedensburg (rechts neben Reuter), der während der Krisenjahre 1947 bis 1949 oft als Rivale Reuters aufgetreten war, hatte sich mittlerweile auch in seiner eigenen Partei zunehmend isoliert.

er seine Hörer, Berlin stehe vor einer schwierigen Aufgabe, es sei »eine im echten, guten Sinn des Wortes nationale Aufgabe, die Aufgabe einer wirklichen Wiedergeburt unserer Stadt mit allen lebendigen Kräften unseres fleißigen, tapferen und zuversichtlichen Volkes, eine Wiedergeburt unserer Stadt, indem sie eines Tages das wird, was sie sein soll, die deutsche Hauptstadt«.[211]

Ferdinand Friedensburg sah der Zukunft weniger zuversichtlich entgegen. Am 31. Dezember gestand er in seinem Tagebuch seine Niederlage ein: »Das Jahr 1948 mit ernster Sorge abgeschlossen. Die Lage Deutschlands noch weiter verschlechtert. Der Osten immer unheilbarer isoliert u. in seiner Struktur verwandelt. Berlin gespalten und die Krise hält ohne Aussicht auf Lösung. Der Weltfrieden tödlich bedroht. F[erdinand] F[riedensburg] in allen Bemühungen gescheitert: deutsche Repräsentation, verständiges Verhalten zur UdSSR, Einheit Berlins.«[212]

Gegen Ende seines Lebens behauptete Friedensburg, im nachhinein sei seine Politik, die die Ostpolitik, die Politik des »Wandels durch Annäherung«, antizipiert habe, bestätigt worden.[213] Wie die Politik Willy Brandts und der SPD in den siebziger Jahren gezeigt habe, sei sein Konzept moderner und vorausschauender gewesen als das Reuters, der einseitig die amerikanische Auffassung von der Unvermeidbarkeit der Spaltung Europas und der Welt akzeptiert habe. Wäre Friedensburgs Politik tatsächlich vielversprechender gewesen und hätte sie Berlin und dem übrigen Deutschland unnötiges Leid erspart? Friedensburg behauptete, er habe den möglichst baldigen Abzug aller Besatzungstruppen aus Deutschland gewollt; und obwohl er sich dazu nie ganz klar geäußert hat, scheint er die Idee eines vereinten, aber neutralen Deutschlands unterstützt zu haben, eines Deutschlands, das eine »Brückenfunktion« hätte wahrnehmen können. Der amerikanische Staatsmann George Kennan, der als erster die Strategie des »containment«, der Eindämmung des sowjetischen Einflusses, theoretisch begründete, hatte 1948/49 ebenfalls Vorschläge für den Rückzug der Besatzungstruppen aus einem Großteil Deutschlands entwickelt, und seine Vorstellungen scheinen in mancher Hinsicht denen von Friedensburg geähnelt zu haben, wenngleich er die Dinge aus einem anderen Blickwinkel sah und andere Ziele verfolgte.[214] Ob seine oder Friedensburgs Ideen praktische Erfolgsaussichten gehabt hätten, bleibt letzten Endes dahingestellt. Das hängt weitgehend davon ab, wie man die Politik und die Bestrebungen der Sowjetunion interpretiert. Stalin und seine Berater hatten eindeutig kein Interesse daran, die Berlin-Krise so zuzuspitzen, daß es zu einem Krieg hätte kommen können; und ihr konkretes Vorgehen in Deutschland war, wie bereits erwähnt, plump, widersprüchlich und völlig kontraproduktiv. Dennoch besteht wenig Zweifel daran, daß sie Berlin gern »einkassiert« hätten, wie Stalin im März 1948 deutlich gemacht hatte. Daß ihnen das nicht gelang, war wahrscheinlich weniger auf Friedensburgs Verständigungsbereitschaft als auf die Entschlossenheit der Westalliierten und die Standhaftigkeit der Berliner SPD, insbesondere Ernst Reuters, zurückzuführen.

Der Konflikt zwischen den Vorstellungen Ferdinand Friedensburgs und Ernst Reuters spiegelt einen Konflikt, der die neuere deutsche Geschichte immer wieder beeinflußt hat – die Frage, ob Deutschland aufgrund seiner Geographie und Geschichte berufen ist, eine Mittlerrolle zwischen Ost und West zu spielen, oder ob es sich ganz auf die Seite des Westens und die Werte der westlichen Demokratie schlagen soll. Friedensburg bezeichnete sich stets als einen »bewußten Christen«, Individualisten und Humanisten; zugleich kritisierte er jedoch die Vorstellung, Deutschland solle »eine starre einseitige Westpolitik« verfolgen. Wie viele andere, die den Standpunkt vertraten, Deutschlands geopolitische Lage müsse zwangsläufig seine politischen Entscheidungen beeinflussen, meinte auch Friedensburg, die Deutschen seien darauf angewiesen, »in Mitteleuropa ein Gleichgewicht nach beiden Seiten, also nicht ein unsymmetrisches Anhängsel des Westens zu werden«.[215] Für Ernst Reuter waren dies utopische Wunschträume. Seiner Ansicht nach hatten die Deutschen nach ihrer Niederlage die einmalige Chance, ihre Demokratiefähigkeit unter Beweis zu stellen – aber nur im engen Bündnis und in der Identifikation mit dem Westen. Im eskalierenden Kalten Krieg würde Berlin Vorposten und nicht Brücke sein müssen.

Während der Berlin-Krise äußerte Reuter mehrfach, jetzt sei für die Deutschen die Zeit gekommen, entschieden Stellung zu beziehen. Sie seien zu lange auf Schwindler, Demagogen und Tyrannen hereingefallen. Jetzt – nur drei Jahre nach der Befreiung vom verbrecherischen NS-Regime – hätten sie die Chance, für die Freiheit einzutreten. Der Kampf um Berlin sei entscheidend nicht nur für die Zukunft dieser Stadt, sondern auch für die Zukunft der Demokratie in Deutschland. Wenngleich man in seinen Reden und Aufrufen das Pathos der Zeit berücksichtigen muß, so spiegelten diese

Gedanken doch im Grundsatz seine tiefe Überzeugung. »Die Zeit des Paktierens geht zu Ende«, schrieb er im September 1948. »Der Kampf um die Freiheit der Welt, der mit dem Kampf gegen die Hitler-Tyrannei begann, wird einen historischen Sinn nur dann haben, wenn er mit der Befreiung Europas geendet haben wird. Keine Ruhe, kein Frieden, kein Aufbau, keine Sicherheit ist für irgend jemand, gleichgültig wo, gegeben, solange diese furchtbare Gefahr über unser aller Häupter schwebt. Die Kommunisten von heute sind keine Gentlemen, wie wir es neulich noch lesen mußten. Die Kommunisten von heute sind die tödliche Gefahr für jede freiheitliche Entwicklung an irgendeinem Punkte der Welt.«[216] Und auf den Vorwurf, er stehe den Amerikanern zu nahe, erwiderte er, daß er beim Kampf um die Freiheit Verbündete und Unterstützer akzeptieren würde, wo immer er diese finden könnte: »Daß wir diesen Kampf unter Zuhilfenahme solcher Bundesgenossen, wie es die Amerikaner sind, zu führen haben, ist historisch bedingt und braucht uns keineswegs dagegen blind zu machen, daß auch dort nicht alles Gold ist, was glänzt« – wie er ja schon bei seiner ersten Amerika-Reise 1929 festgestellt hatte.[217]

Als er schließlich Oberbürgermeister wurde, landeten und starteten in Berlin immer noch rund um die Uhr Flugzeuge der Alliierten. Die Luftbrücke bestand bereits seit sechs Monaten, ein Ende war nicht abzusehen.

6. KAPITEL

Die Zukunft Deutschlands

Da sagte ich: du weißt selbst, der Ehrgeiz nach irdischen Dingen hat mich sehr wenig beherrscht; ich wünschte aber Stoff zu Taten, auf daß die Tugend nicht still altere.

Boethius, »Trost der Philosophie«,
Zweites Buch, 7. Prosa[1]

Einleitung: Anomale Normalität[2]

Am 25. Juni 1949 versammelten sich die Vorsitzenden der West-Berliner Parteien, Vertreter der Westalliierten und andere Honoratioren auf dem Runden Platz direkt vor dem Flughafen Tempelhof. 1948/49 hatte dieser Flughafen die Aufmerksamkeit der Welt auf sich gezogen, denn hier waren unablässig die alliierten Flugzeuge gelandet, um die abgeschnittenen Westsektoren der Stadt aus der Luft zu versorgen. Im Gedenken an jene Kraftanstrengung wurde nun der Runde Platz entsprechend eines Magistratsbeschlusses vom 11. Mai in »Platz der Luftbrücke« umbenannt.[3]

Am 12. Mai 1949 war die sowjetische Blockade beendet worden. Schon im Januar hatten die Sowjets Kompromißbereitschaft signalisiert. Nach langen Gesprächen zwischen dem amerikanischen Sonderbotschafter Philip C. Jessup und dem sowjetischen UNO-Vertreter Jakow Malik in New York hatten die vier Besatzungsmächte am 4. Mai 1949 ein Kommuniqué – das New Yorker Abkommen – herausgegeben, in dem die Aufhebung aller »Einschränkungen« von Handel, Transport und Verkehr angekündigt wurde; auch der Rat der Außenminister sollte seine Sitzungen wieder aufnehmen, »um Deutschland berührende Fragen sowie die Probleme zu erörtern, die sich aus der Situation in Berlin ergeben, darunter auch die Berliner Währungsfrage«.[4] Berlin hatte eine Atempause bekommen und Ernst Reuter einen großen Sieg errungen. Im Mittelpunkt eines der ersten entscheidenden Ereignisse des Kalten Krieges stehend, war er zu einer international bekannten

Ernst Reuter und Konrad Adenauer verband ein äußerst spannungsgeladenes Verhältnis. Adenauer empfand Reuters Vorgehen oft als anmaßend, aus Reuters Sicht war es unmöglich, zu dem Kanzler einen »sachlich erträglichen« Kontakt aufzubauen. »Aber der Hauptunterschied zwischen Adenauer und mir ist der, daß er ein Rheinländer ist und ich ein Preuße!« Die Aufnahme entstand am 12. Mai 1949 vor dem Berliner Rathaus Schöneberg.

Persönlichkeit geworden, deren Ansehen weit über Berlin hinausreichte. James P. O'Donnell hatte ihn in der amerikanischen Presse mit den Worten gefeiert, er sei der »Bürgermeister, den Rußland haßt«.[5]

Durch die Aufhebung der Blockade wurde Reuters Leben allerdings nicht leichter. Die erste »heroische« Phase der Berliner Nachkriegsgeschichte war beendet, und es sollten zehn Jahre vergehen, bis die Stadt erneut zum Brennpunkt des Kalten Krieges wurde. Aber zunächst einmal mußte – so paradox es klingen mag – eine gewisse Normalität unter den Bedingungen einer im Grunde dauerhaft anomalen Situation hergestellt werden.

In den langen Jahren seines unfreiwilligen Exils in der Türkei hatte Ernst Reuter reichlich Zeit für seine privaten Hobbies, persönlichen Freundschaften und seine Familie gehabt. Mit seiner Rückkehr nach Deutschland im Winter 1946 änderte sich dies schlagartig, und im August 1948 gab er in einem Brief an Gretel Burkill, eine alte Bekannte in England, zu, daß seine Arbeit in Berlin »offensichtlich ihre Früchte trägt, aber sie kostet mich auch die Hergabe der letzten physischen und geistigen Kraft. (...) Ich hatte gehofft, nach Beendigung der Blockade einen langen und tiefen Schlaf zu tun – aber auch das liegt noch in weiter Ferne.« Und einige Monate später äußerte er gegenüber seinem alten Freund Victor Schiff: »Seitdem ich in Deutschland bin, habe ich mit Ausnahme der wenigen ruhigen Stunden an Feiertagen keinen Urlaub gehabt. Oft geht die Arbeit bis an die Grenze des physisch Möglichen; aber ich bin glücklicherweise in ausgezeichneter Gesundheit, und ich weiß auch, daß ich durchhalten werde, bis wir unser Ziel erreicht haben. (...) Und wenn die Blockade zu Ende geht, bin ich entschlossen, mich auf meinen Volkswagen zu setzen und einmal irgendwohin abzuhauen, wenn es geht, bis nach Rom.«[6] Aber erst im Frühsommer 1953 konnte er mit Hanna endlich nach Italien aufbrechen – eine Reise, die durch den Aufstand in der DDR am 17. Juni vorzeitig beendet wurde. Die Jahre nach der Blockade sollten ihn noch stärker fordern als die Jahre vor 1949, oft auch durch seiner Ansicht nach belanglose Angelegenheiten, insbesondere die zeitaufwendigen Repräsentationspflichten. Außerdem verlor sich die Lokalpolitik seiner Partei häufig in Cliquenwirtschaft, und mitunter hatte er das Gefühl, in den Wirren, die sich daraus ergaben, zu ertrinken.[7] Wie die *New York Times* richtig konstatierte, war Reuter weniger ein Oberbürgermeister, als vielmehr der »Regierungschef und Außenminister eines kleinen, von feindlichem Territorium umgebenen Landes (...)«.[8] Daher war es kaum überraschend, daß nur wenig Zeit für Privates blieb. Manchmal wurde ihm alles zuviel. Im Februar 1952 nutzte er seine berühmte Radiosendung im RIAS »Wo uns der Schuh drückt«, um seine Zuhörer vorsichtig darauf hinzuweisen, daß es nicht sehr vernünftig sei, den Regierenden Bürgermeister von Berlin »in eine Ansprachen-Maschinerie« zu verwandeln, und daß er und viele seiner Kollegen die »Grenze der Leistungsfähigkeit« erreicht hätten:

Reuter war ein leidenschaftlicher Autofahrer, und der VW-Käfer wurde ebenso wie Stock und Baskenmütze zu seinem Markenzeichen. Die Aufnahme entstand während einer Urlaubsreise in Rothenburg ob der Tauber Ende Mai 1953.

»Um wirklich schöpferisch etwas leisten zu können, braucht der Mensch auch eine gewisse Ruhe (...).«[9]

Hanna Reuter sorgte sich ständig wegen der Arbeitsbelastung ihres Mannes – zu Recht, wie schon ein flüchtiger Blick auf sein tägliches Arbeitspensum zeigt[10] – und versuchte nach Kräften, ihn in seinen seltenen freien Stunden abzuschirmen. Im Frühjahr 1948 fand die Familie ein Haus in der Bülowstraße 33 in der Nähe des Mexiko-Platzes in Zehlendorf,[11] bescheiden zwar, aber ein abgeschiedenes Refugium, in dem Ernst arbeiten und sich geborgen fühlen konnte. Als die Familie einzog, war der dazugehörige Garten verwildert; doch schon im April 1948 verwandelte sie ihn in einen Gemüsegarten, der reichlich Spinat, Zwiebeln, Kartoffeln und Karotten lieferte. Während der Blockade waren sie froh, darauf zurückgreifen zu können.[12] (Wie die meisten West-Berliner bekamen die Reuters während der Blockade nicht nur eingeflogene Lebensmittel, sondern wurden zusätzlich von Bekannten in der sowjetischen Zone versorgt. Außerdem erhielten auch sie CARE-Pakete aus den Vereinigten Staaten.) Da das Haus in der Nähe von Wohngebieten der Amerikaner lag, stand den Reuters während der Blockade auch von 5.00 bis 8.00 Uhr und von 18.00 bis 23.00 Uhr Elektrizität zur Verfügung. Ansonsten arbeitete Reuter mit einer Methan-Gaslampe im Eßzimmer.

Als die Reuters in das Haus in der Bülowstraße zogen, waren die Kinder erwachsen und lebten ihr eigenes Leben. Edzard hatte ein Studium an der geschichtsträchtigen Humboldt-Universität im sowjetischen Sektor begonnen, wechselte jedoch im Wintersemester 1948/49 nach Göttingen, da eine Fortsetzung seines Studiums im Ostsektor aus politischen Gründen unmöglich geworden war. Nicht an einer politischen Karriere, sondern mehr an Ökonomie und Jura interessiert, entschied er sich für das Studium der Jurisprudenz. 1955 machte er sein Zweites juristisches Staatsexamen, ging in die Wirtschaft und stieg schließlich zur Spitze des Daimler-Benz-Konzerns auf.[13] Ernst Reuters Tochter Hella war auf Drängen ihres Vaters 1949 nach Berlin gekommen.[14] Wegen einer Rheumaerkrankung, die sie sich in der Türkei zugezogen hatte, war sie zunächst in Ankara geblieben. Sie war eine würdevolle und gebildete Frau, die viele Jahre für Siemens arbeitete, bis ihre Krankheit sie zur Aufgabe ihrer Arbeit zwang; sie starb 1983.[15] Harry Reuter war in Großbritannien geblieben, britischer Staatsbürger geworden und hatte geheiratet. Er war ein angesehener Mathematiker, hatte während des Krieges noch als Student für den Royal Naval Scientific Service gearbeitet und später an verschiedenen englischen Universitäten gelehrt. 1992 starb er.[16] Wie bereits erwähnt, hatten das Exil und die geographische Entfernung zu einem distanzierten Verhältnis zwischen Vater und Sohn geführt. Ernst beklagte sich häufig darüber, daß sein Sohn so selten schrieb. Allerdings trafen sie sich gelegentlich, wenn Ernst nach Großbritannien reiste.[17] Bei einem dieser Besuche lernte er auch seinen kleinen Enkel Timothy kurz kennen, der nach dem Krieg geboren wurde.

Reuters Lebens- und Arbeitsgewohnheiten waren über Jahrzehnte weitgehend unverändert geblieben. Er stand gewöhnlich zwischen 7.00 und 7.15 Uhr auf und ging in sein Büro, das sich ab 1949 im Rathaus Schöneberg am Rudolph-Wilde-Platz (jetzt John-F.-Kennedy-Platz) befand.[18] Seine Sekretärinnen erzählten später, er sei stets mit einer Zigarre in der Hand gekommen und mit einer Zigarre in der Hand gegangen. Die Zigarren und die Bücher, die er, wenn er Zeit hatte, im »Bücherwurm« oder in Marga Schoellers Buchhandlung in der Knesebeckstraße erstand,[19] scheinen der einzige Genuß gewesen zu sein, den er sich gönnte. Aus Essen machte er sich weiterhin nicht viel, und seine Sekretärinnen versorgten ihn manchmal mit Obst vom Markt auf dem Rathausvorplatz, damit er überhaupt etwas aß. Reuter arbeitete konzentriert, hatte aber einen Hang zur kreativen Unordnung. Anders als sein in dieser Hinsicht sehr genauer Rivale Friedensburg legte er keine detaillierten Aktenvermerke an, sondern notierte vieles auf Zettel: »Meist war es so, daß sein ganzer Schreibtisch voller Zettel lag. Zwar erledigte er viel, doch gab es manchmal einen großen Stoß unerledigter Sachen.«

Als Reuter im Dezember 1948 endlich auch offiziell das Amt des Oberbürgermeisters übernahm, war die Blockade noch in vollem Gange. Allerdings gingen nicht alle Probleme der Stadt auf die Blockade zurück. Reuter, entschlossen, die strukturellen Engpässe aufzubrechen, die eine effiziente Verwaltung der Stadt unter dem Besatzungsregime, insbesondere seit dem Sommer 1947, verhindert hatten, traf sich deswegen mehrfach mit den Vertretern der Westmächte. Unter anderem forderte er die sofortige Reaktivierung der Alliierten Kommandantur – nunmehr als Dreimächtegremium –, damit sie als »einzige kontrollierende Körperschaft« die Politik der Alliierten in den drei Westsektoren koordinierte. Eine funktionsfähige Kommandantur könne, so hoffte er, sowohl die Einführung einer einheitlichen Währung in den Westsektoren beschleunigen als auch »geregelte Beziehungen« zwischen Berlin und Westdeutschland herstellen.[20] Außerdem schlug er vor, alle zwölf Bezirke in den drei Sektoren zu einer einheitlichen Verwaltungseinheit zusammenzufassen und die Grenzen zwischen den Sektoren aufzuheben. Seiner Ansicht nach »war jetzt die Zeit für eine Lockerung der strengen Kontrolle über die Stadt Berlin« gekommen. Auch sollten den Deutschen mehr Befugnisse übertragen werden. Höchste politische Instanz müsse die Stadtverordnetenversammlung sein, »und der Oberbürgermeister ist ihr untergeordnet, wenngleich er die Stadt mit fester Hand führen kann. Er sollte nicht versuchen, eine ›Führerlegende‹ aufzubauen, für die die Deutschen nur allzu anfällig sind.«[21]

Die amerikanischen Besatzungsbehörden unterstützten Reuters Auffassungen entschieden, während die wesentlich skeptischeren Franzosen soviel Kontrolle wie möglich über die Berliner Behörden ausüben wollten. Die Amerikaner waren jedoch überzeugt, daß die demokratisch gewählten Repräsentanten der Stadt ihre Fähigkeit, Verantwortung zu übernehmen, unter Beweis gestellt hatten, und zeigten sich daher bereit, dem neuen Magistrat »ein höheres Maß an Selbstverwaltung« einzuräumen.[22] Entsprechend Reuters Wunsch tagte die neue Dreimächte-Kommandantur bereits am 21. Dezember 1948 in ihrem alten Gebäude in Berlin-Dahlem. Mit dem Auszug der Sowjets sei die Kommandantur nicht automatisch aufgelöst, so die einhellige Meinung der Westalliierten, die Befehlsgewalt der »neuen« Kommandantur sei allerdings auf die Westsektoren beschränkt.[23] Während sich die Kommandantur organisatorisch auf ihre Arbeit vorbereitete, bemühten sich Reuter und seine Kollegen um die Bildung eines neuen Magistrats. Aufgrund ihrer Wahlniederlage vom 5. Dezember hatte die CDU zunächst beschlossen, nicht in die von der SPD angebotene Koalition einzutreten, aber Ferdinand Friedensburg und Kurt Landsberg, die für die Fortsetzung der Mitarbeit waren, setzten sich schließlich gegen Jakob Kaiser und Walther Schreiber durch, die lieber in die Opposition gegangen wären. Als der neue Magistrat Mitte Januar 1949 offiziell vorgestellt wurde, umfaßte er Vertreter der drei demokratischen Parteien, sechs von der SPD, zwei von der CDU und drei von der LDP. Louise Schroeder und Ferdinand Friedensburg wurden zu Bürgermeistern gewählt, wobei Schroeder Reuters Hauptvertreterin sein sollte. Acht der neuen Magistratsmitglieder hatten auch dem alten Senat schon angehört, darunter Gustav Klingelhöfer (Wirtschaft), Otto Theuner (Personal und Verwaltung), Paul Füllsack (Ernährung) und Walter May (Volksbildung) von der SPD sowie Friedrich Haas (Finanzen) und Valentin Kielinger (Rechtswesen) von der CDU. Der Christdemokrat Georg von Broich-Oppert, ehemals stellvertretender Bürgermeister des Bezirks Schöneberg, leitete Reuters neue Senatskanzlei; er war insbesondere für die Kontakte mit den alliierten Verbindungsoffizieren zuständig und nahm in Abwesenheit des Oberbürgermeisters an den Sitzungen des Magistrats teil.[24]

Zu Reuters Enttäuschung war es ihm nicht gelungen, gute Leute aus den Westzonen Deutschlands zu gewinnen. »Was wir in Berlin brauchen, sind nicht nur Sympathieerklärungen, sondern auch eine aktive Teilnahme des Westens an den Auseinandersetzungen, die wir hier in vorderster Linie an dem Zusammentreffen zweier Welten zu führen haben.«[25] Seit seiner Rückkehr aus Ankara hatte

Reuter immer wieder an andere Exilanten geschrieben und sie aufgefordert, nach Deutschland und speziell nach Berlin zurückzukehren. Jetzt beobachtete er mit Sorge eine zunehmende Abwanderungsbewegung aus Berlin, sowohl von Privatpersonen als auch von Unternehmen. Um so entschlossener war er, qualifizierte und profilierte Leute für die Stadt zu interessieren, und das nicht nur im Inland.

Von Anfang an hatte Reuter deutlich gemacht, daß er vorhatte, sein eigener »Außenminister«[26] zu sein, und als Stalin im Januar 1949 seine Bereitschaft signalisierte, Bewegung in die Berlin-Frage zu bringen, hielt Reuter den Zeitpunkt für gekommen, selbst im Ausland für seine Politik zu werben. Im Februar reiste er zunächst nach London und Paris. Er wollte nicht nur erreichen, daß Berlin und die Luftbrücke für die Alliierten weiterhin ganz oben auf der Tagesordnung standen, sondern auch weitergehende Fragen diskutieren: Wie konnte Berlin auch nach Beendigung der Blockade unterstützt, wie ein Ende der verworrenen Währungssituation erreicht werden? Wie ließen sich garantierte wirtschaftliche, rechtliche, institutionelle und verfassungsmäßige Verbindungen zwischen Berlin und der entstehenden Bundesrepublik herstellen? Den Akten des britischen Außenministeriums zufolge lag Reuter dieser letzte Punkt ganz besonders am Herzen, und in seinen Gesprächen mit dem Außenministerium zeichneten sich schon deutlich die Umrisse seiner berühmten »Magnettheorie« ab.

Dieser Theorie zufolge »repräsentiert West-Berlin das ganze Berlin (der Ostsektor stirbt als politische Kraft ab), und Berlin stellt für die Ostzone die einzige Hoffnung auf Freiheit dar. Wenn Berlin fest an Westdeutschland gebunden ist, wird die Ostzone automatisch in den Einflußbereich Westeuropas gezogen werden. Sollte die Verbindung zwischen Berlin und dem Westen jedoch zu schwach sein, berauben sich die Westmächte nicht nur der Chance, für die Einheit Deutschlands einzutreten, sondern verlängern die Teilung Deutschlands.« In diesem Fall würde auch Westdeutschland niemals bereit sein, eine nützliche und wichtige Rolle im Kreise der Westmächte zu übernehmen. Und soweit er Stalin kenne, sei dieser zwar willens, jede tatsächliche oder vermeintliche Schwäche des Westens auszunutzen; letztlich aber sei die Sowjetunion schwächer, verwundbarer und konzessionsbereiter, als viele Leute im Westen einzusehen bereit waren: »Die zunehmende Konsolidierung Westdeutschlands und unsere entschlossene Berlin-Politik haben die Russen nicht zu einem aggressiven Verhalten provoziert, sondern auf ihrer Seite zu einer unsicheren und schwankenden Politik geführt (...).« Eine entschiedene Politik gegenüber der UdSSR, insbesondere hinsichtlich der Anbindung Berlins an Westdeutschland, werde daher nicht zu einem Krieg führen. München und das Scheitern der Appeasement-Politik hätten eines gezeigt: Zu große Nachgiebigkeit führte zum Krieg, während eine konsequente Politik den Frieden erhalten konnte.[27] Reuter wurde nicht müde zu betonen, daß das neue Grundgesetz, das in Bonn ausgearbeitet wurde, einen vernünftigen Kompromiß darstelle, der die Fehler von Weimar vermeide.[28] Ihm war klar, daß sich die Alliierten – vor allem die Franzosen – in der unmittelbaren Zukunft gewisse Rechte in Berlin vorbehalten würden. Dennoch beharrte er darauf, »Berlin müsse in etwa den Status eines Bundeslandes erhalten«.[29]

Von seinen Londoner Gesprächen mit Außenminister Ernest Bevin und Bevins Beratern – darunter Sir Brian Robertson, Sir Ivone Kirkpatrick (später Hoher Kommissar für Deutschland) und Patrick Dean – nahm Reuter den Eindruck mit nach Hause, daß die Briten seinen Vorstellungen wohlwollend gegenüberstanden. Überraschenderweise traf er auch in Paris auf eine ähnlich wohlmeinende Haltung, obwohl die Abneigung der Franzosen gegen die Wiederherstellung der deutschen Einheit bekannt war. Außenminister Robert Schuman habe sich, so Reuter später, besonders verständnisvoll gezeigt, der angesehene Deutschland-Experte André François-Poncet – später Hoher Kommissar für Deutschland – sei »reservierter« gewesen. Auch die Zusammenkünfte mit Vertretern der Labour Party und der französischen Sozialisten, etwa mit dem Journalisten Salomon Grumbach, mit dem Reuter befreundet war, waren gut verlaufen. Infolgedessen kehrte Reuter mit verhaltenem Optimismus nach Berlin zurück, überzeugt, daß sich die Einbindung Berlins in die neue Bundesrepublik »in Etappen« vollziehen würde: Man müsse mit einer Übergangsperiode von sechs bis neun Monaten rechnen.[30]

Doch da hatte er sich verschätzt. Manches an seinen Äußerungen mag Zweckoptimismus gewesen sein, mit Sicherheit aber haben ihn die Zusicherungen und die vorsichtige Unterstützung, die die Briten signalisiert hatten, dazu verleitet. Sir Ivone Kirkpatrick beispielsweise hatte angedeutet, Großbritannien müsse zwar auf die Interessen der Franzosen Rücksicht nehmen, aber »er könne sich die schrittweise Integration Berlins in den westdeutschen Staat vorstellen. Die erste Stufe könne die Teilnahme einer Berliner Delegation ohne Stimmrecht an den Sitzungen der neuen Bundesregierung sein.«[31] Tatsächlich sollten noch einundvierzig Jahre vergehen, bis Berliner Abgeordnete mit Stimmrecht in den Bundestag einzogen, und auch der Viermächtestatus hatte, wenngleich mit wichtigen Änderungen, bis 1990 Bestand – dieser Zeitraum war damals nicht nur für Reuter unvorstellbar. Um ihre Besatzungsrechte zu schützen und um vor allem die Franzosen zu beschwichtigen, kamen die westlichen Militärgouverneure Anfang März 1949 überein, Artikel 22 des Grundgesetzentwurfes zu streichen, der die Einbeziehung Berlins in die Bundesrepublik forderte. Zugleich versicherten die Gouverneure dem Parlamentarischen Rat jedoch, sie hätten nichts gegen die Präsenz einer kleinen Zahl von Vertretern Berlins im neuen Bundestag.[32] Darüber hinaus wurden verschiedene Versuche unternommen, mit Hilfe ausgeklügelter Konstruktionen doch noch die direkte Einbeziehung Berlins in die Bundesrepublik zu erreichen, aber diese Versuche scheiterten – nicht zuletzt wegen des Widerstandes von Konrad Adenauer, der ab 1948/49 neben Franz Neumann und Kurt Schumacher zu einem der drei Gegenspieler Reuters wurde.

Was dagegen gelang, war die finanzielle Einbeziehung West-Berlins durch Einführung der Westmark am 20. März als alleiniges Zahlungsmittel. Wie bereits erwähnt, hatten die Vorsitzenden aller drei demokratischen Parteien die Alliierten zu dieser Entscheidung gedrängt, und zwar trotz der Bedenken deutscher Wirtschafts- und Finanzexperten, die (zu Recht, wie sich herausstellte) die wirtschaftlichen und finanziellen Konsequenzen eines solchen Schrittes fürchteten. Das System der zwei Währungen, das es seit dem Sommer 1948 in den Westsektoren Berlins gegeben hatte, war damit beendet. Reuter und Klingelhöfer votierten aus rein politischen Gründen für die Westmark, um die Anbindung Berlins an den entstehenden westdeutschen Teilstaat zu forcieren. Reuter beurteilte die wirtschaftlichen Perspektiven Berlins sogar während der Blokkade positiv und spielte Klingelhöfers gelegentliche Äußerungen von Besorgnis und Pessimismus herunter.[33]

Der erste Anlaß, eine volle Umstellung auf Westmark ernsthaft in Erwägung zu ziehen, ergab sich Ende Januar 1949, als Stalin in einem Interview mit dem amerikanischen Journalisten Kingsbury Smith andeutete, die Sowjetunion werde die Blockade möglicherweise beenden, ohne von den Westmächten Konzessionen in bezug auf die Währungsfrage zu verlangen. Alles, was er wolle, sei die Einberufung einer Außenministerkonferenz vor der endgültigen Gründung eines westdeutschen Teilstaates.[34] Jetzt hatten die Alliierten grünes Licht für Verhandlungen über die Beendigung der Blockade und für die Vorbereitungen zur Währungsumstellung. Da dem amerikanischen Sonderbotschafter Philip C. Jessup daran gelegen war, den Stillstand in der Berlin-Frage endlich zu beenden, konferierte er in New York intensiv mit dem sowjetischen Vertreter bei den Vereinten Nationen, Jakow Malik; und noch bevor die Gespräche zwischen Jessup und Malik erfolgreich abgeschlossen wurden, erklärten sich die Briten bereit, die Währungsreform in Berlin voranzutreiben. Die Amerikaner hatten schon seit Monaten dafür plädiert, und gemeinsam mit den Briten überzeugten sie nun im Frühjahr 1949 auch die Franzosen davon, daß eine Währungsreform notwendig sei, um in Berlin wieder finanzielle Stabilität und wirtschaftliche Sicherheit herzustellen.[35]

Am 15. März 1949 traten die drei westlichen Stadtkommandanten – Jean Ganeval, Frank Howley (gerade zum Brigadegeneral befördert) und G.K. Bourne, der General Herbert als britischen Stadtkommandanten abgelöst hatte – zu einer Sondersitzung zusammen, um die Entwürfe verschiedener Währungsverordnungen zu beraten. An diesen Gesprächen nahmen auch Ernst Reuter, Finanzstadtrat Friedrich Haas, Otto Suhr und die Vorsitzenden der drei Parteien, Neumann, Schreiber und Schwennicke, teil. Reuter, der die Entscheidung, die Westmark als alleingültiges Zahlungsmittel einzuführen, natürlich begrüßte, warnte zugleich vor den Folgen der Umstellung für Kleinsparer, die Guthaben in Ostmark besaßen; auch könne es aufgrund der Begrenzung der im Umlauf gebrachten Geldmenge schwierig sein, Löhne und Gehälter in Westmark zu zahlen.[36] Hier machten die Alliierten einige kleine Konzessionen und setzten fünf Tage später die Währungsergänzungsverordnung (WEVO), eine Umstellungsergänzungsverordnung und eine Verordnung über die Einrichtung einer Berliner Zentralbank in Kraft. Letztere war notwendig, weil die westdeutsche Bank Deutscher Länder nicht direkt für die in den Berliner Westsektoren ausgegebene Währung zuständig sein würde. Im Rahmen der WEVO wurde unter anderem eine Lohnausgleichskasse geschaffen, um die komplizierte Situation der Grenzgänger zu lösen, die ihre Löhne oder Lebensmittelkarten im sowjetischen Sektor der Stadt erhielten. Die Verordnungen sahen außerdem

Die Währungsumstellung 1949 traf Kleinsparer und Bezieher kleiner Einkommen mit besonderer Härte. Unter der Überschrift »Weg mit Reuter!« fordern Währungsgeschädigte auf einer Protestkundgebung am 15. Juli 1949 »eine Stadtverwaltung, die uns nicht bei vollen Schaufenstern verrecken läßt«.

besondere Regelungen für eine Reihe weiterer Gruppen – von Studenten bis zu Freiberuflern – vor, die die Währungsumstellung unter Umständen besonders hart treffen konnte. Die daraus resultierenden Belastungen waren weitaus größer als angenommen und kosteten Berlin im Rechnungsjahr 1949 etwa 68 Millionen DM, zwanzig Millionen mehr als erwartet.[37]

Auf den ersten Blick bedeuteten die Verordnungen vom 20. März für Reuter einen enormen politischen Erfolg. Monatelang hatten er und Klingelhöfer die Alliierten zu diesem Schritt gedrängt, den Reuter für einen wesentlichen Teil seiner »Magnet«-Strategie hielt; die Einbindung West-Berlins in den westdeutschen Teilstaat sollte den Weg für eine relativ rasche Wiedervereinigung des ganzen Landes auf demokratischer Grundlage freimachen.[38] Am 21. März, kurz bevor er zu einer Reise in die Vereinigten Staaten aufbrach, unterstrich Reuter in der Stadtverordnetenversammlung die Bedeutung der Währungsumstellung: »(...) die Tatsache, daß die Westwährung eingeführt worden ist, bedeutet die endgültige Anerkennung durch die drei westlichen Mächte, daß Berlin zum Westen gehört und ökonomisch mit dem Westen verbunden sein muß und damit ideologisch und politisch auf die Dauer zum Westen gehören wird«.[39] Gleichwohl würden die drei Westsektoren zumindest kurzfristig einen beträchtlichen ökonomischen Preis – eingeschlossen eine hohe Arbeitslosigkeit – für diese politische Entscheidung zahlen müssen. Auch die institutionelle Teilung der Stadt werde sich kurzfristig vertiefen. Diese Probleme seien jedoch unvermeidbar und nur vorübergehender Natur.[40]

Wenige Tage nach seinem offenkundigen Triumph brach er in die USA auf, um als Gast an der Konferenz amerikanischer Bürgermeister teilzunehmen. Die Reise wurde in jeder Hinsicht zu einem Public-Relations-Erfolg, wenngleich sie in der amerikanischen Presse durch den gleichzeitigen Besuch von Winston Churchill in den Hintergrund gedrängt wurde. Dennoch hätte wohl kein anderer Deutscher weniger als vier Jahre nach dem Krieg gegen Hitler-Deutschland in den Vereinigten Staaten soviel Zustimmung erfahren. Ein Jahr zuvor in den Vereinigten Staaten fast unbekannt, war Reuter zum Symbol für den Freiheitskampf Berlins geworden.[41] Und er verstand es, seine gute Presse zu nutzen, um seine Position in bezug auf Berlin und dessen künftiges Verhältnis zum übrigen Deutschland darzulegen, sei es in privaten Interviews oder beim Sender Voice of America. In Washington sprach er vor der Bürgermeisterkonferenz und im Nationalen Presseclub, wo er auf große Resonanz traf. Nach einer Reihe von Zusammenkünften mit Politikern und Vertretern des Verteidigungs- und Außenministeriums (darunter Robert Murphy) flog er nach Atlanta, Chicago, Grand Rapids, Detroit und Pittsburgh, dann erneut nach Washington, zu einem halbstündigen Gespräch mit dem neuen Außenminister Dean Acheson, der kurz zuvor George Marshall abgelöst hatte. Vor seiner Rückkehr nach Berlin wurde Reuter im historischen Rathaus der Stadt New York von Bürgermeister William O'Dwyer feierlich empfangen.[42]

Während seiner Reise hatte Reuter erneut den Kontakt mit ehemaligen Exilanten gesucht, die in den Vereinigten Staaten geblieben waren. Außerdem war es ihm gelungen, Verbindung zu gleichgesinnten amerikanischen Gewerkschaftsführern und Politikern aufzunehmen, insbesondere zu solchen, die zum linken, antikommunistischen Flügel der Demokratischen Partei gehörten – also zu Menschen mit sozialdemokratischer Einstellung, die im amerikanischen Sprachgebrauch »Liberals« genannt werden. Diese Kontakte müßten »intensiv gepflegt« werden, ermahnte Reuter nach seiner Rückkehr seine Berliner Genossen,[43] denn einflußreiche Mitstreiter im Ausland, vor allem in den USA, bedeuteten für Berlin eine wichtige politische, ökonomische und moralische Unterstützung. Obwohl die unselige Geschichte des McCarthyismus und die späteren Konflikte in der Ära des Vietnamkrieges manchmal den Blick dafür verstellt haben, gab es in den Vereinigten Staaten viele unabhängige Linke, die entschieden antikommunistisch eingestellt waren, weil sie davon überzeugt waren, daß Faschismus und Kommunismus etwas gemeinsam hatten – in Ernst Reuters Worten eine totalitäre »Wesensverwandtschaft«.[44]

1949 waren diese antikommunistischen Linken einflußreiche Träger jenes Konsenses, der sich während des Kaltes Krieges in den Vereinigten Staaten herausbildete; sie setzten sich mit Enthusiasmus für Berlin, die Demokratisierung Deutschlands und die – möglichst weitgehende – Einbindung Deutschlands in das entstehende westliche Bündnissystem ein. Manche dieser Leute waren, wie Reuter selbst, desillusionierte ehemalige Kommunisten oder Anhänger der Kommunisten, und viele hatten Franklin D. Roosevelts New Deal unterstützt, für den auch Reuter häufig seine Bewunderung geäußert hatte. So gehörten zu seinen natürlichen Verbündeten in den USA Menschen wie die Brüder Walter und Victor Reuther, prominente Führer des Automobilarbeiterverbands (United Automobile Workers), einer der mächtigsten, im Congress of Industrial Organizations (CIO) vertretenen Industriegewerkschaften. Auch Walter Reuther hatte zuerst mit den Kommunisten sympathisiert, dann jedoch erfolgreich deren Einfluß in amerikanischen Gewerkschaften bekämpft. Im Dezember 1949, einige Monate nach Reuters Besuch in den Vereinigten Staaten, kam Walter Reuther nach Berlin und trat anschließend entschieden für die Einbeziehung Berlins als zwölftes Land in die Bundesrepublik ein.[45] Reuter unterhielt enge Kontakte zu so unterschiedlichen Amerikanern wie dem Sozialisten Norman Thomas, dem Theologen Reinhold Niebuhr (der ihn 1947, während des sowjetischen Vetos, unterstützt hatte), dem Ökonomen und Vorsitzenden des International Rescue Committee Leo Cherne und zu »liberalen Internationalisten« wie James Loeb und Senator Hubert Humphrey, die 1947 die antikommunistische Americans for Democratic Action (ADA) gegründet hatten.

Reuter zögerte nie, aus den besonderen Beziehungen, die sich zu den Amerikanern entwickelt hatten, politische Vorteile zu ziehen: zum einen, um die Interessen Berlins zu schützen, zum anderen, um sich gegen seine Gegner in Deutschland, auch in der Berliner SPD, durchzusetzen.[46] Gleichwohl war sein Verhältnis zu den Vereinigten Staaten nicht nur instrumenteller Natur; obwohl er das Land nie wirklich gründlich kennenlernte, war er zu einem seiner größten Bewunderer geworden. Dies geht besonders aus einem Artikel hervor, der im November 1952 in der einflußreichen Zeitschrift *Der Monat* erschien, die in Berlin von dem Amerikaner Melvin J. Lasky herausgegeben wurde. Reuter beschrieb seinen ersten Besuch in den Vereinigten Staaten im Jahre 1929; er sei zwar von dem Land beeindruckt gewesen, aber voller Erleichterung nach Europa zurückgekehrt. 1949 hatten sich die Vereinigten Staaten allerdings materiell und kulturell dramatisch verändert: »Die kommunalen Verwaltungen, die mich besonders interessieren, können heute mit denen vor zwanzig Jahren nicht mehr verglichen werden, und diejenigen Europäer, die auf ihr altes Europa stolz sind, würden gut beraten sein, wenn sie sich ernstlich bemühen würden, zu begreifen, wie dieses Land in immer neuen Wandlungen das Erbe der europäischen Kultur nicht nur übernimmt, sondern weiterführt.«[47]

Im Mai folgte Reuters größter Sieg: das Ende der Blockade. Die Verhandlungen zwischen Jessup und Malik endeten mit dem New Yorker Abkommen vom 4. Mai, und acht Tage später wurde die Blockade offiziell aufgehoben. Als jedoch eine Minute nach Mitternacht wieder Lastwagen mit Gütern für Berlin über die Transitstrecken durch die sowjetische Zone rollten, brach in der Stadt keine allgemeine Euphorie aus. Kaum ein Berliner konnte sich die Waren leisten, außerdem traute man der Vereinbarung nicht: Die Sowjets konnten jederzeit wieder eine Blockade verhängen oder, was wahrscheinlicher war, den freien Verkehr von Waren und Menschen durch bürokratische Schikanen behindern. Und tatsächlich schränkten die sowjetischen Behörden die Transporte zunächst ein, was zur Folge hatte, daß Anfang Juni täglich nur 2625 Tonnen Güter per Lastwagen nach Berlin gelangten und nur 175 Tonnen die Stadt per Lastwagen verließen. Gleichzeitig kam die Binnenschiffahrt nur langsam wieder in Gang.[48] Die Alliierten setzten die Luftbrücke bis zum Herbst 1949 fort, der Nationale Sicherheitsrat der USA entwarf Pläne für den Fall einer erneuten Blockade.[49]

Am 12. Mai versammelten sich zweihunderttausend Berliner vor dem Schöneberger Rathaus, um dem Ende der Blockade zu gedenken. Im Rathaus selbst tagte im Beisein einer Delegation des Parlamentarischen Rates – darunter Konrad Adenauer und Carlo Schmid – sowie der drei westlichen Militärgouverneure Pierre Koenig, Brian Robertson und Lucius Clay die Berliner Stadtverordnetenversammlung. In seiner Rede würdigte Reuter vor allem die jungen Piloten, die während der Luftbrücke ums Leben gekommen waren, und gab die Entscheidung des Magistrats bekannt, den Platz vor dem Tempelhofer Flughafen in »Platz der Luftbrücke« umzubenennen.[50] Wenige Minuten später wandte er sich an die Menge auf dem Rathausvorplatz. Auf die insgesamt gedämpfte Stimmung seiner Zuhörer eingehend, erinnerte der Oberbürgermeister daran, daß die Aufhebung der Blockade zwar einen Sieg der Freiheit, aber nur einen Schritt auf dem Weg darstelle, der schließlich zu einem vereinigten und freien Deutschland führen werde. Dann aber sei die Freiheit tatsächlich erreicht: »Einmal muß der Tag kommen, und wir werden diesen Tag gemeinsam erleben, das wird der Tag des wirklichen Sieges sein. Dann werden wir hinziehen zum Brandenburger Tor, auf dem Brandenburger Tor werden wir gemeinsam die Fahne der deutschen Bundesrepublik, die Fahne der Freiheit, die schwarz-rot-goldene Fahne, hissen. Dann wird keine Macht mehr über uns herrschen, dann herrschen wir selber über uns, werden verantwortlich sein für das, was wir tun, werden im politischen Kampf uns gegenseitig die Meinung sagen, werden uns auseinanderkämpfen, werden uns zueinanderkämpfen, aber werden schließlich und endlich doch in gemeinsamer Arbeit diese unsere schöne Stadt wieder aufbauen, so, wie wir vor zwanzig Jahren an ihr gebaut haben. Und dann wird ganz Deutschland mit uns zusammen sein, denn in diesem Augenblick werden wir den Lohn unserer Mühen sehen. Dann ist Berlin wieder Berlin, die Hauptstadt der freien deutschen Bundesrepublik!«[51]

Es sollten noch mehr als vierzig Jahre vergehen, bis am 9. November 1989 tatsächlich Menschen aus Ost und West zum Brandenburger Tor zogen und ein Prozeß in Gang kam, der in die deutsche Einheit mündete und Berlin wieder zur Hauptstadt ganz

Deutschlands machte. Denn in jenen Tagen und Wochen, in denen die Blockade ihrem Ende zuging, wurden in Washington, Moskau und anderswo Entscheidungen getroffen, die die institutionellen Grundlagen für die Spaltung Europas und den »langen Frieden« in Europa schufen – einen Frieden, der sich ebendieser Spaltung verdankte.[52] Im Frühjahr 1949 hatten sich die Amerikaner – unter dem starken Einfluß von Außenminister Acheson – endgültig gegen George Kennans Idee eines neutralen, vereinigten Deutschland mit einer stark reduzierten Präsenz alliierter Truppen entschieden.[53] Statt dessen wurde die westliche (und insbesondere amerikanische) Deutschland-Politik in eine Strategie eingebettet, die auf die Schaffung einer atlantischen Gemeinschaft westlicher Demokratien hinauslief und das Ziel der deutschen Wiedervereinigung den Sicherheitsinteressen des Westens unterordnete.[54]

Ein entscheidender Schritt zur Verfestigung der Teilung Europas wurde Anfang April 1949 getan, als der amerikanische Außenminister Acheson, der britische Außenminister Bevin und der französische Außenminister Schuman in Washington zusammen mit neun weiteren Außenministern ein Abkommen unterzeichneten, aus dem der Nordatlantische Verteidigungspakt (NATO) hervorging.[55] Und nach Monaten anhaltenden Zögerns drängten die Amerikaner nun mit aller Macht auf die baldige Gründung eines separaten westdeutschen Staates. Nach wochenlangem kompliziertem Gerangel zwischen den Militärgouverneuren, den Außenministern der drei Westmächte und den beiden großen Parteien im Parlamentarischen Rat wurde Ende April schließlich eine Einigung über die Details des neuen Grundgesetzes für die Bundesrepublik Deutschland erzielt.[56] Einer, der das Zustandekommen eines westdeutschen Teilstaates mit besonderer Begeisterung begrüßte, war Lucius D. Clay.

Auf der Stadtverordnetenversammlung vom 12. Mai hatte Reuter den scheidenden Militärgouverneur mit folgenden Worten gewürdigt: »Die Erinnerung an General Lucius D. Clay wird in Berlin nicht verblassen. Wir wissen, was wir diesem Mann verdanken.«[57] Clay hatte schon seit längerem geplant, seinen Abschied von der Armee zu nehmen, aber seine Vorgesetzten hatten ihn dringend gebeten, dies vorerst nicht bekanntzugeben. Jetzt, mit dem Ende der Blockade und der Schaffung eines westdeutschen Staates, war seine Arbeit beendet. Das neue Besatzungsstatut, das die Alliierten im Zuge der Vorbereitung des Grundgesetzes ausarbeiteten, garantierte den Siegermächten des Zweiten Weltkriegs zwar weiterhin weitreichende Eingriffsmöglichkeiten in deutsche Angelegenheiten – von der Entflechtung von Industriekonzernen bis hin zur Außenpolitik –, doch mit dem Inkrafttreten des Grundgesetzes sollten die Militärgouverneure durch zivile Hohe Kommissare ersetzt werden.[58] Clay selbst hielt das neue Besatzungsstatut für zu restriktiv; dessen Bestimmungen wurden jedoch, wie er später feststellte, nie wirklich umgesetzt.[59] Bei seiner Ankunft in Deutschland war Clay noch entschlossen gewesen, mit den anderen Mächten zusammenzuarbeiten und schnell zu einer zivilen, demokratischen Regierungsarbeit zu kommen. Bis 1947 hatte er die Kooperation mit den Sowjets aufrechterhalten »und die deutsche Teilung zutiefst bedauert«. Allerdings hielt auch er es für notwendig, dem sowjetischen Druck entschieden entgegenzutreten, und vor allem hatte er dafür gesorgt, daß die Alliierten Berlin während der Krise nicht aufgaben. Dadurch war es zu einem bemerkenswerten und kaum vorhersehbaren Bündnis mit Ernst Reuter gekommen, einem Mann, der jahrzehntelang eine starke Abneigung gegen das Militär gehegt und Clay zunächst mißtraut hatte. Clay wiederum bezweifelte Reuters politische Führungsqualitäten und glaubte, andere Berliner Politiker, etwa der Christdemokrat Walther Schreiber, seien die besseren Verwaltungsfachleute.[60] Zwischen Clay und Reuter blieb daher immer eine gewisse Distanz, aber sie entwickelten große Achtung voreinander.[61] Am 14. Mai stattete Clay Reuter einen persönlichen Besuch im Schöneberger Rathaus ab, und als er am nächsten Tag vom Paradeplatz der U.S.-Armee zum Flughafen Tempelhof fuhr, wurde er von fünfhunderttausend Berlinern verabschiedet.[62] Als sein Flugzeug startete, begann in der Berliner Nachkriegsgeschichte ein neues, seltsames Kapitel.

Die Monate zwischen Mai und September sind zutreffend als von »politischer Betriebsamkeit« erfülltes »Interregnum« beschrieben worden.[63] Am 8. Mai hatte der Parlamentarische Rat mit 53 zu 12 Stimmen den Grundgesetzentwurf gebilligt, und am 10. Mai beschloß der Parlamentarische Rat nach einer lebhaften Debatte, Bonn zum vorläufigen Sitz der Bundesregierung zu machen. Zwei Tage später gaben die Militärgouverneure das neue Besatzungsstatut heraus, und am 23. Mai wurde das Grundgesetz offiziell unterzeichnet. Wahlen zum neuen Bundestag wurden für August angesetzt, und im September nahmen der Bundestag, der Bundesrat und die neue Bundesregierung unter Kanzler Konrad Adenauer ihre Arbeit auf. Am 23. Mai war auf Wunsch der Sowjets auch der Rat der Außenminister in Paris zusammengetreten. Außenminister Andrej Wyschinski hatte jedoch eine so unnachgiebige Linie verfolgt, daß schnell deutlich wurde, daß das Treffen ohne wesentliche Ergebnisse enden würde. Die Sowjets forderten die Rückkehr zur Viermächtekontrolle über Deutschland, die sie selbst sabotiert hatten, während Außenminister Bevin darauf bestand, auf der Grundlage des neuen Grundgesetzes aus der sowjetischen Besatzungszone und den drei Westzonen einen deutschen Bundesstaat zu schaffen. Diese Lösungen waren für die beiden Seiten inakzeptabel.[64] Wie Willy Brandt feststellte, war allgemein der Eindruck vorherrschend, »daß Paris den Übergang vom politischen Bewegungskrieg zum Stellungskrieg bedeutet«.[65] Nach dieser Pattsituation war die offizielle Gründung eines zweiten deutschen Teilstaates nur eine Frage der Zeit. Sie erfolgte Anfang Oktober.

Für Ernst Reuter und für West-Berlin hatten diese Entwicklungen ernüchternde Konsequenzen. Zwei Tage nach Beendigung der Blockade am 12. Mai hatten die drei westlichen Stadtkommandanten die »Grundsätze für die Beziehungen der Stadt Groß-Berlin zur Alliierten Kommandantur« (»Statement of Principles Governing the Relationship between the Allied Kommandantura and Greater Berlin«) unterzeichnet, gemeinhin als »Kleines Besatzungsstatut« bekannt. Obwohl die westlichen Militärgouverneure nach eigenem Bekunden beabsichtigten, »die gleichen liberalen Maßnahmen«, die im neuen Besatzungsstatut für Westdeutschland galten, auch auf Berlin auszudehnen, war es ihnen nicht gelungen, Berlin zu einem Bundesland der entstehenden Bundesrepublik zu machen.[66]

Reuter war zutiefst enttäuscht über dieses Ergebnis. Vorrangig war er in jenen Monaten allerdings mit einem Problem beschäftigt, das – zumindest kurzfristig – für Berlin wesentlich dramatischere Auswirkungen hatte: dem Streik der Berliner Eisenbahnarbeiter im Mai und Juni 1949. Die Stadtbahn oder S-Bahn, ein wichtiger Bestandteil des städtischen Verkehrssystems und ein entscheidendes Bindeglied zwischen den Westsektoren und dem sowjetischen Sektor, wurde von der Reichsbahndirektion (RBD) betrieben, die ihrerseits von den sowjetischen (später DDR-) Behörden in Ost-Berlin kontrolliert wurde, ein Umstand, der noch bis 1990 galt und West-Berlin immer wieder zu schaffen machen sollte.[67] Etwa fünfzehntausend Reichsbahn-Angestellte und Arbeiter lebten in West-

Berlin, und nach der Währungsreform im März erwarteten sie einen vollen Lohnausgleich in Westmark, was die RBD unter ihrem Direktor Willi Kreikemeyer nicht akzeptierte. Kompliziert wurde die Angelegenheit noch dadurch, daß die im Westen lebenden Reichsbahn-Angestellten durch die Unabhängige Gewerkschaftsorganisation (UGO) vertreten wurden, einer erbitterten Gegnerin des prosowjetischen Freien Deutschen Gewerkschaftsbundes (FDGB) im sowjetischen Sektor der Stadt. Bereits im April hatte die UGO einen Streik vorbereitet, den Reuter jedoch hatte abwenden können; unter Rückgriff auf die neugeschaffene Lohnausgleichskasse hatte der Magistrat einen Zweiwochenlohn der Eisenbahnarbeiter auf der Basis 1:1 umgetauscht.[68] Die Kosten waren enorm: ungefähr zwei Millionen Westmark. Am 5. und 6. Mai, eine Woche vor Aufhebung der Blockade, veranstaltete die UGO in West-Berlin dennoch eine Urabstimmung, an der sich 12 275 Arbeiter beteiligten, obwohl nur 2305 tatsächlich in der UGO organisiert waren. Die Reichsbahndirektion verlegte sich auf eine Hinhaltetaktik und versuchte, die Arbeiter zu spalten. Trotzdem begann der Streik am 21. Mai.[69] Nur eine Woche nach dem offiziellen Ende der Blockade kam der Verkehr in und nach Berlin erneut zum Erliegen. Und die Situation eskalierte rasch, als es zu Zusammenstößen zwischen aufgebrachten Arbeitern und der Bahnpolizei aus Ost-Berlin sowie der sowjetischen Zone kam, die die Kontrolle über West-Berlins S-Bahnstationen an sich gerissen hatte. Am Bahnhof Zoologischer Garten wurde ein streikender Arbeiter getötet, es gab mehrere Verletzte; gleichzeitig drangen vierundzwanzig sowjetische Soldaten in den amerikanischen Sektor ein und besetzten den Bahnhof Wannsee im Südwesten der Stadt.[70] Obwohl die Briten in ihrem Sektor energisch reagierten und die Stationen Charlottenburg und Zoo schnell wieder unter ihre Kontrolle brachten, konnten die westlichen Stadtkommandanten erst am 24. Mai den Rückzug der Bahnpolizei von den Stationen in den Westsektoren erreichen.

Der Streik dauerte fünf unerfreuliche Wochen lang und bedeutete für West-Berlin ein politisches wie wirtschaftliches Debakel.[71] Die UGO hatte den Streik nicht gut vorbereitet. Hinzu kamen Differenzen zwischen den Stadtkommandanten. Der amerikanische Stadtkommandant General Howley glaubte, der Streik verschaffe dem Westen einen propagandistischen Vorteil gegenüber den Russen. Briten und Franzosen indes wollten nicht den Eindruck er-

Der Eisenbahnarbeiterstreik im Frühsommer 1949 entwickelte sich für Berlin zum Desaster. Kurz nach dem Ende der Blockade war der Güterbahnverkehr erneut lahmgelegt, der innerstädtische S-Bahnverkehr brach zusammen, und immer wieder kam es zu gewalttätigen Zwischenfällen wie hier am 21. Mai im Bezirk Tempelhof.

wecken, zu direkt in die politischen und wirtschaftlichen Auseinandersetzungen Berlins einzugreifen.[72] Ernst Reuter bedauerte zwar den Arbeitskampf, da er aber aufgrund einer demokratischen Abstimmung zustande gekommen war, hielt der Oberbürgermeister sich zurück. Erst auf Drängen der Stadtkommandanten erklärte er sich zur Vermittlung bereit.[73] Als die Kosten des Streiks stiegen und sich herausstellte, daß der Arbeitskampf West-Berlins Fähigkeit ernsthaft gefährdete, für den Fall einer neuerlichen Blockade umfangreiche Reserven anzulegen, beschlossen die Westmächte, ihre Politik der Nichteinmischung zu beenden. Erstmals seit einem Jahr setzten sich die westlichen Stadtkommandanten wieder mit ihrem sowjetischen Kollegen General Kotikow zusammen, um gemeinsam nach einem Ausweg zu suchen, denn auch die Reichsbahndirektion und die Sowjets kam der Streik teuer zu stehen: Ende Mai 1949 hatte die Reichsbahndirektion den Streikenden angeboten, sechzig Prozent ihrer Löhne in Westmark auszuzahlen.

Dieses Zugeständnis hatte Howley in einer Unterredung mit General P.A. Kwaschnin, dem Chef der Verkehrsabteilung der SMAD erreicht, außerdem die Zusicherung, daß man nicht gegen die streikenden Arbeiter vorgehen werde.[74] Kotikow hatte dem nichts hinzuzufügen, und so verlief die Sitzung der Stadtkommandanten ergebnislos. Die westlichen Kommandanten erklärten sich schließlich bereit, das Sechzig-Prozent-Angebot der Reichsbahndirektion um weitere fünfzehn Prozent aufzustocken.[75] Reuter bemühte sich, als Vermittler die UGO-Führung zum Kompromiß zu bewegen, aber die Mitglieder blieben unnachgiebig, zumal sie sich vor Vergeltungsmaßnahmen der Sowjets fürchteten.[76] In der ersten Junihälfte stimmte die Basis mit überwältigender Mehrheit für eine Fortsetzung des Ausstands. Die Amerikaner, bitter enttäuscht über die ihrer Ansicht nach »dumme UGO-Führung und die undisziplinierten Funktionäre«,[77] bewogen schließlich auch die Briten und Franzosen, energische Maßnahmen zur Beendigung des Streiks zu ergreifen. Reuter erklärte sich einverstanden.[78] Am 25. Juni gaben die Kommandanten eine Verlautbarung heraus, daß jeder, der weiter streikte, seinen Anspruch auf Arbeitslosenunterstützung verlieren würde. Der Magistrat versprach denjenigen Reichsbahnarbeitern, die in den Westsektoren wohnten, für drei Monate die Auszahlung ihres Lohns in Westmark. Danach sollte die Angelegenheit neu geprüft werden. Angesichts der unmißverständlichen Drohung der Kommandantur kapitulierte die UGO. Am 28. Juni nahmen die Streikenden die Arbeit wieder auf.[79]

Der Streik war in jeder Hinsicht ein Fiasko gewesen und hatte zum denkbar ungünstigsten Zeitpunkt stattgefunden. Zwar waren die politischen Folgen auf internationaler Ebene nicht so gravierend: Weder hatten die Sowjets den Ausstand propagandistisch wirklich nutzen können, noch hatte er – entgegen den Befürchtungen von Acheson und Bevin – die Gespräche der Außenminister in Paris ernsthaft beeinträchtigt. Die Konsequenzen für die Stadt jedoch waren fatal. Zwischen dem 30. Mai und dem 28. Juni war der Güterverkehr auf der Schiene zwischen Berlin und Westdeutschland vollständig zum Erliegen gekommen; der Magistrat hatte zwei Millionen DM zahlen müssen, die Reichsbahn Einnahmen in Höhe von elf Millionen DM eingebüßt. Obwohl die sowjetischen Behörden das Gegenteil behaupteten, sahen sich zweitausend Angestellte, die sich an dem Streik beteiligt hatten, Repressalien ausgesetzt. Zudem hatte der Streik nicht nur sowjetischen Soldaten, sondern auch bewaffneten Polizeikräften aus dem sowjetischen Sektor Gelegenheit gegeben, mit Unterstützung militanter SED- und FDJ-Mitglieder öffentliche Plätze in West-Berlin zu besetzen. Auch das Verhältnis zwischen den Berlinern und den Westalliierten, insbesondere den Stadtkommandanten, hatte einen Rückschlag erlitten; die Erbitterung in der Bevölkerung über das ihrer Ansicht nach sowohl inkompetente als auch ungeschickte Verhalten der Kommandanten war groß.[80] Reuter selbst empfand die ganze Angelegenheit als »eines der bittersten Erlebnisse, die ich habe durchmachen müssen«. Besonders bedauernswert sei, erläuterte Reuter auf einer Funktionärstagung der SPD in der Taberna Academica, daß der Streik genau an dem Tag ausgebrochen war, als die Pariser Außenministerkonferenz begonnen hatte: eine Konferenz, die unter anderem einberufen worden war, weil über die Situation Berlins nach der Blockade gesprochen werden mußte. Er hatte die Gewerkschaft dringend darum gebeten, den Streik vorübergehend auszusetzen: »Ich habe auf den Knien gebeten darum (...), ich habe auf den Knien darum gebeten, mir eine Möglichkeit zu schaffen, an diesem Tage diesen Blödsinn nicht machen lassen zu müssen. Aber ich bin kein Diktator (...).« Berlin sei durch den Streik ernsthaft »zurückgeworfen« worden. Als Sozialdemokrat habe er immer die Sache der Arbeiter unterstützt; aber Tausende von Berlinern hätten unter diesem Ausstand leiden müssen. Und mehr noch: Angesichts der komplizierten Situation ihrer Stadt könnten sich die Berliner unüberlegte »Kavallerie-Husarenstücke« nicht leisten. Gleichzeitig machte Reuter klar, daß er mit der anhaltenden, durch gewisse Formen der alliierten Kontrolle verursachten administrativen Ineffizienz ausgesprochen unzufrieden war. Er hoffe, »daß sich das nächste Mal Partner finden auf der alliierten Seite, die einen weiteren Blick haben und mit größerem Verständnis und mit größerem Ernst solche Dinge behandeln, als es diesmal geschehen ist«.[81]

Die Unzufriedenheit war allerdings gegenseitig. An dem Tag, als die Streikenden die Arbeit wiederaufnahmen, rügte die Kommandantur Reuter, weil er versucht habe, vollendete Tatsachen zu schaffen. Reuter hatte ihnen eine Resolution der Stadtverordnetenversammlung vorgelegt, in der erneut die Forderung erhoben wurde, Berlin den Status eines zwölften Bundeslandes zu verleihen; außerdem ging es um einen Gesetzesvorschlag zur Direktwahl der Berliner Abgeordneten in den neuen Bundestag. Daß die Alliierten, allen voran die Franzosen, gegen einen solchen Vorschlag ihr Veto einlegen würden, war allen Beteiligten klar. Doch Reuter wußte ebenso wie Otto Suhr und andere, daß das Thema Direktwahlen in Berlin äußerst populär war; mit Schritten in dieser Richtung konnte die SPD politisch Punkte auf Kosten der CDU und insbesondere Konrad Adenauers sammeln, dessen Vorbehalte in bezug auf Berlin bekannt waren.[82] Nach Auffassung Reuters und des Magistrats hatte die Pariser Außenministerkonferenz »eine neue Situation geschaffen, so daß Berlin jetzt als zwölftes Land voll in die Bundesrepublik eingegliedert werden könnte«, eine Position, die die Kommandanten entschieden zurückwiesen. General Ganeval bedauerte Reuters »fordernde Einstellung«, und in einem britischen Bericht zu diesem Thema hieß es scharf: »Reuter hat mit diesem Vorgehen sein Ansehen nicht erhöht und die Franzosen in ihrer Feindschaft ihm gegenüber bestärkt.«[83] Reuter, immer entschlossen, seine Unabhängigkeit gegenüber den Alliierten zu demonstrieren, gab sich gegenüber sozialdemokratischen Kollegen streitbar und erklärte, »daß wir nicht nur nicht die Quislinge der Sowjets, sondern auch nicht die Quislinge anderer Besatzungsmächte sind (...). Wir kämpfen hier in Berlin für eine echte, selbständige Unabhängigkeit unserer deutschen Verwaltung.«[84] Natürlich gestatteten die Alliierten die direkte Wahl der Berliner Beobachter in den Bundestag nicht, die statt dessen am 14. August auf einer außerordentlichen Sitzung der Stadtverordnetenversammlung gewählt wurden.[85]

Beunruhigender als diese Unstimmigkeiten war jedoch die Aussicht, daß die Alliierten das Interesse an Berlin verlieren könnten; nach dem Ende der Blockade sah es im Sommer und Herbst 1949 tatsächlich so aus, als stünde Berlin nicht mehr ganz oben auf ihrer Prioritätenliste. Nach Clays Weggang Mitte Mai gab es bei den Amerikanern zunächst keine klaren Verantwortlichkeiten, so daß es schien, als würde man die Dinge einfach schleifen lassen. Angesichts der bevorstehenden Einführung des Grundgesetzes war das Außenministerium verpflichtet, einen zivilen Hohen Kommissar als höchsten Vertreter der USA in Deutschland zu ernennen. Die Wahl fiel auf den angesehenen Wall Street-Anwalt und Präsidenten der Weltbank in Washington, D.C., John J. McCloy. Mitte Juni wurde er vom amerikanischen Senat bestätigt und traf kurz darauf in Deutschland ein, wo er bis zum Zusammentritt des Bundestages im September formell die Stellung eines Militärgouverneurs innehatte.[86] Obwohl McCloy Sympathien für Berlin und für Reuter hatte, zeigten sich die Berliner erheblich verletzt, als die Hohen Kommissare nicht Berlin, sondern den Petersberg in der Nähe von Bonn zu ihrem Sitz machten. Dort, in majestätischer Höhe über dem Rhein und in symbolischer Erhebung über die Deutschen unten im Tal, repräsentierten die drei Hohen Kommissare – McCloy, André François-Poncet und Sir Brian Robertson (dem kurz darauf Sir Ivone Kirkpatrick folgte) – die Westalliierten in Deutschland. So wurde der Eindruck erweckt, Berlin, der ehemalige Sitz des Alliierten Kontrollrats für Deutschland, sei von den Alliierten gewissermaßen zurückgestuft worden. Lediglich ein »Berlin Element« der amerikanischen Hohen Kommission wurde in Berlin eingerichtet. Dieses Gefühl der Mißachtung sollte noch jahrelang ein Problem bleiben. Im Frühjahr 1952 räumte beispielsweise Cecil B. Lyon, Direktor des »Berlin Element«, ein, daß »Berlin zu einem Teil des deutschen Problems geworden ist und nicht mehr ein Problem für sich darstellt. Dies nimmt Berlin natürlich etwas von seiner Besonderheit und erzeugt eine Atmosphäre, die weder von den Berlinern (die durchaus etwas für Krisen übrig haben und gern im Mittelpunkt des Interesses stehen) noch von den Fremden geschätzt wird, die hier schon lange leben.«[87]

Aber Wahrnehmungen und Empfindungen spielen eine wichtige Rolle, und seit dem Sommer 1949 waren die Berliner ernsthaft besorgt. Zwar war McCloy sofort nach seiner Ankunft in Deutschland Anfang Juli mit Reuter zusammengetroffen und hatte ihm versichert, die amerikanische Politik gegenüber Berlin werde sich nicht ändern.[88] Und im selben Monat begannen die vier Stadtkommandanten mit einer Reihe von Konsultativtreffen, gemäß dem Beschluß der Pariser Außenministerkonferenz, »Fragen von gemeinsamem Interesse [zu erörtern], die sich auf die Verwaltung der vier Sektoren in Berlin beziehen, damit sich das Leben der Stadt so weit wie möglich normalisiert«.[89] Da diese Zusammenkünfte nicht den Zweck hatten, die alte Viermächte-Kommandantur wiederherzustellen, fanden sie nicht im Gebäude der Kommandantur in Dahlem statt, sondern in dem des ehemaligen Alliierten Kontrollrats im Kleistpark. Entgegen den Erwartungen begannen die Gespräche beim ersten Treffen am 12. Juli sogar in einer recht herzlichen Atmosphäre. Die Generäle Kotikow und Howley gingen so höflich wie möglich miteinander um, und der britische Stadtkommandant, General Bourne, war ein wesentlich besserer Diplomat als sein barscher Vorgänger. Dennoch blieben die Gespräche schnell in Detailfragen stecken. Die westlichen Kommandanten wollten über »große« Probleme sprechen, etwa die »administrative Einheit der Stadt, die demokratische Wahlen in der ganzen Stadt umfassen sollte«, die »Koexistenz von zwei Währungen« sowie die anhaltende Einmischung der Sowjets in den Straßenverkehr nach Berlin.[90] Die Sowjets jedoch, nicht interessiert an diesen Themen, forderten vor dem Einstieg in eine inhaltliche Diskussion eine Einigung über die Verfahrensweise. Als sich zeigte, daß nichts dabei herauskommen würde, schlug Ganeval vor, die Sitzung zu vertagen und eine Tasse Tee zu trinken. Das war für Howley zuviel: »Ich würde sehr gerne eine Tasse Tee trinken, aber bedauerlicherweise müssen wir den Tee trinken, während die Berliner Bevölkerung weiterhin leidet.«[91] Bei den darauffolgenden Treffen blieb die Atmosphäre höflich-gespannt, und abgesehen von einer Einigung über Briefmarken und die Route der Postautos wurde wenig Konkretes erreicht. Beim vierten und letzten Treffen am 12. September war der aufbrausende Howley in die Vereinigten Staaten zurückgekehrt – ein britischer Beobachter bemerkte dazu bitter, daß »wir General Howley keine Träne nachgeweint haben«[92] – und durch einen neuen amerikanischen Stadtkommandanten, General Maxwell D. Taylor, ersetzt worden; dennoch änderte sich kaum etwas.[93] Trotz der Empfehlungen der Pariser

Außenministerkonferenz war die Lage in Berlin von einer »Normalisierung« weit entfernt.

»Die Monate nach der Blockade wurden für die Stadt Berlin wegen der schwerwiegenden Wirtschafts- und Finanzprobleme zu einem Alptraum«, konstatierte Ende 1951 ein amerikanischer Wirtschaftsexperte.[94] Die Wirtschaft der Stadt stand kurz vor dem Kollaps, und die öffentlichen Finanzen blieben hoffnungslos zerrüttet. Reuter, der sich keine Illusionen über den Ernst der Lage machte, erklärte im Oktober 1949 vor führenden Sozialdemokraten: »Der Zustand der letzten drei Monate in Berlin war unerträglich. Berlin lebte von der Hand in den Mund. Die finanziellen Dinge Berlins konnten buchstäblich nur von einem Tag zum anderen übersehen werden.«[95] Obwohl die meisten zeitgenössischen Beobachter bestritten, daß die Währungsreform vom März 1949 für die Krise verantwortlich war, legt die neuere Forschung den Schluß nahe, daß das Ende des dualen Währungssystems und der damit verbundene starke Rückgang des Ost-West-Handels, der selbst während der sowjetischen Blockade noch einen beträchtlichen Umfang gehabt hatte, den Niedergang der Wirtschaft Berlins beschleunigte, den viele Beobachter seit dem Sommer 1948 erwartet hatten. Im April 1949 stürzte die Wirtschaft Berlins völlig ab. Im Juni 1948 hatte der Wert der Industrieproduktion der drei Westsektoren noch 136 562 000 DM betragen, war im folgenden Monat – zu Beginn der Blockade – jedoch auf weniger als 90 Millionen DM gesunken. Diese Zahlen blieben mehr oder weniger stabil, bis sie im April 1949 auf 73 525 000 DM sanken. Erst Ende 1949 setzte ein langsamer Erholungsprozeß ein. Noch alarmierender war die Arbeitslosigkeit in West-Berlin. Im Juni 1948 waren in den Westsektoren Berlins 46 920 Menschen erwerbslos gewesen (was einer Arbeitslosenquote von 4,4 Prozent entsprochen hatte); im April 1949 stieg diese Zahl auf 156 320 und im Dezember 1949 auf 278 713 (beziehungsweise eine Quote von 24,5 Prozent) an.[96] Im September 1949 betrug der Produktionsindex für die Industrie West-Berlins zwanzig Prozent des Standes von 1936, während die neue Bundesrepublik schon 91 Prozent erreicht hatte.[97]

Es war natürlich nicht nur der Schock der Währungsumstellung, der für diese traurige Bilanz verantwortlich war. Der Verlust des Marktes in der Sowjetzone und eines natürlichen Hinterlandes, mit dem Handel getrieben werden konnte, verschärfte lediglich eine Reihe von langfristigen strukturellen Problemen, unter denen die Stadt ohnehin litt. Das Vorkriegsberlin war ein wichtiges Industriezentrum gewesen (mit einigen hochtechnisierten Produktionsbereichen und einer hohen Quote an Facharbeitern), außerdem ein bedeutendes Finanzzentrum und vor allem Hauptstadt eines zentralistischen Staates mit einem großen öffentlichen Dienst.[98] Jetzt erlebte West-Berlin in allen drei Bereichen einen drastischen Niedergang, besonders dramatisch aber für die Industrie. Auf die Zerstörungen durch die Bombardierungen folgten die Verluste durch die Demontage noch bestehender Industrieanlagen, und zwar in größerem Umfang als in anderen deutschen Städten. Ein symbolträchtiger Höhepunkt dieses Deindustrialisierungsprozesses war die Demontage der Borsig-Werke, die 1949 zu einer emotionsgeladenen Auseinandersetzung führte. Die in Tegel, im französischen Sektor, gelegenen Borsig-Werke beschäftigten nicht nur viele Arbeiter, sondern gehörten auch zu den ältesten europäischen Industriekomplexen und symbolisierten Berlins Leistungsfähigkeit als Industriemetropole. Über die Zukunft dieses Konzerns wurde daher zwischen Magistrat und Franzosen mit besonderer Heftigkeit gestritten.[99] Nach schwierigen Verhandlungen erklärten sich die Franzosen schließlich widerwillig bereit, den Deutschen das Werk zu lassen.[100] Die ohnehin schwierigen Beziehungen zwischen Reuter und den Franzosen wurden durch diese Verhandlungen noch weiter belastet, und besonders zu dem Hohen Kommissar François-Poncet blieb das Verhältnis auch in den folgenden Jahren gespannt.

Allerdings hatte Reuter im Sommer und Herbst 1949 auch wenig Grund, mit der Politik der Amerikaner zufrieden zu sein. Die Wirtschaftskrise der Stadt verschärfte sich ebenso wie ihre finanziellen Probleme, und die Politik der Amerikaner verschlimmerte die Situation noch. Vor dem Juni 1948 war der Haushalt Berlins mehr oder weniger ausgeglichen gewesen. Doch die Auswirkungen der Blockade und die Teilung der Stadt wogen schwer. Dementsprechend mußte der neue Magistrat in West-Berlin einem Nothaushaltsplan für die Zeit von Dezember 1948 bis März 1949 – das heißt für den Rest des Haushaltsjahres – zustimmen. Die neue Stadtverwaltung war gezwungen, wesentlich mehr auszugeben, als sie einnahm, denn angesichts der sich zuspitzenden wirtschaftlichen Probleme beliefen sich die Steuereinnahmen nur auf etwa 300 Millionen DM.[101] Die Amerikaner hatten daraufhin Berlin – insbesondere durch das Government and Relief in Occupied

Areas-Program (GARIOA) – beträchtliche wirtschaftliche und finanzielle Hilfen zukommen lassen. Und auch die Deutschen in den Westzonen leisteten einen erheblichen Beitrag durch das vom Wirtschaftsrat des Vereinigten Wirtschaftsgebietes im Westen organisierte »Notopfer Berlin«.[102]

Doch schon im Frühjahr, noch vor der Aufhebung der Blockade, hatte die Kommandantur den Magistrat aufgefordert, das monatliche Defizit zu reduzieren. Und bereits Anfang Juli kündigten die Amerikaner – die ihre Ausgaben begrenzen und sich in anderen Teilen der Welt engagieren wollten – die Einstellung der GARIOA-Zuschüsse an.[103] Wie ein amerikanischer Experte zwei Jahre später zugab, hatte dies zur Folge, daß »die Zahlungsbilanz mit Westdeutschland aus dem Gleichgewicht und der Haushalt West-Berlins in einen katastrophalen Zustand geriet«.[104] Zugleich war nicht klar, wie, wann und unter wessen Federführung West-Berlin in die Marshall-Plan-Hilfe einbezogen werden sollte, die den Westzonen schon seit April 1948 zugute kam. Zwar waren sich alle im Grundsatz darin einig, daß West-Berlin Hilfe von der Economic Cooperation Administration (ECA) erhalten sollte, die das European Recovery Program (ERP) durchführte, aber es war noch nicht entschieden worden, ob die Stadt diese Mittel über die neue Bundesrepublik oder als eigenständiges Land erhalten sollte.[105] In diese unklare Situation platzten die Alliierten mit ihrer Forderung nach einschneidenden haushaltspolitischen Maßnahmen.[106] Die Blockade war aufgehoben, aber der Stadt drohte der Bankrott.

Ernst Reuter war nie ein Finanzpolitiker. Aber im Sommer 1949 erkannte er, daß die Sanierung der Berliner Finanzen nicht so sehr von der Haushaltspolitik, sondern im wesentlichen von nichtfinanziellen Überlegungen abhing: von politischer Festigkeit und Klarheit sowie von der Bereitschaft, alles Notwendige zu tun, um Berlin wirtschaftlich wieder auf die Beine zu bringen. Wie er mehrere Monate später vor einer Gruppe von Sozialdemokraten aus Ost-Berlin freimütig zugab, erlebte er nicht wenige Frustrationen und Enttäuschungen. Der Kampf um Berlin, erinnerte er seine Zuhörer, hatte sich immer um Freiheit und Einheit für Berlin, für Deutschland, für Europa gedreht. Aufgrund seines Widerstandes gegen die sowjetische Aggression sei Berlin zum »Schaufenster der Freiheit« geworden. Aber »Berlin muß auch das Schaufenster des wirtschaftlichen Wohlstandes und des Wiederaufbaus werden, damit unsere Landsleute im Osten sehen können, was von einer entschlossenen, kühnen politischen und wirtschaftlichen Führung geleistet werden kann«.[107]

Auf die angespannte Lage im Juli reagierte er daher energisch. Anfang Juli kam er mit McCloy, der auch für die ECA-Aktivitäten in Deutschland zuständig war, zusammen und wies nachdrücklich darauf hin, daß Berlin die ERP-Hilfe noch dringender benötige als Westdeutschland; umgehend setzte der neue Hohe Kommissar Washington von Reuters Wünschen in Kenntnis. Im August gab McCloy auf einer Pressekonferenz in Washington bekannt, daß sich die amerikanische Regierung bereit erklärt habe, Berlin in die ERP-Hilfe mit einzubeziehen. Einen Monat später verkündete der Leiter der ECA-Mission in Deutschland, Norman H. Collinson, Berlin solle durch die Bundesrepublik in der neuen Organisation für die wirtschaftliche Zusammenarbeit Europas (OEEC), Vorläuferin der Organisation für wirtschaftliche Zusammenarbeit und Entwicklung (OECD), vertreten sein.[108] Jetzt waren die Dinge in Bewegung geraten, wenngleich die letzten Details der Marshall-Plan-Hilfe erst einige Monate später ausgearbeitet wurden.

Am 21. Juli 1949 billigte die Stadtverordnetenversammlung einen neuen Übergangshaushaltsplan rückwirkend ab 1. Mai, und eine Woche später sandte Reuter einen auch von Louise Schroeder und Ferdinand Friedensburg unterschriebenen Brief an die Kommandantur, in dem sie die Tendenz der Alliierten kritisierten, nur in finanzpolitischen Kategorien zu denken.[109] Mitte August stimmte die Kommandantur dem neuen Haushalt zu, der das Defizit auf 252 Millionen zurückgefahren hatte. Gleichzeitig war deutlich geworden, daß die neue Bundesrepublik angesichts der verzweifelten Situation Berlins einen großen Teil der Belastungen würde übernehmen müssen. Der wirtschaftliche und finanzielle Wiederaufbau Berlins aber war eng verflochten mit der Diskussion über den Status Berlins im Rahmen der entstehenden Bonner Republik; da die Alliierten in dieser Frage das letzte Wort hatten, waren gute Beziehungen zu den Westmächten für Reuter auch weiterhin von elementarer Bedeutung.

Zu John McCloy entwickelte sich schnell ein sogar herzliches Verhältnis. Dann kam 1949 Maxwell Taylor als neuer Stadtkommandant für zwei Jahre nach Berlin, ein Mann mit außergewöhnlichen politischen, administrativen und militärischen Fähigkeiten. Taylor, der im Zweiten Weltkrieg viele Auszeichnungen erhalten hatte, wurde später Militärberater John F. Kennedys und war von

1962 bis 1964 Vorsitzender der Joint Chiefs of Staff. Taylor mochte Reuter und war von dessen Auftreten beeindruckt. Viele Jahre später beschrieb er ihn als »eine eindrucksvolle Persönlichkeit, für die ich schnell Sympathie entwickelte. Er hatte einen feinen Sinn für Humor und einen sehr starken Charakter, und immer beobachtete er die Generäle argwöhnisch, um herauszufinden, was sie vorhatten. (...) Er war ein echter Führer dieser umzingelten Stadt, trotz oder vielleicht auch wegen seines gesamten Werdegangs, immerhin war er Kommunist gewesen. Aus welchen Gründen auch immer, es gab in der westlichen Welt keinen besseren Kämpfer im Kalten Krieg als Ernst Reuter.«[110] In Anbetracht seines Ansehens und seiner Stellung in der amerikanischen Armee – er bekleidete einen höheren Rang als Howley – war die Ernennung Taylors zum Stadtkommandanten zweifellos ein politisches Signal dafür, daß die Amerikaner Berlin weder aufgaben noch vergaßen. Gleichzeitig leistete Taylor sehr effektive Verwaltungsarbeit, und in enger Zusammenarbeit mit seinem politischen Berater Howard P. Jones gelang es ihm in den beiden schwierigen Übergangsjahren nach 1949, die Notsituation der Berliner zu lindern.

Doch auch in seinem Berliner Umfeld selbst konnte Reuter auf die Unterstützung einer Gruppe von Beratern und Mitarbeitern zählen. Einige wurden bereits erwähnt, vor allem der unermüdliche und einfallsreiche Gustav Klingelhöfer. Ende 1949 kamen weitere hinzu, darunter drei Sozialdemokraten, die wie Reuter viele Jahre im Exil verbracht hatten: Hans E. Hirschfeld, Paul Hertz und Willy Brandt. Wiederholt hatte Reuter Exilanten gedrängt, nach Deutschland zurückzukehren, und während seines USA-Besuchs im Frühjahr 1949 hatte er sowohl mit Hirschfeld als auch mit Hertz über eine Tätigkeit in Berlin gesprochen. In Harburg nahe Hamburg geboren, hatte Hirschfeld im Ersten Weltkrieg gedient, sich danach der Sozialdemokratie zugewandt und war Journalist geworden. Zehn Jahre lang hatte er als Pressereferent im Preußischen Ministerium des Innern gearbeitet, bis er im März 1933 zuerst in die Schweiz, dann nach Frankreich floh, wo er in die Armee eintrat. Nach der Niederlage Frankreichs 1940 mußte er abermals fliehen. Diesmal verschlug es ihn nach New York, und wieder stellte er sich während der Kriegshandlungen in den Dienst des Landes, das ihn aufgenommen hatte. Hirschfeld arbeitete für das OSS.[111] Aber Hirschfeld war in den Vereinigten Staaten alles andere als glücklich und ließ sich von Reuter gern zur Rückkehr nach Deutschland überreden.[112] Nachdem alle Formalitäten erledigt waren, konnte er im Herbst 1949 endlich nach Berlin aufbrechen, wo er bald Leiter des Presse- und Informationsamtes wurde. In den vielen Jahren, in denen er diesen Posten bekleidete, trug er erheblich dazu bei, das Interesse der Weltöffentlichkeit an Berlin aufrechtzuerhalten.[113] Später geriet er allerdings in den Verdacht, als OSS-Berater in Spionagetätigkeiten für die Sowjetunion verwickelt gewesen zu sein, was Hirschfeld zeit seines Lebens heftig abstritt; wohl mit Recht, denn das Beweismaterial gegen ihn ist kaum stichhaltig.[114]

Paul Hertz sind wir bereits kurz begegnet. Ebenfalls Sozialdemokrat und Journalist, war Hertz nach dem Ersten Weltkrieg in die Berliner Stadtverordnetenversammlung und in den Reichstag gewählt worden, zuerst für die USPD, dann für die SPD; er war unter anderem Sekretär der SPD-Reichstagsfraktion. Auch er ging 1933 ins Exil. Bis 1938 gehörte er als reguläres Mitglied dem Exilvorstand der SPD in Prag an; erbitterte ideologische und taktische Auseinandersetzungen führten schließlich zu seinem Ausscheiden. Danach ging er in die Vereinigten Staaten und lebte als Wirtschaftsprüfer und Steuerberater in New York und Los Angeles.[115] Im Gegensatz zu Hirschfeld war Hertz amerikanischer Staatsbürger geworden und verspürte trotz Gustav Klingelhöfers eindringlicher Bitte im Jahre 1946 wenig Lust, nach Deutschland zurückzukehren. Die persönliche Begegnung mit Reuter in Amerika bewog ihn anscheinend zu einem Sinneswandel, so daß er sich bereit erklärte, vorübergehend nach Berlin zu kommen. Zwischen ihm und Gustav Klingelhöfer entwickelte sich eine beständige Freundschaft, und beide Männer hatten ein absolut loyales Verhältnis zu Ernst Reuter.[116] Die drei waren fast gleichaltrig, hatten alle zum linken Flügel der deutschen Arbeiterbewegung gehört, als Journalisten gearbeitet und sich als unbequeme Denker hervorgetan, die ihre Partei dazu bringen wollten, alte Strategien in Frage zu stellen. Auch jetzt wieder dachten sie in neuer und undogmatischer Weise über die Zukunft der Sozialdemokratie in einem demokratischen Europa nach, und als »Verfechter der Marktwirtschaft« gerieten sie mitunter in Konflikt mit ihrer eigenen Partei.[117] Hertz wurde im Magistrat die Verantwortung für das Hauptamt Banken und Versicherungen übertragen. Bedeutsamer aber war seine Ernennung zum Leiter des Berliner Ausschusses für den Marshall-Plan im Januar 1950, der eingerichtet wurde, um die Verteilung der ERP-

Gegenwertmittel in den drei Westsektoren der Stadt zu koordinieren. In seinen Exiljahren in den Vereinigten Staaten war Hertz stark von Franklin D. Roosevelts New Deal geprägt gewesen, und der Geist des New Deal, mit seiner pragmatischen Mischung aus Wirtschaftsplanung und marktwirtschaftlichen Werten, lag nicht nur dem Marshall-Plan selbst, sondern auch Paul Hertz' Bemühungen zugrunde, die ERP-Hilfe in Berlin möglichst sinnvoll einzusetzen.[118] So bestand eine der ersten Handlungen des Berliner Ausschusses nicht nur in der Förderung dringend benötigter neuer Industrie-Investitionen, sondern auch in der Auflegung eines Notstandsprogramms, das stark an die New-Deal-Politik aus den dreißiger Jahren erinnerte. Das Programm begann im April 1950, und bereits im Juli waren etwa 58 000 Menschen mit Tätigkeiten wie der Beseitigung von Trümmern oder der Wiederherrichtung öffentlicher Parks beschäftigt. Das Programm wurde weitgehend durch das Government and Relief in Occupied Areas-Program und nicht direkt durch Marshall-Plan-Gelder finanziert.[119] Wenngleich noch Jahre vergehen sollten, bis wieder echter Wohlstand in Berlin einzog, trugen Hertz' Engagement und Tatkraft zweifellos entscheidend zum Wiederaufbau der Stadt bei. Der Gedanke an Rückkehr in die USA war bald vergessen.

Der dritte ehemalige Emigrant in Reuters Berliner Beraterstab war Willy Brandt.[120] Er war 1913 geboren und somit wesentlich jünger als die anderen; auch war er schon früher nach Deutschland zurückgekehrt, zunächst im Oktober 1945 als norwegischer Journalist. Anfang 1947 war er Presseattaché in der norwegischen Militärmission beim Alliierten Kontrollrat in Berlin geworden, und Ende 1947 beschloß er, als Berlin-Beauftragter des SPD-Vorstands in Hannover in Berlin zu bleiben.[121] Dadurch konnte er sich intensiv in der Partei engagieren und gleichzeitig regelmäßig mit den Alliierten, insbesondere den Amerikanern und den Briten, zusammenarbeiten. Obwohl er durch sein Amt viel mit Kurt Schumacher zu tun hatte und letztlich diesem gegenüber verantwortlich war, gehörte Brandt schnell zu Reuters engerem Berliner Umfeld. Brandt respektierte Schumacher, auch wenn er eine differenzierte Auffassung von den politischen Zielen, die Schumacher für seine Partei und für Deutschland verfolgte, vertrat. Und wer hätte Schumacher nicht respektieren können, nach allem, was er für seine Überzeugungen hatte erleiden müssen? Doch als Schumacher, von den Schrecken und Entbehrungen der Haft gezeichnet, aus

Auf Willy Brandt (rechts in einer Aufnahme vom 4. Dezember 1948) setzte Reuter große Hoffnungen. Brandt, damals Berlin-Beauftragter des SPD-Parteivorstands in Hannover, war seinerseits fasziniert von der Persönlichkeit des Oberbürgermeisters: »Der schwere Mann mit dem großen Schädel und den schütteren Haaren sah häufig müde aus. Das Gesicht war von tiefen Falten durchprägt. Aber in den jungen Augen irrlichterte oft ein halb weises, halb spitzbübisches Lächeln.«

dem Konzentrationslager kam, hatte er einen eisernen Willen entwickelt, eine Zielstrebigkeit und Entschlossenheit, die für seine Kritiker an Fanatismus grenzten.[122] Zu Recht hat Brandt den Vorwurf zurückgewiesen, Schumacher sei ein linksgerichteter Nationalist gewesen; wohl aber hätte er einem seiner Freunde in Stockholm zugestimmt, der den SPD-Führer mehr als Agitator denn als Politiker beschrieb.[123] Obwohl Brandt anerkannte, daß Schumacher eine sehr komplizierte und vielschichtige Persönlichkeit war und viel für sein Land und seine Partei geleistet hatte, fühlte er sich nie zu ihm hingezogen: »Ich könnte nicht behaupten, daß ich mich mit Schumacher wesensverwandt fühlte.«[124] Vielleicht hat bei Brandts Vorbehalten auch eine gewisse Berechnung mitgespielt, die dem Gefühl entsprang, die dominierende Persönlichkeit des Parteivorsitzenden werde dessen jüngere Mitarbeiter unweigerlich in den Schatten stellen.[125] Wie dem auch sei, nach 1949 verschlechterte sich das Verhältnis zwischen Brandt und Schumacher kontinuierlich.[126]

Ernst Reuter hatte jedoch etwas an sich, was der junge Journalist und Parteifunktionär unwiderstehlich fand. Die beiden Männer trafen sich das erste Mal in Berlin-Zehlendorf im Haus von Annedore Leber, der Witwe von Julius Leber, Brandts ehemaligem Mentor in Lübeck, der wegen seiner Aktivitäten im antifaschistischen Widerstand ermordet worden war.[127] Vielleicht waren es Reuters klassischer Humanismus, seine weise Kenntnis von den menschlichen Schwächen oder die für ihn charakteristische Mischung aus Idealismus und dem Wissen, daß doch allen Dingen Unzulänglichkeit und Unbeständigkeit anhaften[128] – jedenfalls war Brandt 1948 zu einem glühenden Bewunderer Reuters geworden. »Als ich Reuter kennenlernte, war er der natürliche Mittelpunkt jeder Gesprächsrunde. Der schwere Mann mit dem großen Schädel und den schütteren Haaren sah häufig müde aus. Das Gesicht war von tiefen Falten durchprägt. Aber in den jungen Augen irrlichterte oft ein halb weises, halb spitzbübisches Lächeln. (...) Ernst Reuter hatte für meine Berliner Jahre – und darüber hinaus – eine prägende Bedeutung. Mich überzeugte die ruhige, vertrauenerweckende Art, durch die er den Berlinern in der Zeit ihrer großen Bedrängnis eine verläßliche Führung gab. Er sah in Berlin den Hebel der deutschen Nachkriegsentwicklung und verlieh der gequälten Stadt damit einen Rang, der ihr nicht mehr automatisch zukam – doch er half ihr zu überleben.«[129] Für Brandt war Reuter ein Intellektueller des neunzehnten Jahrhunderts, bei dem sich Denken mit Tatkraft verband. Trotz unterschiedlichen Alters und Werdegangs, so Brandt, seien Reuter und er den gleichen Weg gegangen.[130]

Schnell galt Brandt als Reuters »junger Mann«, und zwischen den beiden Männern und ihren Ehefrauen entwickelte sich ein enges und ausgesprochen herzliches Verhältnis.[131] Reuter indes sah Brandt nie mit ganz unkritischen Augen, und war der zukünftige Bundeskanzler auch einer von seinen »jungen Männern«, so war er doch keineswegs der einzige, auch nicht als möglicher Nachfolger in Berlin. Reuter hatte einen guten Blick für Talente und wollte so viele begabte Menschen wie möglich ermuntern, für Berlin zu arbeiten, auch wenn sie mitunter andere Auffassungen vertraten als er selbst. Er bewunderte beispielsweise den jungen Joachim Lipschitz, einen Berliner Kaufmann, der vor der Spaltung der Stadt sozialdemokratischer Stadtrat in Lichtenberg im sowjetischen Sektor gewesen war; 1949 wurde er Bezirksrat für Finanzen in Neukölln. Vor dem Krieg war Lipschitz wegen seiner jüdischen Herkunft ein Universitätsstudium versagt geblieben. In der Wehrmacht hatte er trotz seiner Abstammung dienen müssen und bei Kampfhandlungen einen Arm verloren. Reuter respektierte Lipschitz' politische und finanzpolitische Fähigkeiten, obwohl der junge Mann nach 1950 bei innerparteilichen Auseinandersetzungen dazu tendierte, sich auf die Seite von Franz Neumann zu stellen.[132]

Reuter war enttäuscht, als Brandt sich im Frühjahr 1949 entschloß, sich als einer von acht Berliner Abgeordneten für den Bundestag zur Wahl zu stellen. Im Mai bat Reuter Brandt, Stadtrat für Verkehr zu werden – also genau das Amt zu bekleiden, das er selbst von 1926 bis 1931 und dann wieder im Dezember 1946 innegehabt hatte. Reuter war überzeugt, daß Brandt, sollte er sein Nachfolger werden, die konkreten administrativen Erfahrungen brauchte, die auch er gesammelt hatte.[133] Brandt jedoch hielt an seinem Entschluß fest, nach Bonn zu gehen und eine Rolle in der großen Politik zu spielen; es sollte sich allerdings herausstellen, daß die praktische tägliche Verwaltungsarbeit tatsächlich nicht zu Brandts Stärken gehörte. Gleichzeitig war es für Reuter zweifellos nützlich, daß ein enger Vertrauter und zudem so ehrgeiziger und intelligenter Mann wie Brandt West-Berlin im neuen Bundestag vertrat. Denn ab dem Herbst 1949 hing die künftige wirtschaftliche, finanzielle und politische Entwicklung der Stadt zunehmend auch von dem Verhältnis Berlins zur Regierung in Bonn ab. Und in dieser komplizierten Gleichung spielte Bundeskanzler Konrad Adenauer eine Schlüsselrolle.

Wird Berlin zwölftes Bundesland?

Die Haltung Adenauers war um so wichtiger, als zwischen den Hohen Kommissaren in dieser Frage Meinungsverschiedenheiten und Unklarheiten herrschten.[134] Ernst Reuter kannte Konrad Adenauer seit vielen Jahren. Beide waren vor 1933 Oberbürgermeister und Mitglied des Deutschen Städtetages gewesen, im Parlamentarischen Rat, dessen Vorsitzender Adenauer gewesen war, hatten sie sich wiedergetroffen. In Temperament und ihren politischen Ansichten mögen Reuter und Kurt Schumacher weit auseinander gewesen sein, aber diese Differenzen waren geringfügig im Vergleich zu dem Abgrund, der den Oberbürgermeister vom Bundeskanzler trennte. Zwei unterschiedlichere Menschen hätte man sich kaum vorstellen können: der eine ein säkular und kosmopolitisch eingestellter, mehrsprachiger norddeutscher Sozialist, der andere ein konservativer, katholischer Rheinländer, der allem Preußischen zutiefst mißtraute. Doch es gab auch Gemeinsamkeiten. Beide waren vielschichtige Persönlichkeiten, die sich nicht auf einfache Formeln oder einfache Erklärungen reduzieren ließen; beide machten im Laufe ihres Lebens tiefgreifende Veränderungen durch; beide neigten zu schulmeisterhaftem Auftreten und sarkastischen Bemerkungen. Beide waren kompetente Verwaltungsleute, wenngleich Reuter den täglichen Papierkram nie gut erledigte, während Adenauer für seine akribische Sorgfalt bekannt war. Beide waren durch und durch demokratische Staatsmänner, die Visionen in praktische Politik umzusetzen verstanden. Aber Adenauer vergaß nie Reuters kommunistische Vergangenheit – die Reuter auch nicht leugnete – und vertraute ihm nie. Dasselbe galt umgekehrt für Reuter, der, wie er 1951 sagte, zu der Überzeugung gelangt war, »daß von Anfang an der Bundeskanzler Berlin als Vorleistung gegen Frankreich auf Eis gelegt hat«.[135]

Immer wieder ist über die Frage diskutiert worden, welches Verhältnis Adenauer zu Berlin und zum deutschen Osten generell hatte. Seine abschätzigen Bemerkungen über den protestantischen und sozialdemokratischen Osten sind bekannt, wenngleich bei einigen nicht sicher ist, ob sie wirklich von ihm stammen oder sehr übertrieben wiedergegeben worden sind.[136] Ohne Zweifel hegte er als Oberbürgermeister von Köln in der Weimarer Republik eine heftige Abneigung gegen die Vormachtstellung und die vermeintliche Arroganz Berlins. Später jedoch, meint sein Biograph Hans-Peter Schwarz, habe Adenauer Berlins Bereitschaft bewundert, sich dem Kommunismus zu widersetzen.[137] Sein Biograph Henning Köhler hingegen erkennt bei Adenauer nach 1945 »ein eher instinktives Widerstreben« gegen Berlin, eine Empfindung, die stärker in seiner Auffassung von der Nachkriegssituation als in seinen Gefühlen aus der Zeit vor 1933 wurzelte.[138] Die politische Konsolidierung Westdeutschlands und dessen Integration in ein nichtkommunistisches Westeuropa waren ihm wichtiger als eine direkte Eingliederung Berlins in die Bundesrepublik, die Adenauer für sehr riskant hielt. Herbert Blankenhorn, sein engster außenpolitischer Berater in diesen Jahren, drückte es in einem Gespräch mit einem amerikanischen Regierungsvertreter Anfang Oktober 1949 ganz unumwunden aus: »Es sei gefährlich, West-Berlin zu diesem Zeitpunkt eine führende Rolle zu geben. Es sei nicht nur im tiefsten Sinne preußisch, sondern auch den totalitären Einflüssen seiner Umgebung ausgesetzt. Als Teil der früheren Hauptstadt Deutschlands würde Berlin einen unangemessenen Einfluß ausüben, der gefährlich sein könnte. Nach einer Stabilisierung der politischen Zustände im Westen würde es angemessen sein, Berlin aufzunehmen.«[139]

Daher war es nicht überraschend, daß sich der Bundeskanzler im September und Oktober 1949 eindeutig auf die Seite der Franzosen stellte, als sich die Frage der Einbeziehung Berlins als zwölftes Bundesland erneut stellte. Für Adenauer hatte sich diese Frage in der Tat im wesentlichen schon vor dem Treffen mit einer Delegation aus Berlin erledigt, das unter Reuters Leitung vom 17. bis zum 22. Oktober stattfand. Bereits am 10. Oktober teilte der außenpolitische Berater des Kanzlers dem französischen Hohen Kommissar François-Poncet mit, Adenauer stehe der Idee, Berlin den Status eines Bundeslandes zu geben, »absolut feindlich« gegenüber, und sechs Tage später sagte der Kanzler selbst zu John J. McCloy, daß er die Einbeziehung Berlins nicht für »ratsam und notwendig« halte. Er sei eher an der Lösung der wirtschaftlichen und finanziellen Probleme Berlins als an der politischen Eingliederung der Stadt in die Bundesrepublik interessiert.[140]

So war der unbefriedigende Ausgang des Treffens zwischen Adenauer und Reuter programmiert. Die neue Bonner Regierung wurde neben dem Bundeskanzler vom Bundesminister für wirtschaftliche Zusammenarbeit Franz Blücher, Bundeswirtschaftsminister Ludwig Erhard, Bundesfinanzminister Fritz Schäffer und dem Bundesminister für Gesamtdeutsche Fragen und ehemaligen CDU-Vorsitzenden in Berlin, Jakob Kaiser, repräsentiert. Reuter war Leiter einer Magistratsdelegation, zu der Louise Schroeder, Stadtkämmerer Friedrich Haas, der Stadtrat für Bundesangelegenheiten Günther Klein und mehrere Vertreter der Wirtschaft gehörten, darunter der AEG-Generaldirektor Friedrich Spennrath, den ein enges Verhältnis zu Adenauer verband und von dem man sich daher eine vermittelnde Rolle erhoffte. Gleich nach Beginn der Sitzung gerieten der Bundeskanzler und der Oberbürgermeister aneinander. Reuter machte sich bei Adenauer sofort unbeliebt: »Ihre Aufgabe, Herr Bundeskanzler, kann nur dann eine geschichtliche Rechtfertigung erfahren, wenn Sie die Frage der Wiedervereinigung Deutschlands in den Mittelpunkt Ihrer Betrachtungen stellen. Das ist die Aufgabe des deutschen Bundeskanzlers, ich sehe keine andere, die dieser nur einigermaßen gleichkommt. Dabei wird Berlin eine zentrale Rolle für die Erreichung der deutschen Ziele spielen!« Über diese anmaßende Bemerkung verärgert, entgegnete Adenauer scharf: »Herr Reuter, ich habe andere Aufgaben zu erfüllen als die, die Sie genannt haben. Es ist z.B. meine Aufgabe, die Duisburg-Meidricher-Hütte vor der Demontage zu schützen, ich habe für die Aufrechterhaltung der Währung zu sorgen und den Wiederaufbau durchzuführen. Ich habe auch die Aufgaben, die Sie genannt haben. Aber die von mir erwähnten Probleme sind dringlicher.« Daraufhin Reuter: »Herr Bundeskanzler, ich höre aus allem nur das Nein.« Trotz dieses unglücklichen Anfangs erwies sich das Treffen als nützlich, da die Bundesregierung umfassenden wirtschaftlichen und finanziellen Maßnahmen für die belagerte ehemalige Hauptstadt zustimmte. Reuter und Adenauer fanden, zumindest nach außen hin, sogar zu einem freundlicheren Umgangston zurück; aber wie Stadtrat Günther Klein später feststellte, war dies »nur eine dünne Decke über dem weiter schwelenden Konflikt«.[141] Eines zumindest war klargeworden: Die Einbeziehung Berlins als zwölftes Bundesland stand nicht auf der aktuellen politischen Tagesordnung.

Dennoch war es der Bundesregierung wie den Alliierten (insbesondere den Amerikanern) ein wichtiges Anliegen, den wirtschaftlichen und finanziellen Wiederaufbau West-Berlins zu unterstützen, auch wenn die Amerikaner sich ständig über die ihrer Ansicht nach unzulängliche Unterstützung Berlins durch die Bundesregierung beklagten, während Adenauer und seine Mitarbeiter Berlin als ein Faß ohne Boden betrachteten. Die Auseinandersetzungen und Streitigkeiten zwischen Berlin und Bonn rissen daher auch nach der Zuerkennung der Marshall-Plan-Hilfe für Berlin nicht ab. Im März 1950 verabschiedete der Bundestag ein »Erstes Gesetz über Hilfsmaßnahmen zur Förderung der Wirtschaft von Groß-Berlin«, das Steuerbegünstigungen für diejenigen westdeutschen Unternehmen vorsah, die Aufträge nach West-Berlin vergaben.[142] Im Herbst desselben Jahres wurde zwischen Berlin und der Bundesrepublik eine Verwaltungsvereinbarung ausgearbeitet, der zufolge regelmäßige Zuschüsse aus Bonn an Berlin gehen sollten, wodurch die Stadt endlich in die Lage versetzt wurde, eine systematische Wirtschafts- und Finanzplanung einzuleiten.[143] Bei all diesen Entwicklungen spielte Reuter eine entscheidende Rolle, denn er stand in ständigem Kontakt sowohl mit den neuen Bundesbehörden als auch mit den Alliierten und reiste immer wieder nach Bonn, um mit dem für seine Sparsamkeit bekannten Finanzminister Fritz Schäffer zu verhandeln. Jahre später urteilte Gustav Klingelhöfer, daß Reuter 1949/50 »fast ganz allein das Geschick Berlins in seine Hände nahm. Der Beginn des wirtschaftlichen Wiederaufbaus konnte geplant werden, (...) aber Berlin drohte in seiner Finanznot zu ersticken (...). Es begannen jene fürchterlichen Bettel- und Canossafahrten nach Bonn, bis Anfang 1950 eine erste Vereinbarung zwar Hoffnung bot, aber dennoch (...) dem Anstürmen auf Bonn und den Kämpfen mit Schäffer noch kein Ende setzte. Diese Gratwanderung voller Grauen und Demütigung, allein durchgekämpft, kaum von den Parteien und politischen Instanzen begriffen – sie war und wurde die gegen alle Welt von Ernst erzwungene Grundlegung für alles, was Berlin später werden konnte.«[144]

Dank dieser Regelungen machten sich die Auswirkungen sowohl der Marshall-Plan- als auch der GARIOA-Hilfe allmählich positiv bemerkbar. Als Vorsitzender des Berliner Ausschusses für den Marshall-Plan und nach 1951 als Senator für Wirtschaft in Berlin vollbrachte Paul Hertz zusammen mit seinen Kollegen (Klingelhöfer, Spennrath und vielen anderen) wahre Wunder, insbesondere im Rahmen des berühmten »long term-Plans« für den wirtschaftlichen Wiederaufbau Berlins, der sowohl an den New Deal als auch an Jean Monnets planification-Programm in Frankreich erinnerte. Zwar wurde Berlin finanziell und ökonomisch nie selbständig, die zaghaften Anfänge eines Aufschwungs und damit eine allmähliche Angleichung der Verhältnisse zwischen Berlin und der Bundesrepublik aber waren zweifellos diesem Planungswerk zu verdanken.[145] Der amerikanische Beitrag dazu war gewaltig: Zwischen 1950 und 1954 zahlten die USA 1,84 Milliarden DM.[146]

Wenn auch nicht als zwölftes Land, so war Berlin doch auf dem besten Weg, de facto Teil der Bundesrepublik zu werden. Und obgleich die Stadtkommandanten auf ihre Vorrechte pochten, trugen auch sie zu einer – sich sehr langsam vollziehenden und begrenzten – rechtlichen und institutionellen »Normalisierung« des Verhältnisses Berlins zum Bund bei. Gleichzeitig vermieden sie jeden Anschein einer Provokation gegenüber den Sowjets, vor allem nach dem Ausbruch des Korea-Krieges im Juni 1950, um zu verhindern, daß Berlin erneut zur bloßen Schachfigur im Ost-West-Konflikt wurde. Nach Gesprächen zwischen den drei westlichen Außenministern in New York kamen die Hohen Kommissare im März 1951 überein, daß »die Behörden der Bundesrepublik erweiterte Befugnisse auf verschiedenen Gebieten erhalten« sollten, was auch für Berlin galt. Das Besatzungsstatut vom Mai 1949 wurde zweimal revidiert, zuerst im März 1951 und dann – mit weitergehenden Veränderungen – im Mai 1952, als die Beziehungen zwischen der Alliierten Kommandantur und Berlin neu geregelt wurden. Obwohl sich die Umsetzung dieser Neuregelung aus verschiedenen Gründen verzögerte, enthielt der Artikel IV eine äußerst wichtige Bestimmung: daß sich die Kommandantur nicht gegen die Ausarbeitung eines Verfahrens wenden würde, das die Anwendung der Gesetzgebung der Bundesrepublik auf Berlin ermöglichte.[147] Monatelang hatte Reuter mit den Hohen Kommissaren und mit der Bundesregierung intensiv an den Details dieser Regelung gearbeitet; und auch wenn er mit einigen Bestimmungen noch immer nicht einverstanden war, hielt er sie doch insgesamt für eine Verbesserung.[148] Die Franzosen hatten sich lange gegen das Mantelgesetzverfahren gesperrt, das die Amerikaner und Briten für die beste Lösung hielten: Das Abgeordnetenhaus (seit 1950 der verfassungsmäßige Nachfolger der alten Stadtverordnetenversammlung) konnte einfach erklären, daß ein bestimmtes Bundesgesetz »in Berlin Anwendung findet«.[149]

Im Mai 1952 verständigten sich die Alliierten außerdem darauf, keine Einwände gegen die »Einbeziehung Berlins in internationale Verträge und Verpflichtungen der Bundesrepublik« zu erheben, wofür Reuter sich seit langem stark gemacht hatte. Einige Tage zuvor hatte das Abgeordnetenhaus von Berlin einstimmig die Übernahme des »Bundesgesetzes über die Stellung des Landes Berlin im Finanzsystem des Bundes« (»Drittes Überleitungsgesetz«) gebilligt, durch das Berlin in das Finanz- und Rechtssystem der Bundesrepublik eingebunden wurde, so daß die Stadt jetzt systematischer den Wiederaufbau der Wirtschaft und die Sanierung der Finanzen in Angriff nehmen konnte.[150]

Der Zeitpunkt für all diese Regelungen war nicht zufällig gewählt. Sie fielen mit langen und komplizierten Vertragsverhandlungen zwischen den Alliierten und der Bundesrepublik zusammen, die in dem am 26. Mai 1952 in Bonn unterzeichneten sogenannten General- beziehungsweise Deutschlandvertrag gipfelten; einen Tag später wurde der Vertrag über die Gründung einer Europäischen Verteidigungsgemeinschaft (EVG) in Paris unterzeichnet.[151] Reuter hatte gegen den Deutschlandvertrag schwerwiegende Bedenken, da dieser, wie er beklagte, »nichts anderes ist als eine Umschreibung und behutsame Erweichung eines antiquierten und von niemandem mehr zu vertretenden Besatzungsregimes (...)«[152] Dennoch konnte er erreichen, daß die Stadt – auch ohne den Status eines Bundeslandes – weder finanziell noch außenpolitisch isoliert wurde.

Die Alliierten übten nach wie vor die höchste politische Gewalt in West-Berlin aus[153] und waren sich – trotz all ihrer Differenzen in bezug auf die Konzessionen, die sie den Deutschen machen sollten – darin einig, ihre politische Macht in Berlin aufrechtzuerhalten. Reuter war über diese Situation nicht glücklich: »Es war für Berliner Regierungsvertreter buchstäblich physisch unmöglich, engen Kontakt zu drei ausländischen Stellen zu entwickeln und mit ihnen über unzählige Detailfragen zu verhandeln.« Und ein Jahr später, 1953, bemerkte er gegenüber Mitarbeitern des amerikanischen Außenministeriums, daß »Berlin der einzige Ort in Deutschland war, wo Verbindungsoffiziere gewissermaßen mit im Büro der Regierungsvertreter saßen, und daß ihre ständige Anwesenheit bedrückend wurde«, zumal die Stadtverwaltung die Kommandantur ohnehin regelmäßig mit einer Fülle von Informationen versorgte.[154]

Auch nach der Unterzeichnung des Deutschlandvertrags wurden nur langsam Fortschritte erzielt. Obwohl sich beispielsweise die Zahl der Repräsentanten Berlins im Bundestag von acht im Jahre 1949 auf zweiundzwanzig im Jahre 1953 erhöhte, hatten sie nach wie vor kein Stimmrecht und wurden weiterhin vom Abgeordnetenhaus, nicht durch Direktwahl gewählt.[155] Aber ungeachtet aller Enttäuschungen und Rückschläge hatte Berlin jetzt ein Wort in außenpolitischen Angelegenheiten mitzureden. Seine Einbeziehung in die Außenpolitik der Bundesrepublik bedeutete unter anderem auch eine Beteiligung an der Montanunion, die gemäß dem Schuman-Plan von 1950/51 gegründet wurde. Noch im Januar 1952 beschwerte sich Reuter bei den Vertretern der Alliierten darüber, daß die Bundesregierung bei den anfänglichen Diskussionen über den Schuman-Plan Berlin völlig übergangen habe, »und dies war leider symptomatisch für die Haltung, die Bonn häufig gegenüber Berlin einnimmt«.[156] Bis zum Frühjahr hatte sich diese Sorge zwar teilweise gelegt, aber spannungsfrei wurde das Verhältnis zu Bonn nicht.

Daran änderte auch die Tatsache nichts, daß Reuter und Adenauer ihre Verstimmung vom Oktober 1949 schnell überwanden. Zwischen ihnen entwickelte sich ein korrektes, wenn auch distanziertes und eher frostiges Verhältnis. Grundsätzlich unterstützte Reuter Adenauers Politik der Westintegration, argwöhnte allerdings immer, die Wiedervereinigung stehe nicht ganz oben auf der Prioritätenliste des Bundeskanzlers.[157] Außerdem waren beide erfahren genug, die politischen Fähigkeiten des anderen anzuerkennen. Im April 1950 beispielsweise besuchte Adenauer zum ersten Mal seit der Gründung der Bundesrepublik Berlin, und erstaunlicherweise wurde die Reise sowohl für den Bundeskanzler als auch für den Oberbürgermeister zum Triumph. Adenauer betonte ständig, daß Berlin ein Teil der Bundesrepublik sei, und wurde dafür überall bejubelt. Einer der Höhepunkte der Reise war ein Besuch in einem AEG-Werk, wo der Kanzler von den weitgehend sozialdemokratisch eingestellten Arbeitern sehr höflich begrüßt wurde. Nach den Worten eines amerikanischen Beobachters »gefiel ihm der ihm von diesen Menschen entgegengebrachte Respekt, sichtlich beeindruckt aber war er von dem Empfang, der Reuter bereitet wurde. Dr. Adenauer ist ein zu erfahrener Politiker, um eine derartige Popularität bei einem Oberbürgermeister zu ignorieren, und dies inmitten einer der schwierigsten Phasen der Amtszeit eines Bürgermeisters.«[158]

Doch Reuter konnte auch den Zorn des reizbaren Bundeskanzlers erregen, wenn er es darauf anlegte. Im Januar 1953 hielt der Regierende Bürgermeister eine Rede vor dem Liberalen Club in Berlin, in der er seine Enttäuschung über die ausbleibenden Fortschritte bei der deutschen Wiedervereinigung zum Ausdruck brachte und abermals die Befürchtung äußerte, daß die deutsche Einheit in Bonn keine Priorität genieße. Er sprach mit dem Pathos, das er bei solchen Gelegenheiten häufig an den Tag legte: »Welcher Deutsche kann nur einen Tag ruhig leben, solange er der Tatsache gegenübersteht, daß sein Vaterland in zwei Teile zerteilt worden ist, daß wir uns in der Gefahr befinden, für die Dauer auseinandergerissen zu werden?« In dieser Rede spannte er den Bogen über eine Vielzahl von Fragen, von der nachdenklichen Auseinandersetzung mit dem Problem des Patriotismus in einer demokratischen Gesellschaft bis hin zur Frage der anhaltenden sowjetischen Gefahr und der angemessenen Reaktion darauf, denn Reuter war überzeugt, daß die Gründung der Europäischen Verteidigungsgemeinschaft nicht ausreichte. Die Bemerkungen, die Adenauers besondere Aufmerksamkeit auf sich zogen, waren an verschiedenen Stellen in die Rede eingestreut: Kritik an der Politik der Bundesregierung wegen ihres Unvermögens, das »Fußvolk« auf den Ernst der Lage in Europa hinzuweisen, und die Sorge darüber, daß das politische Machtzentrum der Bundesrepublik zu weit im Westen liege. Reuter behauptete, »daß die größte politische Fehlentscheidung dieser Zeit die Verlegung der provisorischen Hauptstadt an das linke Ufer des Rheins nach Bonn gewesen ist«, und sann laut über die Frage nach, was wohl geschehen wäre, wenn die provisorische Hauptstadt näher an die Zonengrenze, etwa nach Hannover, verlegt worden wäre. »Der provisorische Charakter wäre wahrscheinlich noch stärker gewesen, als es der provisorische Charakter des sowieso unmöglichen Bonn schon ist.«[159]

Adenauer reagierte mit der für ihn typischen Gereiztheit. Wenn der Regierende Bürgermeister von Berlin die Bundesregierung dermaßen kritisiere, sei es nicht überraschend, daß die Bewohner Westdeutschlands wenig Interesse hätten, Berlin zu helfen. Um seinen Unmut deutlich zu zeigen, ließ Adenauer seinen Sprecher bekanntgeben, er werde nicht an einem Empfang des Berliner Senats teilnehmen, der während seines bevorstehenden Besuches in der Stadt stattfinden sollte. Daraufhin führten die beiden Männer ein Gespräch miteinander, und trotz eines scharfen Wortwechsels, bei dem Adenauer Reuter vorwarf, ihn »systematisch« anzugreifen, kam der Bundeskanzler dann doch zum Empfang.[160] Im Sommer 1953 machte Reuter seinen Gefühlen über Adenauer in einem aufschlußreichen Brief an seinen alten Freund Alexander Rüstow Luft: »Deutschland ist das einzige Land der Welt, in dem niemand, der nicht unmittelbar zur Regierungskoalition gehört, die Möglichkeit sieht, mit dem Chef der Regierung in ein sachlich erträgliches Verhältnis zu kommen. Das dürfte wirklich nicht nur daran liegen, daß alle Leute, die, wie ich, die schwersten Bedenken gegen die Innen- und Außenpolitik der jetzigen Regierung haben, sture Fanatiker sind. Ich glaube, ich bin weder stur noch fanatisch, und ich glaube, ich habe meinen Beitrag zur deutschen Außenpolitik sehr positiv geleistet.«[161] Mehrere Monate zuvor hatte Reuter dem Industriellen Louis Leisler Kiep gegenüber geäußert, die Differenzen zwischen ihm und Adenauer hätten viele Ursachen: »Aber der Hauptunterschied zwischen Adenauer und mir ist der, daß er ein Rheinländer ist und ich ein Preuße!«[162]

Die Last des Regierens

Mitunter gab es eben unüberbrückbare Differenzen – im allgemeinen aber hatte Ernst Reuter eine natürliche Begabung, Koalitionen zu schmieden und mit Menschen aus anderen politischen Lagern konstruktiv zusammenzuarbeiten. Diese Fähigkeit zahlte sich nicht nur im Umgang mit den Westmächten aus, sondern auch in der Berliner Regierungskoalition. Zu manchen entwickelte sich sogar ein freundschaftliches Verhältnis. So gehörten zu Reuters regelmäßiger Skatrunde nicht nur der sozialdemokratische Stadtrat Otto Theuner, sondern auch der Christdemokrat Ernst Lemmer, in der Weimarer Republik Mitglied der Deutschen Demokratischen Partei (DDP) und später Mitbegründer der CDU in der Sowjetzone, der schließlich zusammen mit Jakob Kaiser in den Westen ging, um den sowjetischen Repressalien zu entgehen.[163]

Schwieriger gestaltete sich Reuters Verhältnis zu der eigenen Partei. Reuter war kein typischer »Parteisoldat«; zwischen dem Intellektuellen bürgerlicher Herkunft und den Genossen aus der Arbeiterklasse bestand immer eine gewisse Distanz. Innerparteiliches Taktieren oder der direkte, basisbezogene Populismus, den ein Franz Neumann so hervorragend beherrschte, war Reuters Sache nicht; auch die einschüchternde Autorität eines Kurt Schumacher fehlte ihm. Daher bestand zwischen 1950 und 1953 eines seiner Hauptprobleme darin, seine Politik – und die der Regierungskoalition – gegenüber seinen eigenen Parteifreunden zu rechtfertigen.

Reuters Politik als Oberbürgermeister und dann als Regierender Bürgermeister erforderte Kompromisse in Fragen, die vielen Berliner Sozialdemokraten sehr am Herzen lagen. Bei Franz Neumann und seinen Freunden machte sich daher zunehmend die Sorge breit, mit der rechtlichen und strukturellen Integration Berlins in die Bundesrepublik könnten einige nach 1945 eingeführte institutionelle Reformen wegfallen, die es nur in Berlin gab. Drei davon waren für sie besonders wichtig: eine neue Verwaltungsstruktur, die für eine Bereitstellung öffentlicher Dienstleistungen durch verantwortliche »Verwaltungsbedienstete« sorgen und das alte preußische Beamtenwesen ersetzen sollte; eine neue, säkulare »zwölfklassige Einheitsschule« ohne Religionsunterricht; und, vielleicht am wesentlichsten, eine neuartige »klassenlose Einheitsversicherung« für jeden Berliner durch die Versicherungsanstalt Berlin (VAB), die bereits 1945 eingerichtet worden war.[164] Viele in der Berliner SPD hatten den Eindruck, Reuter und seine Koalitionspartner seien nur allzu bereit, diese Errungenschaften auf dem Altar der Deutschlandpolitik beziehungsweise Wiedervereinigungspolitik zu opfern. Denn eine Angliederung Berlins an den Bund konnte durchaus bedeuten, daß die Bonner Gesetze Vorrang erhielten und daß die Berliner Reformen zugunsten der weniger großzügigen Strukturen im Westen verwässert oder sogar aufgehoben wurden.

Aus Reuters Sicht hing die deutsche Wiedervereinigung letztlich von einem starken Weststaat ab. Die Anbindung Berlins an diesen Weststaat mußte daher alle anderen Überlegungen überlagern. Obwohl er als Sozialdemokrat für ein tiefgreifendes Programm moderner Sozialpolitik eintrat, glaubte er auch, für eine größere Sache zu Opfern und Kompromissen bereit sein zu müssen, zumal er davon überzeugt war, daß es sich um einen überschaubaren Zeitraum handelte. Nach Aussage Hans Hirschfelds ging Reuter 1950 davon aus, die deutsche Wiedervereinigung könne im Laufe von vier Jahren erreicht werden.[165] Der ständige und intensive Einsatz für dieses Ziel wurde zum größten Kampf seiner letzten Jahre, und

Ungleiche Verbündete: Kurt Schumacher, der Berliner SPD-Vorsitzende Franz Neumann und Ernst Reuter (v. l. n. r.) auf einer Pressekonferenz unter dem Porträt August Bebels.

er mußte dabei »mit einer Vielzahl von Kugeln« jonglieren[166] – zu einer der unberechenbarsten zählte seine eigene Partei, angefangen mit dem Landesvorsitzenden Franz Neumann.

Neumann und Reuter entstammten völlig unterschiedlichen Milieus und waren auch von ihrem Naturell her grundsätzlich verschieden. Für seine Freunde und Bewunderer war Neumann ein charismatischer Arbeiter, einer der Helden des Widerstands gegen die kommunistische Aggression, ein glänzender Redner und eine mitreißende, engagierte Führerpersönlichkeit, den traditionellen Idealen der Sozialdemokratie verpflichtet. Seine Kritiker meinten, er habe seine großen Augenblicke zwischen 1945 und 1948 erlebt; eigentlich aber sei er der mittelmäßige Mann geblieben, der er immer war: provinziell, phantasielos, dogmatisch, ein Funktionär, der gern den starken Mann spielte. Was man von ihm auch halten mochte, er war zweifellos eine Persönlichkeit mit großer Ausstrahlung, ein unermüdlicher Parteiarbeiter und ein geschickter Populist. Im Herbst 1949 protestierte er beispielsweise heftig gegen die Einführung einer Kleiderordnung durch Reuter anläßlich des Empfangs der Stadt Berlin für den neuen Bundespräsidenten Theodor Heuss. In Zeiten von Mangel und Armut seien solche Vorgaben unangemessen: »Abendkleid und dunkler Anzug schließen die Teilnahme weitester Bevölkerungsschichten von diesen Veranstaltungen aus.« Er jedenfalls werde sich an diese Vorschriften nicht halten, die ihn an »die aufgeblasenen Feste der Herren Pieck, [Otto] Nuschke und Grotewohl« erinnerten. Und nach Aufhebung der Blockade hatte er die schlechte Qualität der Kartoffeln zum Thema gemacht, indem er einen Zentner Kartoffeln mit in die Stadtverordnetenversammlung gebracht und sie »auf den Tisch des Hauses« geworfen hatte. »Reuter in seiner Würde sagte: ›So etwas macht man nicht!‹«[167]

Die Differenzen zwischen Reuter und Neumann – oder, besser gesagt, zwischen Reuters Umfeld und Neumanns Umfeld in der Berliner SPD – traten nach der Verabschiedung einer neuen Verfassung für Berlin und im Zusammenhang mit den Regelungen zur Übernahme von Bundesgesetzen und -einrichtungen durch Berlin mit besonderer Heftigkeit zutage. Die Verfassungsrevisionen von 1948 waren immer als ein Provisorium betrachtet worden, so daß der Verfassungsausschuß der Stadtverordnetenversammlung 1949 daranging, eine Revision der Revisionen zu erarbeiten, in der Hoffnung, endlich zu einer den Nachkriegsverhältnissen Berlins angemessenen Verfassung zu kommen. Im Sommer 1950 wurde der Entwurf fertiggestellt und im August sowohl der Stadtverordnetenversammlung als auch den Alliierten vorgelegt.[168] Nachdem den Vorbehalten der Alliierten Rechnung getragen und einige Punkte – daß Berlin ein Land der Bundesrepublik und daß das Grundgesetz für Berlin bindend sei – »zurückgestellt« worden waren, billigten diese den Entwurf, und Anfang Oktober wurde die neue Verfassung verabschiedet.[169] Berlin erhielt nicht nur den Status einer Stadt, sondern auch den eines Landes und wurde dadurch Bremen und Hamburg gleichgestellt. Der Oberbürgermeister bekam den Titel »Regierender Bürgermeister«, während ein Senat an die Stelle des alten Magistrats und ein Abgeordnetenhaus an die Stelle der früheren Stadtverordnetenversammlung trat.[170] Am 3. Dezember 1950, noch vor dem Inkrafttreten der neuen Verfassung, sollten Wahlen stattfinden, da die Legislaturperiode der alten Stadtverordnetenversammlung ohnehin bald auslief.[171]

Bei dieser Wahl erlitt die SPD massive Verluste. Bei einer Wahlbeteiligung von 90,4 Prozent wählten 44,7 Prozent die SPD; die CDU erhielt 24,6 Prozent und die FDP (vormals LDP) 23,0 Prozent der Stimmen. Die Sozialdemokraten hatten im Vergleich zur Dezemberwahl 1948 zwanzig Prozent ihrer Wähler verloren, wohingegen CDU und FDP beachtliche Gewinne zu verzeichnen hatten. Im neuen Abgeordnetenhaus erhielt die SPD einundsechzig Sitze, die CDU vierunddreißig und die FDP zweiunddreißig.[172] Bezeichnenderweise war im Wahlkampf nicht Ernst Reuter, sondern Franz Neumann als Spitzenkandidat angetreten; dieser hatte auf einem Landesparteitag im Oktober 154 Stimmen erhalten, der Oberbürgermeister dagegen nur 119. Zudem waren sich die meisten Beobachter darin einig, daß die SPD einen farblosen Wahlkampf geführt und »wohl aufgrund persönlicher Eifersüchteleien nicht das hervorgehoben hatte, was zweifellos ihr größter Trumpf war – die Popularität von Bürgermeister Reuter«. Außerdem hatte das Fünfzig-Punkte-Programm nur treue SPD-Anhänger angesprochen.[173] Im Gegensatz zur Koalition von 1948 zur Bewältigung der Krise war jetzt eine echte Koalition erforderlich. Die Verhandlungen darüber wurden schwieriger als erwartet.

Von vornherein festzustehen schien Reuters Wahl zum Regierenden Bürgermeister, da seine persönliche Popularität trotz der Wahlniederlage seiner Partei unangefochten war und es auch keine wirkliche personelle Alternative gab. Überdies wollten die meisten Spitzenpolitiker in beiden bürgerlichen Parteien die Koalition mit der SPD aufrechterhalten. Konflikte standen allerdings hinsichtlich der bereits erwähnten Reformgesetze ins Haus. Ein Arbeitsausschuß der drei Parteien unter dem Vorsitz von Otto Suhr begann kurz vor Weihnachten mit seinen Beratungen und schien zu einer akzeptablen Vereinbarung über die entscheidenden Fragen gekommen zu sein, darunter die Zusammensetzung des Senats und die Zukunft der drei wichtigsten Berliner Reformen (die Beamtenfrage, die Sozialversicherung und die Einheitsschule). Doch Ende Dezember wurden die Verhandlungen plötzlich unterbrochen, da die CDU der SPD vorwarf, die Spitzenämter in der Stadt zu monopolisieren. Anfang Januar verkündeten CDU und FDP, eine Koalition mit den Sozialdemokraten sei nicht möglich, solange die SPD nicht zur Aufgabe einiger dieser Ämter bereit sei. Nachdem sich die Sozialdemokraten geweigert hatten, darauf einzugehen, traten die beiden bürgerlichen Parteien in Gespräche ein, deren Ziel die Wahl des Christdemokraten Walther Schreiber zum Regierenden Bürgermeister war.[174]

Damit war der Boden für den offenen Ausbruch des Streits zwischen den Hauptflügeln der Berliner SPD bereitet. Auf der vierten Tagung ihres siebenten Landesparteitags am 7. Januar 1951 berichtete Neumann über die unbefriedigenden Verhandlungen der drei Parteien und wies unter anderem darauf hin, daß Schreiber Reuter vorgeworfen hatte, in der Frage, ob Berlin dem Weststaat als Bundesland angegliedert werden könne, »mit dem Kopf durch die Wand« zu rennen. Neumann sprach sich zwar nicht ausdrücklich für die Oppositionsrolle aus, legte den Delegierten diese Idee aber unmißverständlich nahe. Seine Beteuerung, er, Reuter und Suhr verträten zu dieser Frage die gleiche Linie, war reine Rhetorik.[175] Reuter erwiderte, läge Berlin westlich der Elbe, wäre die Übernahme der Oppositionsrolle ein problemloser und logischer Schritt, aber Berlin, »diese kleine Insel von zwei Millionen«, stehe vor besonderen Herausforderungen. Das Scheitern der Verhandlungen zwischen den drei Parteien stelle »eine ungeheure Gefahr« nicht nur für Berlin, sondern auch für Deutschland dar: »Denn wir repräsentieren den Vorposten der freiheitlichen Welt überhaupt.« Trotz des Verhaltens der CDU könne die SPD die Regierungsverantwortung nicht ablehnen. Er warnte auch davor, Einrichtungen wie die Versicherungsanstalt Berlin als einen »Fetisch« zu betrachten; wichtiger als eine Institution seien solide sozialpolitische Garantien für die Bürger der Stadt. Reuter plädierte für mehr Zeit bei den Verhandlungen, denn »unsere Opposition in Berlin wird immer gegen den Osten gerichtet sein und wird immer diktiert sein von dem Willen, klarzumachen, wer dem Osten mit seiner Politik hilft. Hier steht unser eigentlicher Feind, der Feind unserer Freiheit, der Feind unserer ganzen sozialen Existenz und der Feind unserer sozialen und nationalen Zukunft.«[176]

Obwohl auf dem Landesparteitag die Stimmung vorherrschte, die Partei solle lieber in die Opposition gehen, anstatt Kompromisse bei den drei wichtigsten Gesetzen einzugehen, ließen die Sozialdemokraten die Möglichkeit weiterer Verhandlungen offen, indem sie eine vage formulierte Resolution verabschiedeten, sie seien jederzeit bereit, unter Reuter Regierungsverantwortung zu übernehmen. Derweil setzten CDU und FDP ihre Gespräche über eine

»kleine Koalition« fort, ermutigt von Ferdinand Friedensburg, der darauf spekulierte, selbst Regierender Bürgermeister zu werden. Doch diese Pläne wurden rasch zunichte gemacht, zum einen von Walther Schreiber, der Friedensburg unumwunden mitteilte, daß die Partei ihm sehr kritisch gegenüberstehe, zum anderen von Konrad Adenauer, der öffentlich für eine Fortsetzung der Koalition mit der SPD in Berlin eintrat.

Am 11. Januar fand die erste Sitzung des neuen Abgeordnetenhauses statt, das Otto Suhr einstimmig zum Präsidenten wählte. Die Sitzung am nächsten Tag erwies sich als eine der dramatischsten, die Ernst Reuter je erlebt hatte. Franz Neumann hatte Adenauers Angebot, durch seinen Repräsentanten in Berlin zwischen den Parteien zu vermitteln, abgelehnt und statt dessen vorgeschlagen, das Abgeordnetenhaus solle den Regierenden Bürgermeister direkt wählen. Auf der Sitzung vom 12. Januar wurde eine geheime Wahl beschlossen, und als die Stimmen ausgezählt wurden, hatten Ernst Reuter und Walther Schreiber jeweils 62 Stimmen erhalten.[177] Suhr schlug vor, nach dem gängigen parlamentarischen Verfahren den Gewinner auszulosen, der dann einundzwanzig Tage Zeit hätte, eine neue Regierung zu bilden. Aber diese Alternative wurde einhellig abgelehnt, so daß eine weitere Runde intensiver Verhandlungen folgte, diesmal unter Beteiligung von Reuter, Schreiber und dem FDP-Vorsitzenden Carl-Hubert Schwennicke.[178] Am 18. Januar kam endlich eine Vereinbarung zustande: Reuter sollte Regierender Bürgermeister und Schreiber Bürgermeister werden, die Sozialdemokraten sollten sechs und die anderen zwei Parteien jeweils vier Senatsposten erhalten. Der umstrittene Posten des Innensenators würde an einen parteilosen Politiker gehen.[179] Reuter war erfreut und erleichtert. Während der Verhandlungen wurde seine Verfassung als so gut wie lange nicht mehr beschrieben. Ein amerikanischer Beobachter bemerkte dazu: »Frau Reuter ging auf die gute Laune ihres Mannes ein, indem sie sagte, er habe nach vielen Monaten zum ersten Mal wieder Türkisch mit seinem Sohn gesprochen, was ein Zeichen für seine Entspanntheit sei. (Reuter sah allerdings sehr müde aus und war es wohl auch.)«[180] Nach Beendigung der Verhandlungen verfaßten Reuter und Schreiber einen gemeinsamen Brief, in dem sie die Details ihrer Koalitionsvereinbarung darlegten. Vom Standpunkt vieler führender SPD-Mitglieder aus machte Reuter den bürgerlichen Parteien jedoch echte – und schmerzhafte – Konzessionen in der

Louise Schroeder, die Reuter während des sowjetischen Vetos als erste amtierende Oberbürgermeisterin in Deutschland vertreten hatte, gratuliert ihm am 18. Januar 1951 zu seiner Wahl als Regierender Bürgermeister. Nur durch einen Kompromiß mit der CDU war er in seinem Amt bestätigt worden.

Frage des Beamtengesetzes, der Versicherung und der Schulen. Der Unmut machte sich in der geheimen Schlußabstimmung im Abgeordnetenhaus am 18. Januar 1951 Luft, als Reuter mit 77 Stimmen bei 36 Enthaltungen und elf Gegenstimmen gewählt wurde.[181]

Es gelang Reuter, einen arbeitsfähigen Senat zu bilden. Die Vorbehalte in seiner Partei aber waren damit nicht vom Tisch und wurden sowohl auf einer Sitzung von Fraktion und Landesausschuß am 30. Januar als auch auf der fünften Tagung des siebenten Landesparteitags am 31. Januar laut (damals konnten SPD-Landesparteitage vertagt und wieder einberufen werden, so daß sie sich mitunter wochenlang hinzogen). Abermals machte Reuter seinen Genossen in leidenschaftlichem Ton klar, daß die durch den Kalten Krieg bedingten politischen Gefahren von der SPD eine konstruktive Regierungsteilnahme und das Bemühen um gute Beziehungen zur Bundesrepublik verlangten: »(...) ich weiß, welche Gefahren für Berlin heraufbeschworen werden würden, wenn durch eine negative Entscheidung unserer Partei die Bildung einer Regierung in diesem Augenblick nicht möglich wäre. Es würde ein chaotischer Zustand entstehen – (Äußerungen des Unmuts) – es würde ein chaotischer Zustand auf politischem Gebiet entstehen. (...) Es würde ein chaotischer Zustand entstehen, ein Luxus, den wir in Berlin uns am allerwenigsten leisten können.«[182] Reuter und seine Anhänger – darunter Hertz, Suhr, Brandt, Schroeder und Kurt Mattick – konnten den Parteitag schließlich dazu bringen, der neuen Senatsbildung widerwillig zuzustimmen, die entsprechende Resolution wurde mit 167 zu 105 Stimmen verabschiedet. Josef Grunner, ein Parteigänger Neumanns, umriß allerdings die Schwierigkeiten, vor denen die Koalition stehen würde: »Der soziale Kampf« – das heißt der Kampf gegen die angeblich »antisozialen« Ideen aus Bonn, darunter Ludwig Erhards Vorstellungen von einer »sozialen Marktwirtschaft« – »müsse dann im Parlament ausgetragen werden.«[183]

Otto Suhr rechnete damit, daß die Koalition höchstens neun Monate lang Bestand haben würde. Und tatsächlich sollten ihr programmatische Unklarheit, mangelnder personeller Zusammenhalt sowie das anhaltende Mißtrauen, ja die Antipathie großer Teile der SPD zu schaffen machen.[184] Daß sie sich dennoch länger als zweieinhalb Jahre hielt, zeugte sowohl von der Unentbehrlichkeit der Person Ernst Reuters als auch von seinem großen politischen Geschick. Die meisten politischen Beobachter und Berliner waren sich darin einig, daß niemand in der Stadt auch nur entfernt Reuters internationales Ansehen hatte. Das beste Beispiel dafür war eine erneute Einladung an ihn in die USA, wo er im Februar 1951 vor der Konferenz der Americans for Democratic Action (ADA) in Cleveland/Ohio sprechen sollte. Diese Amerika-Reise wurde ein noch spektakulärerer politischer Triumph als die von 1949, und zweifellos genoß Reuter in den Vereinigten Staaten eine größere moralische und persönliche Autorität als jeder andere Deutsche, einschließlich Konrad Adenauer. In Begleitung von James Loeb, dem Vorsitzenden der ADAV, besuchte er nicht nur Cleveland, sondern sprach auch in Detroit, wo ihn sein alter Bekannter Walter Reuther im Namen des großen Gewerkschaftsbundes Congress of Industrial Organizations (CIO) begrüßte. Von dort aus fuhr er nach Chicago, Milwaukee, Philadelphia und schließlich nach Washington, wo 36 Senatoren ein Essen für ihn gaben und er mit Präsident Harry S. Truman zusammentraf; dann ging es weiter nach New York, unter anderem zu einem Auftritt in der einflußreichen Fernsehshow »Meet the Press«.[185] Reisen dieser Art trugen dazu bei, Berlin auch zwei Jahre nach dem Ende der Blockade wieder ins Blickfeld der Weltöffentlichkeit zu rücken. Die meisten Berliner erkannten dies, und sie wußten auch, wie wichtig Reuters Präsenz – trotz der von Adenauer und Schumacher betriebenen Politik – war, wenn Berlin nicht nur in der Bundesrepublik, sondern auch in neuen gesamteuropäischen Institutionen wie dem Europarat in Straßburg oder der Montanunion repräsentiert sein sollte.

In mancher Hinsicht erinnert Reuters politisches Handeln in diesen Jahren an Gustav Stresemann. Auch Stresemann hatte versucht, »den Weg ins Freie aus der nationalen Enge in die Weite europäischen Denkens zu finden«. Und wie der Visionär Stresemann, so mußte auch Reuter einen Großteil seiner Energie darein investieren, seine brüchige Koalition am Leben zu erhalten, mit allen damit verbundenen Kompromissen, Widersprüchen und Reibungsverlusten.[186] Zur großen Besorgnis von Freunden wie Gustav Klingelhöfer zeigte er im Sommer 1951 derartige Zeichen von Erschöpfung, daß ein Rückzug aus der Politik nicht ausgeschlossen werden konnte. Doch das Schlimmste sollte erst noch kommen. Im Herbst 1951 und im Frühjahr 1952 machte seine Partei erneut Anstalten, in die Opposition zu gehen, und abermals mußte er alles daransetzen, die Regierung zusammenzuhalten. Wieder ging es um die Übernahme der Bonner Gesetze in Berlin, insbesondere um deren Implikationen für die Zukunft der sozialpolitischen Einrichtungen der Stadt.

Die schwelenden innerparteilichen Differenzen in der Berliner SPD brachen im September offen aus, als die Spitzengremien der Partei in Vorbereitung auf einen weiteren Parteitag die Frage diskutierten, ob und zu welchem Preis ein Bundeslandstatus für Berlin erstrebenswert sei. Am 9. September traf eine zehn Mann starke Delegation des Berliner Landesvorstandes, darunter Reuter und Neumann, in Bonn mit fünf Mitgliedern des Parteivorstands, darunter Kurt Schumacher, Erich Ollenhauer, Carlo Schmid und Herbert Wehner, zusammen, um die diesbezüglichen Meinungsverschiedenheiten beizulegen. Doch die Fronten hatten sich verhärtet. Das Treffen endete ergebnislos. Schumacher sagte kaum ein

Wort.[187] Sechs Tage später kam es unter den Teilnehmern der Berliner Delegation anläßlich einer gemeinsamen Sitzung von Fraktion und Landesausschuß zu einem heftigen Streit. Reuter wiederholte seine uneingeschränkte Unterstützung für eine automatische Übernahme Bonner Gesetze durch ein Mantelgesetzverfahren, aber jetzt war es Otto Suhr, der diesen Vorschlag mit dem Hinweis ablehnte, Berlin sei nicht ausreichend in Bonn repräsentiert, um dies wünschenswert erscheinen zu lassen. Dann attackierte er Reuter heftig und warf dem Regierenden Bürgermeister vor, nicht genügend Rücksicht auf die einfachen Parteimitglieder zu nehmen; außerdem habe der Senat mit der Bundesregierung in Bonn korrespondiert, ohne ihn oder Neumann darüber zu informieren.[188]

Trotz seiner Übereinstimmung mit Reuter in vielen Fragen war es in den letzten Jahren zu einer wachsenden Entfremdung zwischen Suhr und dem Regierenden Bürgermeister gekommen. Suhr war immer eine »Klatschbase« gewesen – zumindest hatte er die Amerikaner und die Briten lange unermüdlich mit Informationen versorgt. Als Reuter im Herbst 1950 nicht als Spitzenkandidat der SPD aufgestellt worden war, hatte Suhr mit einer gewissen Schärfe geschrieben: »Reuter hat sich immer weiter von der Basis seiner Partei entfernt und das Vertrauen der Arbeiter verloren. (...) Die Arbeiter betrachteten ihn als einen ›Akademiker‹.« Er nahm auch Anstoß daran, daß Reuters Presseamt diesen häufig als »Professor Dr. Reuter« bezeichnete.[189] Aus dem Munde des Akademikers und ehemaligen Dozenten an der Hochschule für Politik Suhr mutet diese Kritik etwas merkwürdig an; entscheidend war wohl, daß Suhr schon seit langem hinnehmen mußte, daß der Oberbürgermeister mit seiner starken Persönlichkeit den Stadtverordnetenvorsteher beziehungsweise Präsidenten des Abgeordnetenhauses in den Schatten stellte. Seit Ostrowskis Zeiten hatte Suhr einer gut informierten Quelle zufolge die Ansicht vertreten, sein Amt sei »eine Art Stadtpräsident, ein Staatspräsident, und der Oberbürgermeister habe nur die Funktionen eines Oberstadtdirektors auszuüben«. Diese Auffassung teilte Reuter offensichtlich nicht, so daß Irritationen zwischen den beiden Männern unvermeidlich waren. Im Zuge dieses Konflikts ging Suhr immer mehr dazu über, Reuters Politik zu kritisieren. Reuter selbst versuchte, Suhrs Aktivitäten zu ignorieren, doch die Rivalitäten mit Suhr und Neumann machten seine ohnehin schon schwierige Aufgabe noch komplizierter.[190]

Am 27. September 1951 gab Reuter eine Regierungserklärung vor dem Abgeordnetenhaus ab, in der er wiederum die Bedeutung der Übernahme von Bundesgesetzen für die eventuelle Einbeziehung Berlins als zwölftes Bundesland betonte. Während der Aussprache über diese Rede attackierte Neumann zwei Senatoren und versicherte, die SPD werde die Koalition verlassen, sollte es zu weiteren Veränderungen an den Berliner Schulen kommen.[191] In diesen Tagen kämpfte Reuter auf diversen SPD-Versammlungen für das Verbleiben der SPD in der Regierung, während er sich gleichzeitig heftig gegen den Vorwurf wehrte, »er tue nichts, er ergreife keine Initiative, und seine Handlungen stünden im Gegensatz zu den Erklärungen vor der Wahl«.[192] Angesichts der Schärfe dieser Auseinandersetzungen in der Berliner Parteiorganisation vor dem Landesparteitag trafen Kurt Schumacher und die anderen Mitglieder der Parteiführung erneut mit den Berlinern in Bonn zusammen, diesmal am 14. Oktober; und jetzt sprach Schumacher von einem »Parteinotstand« in Berlin. Auch bei dieser Unterredung äußerten alle Teilnehmer offen und sehr engagiert ihre Meinung. Die Geschäftsführerin der SPD-Fraktion und Parteigängerin Neumanns Edith Krappe monierte, »daß die Stimmung sowohl in der Mitgliedschaft als auch in der Bevölkerung sehr stark gegen den Senat vorhanden ist«. Das Problem war ihrer Ansicht nach, daß die grundlegenden Forderungen des Senats »wie Kampf um das 12. Land, Kampf gegen den Osten« von allen Fraktionen im Abgeordnetenhaus geteilt würden; sie »zeigen der Bevölkerung nicht klar, worin der Unterschied zwischen den bürgerlichen Parteien und der SPD besteht«. Sie habe bei den Genossen in Berlin zunehmend »Verbitterung« festgestellt, da diese nicht das Gefühl hätten, daß ihre Ansichten angemessene Beachtung fanden.

Am Ende war es Kurt Schumacher, der half, den Konflikt auf Eis zu legen. Er forderte die Berliner auf, ihre Meinungsverschiedenheiten beizulegen und übereilte Aktionen zu vermeiden: »Er würde es nicht für gut halten, wenn mit einer kleinen Mehrheit Koalition oder mit einer kleinen Mehrheit Opposition entschieden würde.«[193] Im Klartext hieß das, daß Schumacher die Gruppe um Neumann aufforderte, vorsichtiger zu agieren, und in den nächsten Tagen machte er deutlich, daß die Bonner Führung keinen Bruch der Koalition wünschte. Dahinter stand die Hoffnung des Parteivorstands in Bonn, mit Hilfe der Sozialdemokraten in Berlin der Partei im Bundesrat die Mehrheit verschaffen zu können.

So überlebte die Koalition den Landesparteitag Ende Oktober, wenngleich die innerparteiliche Opposition um Neumann, Joachim Lipschitz, den Parteijournalisten und Chefredakteur des *Telegraf* Arno Scholz und einen »Marxistischen Arbeitskreis« (MAK) weiterhin bestand. In seiner Eröffnungsrede gab Otto Suhr mokant zu verstehen, der Regierende Bürgermeister sei in Berlin populärer als in seiner eigenen Partei.[194] Doch Suhr verwies auch auf das 39-Punkte-Arbeitsprogramm, das er, Reuter und Neumann gemeinsam ausgearbeitet hatten und das von dem Landesausschuß und einer Redaktionskommission gebilligt worden war. In diesem Programm waren die Bedingungen für eine weitere Beteiligung der SPD an der Koalition festgelegt worden. Reuter seinerseits warnte vor der Gefahr einer »sozialdemokratischen Inselpolitik«.[195] Am Ende sprach sich der Parteitag dafür aus, daß der Landesausschuß und die Fraktion über das Verbleiben in der Koalition entscheiden sollten; diese Entscheidung würde wiederum davon abhängen, ob die anderen Koalitionsparteien die »Mindestforderungen« der SPD ablehnten oder nicht. Das anschließende Vertrauensvotum für Reuter und die anderen sozialdemokratischen Senatsmitglieder ergab 170 Ja-Stimmen, 77 Nein-Stimmen und 22 Enthaltungen. Obwohl Reuter und die Koalition von der Neumann-Gruppe einen ordentlichen Denkzettel bekommen hatten, waren sie nicht zur Kapitulation gezwungen worden.[196]

Reuters Schwierigkeiten mit seiner Partei hielten indessen bis zum Frühjahr 1952 an. Schumachers Eingreifen hatte ihn auf dem Landesparteitag gerettet, aber von einer Aufweichung der Fronten konnte nicht die Rede sein. Im März 1952 brach eine scheinbar endlose Kette von Senatskrisen aus, als CDU und FDP wegen der Verteilung von Senatsdirektorenposten drohten, die Koalition platzen zu lassen.[197] Obwohl es Reuter unter einigen Mühen gelang, diesen Streit zu schlichten, entzündete sich innerhalb der SPD eine weitere Auseinandersetzung an der Frage, ob, wie Reuter es in einer Regierungserklärung am 3. April ausdrückte, noch eine Grundlage für eine »ersprießliche Zusammenarbeit« im Senat gegeben sei. In seiner Erklärung wies Reuter abermals darauf hin, daß der Senat im Amt bleiben wolle, und beschwor erneut die zentrale Bedeutung einer »Politik der systematischen Angleichung an den Bund und der Verschmelzung Berlins mit dem Bund«.[198] Zuvor hatte er eine Reihe von Änderungen im Zusammenhang mit der Reform der Renten- und Krankenversicherung sowie des

Schulgesetzes skizziert. Nach einer heftigen Debatte, in der Otto Suhr dem Regierenden Bürgermeister vorwarf, er habe trotz all seiner Verdienste manchmal die Grenzen »des Tragbaren« für die Sozialdemokraten überschritten, wurde die Regierungserklärung mit 66 zu 39 Stimmen bei 14 Enthaltungen gebilligt – und damit über die kurzfristige Zukunft des Senats entschieden. Von den 39 Nein-Stimmen kamen 28 aus Reuters eigener Fraktion, darunter von Neumann und Lipschitz. Suhr enthielt sich.[199] In seiner Regierungserklärung gab sich Reuter selbstbewußt, kämpferisch, humorvoll und konziliant. Eine noch größere Wirkung erzielte er, als er am 6. April in einer RIAS-Sendung in die Offensive ging. Bei seinen Reden in der Öffentlichkeit oder im Parlament neigte Reuter, auch nach den Maßstäben, die in der Mitte des zwanzigsten Jahrhunderts angelegt wurden, zu einer gewissen Umständlichkeit und Langatmigkeit. Aber im Radio und Fernsehen war er ganz in seinem Element, und in der Radiosendung vom 6. April brachte er die Dinge in einer Art und Weise auf den Punkt, daß die Zuhörer sofort verstanden, worum es ging. Die Berliner mochten die »dämlichen Gesetze aus Bonn« nicht, aber wenn Berlin letztlich doch ein zwölftes Bundesland werden wollte, dann mußten sie sich entscheiden: »Entweder wir nehmen von Bonn Hunderte von Millionen und fügen uns in das Gefüge der Bundesrepublik ein, oder wir sagen unseren westdeutschen Landsleuten: Wir verzichten auf eure Hunderte von Millionen. Wir sitzen hier alleine, ärmlich und bescheiden, wie wir sind, und dann fallen wir langsam in das sowjetische Paradies hinein, denn aus eigener Kraft allein, ohne diesen Strom des Kommens und Gehens vom Westen nach Berlin hin, können wir nicht existieren.« Eine langfristige Politik müsse sich auf sorgfältige, nüchterne Überlegungen gründen, nicht auf Emotionen oder »Schreibtischstrategien«, und bei nüchterner Überlegung komme man zu dem Schluß, daß es zum gegenwärtigen Zeitpunkt töricht wäre, die Koalitionspolitik aufzugeben.[200]

Damit war der Boden für eine weitere Konfrontation auf dem SPD-Landesparteitag am 24./25. Mai 1952 bereitet. Und diesmal gingen die Anhänger des Regierenden Bürgermeisters und des Senats gegen die Neumann-Fraktion in die Offensive: Willy Brandt hatte beschlossen, gegen Neumann für den Posten des Landesvorsitzenden zu kandidieren.[201]

Reuter hatten den Jüngeren in privaten Gesprächen zu diesem Schritt ermutigt, weil er unter anderem sehen wollte, wie Brandt mit dieser Art von politischem Druck umging.[202] Denn in den Wochen vor dem Parteitag, als klar wurde, daß er gegen Neumann antreten würde, sah sich Brandt den persönlichen Angriffen und Unterstellungen ausgesetzt, die ihn während seiner gesamten politischen Karriere begleiten sollten.[203] Auf dem Parteitag siegte Neumann erwartungsgemäß mit 193 zu 93 Stimmen über Brandt und blieb Landesvorsitzender. Gleichzeitig verabschiedeten die Delegierten jedoch mit einer knappen Mehrheit von 150 zu 135 Stimmen eine Resolution, in der es hieß, die Partei billige »die Haltung der sozialdemokratischen Senatsmitglieder und der Mehrheit der Abgeordnetenhausfraktion«, und die Parteiminderheit solle den Willen der Mehrheit »in allen Gremien« anerkennen.[204] So hatten Reuter und seine Parteigänger doch noch einen kleinen Sieg errungen. Ein größerer Sieg wurde ihnen bei den Vorstandswahlen beschert. Zu Beisitzern wurden der Regierende Bürgermeister selbst mit 227 Stimmen, Otto Suhr mit 203, Joachim Lipschitz mit 183, Willy Brandt mit 160 und Louise Schroeder mit 157 Stimmen gewählt, hinzu kamen acht weitere. Nur vier der dreizehn konnten als Anhänger Neumanns gelten, und nur einer war Mitglied des MAK.[205]

Nie wieder mußte Reuter so erbittert gegen seine eigene Partei kämpfen; der nächste SPD-Landesparteitag im Mai 1953 war eine Demonstration der Geschlossenheit, bei der kaum eine Stimme gegen die Beibehaltung der Koalition laut wurde.[206] Mehrere Faktoren hatten zu Reuters knappem Sieg im Mai 1952 beigetragen und dazu, daß er in den darauffolgenden Monaten auf diesem Sieg aufbauen konnte. Schumacher und – nach dessen Tod im Sommer 1952 – Erich Ollenhauer unterstützten weiterhin das Verbleiben der SPD in der Koalition.[207] Zugleich hatte die Gruppe um Neumann die Anziehungskraft ihrer Argumente für die Parteibasis wohl überschätzt und die Wirkung der breiten öffentlichen Zustimmung für Reuters Positionen unterschätzt. Reuter bediente sich seit dem Herbst 1951 immer häufiger des Radios, um sich direkt an die Berliner – und die Bewohner der DDR, die den Sender empfangen konnten – zu wenden. Im November 1951 hatte er beim RIAS sogar eine eigene Sendung mit dem Titel »Wo uns der Schuh drückt« bekommen,[208] die sofort zu einem Riesenerfolg wurde. Gustav Klingelhöfer hatte ihn dazu gedrängt, als Reuter im Sommer 1951 deprimiert befürchtete, über all den innerparteilichen Querelen die Sorgen und Nöte der einfachen Berliner aus den Augen zu verlieren.[209] Reuter, so hatte Klingelhöfer vorgeschlagen, solle doch dem Beispiel von Franklin D. Roosevelts »fireside chats« folgen und »jede Woche mit den Berlinern eine Plauderei am Kamin halten (...) über Deine Sorge um Berlin«. Einiges deutet auch darauf hin, daß die Initiative für diese Sendung von Hans Hirschfeld ausging, der in seinem amerikanischen Exil die bekannten Radiosendungen des New Yorker Bürgermeisters Fiorello LaGuardia kennengelernt hatte.[210] Woher die Idee auch kam, der zunächst skeptische Reuter freundete sich schnell mit ihr an und sprach bis kurz vor seinem Tod regelmäßig am Sonntagabend im Radio. Der damalige stellvertretende Leiter des RIAS, Gordon A. Ewing, erinnerte sich später, daß Reuter am Samstag gegen 23 Uhr ins Studio zu kommen pflegte, um seine Sendung für den nächsten Tag aufzuzeichnen, »und wir saßen zusammen im Büro und unterhielten uns. Wir hatten sehr schöne Gespräche mit ihm (...) ein wunderbarer Mann.«[211] In dieser Sendung zeigte Reuter, wie medienwirksam er war. Abwechselnd unterhaltsam, geistreich, locker, ernsthaft und schonungslos, verstand er es vor allem, seinen Zuhörern das Gefühl zu geben, daß er sie ins Vertrauen zog, daß er zu ihnen als gleichgestellten Bürgern über ihre täglichen Sorgen und Nöte sprach, als Menschen, die im selben Boot saßen und dieselbe Küste ansteuerten.

Viele dieser Sendungen befaßten sich mit den unausweichlichen Fragen der Außen- und Deutschlandpolitik. Genau diese Fragen aber waren es, die zu seinem hart errungenen Sieg über seine Parteigegner im Frühjahr 1952 beitrugen, das geprägt war durch Diskussionen über gesamtdeutsche Wahlen, die Ankunft einer Untersuchungskommission der Vereinten Nationen in Berlin, die berühmte Stalin-Note vom März 1952, die Unterzeichnung des Deutschlandvertrages am 26. Mai, die Revision des Besatzungsstatuts für Berlin und das Dritte Überleitungsgesetz. Josef Grunner, einer seiner Gegner in der SPD, beschwerte sich in der Parteizeitung *Berliner Stimme*, immer wenn in Parteikreisen Kritik an dem »Allparteien-Senat« laut werde, komme »der Große Knüppel des außenpolitischen Arguments, das ebenso schief ist wie seine ständige Anwendung verdächtig«.[212] Reuter wiederum wurde nicht müde zu betonen, Berlin sei nun einmal eine kleine »Insel«: Daher sei die Außen- und Deutschlandpolitik in Berlin so lange ein Trumpf, wie die Frontlinie des Kalten Krieges mitten durch die Stadt verlaufe. Das Ende dieser Teilung zu erreichen, damit Berlin von der »anomalen Normalität« zu echter Normalität finden konnte, war und blieb sein oberstes Ziel.

Während des Kalten Krieges waren die meisten westlichen Politiker einer ständigen Flut von polemischen Angriffen und Schmähungen von kommunistischer Seite ausgesetzt. Aber kaum jemand wurde so unter Beschuß genommen wie Ernst Reuter. Typisch für die Anschuldigungen, die bereits im Dezember 1946 einsetzten, ist ein Artikel aus der Moskauer *Literaturnaja Gaseta* vom 20. Oktober 1948, der ihn als wichtiges Mitglied »der Bande von deutschen Mietlingen der britisch-amerikanischen Imperialisten« bezeichnete. »Dieser Pseudo-Sozialist und Pseudo-Demokrat hat große Erfahrung im Verraten der Interessen des Volkes.« Als einer der wichtigsten »neofaschistischen Schurken« in Berlin, so das Blatt weiter, sei Reuter in der Türkei nicht etwa ein Exilant, sondern ein »Agent« des NS-Regiemes gewesen. Seit seiner Rückkehr nach Deutschland sei er zu »einem extrem militaristischen Verteidiger des Kapitalismus« geworden.[213] Jahrzehnte später, 1974, nannte eine sowjetische Publikation über die Geschichte West-Berlins Reuter noch immer »einen extremen Reaktionär, bekannt für seine antisowjetische Einstellung«.[214]

In der Presse der Sowjetzone und der späteren DDR erschienen so viele Karikaturen zu seiner Person – in denen er oft mit einem türkischen Fez dargestellt wurde –, daß Reuters Presseamt sie regelmäßig in Heftern sammelte und sie ihm als Geburtstagsgeschenk überreichte.[215] In einer Sprache, die sich an die Diktion der Sowjets anlehnte, aber von besonderer Gereiztheit geprägt war, verdammten DDR-Autoren Reuter jahrelang als »deutschen Quisling« (Wilhelm Pieck) oder als »einen der zynischsten Demagogen und krassesten Antikommunisten der Nachkriegszeit«. Seine Geschichte sei die eines »politischen Karrieristen und professionellen Arbeiterverräters«. In einem 1970 veröffentlichten biographischen Lexikon hieß es: »Unter seinem maßgeblichen Einfluß wurde Westberlin ein Brückenkopf des Kalten Krieges und der Revanchehetze, ein Provokations- und Störzentrum gegen die DDR und die anderen sozialistischen Länder.«[216]

Wilhelm Pieck, Reuter-Frieslands ehemaliger Genosse und Gegner in der KPD, jetzt Präsident der DDR, versuchte 1951 durch persönliche Anfragen bei verschiedenen Altkommunisten – vergeblich – diffamierende Auskünfte über Reuters Tätigkeit im Konzentrationslager Lichtenburg und im Exil zu erhalten.[217] Die Zentrale Parteikontrollkommission der SED bemühte sich ebenfalls, von Altkommunisten und heimgekehrten Exilanten belastendes Material gegen Reuter zu bekommen, wiederum mit wenig Erfolg.[218] Die SED-Funktionäre verstiegen sich sogar in die bizarre Theorie, seit dem Herbst 1950 habe es in der SPD-Führung eine Spaltung in einen »britischen Flügel« und einen »amerikanischen Flügel« gegeben, wobei letzterer angeblich von den USA finanziert wurde, um als »fünfte Kolonne« zu agieren und die SPD zu einem »Werkzeug der Kriegspolitiker« zu machen. (Dies vor dem Hintergrund der Wiederaufrüstung Westdeutschlands.) Zum »amerikanischen Flügel« gehörten unter anderem die Bürgermeister Reuter, Wilhelm Kaisen aus Bremen und Max Brauer aus Hamburg, Willy Brandt, Annedore Leber, Hermann Brill, Carlo Schmid, Paul Hertz und der Gewerkschaftsführer Ludwig Rosenberg.[219] »Die Parteibürokratie, wie sie sich der Reuterkreis wünscht«, hieß es kurz nach Reuters Tod in einem internen SED-Papier, »will jedes innerparteiliche Leben unterbinden, die Arbeiter in der Partei vollkommen rechtlos machen, das heißt faktisch, die Sozialdemokratische Partei liquidieren.«[220]

Die Sowjets und die SED hatten gute Gründe, Gift und Galle gegen Ernst Reuter zu speien. Vom Ende der Blockade bis zu seinem Tod 1953 blieb er ein entschiedener Gegner des Kommunismus. »Die Diktatoren des kommunistischen Terrorsystems sind gekommen«, äußerte er 1952 lakonisch, »und sie werden vergehen, wie ein Werk vergehen muß, das gegen die menschliche Natur gerichtet ist und das freie Menschen auf die Dauer nicht dulden werden.«[221] Und seine ständige Betonung der besonderen Funktion Berlins im Kalten Krieg machte ihn bei der sowjetischen Führung, der SED und ihren Verbündeten nicht gerade beliebter: »Diese Stadt ist ein Pfahl im Fleische des satanischen, teuflischen Systems, das uns und die Welt vom Osten bedroht. Diese Stadt, zur Freiheit entwickelt, wird eine Konsolidierung des Systems in der Ostzone ein für allemal unmöglich machen.«[222] Außerdem unterstrich er seit 1949 entschiedener als je zuvor die totalitären Ähnlichkeiten zwischen Nationalsozialismus und Kommunismus. 1951 stellte er grimmig fest, der Zweite Weltkrieg habe nicht mit der deutschen Niederlage von 1945 geendet. Im Augenblick des Sieges über den Nationalsozialismus habe sich »das Medusenhaupt einer neuen Auseinandersetzung« erhoben. Jetzt müßten die Kräfte der Freiheit dem sowjetischen Expansionsdrang in der ganzen Welt und damit dem

»totalitären Sklavensystem Stalins« widerstehen.[223] Der Kampf gegen den »Totalitarismus des Sowjetsystems« sei das Problem, »von dessen Lösung das Schicksal der ganzen Welt abhängt«.[224]

Harte Worte. Als Sozialdemokrat und Mann der Linken fand Reuter es besonders empörend, daß ein »furchtbares« totalitäres System den Namen Sozialismus mißbrauchte. In ihrer Geschichte hatten die Sozialdemokraten stets für Freiheit und Sozialismus gekämpft, aber vor dem Hintergrund des stalinistischen Systems mußten sie sich nach Reuters Ansicht für die zentrale Bedeutung und die absolute Unbedingtheit individueller und nationaler Freiheitsrechte einsetzen. Heute, da der Kalte Krieg zu Ende ist und allmählich in Vergessenheit gerät, übersieht man nur allzu leicht, wie gefährlich, wie unberechenbar, wie real der Kalte Krieg besonders in Berlin war und welche potentielle Instabilität er in sich trug. Ein halbes Jahrhundert später wirkt Reuters Rhetorik aufgeladen und übertrieben, als Ausdruck eines ideologisch überhitzten Schattenboxens. Doch angesichts der neuerlichen stalinistischen Repressalien in der Sowjetunion, der Ausweitung des Gulagsystems vor Stalins Tod, des Korea-Krieges, des Slansky-Prozesses, der »Ärzteverschwörung« und der Ereignisse vom 17. Juni 1953 in der DDR hat Reuters scharfe Verurteilung des Stalinismus in ihrer Direktheit und Schonungslosigkeit durchaus ihre historische Berechtigung.

Da Berlin direkt an der Frontlinie des Kalten Krieges lag, verglich Reuter nach dem Ausbruch des Korea-Krieges die Lage seiner Stadt oft mit der Teilung der koreanischen Halbinsel am 38. Breitengrad. Zwar beurteilte er die kurz- und mittelfristigen Möglichkeiten eines Krieges in Mitteleuropa weiterhin skeptisch, dennoch waren er und seine Regierung in einen ständigen Nervenkrieg mit der DDR und den sowjetischen Behörden verwickelt. Anfang 1950 plante die Freie Deutsche Jugend (FDJ) beispielsweise ein Pfingsttreffen, zu dessen Programmpunkten unter anderem ein »Marsch auf Berlin« und die »friedliche Eroberung« West-Berlins durch fünfhunderttausend FDJ-Mitglieder gehörten. »Die Freie Deutsche Jugend stürmt Berlin«, lautete einer ihrer Slogans, der in seiner Tonart und propagandistischen Stoßrichtung fatal an die Ereignisse in Deutschland zwei Jahrzehnte zuvor erinnerte. Hatten die Alliierten Reuter zunächst gedrängt, den Demonstranten zu erlauben, nach West-Berlin zu kommen und sich im Olympiastadion zu versammeln, verloren sie dann doch schnell die Nerven und änderten ihren Entschluß. Wie es für die späteren Auseinandersetzungen im Kalten Krieg typisch werden sollte, verzichteten die DDR-Behörden auf eine Konfrontation, hatten jedoch einen gewissen Propagandavorteil errungen, den sie in den darauffolgenden »Friedensoffensiven« und diversen Kampagnen gut einzusetzen wußten. Das Pfingsttreffen fand wie geplant vom 27. bis zum 30. Mai statt, und etwa siebzigtausend junge Leute aus dem Osten kamen – wahrscheinlich in erster Linie aus Neugier – in den Westen, ohne Zwischenfälle zu provozieren.[225]

Auch nach der Blockade ging die Politik der Nadelstiche vor allem an den Transitstrecken, Kontrollpunkten und Sektorengrenzen weiter. Hinzu kamen gelegentliche Zwischenfälle, die viel öffentliche Aufmerksamkeit erregten und bei Reuters Regierung wie bei den Alliierten Besorgnis auslösten. Im Februar 1951 bemächtigten sich die sowjetischen Behörden der West-Berliner Exklave West-Staaken, die im britischen Sektor lag und fünftausend Einwohner hatte; sie behaupteten, dies sei eine Entschädigung für das Gelände, das die Briten 1945 für die Erweiterung des Flughafens Gatow erhalten hatten. Der Westen protestierte lautstark, doch das Fait accompli war geschaffen. Dagegen stieß ein Versuch der Sowjets und der DDR, die Zehlendorfer Exklave Steinstücken – im amerikanischen Sektor – dem Hoheitsgebiet der DDR einzuverleiben, auf so entschlossenen Widerstand der USA, daß die Sowjets nach fünf Tagen einlenkten.[226] Ein Großteil des Jahres 1951 war von dem Gerangel um den Transport Berliner Erzeugnisse durch das Territorium der DDR und die Forderung der sowjetischen Behörden nach Warenbegleitscheinen geprägt, die in den Augen der Westmächte eine Verletzung der alliierten Vereinbarungen am Ende des Krieges darstellten. Im Juli 1951 kam es deswegen zwischen den alliierten Hohen Kommissaren und den Sowjets zum offenen Streit über ein Interzonenhandelsabkommen. Im Herbst drohten die Kohlelieferungen aus der Bundesrepublik zum Stillstand zu kommen. Wieder wurde die Krise nach dem üblichen Muster gelöst: Der Westen stoppte alle Lieferungen in die DDR, und der Osten reagierte darauf mit der Einstellung der Schikanen gegen den Interzonenverkehr, der für West-Berlins langfristige wirtschaftliche Gesundung von entscheidender Bedeutung war.[227]

Die Politik der Nadelstiche wurde begleitet von Übergriffen auf West-Berliner Territorium. Seit Ende des Krieges wurden immer wieder Antikommunisten in West-Berlin von Ostblock-Agenten entführt, einer der spektakulärsten Fälle war die Verschleppung des bekannten West-Berliner Juristen Walter Linse, eines führenden Mitglieds des militant antikommunistischen (und von den Amerikanern finanzierten) »Untersuchungsausschusses Freiheitlicher Juristen«, durch Stasi-Agenten im Juli 1952.[228] Die Bemühungen der Alliierten um seine Freilassung blieben erfolglos, und im folgenden Jahr starb Linse in einem sowjetischen Lager. Vor Reuters Haus in der Bülowstraße fanden gelegentlich von der DDR oder den Sowjets gesteuerte Demonstrationen statt. Die Familie erhielt Schmäh- und Drohanrufe. Obwohl Reuter erhöhte Sicherheitsmaßnahmen zum Schutz seiner Person und seines Hauses generell ablehnte, baten er und die anderen Senatsmitglieder die Kommandantur im November 1952, politisch gefährdeten Personen das Tragen von Schußwaffen zu erlauben. Die Kommandanten wollten dem nicht zustimmen, aus Angst, damit »die Gefahr von Schießereien auf den Straßen Berlins zu vergrößern«.[229]

Solche Vorkommnisse verschlangen viel Zeit und Energie, aber wie Reuters Bitte an die Stadtkommandanten zeigte, machten sie auch die Grenzen seiner Handlungsfähigkeit deutlich. Daher erwiesen sich seine moralische Überzeugungskraft, seine große persönliche Autorität, seine ungewöhnliche Selbstsicherheit und sein sicheres Gespür für wirksame Publicity als eine der nützlichsten Waffen in seinem politischen Arsenal. Ein wirksames Betätigungsfeld für diese Fähigkeiten bot der »Kongreß für kulturelle Freiheit«, der 1950 ins Leben gerufen wurde.

An die Auffassung des Historikers Richard Gid Powers anknüpfend, der den Kalten Krieg als »die Verteidigung der Freiheit gegen den Totalitarismus« bezeichnete, spiegelte diese neue Organisation nahezu perfekt den liberal und sozialdemokratisch inspirierten Antikommunismus wider, den Ernst Reuter vertrat.[230] Viele Schriftsteller und Intellektuelle in Europa und den Vereinigten Staaten, die sich der gemäßigten oder sozialdemokratischen Linken zurechneten, zeigten sich zunehmend besorgt über die wachsende Zahl von sowjetischen »Friedensoffensiven« und ähnlichem, mit der die Sowjets Linksintellektuelle im Ausland zu gewinnen suchten. Ernst Reuters erster Besuch in den Vereinigten Staaten im Frühjahr 1949 etwa war in der Presse überschattet worden durch eine »Kulturelle und wissenschaftliche Konferenz für den Weltfrieden«, die von den Kommunisten und ihren Anhängern im Hotel »Waldorf Astoria« in New York veranstaltet wurde. Linke Antikommunisten in den USA gründeten daraufhin die Organisation »Amerikaner für geistige Freiheit«. Einen Monat später wiederum tagte erneut ein »Weltfriedenskongreß«, der viele der Ziele formulierte, zu denen sich schon die New Yorker Konferenz bekannt hatte, und die Eindämmungspolitik der Truman-Administration verurteilte. So hatte eine Art intellektueller Schlagabtausch begonnen, den die Kommunisten und ihre Sympathisanten im Westen zunächst zu gewinnen schienen.[231]

Mit dem Kongreß für kulturelle Freiheit – finanziert und initiiert von der Central Intelligence Agency (CIA), wie sich später herausstellte[232] – wendete sich das Blatt. Führender Kopf des Kongresses war der amerikanische Journalist und Schriftsteller Melvin J. Lasky. Der 1920 in New York geborene Lasky war vor dem Krieg in verschiedenen linksgerichteten Kreisen aktiv gewesen. Nach dem Krieg hatte er bei den amerikanischen Besatzungstruppen in Berlin gedient und war nach seinem Abschied von der Armee in der Stadt geblieben, wo sich der begabte und dynamische Mann mit seinem engagierten Einsatz für verfolgte sowjetische Schriftsteller einen Namen gemacht hatte. Zuerst wußten die amerikanischen Behörden nicht, wie sie sich zu diesem intellektuellen Störenfried verhalten sollten; 1947 dachte General Clay sogar daran, Lasky aufgrund sowjetischer Proteste aus Berlin auszuweisen. Doch 1948 änderten die Amerikaner ihre Meinung und zogen ihn auf dem Gebiet der »Kulturpolitik« zur Mitarbeit heran; im Oktober erschien erstmals *Der Monat* in Berlin, eine von Lasky herausgegebene Zeitschrift, die zum einflußreichen Sprachrohr der antikommunistischen Linken wurde. In den ersten Ausgaben des *Monats* schrieben Arthur Koestler, George Orwell, Bertrand Russell, Jean-Paul Sartre und viele andere; zu den Amerikanern, mit denen Lasky eng zusammenarbeitete, gehörten so wichtige Autoren wie Sidney Hook (einer der intellektuellen Leitfiguren der antikommunistischen Linken), James Burnham und Irving Brown. Ein weiterer Unterstützer des Kongresses – die eigentlich treibende Kraft bei dessen Einberufung im Juni 1951 – war der Amerikaner Michael Josselson (ein Mitarbeiter der CIA).[233]

Hundert prominente Persönlichkeiten sollten an der Eröffnungssitzung des Kongresses im Titania-Palast in Berlin-Steglitz am 26. Juni 1950 teilnehmen: einen Monat nach dem FDJ-Pfingsttreffen und einen Tag, nachdem das Eindringen Nordkoreas in den Süden den Korea-Krieg ausgelöst und eine neue, intensivere Phase des Kalten Krieges eingeleitet hatte.[234] Der Kongreß versammelte fünfundzwanzig Delegierte aus den Vereinigten Staaten, fünfundzwanzig aus Deutschland, zehn aus Großbritannien, neun aus Frankreich sowie Vertreter aus siebzehn anderen Ländern. Obwohl Reuter etwas älter war als die meisten Delegierten, ähnelten ihre Lebenserfahrungen den seinigen. Viele waren in Konzentrationslagern, im Exil oder im antifaschistischen Widerstand aktiv gewesen,[235] sie alle vertraten linksliberale oder sozialdemokratische Ansichten, traten für eine freie Kultur ein, standen Faschismus wie Kommunismus gleichermaßen ablehnend gegenüber und verwahrten sich gegen die Auffassung, die beiden neu entstandenen Blöcke seien moralisch gleichwertig. Dennoch unterschieden sich etwa die heftige Kalte-Kriegs-Rhetorik eines Arthur Koestler und der überlegtere, versöhnliche Moralismus eines Ignazio Silone deutlich voneinander. Auch Reuter war es wichtig, in seiner Eröffnungsansprache die Delegierten daran zu erinnern, daß sie nicht gegen das russische Volk arbeiteten, das eindeutig zu Europa gehörte, sondern gegen das »große Reich der Tyrannei, das von der Elbe nach Wladiwostok vorübergehend errichtet worden ist«.[236] Der Regierende Bürgermeister beteiligte sich in den nächsten Tagen aktiv an der Arbeit des Kongresses, leitete unter anderem die Gespräche der vierten Arbeitssitzung zum Thema »Verteidigung von Frieden und Freiheit«[237] sowie die öffentliche Abschlußkundgebung im Sommergarten, an der zehn- bis fünfzehntausend Menschen teilnahmen.[238] Der Kongreß für kulturelle Freiheit wurde zu einer bleibenden Einrichtung in der Ära des Kalten Krieges, war jedoch später umstritten. In seiner Hochzeit in den fünfziger Jahren indes wurde er zum Sammelbecken der demokratischen Linken.

Weitaus bedeutsamer aber als intellektuelle Gegenwehr und symbolische Gesten – im Herbst 1950 hatte der im Ruhestand lebende Lucius Clay im Namen des amerikanischen Volkes Berlin eine genaue Nachbildung der amerikanischen Freiheitsglocke überbracht – war ein entschiedenes Eintreten der Alliierten auch für die militärische Verteidigung Westeuropas und Berlins. Trotz seines lebenslangen Hasses auf den Militarismus und seines anhaltenden Mißtrauens gegenüber »den Generälen« machte sich Reuter keine Illusionen über die Bedeutung einer wirksamen militärischen Abschreckung. So sprach er sich nach seiner Rückkehr aus den Vereinigten Staaten im März 1951 öffentlich für die Entscheidung der Truman-Administration aus, die Empfehlungen des 1950 ausgearbeiteten Dokuments NSC-68 anzunehmen, das eine massive Verstärkung der amerikanischen Streitkräfte forderte.[239] Im großen und ganzen äußerte er sich allerdings eher zurückhaltend zu Fragen des westlichen Militärbündnisses, auch wenn er in diesem Punkt mit der Parteiführung in Bonn weitgehend übereinstimmte. Schumacher und seine Nachfolger lehnten jede Regelung, die Deutschlands Gleichberechtigung und volle Souveränität hinauszögern konnte, entschieden ab, so auch den Pleven-Plan zur Schaffung einer Europäischen Verteidigungsgemeinschaft (EVG), der die deutschen Streitkräfte im Falle einer Wiederbewaffnung der deutschen Kontrolle entzogen hätte.[240]

Was die Pläne zur Einheit Europas anging, war Reuters Verhältnis zu seiner Partei wesentlich gespannter. Seit Kriegsende hatte Schumachers Partei zur europäischen Einheit einen Standpunkt eingenommen, der Dietrich Orlow zufolge zugleich paradox und kontraproduktiv war. Aus Angst vor einem von christdemokratischen und kapitalistischen Werten beherrschten Westeuropa lehnte die SPD nahezu alle Initiativen für eine verstärkte europäische Zusammenarbeit ab, die nach 1945 unternommen wurden, von der Idee zur Schaffung eines Europarates bis hin zum Ruhr-Statut von 1948 und dem Schuman-Plan für eine europäische Kohle- und Stahlunion (Montanunion).[241] Nicht nur Reuter fiel es schwer, die Unnachgiebigkeit seiner Partei in diesen Fragen zu akzeptieren; das galt vor allem im Hinblick auf den Schuman-Plan, nach Reuters begeisterter Einschätzung vom Juli 1950 »ein großer und kühner Schritt«.[242] Als ein Jahr später, nach der Unterzeichnung des Vertrages zur Schaffung der Europäischen Gemeinschaft für Kohle und Stahl, der Berliner Senat eine Erklärung abgab, in der er den Schuman-Plan zwar lobte, zugleich aber einräumte, er habe Bedenken »gegen wesentliche Einzelheiten« des Plans, wurde die Erklärung im Berliner Abgeordnetenhaus bezeichnenderweise nicht von Reuter, sondern von Walther Schreiber verlesen.[243] Der SPD-Vorstand in Hannover, dem Reuters Sympathie für die Montanunion bekannt war, warnte ihn behutsam, aber unmißverständlich davor, seine Unterstützung allzu offen zu bekunden.[244] Und Reuter hielt sich daran. Willy Brandt meinte in diesem Zusammenhang lakonisch: »(...) er konnte eben auch vorsichtig sein«.[245]

Entschieden hingegen trat Reuter im Propaganda-Krieg um Wahlen für Gesamtdeutschland beziehungsweise Gesamtberlin auf. Seit der Spaltung der Stadtverwaltung im Herbst 1948 hatte sich Reuter für solche Wahlen stark gemacht, überzeugt, daß die demokratischen Parteien diese Wahlen haushoch gewinnen würden. Also unterstützte er tatkräftig eine offensiv geführte Kampagne der amerikanischen Behörden im Frühjahr 1950 zur Abhaltung von Wahlen für ganz Berlin als erstem Schritt zur Wiedervereinigung der Stadt. Die amerikanischen Behörden rechneten allerdings fest damit, daß die Sowjets inakzeptable Forderungen stellen würden, und so verlief die Diskussion Ende Juni 1950 auch tatsächlich im Sande, als die Sowjets unter anderem die Aufhebung des Kleinen Besatzungsstatuts vom Mai 1949 verlangten – was ihnen praktisch unbegrenzte Möglichkeiten zur Intervention in West-Berliner Angelegenheiten eröffnet hätte.[246] Ähnliche Debatten fanden in den nächsten Jahren immer wieder statt. Im November 1950 erhob Otto Grotewohl die Forderung nach einem paritätisch besetzten gesamtdeutschen »konstituierenden Rat«; obwohl Adenauer im Januar 1951 meinte, dieser Vorschlag enthalte nichts, was ernsthafte Gespräche rechtfertige, verdiente er Reuters Meinung nach zumindest eine Antwort, zumal Ost-Berlins Oberbürgermeister Friedrich Ebert gleichzeitig Wahlen für ganz Berlin propagierte.[247] Eine glänzende Gelegenheit für eine solche Antwort bot sich im September 1951, als die DDR-Behörden erneut gesamtdeutsche Wahlen ins Gespräch brachten, um die Spaltung des Landes zu überwinden. Die Bundesregierung bat die Vereinten Nationen um die Einsetzung einer Untersuchungskommission, die die Möglichkeit gesamtdeutscher Wahlen prüfen sollte. Eine Delegation der Bundesrepublik reiste nach Paris, um erstmals in der Geschichte der Vereinten Nationen vor der Vollversammlung zu sprechen. Der Redner war Ernst Reuter. Präzise legte er dar, wie es zur Spaltung seiner Stadt gekommen war, und hob erneut die Bereitschaft aller Berliner hervor, Wahlen auf der Basis des Wahlgesetzes von 1946 abzuhalten. Die UNO erklärte sich mit der Einsetzung einer Untersuchungskommission einverstanden, doch die kam nicht zum Zuge, da ihren Mitgliedern die Einreise in die DDR verweigert wurde.[248]

1952 bestand faktisch keine Möglichkeit mehr, Wahlen für Gesamtdeutschland oder Gesamtberlin abzuhalten und Fortschritte auf dem Weg zur deutschen Einheit zu erzielen. Weder die Bundesregierung noch die Amerikaner teilten Reuters Entschlossenheit, die Angelegenheit voranzutreiben. Auch die Stalin-Note vom

März 1952, was immer sie bezweckt haben mochte, erlangte daher keine wesentliche Bedeutung.[249] Angesichts der besonderen damaligen Umstände stand die deutsche Wiedervereinigung – unter welchen Vorzeichen auch immer – einfach nicht auf der Tagesordnung.[250] Kurzum, Berlin war lediglich zu einem Element unter vielen in der globalen amerikanischen Strategie während des Korea-Krieges und in den letzten Monaten vor Stalins Tod geworden. Und in der Stadt selbst gewöhnte man sich zunehmend an die Politik der anomalen Normalität. Reuter war das durchaus bewußt. Gleichwohl wollte er seinen Traum wenigstens rhetorisch wachhalten. Sein leidenschaftliches Engagement in dieser Frage entsprang auch dem Gefühl, daß er als Regierender Bürgermeister der Inselstadt die moralische Verpflichtung habe, die Ansichten derjenigen Deutschen in der DDR zu artikulieren, die sich kein Gehör verschaffen konnten. Der britische Stadtkommandant, Generalmajor C. F. C. Coleman, vermerkte im Mai 1953, Reuter »betrachtet sich nicht nur als Vater Berlins, sondern als inoffizielles Sprachrohr Ostdeutschlands«.[251]

Die offizielle DDR-Führung hatte indessen unter dem Druck der Sowjets auf der zweiten Parteikonferenz der SED im Juli 1952 beschlossen, den Aufbau des Sozialismus rasch voranzutreiben. In den folgenden Monaten betonte sie daher verstärkt die Führungsrolle der SED, erhöhte die Arbeitsnormen und forcierte die Kollektivierung der Landwirtschaft. Mit dem zunehmenden Tempo der Sowjetisierung wuchs die Unzufriedenheit in der Bevölkerung. Immer mehr Menschen versuchten, das Land zu verlassen. Nachdem die DDR-Behörden im Mai 1952 begonnen hatten, die Grenze zwischen den beiden deutschen Staaten abzuriegeln,[252] führte der einzige unproblematische Fluchtweg über Berlin. Schon seit Jahren hatten die Westsektoren Flüchtlinge aufgenommen, nun aber schwoll die Zahl rapide an. In einem vertraulichen Gespräch mit Vertretern der amerikanischen Hohen Kommission am letzten Tag des Jahres 1952 warnte Reuter, daß im kommenden Jahr bis zu dreihunderttausend Flüchtlinge in Berlin zu erwarten seien.[253] Seine Inselstadt drohte überschwemmt zu werden.

Mitte Januar 1953 kamen täglich sieben- bis achthundert Flüchtlinge an, und Reuter ließ die Kapazitäten in den Flüchtlingslagern von dreißig- auf vierzigtausend Personen erhöhen. Unzufrieden mit der seiner Ansicht nach mangelnden Kooperation und unzureichenden Reaktion der Bundesregierung, forderte er, einen großen Prozentsatz der Flüchtlinge sofort in die Bundesrepublik auszufliegen, andernfalls sei Berlins Aufnahmefähigkeit erschöpft.[254] Die Reaktionen in Westdeutschland waren verhalten. Mitte Februar behauptete Walter von Cube, der Chefredakteur des Bayerischen Rundfunks, die Bundesrepublik könne es sich nicht leisten, weitere Flüchtlinge aufzunehmen; tue sie es trotzdem, sei dies eine »selbstmörderische Humanität«. Reuter erwiderte erbost, »der Selbstmord fängt da an, wo die Humanität aufhört«.[255]

Im März 1953 reiste er in die USA, um die Flüchtlingsfrage zu besprechen und einen persönlichen Eindruck von der neuen republikanischen Regierung unter Präsident Dwight D. Eisenhower zu gewinnen. Reuter traf den Präsidenten im Weißen Haus und erhielt von diesem die Zusicherung, daß das Engagement der Amerikaner in Berlin unverändert sei;[256] zugleich war jedoch klar, daß der Korea-Krieg – und nicht Berlin – auf Eisenhowers Prioritätenliste an erster Stelle stand und daß die Amerikaner zum damaligen Zeitpunkt an deutschlandpolitischen Initiativen nicht sonderlich interessiert waren. Über die Flüchtlingsfrage sprach Reuter am 20. März ausführlich mit dem neuen Außenminister John Foster Dulles. Reuter machte Dulles klar, daß der Flüchtlingsstrom eine direkte Folge der sich stetig verschlechternden wirtschaftlichen Lage in der DDR sei, in der die Wirtschaft anscheinend »nahezu ziel- und planlos« geführt werde. Daher verliere der Osten immer mehr »gesunde und kräftige Bürger und gute Arbeiter«. Die Moral der Berliner sei jedoch weiterhin gut.[257]

Zwei Wochen vor diesem Gespräch, am 5. März, war Stalin gestorben. Da Reuter Stalin persönlich gekannt hatte, wurde er in der amerikanischen Fernsehsendung »Meet the Press« gebeten, sich zu dem verstorbenen Diktator und seinem voraussichtlichen Nachfolger Georgi M. Malenkow zu äußern. Der Wechsel im Kreml sei ein wichtiges Ereignis, sagte Reuter: »Stalin war – wie soll ich sagen – ein religiöser Führer des Weltkommunismus, und es ist unvorstellbar, daß ein Mann wie Malenkow (...) einen

Mann wie Stalin ersetzen kann, zumindest nicht in der öffentlichen Meinung der Satellitenstaaten und anderswo. Das ist eine Veränderung. Um welche Art der Veränderung es sich handeln wird, bleibt abzuwarten. Aber anzunehmen, es sei keine Veränderung, ist gegen die menschliche Natur.«[258]

Nach Stalins Tod verschlimmerte sich die innere Krise in der DDR. Daß der forcierte »Aufbau des Sozialismus« nicht die gewünschten Ergebnisse zeitigte, war unübersehbar, und hinter den Kulissen war die SED über das weitere Vorgehen gespalten. Wie würden sich die Sowjets nun verhalten? Ende Mai gaben sie die Auflösung der Sowjetischen Kontrollkommission (SKK) in Deutschland bekannt, eines Gremiums, das 1949 nach der Gründung der DDR eingerichtet worden war und jetzt durch eine Hohe Kommission mit Sitz in Berlin ersetzt wurde. Die Ähnlichkeit mit den Hohen Kommissaren der Westalliierten war offenkundig, und es lag nahe anzunehmen, daß die Sowjets die Möglichkeiten für Viermächteverhandlungen ausloten wollten. Anfang Juni 1953 wurden Walter Ulbricht und Otto Grotewohl nach Moskau beordert, wo die neuen sowjetischen Führer sie wegen der »Durchführung einer fehlerhaften politischen Linie« kritisierten, die zu »einer äußerst unbefriedigenden politischen und wirtschaftlichen Lage« in der DDR geführt habe. Am 9. Juni beschloß das Politbüro die Einführung eines »Neuen Kurses«, der eine Abkehr von Ulbrichts Politik der forcierten Sowjetisierung bedeutete,[259] allerdings kein durchgängiges Konzept hatte und nur in Einzelfällen umgesetzt wurde. Vor allem blieb es bei den Ende Mai eingeführten Normenerhöhungen, unter denen die Bevölkerung sehr litt. Die Folge war der große Volksaufstand vom 17. Juni 1953 in der gesamten DDR – das erste große Aufbegehren gegen das seit Kriegsende etablierte kommunistische System in Europa.[260]

Als in Ostberlin und in der übrigen DDR der Aufstand losbrach, bereitete sich West-Berlin nach den Worten des britischen Stadtkommandanten gerade »auf einen ruhigen Sommer vor«.[261] Dank der Anstrengungen Reuters und seiner Kollegen hatte das Flüchtlingsproblem entschärft werden können, und der SPD-Landesparteitag war der friedlichste seit Jahren.[262] Aber Reuter war erschöpft. Seit Monaten hatte er praktisch ununterbrochen gearbeitet, und er räumte ein, dringend Erholung zu brauchen. Zu seiner großen Freude hatte er einen Volkswagen erstanden, und Ende Mai machten er und Hanna sich nach Italien auf, das sie nur einige

Reuter auf dem Weg zur Trauerfeier für die Opfer des Aufstands vom 17. Juni.

Stunden lang gesehen hatten, als ihr Schiff 1946 in Neapel angelegt hatte. Auf dem Rückweg wollte er Wien besuchen, um an einem Treffen des Internationalen Städtetags teilzunehmen. Dort erfuhr er, was sich in Berlin und in der DDR abspielte. Zuerst gelang es ihm nicht, einen Flug nach Berlin zu bekommen, dann verzögerte sich der Abflug,[263] so daß er die Krisensitzungen in Berlin verpaßte, zu denen sich Erich Ollenhauer, Carlo Schmid und Herbert Wehner eingefunden hatten.[264] Als Reuter am Abend des 18. Juni in Berlin eintraf und bis zur Sektorengrenze am Potsdamer Platz vordringen konnte, hatten sowjetische Truppen bereits massiv eingegriffen, und im Zuge der Niederwerfung des Aufstands war es zu Hinrichtungen und Festnahmen gekommen. In einer RIAS-Sendung richtete Reuter einen dringenden Appell an die Westalliierten, alles zu tun, um den Standgerichtsurteilen und Erschießungen Einhalt zu gebieten: »Mit Standrechten, mit Bajonetten, mit Panzern kann auf die Dauer ein Volk nicht niedergehalten werden.«[265] Und früh am nächsten Morgen bat er die Stadtkommandanten eindringlich, den sowjetischen Hohen Kommissar Wladimir Semjonow aufzufordern, »die Hinrichtungen aufgrund von Kriegsgerichtsurteilen zu beenden und in Berlin möglichst bald die Freizügigkeit wiederherzustellen«. Wie Reuter in seinem Radiobeitrag und in seinen Gesprächen mit den Stadtkommandanten deutlich machte, glaubte er auch, es gebe jetzt eine gute Gelegenheit, die Frage von Wahlen für Gesamtberlin offensiver und einfallsreicher anzugehen.[266]

Obwohl Reuters eigener Handlungsspielraum begrenzt war, war seiner Ansicht nach für den Westen der Zeitpunkt gekommen, in den Verhandlungen mit der Sowjetunion mehr Phantasie zu entwickeln. Angesichts der Veränderungen im Kreml und des Volksaufstands in Ost-Berlin und der DDR könne die richtige Mischung aus Entschlossenheit und Beweglichkeit dazu führen, die Konfrontation im Herzen Europas zu beenden. Kurzfristig waren natürlich Gesten der Solidarität wichtig. Schon im Frühjahr hatte Reuter die Idee unterstützt, den Ost-Berlinern Lebensmittelpakete aus den Vorräten zukommen zu lassen, die die Alliierten im Westteil der Stadt angelegt hatten; diese Idee wurde jetzt in die Tat umgesetzt, zur Begeisterung der Amerikaner, die darin eine weitere Möglichkeit sahen, das kommunistische Regime im Osten zu destabilisieren.[267] Reuter war zwar über den Ausgang dieser Aktion erfreut, die er mit einem »Artillerieangriff« verglich, hielt solche Maßnahmen aber nicht für ausreichend.[268] Eine reale Möglichkeit zur Wiedergewinnung der deutschen Einheit bestand seiner Ansicht nach nur dann, wenn der Westen bereit war, der Sowjetunion in einigen Punkten entgegenzukommen. Neutralität komme für ein vereinigtes Deutschland zwar nicht in Frage, auf einen Beitritt zur Europäischen Verteidigungsgemeinschaft könne man aber verzichten. Dies seien zumindest Optionen, die der Westen – die Bundesrepublik und ihre Verbündeten – in dieser entscheidenden und vielleicht einmaligen historischen Konstellation ausloten sollte. Das Rad der Geschichte schien in Bewegung gekommen zu sein. Nichts bleibt, wie es ist, betonte er in einer Wahlkampfrede am 30. August: »Stalin ist tot. Niemand kann ihn wieder zum Leben erwecken, und niemand kann ihn ersetzen. Der Einfluß der Sowjets ist heute nicht stärker, sondern schwächer geworden.« Der Westen sollte bereit sein, sich diese Schwäche zunutze zu machen.[269]

Hatte Reuter recht? Es ist viel über die Frage diskutiert worden, ob es 1952 und 1953 versäumt wurde, ernsthafte Viermächteverhandlungen zu führen und Fortschritte im Hinblick auf eine deutsche Wiedervereinigung und Entspannung des Ost-West-Verhältnisses zu erzielen. Es ist beispielsweise spekuliert worden, daß es während des sogenannten Berija-Interregnums reale Chancen gegeben habe, die Dinge in Bewegung zu bringen, also in den dreieinhalb Monaten nach Stalins Tod, als Lawrenti Berija, Stalins gefürchteter Polizeichef, eine starke Machtstellung hatte und sich zugleich überraschend flexibel zeigte. Aber Berija wurde Ende Juni festgenommen und einige Monate später hingerichtet. Die neuere Forschung hat ergeben, daß selbst in den ersten Wochen nach Stalins Tod die Spielräume für nennenswerte Veränderungen begrenzt waren.[270]

Die Bundestagswahlen vom 6. September 1953 machten deutlich, daß die große Mehrheit der Westdeutschen mit Konrad Adenauer und seiner Politik des wirtschaftlichen Wiederaufbaus und der Westintegration zufrieden waren. CDU und CSU errangen einen überwältigenden Wahlsieg: Sie gewannen 45,8 Prozent der Stimmen gegenüber kümmerlichen 28,8 Prozent für die SPD. Schon im Mai hatte Alexander Rüstow an seinen Freund Reuter geschrieben, daß die ständige Unterstützung der SPD für den »unentwegt persiflierenden Kurs Schumachers die verdiente Niederlage« bringen werde, und jetzt schien seine Einschätzung bestätigt worden zu sein. Nunmehr sei die Zeit gekommen, so Rüstow weiter, »um endlich Sie und Ihresgleichen in Führung zu bringen (...). Die deutsche Demokratie braucht nichts dringender als eine ehrliche, loyale, konstruktive Opposition von Format. Ich wüßte niemanden außer Ihnen, der dieser Aufgabe gewachsen wäre.« Reuter dürfe seine politischen Möglichkeiten nicht »durch den toten Schumacher« zunichte machen lassen.[271]

Reuters Antwort an seinen alten Freund war ambivalent. Er hatte die Phantasielosigkeit seiner Partei im Wahlkampf offen und heftig kritisiert, denn sie hatte weder Adenauers Wirtschaftspolitik noch seiner Außenpolitik eine glaubwürdige Alternative entgegengesetzt. Die SPD sei der Vergangenheit verhaftet, beklagte er am 18. September gegenüber Berliner Sozialdemokraten, und das müsse sich ändern: »Keine Partei kann ewig in die Vergangenheit wirken!«[272] Aber was er dagegen tun wollte, war nicht ganz klar. Lange war das Gerücht umgegangen, er wolle Kanzler oder Außenminister werden, und jetzt war er für das Amt des Parteivorsitzenden im Gespräch – obwohl er immer ein distanziertes Verhältnis zur Parteiarbeit gehabt und diese bestenfalls als lästig empfunden hatte. In seiner Antwort an Rüstow schrieb er, er sei »in einer schwierigen Lage, denn Berlin aufzugeben, scheint mir so gut wie unmöglich zu sein«.[273] Vielleicht wollte er wirklich an der Spree bleiben, zumal er, wie Rüstow richtig bemerkte, nicht jünger wurde und schon zwölf Jahre seines politischen Lebens an Hitler verloren hatte.

Man wird nie wissen, was Reuter wirklich vorhatte. Sicher scheint nur, daß er sich im Spätsommer und Frühherbst 1953 seine politischen und persönlichen Optionen offenhielt. Entgegen den Annahmen seiner früheren Biographen Willy Brandt und Richard Lowenthal deutet wenig darauf hin, daß er deprimiert oder pessimistisch war oder gar resigniert hatte, auch wenn er solche Stimmungen durchaus kannte.[274] Natürlich hatten ihn die Wahlergebnisse enttäuscht – bestand doch eine Ironie dieser Wahl darin, daß Adenauer von den Ereignissen des 17. Juni profitieren konnte. Der Aufstand hatte den antikommunistischen Konsens in Westdeutschland gestärkt. Sicherheit und nicht die Bereitschaft zu außenpolitischen Risiken schienen auf der Tagesordnung zu stehen. Außerdem hatte sich das Regime in der DDR dank der sowjetischen Intervention bis September stabilisiert; Walter Ulbricht, der im Frühjahr und Sommer stark in Bedrängnis gewesen war, hatte in der SED wieder die Oberhand gewonnen. Reuters Politik, der »heroischen« Ära des Kalten Krieges angemessen, schien jetzt der Vergangenheit – oder der Zukunft – anzugehören. Im Moment jedenfalls war sie nicht gefragt, zumal seine Ideen mitunter vage und widersprüchlich waren. Die Westmächte hatten am 17. Juni in Ost-Berlin nicht eingegriffen, so wie sie 1956 in Ungarn und 1968 in der Tschechoslowakei nicht eingreifen sollten. Auch in Berlin erforderte die Eindämmungspolitik eine gewisse Vorsicht und Zurückhaltung von seiten des Westens – was Reuter stillschweigend anerkannte.[275] Im August und September konzentrierte er sich daher auf praktische Aufgaben: Es ging um weitere amerikanische Wirtschaftshilfe.[276] Doch dann starb er plötzlich und unerwartet.

»Die letzte Woche von Ernst Reuters Leben war so mit Arbeit ausgefüllt und produktiv wie die meisten Wochen, in denen er Regierender Bürgermeister von Berlin war«, berichtete ein amerikanischer Diplomat wehmütig.[277] Reuter war zuerst nach Hamburg gefahren, um an einer Konferenz des Deutschen Städtetags teilzunehmen, deren Präsident er war. Er fuhr gern auf den Transitstrecken durch die DDR. Diesmal gab es jedoch einen Zwischenfall; DDR-Grenzwachen hielten ihn an, weil sein Interzonenpaß angeblich nicht in Ordnung war. Reuter verschaffte sich die nötigen Unterlagen und setzte seine Reise fort. In Hamburg wählte ihn der Städtetag erneut zum Präsidenten, und aus dem Rückblick liest sich sein Schlußwort auf der Hauptversammlung wie ein politisches Vermächtnis: Es sei die Pflicht der deutschen Bürgermeister, »das Erbe der Vergangenheit zu übernehmen, aber das Neue zu schaffen – zu säen und zu gestalten«.[278] Von Hamburg aus eilte er zurück nach Berlin, um die nächste Sendung von »Wo uns der Schuh drückt« vorzubereiten – in der er seine Eindrücke von seiner Fahrt durch die DDR schilderte –, und am Abend des 27. September besuchte er die fünfstündige »Götterdämmerung«-Inszenierung von Heinz Tietjen im Rahmen der Berliner Festwochen. Tags darauf traf er mit dem Hohen Kommissar der UNO für Flüchtlingsfragen zusammen und nahm unter anderem an einer Sitzung des SPD-Landesvorstandes teil. An jenem Tag klagte er über Unwohlsein und beschloß, einem Abendempfang fernzubleiben und statt dessen nach Hause zu gehen. In der Nacht hatte er Atembeschwerden, so daß sein Arzt geholt wurde. Am nächsten Morgen rief Hanna ihren Sohn Edzard an und berichtete ihm, sein Vater habe einen Herzanfall erlitten, er möge sofort in die Bülowstraße kommen. »Als ich kam, saß mein Vater, bekleidet mit einem Pyjama und Morgenmantel, neben seinem Bett im Schlafzimmer. Er sagte nicht viel, erwähnte nur vorangegangene Schmerzen und meinte, daß es schon bessergehe.« Der Arzt rechnete mit einer ernsthaften Verschlimmerung nur dann, wenn es zu einem zweiten Anfall käme; dafür gebe es jedoch keine Anzeichen.[279] Doch am Nachmittag fiel er immer wieder in einen Dämmerzustand. Kurz vor 19 Uhr entschlief er, im Alter von nur vierundsechzig Jahren. Hanna Reuter unterrichtete schnell einige Freunde und Bekannte, und binnen weniger Minuten wurde der Tod ihres Mannes im Radio bekanntgegeben. Und dann geschah etwas Erstaunliches: Zehntausende von Berlinern stellten spontan eine Kerze ins Fenster zum Gedenken an den Friesländer, der ihren Geist, ihren Kampf und – vielleicht vor allem – ihre Zukunftshoffnungen verkörpert hatte, mit seiner einzigartigen Mischung aus unerschütterlichem Optimismus und trockener Skepsis. Durch das Anzünden der Kerzen griffen sie eine typisch Reutersche Geste auf: Beim letzten Weihnachtsfest hatte er die Berliner aufgerufen, für die deutschen Kriegsgefangenen, die noch nicht aus der Sowjetunion zurückgekehrt waren, ein Licht ins Fenster zu stellen.[280]

Hanna und Ernst Reuter 1952 im Glienicker Park.

Ernst Reuters Tod erschütterte das gesamte politische Deutschland. In einem feierlichen Trauerzug wurde sein Leichnam zum Platz am Knie – heute Ernst-Reuter-Platz – gebracht, wo ihm die Führungsspitze seiner Partei die letzte Ehre erwies. Dann wurde der Sarg vor dem Rathaus Schöneberg aufgebahrt, dem Schauplatz vieler wichtiger und bewegender Momente in der Geschichte Berlins und Deutschlands nach 1945. Zehntausende von Berlinern defilierten schweigend vorbei. Am 3. Oktober fand ein großer Staatsakt statt, bei dem Otto Suhr – der trotz aller Differenzen zum Schluß zu einer wirklich guten Zusammenarbeit mit Reuter gefunden hatte – und Bundespräsident Theodor Heuss eindrucksvolle

Reden hielten. Besonders bewegend waren Heuss' abschließende Worte: Der Tag der deutschen Wiedervereinigung werde schließlich kommen, »und wenn dieser Tag gekommen sein wird, wandert jener Mann aus Dresden und diese Frau aus Rostock, aus Halle und aus Magdeburg an das Grab nach Zehlendorf, legt eine Blume nieder, eine Nelke, eine Rose, eine Aster und sagt: Dank, Dank!«[281] Hunderttausende säumten die Straßen, als der vielgereiste Ernst Reuter seinen letzten Weg vom Rathaus Schöneberg zum Zehlendorfer Friedhof antrat. Die Familie hatte ihm eines seiner Lieblingsbücher in den Sarg gelegt – Boethius' »Trost der Philosophie«.

Seit Ernst Reuters Tod waren mehr als drei Jahre vergangen. An einem kalten, dunklen Novemberabend im Jahre 1956 riefen der Senat und das Abgeordnetenhaus von Berlin die Berliner auf, sich vor dem Rathaus Schöneberg zu versammeln, um gegen die brutale Niederschlagung des Volksaufstands in Ungarn durch die Sowjets zu protestieren. Über hunderttausend Menschen folgten dem Aufruf. Doch die Menge war aufgebracht, und schnell machte sich eine gewalttätige Stimmung breit. Die Hauptrede hielt Franz Neumann, Reuters alter Widersacher und amtierender Landesvorsitzender der SPD, aber dieser einst so mitreißende Volksredner bekam die Situation nicht in den Griff. Er hielt eine weitschweifige Rede, die von Pfiffen, Buhrufen und lautstarken Forderungen nach konkretem Handeln fast vollständig übertönt wurde. Auch der Christdemokrat Ernst Lemmer war nicht in der Lage, die Menge zu beruhigen, so daß der Regierende Bürgermeister Otto Suhr – der Walther Schreiber nach einem Wahlsieg der SPD im Dezember 1954 abgelöst hatte – beschloß, die Freiheitsglocke zu läuten und die Demonstration zu beenden. Doch die Menge zerstreute sich nicht. Im Gegenteil: Ein junger Mann bahnte sich den Weg zum Mikrophon und forderte die Demonstranten auf, zum Brandenburger Tor zu marschieren, wahrscheinlich um nach Ost-Berlin und dort zur sowjetischen Botschaft Unter den Linden vorzudringen. Der einzige Politiker, der anscheinend begriff, was sich da anbahnte, war der Präsident des Abgeordnetenhauses, Willy Brandt. Zunächst versprach er, sofort ein Protesttelegramm an die Vereinten Nationen zu schicken. Dann gelang es ihm, einige wütende Demonstranten abzulenken, indem er einen Trauermarsch zum Mahnmal für die Opfer des Stalinismus am Charlottenplatz anführte. Diese Demonstration endete friedlich. Danach eilte Brandt in Richtung Kleiner Stern, wo zwölftausend Menschen auf das Brandenburger Tor zuströmten. Brandt kletterte auf ein Auto, auf dem ein Lautsprecher angebracht war, und lenkte die Demonstration zum sowjetischen Ehrenmal in der Nähe des Brandenburger Tors um. Er brachte die Menge sogar dazu, ein Lied anzustimmen – in Krisensituationen sängen die Deutschen gern, sagte er später. Allmählich beruhigten sich die Leute; das Schlimmste, das passierte, war der Einsatz von Wasserwerfern.[282] Reuters »junger Mann« hatte die Situation gerettet.

Dieser Vorfall machte augenfällig, was viele Berliner seit einiger Zeit vermuteten: Franz Neumann, der Vertreter der alten sozialdemokratischen Garde, hatte den Kontakt zur Basis, den er immer so geschickt zu nutzen gewußt hatte, verloren. Zwischen Brandt und Neumann hatte es seit Jahren Spannungen gegeben, und zwar seit dem Frühjahr 1952, als Ernst Reuter Willy Brandt ermutigt hatte, gegen Neumann für das Amt des Landesvorsitzenden zu kandidieren. Seit Reuters Tod hatte Brandt sich zum Sprachrohr der reformerisch eingestellten Sozialdemokraten entwickelt. Seine Popularität in der Partei und in der Stadt war ständig gewachsen.

Im Sommer 1957 starb der Regierende Bürgermeister Otto Suhr. Einige Wochen später, am 3. Oktober, wurde Willy Brandt mit 86 zu 10 Stimmen bei 22 Enthaltungen – und gegen den Widerstand von Franz Neumann – zum Regierenden Bürgermeister von Berlin gewählt.

Der Rest ist bekannt. Einige Monate später rückte eine neue Runde im Kalten Krieg, das Chruschtschow-Ultimatum von 1958, Berlin wieder in den Mittelpunkt der weltweiten Aufmerksamkeit. Im Laufe seines wechselvollen Lebens kam Brandt in Ämter – Außenminister und Kanzler –, die sein Mentor nie erreicht hatte. Vor allem aber war es Willy Brandt beschieden, das zu erleben, worauf Reuter immer hingearbeitet hatte: das Ende des Kalten Krieges, das Ende der Teilung Berlins und die Wiedervereinigung Deutschlands in »Einheit und Freiheit«.

Ein deutsches Leben

Und jetzt hat er so viel für Deutschland getan, und sie haben ihn schon alle vergessen. Nicht die kleinen Leute, aber die großen; haben sie ihn nicht alle vergessen?

Emma Fanta über Ernst Reuter,
9. April 1954[1]

Der Mensch darf nicht nur ein Atom, ein Molekül sein, das die großen staatlichen Maschinerien nach ihren Machtbedürfnissen hin und her schieben, wie es ihnen paßt, sondern der Mensch ist ein Mensch und hat Ansprüche, die von jedem Staat und von jeder internationalen Politik anerkannt werden müssen.

Ernst Reuter, 16. Oktober 1949[2]

Die Freiheit ist für uns wirklich der Odem unseres Lebens, und ohne sie wären wir nichts als armselige Sklavengeschöpfe, die in der Fron der Knechtschaft vergehen würden.

Ernst Reuter, 23. September 1952[3]

Jeder Berliner kennt den Ernst-Reuter-Platz, bis 1953 das »Knie« genannt. Teilweise von den Gebäuden der Technischen Universität umgeben, ist er ein Verkehrsknotenpunkt, der einige wichtige Straßen miteinander verbindet: die Hardenbergstraße, benannt nach dem großen preußischen Reformer; die Marchstraße, benannt nach dem bekannten Hersteller von Terrakotta, das im neunzehnten Jahrhundert eine große Rolle in der Kunst und Architektur in Berlin und Potsdam spielte; und – diese Ironie hätte Ernst Reuter nicht unbeeindruckt gelassen – die Bismarckstraße. Zwei andere Straßen, die in den Ernst-Reuter-Platz einmünden, sind direkter mit Personen und Ereignissen seines Lebens verbunden: die Otto-Suhr-Allee und die Straße des 17. Juni, einstmals Charlottenburger Chaussee.

Der Ernst-Reuter-Platz ist zweifellos einer der häßlichsten öffentlichen Plätze in Europa, ein Beispiel für die verfehlte Städtebaupolitik der fünfziger und sechziger Jahre. Von gesichtslosen Hochhäusern und Bürogebäuden umgeben, ist der Platz selbst ein großer, leerer Raum mit einem Brunnen in der Mitte, von dem kaum jemand Notiz nimmt. Obwohl Ende der neunziger Jahre versucht wurde, ihn zu renovieren und zugänglicher zu machen, halten sich nach wie vor kaum Menschen dort auf. Tagtäglich von Tausenden von Fahrzeugen befahren, ist er ein Ort, der zwar gesehen, aber nicht wirklich wahrgenommen, genutzt, aber nicht betrachtet wird. Und wie viele Fußgänger, die hier vorbeieilen, bemerken das Ernst-Reuter-Denkmal an der nordöstlichen Seite?

Kann man den trostlosen und ziemlich vernachlässigten Ernst-Reuter-Platz als eine Art symbolischen Kommentar zum derzeitigen historischen Ansehen Ernst Reuters betrachten? In den letzten drei Jahrzehnten scheint er weitgehend in Vergessenheit geraten zu sein: eine Gestalt, die irgendwie als bewundernswert gilt, jedoch als eine ferne, von einem konkreten Kontext losgelöste Ikone wahrgenommen wird, ein vergessenes Denkmal, für das sich, abgesehen von einigen älteren West-Berlinern, die sich noch an ihn erinnern, nur noch wenige Menschen interessieren. Lediglich seine Rede vor dem Reichstag am 9. September 1948 ist im öffentlichen Gedächtnis geblieben; einige Abschnitte haben vor einigen Jahren sogar Eingang in einen Popsong gefunden. Aber hat die historische Gestalt Ernst Reuter den jüngeren Deutschen heute noch viel zu sagen, insbesondere denjenigen, die in der ehemaligen DDR aufgewachsen sind? Ist er nicht vielmehr ein Relikt des Kalten Krieges, ein Mann, dessen rhetorisches Pathos und politische Botschaft sich überholt haben?

Tatsächlich scheint Reuters Redestil, den er in der Zeit vor 1933 entwickelte, in einer früheren Zeit stehengeblieben zu sein und erinnert, genau wie der Schumachers, merkwürdigerweise an den rhetorischen Stil des Regimes, das beide Männer verfolgt hatte und das beide aus tiefstem Herzen verabscheuten. Sowohl die Eindringlichkeit der Rhetorik Reuters als auch seine leidenschaftliche Forderung nach Einheit mögen in einer Zeit anachronistisch erscheinen, in der seine wichtigsten Anliegen verwirklicht wurden. Der Kalte Krieg ist vorbei, Deutschland ist wiedervereinigt, die Sowjetunion untergegangen, die Russen haben sich aus Mitteleuropa zurückgezogen, und Deutschland hat sich zu einer stabilen Demokratie in einem sich erweiternden Europa entwickelt. Die Probleme, mit denen sich Europa und das heutige Deutschland konfrontiert sehen, hätte sich ein Politiker in den späten vierziger und frühen fünfziger Jahren kaum vorstellen können. Daß Ernst Reuter in dieser veränderten Situation dem historischen Vergessen anheimgefallen ist, daß sich Westdeutsche nur vage an ihn erinnern, während er den Ostdeutschen kaum bekannt ist, ist daher nicht verwunderlich.

Das war nicht immer so. Gleich nach Reuters unerwartetem Tod wurde viel getan, um das Andenken an ihn wachzuhalten. In Berlin wurde eine Bürgermeister-Reuter-Stiftung gegründet und ein Ernst-Reuter-Preis gestiftet; zu Ehren Ernst Reuters fanden Gedenkvorträge statt; es entstanden eine Ernst-Reuter-Gesellschaft der Förderer und Freunde der Freien Universität Berlin und eine Ernst-Reuter-Siedlung in Wedding. Seine Freunde in der Sozialdemokratischen Partei gaben »Ernst-Reuter-Briefe zur Erneuerung der SPD« heraus, um die Aufmerksamkeit auf einige der wichtigsten Kämpfe und Auseinandersetzungen zu lenken, die seine letzten Lebensmonate geprägt hatten. Verschiedene Plätze im ganzen Land, von Regensburg bis zu seiner Heimatstadt Leer, wurden nach Reuter benannt, das gleiche galt für Schulen, Altersheime und andere Institutionen. Selbst die amerikanische Post gab, wie im Vorwort erwähnt, 1958 zwei Briefmarken zum Gedenken an Reuter heraus: Er war der erste Deutsche, der nach dem Zweiten Weltkrieg auf diese Weise geehrt wurde. Problematisch an dieser Form der Erinnerung ist jedoch, daß sie Reuter gleichsam zu einem »Säulenheiligen« machte, der zwar seinen Platz in der Hagiographie des Kalten Krieges einnahm, darüber hinaus aber keine weitergehende Bedeutung hatte. Zu Unrecht.

Es wäre irreführend, dieses deutsche Leben als stellvertretend oder als Metapher für die deutsche Geschichte im zwanzigsten Jahrhundert zu betrachten. Kein einzelnes Leben kann diesen Anspruch erheben. Dennoch spiegelt Reuters »merkwürdiger und so hin und her gehender Lebensweg« die Risse, Verwerfungen und Brüche wider, die die historischen Erfahrungen seines Landes in der ersten Hälfte des Jahrhunderts kennzeichneten. Er steht auch für die moralischen Dilemmata und die persönlichen Entscheidungen, vor die alle Deutschen seiner Generation gestellt waren: Da war zunächst die Auseinandersetzung mit den politischen Institutionen des Kaiserreiches, in der Reuter sich gegen seine Herkunft stellte und sich für die Sozialdemokratie entschied, mit einem damit verbundenen hohen Preis. Dann kam der Erste Weltkrieg, in dem sich der Militarismus und Nationalismus der deutschen Gesellschaft so grausam offenbarten, daß Reuter auch seiner neuen politischen Heimat, der SPD, die die Kriegspolitik mitgetragen hatte, den Rücken kehrte und sich der kommunistischen Revolution zuwandte, dem ersten großen Zukunftsentwurf des zwanzigsten Jahrhunderts. Doch als dieser seine Versprechen auf Freiheit und Autonomie der Menschen nicht einlöste, sondern sich im Gegenteil als sektiererisch und starr erwies, zog Reuter erneut seine Konsequenzen. Die Auseinandersetzung mit dem Nationalsozialismus trieb Reuter ins Exil. Sein Vertrauen in das deutsche Volk und sein Patriotismus ließen ihn nach dem Ende der Barbarei in eine ungewisse Zukunft nach Deutschland zurückkehren.

Reuters Entscheidungen orientierten sich an festen Prinzipien wie der sozial engagierten neokantianischen Ethik und dem Prinzip der persönlichen Verantwortung. Vor allem aber weigerte er sich, die jeweils bestehende gesellschaftliche Realität als normativ oder »gegeben« zu akzeptieren. Alternativen suchte er sowohl in der Vergangenheit als auch in der Zukunft, dem Visionären. Und es ist nur konsequent, daß ihn in der Vergangenheit die Persönlichkeit des Freiherrn vom Stein besonders ansprach, jenes großen Reformers – und Konservativen –, der die Vision eines Deutschlands formuliert hatte, das durch Anstöße von unten, von der Basis her, durch die Strukturen und Institutionen der kommenden Selbstverwaltung gestaltet werden sollte. Man kann Ernst Reuters Werdegang nicht verstehen, ohne den Einfluß Steins auf sein Leben zu würdigen; dieser stellte für Reuter gewissermaßen den großen Gegen-Bismarck des vorausgegangenen Jahrhunderts dar, den Verfechter des Weges, den Deutschland eben nicht gegangen war. Statt dessen war es erst den autoritären, dann den totalitären Versuchungen erlegen.

Doch Reuter war Optimist. Selbst in Deutschlands dunkelsten Stunden glaubte er an das demokratische Potential im deutschen Volk, und nach seiner Rückkehr setzte er alles daran, die demokratische Erneuerung seines zerstörten Landes voranzutreiben. Daß dazu Mut zur Zukunft, Opferbereitschaft und Zivilcourage vonnöten waren, rief er seinen Landsleuten immer wieder ins Gedächtnis. An erster Stelle aber muß in einer Demokratie der Mut zur Freiheit stehen. Wenn Freiheit bedeutet, freie Entscheidungen zu treffen und mit ihren Konsequenzen zu leben, dann war Ernst Reuter zeit seines Lebens ein wahrhaft freier Mensch. Daß diese Freiheit immer erkämpft werden muß und jeden Kampf lohnt, ist letztlich die Botschaft seines Lebens.

Abkürzungen

AdsD	Archiv der sozialen Demokratie der Friedrich-Ebert-Stiftung, Bonn
BAK	Bundesarchiv Koblenz
EKKI	Exekutivkomitee der Kommunistischen Internationale
ER	Ernst Reuter
FNA	Franz-Neumann-Archiv Berlin
FRUS	»Foreign Relations of the United States«, Dokumentationsreihe des U.S. State Department, Washington
HICOG	U.S. High Commissioner for Germany
LAB	Landesarchiv Berlin
LA Magdeburg – LHA	Landesarchiv Magdeburg – Landeshauptarchiv
NACP	National Archives at College Park, College Park/Maryland
NDB	*Neue Deutsche Biographie*
NL	Nachlaß
OMGBS	Office of Military Government of the United States, Berlin Sector
OMGUS	Office of Military Government of the United States
PA-AA	Politisches Archiv des Auswärtigen Amts, Bonn
PA-HH	Persönliches Archiv Harold Hurwitz, Berlin
POLAD	U.S. Political Adviser for Germany
PRO	Public Record Office, Kew/Surrey
SAPMO-BArch	Stiftung Archiv der Parteien und Massenorganisationen der DDR im Bundesarchiv, Berlin
SR	Reuter, Ernst, *Schriften – Reden*, hg. von Hans E. Hirschfeld und Hans J. Reichhardt, 4 Bde., Berlin 1972–1975
StA Magdeburg	Stadtarchiv Magdeburg
WBA	Willy-Brandt-Archiv im Archiv der sozialen Demokratie der Friedrich-Ebert-Stiftung, Bonn

Anmerkungen

Vorwort

1 *Ernst Reuter. Ein Leben für die Freiheit. Eine politische Biographie*, München 1957. Während seines Aufenthaltes in Großbritannien änderte Richard Löwenthal seinen Namen in »Lowenthal«; diesen Namen behielt er auch als Mitautor der Reuter-Biographie bei.

Einleitung

1 Vgl. Warren Lerner, *Karl Radek. The Last Internationalist*, Stanford 1970, S. 78; Marie-Luise Goldbach, *Karl Radek und die deutsch-sowjetischen Beziehungen 1918–1923*, Bonn–Bad Godesberg 1973, S. 18f.
2 Siehe die Übersetzung von Karl Radek, »November«, LAB, E Rep. 200-21-01, Nr. 22. Radeks Ausführungen erschienen ursprünglich 1926 in der sowjetischen Zeitschrift *Krasnaja now*. Vgl. »Radek's ›Political Salon‹ in Berlin 1919«, in: *Soviet Studies*, 3. Jg. 1952, S. 411–430. Zur Rückkehr ERs vgl. Interview Richard Lowenthal mit Hermann Osterloh, Bremen, 16.6.54 (maschinengeschrieben), LAB, E Rep. 200-21-01, Nr. 336.
3 ER an Karoline Reuter, 2. Januar 1919, in: Ernst Reuter, *Schriften-Reden*, hg. von Hans E. Hirschfeld und Hans J. Reichhardt, 4 Bde., Berlin 1972–1975 (im folgenden: SR), Bd. 1, S. 481.
4 SR, Bd. 1, S. 465f.
5 ER an A. L. Barber, 9. April 1947, LAB, E Rep. 200-21-01, Nr. 56.
6 ER an amerikanische Botschaft, Ankara, 14. April 1945, in: SR, Bd. 3, S. 579f.
7 ER an Elizabeth Howard, 29. November 1946, in: SR, Bd. 3, S. 72f.
8 Zur Reaktion der Familie Reuter auf die Zerstörungen in Deutschland vgl. Interview Harold Hurwitz mit Hanna und Edzard Reuter, 16. Mai 1954 (maschinengeschrieben), LAB, E Rep. 200-21-01, Nr. 337.
9 ER an Fritz Neumark, 12. Dezember 1946, in: SR, Bd. 3, S. 80.
10 ER an A.L. Barber, 9. April 1947, LAB, E Rep. 200-21-01, Nr. 56.
11 ER an Fritz Neumark, 12. Dezember 1946, in: SR, Bd. 3, S. 80f.
12 ER an Karl Reuter, 14. Mai 1944, LAB, E Rep. 200-21, Nr. 154.

1. Kapitel

1 Hermann Cohen, *Werke*, Bd. 7: *System der Philosophie*, Teil 2: Ethik des reinen Willens, 5. Aufl. Hildesheim/New York 1981 (urspr. 1904), S. 309.
2 ER an seine Eltern, 18. Februar 1913, in: SR, Bd. 1, S. 201ff.
3 ER an seinen Vater, 7. März 1913, in: ebenda, Bd. 1, S. 209f.; vgl. Willy Brandt/Richard Lowenthal, *Ernst Reuter. Ein Leben für die Freiheit*, München 1957, S. 39.
4 SR, Bd. 1, S. 186, S. 677f., Anm. 17.

5 ER an seinen Vater, 20. März 1913, in: ebenda, Bd. 1, S. 214.

6 LAB, E Rep. 200-21-01, Nr. 2; Brandt/Lowenthal, *Ernst Reuter*, S. 15f.; SR, Bd. 1, S. 17f.

7 »Gehalten von W. Reuter bei seiner Einführung als Lehrer an den oberen Classen des Gymnasiums zu Aurich am 16. Oct. 1833«, LAB, E Rep. 200-21, Nr. 3.

8 Vgl. Hans-Ulrich Wehler, *Deutsche Gesellschaftsgeschichte*, Bd. 3: *Von der »Deutschen Doppelrevolution« bis zum Beginn des Ersten Weltkrieges 1849–1914*, München 1995, S. 730f.; Konrad H. Jarausch, *Students, Society, and Politics in Imperial Germany: The Rise of Academic Illiberalism*, Princeton 1982, S. 81–89.

9 Vgl. die zahlreichen Briefe Wilhelms d. Ä. an dessen Sohn, Wilhelm d. J., aus den Jahren 1854 bis 1881, die ein fast klassisches Bild der »Bürgerlichkeit« (im Sinne des Bildungsbürgertums) im neunzehnten Jahrhundert vermitteln, LAB, E Rep. 200-21, Nr. 5.

10 David Blackbourn, »The German Bourgeoisie: An Introduction«, in: ders. und Richard J. Evans (Hg.), *The German Bourgeoisie: Essays on the Social History of the German Middle Class from the Late Eighteenth to the Early Twentieth Century*, London 1991, S. 13f.; ders., *The Fontana History of Germany 1780–1918: The Long Nineteenth Century*, London 1997, S. 365–368. Unter den neueren Untersuchungen zum deutschen Bürgertum vgl. Jürgen Kocka unter Mitarbeit von Ute Frevert (Hg.), *Bürgertum im 19. Jahrhundert. Deutschland im europäischen Vergleich*, 3 Bde., München 1988; Lother Gall, »›... ich wünschte ein Bürger zu sein‹. Zum Selbstverständnis des deutschen Bürgertums im 19. Jahrhundert«, in: *Historische Zeitschrift* 245 (1987), S. 601–623; ders., *Bürgertum in Deutschland*, Berlin 1989; und die Ergebnisse des von Lothar Gall geleiteten Frankfurter Forschungsprojekts, z.B. Dieter Hein/Andreas Schulz (Hg.): *Bürgerkultur im 19. Jahrhundert. Bildung, Kunst und Lebenswelt*, München 1996. Zum Bürgertum im allgemeinen vgl. Peter Gay, *The Bourgeois Experience: Victoria to Freud*, 3 Bde., New York/Oxford 1984 und 1986, New York 1993. Vgl. auch die brillante Beschreibung des Bildungsbürgertums in Thomas Nipperdey, *Deutsche Geschichte 1866–1918*, Bd. 1: *Arbeitswelt und Bürgergeist*, München 1990, S. 382–389.

11 Vgl. hierzu SR, Bd. 1, S. 661f., Anm. 87.

12 Interview Harald Hurwitz mit Hans Naumann, Berlin-Neukölln, Mitte September 1955, LAB, E Rep. 200-21-01, Nr. 336; Brandt/Lowenthal, *Ernst Reuter*, S. 16f.

13 Hanna Reuter zufolge erzählte Ernst Reuter oft, »daß sie ganz abgeschlossen – von wenigen Ausnahmen abgesehen – innerhalb der Familie gelebt hätten«. Bemerkung Hanna Reuters zum Zeitungsartikel von Heinrich Boumann, 11. August 1950, LAB, E Rep. 200-21-01, Nr. 3. Zur Bedeutung des privaten Familienlebens für das Bürgertum im neunzehnten Jahrhundert siehe Gay, *Bourgeois Experience*, Bd. 1, S. 445–460.

14 Karl Reuter, Erinnerungen an meinen Bruder Ernst aus unserer gemeinsam durchlebten Jugendzeit im Elternhause, aufgezeichnet zu seinem sechzigsten Geburtstage am 29. Juli 1949 (unveröffentlichtes Manuskript, April/Mai 1949), LAB, E Rep. 200-21, Nr. 6, Bl. 45ff.

15 ER an Heinrich Boumann, 28. August 1950, LAB, E Rep. 200-21-01, Nr. 56.

16 Vgl. hierzu die Bemerkungen der Herausgeber in SR, Bd. 1, S. 19ff.

17 Karl Reuter, Erinnerungen, LAB, E Rep. 200-21, Nr. 6, Bl. 22.
18 Ebenda, Bl. 36.
19 Heinrich Boumann, Erinnerungen an Ernst Reuter. Statt einer Bücherbesprechung, abgeschrieben aus *Nordwestdeutsche Rundschau*, 11. August 1950, LAB, E Rep. 200-21-01, Nr. 3.
20 Karl Reuter, Erinnerungen, LAB, E Rep. 200-21, Nr. 6, Bl. 40.
21 Brandt/Lowenthal, *Ernst Reuter*, S. 21.
22 Ernst Reuter gab in späteren Jahren zu, daß auch seine zweite Frau, Hanna, die Meinung vertreten habe, »daß die Reuters – insbesondere meine Mutter – ein zu stolzes Geschlecht gewesen sind«. ER an Heinrich Boumann, 28. August 1950, LAB, E Rep. 200-21-01, Nr. 56.
23 Peter Zylmann, Ernst Reuter (maschinengeschriebenes Manuskript), o. D. (ca. 1956), PA-HH.
24 Harold Hurwitz, Notizen zu Gespräch mit Hanna Reuter, September 1954, und Bemerkung Hanna Reuter an Hurwitz, 8. Juni 1954, LAB, E Rep. 200-21-01, Nr. 337.
25 Karl Reuter, Erinnerungen, LAB, E Rep. 200-21, Nr. 6., Bl. 35.
26 Ebenda, Bl. 41.
27 Vgl. hierzu Willy Barenschee an Paul Hertz, 24. Mai 1954, PA-HH.
28 Gespräch des Verfassers mit Edzard Reuter, 12. April 1997, Berlin.
29 Karl Reuter, Erinnerungen, LAB, E Rep. 200-21, Nr. 6, Bl. 24.
30 ER an Karl Reuter, 25. Februar 1906, in: SR, Bd. 1, S. 37.
31 Vgl. z. B. ERs Korrespondenz mit der Buchhandlung Bouvier & Co. aus dem Jahr 1948 in LAB, E Rep. 200-21, Nr. 175.
32 So z. B. ER an seine Eltern, 10. Mai 1908, in: SR, Bd. 1, S. 72.
33 Zylmann, Ernst Reuter, PA-HH. Zylmann vermutet, daß es sich möglicherweise um einen Gehirntumor handelte, also doch um eine organische und nicht um eine seelische Ursache.
34 Boumann, Erinnerungen, LAB, E Rep. 200-21-01, Nr. 3.
35 Zusatz von Hanna Reuter zu ebenda; Brandt/Lowenthal, *Ernst Reuter*, S. 21. Harry Bruns arbeitete nach dem 2. Weltkrieg als Inspektor im Berliner Stadtkontor. ER an Heinrich Boumann, 28. August 1950, LAB, E Rep. 200-21-01, Nr. 56.
36 Karl Reuter, Erinnerungen, LAB, E Rep. 200-21, Nr. 6, Bl. 4.
37 Reifezeugnis vom 14. März 1907, LAB, E Rep. 200-21-01, Nr. 3.
38 Karl Reuter, Erinnerungen, LAB, E Rep. 200-21, Nr. 6, Bl. 22. Vgl. Brandt/Lowenthal, *Ernst Reuter*, S. 21; Zylmann, Ernst Reuter, PA-HH; Hans Bornschein an Harold Hurwitz, 17. Juli 1954, PA-HH.
39 ER an Karl Reuter, 25. Februar 1906 und 26. Februar 1907, in: SR, Bd. 1, S. 35, 39f.
40 ER an die Eltern, 19. April 1907, und an Karl Reuter, 30. April 1907, in: SR, Bd. 1, S. 50,S. 53. Zur Verbindung »Frankonia« vgl. ebenda, Bd. 1, S. 145.
41 ER an die Eltern, 18. Juli 1907, in: ebenda, Bd. 1, S. 63. Vgl. seine Briefe vom 7. Juli und vom 8. November 1907, in: ebenda, Bd. 1, S. 61f., S. 65f.
42 Jarausch, *Students, Society, and Politics*, S. 310–321.
43 ER an die Eltern, 29. Juni 1908, in: SR, Bd. 1, S. 75; ebenda, Bd. 1, S. 148.
44 SR, Bd. 1, S. 145–148.
45 Jarausch, *Students, Society, and Politics*, S. 228–233, S. 424f.
46 Wehler, *Deutsche Gesellschaftsgeschichte*, Bd. 3, S. 424.
47 SR, Bd. 1, S. 45; ER an Erich Eyck, 18. Februar 1949, in: ebenda, Bd. 3, S. 657f.

48 Zum Neukantianismus im allgemeinen vgl. Helmut Holzhey, »Der Neukantianismus«, in: Anton Hügli/Paul Lübcke (Hg.): *Philosophie im 20. Jahrhundert*, Bd. 1: *Phänomenologie, Hermeneutik, Existenzphilosophie und Kritische Theorie*, Reinbek bei Hamburg 1992, S. 19–51.
49 ER, Ansprache auf der Gedenkfeier des Bezirksamtes Neukölln zum 10. Jahrestag der Vernichtung des Warschauer Ghettos am 19. April 1953, in: SR, Bd. 4, S. 718. Vgl. die ausführliche Darstellung dieser äußerst wichtigen Rede in: Jeffrey Herf, *Divided Memory: The Nazi Past in the Two Germanys*, Cambridge/Mass. 1997, S. 304ff.
50 ER, Ansprache auf der Morgenfeier der Gesellschaft für christlich-jüdische Zusammenarbeit am 23. September 1951, in: SR, Bd. 4, S. 420.
51 Timothy R. Keck, »The Marburg School and Ethical Socialism: Another Look«, in: *Social Science Journal* 14, H. 3 (Oktober 1977), S. 111.
52 Eduard Bernstein, *Die Voraussetzungen des Sozialismus und die Aufgaben der Sozialdemokratie*, Stuttgart 1899.
53 Keck, *Marburg School*, S. 111ff. Vgl. die nach wie vor unentbehrliche Diskussion des Revisionismus in: Hans-Josef Steinberg, *Sozialismus und deutsche Sozialdemokratie. Zur Ideologie der Partei vor dem 1. Weltkrieg*, Hannover 1967, S. 89–96.
54 Hans Jörg Sandkühler, »Kant, neukantianischer Sozialismus, Revisionismus«, in: Rafael de la Vega/Hans Jörg Sandkühler (Hg.): *Marxismus und Ethik. Texte zum neukantianischen Sozialismus*, Frankfurt am Main 1970, S. 18; vgl. auch Thomas E. Willey, *Back to Kant: The Revival of Kantianism in German Social and Historical Thought 1860–1914*, Detroit 1978, S. 175f.
55 Zitiert in: Steinberg, *Sozialismus*, S. 101.
56 Willey, *Back to Kant*, S. 23; Hermann Lübbe, *Politische Philosophie in Deutschland. Studien zu ihrer Geschichte*, Basel/Stuttgart 1963, S. 93, S. 97.
57 Willey, *Back to Kant*, S. 95–101; Lübbe, *Politische Philosophie*, S. 101.
58 Ebenda, S. 89, S. 91f.
59 Für biographische Angaben zu Cohen vgl. Willey, *Back to Kant*, S. 102–108. Die beste Darstellung seiner Schriften und Ideen ist zu finden in: Andrea Poma, *Filosofia critica di Hermann Cohen*, Mailand 1988, vor allem Kap. 6 (über Cohens ethische Anschauungen).
60 Hermann Cohen, »Kant«, in: de la Vega/Sandkühler (Hg.), *Marxismus und Ethik*, S. 45–86 (urspr. 1896); ders., *Ethik des reinen Willens*.
61 Ebenda, S. 2f.; ders., »Kant«, S. 72f.
62 Cohen, *Ethik des reinen Willens*, S. 615f.
63 Cohen, »Kant«, S. 72.
64 Ebenda, S. 71.
65 Cohen, *Ethik des reinen Willens*, S. 320f.
66 Lübbe, *Politische Philosophie*, S. 108f.
67 Ebenda, S. 110.
68 Ebenda, S. 119–123; Steinberg, *Sozialismus*, S.98ff.
69 Keck, *Marburg School*, S. 117.
70 ER, Karl Marx, in: *Volkswacht* (Bielefeld), Nr. 62 (14. März 1913), nachgedruckt in: SR, Bd. 1, S. 315; vgl. ebenda, Bd. 1, S. 302.
71 Gespräch des Verfassers mit Harold Hurwitz, 19. Februar 1998.
72 ER an seine Mutter, 22. Januar 1909, in: SR, Bd. 1, S. 77f.; vgl. ebenda, Bd. 1, S. 149.
73 Hans Bornschein an Harold Hurwitz, 17. Juli 1954, PA-HH.

74 SR, Bd. 1, S. 149f.
75 ER an Otto Grimm, 10. Oktober 1909, in: ebenda, Bd. 1, S. 93; ebenda, Bd. 1, S. 47.
76 ER an Karl Reuter, August 1909, in: ebenda, Bd. 1, S. 87.
77 ER, »Die Couleur«, in: *Der Schwarzburgbund*, 19. Jg., Nr. 1 (Oktober 1909), abgedruckt in: SR, Bd. 1, S. 161–165.
78 Vgl. z.B. ER an Walther Gaede, 8. Mai 1912, in: ebenda, Bd. 1, S. 141.
79 ER an die Frankonia, 24. Mai und 28. Juni 1911, in: ebenda, Bd. 1, S. 176–179.
80 Interview H. Hurwitz mit Dr. Walther Gaede im Mai 1954, LAB, E Rep. 200-21-01, Nr. 335; Interview H. Hurwitz mit Hans Naumann am 5. Mai 1954, LAB, E Rep. 200-21-01, Nr. 336.
81 Vgl. ER an Hansgeorg Cramer, 27. Dezember 1948, LAB, E Rep. 200-21-01, Nr. 57.
82 ER an Walther Gaede, 8. Mai, 11. Mai und 13. Mai 1912, in: SR, Bd. 1, S. 140ff.
83 ER an Karl Reuter, 7. Juli und 9. Juli 1912, in: ebenda, Bd. 1, S. 142f. Vgl. ebenda, Bd. 1, S. 658, Anm. 22.
84 ER, Studentische Raufhändel, in: *Volkswacht* (Bielefeld), Nr. 271 (16. November 1912), in: SR, Bd. 1., S. 310f.
85 Jonathan Sperber, »The Social Democratic Electorate in Imperial Germany«, in: David E. Barclay/Eric D. Weitz (Hg.): *Between Reform and Revolution: German Socialism and Communism from 1840 to 1990*, Providence/Oxford 1998, S. 167–194.
86 Zitiert in: Stanley Pierson, *Marxist Intellectuals and the Working-Class Mentality in Germany, 1887–1912*, Cambridge/Mass. 1993, S. 1. Zu den Schwierigkeiten der Integration von bürgerlichen Sozialdemokraten siehe Hedwig Wachenheim, *Vom Großbürgertum zur Sozialdemokratie. Memoiren einer Reformistin*, Berlin 1973.
87 Interview Otto Wenzel mit Carl Schreck im Beisein von Richard Schreiber, 16. Januar 1956 (Manuskript), LAB, E Rep. 200-21-01, Nr. 337.
88 Vgl. Brandt/Lowenthal, *Ernst Reuter*, S. 43ff.
89 Interview Otto Wenzel mit Carl Schreck, LAB, E Rep. 200-21-01, Nr. 337.
90 Ebenda; Interview Harold Hurwitz mit Dr. Walther Gaede, Mai 1954, LAB, E Rep. 200-21-01, Nr. 335.
91 Interview Otto Wenzel mit Carl Schreck, LAB, E Rep. 200-21-01, Nr. 337.
92 ER, »Die Männer von 1813. 2. Die Militärreformer«, in: *Volkswacht* (Bielefeld), Beilage Nr. 28 (9. April 1913), in: SR, Bd. 1, S. 326.
93 ER an seinen Vater, 26. Februar 1913, in: ebenda, Bd. 1, S. 204.
94 ER, »Die Männer von 1813. 1. Der Freiherr vom Stein«, in: *Volkswacht* (Bielefeld), Beilage Nr. 27 (5. April 1913), in: ebenda, Bd. 1, S. 319–322.
95 Neben verschiedenen Beschreibungen dieses Zwischenfalls vgl. Brandt/Lowenthal, *Ernst Reuter*, S. 37; SR, Bd. 1, S. 183. Vgl. ER an Walther Gaede, 16. März 1914, in: ebenda, Bd. 1, S. 258f.
96 Reuter selbst klagte, »Herr Meyer scheint sich aus Romanen was zusammengelesen zu haben«. ER an Wilhelm Gaede und Leni Krieger, 8. Dezember 1913, in: ebenda, Bd. 1, S. 247; vgl. Brandt/Lowenthal, *Ernst Reuter*, S.45.
97 Interview H. Hurwitz mit Dr. Walther Gaede im Mai 1954, LAB, E Rep. 200-21-01, Nr. 335.

98 ER an Walther Gaede, 9. August 1913, in: SR, Bd. 1, S. 231.
99 ER an seine Eltern, August 1913, in: ebenda, Bd. 1, S. 229. Vgl. Brandt/Lowenthal, *Ernst Reuter*, S. 53.
100 ER an seine Eltern, August 1913, an Karl Reuter, 23. Februar 1914, in: SR, Bd. 1, S. 229, S. 255.
101 ER an Wilhelm Gaede, 24. Juli 1913, in: ebenda, Bd. 1, S. 228.
102 ER an Walther Gaede, 1. September 1913, in: ebenda, Bd. 1, S. 235f.; ER an seine Mutter, 16. September 1913, in: ebenda, Bd. 1, S. 236f.
103 Interview H. Hurwitz mit Hans Naumann am 23. 9. 54, LAB E Rep. 200 Acc., Nr. 336.
104 Interview Harold Hurwitz mit Konrad und Maria Daverkausen, 26. April 1954 (Manuskript), PA-HH.
105 Interview Harold Hurwitz mit Emma Fanta, 9. April 1954 (Manuskript), PA-HH.
106 Interview Harold Hurwitz mit Konrad und Maria Daverkausen, PA-HH.
107 ER an Walther Gaede, 17. Januar 1914, an Karl Reuter, 23. Februar 1914, und an seinen Vater, 3. Mai 1914, in: SR, Bd. 1, S. 253ff., S. 263f.
108 Ebenda, Bd. 1, S. 307.
109 ER an Walther Gaede, 9. und 13. August 1913, in: ebenda, Bd. 1, S. 230–233. Vgl. ER an seinen Vater, o.D. (Mitte August 1913), in: ebenda, Bd. 1, S. 233.
110 Interview Harold Hurwitz mit Emma Fanta, PA-HH.
111 ER an Walther Gaede, 12. März und 16. April 1914, in: SR, Bd. 1, S. 256, S. 260.
112 Interview Harold Hurwitz mit Hans Naumann, Mitte September 1955, LAB, E Rep. 200-21-01, Nr. 336.
113 Otto Lehmann-Rußbüldt, *Der geistige Befreiungskrieg durch Kirchenaustritt* (= 4. Aufl. von *Trennung von Kirche und Staat erzwungen durch Kirchenaustritt*), Berlin 1914, S. 2, BAK, N 1051 (NL Walther Schücking), Nr. 57.
114 Niles Holt, »Ernst Haeckel's Monistic Religion«, in: *Journal of the History of Ideas* 32, H. 2 (April–Juni 1971), S. 277f.
115 Alfred Kelly, *The Descent of Darwin: The Popularization of Darwinism in Germany, 1860–1914,* Chapel Hill 1981, S. 120f., S.138–141.
116 Biographische Angaben von Wolfgang Gröf, in: NDB, Bd. 14, Berlin 1985, S. 99ff.
117 Lehmann-Rußbüldt, *Befreiungskrieg*, S. 29; BAK, N 1051 (NL Walther Schücking), Nr. 57.
118 Interview Harold Hurwitz mit Lehmann-Rußbüldt, 11.3.54, LAB, E Rep. 200-21-01, Nr. 336. Vgl. ERs Artikel und Aufsätze in: SR, Bd. 1, S. 336–343.
119 Interview Harold Hurwitz mit Theodor Lange, 19. April 1956 (Manuskript), PA-HH. Lange war der Neffe von Frau Krappek.
120 Gespräch des Verfassers mit Harold Hurwitz, 19. Februar 1998; Interview mit Hans Naumann, durchgeführt von H. Hurwitz, Ausarbeitung Siegmund, 23. 9. 54, LAB, E Rep. 200-21-01, Nr. 336.
121 Interview Harold Hurwitz mit Frau Lotte Reuter, 16. März 1954 (Manuskript), LAB, E Rep. 200-21-01, Nr. 337. Vgl. Brandt/Lowenthal, *Ernst Reuter*, S. 56.
122 Interview Harold Hurwitz mit Emma Fanta, PA-HH.
123 Interview Harold Hurwitz mit Lehmann-Rußbüldt, LAB, E Rep. 200-21-01, Nr. 336.

124 Anmerkung von Hanna Reuter, 8. Juni 1954, LAB, E Rep. 200-21-01, Nr. 337.
125 Zur Metapher der »Erstickung« im Zusammenhang mit den bürokratischen Strukturen des wilhelminischen Deutschland vgl. Blackbourn, *Fontana History*, S. 384f.
126 ER an die Eltern, Anfang August 1914 und 7. August 1914, in: SR, Bd. 1, S. 272f.
127 ER an Karl Reuter, 11. August 1914, und an Walther Gaede, 14. August 1914, in: ebenda, Bd. 1, S. 273f. Vgl. Brandt/Lowenthal, *Ernst Reuter*, S. 62.
128 Satzungen des Bundes Neues Vaterland (gedruckt), Berlin o.D., Exemplare in: BAK, N 1051 (NL Walther Schücking), Nr. 67, und ebenda, N 1199 (NL Hans Wehberg), Nr. 14, Bl. 1f.
129 Kurt von Tepper-Laski, Erklärung (gedruckt), o.D., BAK, N 1199 (NL Hans Wehberg), Nr. 14, Bl. 8.
130 Rundschreiben des Bundes Neues Vaterland (hektographiert), 19. Januar 1915, BAK, N 1199 (NL Hans Wehberg), Nr. 14, Bl. 34.
131 Eine zeitgemäße Geschichte des Bundes Neues Vaterland ist ein Desiderat der Forschung. Vgl. u.a. Dieter Fricke, »Bund Neues Vaterland (BNV) 1914–1922«, in: ders. u.a. (Hg.), *Lexikon zur Parteiengeschichte. Die bürgerlichen und kleinbürgerlichen Parteien und Verbände in Deutschland (1789–1945)*, 4 Bde., Leipzig 1983, Bd. 1, S. 351–360.
132 »Was will der Bund ›Neues Vaterland‹? Interview mit Kurt von Tepper-Laski«, Sonderdruck aus: *Das freie Wort* 15, Nr. 5/6 (Juni 1915), Exemplare in: BAK, N 1051 (NL Walther Schücking), Nr. 67, und ebenda, N 1199 (NL Hans Wehberg), Nr. 14, Bl. 25–28.
133 Vgl. Mitgliederliste des Bundes Neues Vaterland vom Herbst 1915, ebenda, N 1199 (NL Hans Wehberg), Nr. 14, Bl. 201–205.
134 Vgl. Fricke, »Bund Neues Vaterland«, S. 179–183; Ausführungen der Herausgeber in: SR, Bd. 1, S. 351–363.
135 ER an Hermann Reuter, 19. Oktober und 9. November 1914, in: SR, Bd. 1, S. 279, S. 281.
136 Protokoll der Sitzung des Bundes vom 21. März 1915. Im Konferenzsaal des »Deutschen Sports«, Berlin, Schiffbauerdamm 19, BAK, N 1199 (NL Hans Wehberg), Nr. 14, Bl. 62ff.
137 Vgl. ebenda, N 1199 (NL Hans Wehberg), Nr. 14, Bl. 34–62.
138 Wortlaut der Denkschrift in: SR, Bd. 1, S. 378–388; vgl. hektographiertes Original in BAK, N 1199 (NL Hans Wehberg), Nr. 14, Bl. 10–24.
139 Vgl. hierzu die detaillierte Analyse der Herausgeber in: SR, Bd. 1, S. 357–361.
140 ER an Walther Gaede, 19. März 1915, in: SR, Bd. 1, S. 296f.
141 ER an Walther Gaede, 24. Februar 1915, in: ebenda, Bd. 1, S. 292.
142 ER an seine Mutter und an Karl Reuter, 25. Februar 1915, in: ebenda, Bd. 1, S. 292f.; ER an seine Eltern, 2. März 1915, in: ebenda, Bd. 1, S. 295. Vgl. ebenda, Bd. 1, S. 691, Anm. 244.
143 Interview Harold Hurwitz mit Lotte Reuter, LAB, E Rep. 200-21-01, Nr. 337.

2. Kapitel

1 W.I. Lenin, *Der »Linke Radikalismus«, die Kinderkrankheit im Kommunismus*, Berlin (DDR) 1968 (urspr. 1920), S. 91.

2 Jens Reich, »Wie mörderisch ist Utopie? Terror im Namen der ›guten‹ Sache«, in: Werner von Bergen/Walter H. Pehle (Hg.), *Denken im Zwiespalt. Über den Verrat von Intellektuellen im 20. Jahrhundert*, Frankfurt am Main 1996, S. 33.

3 Biographisches zu Pieck vor allem in Hermann Weber, *Die Wandlung des deutschen Kommunismus. Die Stalinisierung der KPD in der Weimarer Republik*, 2 Bde., Frankfurt/M. 1969, Bd. 2, S. 245ff. Vgl. ferner Branko Lazitch (mit Milorad M. Drachkovitch), *Biographical Dictionary of the Comintern*, Stanford 1973, S. 312f.; Bernd-Rainer Barth/Christoph Links/Helmut Müller-Anbergs/Jan Wielgohs (Hg.), *Wer war wer in der DDR? Ein biographisches Handbuch*, 3. Ausgabe, Frankfurt/M. 1995, S. 568–569; Rolf Badstübner/Wilfried Loth (Hg.), *Wilhelm Pieck – Aufzeichnungen zur Deutschlandpolitik 1945–1953*, Berlin 1994, S. 17ff.

4 »Funktionär-Sitzung des Bezirks Berlin der K.P.D. im großen Saale der Brauerei am Friedrichshain, Freitag, den 30. Dezember 1921, abends 6 Uhr«, SAPMO-BArch, RY 1/I 3/1-2/12, Bl. 98. Vgl. die Berichterstattung aus der *Roten Fahne* vom 1. und 2. Januar 1922, in: SR, Bd. 1, S. 624–628.

5 SAPMO-BArch, RY 1/I 3/1-2/12, Bl. 109.

6 Ebenda, Bl. 113.

7 Ebenda, Bl. 121, Bl. 137; vgl. ferner Bl. 115, Bl. 117f.

8 Ebenda, Bl. 124.

9 Ebenda, Bl. 176. Vgl. auch SAPMO-BArch, NY 4036/385 (Wilhelm Pieck), Bl. 265–267.

10 ER an Hans-Christoph Seebohm, 18. September 1953, AdsD, Sammlung Personalia: Ernst Reuter, Mappe 4.

11 Postkarten ERs an die Eltern, 5., 12., 25. September und 8., 26., 31. Oktober 1916, in: SR, Bd. 1, S. 447ff.; ferner ebenda, Bd. 1, S. 401, S. 718 (Anm. 14).

12 ER an seine Mutter, 18. Juli 1916, in: ebenda, Bd. 1, S. 446f.

13 ER an seine Eltern, 5. und 19. Juni 1916, in: ebenda, Bd. 1, S. 441f.

14 ER an Karl Reuter, 22. Oktober 1915, und an seine Eltern, 19. Juni 1916, in: ebenda, Bd. 1, S. 430, S. 442. Vgl. Brandt/Lowenthal, *Ernst Reuter*, S. 77f.

15 Richard Lowenthal: Unterredung Fritz Schoenbeck, 10. Mai 1955, PA-HH.

16 Interview Harold Hurwitz/Otto Wenzel mit Georg Glaser, 7. Februar 1956, PA-HH.

17 ER an seine Eltern, 25. September 1916, in: SR, Bd. 1, S. 448.

18 Interview Hurwitz/Wenzel Interview mit Glaser, PA-HH.

19 Inge Pardon/Waleri W. Shurawljow und Redaktionskollegium (Hg.), *Lager, Front oder Heimat. Deutsche Kriegsgefangene in Sowjetrußland 1917 bis 1920*, 2 Bde., München 1994, Bd. 1, S. VII.

20 Vgl. hierzu die neueren Darstellungen von Richard Pipes, *The Russian Revolution*, New York 1990, S. 328; Orlando Figes, *A People's Tragedy: A History of the Russian Revolution*, New York 1996, S. 352.

21 Willy Barenschee an Paul Hertz, 24. Mai 1954, PA-HH.

22 ER an Otto Reuter, 19. November und 15. Dezember 1917, in: SR, Bd. 1, S. 456f.

23 Ebenda; Emil Rowald an Otto Wenzel, 5. August 1956, PA-HH.

24 Goldbach, *Karl Radek*, S. 16f.; zu Broz und Kun vgl. Lazitch (mit Drachkovitch), *Biographical Dictionary*, S. 41f., 205f.

25 Uljanow war mit Lenin, der den gleichen Geburtsnamen trug, nicht verwandt.

26 Protokoll der Delegiertenversammlung der Organisationen der Kriegsgefangenen des Moskauer Militärbezirks über die Arbeit des Komitees der kriegsgefangenen Sozialdemokraten-Internationalisten des Moskauer Militärbezirks und über die weiteren Aufgaben der kriegsgefangenen Sozialdemokraten-Internationalisten, 24. Februar 1918, Moskau, in: Pardon/Shurawljow u.a. (Hg.), *Lager, Front oder Heimat*, Bd. 1, S. 47f.

27 Interview Richard Lowenthal mit Hermann Osterloh, 16. Juni 1954, LAB, E Rep. 200-21-01, Nr. 336; Interview Richard Lowenthal mit Irma Petroff, London, 6. Juli 1954, LAB, E Rep. 200-21-01, Nr. 337.

28 Protokollarische Aufzeichnung über die Sitzung des Komitees der kriegsgefangenen Sozialdemokraten-Internationalisten des Moskauer Militärbezirks über den internationalen Charakter der Kriegsgefangenenorganisationen, 19. Februar 1918, Moskau, in: Pardon/Shurawljow u.a. (Hg.), *Lager, Front oder Heimat*, Bd. 1, S. 41f.; vgl. auch: Aus der protokollarischen Aufzeichnung einer Sitzung des Komitees der kriegsgefangenen Sozialdemokraten-Internationalisten des Moskauer Militärbezirks über das Arbeitsprogramm des Komitees, vor dem 21. Februar 1918, Moskau, in: ebenda, Bd. 1, S. 43f.

29 Ebenda.

30 Protokoll einer Sitzung des Revolutionskomitees der kriegsgefangenen Sozialdemokraten-Internationalisten des Moskauer Militärbezirks über die weitere Tätigkeit unter den Kriegsgefangenen, 18. März 1918, in: ebenda, Bd. 1, S. 56. Vgl. Interview Lowenthal mit Petroff, LAB E Rep. 200 Acc. 1180, Nr. 337.

31 Vgl. hierzu die Bemerkungen von Hermann Osterloh aus einem Interview mit Richard Lowenthal am 29. November 1954 und mit Otto Wenzel am 22. April 1956, LAB, E Rep. 200-21-01, Nr. 337.

32 Johannes Schleuning, *Die deutschen Kolonien im Wolgagebiet*, 2. Auflage, Portland/Oregon o.D. (urspr. 1919), Exemplar in: LA Magdeburg – LHA, Rep. C 28 I e I Nr. 1451, Bl. 291r–318r, hier Bl. 313v (S. 40).

33 »Der Kommunistenführer als Mörder«, in: *Deutsche Tageszeitung*, Nr. 193 (27. April 1921, Morgenausgabe), Exemplar in: LAB, E Rep. 200-21-01, Nr. 22; »Aus dem Vorleben des BVG.-Reuter«, in: *Der Angriff*, Nr. 88 (27. April 1931), Exemplar in: LAB, E Rep. 200-21, Nr. 47.

34 Johannes Schleuning an Kommissarischer Regierungspräsident Magdeburg, 14. Juni 1933, LA Magdeburg – LHA, Rep. C 28 I e I Nr. 1451, Bl. 289r.

35 Kommissarischer Oberbürgermeister Magdeburg an Regierungspräsident Magdeburg, 22. Juni 1933, ebenda, Bl. 322r-324v.

36 Vgl. hierzu James W. Long, »The Volga Germans and the Famine of 1921«, in: *The Russian Review*, Bd. 51, H. 4 (Oktober 1992), S. 510–525; Orlando Figes, *Peasant Russia, Civil War: The Volga Countryside in Revolution (1917–1921)*, Oxford 1989, S. 272f.; Richard Pipes, *Russia under the Bolshevik Regime*, New York 1993, S. 412.

37 James W. Long, *From Privileged to Dispossessed: The Volga Germans, 1860–1917*, Lincoln/Nebraska 1988, S. 252.

38 Arkadi Adolfowitsch German, *Njemetskaja awtonomija na Wolge 1918–1941*, Saratow 1992, S. 14f.
39 Ebenda, S. 15.
40 J. W. Stalin an Komitee der Deutsch-Sozialisten des Gouvernements Saratow, 25. April 1918, in: ebenda, S.15f.
41 Interview Harold Hurwitz mit Heinrich Ehrt, August 1954, LAB, E Rep. 200-21-01, Nr. 335; German, *Njemetskaja awtonomija*, S. 16.
42 Interview Lowenthal mit Petroff, 6. Juli 1954, LAB, E Rep. 200-21-01, Nr. 337.
43 Interview Lowenthal mit Osterloh, 6. Juni und 29. November 1954, LAB, E Rep. 200-21-01, Nr. 337. Biographisches zu Osterloh: Weber, *Wandlung*, Bd. 2, S. 241f. Nach der Aussage des ehemaligen deutschen Konsuls Heinrich Ehrt, der Reuter 1918 in Saratow kannte: »R[euter] said that he had to wait around in Moscow before being called to Lenin; then he had a long political discussion with L[enin], to whom he referred frequently. (He never mentioned other names.) After a long period R[euter] had met L[enin] again, and L[enin] infected R[euter] with enthusiasm for the new federal structure and the plan to stimulate national consciousness in the Ukraine, the Caucasus and the Volga.« (R sagte, er habe in der Nähe von Moskau warten müssen, bevor Lenin ihn zu sich kommen ließ; dann habe er ein langes politisches Gespräch mit L gehabt, auf den er sich häufig bezog. (Er erwähnte niemals andere Namen.) Nach geraumer Zeit war R abermals mit L zusammengetroffen, und L begeisterte R für die neue föderale Struktur und den Plan, das Nationalbewußtsein in der Ukraine, im Kaukasus und an der Wolga zu stärken«; d. Übers.), Interview Hurwitz/Ehrt, August 1954, LAB, E Rep. 200-21-01, Nr. 335.
44 ER an Gerd Wrage, 27. August 1953, AdsD, Sammlung Personalia: Ernst Reuter, Mappe 4.
45 German, *Nemetskaja awtonomija*, S. 16.
46 Zu Pettin vgl. Lazitch (mit Drachkovitch), *Biographical Dictionary*, S. 309.
47 Donald J. Raleigh, *Revolution on the Volga: 1917 in Saratov*, Ithaca/New York 1986, S. 23–33.
48 Long, *From Privileged to Dispossessed*, S. 11.
49 Vgl. hierzu: Russische Kommunistische Partei (Bolschewiki). Zentralkomitee. Zentrales Büro der deutschen Sektion der RKP (B), Moskau. Protokoll der II. Allrussischen Konferenz in Moskau vom 11. bis 17. August 1921, 4. Verhandlungstag, SAPMO-BArch, RY 6/I 6/4/1, Bl. 89–96.
50 Long, *From Privileged to Dispossessed*, S. 102–107.
51 Ebenda, S. 215–233.
52 Ebenda, S. 237–242.
53 Ebenda, S. 244.
54 Ebenda, S. 242, S. 250.
55 German, *Njemetskaja awtonomija*, S. 14f.
56 Richard Lowenthal, Ergänzende Unterhaltung Irma Petroff, 27. Juli 1954, LAB, E Rep. 200-21-01, Nr. 337.
57 Interview Wenzel mit Osterloh, 22. April 1956, LAB, E Rep. 200-21-01, Nr. 337. Für eine detaillierte Darstellung der Revolution an der Wolga, die die hohe Gewaltsamkeit der damit verbundenen Ereignisse hervorhebt, siehe zuletzt Figes, *Peasant Russia*, Kap. 5–7.
58 Johannes Schleuning an Graf Mirbach, 7. Mai 1918, PA-AA, Botschaft Moskau, Bd. 42.

59 German, *Njemetskaja awtonomija*, S. 24.
60 Walter Boje an Graf Mirbach, 16. Juni 1918, PA-AA, Botschaft Moskau, Bd. 42.
61 Interview Hurwitz mit Ehrt, August 1954, LAB, E Rep. 200-21-01, Nr. 235.
62 ER und Petin an Lew D. Trotzki, 17. Juni 1918, in: Pardon/Shurawljow u. a. (Hg.), *Lager, Front oder Heimat*, Bd. 1, S. 86.
63 Beschluß des Rates der Volkskommissare, 26. Juli 1918, in: SR, Bd. 1, S. 458f. Russischer Wortlaut in: German, *Njemetskaja awtonomija*, S. 24f.
64 Vgl. Figes, *A People's Tragedy*, S. 575–584.
65 Brandt/Lowenthal, *Ernst Reuter*, S. 101.
66 ER und Pettin an Trotzki, 17. Juni 1918, in: Pardon/Shurawljow u. a. (Hg.), *Lager, Front oder Heimat*, Bd. 1, S. 86.
67 Beschluß der Volkskommissariate für Nationalitäten und für Innere Angelegenheiten über ein allgemeines Statut des Wolga-Kommissariats für deutsche Angelegenheiten, 5. Juni 1918, in: SR, Bd. 1, S. 458. Russischer Wortlaut in: German, *Njemetskaja awtonomija*, S. 19.
68 Russischer Wortlaut der Rede ERs in: ebenda, S. 20.
69 Ebenda, S. 20f.; SR, Bd. 1, S. 406f.
70 German, *Njemetskaja awtonomija*, S. 26f.
71 ER und A. Blumberg an Deutsche Gruppe der RKP (B), 12. Oktober 1918, in: Pardon/Shurawljow u. a. (Hg.), *Lager, Front oder Heimat*, Bd. 1, S. 148.
72 German, *Njemetskaja awtonomija*, S. 28–31; SR, Bd. 1, S. 409f.
73 Alfons Paquet, Tagebuch, Moskau, 11. November 1918, Kopie in LAB, E Rep. 200-21-01, Nr. 22; Interview Harold Hurwitz mit Iwan Katz, 1. März 1954, LAB, E Rep. 200-21-01, Nr. 337.
74 Beide Zitate sind sinngemäß nach den Erinnerungen des ehemaligen Konsuls in Saratow Heinrich Ehrt wiedergegeben, der sich im November und Dezember 1918 auch in Moskau aufhielt. Interview Hurwitz mit Ehrt, August 1954, LAB, E Rep. 200-21-01, Nr. 335.
75 Hermann Weber (Hg.), *Der Gründungsparteitag der KPD. Protokoll und Materialien* (= Politische Texte), Frankfurt/M. 1969, S. 312, S. 343f.
76 Interview Richard Lowenthal mit Rosi Wolfstein, 31. Januar 1954, LAB, E Rep. 200-21-01, Nr. 337. Vgl. Brandt/Lowenthal, *Ernst Reuter*, S. 123.
77 Interview Harald Hurwitz mit Lotte Reuter, 16. März und Juni 1954, LAB, E Rep. 200-21-01, Nr. 337.
78 Victor Smolka, Manuskript vom 21. September 1955, LAB, E Rep. 200-21-01, Nr. 337.
79 ER an seine Eltern, 10. Juni 1919, und an Karl Reuter, 9. September 1919, in: SR, Bd. 1, S. 482f.; vgl. ebenda, Bd. 1, S. 466f.
80 Interview Harold Hurwitz mit Konrad und Maria Daverkausen, 26. April 1954, PA-HH.
81 Interview Harold Hurwitz mit Theodor Lange, 19. April 1956, PA-HH.
82 Timothy Reuter an Verfasser, 30. März 1998.
83 Interview Harold Hurwitz mit Lotte Reuter, 16. März und Juni 1954, LAB, E Rep. 200-21-01, Nr. 337.
84 Zur Geschichte der KPD zwischen 1918/19 und 1923 vgl. aus der älteren, aber weiterhin nützlichen Literatur Ossip K. Flechtheim, *Die KPD in der Weimarer Republik*, Frankfurt/M. 1969 (urspr. 1948), vor allem S. 30–42 (Einleitung von Hermann Weber) und Kap. 2; Werner T. Angress, *Stillborn Revolution: The Communist Bid for Power in Germany,*

1921–1923, Princeton 1963; Weber, *Wandlung*, Bd. 1, Kap. 1. Als neuere Darstellungen vgl. Heinrich August Winkler, *Von der Revolution zur Stabilisierung. Arbeiter und Arbeiterbewegung in der Weimarer Republik 1918 bis 1924* (= Geschichte der Arbeiter und der Arbeiterbewegung in Deutschland seit dem Ende des 18. Jahrhunderts), Berlin/Bonn 1984, vor allem S. 114–133, S. 502–549, S. 605–669; Eric D. Weitz, *Creating German Communism 1890–1990: From Popular Protests to Socialist State*, Princeton 1997, Kap. 2 und 3.

85 Eric D. Weitz, *Creating German Communism*, S. 97.

86 Vgl. hierzu Hans Manfred Bock, *Syndikalismus und Linkskommunismus von 1918–1923. Zur Geschichte und Soziologie der Freien Arbeiter-Union Deutschlands (Syndikalisten), der Allgemeinen Arbeiter-Union Deutschlands und der Kommunistischen Arbeiter-Partei Deutschlands* (= Marburger Abhandlungen zur Politischen Wissenschaft, Bd. 13), Meisenheim am Glan 1969, Kap. VIII; die Einleitung von Clemens Klöckner (Hg.), *Protokoll des 1. ordentlichen Parteitages der Kommunistischen Arbeiterpartei Deutschlands*, Darmstadt 1981, S. X–XIX; ders. (Hg.), *Protokoll des außerordentlichen Parteitages der Kommunistischen Arbeiter-Partei Deutschlands vom 15.–18. Februar 1921 im Volkshaus zu Gotha*, Darmstadt 1984, S. 11–38; ders. (Hg.), *Protokoll des außerordentlichen Parteitages der Kommunistischen Arbeiter-Partei Deutschlands vom 11. bis 14.9.1921 in Berlin*, Darmstadt 1986, S. 11–71.

87 Vom Herbst 1919 bis zum Herbst 1920 hieß die Partei offiziell KPD (S), Kommunistische Partei Deutschlands (Spartakusbund).

88 Unter neueren Arbeiten zur Geschichte der Kommunistischen Internationale siehe Kevin McDermott, *The Comintern: A History of International Communism from Lenin to Stalin*, Houndmills/Basingstoke 1996. Unter den älteren Arbeiten vgl. Franz Borkenau, *World Communism: A History of the Communist International*, New York 1939; E.H. Carr, *The Bolshevik Revolution 1917–1923*, 3 Bde., London 1950–1953, vor allem Bd. 3, Kap. 28 und 30; Jane Degras (Hg.), *The Communist International, 1919–1943: Documents*, 2 Bde., London 1971 (urspr. 1956–1965); Julius Braunthal, *Geschichte der Internationale*, Bd. 2: *1914–1943*, Bonn/Berlin 1963; Theo Pirker (Hg.), *Utopie und Mythos der Weltrevolution. Zur Geschichte der Komintern 1920–1940*, München 1964; Helmut Gruber, *International Communism in the Era of Lenin*, Greenwich/Connecticut 1967; Branko Lazitch/Milorad M. Drachkovitch, *Lenin and the Comintern*, Bd. 1, Stanford 1972; und, sehr wichtig für das Thema, Robert F. Wheeler, *USPD und Internationale. Sozialistischer Internationalismus in der Zeit der Revolution*, Frankfurt/M. 1975.

89 Weitz, *Creating German Communism*, S. 98.

90 Zu Levi siehe vor allem Charlotte Beradt, *Paul Levi. Ein demokratischer Sozialist in der Weimarer Republik*, Frankfurt/M. 1969; Sibylle Quack (Hg.), *Geistig frei und niemandes Knecht. Paul Levi, Rosa Luxemburg: Politische Arbeit und persönliche Beziehung. Mit 50 unveröffentlichten Briefen*, Köln 1983.

91 Weber, *Wandlung*, Bd. 2, S. 117–120, hier S. 118.

92 Biographisches zu Maslow: ebenda, Bd. 2, S. 213ff.

93 Angress, *Stillborn Revolution*, S. 90f.

94 Weitz, *Creating German Communism*, S. 234. Biographisches zu Meyer: Weber, *Wandlung*, Bd. 2, S. 220ff. Vgl. auch die wichtigen Materialien in: BAK, N 1246 (Nachlaß Rosa Meyer-Leviné), vor allem Nr. 4, 5, 15, 23,

die ein interessantes Licht auf die Geschichte der KPD in den frühen zwanziger Jahren werfen.

95 A. Thalheimer, W. Pieck, H. Eberlein an EKKI, 1. Oktober 1920, SAPMO-BArch RY 1/I 2/3/207, Bl. 45, Bl. 61.

96 SR, Bd. 1, S. 468; Protokoll der Sitzung der Zentrale am 8. März 1921, SAPMO-BArch, RY 1/I 2/2/13, Bl. 122–125.

97 Angress, *Stillborn Revolution*, S. 91ff.; Goldbach, *Karl Radek*, S. 75ff.; Winkler, *Von der Revolution zur Stabilisierung*, S. 508ff.

98 Sigrid Koch-Baumgarten, *Die Märzaktion der KPD 1921* (= Geschichte der Arbeiterbewegung. Texte – Biographien – Dokumente), Köln 1987, S. 20. Details auch in Brandt/Lowenthal, *Ernst Reuter*, S. 146–149.

99 Angress, *Stillborn Revolution*, S. 95f.

100 Sitzung der Exekutive [der Kommunistischen Internationale] am 22. Februar 1921, SAPMO-BArch, RY 5/I 6/3/63, Bl. 11. Vgl. Goldbach, *Karl Radek*, S. 86–91, S. 135–143 (Dokumentenanhang).

101 Angress, *Stillborn Revolution*, S. 99f.; Winkler, *Von der Revolution zur Stabilisierung*, S. 511.

102 Aufruf des Oberpräsidenten Otto Hörsing vom 16. März 1921 an die Bevölkerung des Industriereviers im Regierungsbezirk Merseburg, abgedruckt in: Stefan Weber, *Ein kommunistischer Putsch? Märzaktion 1921 in Mitteldeutschland*, Berlin 1991, S. 259–262; vgl. ebenda, S. 35–62.

103 Aus den Thesen über die Taktik, angenommen in der Sitzung des III. Weltkongresses der Komintern am 12. Juli 1921, abgedruckt in: ebenda, S. 318.

104 Weber, *Putsch*, S. 6f. Summarisch hierzu: ders., »Die Märzaktion 1921 in Mitteldeutschland – Putsch oder Provokation?«, in: *Beiträge zur Geschichte der Arbeiterbewegung*, 33. Jg., H. 2 (1991), S. 147–164.

105 Vgl. Lazitch/Drachkovitch, *Lenin and the Comintern*, Bd. 1, Kap. 11; Goldbach, *Karl Radek*, S. 85f.; Winkler, *Von der Revolution zur Stabilisierung*, S. 514f.; und vor allem Koch-Baumgarten, *Märzaktion*, Teil I, summarisch S. 53–56.

106 Weitz, *Creating German Communism*, S. 104.

107 Protokoll der Sitzung des Zentralausschusses vom 17. März 1921, SAPMO-BArch, RY 1/I 2/1/6, insb. Bl. 47, Bl. 81.

108 Aufruf der Zentrale der VKPD vom 1. April 1921 zum Abbruch der Kämpfe in Mitteldeutschland, in: Weber, *Putsch*, S. 282–288.

109 Protokoll der Sitzung der Zentrale vom 1. April 1921, SAPMO-BArch, RY 1/I 2/2/13, Bl. 157.

110 Der Verlauf des Aufstands wird beschrieben in: Angress, *Stillborn Revolution*, S. 126–166; Winkler, *Von der Revolution zur Stabilisierung*, S. 515–518; Koch-Baumgarten, *Märzaktion*, Teil II; Weber, *Putsch*, S. 82–191; Weitz, *Creating German Communism*, S. 103–109. Sehr wichtig sind die Materialien in SAPMO-BArch, RY 1/I 2/2/13 (Sitzungen der Zentrale während der Krise), RY 1/I 2/3/377 und RY 1/I 2/3/378 (Polizeiberichte, Zeitungen usw.).

111 Koch-Baumgarten, *Märzaktion*, S. 116f.

112 Vgl. hierzu Beradt, *Paul Levi*, S. 47–70.

113 SAPMO-BArch, RY 1/I 2/1/6, Bl. 21f.

114 Protokoll der Zentralsitzung vom 22. März 1921, SAPMO-BArch, 1/I 2/2/13, Bl. 132; Meldung aus der *Roten Fahne*, Nr. 137, vom 23. März 1921, in: SR, Bd. 1, S. 513f.; Pressemeldungen über die zweite Verhaftung Ernst Frieslands am 23. April 1921, in: ebenda, Bd. 1, S. 519–526.

115 »Protokoll der Sitzung der Zentrale vom 25. März 1921«, SAPMO-BArch, RY 1/I 2/2/13, Bl. 137.

116 Funktionärsitzung der V.K.P.D. am 7. April 1921 in Kliems Festsälen, Hasenheide, SAPMO-BArch, RY 1/I 3/1-2/12, Bl. 39, Bl. 42.

117 Bezirksparteitag des Bezirksverbandstages der V.K.P.D., Berlin-Brandenburg. Sitzung vom 7. Mai 1921, in: *Mitteilungsblatt der Vereinigten Kommunistischen Partei Deutschlands. Bezirksverband Berlin-Brandenburg*, Nr. 6 (20. Mai 1921), gedrucktes Exemplar in: SAPMO-BArch, RY 1/I 3/1-2/1, Bl. 1r, 5. Vgl. Bericht aus der *Roten Fahne*, Nr. 211 (12. Mai 1921), in: SR, Bd. 1, S. 527f.

118 ER an Genosse Rutgers, 3. Juni 1921, und an Aktionsausschuß des Bezirksverbandes Berlin-Brandenburg, 3. Juni 1921, SAPMO-BArch, RY 1/I 2/3/190, Bl. 67ff.

119 ER an das Zentralkomitee der V.K.P.D., 22. Juli 1921, SAPMO-BArch, RY 1/I 2/3/190, Bl. 94f.

120 ER an L. D. Trotzki, 1. Juni 1921, SAPMO-BArch, RY 5/I 6/3/7, Bl. 2ff.

121 *Protokoll des III. Kongresses der Kommunistischen Internationale (Moskau, 22. Juni bis 12. Juli 1921)*, Hamburg 1921, vor allem S. 508–518, S. 746–766; Kommentare zum Kongreß und dessen Auswirkungen auf die deutschen Verhältnisse in: Carr, *Bolshevik Revolution*, Bd. 3, S. 381–421; Brandt/Lowenthal, *Ernst Reuter*, S. 167–173; Angress, *Stillborn Revolution*, S. 177–196; Winkler, *Von der Revolution zur Stabilisierung*, S. 520–523; Koch-Baumgarten, *Märzaktion*, S. 136–143; Weber, *Putsch*, S. 225–235.

122 Koch-Baumgarten, *Märzaktion*, S. 136, S. 140.

123 *Protokoll des III. Kongresses*, S. 302; Text der Rede Frieslands auch in: SR, Bd. 1, S. 528–533. Vgl. Angress, *Stillborn Revolution*, S. 180f.

124 *Thesen und Resolutionen des III. Weltkongresses der Kommunistischen Internationale, Moskau, 22. Juni bis 12. Juli 1921*, Hamburg 1921; *Thesen über die Taktik. Angenommen in der 24. Sitzung des III. Weltkongresses der Kommunistischen Internationale*, Hamburg 1921. Vgl. auch die Dokumente 24 und 25 in: Weber, *Putsch*, S. 318–321 (Dokumentenanhang).

125 Vgl. Angress, *Stillborn Revolution*, S. 193f.; Koch-Baumgarten, Märzaktion, S. 142.

126 Brandt/Lowenthal, *Ernst Reuter*, S. 172.

127 So z.B. ER, Bericht vom Kongreß in Moskau und Stellungnahme zum Kongreß, in: Sitzung der verantwortlichen Parteiarbeiter, Referenten, des erweiterten Hauptausschusses usw. am Sonnabend, den 23. Juli 1921, SAPMO-BArch, RY 1/I 2/2/13, Bl. 240–259, summarisch Bl. 260ff.; ER, »Nach dem 3. Weltkongreß«, in: *Das Forum*, 5. Jg., H. 10 (29. Juli 1921), abgedruckt in: SR, Bd. 1, S. 537–545.

128 Sitzung des Zentralausschusses am 2. und 3. August 1921, SAPMO-BArch, RY 1/I 2/1/9, Bl. 40–49, hier Bl. 43f. Die Protokollfassung der Rede Frieslands weicht ganz erheblich von der in der *Roten Fahne* (Nr. 354 vom 4. August 1921) ab; vgl. SR, Bd. 1, S. 548–550.

129 Walter Stoecker an EKKI, 5./8. August 1921 und 9. August 1921, SAPMO-BArch, RY 1/I 2/3/207, Bl. 118–121, Bl. 128f.

130 *Bericht über die Verhandlungen des 2. (7.) Parteitages der Kommunistischen Partei Deutschlands (Sektion der Kommunistischen Internationale), abgehalten in Jena vom 22. bis 26. August 1921*, Berlin 1922. Vgl. die Referate ERs auf dem Jenaer Parteitag, abgedruckt in: SR, Bd. 1, S. 554–571.

131 Winkler, *Von der Revolution zur Stabilisierung*, S. 528.
132 Protokoll der Sitzung der Zentrale vom 31. August 1921, früh 10 Uhr, SAPMO-BArch, RY 1/I 2/2/13, Bl. 304.
133 Vgl. die vielen Rundschreiben von der Zentrale aus dem Herbst 1921, meistens durch Friesland unterschrieben und wohl von ihm verfaßt, in: SAPMO-BArch, RY 1/I 2/2/44.
134 Sitzung des Zentralausschusses der K.P.D. Mittwoch, den 16., und Donnerstag, den 17. November 1921, SAPMO-BArch, RY 1/I 2/1/10, Bl. 3–32 (Ernst Meyer), Bl. 452–460, Bl. 462–480, Bl. 542–552 (Ruth Fischer), Bl. 553–558 (Thalheimer).
135 Sitzung der Zentrale am 25. November 1921, SAPMO-BArch, RY 1/I 2/2/3, Bl. 359; Winkler, *Von der Revolution zur Stabilisierung*, S. 532.
136 Angress, *Stillborn Revolution*, S. 210.
137 Die Komintern-Agenten mißtrauten Friesland sehr. Sehr aussagekräftig in dieser Hinsicht: Felix Wolff an »Karl« [Radek?], 29. Oktober 1921, SAPMO-BArch, RY 5/I 6/3/59, Bl. 1f.
138 ER, »Parteitaktische Bemerkungen«, in: *Die Internationale*, 3. Jg., H. 18/19 (15. Dezember 1921), abgedruckt in: SR, Bd. 1, S. 589. Vgl. Angress, *Stillborn Revolution*, S. 212.
139 Wilhelm Pieck an »W.G.« [EKKI], 26. November 1921, SAPMO-BArch, RY 1/I 2/3/207, Bl. 158–162, insb. Bl. 162. Vgl. Angress, *Stillborn Revolution*, S. 210f.
140 Ebenda, S. 212f.; Winkler, *Von der Revolution zur Stabilisierung*, S. 533.
141 Sitzung des Polbüros am 12. Dezember 1921, abgedruckt in der Broschüre »Zur Krise unserer Partei«, 20. Dezember 1921, in: SR, Bd. 1, S. 603.
142 Ebenda, Bd. 1, S. 605, S. 607ff.
143 Protokoll der Zentrale-Sitzung vom 14. Dezember 1921, SAPMO-BArch, 1/I 2/2/13, Bl. 412, Bl. 417f., Bl. 427.
144 Sitzung der Zentrale am 21.12.1921, SAPMO-BArch, 1/I 2/2/13, Bl. 453f.
145 Unsigniert [Pieck?] an EKKI, 27. Dezember 1921, SAPMO-BArch, RY 5/I 6/3/114, Bl. 1–7; Bericht an EKKI, 28. Dezember 1921, ebenda, Bl. 8ff. Vgl. *Die Rote Fahne*, Nr. 593 (28. Dezember 1921), in: SR, Bd. 1, S. 621f.
146 Zur Krise unserer Partei, 20. Dezember 1921, in: ebenda, Bd. 1, S. 590–615; Aufruf von 28 Mitgliedern der Parteiopposition, in: ebenda, Bd. 1, S. 629–633.
147 Hermann Remmele an Zentrale der KPD, 28. Dezember 1921, SAPMO-BArch, NY 4036/520 (Wilhelm Pieck), Bl. 8.
148 EKKI an Zentralausschuß der KPD, 10. Januar 1922, in: *Die Rote Fahne*, Nr. 29 (18. Januar 1922), abgedruckt in: SR, Bd. 1, S. 636–641; W.I. Lenin u.a. an Zentralausschuß der KPD, 10. Januar 1922, in: *Die Rote Fahne*, Nr. 37 (22. Januar 1922), abgedruckt in: ebenda, Bd. 1, S. 642.
149 Erklärung des Zentralausschusses der KPD über den Parteiausschluß der Unterzeichner des Aufrufes der 28, in: *Die Rote Fahne*, Nr. 39 (24. Januar 1922), abgeduckt in: ebenda, Bd. 1, S. 645. Summarisch zur Friesland-Krise im Dezember 1921/Januar 1922: Brandt/Lowenthal, *Ernst Reuter*, S. 193–204; Angress, *Stillborn Revolution*, S. 213–219; Winkler, *Von der Revolution zur Stabilisierung*, S. 534–537.
150 Harold Hurwitz, Interview mit Verfasser, 24. März 1997, Berlin.
151 SAPMO-Barch, RY I 3/1-2/12, Bl. 160.
152 ER, »Finale«, in: *Unser Weg*, 4. Jg., H. 3/4 (15. Februar 1922), abgedruckt in: SR. Bd. 1, S. 647, S. 649f.

153 Interview Harold Hurwitz mit Friedrich Stampfer, Juli 1954, LAB, E Rep. 200-21-01, Nr. 337.
154 Vgl. Peter Lösche/Michael Scholing, »Solidargemeinschaft im Widerstand: Eine Fallstudie über ›Blick in die Zeit‹«, in: *Internationale wissenschaftliche Korrespondenz zur Geschichte der deutschen Arbeiterbewegung*, 19. Jg., H. 4 (1983), S. 517–520; Peter Lösche/Franz Walter, »Organisationskultur der sozialdemokratischen Arbeiterbewegung in der Weimarer Republik. Niedergang der Klassenkultur oder solidargemeinschaftlicher Höhepunkt?«, in: *Geschichte und Gesellschaft*, 15. Jg. (1989), S. 511–536; dies., *Die SPD. Klassenpartei – Volkspartei – Quotenpartei. Zur Entwicklung der Sozialdemokratie von Weimar bis zur deutschen Vereinigung*, Darmstadt 1992, S. 23.
155 Interview Rolf Steinberg mit Ella Kay, 10. Juli 1954, LAB, E Rep. 200-21-01, Nr. 336. Vgl. Interview Harold Hurwitz mit Hanna Reuter, 24. Juni 1954, LAB, E Rep. 200-21-01, Nr. 337.
156 Interview Harold Hurwitz mit Friedrich Stampfer, Juli 1954, LAB, E Rep. 200-21-01, Nr. 337.
157 Vgl. die Bemerkungen ERs in verschiedenen Artikeln, in: SR, Bd. 2, S. 81, S. 84, S. 113.
158 ER, »Rußland oder England?«, in: *Die Glocke*, 10. Jg., Nr. 7 (14. Mai 1924), S. 204ff.; ER, »Scherben auf dem Weg!«, in: *Vorwärts*, Nr. 394 (22. August 1926), beide abgedruckt in: SR, Bd. 2, S. 86, S. 115.
159 ER, »Von Clara Zetkin zu Max Hoelz«, in: *Die Glocke*, 10. Jg., Nr.4 (23. April 1924), S. 109ff., abgedruckt in: SR, Bd. 2, S. 81.

3. Kapitel

1 Cicero, *De re publica/Vom Gemeinwesen*, übersetzt und herausgegeben von Karl Büchner, Stuttgart 1979, S. 132–135.
2 Vgl. Philipp Gassert, »›Without Concessions to Marxist or Communist Thought‹: Fordism in Germany, 1923–1939«, in: David E. Barclay/ Elisabeth Glaser-Schmidt (Hg.), *Transatlantic Images and Perceptions: Germany and America since 1776* (= Publications of the German Historical Institute, Washington, D.C.), New York 1997, S. 218, Anm. 4.
3 Ebenda, S. 223. Vgl. den älteren, aber nach wie vor wichtigen Aufsatz von Charles S. Maier, »Between Taylorism and Technocracy: European Ideologies and the Vision of Industrial Productivity in the 1920s«, in: *Journal of Contemporary History*, Bd. 5, H. 2 (1970), S. 27–61. Siehe ferner Jeffrey Herf, *Reactionary Modernism: Technology, Culture and Politics in Weimar and the Third Reich*, Cambridge 1984.
4 Detlev J. K. Peukert, *Die Weimarer Republik. Krisenjahre der Klassischen Moderne*, Frankfurt/M. 1987, S. 179.
5 ER, »Amerikanische Reiseeindrücke«, in: *Die Fahrt. Zeitschrift der Berliner Verkehrs-Aktiengesellschaft*, Nr. 19 (15. Oktober 1929), S. 1f. (Exemplar in: LAB, E Rep. 200-21-01, Nr. 41.)
6 ER, »Die Verkehrsprobleme der nordamerikanischen Großstädte«, aus: *Verkehrstechnik*, 46. (42.) Jg., H. 39 (27. September 1929), in: SR, Bd. 2, S. 252–265; ders., »Amerika und Berlin«, in: *Amtsblatt der Stadt Berlin*, 70. Jg. (28. Juli 1929), S. 606 (Exemplar in LAB, E Rep. 200-21-01, Nr. 41); ders., »Gemeinwirtschaft und Sozialdemokratie. Referat auf der Reichskonferenz für Kommunalpolitik der SPD in Halle vom 10. bis

12. Oktober 1929«, aus: *Die Gemeinde*, 6. Jg., H. 21/22 (1. November 1929), abgedruckt in: SR, Bd. 2, S. 268.

7 Lösche/Scholing, *Solidargemeinschaft*, S. 519.

8 ER, »Rußland oder England?«, in: SR, Bd. 2, S. 86.

9 Rudolf Hilferding, »Die Aufgaben der Sozialdemokratie in der Republik« (1927), in: Cora Stephan (Hg.), *Zwischen den Stühlen oder die Unvereinbarkeit von Theorie und Praxis. Schriften Rudolf Hilferdings 1904 bis 1940*, Bonn 1982, S. 223, S. 235. Vgl. ferner Lösche/Walter, *Die SPD*, S. 23.

10 Vgl. hierzu Heinrich August Winkler, *Der Schein der Normalität. Arbeiter und Arbeiterbewegung in der Weimarer Republik 1924 bis 1930*, Berlin/Bonn 1985, S. 606–613.

11 ER, »Gemeindebetriebe«, aus: *Unser Weg*, 4.Jg. H. 18 (12. Oktober 1922), Abschrift in: LAB, E Rep. 200-21-01, Nr. 34.

12 ER, »Die sozialistische Gemeinde«, in: *Unser Weg*, 4. Jg. H. 7 (10. April 1922), S. 162ff., abgedruckt in: SR, Bd. 2, S. 126–129; vgl. ders., »Sozialistische Gemeindearbeit«, aus: *Freiheit*, Nr. 348 (30. September 1922), abgedruckt in: SR, Bd. 2, S. 129–132.

13 Henning Köhler, »Berlin in der Weimarer Republik (1918–1932)«, in: Wolfgang Ribbe (Hg.), *Geschichte Berlins*, Bd. 2, *Von der Märzrevolution bis zur Gegenwart*, München 1987, S. 852.

14 Christian Engeli, *Gustav Böß. Oberbürgermeister von Berlin 1921 bis 1930*, Stuttgart/Berlin/Köln/Mainz 1971, S. 47; Köhler, *Berlin*, S. 830f.; Wolfgang Haus, »Chance, Krise und Sturz der Demokratie im Berlin der Weimarer Republik«, in: Otto Büsch/Wolfgang Haus/Georg Kotowski/Hans Joachim Reichhardt, *Berliner Demokratie 1919–1985*, Bd. 1, *Berlin als Hauptstadt der Weimarer Republik 1919–1933*, Berlin 1987, S. 181f.; Volker Viergutz, »Groß-Berlin in den zwanziger Jahren«, in: Sigurd-H. Schmidt/Heike Schroll/Volker Viergutz, *Vor 75 Jahren. Groß-Berlin entsteht* (Ausstellungskatalog), Berlin 1995, S. 96ff.

15 Interviews Harold Hurwitz mit Hanna Reuter, 24. Juni 1954 und Anfang September 1954, LAB, E Rep. 200-21-01, Nr. 337; Interview Rolf Steinberg mit Oberbürgermeister a.D. Dr. Lohmeyer, 8. Juli 1954, LAB, E Rep. 200-21, Nr. 27.

16 Wahl ERs zum Stadtrat am 28. Oktober 1926, in: SR, Bd. 2, S. 219; ebenda, S. 759f., Anm. 76.

17 Interview Harold Hurwitz mit Hanna Reuter und Edzard Reuter, 16. Mai 1954, LAB, E Rep. 200-21-01, Nr. 337.

18 Zu den vorherigen Absätzen vgl. Interview Harold Hurwitz mit Emma Fanta, 9. April 1954, und mit Theodor Lange, 19. April 1956, PA-HH; Interviews Harold Hurwitz mit Lotte Reuter, 16. März 1954, Juni 1954, LAB, E Rep. 200-21-01, Nr. 337.

19 Interview Harold Hurwitz mit Hanna Reuter, 24. Juni 1954, LAB, E Rep. 200-21-01, Nr. 337.

20 Ebenda.

21 Peukert, *Die Weimarer Republik*, S. 181f.

22 Andreas Splanemann, »Adolf Wermuth«, in: Wolfgang Ribbe (Hg.), *Stadtoberhäupter. Biographien Berliner Bürgermeister im 19. und 20. Jahrhundert*, Berlin 1992, S. 178–183; Köhler, *Berlin*, S. 823f.; Engeli, *Böß*, S. 34–43.

23 Grundlegend zur Biographie von Böß sind Engeli, *Böß*, und die kürzere Zusammenfassung von dems., »Gustav Böß«, in: Ribbe (Hg.), *Stadtoberhäupter*, S. 185–201.

24 Köhler, *Berlin*, S. 820f.; Haus, *Chance*, S. 181–185.

25 Vgl. hierzu Norbert Huse (Hg.), *Vier Berliner Siedlungen der Weimarer Republik. Britz – Onkel Toms Hütte – Siemensstadt – Weiße Stadt* (Ausstellungskatalog), 2. Aufl., Berlin 1987; Ludovica Scarpa, »Das Großsiedlungs-Modell: Von der Rationalisierung zum Städtebau«, in: ebenda, S. 21–26. Siehe auch: dies., *Martin Wagner e Berlino. Casa e città nella Repubblica di Weimar 1918–1933*, Rom 1983, insb. S. 35–46, S. 52–55, S. 88–93. Summarisch hierzu: dies., »Martin Wagner«, in: Wolfgang Ribbe/Wolfgang Schäche (Hg.), *Baumeister – Architekten – Stadtplaner. Biographien zur baulichen Entwicklung Berlins*, Berlin 1987, S. 453–466.

26 Köhler, *Berlin*, S. 863–867; Otto Büsch, *Geschichte der Berliner Kommunalwirtschaft in der* Weimarer *Epoche*, Berlin 1960, S. 151–155.

27 So die Formulierung von Peukert, *Die Weimarer Republik*, S. 133.

28 Knut Borchardt, »Zwangslagen und Handlungsspielräume in der großen Weltwirtschaftskrise der frühen dreißiger Jahre«, in: ders., *Wachstum, Krisen, Handlungsspielräume der Wirtschaftspolitik*, Göttingen 1982, S. 165–182. Vgl. den Kommentar hierzu in: Eberhard Kolb, *Die Weimarer Republik*, München/Wien 1984, S. 182f.; Winkler, *Schein*, S. 46; ders., *Weimar 1918–1933. Die Geschichte der ersten deutschen Demokratie*, München 1993, S. 678, Anm. 36.

29 Für eine brillante, wenn auch parteiische Geschichte des Berliner Verkehrswesens bis 1930, siehe Werner Hegemann, *Das steinerne Berlin. Geschichte der größten Mietskasernenstadt der Welt*, 4. Aufl., Braunschweig 1992 (ursp. 1930), S. 288–317.

30 Büsch, *Kommunalwirtschaft*, S. 81–84; Berliner Verkehrs-Betriebe (BVG), Eigenbetrieb von Berlin (Hg.), *50 Jahre BVG. Ein Rückblick auf ein Stück Berliner Verkehrsgeschichte*, Berlin 1979, S. 17–20; Köhler, *Berlin*, S. 857f.

31 ER, Die »Verkehrsreform«, aus: *Kommunale Blätter für Groß-Berlin*, 4. Jg., Nr. 2 (Februar 1927), abgedruckt in: SR, Bd. 2, S. 220.

32 Haus, *Chance*, S. 202.

33 Interview Harold Hurwitz mit Margarete Smukalski, 8. März 1956, LAB, E Rep. 200-21-01, Nr. 337.

34 Interview Rolf Steinberg mit Ella Kay, 10. Juli 1954, LAB, E Rep. 200-21-01, Nr. 336.

35 ER, »Berlins Verkehr im neuen Jahr«, in: *Vorwärts* (30. Dezember 1928); ders., »Die Gründung der Berliner Verkehrs AG«, in: *Verkehrstechnik*, 50. Heft (14. Dezember 1928), S. 917ff., Exemplare in: LAB, E Rep. 200-21-01, Nr. 39.

36 Büsch, *Kommunalwirtschaft*, S. 84; SR, Bd. 2, S. 208; BVG (Hg.), *50 Jahre BVG*, S. 117.

37 Büsch, *Kommunalwirtschaft*, S. 92.

38 BVG (Hg.), *50 Jahre BVG*, S. 101; Köhler, *Berlin*, S. 859; handgeschriebene Notiz von Hanna Reuter, 28. April 1958, LAB, E Rep. 200-21, Nr. 37.

39 ER an Karl Reuter, 23. Dezember 1928, LAB, E Rep. 200-21, Nr. 155.

40 Rundfunk-Vortrag vom 30.1.1931, 18.50 Uhr. Stadtrat Reuter über Berlins Verkehrsentwicklung (maschinengeschrieben), LAB, E Rep. 200-21-01, Nr. 43. Vgl. ER, »Berliner Verkehr«, aus: *Das neue Berlin*, Heft 11 (November 1929), S. 213ff., abgedruckt in: SR, Bd. 2, S. 279–282.

41 Büsch, *Kommunalwirtschaft*, S. 94f.; Köhler, *Berlin*, S. 861f., S. 898–901.

42 Ebenda, S. 898–901; Haus, *Chance, S. 226.*

43 BVG (Hg.), *50 Jahre BVG*, S. 123f.; Büsch, *Kommunalwirtschaft*, S. 158ff.; Köhler, *Berlin*, S. 862.

44 Vgl. z. B. ER, »Berlin im neuen Jahr«, aus: *Vorwärts*, Nr. 610 (31. Dezember 1929), abgedruckt in: SR, Bd. 2, S. 286–289; Rundfunkvortrag Ernst Reuters über die Tariferhöhung ab 1.1.1930 (maschinengeschrieben), LAB, E Rep. 200-21-01, Nr. 42; Rundfunk-Vortrag. Interview mit Max Lenz am 2. Juli 1930, ebenda.

45 Köhler, *Berlin*, S. 899ff.

46 SR, Bd. 2, S. 757f., Anm. 57.

47 Köhler, *Berlin*, S. 862.

48 Hegemann, *Berlin*, S. 316f. Vgl. Haus, *Chance*, S. 228.

49 Grundlegend zum Skandal: Engeli, *Böß*, S. 226–247; Köhler, *Berlin*, S. 868–875.

50 ER, »Der Berliner Korruptionsskandal«, aus: *Das freie Wort*, 1. Jg., H. 5 (3. November 1929), abgedruckt in: SR, Bd. 2, S. 282–286.

51 Engeli, *Böß*, S. 247–263.

52 Interview Harold Hurwitz mit Hanna Reuter und Edzard Reuter, 16. Mai 1954, LAB, E Rep. 200-21-01, Nr. 337; Köhler, *Berlin*, S. 874.

53 Zum vorherigen siehe Berthold Grzywatz, »Arthur Scholtz«, in: Ribbe (Hg.), *Stadtoberhäupter*, S. 228f.

54 Hermann Beims an Stadtverordnetenvorsteher Otto Baer, 13. April 1931, LA Magdeburg – LHA, Rep. C 28 I e I Nr. 1451, Bl. 80r. Vgl. Magistrat der Stadt Magdeburg an Stadtverordnetenversammlung, 23. März 1931, StA Magdeburg, Rep. 184 Nr. 21.

55 Aufzeichnungen von E. Gustav Ferl, 12. März 1956 (Manuskript), LAB, E Rep. 200-21, Nr. 27.

56 Interview Harold Hurwitz mit Walther Röber und Joseph Lenz, September 1954, LAB, E Rep. 200-21-01, Nr. 337.

57 Hermann Beims an ER, 10. März 1928, LAB,, E Rep. 200 Acc. 2326, Nr. 168. Vgl. Manfred Wille, *Die Goldenen Zwanziger. Magdeburg vom Ausgang des Ersten Weltkrieges bis zum Beginn der NS-Diktatur*, Magdeburg 1994, S. 127; ders., *Magdeburgs Aufbruch in die Moderne. Magdeburger Kommunalpolitik vom Ausgang des ersten Weltkrieges bis zum Beginn der NS-Diktatur*, Magdeburg 1995, S. 95; Matthias Tullner, »Hermann Beims – Magdeburgs großer Oberbürgermeister 1919–1931«, in: Ernst-Eugen Meckel (Hg.), *Hermann Beims. Magdeburgs großer Oberbürgermeister 1919–1931. Beiträge zur Gedenkveranstaltung der Friedrich-Ebert-Stiftung anläßich des 60. Todestages von Hermann Beims*, Magdeburg 1992, S. 39.

58 Magistrat der Stadt Magdeburg an Regierungs-Präsident Magdeburg, 30. April 1931, LA Magdeburg – LHA, Rep. C 28 I e I Nr. 1451, Bl. 87r–87v; Anlage vom 29. April 1931, ebenda, Bl. 89r–90r. Vgl. die Berichte aus mehreren Magdeburger Zeitungen in: LAB, E Rep. 200 Acc. Nr. 2326, Nr. 48.

59 *Magdeburger Amtsblatt*, 8. Jg., Nr. 18 (2. Mai 1931), S. 355–359. Biographisches zu Goldschmidt (1890–1943) im StA Magdeburg, biographische Angaben und Rep. 184 Nr. 12.

60 Vgl. *Magdeburgische Zeitung*, Nr. 221 (23. April 1931); *Generalanzeiger*, Nr. 94 (23. April 1931); *Tribüne* (23. April 1931), Exemplare in LA Magdeburg – LHA, Rep. C 28 I e I Nr. 1451, Bl. 81ff.

61 Regierungspräsident Magdeburg an Preußischen Minister des Innern

(Carl Severing), 30. April 1931, ebenda, Bl. 95r–96v; Severing an Regierungspräsident Magdeburg, 6. Mai 1931, ebenda, Bl. 97r.

62 ER, »Rede bei der Amtseinführung als Oberbürgermeister am 15. Mai 1931«, aus: »Magdeburger Amtsblatt«, 8. Jg., Nr. 21 (23. Mai 1931), abgedruckt in: SR, Bd. 2, S. 347.

63 Matthias Tullner, »Ernst Reuter – Oberbürgermeister von Magdeburg«, in: Ernst-Eugen Meckel (Hg.), *Ernst Reuter. Oberbürgermeister von Magdeburg. Beiträge zur Festveranstaltung der Friedrich-Ebert-Stiftung anläßlich des 60. Jahrestages der Amtseinführung Ernst Reuters als Oberbürgermeister von Magdeburg*, Magdeburg 1991, S. 15.

64 ER an Regierungspräsident Magdeburg, 23. Juli 1931, LA Magdeburg – LHA, Rep. C 28 I e I Nr. 1451, Bl. 109r–109v; Niederschrift über eine Besprechung im Dienstzimmer des Herrn Oberbürgermeisters am 22. Juli 1931, 16 Uhr, ebenda, Bl. 112r–114r.

65 Max Pulvermann, Ernst Reuter in Magdeburg (maschinengeschrieben), 21. April 1954, LAB, E Rep. 200-21-01, Nr. 337; ER, »Rede in der Stadtverordnetenversammlung am 1. September 1932«, aus: *Magdeburger Amtsblatt*, 9. Jg., Nr. 36 (3. September 1932), S. 385, abgedruckt in: SR, Bd. 2, S. 393–394.

66 Tullner, *Ernst Reuter*, S. 16.

67 Vgl. Berent Schwineköper (Hg.), *Handbuch der historischen Stätten Deutschlands*, Bd. 11: *Provinz Sachsen/Anhalt*, Stuttgart 1987, S. 313f.; Roswitha Mende, »Die Provinz Sachsen und das Herzogtum Anhalt im Kaiserreich«, in: Landesheimatbund Sachsen-Anhalt e.V. (Hg.), *Geschichte Sachsen-Anhalts*, Bd. 3: *Bismarckreich bis Gründung der Bezirke 1952*, München/Berlin 1994, S. 42, S. 50; Wille, *Aufbruch*, S. 34ff.

68 Schwineköper, *Handbuch*, S. 314f.

69 Sozialdemokratische Partei Deutschlands, Parteitags-Komitee (Hg.), *Von Fehden und Kämpfen. Bilder aus der Geschichte der Arbeiterbewegung Magdeburgs*, Magdeburg 1910, insb. S. 12, S. 36–40 (Erinnerungen Otto Landsbergs); Ernst Wittmaack, »Magdeburgs Parteibewegung«, in: Sozialdemokratische Partei Deutschlands, Parteitagskomitee (Hg.), *Die rote Stadt im roten Land. Ein Buch über das Wesen und Wirken der Sozialdemokratie in der Stadt Magdeburg und dem Bezirk Magdeburg-Anhalt*, Magdeburg 1929, S. 39–54; Ingrun Drechsler, »Die rote Stadt im roten Land. Die Magdeburger Sozialdemokratie unter besonderer Berücksichtigung ihrer Gründungsphase und Entwicklung vor dem Ersten Weltkrieg, als sozialdemokratische Hochburg im Spiegel ihrer Wahlergebnisse während der Weimarer Republik und ihrer erfolgreichen Wohnungsbaupolitik«, in: *Internationale wissenschaftliche Korrespondenz zur Geschichte der deutschen Arbeiterbewegung*, 29. Jg., H. 2 (1993), S. 177–185, insb. S. 179ff., S. 184f.

70 Ebenda, S. 189.

71 Biographisches zu Beims: LA Magdeburg – LHA, Rep. C 28 I e I Nr. 1450, insb. Bl. 4r–5v; Ingrun Drechsler, »Allen Gewalten zum Trotz. Hermann Beims' Weg an die Spitze des Magistrats«, in: Meckel (Hg.), *Hermann Beims*, S. 7–17; Ingelore Buchholz/Maren Ballerstedt/Konstanze Buchholz, *Magdeburger Bürgermeister*, hg. vom Magistrat der Stadt Magdeburg, Magdeburg o.D. [1993], S. 34–40.

72 Ebenda, S. 190.

73 Wille, *Aufbruch*, S. 20f.; Drechsler, *Stadt*, S. 190.

74 Ebenda, S. 15, S. 30f. Zur Geschichte des Reichsbanners vgl. Karl Rohe,

Das Reichsbanner Schwarz Rot Gold. Ein Beitrag zur Geschichte und Struktur der politischen Kampfverbände zur Zeit der Weimarer Republik, Düsseldorf 1966; Roger Chickering, »The Reichsbanner and the Weimar Republic, 1924–1926«, in: *Journal of Modern History*, 40. Jg. (1968), S. 524–534; Winkler, *Der Schein der Normalität*, S. 378–384; Helga Gotschlich, *Zwischen Kampf und Kapitulation. Zur Geschichte des Reichsbanners Schwarz-Rot-Gold*, Berlin 1987; Donna Harsch, *German Social Democracy and the Rise of Nazism*, Chapel Hill 1993, S. 20f. und passim.

75 Susanne Miller, »Sozialdemokratische Oberbürgermeister in der Weimarer Republik«, in: dies., *Sozialdemokratie als Lebensinn. Aufsätze zur Geschichte und Gegenwart der SPD. Zum 80. Geburtstag*, hg. von Bernd Faulenbach, Bonn 1995, S. 192f.; David F. Crew, »A Social Republic? Social Democrats, Communists, and the Weimar Welfare State, 1919 to 1933«, in: Barclay/Weitz (Hg.), *Between Reform and Revolution*, S. 223–249, insb. S. 225ff.

76 Grundlegend zu diesem äußerst wichtigen und vielseitigen Problemkomplex: Peukert, *Weimarer Republik*, S. 132–149.

77 Summarisch zu Tauts Wirken in Magdeburg: Kristiana Hartmann, »Bruno Taut«, in: Wolfgang Ribbe/Wolfgang Schäche (Hg.), *Baumeister – Architekten – Stadtplaner. Biographien zur baulichen Entwicklung Berlins*, Berlin 1987, S. 417f.; Wille, *Aufbruch*, S. 39f.; Karl-Heinz Hüter, »Neues Bauen in Magdeburg«, in: *Form und Zweck. Fachzeitschrift für industrielle Formgestaltung*, 15. Jg., H. 2 (1983), S. 25–28. Biographisches zu Göderitz: Friedrich Jacobs, »Johannes Göderitz: Der Stadthallenarchitekt«, in: *MZ am Wochenende* [Magdeburg], 28. Jg., Nr. 15 (11. April 1990), S. 10.

78 Tullner, *Hermann Beims*, S. 31.

79 *Magdeburgische Zeitung*, Nr. 518 (12. Oktober 1927), Beilage 1; vgl. Hüter, *Neues Bauen*, S. 38f.

80 Wille, *Aufbruch*, S. 88f.

81 Tullner, *Hermann Beims*, S. 36; Wille, *Aufbruch*, S. 87, S. 92.

82 Ebenda.

83 Wille, *Die Goldenen Zwanziger*, S. 134; Buchholz/Ballerstedt/Buchholz, *Magdeburger Bürgermeister*, S. 40.

84 Helmut Asmus und Autorenkollektiv, *Geschichte der Stadt Magdeburg*, hg. vom Rat der Stadt Magdeburg, Berlin 1975, S. 287.

85 Wille, *Aufbruch*, S. 92f.; Tullner, *Hermann Beims*, S. 37f.

86 Vgl. hierzu mehrere Briefe in: LA Magdeburg – LHA, Rep. C 28 I e I Nr. 1450.

87 »12 Jahre SPD-Herrschaft in Magdeburg. Ein Wort zum Abschiede von Oberbürgermeister Beims«, in: *Magdeburgische Zeitung*, Nr. 262 (16. Mai 1931), Beilage.

88 Vgl. z.B. die amtlichen Unterlagen zur Überwachung kommunistischer Tätigkeiten in: LA Magdeburg – LHA, Rep. C 20 I b Nr. 2003, insb. Bd. 8.

89 Asmus u.a., *Geschichte der Stadt Magdeburg*, S. 289.

90 Wille, *Aufbruch*, S. 93ff.

91 Einer der führenden Kommunisten in der Gegend war Hermann Matern, der spätere Vorsitzende des Landesverbands der SED in Groß-Berlin und Gegenspieler Ernst Reuters. Zu den gewaltigen Auseinandersetzungen zwischen Kommunisten und Nationalsozialisten vgl. Zusammenkunft

des Genossen Hermann Matern mit Pionieren der Stadt Burg, 5. Februar 1969, Manuskript, SAPMO-BArch, NY 4076/1 (Hermann Matern), Bl. 139–140.

92 ER, »Rede zum Verfassungstag am 11. August 1931«, aus: *Magdeburger Amtsblatt*, 8. Jg., Nr. 33 (17. August 1931), abgedruckt in: SR, Bd. 2, S. 350, S. 355f. Vgl. *Magdeburger General-Anzeiger*, Nr. 186 (12. August 1931).

93 Polizeibericht, 12. August 1931, LA Magdeburg – LHA, Rep. C 20 I b Nr. 1950, Bl. 17r–17v; Bericht des Oberstaatsanwalts, 6. Januar 1932, ebenda, Bl. 89r–99r; *Magdeburger General-Anzeiger*, Nr. 187 (13. August 1931); *Magdeburgische Zeitung*, Nr. 450 (19. August 1931).

94 Notiz von Harold Hurwitz nach einem Gespräch mit Hanna Reuter, Juli 1954, LAB, E Rep. 200-21-01, Nr. 46. Zu Plumbohm und Pulvermann vgl. *Volksstimme* (Magdeburg), 4. Juli 1931; ER, »Rede bei der Amtseinführung von Stadtkämmerer Pulvermann am 5. November 1931«, aus: *Magdeburger Amtsblatt*, 8. Jg., Nr. 45 (7. November 1931), S. 724, abgedruckt in: SR, Bd. 2, S. 370–373.

95 Zu Pulvermann und Guradze nach 1933 vgl. den umfangreichen Briefwechsel mit Reuter, besonders ER an Augusta Mayerson, 5. November 1945, und Guradze an ER, 2. Juli 1946, LAB, E Rep. 200-21, Nr. 169. Zu Baerensprungs Tätigkeit in den USA vgl. NACP, RG 226, Foreign Nationalities Branch Files, INT-33GE-4, Memorandum: German Political Refugees in the United States, 28. September 1942. Hans E. Hirschfeld, später Reuters Pressesprecher in Berlin, gehörte der gleichen Gruppe an. Siehe unten, Kap. 6.

96 ER an Elizabeth Fox Howard, 13. November 1938, LAB, E Rep. 200-21, Nr. 164. Reuter erklärte sich aus seinem türkischen Exil bereit, Goldschmidt »bei mir aufzunehmen und ihn solange als ich selber hier im Lande bleibe zu unterhalten. (...) Mir läßt das alles keine Ruhe, ebenso wie Hanna und wir sind bedrückt, weil es uns gut geht und wir trotzdem nichts tun können.« Zu den Umständen des Todes Goldschmidts siehe StA Magdeburg, biographische Angaben.

97 Wille, *Aufbruch*, S. 92f.; Pulvermann, Ernst Reuter in Magdeburg, LAB, E Rep. 200-21-01, Nr. 337.

98 Tullner, *Ernst Reuter*, S. 18.

99 ER an Otto Baer, 17. September 1932, StAM, Rep. 184, Nr. 21.

100 *Magdeburger General-Anzeiger*, Nr. 186 (12. August 1931), Nr. 187 (13. August 1931), Nr. 189 (15. August 1931), Nr. 199 (27. August 1931), Nr. 201 (29. August 1931); *Magdeburgische Zeitung*, Nr. 443 (15. August 1931), Nr. 457 (22. August 1931); »Sitzung der Stadtverordnetenversammlung am 14. August 1931«, in: *Magdeburger Amtsblatt*, 8. Jg., Nr. 33 (17. August 1931), S. 604–607 (auch in Sr, Bd. 2, S 356–363); Wille, *Aufbruch*, S. 97f.

101 Ebenda, S. 99.

102 Protokoll der interfraktionellen Sitzung am 28. September 1932, StAM, Rep. 184, Nr. 21; ER, »Rede in der Stadtverordnetenversammlung am 29. September 1932«, aus: *Magdeburger Amtsblatt*, 9. Jg., Nr. 40 (1. Oktober 1932), S. 434f., abgedruckt in: SR, Bd. 2, S. 396–403. Vgl. »Der Magistratsdirigent zum Haushaltsplanentwurf 1932/33«, in: *Magdeburger Amtsblatt*, 9. Jg., Nr. 23 (4. Juni 1932), S. 248–251; »Vom Arbeitstisch der Stadtverordneten. Sitzung vom 16. Juni«, in: *Magdeburger Amtsblatt*, 9. Jg., Nr. 25 (18. Juni 1932), S. 267–271, Rede ERs S. 268–271 (teilweise abgedruckt in: SR, Bd. 2, S. 382–385).

103 Pulvermann, Reuter in Magdeburg, LAB, E Rep. 200-21-01, Nr. 337; Wille, *Aufbruch*, S. 99.
104 Tullner, *Ernst Reuter*, S. 18.
105 Ebenda, S. 17f.
106 Reuter und Goldschmidt an Stadtverordnetenversammlung, 11. Juli 1932, StAM, Rep. 184 G3; »Die Einweihungsfeier des neuen Wasserwerkes«, in: *Magdeburger Amtsblatt*, 9. Jg., Nr. 33 (13. August 1932), S. 353–356 (Rede ERs, S. 355f.); Wille, Aufbruch, S. 55ff.
107 Vgl. *Magdeburger Amtsblatt*, 9. Jg., Nr. 20 (14. Mai 1932), S. 209f.; 9. Jg., Nr. 27 (2. Juli 1932), S. 287; 9. Jg., Nr. 33 (13. August 1932), S. 349f.; 9. Jg., Nr. 40 (1. Oktober 1932), S. 428f.; Hüter, *Neues Bauen*, S. 34; Tullner, *Ernst Reuter*, S. 19f.; Wille, *Aufbruch*, S. 101.
108 *Magdeburger Amtsblatt*, 8. Jg., Nr. 41 (10. Oktober 1931), S. 669.
109 Ebenda, 8. Jg., Nr. 46 (14. November 1931), S. 742f.; ebenda, 9. Jg., Nr. 3 (16. Januar 1932), S. 35f.; *Magdeburger General-Anzeiger*, Nr. 282 (8. November 1931), Nr. 287 (14. November 1931).
110 Tullner, *Ernst Reuter*, S. 19.
111 Wille, *Aufbruch*, S. 99f.; SR, Bd. 2, S. 325.
112 *Magdeburger General-Anzeiger*, Nr. 233 (29. September 1932); *Magdeburger Amtsblatt*, 9. Jg., Nr. 42 (15. Oktober 1932), S. 445; 9. Jg., Nr. 50 (10. Dezember 1932), S. 547.
113 »Rede in der Stadtverordnetenversammlung am 29. September 1932«, aus: *Magdeburger Amtsblatt*, 9. Jg., Nr. 40 (1. Oktober 1932), S. 435, abgedruckt in: SR, Bd. 2, S. 402.
114 Aufzeichnungen von E. Gustav Ferl, 12. März 1956, LAB, E Rep. 200-21, Nr. 27.
115 ER an Regierungspräsidenten, 17. November 1932, LA Magdeburg – LHA, Rep. C 28 I e I Nr. 1451, Bl. 272v.
116 *Magdeburger General-Anzeiger*, Nr. 254 (23. Oktober 1932).
117 Erich Binroth an Willy Brandt, 3. Juli 1954, LAB, E Rep. 200-21, Nr. 27.
118 ER, »Angriff, immer wieder Angriff«, aus: *Das Reichsbanner*, Nr. 45 (5. November 1932), abgedruckt in: SR, Bd. 2, S. 403. Vgl. »Rede zum Verfassungstag am 11. August 1932«, aus: *Magdeburger Amtsblatt*, 9. Jg., Nr. 33 (13. August 1932), S. 358f., abgedruckt in: SR, Bd. 2, S. 390–393; »Rede zum 70. Geburtstag Gerhart Hauptmanns am 20. November 1932«, aus: *Magdeburger Amtsblatt*, 9. Jg., Nr. 48 (26. November 1932), S. 521ff., abgedruckt in: SR, Bd. 2, S. 405–410.
119 *Magdeburger General-Anzeiger*, Nr. 60 (10. März 1933).
120 *Magdeburgische Zeitung*, Nr. 131 (12. März 1933).
121 *Magdeburger General-Anzeiger*, Nr. 62 (12. März 1933).
122 ER an Hindenburg, 11. März 1933, aus: *Magdeburger Amtsblatt*, 10. Jg., Nr. 10 (11. März 1933), S. 97, abgedruckt in: SR, Bd. 2, S. 417.
123 Tagesordnung des Magistrats, 11. März 1933, StAM, Rep. 184 Bü 235; *Magdeburger General-Anzeiger*, Nr. 73 (23. März 1933); *Magdeburger Amtsblatt*, 10. Jg., Nr. 12 (25. März 1933), S. 125; SR, Bd. 2, S. 789f., Anm. 107; Wille, *Aufbruch*, S. 105.
124 Antrag der NSDAP an Stadtverordnetenversammlung, 28. März 1933, StAM, Rep. 184, L 2–3.

1 Ovid, *Tristia* I 3, 1–4, Zürich 1963, S. 23. Vgl. ER an Karl Reuter, 14. Mai 1944, LAB, E Rep. 200-21, Nr. 154.
2 ER an Thomas Mann, 25. November 1943, in: SR, Bd. 2, S. 555.
3 Hans A. Schmitt, *Quakers and Nazis: Inner Light in Outer Darkness*, Columbia/Missouri 1997, S. 4, S. 61.
4 Corder Catchpool an Elizabeth Fox Howard, 6. Juli 1934 (versehentlich auf den 6. Juni datiert), und an Geheime Staatspolizei, 27. Juni 1934, LAB, E Rep. 200-21, Nr. 164.
5 Vgl. hierzu »Ernst Reuters Lebensrettung«, in: *Berliner Sonntagsblatt* (15. November 1953), Abschrift in: LAB, E Rep. 200-21-01, Nr. 47.
6 Schmitt, *Quakers,* S. 32, S. 52, S. 72f.
7 ER an Heinz Guradze, 13. April 1946, LAB, E Rep. 200-21, Nr. 165.
8 Elizabeth F. Howard, *Across Barriers*, London 1941, S. 59f.; deutsche Übersetzung dieses Zitats in: Brandt/Lowenthal, *Ernst Reuter*, S. 284; SR, Bd. 2, S. 426f.
9 Die aufschlußreichste Schilderung findet sich in Hans G. Lehmann, »Ernst Reuters Entlassung aus dem Konzentrationslager«, in: *Archiv für Sozialgeschichte*, 14. Bd. (1973), S. 483–508.
10 Zu diesem äußerst komplizierten Problem siehe Schmitt, *Quakers*, S. 61–64.
11 Bezeichnend für viele Schreiben: Ernst Reuter an Elizabeth Fox Howard, 30. Dezember 1942, LAB, E Rep. 200-21, Nr. 166.
12 Vgl. z.B. Victor Schiff an Elizabeth Fox Howard, 11. Mai 1945, LAB, E Rep. 200-21, Nr. 164.
13 ER an Elizabeth Fox Howard, 7. Juni 1937, in: SR, Bd. 2, S. 491. Vgl. Brandt/Lowenthal, *Ernst Reuter,* S. 292f.
14 Vgl. Bericht über die Entstehung des am 30. April 1930 zwischen der Berliner Verkehrs-Aktiengesellschaft und der Darmstädter und Nationalbank K.a.A. als Führerin eines Bankenkonsortiums abgeschlossenen Kreditabkommens über insgesamt Dollar 35 Millionen (hektographiert), LA Magdeburg – LHA, Rep. C 28 I e I, Nr. 1451, Bl. 163r–214r; BVG, Kreditabkommen mit der Danatbank, 1. Vertrag vom 30. April 1930 mit 3 Anlagen, 2. Zusatzabkommen vom 30. April 1930 (hektographiert), ebenda, Bl. 240r–264r; Heinrich Sahm an Oberpräsidenten von Berlin, 28. Oktober 1931, ebenda, Bl. 158r–162r; Regierungspräsident von Magdeburg an Grützner, 5. Oktober 1931, ebenda, Bl. 131r; Grützner an Regierungspräsidenten Magdeburg, 7. April 1933, ebenda, Bl. 282r–282v.
15 Kommissarischer Regierungspräsident an Grützner, 15. Mai 1933, ebenda, Bl. 283v.
16 Mehreren Berichten zufolge wurde Reuter während der tumultartigen letzten Sitzung des Landtages am 30. Mai in Merseburg von dem NSDAP-Abgeordneten Martin Jordan, dem späteren Gauleiter für Halle-Merseburg und Magdeburg-Dessau, tätlich angegriffen, als die Nationalsozialisten die Sozialdemokraten gewaltsam aus dem Sitzungssaal vertrieben. Die Berichte über diesen Zwischenfall sind indes widersprüchlich. Vgl. Brandt/Lowenthal, *Ernst Reuter*, S. 279; SR, Bd. 2, S. 423.
17 Zu den weiteren Versuchen, die BVG-Geschichten aufzuwärmen, siehe Staatskommissar in der Hauptstadt Berlin an Regierungspräsidenten Magdeburg, 27. Juni 1933, LA Magdeburg – LHA, Rep. C 28 I e I, Nr. 1451, Bl. 319r; Eberhard Heffe an Kommissarischen Regierungsprä-

sidenten Magdeburg, 28. März 1933, ebenda, Bl. 284r–284v; Johannes Schleuning an Kommissarischen Regierungspräsidenten Magdeburg, 14. Juni 1933, ebenda, Bl. 288r–290r. Markmann an Regierungspräsidenten Magdeburg, 22. Juni 1933, LA Magdeburg – LHA, Rep. C 28 I e I, Nr. 1451, Bl. 322r–324v.

18 Alfred Petzold, Bericht von Dr. Petzold über die Verhaftung Ernst Reuters 1933 in Magdeburg, abgedruckt in: SR, Bd. 2, S. 431f.

19 Lehmann, *Entlassung*, S. 485.

20 Vgl. Gefangenenbuch B 1933/34, LA Magdeburg – LHA, Rep. C 29, Anh. III, Bl. 30v–31r (Eintragung für 8. Juni 1933, 14.30 Uhr).

21 Petzold, Bericht, in: SR, Bd. 2, S. 432f. Nonnenbruch wird hier als NSDAP-Mitglied beschrieben, in den Unterlagen des Berlin Document Center (mikroverfilmt, NACP) gibt es jedoch keine Indizien dafür, daß er tatsächlich Mitglied der Partei war.

22 Petzold, Bericht, in: SR, Bd. 2, S. 434ff.

23 Gauleiter Magdeburg/Anhalt an Regierungspräsidenten Magdeburg, 11. Juli 1933, ebenda, Bl. 326r.

24 Grauert (Preußisches Ministerium des Innern) an ER, 29. Juli 1933, ebenda, Bl. 330r.

25 Vgl. die ausführliche Beschreibung des Lagers in einem Brief von Rudolf Sichting an Harold Hurwitz, 18. Juli 1954, LAB, E Rep. 200-21-01, Nr. 47; Fritz Kleine, »Lichtenburg«, in: *Konzentrationslager. Ein Appell an das Gewissen der Welt. Ein Buch der Greuel. Die Opfer klagen an*, Karlsbad 1934, S. 182–212.

26 SR, Bd. 2, S. 424; Johannes Tuchel, *Konzentrationslager. Organisationsgeschichte und Funktion der »Inspektion der Konzentrationslager« 1934–1938*, Boppard am Rhein 1991, S. 68f., S. 74f.

27 Ebenda, S. 75.

28 Sichting an Hurwitz, abgedruckt in: SR, Bd. 2, S. 437.

29 Ebenda, Bd. 2, S. 438f.; Einleitung der Herausgeber, ebenda, Bd. 2, S. 425; Lehmann, *Entlassung*, S. 485f.

30 Tuchel, *Konzentrationslager*, S. 83f.

31 Interview Harold Hurwitz mit Hanna Reuter (»Intervention des Bischofs Legge«), o.D., LAB, E Rep. 200-21, Nr. 27.

32 Carl Severing an ER, 20. Juni 1946, LAB, E Rep. 200-21, Nr. 169.

33 Geheimes Staatspolizeiamt an Chef der Geheimen Staatspolizei, 18. August 1934, in: SR, Bd. 2, S. 445f.; Hanna Reuter an Victor Schiff, 9. August 1934, LAB, E Rep. 200-21, Nr. 164. Zu Lippert siehe Brigitte Oleschinski, »Julius Lippert«, in: Ribbe (Hg.), *Stadtoberhäupter*, S. 261–276.

34 Hanna Reuter, Manuskript (16. Juni 1934), LAB, E Rep. 200-21, Nr. 27.

35 Bericht von Henry Marx über den zweiten KZ-Aufenthalt Ernst Reuters, abgedruckt in: SR, Bd. 2, S. 440f.

36 Vgl. Otto Franke an Wilhelm Pieck, 5. April 1951, und Ottomar Geschke an Pieck, 19. April 1951, SAPMO-BArch, NY 4036 (NL Wilhelm Pieck)/666. Franke und Geschke waren im Sommer 1934 Häftlinge auf der Lichtenburg.

37 Hanna Reuter an Victor Schiff, 9. August 1934, LAB, E Rep. 200-21-01, Nr. 47; Hanna Reuter, handgeschriebenes Manuskript, o.D., LAB, E Rep. 200-21, Nr. 27.

38 Ebenda; ER an seine Mutter, 8. Juni 1936, in: SR, Bd. 2, S. 476f.; ER an Elizabeth Fox Howard, 28. Januar 1937, in: ebenda, Bd. 2, S. 478.

39 Leyla Kudret-Erkönen, »Familie Reuter in Ankara«, aus: Presse- und In-

formationsamt des Landes Berlin (Hg.), Erinnerungen an Ernst Reuter, in: *Berliner Forum*, 11. Jg., Nr. 6 (1978), S. 25f.

40 Hanna Reuter an Elizabeth Fox Howard, 23. Juli und 23. August 1934, LAB, E Rep. 200-21, Nr. 164.

41 Lord Noel-Buxton an Leopold von Hoesch, 17. Juli 1934, in: ebenda, S. 503; Hoesch an Vicco von Bülow-Schwante, 19. Juli 1934, in: ebenda, S. 502f. Vgl. ferner Otto von Bismarck (Botschaftsrat, London) an Auswärtiges Amt, 27. August 1934, in: SR, Bd. 2, S. 447.

42 Geheimes Staatspolizeiamt an Hermann Göring, 18. August 1934, in: Lehmann, *Entlassung*, S. 504f. (auch in SR, Bd. 2, S. 445f.)

43 ER an Markmann, 19. September 1934, LA Magdeburg – LHA, Rep. C 28 I e I, Nr. 1451, Bl. 343r–346r.

44 Das Reichs- und Preußische Ministerium des Innern an Regierungspräsidenten in Magdeburg, 23. April 1935, ebenda, Bl. 355r.

45 ER an seine Mutter, 8. September 1934; ER an Elizabeth Fox Howard, 6. Oktober, 8. Oktober, 8. November 1934, in: SR, Bd. 2, S. 448–452.

46 ER, Lebenslauf, o. D. (1947), LAB, E Rep. 200-21, Nr. 165.

47 ER an A. L. Barber, 9. April 1947, LAB, E Rep. 200-21, Nr. 166.

48 ER an Fritz Baade, 21. Februar 1935, BAK, N 1234 (NL Fritz Baade), Nr. 2.

49 Mitteilung von Prof. Dr. Timothy Reuter, 30. März 1998; D.G. Kendall/N.H. Bingham/E.H. Sondheimer, »Obituary: Gerd Edzard Harry Reuter«, in: *Bulletin of the London Mathematical Society*, Bd. 27, Teil 2, Nr. 125 (März 1995), S. 177f., S. 185f.

50 Zu Biographischem zu Baade u. a. vgl. Wilhelm Heinz Schröder, *Sozialdemokratische Parlamentarier in den deutschen Reichs- und Landtagen 1867–1933. Biographien – Chronik – Wahldokumentation. Ein Handbuch*, Düsseldorf 1995, S. 352.

51 Zum WTB-Plan vgl. vor allem Michael Schneider, *Das Arbeitsbeschaffungsprogramm des ADGB. Zur gewerkschaftlichen Politik in der Endphase der Weimarer Republik*, Bonn – Bad Godesberg 1975; Heinrich August Winkler, *Der Weg in die Katastrophe. Arbeiter und Arbeiterbewegung in der Weimarer Republik 1930 bis 1933*, Bonn 1990, S. 497–500.

52 Fritz Baade an deutschen Botschafter in Brasilien, 6. März 1938, BAK, N 1234 (NL Fritz Baade), Nr. 4. Zur Charakterisierung Baades siehe Fritz Neumark, *Zuflucht am Bosporus. Deutsche Gelehrte, Politiker und Künstler in der Emigration 1933–1953*, Frankfurt/M. 1980, S. 116f.

53 ER an Baade, 3. Februar 1935, BAK, N 1234 (NL Fritz Baade), Nr. 2.

54 Neumark, *Zuflucht*, S. 24f.

55 ER an Baade, 21. Februar 1935, BAK, N 1234 (NL Fritz Baade), Nr. 2; Horst Widmann, *Exil und Bildungshilfe. Die deutschsprachige akademische Emigration in die Türkei nach 1933. Mit einer Bio-Bibliographie der emigrierten Hochschullehrer im Anhang*, Frankfurt/M. 1973, S. 53–61; Stanford J. Shaw, *Turkey and the Holocaust: Turkey's Role in Rescuing Turkish and European Jewry from Nazi Persecution, 1933–1945*, New York 1993, S. 4f.; Regine Erichsen, »Türkei«, in: Claus-Dieter Krohn/Patrik von zur Mühlen/Gerhard Paul/Lutz Winkler (Hg.), *Handbuch der deutschsprachigen Emigration 1933–1945*, Darmstadt 1998, Spalte 426–433.

56 ER an Baade, 21. Februar 1935, BAK, N 1234 (NL Fritz Baade), Nr. 2.

57 Baade an ER, 27. Februar 1935, ebenda.

58 Baade an ER, 12. März 1935, ebenda. Vgl. ER an Baade, 9. März, 13. März, 20. März, 25. März, 1. April 1935, ebenda.

59 Thomas Herr, »Ein deutscher Sozialdemokrat an der Peripherie – Ernst Reuter im türkischen Exil 1935–1946«, in: Herbert A. Strauss/Klaus Fischer/Christhard Hoffmann/Alfons Söllner (Hg.), *Die Emigration der Wissenschaften nach 1933. Disziplingeschichtliche Studien*, München 1991, S. 196.

60 ER an Baade, 8. April 1935, BAK, N 1234 (NL Fritz Baade), Nr. 2; Baade an ER, 15. April 1935, ebenda.

61 Baade an ER, 5. Mai 1935, ebenda; ER an Baade, 20. Mai 1935, ebenda.

62 ER an Karl Reuter, 27. Oktober 1935, in: SR, Bd. 2, S. 475.

63 Edzard Reuter, *Schein und Wirklichkeit. Erinnerungen*, Berlin 1998, S. 106.

64 Erik J. Zürcher, *Turkey: A Modern History*, London/New York 1997, S. 180f., S. 189f.

65 Ebenda, S. 188f.

66 Ebenda, S. 188.

67 Vgl. die gute Übersicht in: Çağlar Keyder, »Manufacturing in the Ottoman Empire and Republican Turkey, ca. 1900–1950«, in: Donald Quataert (Hg.), *Manufacturing in the Ottoman Empire and Turkey, 1500–1950*, Albany/New York 1994, S. 138–144; ferner Selim Deringil, *Turkish Foreign Policy during the Second World War: An »Active« Neutrality*, Cambridge 1989, S. 17–21.

68 Ebenda, S. 21ff.; ER an Karl Reuter, 27. Oktober 1935, in: SR, Bd. 2, S. 475.

69 Zürcher, *Turkey*, S. 209–212; Deringil, *Foreign Policy*, S. 70–91.

70 Ebenda, S. 23f. Zur Geschichte der deutsch-türkischen Beziehungen zwischen den beiden Weltkriegen siehe vor allem das Standardwerk von Cemil Koçak, *Türk-Alman İlişkileri (1923–1939). İki Dünya Savaşı Arasyndaki Dönemde Siyasal, Kültürel, Askeri ve Ekonomik İlişkiler* (= Atatürk Kültür, Dil ve Tarih Yüksük Kurumu. Türk Tarih Kurumu Yayınları XVI. Dizi – Sa. 66), Ankara 1991.

71 Deutsche Botschaft an Auswärtiges Amt, 24. Juni 1935, PA-AA, Botschaft Ankara, Nr. 578; Special Operations Executive: The Turkish Tax on Wealth and the Germans. An address by von Papen to his colony, 1. Februar 1943, PRO, HS 3/227.

72 Herr, *Sozialdemokrat*, S. 199f.

73 Barry Rubin, *Istanbul Intrigues*, New York 1989, S. 5.

74 ER an Elizabeth Fox Howard, 28. Januar 1937, in: ER, Bd. 2, S. 479.

75 Erichsen, *Türkei*, Spalte 426–433.

76 Interview des Verfassers mit Prof. Dr. Ernst Engelberg, 11. März 1996, Berlin.

77 Shaw, *Turkey*, S. 9–12; Herr, *Sozialdemokrat*, S. 198; Horst Widmann, »Der Beitrag Ernst Reuters und anderer deutscher Professoren zur Entwicklung des wissenschaftlichen Lebens in der Türkei«, in: Ruşen Keleş (Hg.), *Ernst Reuter'in Anısına* / Zum Gedenken an Ernst Reuter 2.6.1986–3.6.1986, Ankara 1986, S. 174.

78 Herr, *Sozialdemokrat*, S. 193. Zu den politischen Tätigkeiten der verschiedenen sozialdemokratischen Exilgruppen vgl. u. a. Lewis J. Edinger, *German Exile Politics: The Social Democratic Executive Committee in the Nazi Era*, Berkeley 1956; Erich Matthias (Hg.) mit Werner Link (Bearb.), *Mit dem Gesicht nach Deutschland. Eine Dokumentation über die sozialdemokratische Emigration. Aus dem Nachlaß von Friedrich Stampfer ergänzt durch andere Überlieferungen*, Düsseldorf 1968; Wer-

ner Röder, *Die deutschen sozialistischen Exilgruppen in Großbritannien 1940–1945. Ein Beitrag zur Geschichte des Widerstandes gegen den Nationalsozialismus* (= Forschungsinstitut der Friedrich-Ebert-Stiftung, B. Historisch-politische Schriften), Hannover 1968; Anthony Glees, *Exile Politics during the Second World War: The German Social Democrats in Britain*, Oxford 1982; Brigitte Seebacher-Brandt, *Ollenhauer. Biedermann und Patriot*, Berlin 1984; Dieter Groh/Peter Brandt, »*Vaterlandslose Gesellen*«. *Sozialdemokratie und Nation 1860–1990*, München 1992, Kap. 18; Christa Fladhammer/Michael Wildt (Hg.), *Max Brauer im Exil. Briefe und Reden aus den Jahren 1933–1946* (= Quellen zur Sozial- und Zeitgeschichte), Hamburg 1994; Marlis Buchholz/Bernd Rother (Hg.), *Der Parteivorstand der SPD im Exil. Protokolle der Sopade 1933–1940* (= Archiv für Sozialgeschichte, Beiheft 15), Bonn 1995.

79 ER an Paul Hertz, 9./11. Februar 1937, in: SR, Bd. 2, S. 484ff.; Hertz an ER, 14. April 1937, LAB, E Rep. 200-21, Nr. 166; ER an Hertz, 1. Mai 1937, in: SR, Bd. 2, S. 488ff. Vgl. den informativen Aufsatz von Ursula Langkau-Alex: »›Es gilt, die Menschen zu verändern ...‹ Zur Politik des Sozialdemokraten Paul Hertz im Exil«, in: *Exilforschung. Ein internationales Jahrbuch*, Bd. 8 (1990), S. 142–156.

80 Vgl. den Briefwechsel Ernst Reuter–Victor Schiff in: LAB, E Rep. 200-21, Nr. 168.

81 ER an Carl Goerdeler, 8. Juli 1942, in: SR, Bd. 2, S. 519, ER an Hanna Reuter, 19. September 1943, LAB, E Rep. 200-21, Nr. 158.

82 Victor Schiff an ER, 7. Januar 1936, LAB, E Rep. 200-21, Nr. 168; ER an Elizabeth Fox Howard, 23. Februar 1938, in: SR, Bd. 2, S. 492f.

83 Edzard Reuter, *Schein und Wirklichkeit*, S. 123f.; Kudret-Erkönen, *Familie Reuter*, S. 22–26.

84 ER an seine Mutter, 8. Juni 1936, in: SR, Bd. 2, S. 476.

85 Vgl. den Briefwechsel in: LAB, E Rep. 200-21, Nr. 159. Siehe ferner ER an Robert Görlinger, 11. Mai 1946, in: SR, Bd. 2, S. 650.

86 ER an Elizabeth Fox Howard, 23. April 1937, in: ebenda, Bd. 2, S. 488.

87 ER an Elizabeth Fox Howard, 7. Juni 1937, in: ebenda, Bd. 2, S. 491.

88 Geheime Staatspolizeileitstelle Berlin an Botschaft Ankara, 13. März 1940, PA-AA, Botschaft Ankara, Nr. 679. Zu Hella Reuter vgl. ferner: Deutsche Botschaft, Konsularabteilung, an Polizeipräsidium in Berlin, 179. Polizei-Revier, 5. Oktober 1939, PA-AA, Botschaft Ankara, Nr. 678.

89 ER an Martin Wagner, 30. November 1945, LAB, E Rep. 200-21, Nr. 165; ER an Robert Görlinger, 11. Mai 1946, in: SR, Bd. 2, S. 651–652; ER an Harry Reuter, 22. September 1944, LAB, E Rep. 200-21, Nr. 159; ER an Elsbeth Bruck, 1. April 1946, in: SR, Bd. 2, S. 638.

90 Edzard Reuter, *Schein und Wirklichkeit*, S. 114; Martin Schönfeld, »*Kommen Sie, es lohnt sich ...* Ernst Reuter – Ein Zurückgekehrter ruft die Emigranten«, in: Verein Aktives Museum (Hg.), *1945: Jetzt wohin? Exil und Rückkehr ... nach Berlin?* (Ausstellungskatalog), Berlin 1995, S. 293f.

91 Siehe z.B. ER an Elizabeth Fox Howard, 28. Januar 1937, in: SR, Bd. 2, S. 478–481. Vgl. die Kurzbiographien in: Widmann, *Bildungshilfe*, S. 260. (Ebert), S. 260ff. (Eckstein), S. 273 (Landsberger), S. 275 (Marchionini), S. 286 (Rohde), S. 291f. (Taut). Taut starb schon 1938 an den Folgen einer Asthmaerkrankung.

92 Vgl. ER an Heinz Guradze, 10. Juli 1938, in: SR, Bd. 2, S. 494f.

93 Briefwechsel in: LAB, E Rep. 200-21, Nr. 168.

94 Vgl. Botschaft Ankara (Hans Kroll) an Auswärtiges Amt, 6. Juni 1939; Deutsches Generalkonsulat Istanbul (von Mentzingen) an Gesandtschaftsrat Klaiber, Botschaft Ankara, 7. Oktober 1940; Generalkonsulat Istanbul (Seiler) an Auswärtiges Amt, 30. Oktober 1940, PA-AA, Botschaft Ankara, Nr. 665.
95 ER an Paul Hertz, 9. Februar 1937, in: SR, Bd. 2, S. 484.
96 ER an Baade, 9. Mai 1943, in: ebenda, Bd. 2, S. 528f.
97 Baade an ER, 24. Mai 1943, BAK, N 1234 (NL Fritz Baade), Nr. 2; Hans Wilbrandt an Baade, 29. April 1937, ebenda.
98 ER an Baade, 6. Juli 1943, in: SR, Bd. 2, S. 533f.; ER an Albert Grzesinski, 24. August 1943, in: ebenda, Bd. 2, S. 543.
99 Edzard Reuter, *Schein und Wirklichkeit*, S. 116; Widmann, *Bildungshilfe*, S. 267–278; Herr, *Sozialdemokrat*, S. 199; Fritz Neumark, »Ernst Reuter und die Türkei«, in: Presse- und Informationsamt (Hg.), *Erinnerungen an Ernst Reuter*, S. 27–31.
100 Neumark, *Zuflucht*, S. 76.
101 Fritz Neumark, »Worte des Gedenkens an Ernst Reuter«, in: Keleş (Hg.), *Ernst Reuter'in Anısına*, S. 128; Widmann, »Beitrag«, in: ebenda, S. 170.
102 Victor Schiff an ER, 11. März 1937, LAB, E Rep. 200-21, Nr. 168.
103 ER an seine Mutter, 8. Juni 1936, in: SR, Bd. 2, S. 476.
104 ER an seine Mutter, 22. November 1938, in: ebenda, Bd. 2, S. 498.
105 Widmann, *Bildungshilfe*, S. 161f.; Herr, *Sozialdemokrat*, S. 196; Fehmi Yavuz, »Professor Ernst Reuter«, in: Keleş (Hg.), *Ernst Reuter'in Anısına*, S. 113.
106 Widmann, *Bildungshilfe*, S. 163f.
107 Herr, *Sozialdemokrat*, S. 196.
108 Türkische Republik, Ministerpräsidium, Prüfungsbüro für Gesetze und Erlasse, Abschrift des Erlasses des Ministerrats vom 8.2.1940 (Übersetzung), AdsD, SPD-Landesverband Berlin, Landessekretariat, Landessekretär Theodor Thiele: Ernst Reuter, 1950–1951, 3/BEAB 000384. Fehmi Yavuz, Ernst Reuter in Ankara (maschinengeschrieben, o.D.), LAB, E Rep. 200-21-01, Nr. 48.
109 Herr, *Sozialdemokrat*, S. 195.
110 Eröffnungsrede von Prof. Dr. Ruşen Keleş bei der Ernst-Reuter-Gedenkfeier, in: ders. (Hg.), *Ernst Reuter'in Anısına*, S. 91.
111 Vgl. das ausgewählte Verzeichnis der türkischen Schriften ERs in der Bibliographie dieses Bands. Vgl. ferner Yavuz, »Professor Ernst Reuter«, in: Keleş (Hg.), *Ernst Reuter'in Anısına*, S. 116–120; Herr, *Sozialdemokrat*, S. 196f. Manuskriptfassungen dieser und anderer Schriften aus der Türkei sind zu finden in: LAB, E Rep. 200-21, Nr. 50–62.
112 Yavuz, Ernst Reuter in Ankara, LAB, E Rep. 200-21-01, Nr. 48.
113 Herr, *Sozialdemokrat*, S. 198.
114 Ruşen Keleş, »Ernst Reuter und die Urbanistik in der Türkei«, in: ders. (Hg.), *Ernst Reuter'in Anısına*, S. 158.
115 ER, Probleme der kommunalen Entwicklung. Vortrag, gehalten im Volkshaus Manissa am 26.4.1939 (maschinengeschrieben), LAB, E Rep. 200-21, Nr. 62.
116 ER, »Mahallî İdarelerle Devlet Arasındaki Münasebetler«, in: *Siyasî İlimler Mecmuası*, Nr. 116 (1940), S. 387–392, und Nr. 117, S. 446 bis 452; Konzept in: LAB, E Rep. 200-21, Nr. 62.
117 Keleş, »Ernst Reuter und die Urbanistik«, S. 137–156.
118 ER, »Şehirlerimizin Gelişme Problemleri«, in: *A. Ü. Dil ve Tarih-Coğrafya*

Fakültesi Dergisi, Nr. 5 (Juli/August 1943), S. 154, zitiert in: Keleş, »Ernst Reuter und die Urbanistik«, S. 145. Vgl. Herr, *Sozialdemokrat*, S. 197.

119 Keleş, »Ernst Reuter und die Urbanistik«, S. 134–137.

120 Hans Kroll, *Lebenserinnerungen eines Botschafters*, 3. Aufl., Köln 1967, S. 105, S. 111.

121 Vgl. die Ausführungen von Walter Ruben, 8. Dezember 1952, SAPMO-BArch, DY 30/IV 2/4/386; Interview des Verfassers mit Prof. Dr. Ernst Engelberg, 11. März 1996, Berlin.

122 Ausführungen von Wilhelm Schütte, in: Zentralkomitee der Kommunistischen Partei Österreichs an Zentralkomitee der SED (Franz Dahlem), 3. Mai 1952, SAPMO-BArch, DY 30/IV 2/4/386.

123 ER an Thomas Mann, 17. März 1943, in: SR, Bd. 2, S, 521; ER an Landesvorstand Groß-Berlin der Sozialistischen Einheitspartei Deutschlands, 3. Juni 1947, in: ebenda, Bd. 3, S. 228f.

124 Botschaft Ankara an Auswärtiges Amt, 25. November 1935, PA-AA, Inland II A/B, Fiche 6155–6166; Botschaft Ankara an Auswärtiges Amt, 24. April 1936, ebenda.

125 Geheimes Staatspolizeiamt an Auswärtiges Amt, 3. Mai 1939, PA-AA, R 100 022, Bestand Inland II A/B.

126 Botschaft Ankara (Hans Kroll) an Auswärtiges Amt, 22. Mai 1939, ebenda.

127 Hans-Jürgen Döscher, *Das Auswärtige Amt im Dritten Reich. Diplomatie im Schatten der »Endlösung«*, Berlin 1987, S. 119–122, S. 128–131.

128 Auswärtiges Amt (Emil Schumburg) an Geheimes Staatspolizeiamt, 7. Juni 1939, PA-AA, R 100 022, Bestand Inland II A/B.

129 Reichsführer SS und Chef der Deutschen Polizei im Reichsministerium des Innern an Abteilung I des Reichsministeriums des Innern, 23. Juni 1939, ebenda; Reichsminister des Innern an Auswärtiges Amt, 27. Juni 1939, ebenda.

130 Botschaft Ankara (Franz von Papen) an Auswärtiges Amt, 28. Juli 1939, ebenda.

131 Auswärtiges Amt an Reichsministerium des Innern, 25. August 1939, ebenda; Schumburg an Botschaft Ankara, 5. Januar, 31. Januar, 13. April 1940, ebenda.

132 Botschaft Ankara (Franz von Papen) an Auswärtiges Amt, 26. April 1940, ebenda.

133 Die Originalpässe sind noch vorhanden in: LAB, E Rep. 200-21, Nr. 12.

134 ER an Fritz Baade, 9. Januar 1949, LAB, E Rep. 200-21, Nr. 175.

135 Fragen und Antworten des Fragebogens Marchionini, 8. April 1946 (Abschrift), ebenda; Fritz Baade an Max Unz, 17. Dezember 1948, ebenda.

136 ER an Baade, 9. Januar 1949, ebenda.

137 Hans Kroll, Aufzeichnung zur Entwicklung der türkischen Außenpolitik (maschinengeschrieben, o.D. [1941]), PA-AA, Botschaft Ankara, Bd. 563; ders., *Lebenserinnerungen*, S. 110–115. Zu Menemencioğlu siehe Deringil, *Foreign Policy*, S. 52–56.

138 Papen an Joachim von Ribbentrop, 24. Juni 1941, PA-AA, Botschaft Ankara, Bd. 562; Text des Deutsch-Türkischen Freundschaftsvertrags, ebenda; Kroll, *Lebenserinnerungen*, S. 120–124. Vgl. Deringil, *Foreign Policy*, S. 120ff., und jetzt vor allem Cemil Koçak, *Türkiye' de Millî Şef Dönemi (1938–1945). Dönemin iç ve dış politikası üzerini bir araştırma*, 2 Bde., Istanbul 1996, Bd. 1, S. 547–597.

139 Vgl. hierzu Joachim Petzold, *Franz von Papen. Ein deutsches Verhängnis*, München/Berlin 1995, S. 260.

140 Deringil, *Foreign Policy*, S. 122, S. 135–138.
141 ER an Elizabeth Fox Howard, 30. Dezember 1942, LAB, E Rep. 200-21, Nr. 166; ER an Oscar Weigert, 26. Januar 1943, NACP, RG 266, Office of Strategic Services, E 171, Box 15, Folder 199. Das Schreiben an Weigert wurde vom OSS geöffnet und abgeschrieben. Reuter hatte wohl damit gerechnet, denn er schrieb an Weigert in englischer Sprache.
142 ER an Richard Crossman, 17. März 1943, in: SR, Bd. 2, S. 519f.; ER an Albert Grzesinski, 24. August 1943, in: ebenda, Bd. 2, S. 543.
143 ER an Eelco van Kleffens, 28. Juli 1943, in: ebenda, Bd. 2, S. 536.
144 ER an Thomas Mann, 17. März 1943, in: ebenda, Bd. 2, S. 523; ER an Baade, 11. August 1943, in: ebenda, Bd. 2, S. 540.
145 Groh/Brandt, »*Vaterlandslose Gesellen*«, S. 224f.
146 ER an Elizabeth Fox Howard, 30. Dezember 1942, LAB, E Rep. 200-21, Nr. 166.
147 ER an van Kleffens, 28. Juli 1943, in: SR, Bd. 2, S. 535, S. 537. Auch zitiert in: Brandt/Lowenthal, *Ernst Reuter*, S. 319f.
148 Groh/Brandt, »*Vaterlandslose Gesellen*«, S. 226ff.
149 Fladhammer/Wildt (Hg.), *Max Brauer*, S. 70.
150 ER an Thomas Mann, 17. März 1943, in: SR, Bd. 2, S. 520–525.
151 Thomas Mann an ER, 24. Juni 1943, in: ebenda, Bd. 2, S. 530ff.; Mann an ER, 29. April 1944, in: ebenda, Bd. 2, S. 558ff.
152 Zu Breusch und Kosswig siehe Widmann, *Bildungshilfe*, S. 258, S. 272f.
153 Neumark, *Zuflucht*, S. 77–80. Vgl. Widmann, *Bildungshilfe*, S. 271f.
154 Aufzeichnung betreffend das Ausbürgerungsverfahren von Professor Dr. Kessler, Istanbul (maschinengeschrieben), 20. September 1939, PA-AA, Botschaft Ankara, Bd. 665.
155 Bestätigung der Ausbürgerung Kesslers, unterzeichnet von Hans Kroll, 21. September 1939, ebenda.
156 Vgl. Entwurf. Freie deutsche Gruppe in der Türkei, o.D. [August 1943], LAB, E Rep. 200-21, Nr. 165.
157 Vgl. Herr, *Sozialdemokrat,* S. 206f.
158 Zur allgemeinen Geschichte des OSS vgl. Bradley F. Smith, *The Shadow Warriors: O.S.S. and the Origins of the C.I.A.*, New York 1983; George C. Chalou (Hg.), *The Secrets War: The Office of Strategic Services in World War II*, Washington/D.C. 1992.
159 Rubin, *Istanbul Intrigues*, S. 166–175; Jürgen Heideking/Christof Mauch (Hg.), *American Intelligence and the German Resistance to Hitler: A Documentary History*, Boulder/Colorado 1996, S. 70, Anm. 1.
160 Ebenda, S. 130–148; Rubin, *Istanbul Intrigues*, Kap. 12; Interview Harold Hurwitz mit Hans Wilbrandt, Ende November 1955, LAB, E Rep. 1180, Nr. 337.
161 Heideking/Mauch (Hg.), *American Intelligence*, S. 70–83.
162 Heike Bungert, *Das Nationalkomitee und der Westen. Die Reaktion der Westalliierten auf das NKFD und die Freien Deutschen Bewegungen 1943–1948* (= Transatlantische Historische Studien. Veröffentlichungen des Deutschen Historischen Instituts Washington, DC, Bd. 8), Stuttgart 1997, S. 97f.
163 Vgl. U.S. Office of War Information/Istanbul an OWI/Washington, 13. Mai 1944, LAB, E Rep. 200-21, Nr. 166.
164 Roger A. Pfaff an Frederick B. Lyon, Chief, Division of Foreign Activity Correlation, Department of State, 20 February 1945, NACP, RG 226,

OSS, Entry No. 122, Box No. 2, Folder No. 2, Record No. 208: Gnade, Richard E.
165 Vgl. z.B. ER an Hanna Reuter, 9. Oktober 1945, in: SR, Bd. 2, S. 600.
166 Richard E. Gnade, Memorandum of Conversation, 22 July 1944, NACP, RG 59, Decimal File, 862.50/7-2244.
167 Louis A. Wiesner an Ambassador Robert Murphy, 5. Juli 1947, NACP, RG 84, POLAD Berlin, Classified General Correspondence of the Political Advisor, 1944–49, Box 6, June–September 1947.
168 Vgl. u.a. ER an Oscar Weigert, 25. Januar 1943, NACP, RG 266, OSS, E 171, Box 15, Folder 199; Victor Schiff an ER, 23. Mai 1944, ebenda; Heinz Guradze an ER, 8. Juni 1944, ebenda; ER an Gerhart Seger, 23. Juni 1944, in: SR, Bd. 2, S. 564ff.; ER an Max Brauer, 24. Juni 1944, in: ebenda, Bd. 2, S. 566ff.; ER an Fritz Tarnow, 26. März 1944, LAB, E Rep. 200-21, Nr. 166; ER an Victor Schiff, 19. Juli 1944, in: SR, Bd. 2, S. 571f.; ER an Fritz Heine, 12. Juli 1945, LAB, E Rep. 200-21, Nr. 169; Hans Vogel an ER, 29. März 1945, ebenda.
169 Deringil, *Foreign Policy*, S. 171ff.; Koçak, *Türkiye'de Millî Şef Dönemi*, Bd. 2, S. 236–274.
170 ER an Harry Reuter, 22. September 1944, LAB, E Rep. 200-21, Nr. 159.
171 ER an Victor Schiff, 31. August 1944, in: SR, Bd. 2, S. 572f.; ER an Max Pulvermann, 14. September 1944, LAB, E Rep. 200-21, Nr. 167.
172 SR, Bd. 2, S. 465f.; ER an Augusta Mayerson, 16. Dezember 1944, LAB, E Rep. 200-21, Nr. 169; ER an Kgl. Schwedische Gesandtschaft in der Türkei, 21. Januar 1946, ebenda; ER an Heinz Guradze, 17. Juni 1945, LAB, E Rep. 200-21, Nr. 165; ER an Martin Wagner, 30. November 1945, ebenda; ER an Erich Ollenhauer, 14. Januar 1946, ebenda; Protokolle der Sitzungen des »Istanbul Subcommittee of the IRRC« (englisch) in LAB, E Rep. 200-21-01, Nr. 48; ER an Alexander Rüstow, 11. März 1946, BAK, N 1169 (NL Alexander Rüstow), Nr. 46, Bl. 150.
173 Zürcher, *Turkey*, S. 213; Deringil, *Foreign Policy*, S. 178f.
174 ER an Heinz Guradze, 28. Februar 1945, LAB, E Rep. 200-21, Nr. 165; ER an Martin Wagner, 5. März 1945, ebenda; Edzard Reuter, *Schein und Wirklichkeit*, S. 54.
175 Im Original englisch, ER an Victor Schiff, in: SR, Bd. 2, S. 595; ER an Martin Wagner, 30. November 1945, LAB, E Rep. 200-21, Nr. 165.
176 Schönfeld, *Ernst Reuter*, S. 288.
177 ER an Victor Schiff, 28. September 1945, in: SR, Bd. 2, S. 596.
178 ER an Martin Wagner, 7. Januar 1946, in: ebenda, Bd. 2, S. 614f.
179 ER an die amerikanische Botschaft, Ankara, 14. April 1945, in: ebenda, Bd. 2, S. 579f.; E. L. Packer an Secretary of State, 14. April 1945, NACP, RG 59, Central Decimal File, 862.50/4-1445.
180 Military Intelligence Division, Military Attaché Report [Walter E. Senger], Former Burgomaster of Magdeburg Seeks Return to Germany, 4. Mai 1945, NACP, RG 226, OSS, Research and Analysis Branch Divisions. Intelligence Reports 1941–1946, XL 8987.
181 Bjarne Braatoy, Memorandum of Conversation with Paul Hertz, 14. Mai 1945, NACP, RG 226, OSS, Foreign Nationalities Branch Files 1942–1945, INT-13GE-1523 (Mikrofiche).
182 ER an Karl Reuter, 8. Mai 1946, in: SR, Bd. 2, S. 648. Vgl. ER an Guradze, 17. Juni 1945, LAB, E Rep. 200-21, Nr. 165.
183 ER an Hanna Reuter, 16. Juni 1945, LAB, E Rep. 200-21, Nr. 158; ER an Augusta Mayerson, 14. Juli 1945, 30. November 1945, LAB, E Rep. 200-

21, Nr. 169; Mayerson an ER, 23. Oktober 1945, 14. November 1945, ebenda; ER an Robert A. McClure, 13. Juli 1945, in: SR, Bd. 2, S. 585ff.; ER an amerikanische Botschaft, Ankara, 4. Dezember 1945, in: ebenda, Bd. 2, S. 605f.

184 Robert Murphy, *Diplomat Among Warriors*, Garden City/New York 1964, S. 283ff.

185 Acting Secretary of State an United States Political Adviser on German Affairs, 18. Mai 1945, NACP, RG 59, Decimal File, 862.50/4-1445.

186 Jan Foitzik, »Politische Probleme der Remigration«, in: *Exilforschung. Ein internationales Jahrbuch*, Bd. 9 (1991), S. 104f.

187 Erich Ollenhauer an ER, LAB, E Rep. 200-21, Nr. 169; ER an Ollenhauer, 28. November 1945, ebenda.

188 ER an Elizabeth Fox Howard, 7. Februar 1946, LAB, E Rep. 200-21, Nr. 164. Vgl. ER an Wilhelm Sander, 6. Februar 1946, und an Victor Schiff, 6. Februar 1946, in: SR, Bd. 2, S. 620–624.

189 Erich Ollenhauer an ER, 13. Dezember 1945, LAB, E Rep. 200-21, Nr. 169.

190 Fritz Heine an ER, 24. Januar 1946, ebenda.

191 Wilhelm Sander an ER, 28. März 1946, ebenda; Heinz Guradze an ER, 21. April 1946, LAB, E Rep. 200-21, Nr. 165; Erich Ollenhauer an ER, 2. Mai 1946, LAB, E Rep. 200-21, Nr. 169; ER an Victor Schiff, 6. Mai 1946, in: SR, Bd. 2, S. 645.

192 Philip Noel-Baker an ER, 15. Juni 1946, LAB, E Rep. 200-21, Nr. 169. Vgl. ER an Noel-Baker, 4. Juni 1946 und 26. Juni 1946, in: SR, Bd. 2, S. 658, S. 662f.; ER an Erich Ollenhauer, 27. Juni 1946, LAB, E Rep. 200-21, Nr. 169; ER an Karl Reuter, 27. Juni 1946, LAB, E Rep. 200-21, Nr. 154.

193 ER an Louis Biester, 30. Juli 1946, in: SR, Bd. 2, S. 665f.; ER an Victor Schiff, 30. Juli 1946, in: ebenda, Bd. 2, S. 666–669; ER an Carl Severing, 30. Juli 1946, in: ebenda, Bd. 2, S. 669ff.; ER an Elizabeth Fox Howard, 1. August 1946, in: ebenda, Bd. 2, S. 671ff.

194 Heinz Guradze an ER, 2. Juli 1946, LAB, E Rep. 200-21, Nr. 169.

195 Im Original englisch, ER an Heinz Guradze, 6. Mai 1946, LAB, E Rep. 200-21, Nr. 165; ER an Marius Grunwald, 11. März 1946, in: SR, Bd. 2, S. 625f. Vgl. ER an Victor Schiff, 28. August 1945, in: ebenda, Bd. 2, S. 591; ER an Schiff, 6. Februar 1946, in: ebenda, Bd. 2, S. 622; ER an Max Pulvermann, 25. März 1946, in: ebenda, Bd. 2, S. 631; ER an Robert Görlinger, 11. Mai 1946, in: ebenda, Bd. 2, S. 653f.

196 ER an Elizabeth Fox Howard, 8. Oktober 1946, LAB, E Rep. 200-21, Nr. 164. Vgl. ER an Alexander Rüstow, 22. Oktober 1946, BAK, N 1169 (NL Alexander Rüstow), Nr. 46, Bl. 139.

197 Im Original englisch, ER an A.L. Barber, 9. April 1947, LAB, E Rep. 200-21, Nr. 166.

198 Sir D. Kelly, Ankara, an Foreign Office, 9. November 1946, PRO, FO 371/55502.

5. Kapitel

1 Thukydides, *Geschichte des Peloponnesischen Krieges*, München 1991, S. 157.

2 ER, Grundsätze und Ziele der Sozialdemokratie. Referat auf der 1. Tagung des 4. Landesparteitages der Berliner SPD am 27. April 1947, abgedruckt in: SR, Bd. 3, S. 200.

3 Office of Military Government, US Berlin Sector [OMGBS], Civil Administration and Political Affairs Branch, Report,10 September 1948, Political Summary, Bl. 8, NACP, RG 260, OMGUS, Records of the Berlin Sector (OMGBS), Civil Administration and Political Affairs Branch, General Records 1945–1949, Box 71. Der Verfasser des Berichts war Louis Glaser, Chief, Civil Administration and Political Affairs Branch.

4 OMGBS, Political Report No. 14, Week Ending 11 September 1948, Bl. 3–5, NACP, RG 59, Decimal File, 740.00119 Control (Germany)/9-2148; OMGBS: Monthly OMG Report for September 1948, Bl. 1–2, NACP, RG 260, OMGUS, Records of the Berlin Sector (OMGBS), Civil Administration and Political Affairs Branch, General Records 1945–1949, Box 71; Senat von Berlin (Hg., bearb. von Albrecht Lampe/Richard Hebing/Hans-Karl Behrend), *Berlin. Behauptung von Freiheit und Selbstverwaltung 1946–1948* (= Schriftenreihe zur Berliner Zeitgeschichte, Bd. 2), Berlin 1959, S. 626ff. (künftig zitiert: *Berlin-Chronik 1946–1948*).

5 Protokoll einer Telefonkonferenz zwischen Lucius D. Clay und William H. Draper, Jr., 6. September 1948, in: Jean Edward Smith (Hg.), *The Papers of General Lucius D. Clay: Germany 1945–1949*, 2 Bde., Bloomington 1974, Bd. 2, S. 834. Vgl. Clay an Draper und Omar Bradley, 8. September 1948, in: ebenda, Bd. 2, S. 844f.

6 OMGBS, Monthly Report for September 1948, Summary, NACP, RG 260, OMGUS, Records of the Berlin Sector (OMGBS), Civil Administration and Political Affairs Branch, Box 71; Astrid Ott: »›Fliegende Güterzüge‹. Organisation und Ablauf der amerikanischen ›Operation Vittles‹«, in: Deutsches Technikmuseum Berlin/Landesbildstelle Berlin (Hg.), *Auftrag Luftbrücke. Der Himmel über Berlin 1948–1949*, Berlin 1998, S. 76f. Vgl. die äußerst detaillierte amerikanische und britische Statistik zur Luftbrücke in: NACP, RG 260, OMGUS, Records of the Berlin Sector (OMGBS), Records of the Director's Office, Boxes 57–61.

7 Biographisches zu Neumann: Unterlagen in FNA, IX/1; Walther G. Oschilewski/Arno Scholz, *Franz Neumann. Ein Kämpfer für die Freiheit Berlins* (= Köpfe der Zeit), Berlin-Grunewald 1954; »Franz Neumanns letztes Interview«, in: *Franz-Neumann-Archiv e.V. Berlin. Tätigkeitsbericht 1974–1978*, Nr. 1, S. 1–55; Bernhard Meyer, *Sozialdemokraten in der Entscheidung* (Biographien und Chronologie) (= Marginalien zur politischen Geschichte Berlin-Brandenburgs), Berlin 1994, S. 130–135.

8 Vgl. OMGBS, Civil Administration and Political Affairs Branch, Report, 10 September 1948, Political Summary, Bl. 8–9, NACP, RG 260, OMGUS, Records of the Berlin Sector (OMGBS), Civil Administration and Political Affairs Branch, General Records 1945–1949, Box 71.

9 Edzard Reuter, *Schein und Wirklichkeit*, S. 68.

10 ER, Rede auf der Protestkundgebung vor dem Reichstagsgebäude am 9. September 1948 gegen die Vertreibung der Stadtverordnetenversammlung aus dem Ostsektor, in: SR, Bd. 3, S. 477ff. Vgl. *Berlin-Chronik 1946–1948*, S. 632f.

11 Biographisches zu Klingelhöfer: Gustav Klingelhöfer, Manuskript zu seiner Grabrede, 1.–27. Januar 1957, LAB, E Rep. 200-23 (NL Gustav Klingelhöfer), Nr. 5; Persönliche Daten von Gustav Klingelhöfer, Januar 1961, ebenda; Harold Hurwitz (unter Mitarbeit von Andreas Büning/Johannes-Berthold Hohmann/Klaus Sühl/Ingelore Mensch-Khan), *Demokratie und Antikommunismus in Berlin nach 1945*, Bd. 4: *Die Anfänge des Widerstands*, Teil 1: Führungsanspruch und Isolation der

Sozialdemokraten, Köln 1990, S. 277–282; Meyer, *Sozialdemokraten*, S. 85–88.

12 Arthur Schlegelmilch, *Hauptstadt im Zonendeutschland. Die Entstehung der Berliner Nachkriegsdemokratie 1945–1949* (= Schriften der Historischen Kommission zu Berlin, Bd. 4), Berlin 1993, S. 179 bis 184.

13 Gustav Klingelhöfer an Paul Anderson, 24. Juni 1946, LAB, E Rep. 200-23, Nr. 36.

14 Gustav Klingelhöfer an Gustav Dahrendorf, 4. Juni 1946, ebenda.

15 Gustav Klingelhöfer an Otto Friedlaender, 24. Juni 1946, ebenda; Friedlaender an Klingelhöfer, 5. Juli 1946, ebenda; Klingelhöfer an Friedlaender, 27. Juli 1946, ebenda.

16 Otto Suhr an Erich Ollenhauer, 1. November 1946, AdsD, Bestand Kurt Schumacher, Mappe 156.

17 ER an A. L. Barber, 9. April 1947, in: SR, Bd. 3, S. 179.

18 Interview Harold Hurwitz mit Hanna und Edzard Reuter, 16. Mai 1954, LAB, E Rep 200 Acc. 2326, Nr. 337.

19 Ebenda; ER an Victor Schiff, 23. März 1947, SR, Bd. 3, S. 143.

20 Arno Scholz (i.A. von Otto Suhr) an Fritz Heine, 27. November 1946, AdsD, Bestand Kurt Schumacher, Mappe 156; Protokoll von der Tagung über Kommunalfragen am 5.11.46, PA-HH; SR, Bd. 3, S. 766, Anm. 11.

21 ER an Elizabeth Fox Howard, 15. Dezember 1946, SR, Bd. 3, S. 82; Protokoll über die Vorstandssitzung vom 28.10.1946, FNA, II b1/1; Protokoll der Parteiausschuß-Sitzung vom 29.10.46, PA-HH; Wolfgang Ribbe, »Otto Ostrowski«, in: ders (Hg.), *Stadtoberhäupter*, S. 357, S. 360; Schlegelmilch, *Hauptstadt*, S. 215. Zur historischen Deutung Ostrowskis siehe jetzt vor allem Arthur Schlegelmilch, »Otto Ostrowski und die Neuorientierung der Sozialdemokratie in der Viersektorenstadt Berlin«, in: *Jahrbuch für die Geschichte Mittel- und Ostdeutschlands*, Bd. 42 (1994), S. 59–80.

22 Harold Hurwitz (unter Mitarbeit von Ursula Böhme und Andreas Malycha), *Die Stalinisierung der SED. Zum Verlust von Freiräumen und sozialdemokratischer Identität in den Vorständen 1946–1949* (= Schriften des Zentralinstituts für sozialwissenschaftliche Forschung der Freien Universität Berlin, Bd. 79), Opladen 1997, S. 179ff.; U. E. Biel an Oberstleutnant Heimlich, 7. November 1946, NACP, RG 260, OMGUS, Records of the Berlin Sector (OMGBS), Civil Administration and Political Affairs Branch, General Records 1945–1949, Box 71. Vgl. Frank Howley an Lloyd V. Steere, 7. November 1946, NACP, RG 260, OMGUS, Records of the Berlin Sector (OMGBS), Civil Administration and Political Affairs Branch, General Records, 1945–1949.

23 Political Division, Headquarters, Control Commission for Germany (British Element) an German Department, Foreign Office, 21. März 1947, PRO, FO 1049/837.

24 ER an Karl Reuter, 27. November und 2. Dezember 1946, LAB, E Rep. 200-21, Nr. 154.

25 Interview im RIAS am 1. Dezember 1946, in: SR, Bd. 3, S. 74–77.

26 Protokoll der Vorstandssitzung am 2. Dez. 1946, FNA, II b1/1.

27 ER an Karl Reuter, 4. Dezember 1946, in: SR, Bd. 3, S. 78f.

28 ER an Fritz Neumark, 12. Dezember 1946, in: ebenda, Bd. 3, S. 79; ER an Elizabeth Fox Howard, 15. Dezember 1946, in: ebenda, Bd. 3, S. 82; ER an A. L. Barber, 9. April 1947, in: ebenda, Bd. 3, S. 180; Vereidigung zum Stadtrat am 19. Dezember 1946, in: ebenda, Bd. 3, S. 84f.

29 Vgl. die entsprechenden alliierten Vereinbarungen und Dokumente, abgedruckt in: Senat von Berlin (Hg.), bearb. von Hans J. Reichhardt/Hanns U. Treutler/Albrecht Lampe, *Berlin. Quellen und Dokumente 1945–1951*, 1. Halbband, Berlin 1964, S. 37–70. Vgl. ferner Wolfgang Ribbe, »Berlin zwischen Ost und West (1945 bis zur Gegenwart)«, in: ders. (Hg.), *Geschichte Berlins*, Bd. 2: *Von der Märzrevolution bis zur Gegenwart*, München 1987, S. 1036–1039; Schlegelmilch, *Hauptstadt*, S. 23–33. Summarisch zur politischen Geschichte Berlins nach 1945: Hans J. Reichhardt, »Wiederaufbau und Festigung demokratischer Strukturen im geteilten Berlin 1945–1963«, in: Otto Büsch/Wolfgang Haus/Georg Kotowski/Hans J. Reichhardt, *Berliner Demokratie 1919–1985*, Bd. 2: *Berlin als Hauptstadt im Nachkriegsdeutschland und Land Berlin 1945–1985* (= Veröffentlichungen der Historischen Kommission zu Berlin, Bd. 70/2), Berlin 1987, S. 5–138.

30 Christian Engeli/Wofgang Ribbe, »Berlin in der NS-Zeit (1933 bis 1945)«, in: Ribbe (Hg.), *Geschichte Berlins*, Bd. 2, S. 1020–1024; Tusa/Tusa, *The Berlin Blockade*, London 1988, S. 22ff.; Norman M. Naimark, *The Russians in Germany: A History of the Soviet Zone of Occupation, 1945–1949*, Cambridge/Mass. 1995, S. 11, S. 78.

31 Aus der umfangreichen Literatur zu diesen Entwicklungen vgl. vor allem Wolfgang Leonhard, *Die Revolution entläßt ihre Kinder*, Köln 1990 (ursp. 1955), S. 411–500; Kurt Wernicke, »Arthur Werner«, in: Wolfgang Ribbe (Hg.), *Stadtoberhäupter. Biographien Berliner Bürgermeister im 19. und 20. Jahrhundert* (= Berlinische Lebensbilder Bd. 7), Berlin 1992, S. 335–340; Ribbe, »Berlin zwischen Ost und West«, S. 1028ff.; Schlegelmilch, *Hauptstadt*, S. 142–170, S. 260–271; Ditmar Staffelt, *Der Wiederaufbau der Berliner Sozialdemokratie 1945/46 und die Einheitsfrage. Ein Beitrag zur Nachkriegsgeschichte der unteren und mittleren Organisationsgliederungen der SPD* (= Europäische Hochschulschriften, Reihe III, Bd. 314), Frankfurt M./Bern/New York 1986, S. 74–100; Hurwitz, *Demokratie und Antikommunismus*, Bd. 4, Teil 1, Kapitel 2; Markus Jodl, *Amboß oder Hammer? Otto Grotewohl. Eine politische Biographie*, Berlin 1997, S. 75–89. Zur Tätigkeit des Magistrats 1945 siehe jetzt vor allem Dieter Hanauske (Bearb.), *Die Sitzungsprotokolle des Magistrats der Stadt Berlin 1945/46*, Bd. 2, Teil 1: 1945 (= Schriftenreihe des Landesarchivs Berlin), Berlin 1997.

32 Naimark, *Russians*, S. 23f.

33 Ebenda, S. 20–32, S. 292.

34 Clay, Entscheidung in Deutschland, S. 125f.; Tusa/Tusa, *Berlin Blockade*, S. 61f.

35 Zu Clay vgl. vor allem Smith (Hg.), *Clay Papers*; John H. Backer, *Winds of History: The German Years of Lucius DuBignon Clay*, New York 1983; Jean Edward Smith, *Lucius D. Clay: An American Life*, New York 1990; und die einfühlsame Charakterisierung in: Tusa/Tusa, *Berlin Blockade*, S. 54ff.

36 Smith, *Lucius D. Clay*, S. 8.

37 Alan Bullock, *Ernest Bevin: Foreign Secretary 1945–1951*, New York/London 1983, S. 391f.

38 Earl F. Ziemke, »Improvising Stability and Change in Postwar Germany«, in: Robert Wolfe (Hg.), *Americans as Proconsuls: United States Military Government in Germany and Japan, 1944–1952*, Carbondale/Edwardsville 1984, S. 64.

39 Zur Geschichte der amerikanischen Militärregierung vgl. die klassische Studie von John Gimbel, *The American Occupation of Germany: Politics and the Military, 1945–1949*, Stanford 1968; ferner u.a. John H. Backer, *Priming the German Economy: American Occupational Policies, 1945–1948*, Durham/North Carolina 1971; Edward N. Peterson, *The American Occupation of Germany: Retreat to Victory*, Detroit 1978; Wolfe (Hg.), *Americans as Proconsuls*; Jeffry M. Diefendorf/Axel Frohn/Hermann-Josef Rupieper (Hg.), *American Policy and the Reconstruction of West Germany, 1945–1955* (= Publications of the German Historical Institute, Washington, D.C.), Cambridge/New York 1993; Christoph Weisz (Hg.), *OMGUS-Handbuch. Die amerikanische Militärregierung in Deutschland 1945–1949* (= Quellen und Darstellungen zur Zeitgeschichte, Bd. 35), München 1994.

40 Gimbel, *Occupation*, S. 249. Vgl. ferner John H. Backer, *The Decision to Divide Germany: American Foreign Policy in Transition*, Durham/North Carolina 1978; Gunther Mai, »American Policy toward Germany and the Integration of Europe, 1945–1955«, in: Diefendorf u.a. (Hg.), *American Policy*, S. 85–109, insb. S. 85–98; John Gillingham, »From Morgenthau Plan to Schuman Plan: America and the Organization of Europe«, in: ebenda, S. 111–133; die sehr umstrittene Arbeit von Carolyn Woods Eisenberg, *Drawing the Line: The American Decision to Divide Germany, 1944–1949*, Cambridge 1996; und den kritisch abwägenden Überblick von Melvyn P. Leffler, *The Struggle for Germany and the Origins of the Cold War* (= German Historical Institute, Washington, D.C., Occasional Paper No. 16: Sixth Alois Mertes Memorial Lecture), Washington/D.C. 1996.

41 Zu Robertson vgl. ebenda, S. 98; Tusa/Tusa, *Berlin Blockade*, S. 54.

42 Zur Rolle Frankreichs als Besatzungsmacht vgl. nach wie vor F. Roy Willis, *The French in Germany 1945–1949*, Stanford 1962, insb. S. 77ff.

43 Jürgen Wetzel, »Office of Military Government for Berlin Sector«, in: Weisz (Hg.), *OMGUS-Handbuch*, S. 681–686. Vgl. Office of Military Government, Berlin Sector, Public Relations, Statistical and Historical Branch, *A Four Year Report. Office of Military Government. U.S. Sector, Berlin. July 1, 1945 – September 1, 1949*, Berlin o.D. [1949].

44 J. W. Darling, Resume of Director's Meeting with all OMGBS Branch Chiefs on 3 Dec. 1948, 5. Januar 1949, NACP, RG 260, OMGUS, Records of the Berlin Sector (OMGBS), Records of Director's Office, Records re: Activities of OMGBS 1945–49, Box 36.

45 Interview Brewster Chamberlin und Jürgen Wetzel mit Karl F. Mautner, 4. Mai 1981 (maschinengeschrieben), LAB, B Rep. 37 Acc. 3103, Nr. 92; Interview des Verfassers mit Karl F. Mautner, 23. Juli 1999.

46 Frank Howley, *Berlin Command*, New York 1950, S. 14f.

47 Naimark, *Russians*, S. 35, S. 288, S. 293f.

48 Wolfgang Schivelbusch, *Vor dem Vorhang. Das geistige Berlin 1945 bis 1948*, München 1995, S. 11. Zu den Zerstörungen in Berlin vgl. vor allem Christian Engeli, »Krieg und Kriegsfolgen in Berlin im Vergleich zu anderen Großstädten«, in: Wolfgang Ribbe/Jürgen Schmädeke (Hg.), *Berlin im Europa der Neuzeit. Ein Tagungsbericht* (= Veröffentlichungen der Historischen Kommission zu Berlin, Bd. 75), Berlin 1990, S. 399–416.

49 Zu den Vergewaltigungen siehe jetzt vor allem Naimark, *Russians*, Kap. 2.

50 Siehe vor allem die Dokumentation in: *Berlin. Quellen und Dokumente*, 1. Halbband, S. 782–896; und die ausführliche Darstellung in: Hurwitz,

Demokratie und Antikommunismus, Bd. 4, Teil 1 und 2: Zwischen Selbsttäuschung und Zivilcourage: Der Fusionskampf. Vgl. ferner u.a. Klaus-Peter Schulz, *Auftakt zum Kalten Krieg. Der Freiheitskampf der SPD in Berlin 1945/46*, Berlin 1965; Staffelt, *Wiederaufbau*; Ernst Goder (Hg.), *1945–1946. KPD und SPD in Ostberlin* (= Marginalien zur politischen Geschichte Berlin-Brandenburgs), Berlin 1992; Schlegelmilch, *Hauptstadt*, S. 142–230; Naimark, *Russians*, Kap. 5, insb. S. 269–284; Meyer, *Sozialdemokraten*; Manfred Teresiak (Hg.), *Die SED in Berlin. Dokumente zur Vereinigung von KPD und SPD* (= Marginalien zur politischen Geschichte Berlin-Brandenburgs), 4 Bde., Berlin 1994/95; Andreas Malycha, *Partei von Stalins Gnaden? Die Entwicklung der SED zur Partei neuen Typs in den Jahren 1946 bis 1950*, Berlin 1996, S. 41–69. Für die Sowjetzone selbst vgl. Andreas Malycha (Hg.), *Auf dem Weg zur SED. Die Sozialdemokratie und die Bildung einer Einheitspartei in den Ländern der SBZ. Eine Quellenedition* (= Archiv für Sozialgeschichte, Beiheft 16), Bonn 1995.

51 Hurwitz, *Demokratie und Antikommunismus*, Bd. 4, Teil 2, S. 1009–1219. Vgl. »Franz Neumanns letztes Interview«, in: *Franz-Neumann-Archiv e.V. Berlin. Tätigkeitsbericht 1974–1978*, Nr. 1, S. 34ff.; Staffelt, *Wiederaufbau*, S. 301–320.

52 SPD-Landesverband Berlin in Zusammenarbeit mit dem Franz-Neumann-Archiv e.V. Berlin (Hg.), *Protokoll vom Bezirksparteitag der SPD am Sonntag, dem 7. April 1946 in Berlin-Zehlendorf*, Berlin o.D. (Nachdruck), vor allem S. 9–20 (Rede Neumanns).

53 Vgl. die Kurzbiographien in: Meyer, *Sozialdemokraten*.

54 Vgl. die Dokumentation in: *Berlin. Quellen und Dokumente*, 2. Halbband, S. 1081–1139.

55 Ebenda, 2. Halbband, S. 1139f.; Ribbe, *Berlin zwischen Ost und West*, S. 1043f.

56 *Berlin-Chronik 1946–1948*, S. 89.

57 Allied Kommandatura Berlin. Minutes of the Commandants' Thirty-Second Meeting held in Berlin on 26th November, 1946, at 1000 hours, NACP, RG 260, OMGUS, Records of the Berlin Sector (OMGBS), Civil Administration and Political Affairs Branch, General Records 1945–1949, Box 69; Allied Kommandatura Berlin, Local Government Committee, Report to the Commandants, 9. Dezember 1946, ebenda; Louis Glaser an Frank Howley, 10. Dezember 1946, ebenda; Office of Military Government, Berlin Sector, Special Report of Civil Administration and Political Affairs Branch. Analysis of Current Situation in Berlin Administration and Political Affairs, II. Review and Summary, 25. Juni 1947, ebenda, Box 71. Vgl. *Berlin. Quellen und Dokumente 1945–1951*, 2. Halbband, S. 1166–1177.

58 *Berlin-Chronik 1946–1948*, S. 90–96.

59 Donald R. Heath, der stellvertretende Political Adviser der US-Militärregierung, berichtete am 10. Dezember 1946: »Die Sowjets erkundigten sich nach dem SPD-Kandidaten für den Posten des Verkehrsbeauftragten, Ernst Reuter, der, wie sie meinten, »vor 1933 ein ehrbarer Geschäftsmann« gewesen war, über dessen Leben nach seinem Weggang aus Deutschland sie jedoch nichts wußten«, Heath an Secretary of State, 10. Dezember 1946, NACP, RG 59, Decimal File, 862.00/12-1046.

60 Allied Kommandatura Berlin. Minutes of the Thirty-Fourth Meeting

(Extraordinary) held in Berlin on 10 December 1946, at 1000 hours, PRO, FO 1005/234.

61 Vgl. Memoranda by the Inter-Allied Group for the Study of Germany and the Satellite States. Note de Bureau No. 89, The activities of Dr. Ernst Reuter in Ankara, o.D. (1943), PRO, FO 371/34474; und die fehlerhaften Angaben in: Political Intelligence Department: German Personalities, 28. Dezember 1946, PRO, FO 371/55795.

62 Sir D. Kelly (Ankara) an Foreign Office, 31. Dezember 1946, PRO, FO 371/64251; Sir W. Strang (Berlin) an Kelly, 31. Dezember 1946, ebenda; Sir D. Kelly an Foreign Office, 8. Januar 1947, ebenda; K. A. Spencer, Political Section, HQ Military Government, British Troops Berlin, Ernst Reuter, 31. Dezember 1946 und 4. Januar 1947, PRO, FO 1012/231.

63 Allied Kommandatura Berlin. Minutes of the Commandants' First Meeting held in Berlin on 7th January 1947, at 1000 hours, PRO, FO 1005/235; Berlin an Secretary of State, 8. Januar 1947, NACP, RG 59, Decimal File, 862.00/1-847.

64 ER an Fritz Grimm, 25. Januar 1947, in: SR, Bd. 3, S. 105.

65 *Berlin-Chronik 1946–1948*, S. 90.

66 Office of Military Government, Berlin Sector. Public Health Branch, Six Months Report, 3 July 1946 – 3 January 1947, NACP, RG 260, OMGUS, Records of the Berlin Sector (OMGBS), Records re, The Activities of the OMG, Berlin Sector 1945–49, Box 50.

67 Vgl. hierzu Schönfeld, *Kommen Sie, es lohnt sich.*

68 ER an Alexander Rüstow, 4. April 1947, in: SR, Bd. 3, S. 165.

69 ER an Max Cohen-Reuß, 4. Februar 1947, in: ebenda, Bd. 3, S. 115.

70 ER an Oscar Weigert, 4. April 1947, in: ebenda, Bd. 3, S. 173.

71 *Berlin-Chronik 1946–1948*, S. 106, S. 120, S. 124, S. 149, S. 151; ER, Erklärung in der Stadtverordnetenversammlung am 9. Januar 1947 zur Stromversorgung, in: SR, Bd. 3, S. 91–95.

72 ER an Hans Wilbrandt, 12. Januar 1947, in: ebenda, Bd. 3, S. 95.

73 ER, Ansprache zu den Einschränkungen im städtischen Verkehr, im RIAS am 4. Februar 1947, in: ebenda, Bd. 3, S. 111, S. 113f.

74 ER an Oscar Weigert, 4. April 1947, in: ebenda, Bd. 3, S. 174.

75 Allied Kommandatura Berlin. Minutes of the Commandants' Seventh Meeting held in Berlin on 18 March 1947 at 1400 hours, PRO, FO 1005/235, fol. 8–10. Vgl. ferner Acting Political Adviser for Germany (Donald R. Heath) an Secretary of State, 14. April 1947, in: *FRUS 1947*, Bd. 2, S. 862; Allied Control Authority, Coordinating Committee, Minutes of the One Hundred and Twenty Eighth Meeting held in Berlin on 8th July 1947 at 1430 hours, NACP, RG 59, Decimal File, 740.00119 Control (Germany)/7-2147.

76 Inge Deutschkron, *Ich trug den gelben Stern*, 13. Auflage, München 1995 (ursp. 1978), S. 148. Vgl. Ribbe, *Ostrowski*, S. 362.

77 Schlegelmilch, *Ostrowski*, S. 60f., S. 65ff.

78 Schlegelmilch, *Hauptstadt*, S. 113.

79 *Berlin-Chronik 1946–1948*, S. 167. Vgl. ferner die Anordnung der Kommandantur vom 28. Februar 1947, in: ebenda, S. 163.

80 Wortlaut des Protokolls in: Ribbe, »Ostrowski«, S. 366, Anm. 27. Vgl. auch den vertraulichen britischen Kommentar zu dieser Besprechung, in: 12 (Berlin) Intelligence Staff. Political Intelligence Report No. 54. Period ending 12 March 1947, PRO, FO 1005/1729; ferner *Berlin-Chronik 1946 bis 1948*, S. 157; Schlegelmilch, *Hauptstadt*, S. 217f.; ders., *Ostrowski*, S. 69ff.

81 Ebenda, S. 72. Vgl. Steel an Foreign Office, 12. April 1947, PRO, FO 1049/838; Acting Political Adviser for Germany (Donald R. Heath) an Secretary of State, 14. April 1947, in: *FRUS 1947*, Bd. 2, S. 861ff.

82 Zur Ostrowski-Krise vgl. die Dokumentation in: *Berlin. Quellen und Dokumente*, 2. Halbband, S. 1177–1185.

83 Political Section, HQ Military Government. Secretariat. Monthly Report – April 1947, 2. Mai 1947, PRO, FO 1012/284.

84 Vgl. u.a. Gespräch Willy Brandt mit Louise Schroeder, 8. Juli 1954, LAB, E Rep. 200-21-01, Nr. 337: »Von amerikanischer Seite drängte Howley darauf, daß die Stadtverordnetenversammlung E. R. wählen sollte, obgleich bekannt war, daß ihn die Sowjets ablehnen würden.«

85 ER an Victor Schiff, 23. März 1947, in: SR, Bd. 3, S. 143.

86 Gespräch Willy Brandt mit Louise Schroeder, 8. Juli 1954, LAB, E Rep. 200-21-01, Nr. 337.

87 Protokoll der Fraktionssitzung der SPD am 21. April 1947, LAB, E Rep. 200-17 (NL Otto Suhr), Nr. 42.

88 Political Division, Headquarters, Control Commission for Germany (British Element) an German Department, Foreign Office, 31. März 1947, PRO, FO 1049/837.

89 K. A. Spencer (Political Branch, HQ Military Government British Troops Berlin), Discussion with Dr. Ostrowsky [sic!] on the 5th March 47, 6. März 1947, PRO, FO 1012/243.

90 Otto Ostrowski an SPD-Mitglieder des Senats von Berlin /Parteivorstand der Berliner SPD, 16. Juni 1959, AdsD, Nachlaß Otto Ostrowski, Nr. 40. Vgl. ferner die ähnlichen Darstellungen Ostrowskis, ebenda, Nr. 37, und die Gegendarstellung von Fritz Piefke an Ostrowski, 31. März 1963, ebenda, Nr. 37. Ulrich E. Biel wurde 1907 in Breslau geboren, studierte an den Universitäten Berlin, Bonn, Genf und Paris, wurde nach der Emigration in verschiedenen internationalen Geschäften tätig (so in der Börsenmaklerfirma »Hamershlag, Borg and Company« und dem »General Stalanti Steamship Company«), ehe er während des Krieges im amerikanischen OSS diente. Nach dem Krieg kehrte er nach Deutschland als Offizier der amerikanischen Militärregierung zurück. In Berlin war er Chief of Political Affairs Section, Civil Administration and Political Affairs Branch, und ein starker Befürworter Konrad Adenauers und der CDU. Vgl. NACP, RG 226, OSS, E 92, Box 390, Folder 30; Brief von Biel, 15. April 1948, NACP, RG 260, OMGUS, Records of the Berlin Sector (OMGBS), Civil Administration and Political Affairs Branch, General Records 1945–1949, Box 70; Interview des Verfassers mit Karl F. Mautner, 23. Juli 1999.

91 Protokoll der außerordentlichen Vorstandssitzung vom 26.2.1947, 16 Uhr, PA-HH. Zur amerikanischen Rolle bei der Absetzung Ostrowskis vgl. Schlegelmilch, *Hauptstadt*, S. 224f., Anm. 329.

92 Hermann Matern, Vermerk, o.D. (August 1947), SAPMO-BArch, Nachlaß Hermann Matern, NY 4076/54, Bl. 179.

93 Political Division. Headquarters, Control Commission for Germany (British Element) an German Department, Foreign Office, 31. März 1947, PRO, FO 1049/837.

94 Sozialdemokratische Partei Deutschlands. Landesverband Groß-Berlin. 4. Landesparteitag 24. bis 27. April 1947 (maschinengeschrieben), FNA, II b2/8, insb. Bl. 213–217; C. G. Rhodes, 12 (Berlin) Intelligence Staff. Political Intelligence Report No. 56. Period ending 30 April 1947, PRO, FO 1005/1729, fol. 85.

95 *Berlin-Chronik 1946–1948*, S. 209f., S. 214, S. 241, S. 247f.; *Berlin. Quellen und Dokumente*, 2. Halbband, S. 1182–1185; Acting Political Adviser for Germany (Donald R. Heath) an Secretary of State, 23. April und 25. April 1947, in: *FRUS 1947*, Bd. 2, S. 864ff.; Sir William Strang an Foreign Office, 29. April 1947, PRO, FO 1049/840; Allied Control Authority, Coordinating Committee, Resignation of the Oberbuergermeister of Berlin, 22. Mai 1947, NACP, RG 59, Decimal File, 740.00119 Control (Germany)/6-2647; Allied Control Authority, Coordinating Committee, Minutes of the One Hundred and Twenty Third Meeting held in Berlin on 28 and 30 May 1947 at 1430 hours, 2. Juni 1947, ebenda.

96 Office of Military Government Berlin Sector, Special Report of Civil Administration and Political Affairs Branch. Analysis of Current Situation in Berlin Administration and Political Affairs, 25. Juni 1947, NACP, RG 260, OMGUS, Records of the Berlin Sector (OMGBS), Civil Administration and Political Affairs Branch, General Records 1945–1949, Box 71. Louis Glaser war der Verfasser dieses Berichts. Vgl. Howley, *Berlin Command*, S. 146f.

97 J. Proctor Thomas, 12 (Berlin) Intelligence Staff. Political Intelligence Report No. 58. Period ending 30 June 1947, PRO, FO 1005/1729, fol. 133–135; K. A. Spencer, Political Section, HQ Military Government, British Troops Berlin, Monthly Report – June 1947, 30. Juni 1947, PRO, FO 371/284.

98 Im Original englisch, ER an A. L. Barber, 27. April 1948, in: SR, Bd. 3, S. 375.

99 *Berlin. Quellen und Dokumente*, 2. Halbband, S. 1190–1195; *Berlin-Chronik 1946–1948*, S. 258f.

100 Vgl. Landesvorstand Groß-Berlin der SED an ER, 2. Juni 1947, LAB, E Rep. 200-21, Nr. 172; ER an Landesvorstand Groß-Berlin der SED, 3. Juni 1947, in: SR, Bd. 3, S. 228ff.

101 ER, Stellungnahme nach der Wahl zum Oberbürgermeister im RIAS am 24. Juni 1947, in: ebenda, Bd. 3, S. 233–237.

102 Allied Kommandatura Berlin. Minutes of the Commandants' Fifteenth Meeting held in Berlin, on 27th June 1947, at 1000 hours, PRO, FO 1005/235; Robert Murphy an Secretary of State, 30. Juni 1947, NACP, RG 59, Decimal File, 740.00119 Control (Germany)/6-3047. *Tägliche Rundschau*, 10. Juli 1947, in: *Berlin. Quellen und Dokumente*, 2. Halbband, S. 1195ff.

103 Allied Control Authority, Coordinating Committee, Minutes of the One Hundred and Twenty Seventh Meeting held in Berlin on 2 July 1947 at 1430 hours, NACP, RG 59, Decimal File, 740.00119 Control (Germany)/7-1547; Allied Control Authority, Coordinating Committee, Minutes of the One Hundred and Twenty Eighth Meeting held in Berlin on 8th July 1947 at 1430 hours, ebenda, 740.00119 Control (Germany)/7-2147; Murphy an Secretary of State, 9. Juli 1947, ebenda, 740.00119 Control (Germany)/7-947.

104 Allied Kommandatura Berlin, Minutes of the Commandants' Seventeenth Meeting held in Berlin on 25th July 1947 at 1000 hours, PRO, FO 1005/235; *Berlin. Quellen und Dokumente*, 2. Halbband, S. 1198; Allied Control Authority, Control Council, Minutes of the Sixty-Sixth Meeting held in Berlin on 10 July 1947 at 1430 hours, NACP, RG 59, Decimal File, 740.00119 Control (Germany)/7-2147; Political Adviser for Germany (Murphy) an Secretary of State, 10. Juli 1947, in: *FRUS 1947*, Bd. 2,

S. 873f.; K. Randell, 12 (Berlin) Intelligence Staff. Political Intelligence Report No. 59. Period ending 31 July 1947, PRO, FO 1005/1729, fol. 157. Vgl. Willy Brandt, Oversikt over det allierte kontrollråds og Berlinkommandanturets 15/6-31/7 47, 1. August 1947, WBA, Berlin, Mappe 54; Clay, Entscheidung in Deutschland, S. 167.

105 Donald R. Heath, Memorandum of Conversation with Ernst Reuter, Elected Oberbuergermeister of Berlin, 10. Juli 1947, NACP, RG 59, Decimal File, 862.00/7-1147.

106 Louis A. Wiesner an Robert Murphy, 5. Juli 1947, NACP, RG 84, POLAD, Classified General Correspondence of the Political Advisor, 1944–49, Box 6, June–September 1947. Vgl. das Interview mit Wiesner (aufgenommen Anfang der achtziger Jahre), LAB, B Rep. 37 Acc. 3103, Nr. 99.

107 Vgl. ferner Backer, *Winds of History*, S. 170–177; Smith, *Lucius D. Clay*, S. 413–422; Leffler, *Struggle*, S. 37–40.

108 Scott D. Parrish, *The Turn toward Confrontation: The Soviet Reaction to the Marshall Plan, 1947* (= Cold War International History Project, Working Paper No. 9), Washington/D.C. 1994, S. 25. Vgl. Vojtech Mastny, *The Cold War and Soviet Insecurity: The Stalin Years*, New York/Oxford 1996, S. 27ff.

109 Parrish, *Turn*, S. 31f.; Leffler, *Struggle*, S. 48f.; Mastny, *Cold War*, S. 30–35.

110 Vladislav Zubok/Constantine Pleshakov, *Inside the Kremlin's Cold War: From Stalin to Khrushchev*, Cambridge/Mass. 1996, S. 51.

111 Vgl. hierzu Naimark, *Russians*, S. 308–317; Malycha, *Partei von Stalins Gnaden?*, insb. S. 89–102; Hurwitz, *Stalinisierung*, Kap. 10 und 11.

112 Vgl. Marthina Koerfer, »Louise Schroeder«, in: Ribbe (Hg.), *Stadtoberhäupter*, S. 373–390; Bettina Michalski, *Louise Schroeders Schwestern. Berliner Sozialdemokratinnen der Nachkriegszeit*, hg. vom Franz-Neumann-Archiv. Bonn 1996, S. 218–228; Interview des Verfassers mit Karl F. Mautner, 23. Juli 1999.

113 C. G. Rhodes, 12 (Berlin) Intelligence Staff. Political Intelligence Report No. 57. Period ending 31 May 1947, PRO, FO 1005/1729, fol. 108.

114 Howley, *Berlin Command*, S. 150.

115 Office of Military Government, US Berlin Sector, Civil Administration and Political Affairs Branch, Report, 10 September 1948, Political Summary, Bl. 19, NACP, RG 260, OMGUS, Records of the Berlin Sector (OMGBS), Civil Administration and Political Affairs Branch, General Records 1945–1949, Box 71; Control Commission for Germany (British Element), Political Division an Foreign Office, 7. Dezember 1948, PRO, FO 1049/1357. Vgl. Biographische Angaben über Schroeder, o.J. (1946 oder 1947), NACP, RG 466, HICOG, Office of the Executive Secretary. General Records, 1947–1952, No. 689, Biographies.

116 Gespräch Willy Brandt mit Louise Schroeder, 8. Juli 1954, LAB, E Rep. 200-21-01, Nr. 337.

117 Koerfer, *Louise Schroeder*, S. 382.

118 Donald R. Heath, Memorandum of Conversation with Ernst Reuter, Elected Oberbuergermeister of Berlin, 10. Juli 1947, NACP, RG 59, Decimal File, 862.00/7-1147.

119 Reinhold Niebuhr u.a. an Harry S. Truman, 14. Juli 1947, NACP, RG 59, Decimal File, 740.00119 Control (Germany)/7-1447.

120 Robert Murphy an Secretary of State, 12. Juli 1947, ebenda, 740.00119 Control (Germany)/7-1247; Murphy an Secretary of State, 16. Juli 1947, ebenda, 862.00/7-1647.

121 Clay an William H. Draper, Jr., 3. November 1947, in: Smith (Hg.), *Clay Papers*, Bd. 1, S. 476.

122 Vgl. die ausführliche Darstellung der Londoner Konferenz in: Alan Bullock, *Ernest Bevin: Foreign Secretary 1945–1951*, New York/London 1983, S. 489–501. Zum sowjetischen Standpunkt vgl. Zubok/Pleshakov, *Inside the Kremlin's Cold War*, S. 107.

123 Sir Brian Robertson an Foreign Office, 4. Dezember 1947, PRO, FO 371/64463.

124 ER an Elizabeth Fox Howard, 27. Dezember 1947, in: SR, Bd. 3, S. 325ff. Vgl. ER an Karl Reuter, 26. Dezember 1947, in: ebenda, Bd. 3, S. 323f.; ER an Gustav Oelsner, 28. Dezember 1947, in: ebenda, Bd. 3, S. 327ff.; ER an Konrad Engelmann, 4. Januar 1948, in: ebenda, Bd. 3, S. 333f.

125 ER an Victor Schiff, 12. April 1946, in: SR, Bd. 2, S. 642.

126 Eine Demonstration für die Freiheit, in: *Die Neue Zeitung* (Berliner Ausg.), Nr. 34 (30. April 1948), abgedruckt in: SR, Bd. 3, S. 380.

127 ER, Aufgaben und Funktionen der SPD, in: *Das sozialistische Jahrhundert*, 1. Jg., H. 11/12 (April 1947), S. 163ff., abgedruckt in: SR, Bd. 3, S. 151f. Zur Totalitarismus-Diskussion nach dem 2. Weltkrieg vgl. jetzt vor allem Abbott Gleason, *Totalitarianism: The Inner History of the Cold War*, New York/Oxford 1995, insb. Kapitel 4 und 8.

128 U.S. Consul General, Zürich, an Department of State, Remarks of Dr. Ernst Reuter, Mayor of Berlin, to Prominent Swiss Politician, Paul Meierhans, about Improbability of Russian Attack, 1. Juli 1952, NACP, RG 59, Decimal File, 661.00/7-152.

129 Stellvertretend für mehrere Äußerungen dieser Art aus den Jahren 1947/48: »Weshalb ich aus der Türkei nach Deutschland zurückkehrte«, Gespräch mit Kurt Kaiser-Blüth, in: *Telegraf*, Nr. 44 (21. Februar 1947), abgedruckt in: SR, Bd. 3, S. 119; Deutschland vor der Moskauer Konferenz. Rede auf der Funktionärversammlung der Berliner SPD im Admiralspalast am 1. März 1947, in: ebenda, Bd. 3, S. 134f.; Wie steht der Europäer zu Deutschland?, Vortrag ERs auf Kreisvorständekonferenz, Freitag, 12. September 1947, 18 Uhr, FNA, IIa 1/4; ER, Rede auf der Kundgebung von SPD, CDU und LDP vor dem Reichstagsgebäude am 26. August 1948, in: SR, Bd. 3, S. 469f.

130 Ebenda, Bd. 3, S. 469; Rede auf der Protestkundgebung vor dem Reichstagsgebäude am 9. September 1948 gegen die Vertreibung der Stadtverordnetenversammlung aus dem Ostsektor, in: ebenda, Bd. 3, S. 478f.

131 ER an Louis Biester, 3. Mai 1948, in: ebenda, Bd. 3, S. 390.

132 Willy Brandt, Die Lehren von Prag. Referat auf der Kreisvorständekonferenz der Berliner Sozialdemokratie am 2. März 1948 (hektographiert), WBA, Publikationen, Mappe 41.

133 ER, Wege und Formen der Sozialisierung. Vortrag auf der Jahrestagung der Zeitschrift »Das sozialistische Jahrhundert« am 30. November 1947 in Berlin, in: SR, Bd. 3, S. 297–318.

134 ER, Grundsätze und Ziele der Sozialdemokratie. Referat auf der 1. Tagung des 4. Landesparteitages der Berliner SPD am 27. April 1947, abgedruckt in: ebenda, Bd. 3, S. 208f.

135 SR, Bd. 3, S. 197.

136 Vgl. die Bemerkungen einer Delegation des britischen Unterhauses Anfang Dezember 1948 anläßlich einer Wahlkundgebung im Berliner Titania-Palast: »Speeches made by Reuter and Schwennicke [Vorsitzender der Berliner LDP – d. Verf.] at the election meeting (...) were considered

to be unnecessarily partisan and showed a regrettable return to the aggressive German Nationalism of pre-war days.« (»Die Reden Reuters und Schwennickes auf der Wahlversammlung waren von unnötiger Einseitigkeit und zeugten von einer bedauerlichen Wiederkehr des aggressiven deutschen Nationalismus der Vorkriegszeit«, d. Übers.), J. Lowndes, Governmental Structure Branch, Branch Report, Nr. 93 (9. Dezember 1948), PRO, FO 1012/285. Reuter erwiderte, dieser Vorwurf sei eine, »gelinde gesagt, etwas kindische Theorie«, deren Beweisführung »von einer erschütternden Primitivität« sei: »Ich glaube einigermaßen zu wissen, was nationalistisch ist.« ER an Bernard Reichenbach, 1. Januar 1949, in: SR, Bd. 3, S. 579.

137 ER, Rede auf einer Kundgebung vor dem Zehlendorfer Rathaus am 27. Juli 1948, in: SR, Bd. 3, S. 448f.

138 ER, Wie steht der Europäer zu Deutschland? Vortrag auf Kreisvorständekonferenz, Freitag, 12. September 1947, 18 Uhr, FNA, IIa 1/4. Vgl. Dietrich Orlow, »German Social Democracy and European Unification, 1945 to 1955«, in: Barclay/Weitz (Hg.), *Between Reform and Revolution*, S. 467–488.

139 Vgl. zu diesem Problemkomplex das folgende Kapitel wie auch Herf, *Divided Memory*, S. 261–266. Vgl. ferner Christa Fladhammer/Michael Wildt (Hg.), *Max Brauer im Exil. Briefe und Reden aus den Jahren 1933–1946*, Hamburg 1994, S. 82.

140 Sir Brian Robertson an Foreign Office, 3. März 1948, PRO, FO 371/70489. Vgl. Foreign Office an Robertson, 9. März 1948, ebenda.

141 Clay an Stephen J. Chamberlin, 5. März 1948, in: Smith (Hg.), *Clay Papers*, Bd. 2, S. 568f.; Smith, *Lucius D. Clay*, S. 466ff.

142 Zubok/Pleshakov, *Inside the Kremlin's Cold War*, S. 52; Michail M. Narinski, »The Soviet Union and the Berlin Crisis, 1948–1949«, in: Francesca Gori/Silvio Pons (Hg.), *The Soviet Union and Europe in the Cold War*, 1943–1953, New York 1996, S. 65.

143 Vgl. *Berlin-Chronik 1946–1948*, S. 356, S. 360f., S. 363, S. 367ff., S. 433–435; Office of Military Government, Berlin Sector, Monthly OMG Report for February 1948, S. 2–3, NACP, RG 260, OMGUS, Records of the Berlin Sector (OMGBS), Civil Administration and Political Affairs Branch, General Records 1945–1949, Box 71; Office of Military Government, Berlin Sector, Monthly OMG Report for March 1948, S. 3, ebenda; Harold E. Stearns an Director, 16. März 1948, ebenda (»Notes on 1848 Celebration and Volkskongress«); Louis Glaser an Director, OMGBS, 15. Juni 1948, ebenda (»The Volksbegehren – Summary«). Ferner Narinski, »Soviet Union«, S. 59–65.

144 Zur Londoner Konferenz siehe die Unterlagen in: *FRUS 1948*, Bd. 2: *Germany and Austria*, Teil I, insb. S. 285–337. Vgl. u.a. Herzfeld, *Berlin der Weltpolitik*, S. 222–226; Avi Shlaim, *The United States and the Berlin Blockade, 1948–1949*, Berkeley 1983, S. 142–150; Tusa/Tusa, *Berlin Blockade*, S. 130ff.; Gerhard Keiderling, »*Rosinenbomber« über Berlin. Währungsreform, Blockade, Luftbrücke, Teilung*, Berlin 1998, S. 49. Vgl. ferner die älteren Darstellungen in W. Phillips Davison, *The Berlin Blockade: A Study in Cold War Politics*, Princeton 1958, S. 18ff.; Philip Windsor, *City on Leave: A History of Berlin 1945–1962*, London 1963, S. 97.

145 *Berlin. Quellen und Dokumente*, 1. Halbband, S. 912–958; *Berlin-Chronik 1946–1948*, S. 374–376, S. 381, S. 385f.; Schlegelmilch, *Hauptstadt*,

S. 289–324; Norman M. Naimark, »The Soviets and the Christian Democrats: The Challenge of a ›Bourgeois‹ Party in Eastern Germany, 1945–1949«, in: Gori/Pons (Hg.), *The Soviet Union and Europe*, S. 37–56, insb. S. 44–48.

146 *Berlin. Quellen und Dokumente*, 2. Halbband, S. 1431–1440; *Berlin-Chronik 1946–1948*, S. 436f. Vgl. die Darstellungen in: Shlaim, *Berlin Blockade*, S. 113ff.; Tusa/Tusa, *Berlin Blockade*, S. 102–105; Keiderling, »*Rosinenbomber*«, S. 18–24.

147 Tusa/Tusa, *Berlin Blockade*, S. 105–118; Smith, *Lucius D. Clay*, S. 474 bis 477, S. 495.

148 Vgl. die Beschreibungen dieses Zwischenfalls in: *Berlin. Quellen und Dokumente*, 2. Halbband, S. 1441f.; *Berlin-Chronik 1946 bis 1948*, S. 506; Howley, *Berlin Command*, S. 179–184; Tusa/Tusa, *Berlin Blokkade*, S. 136ff.; Keiderling, »*Rosinenbomber*«, S. 50 bis 55.

149 Grundlegend hierzu: Michael W. Wolff, *Die Währungsreform in Berlin 1948/49* (= Veröffentlichungen der Historischen Kommission zu Berlin, Bd. 77), Berlin 1991, insb. Kap. 2. Vgl. ferner Jürgen Fijalkowski/Peter Hauck/Axel Holst/Gerd-Heinrich Kemper/Alf Mintzel, *Berlin – Hauptstadtanspruch und Westintegration* (= Schriften des Instituts für politische Wissenschaft, Bd. 20), Köln/Opladen 1967, S. 200–225.

150 Ferdinand Friedensburg, *Es ging um Deutschlands Einheit. Rückschau eines Berliners auf die Jahre nach 1945*, Berlin 1971, S. 230–233.

151 *Berlin-Chronik 1946–1948*, S. 486.

152 Vgl. hierzu das Schreiben der drei nicht-kommunistischen Parteien (SPD, CDU, LDP) an die drei westlichen Stadtkommandanten, 2. Juli 1948, PRO, FO 1012/196; Office of Military Government, Berlin Sector, Monthly OMG Report for July 1948, S. 2, NACP, RG 260, OMGUS, Office of Military Government, Berlin Sector (OMGBS), Civil Administration and Political Affairs Branch, General Records 1945–1949, Box 71; Beschluß der Stadtverordnetenversammlung über die Einführung der Westmark als einziges Zahlungsmittel, 4. November 1948, in: *Berlin. Quellen und Dokumente*, 2. Halbband, S. 1417; Ferdinand Friedensburg an Frank Howley, 9. November 1948, NACP, RG 84, POLAD, Classified General Correspondence of the U.S. Political Advisor: Memoranda, Reference Memoranda, and Miscellaneous Correspondence 1948.

153 Interview with Dr. Suhr, 24 June 1948, PRO, FO 1012/215.

154 Tusa/Tusa, *Berlin Blockade*, S. 141. Zur allmählichen Entwicklung der sowjetischen Blockademaßnahmen bis Juli 1948 siehe den detaillierten Bericht der Civil Administration Division, OMGUS, Berlin Blockade, 17. Mai 1949, NACP, RG 466, HICOG, Office of the Executive Secretary, General Records 1947–1952, Folder 674. Zur »schleichenden Blockade« vgl. ferner Keiderling, »*Rosinenbomber*«, S. 82–96.

155 Willy-Brandt-Berichte, Nr. 52 (3. Juni 1948) und Nr. 54 (5. Juni 1948), AdsD, Sammlung Kurt Schumacher, Mappe 166.

156 Willy-Brandt-Berichte, Nr. 61 (15. Juni 1948), AdsD, Sammlung Kurt Schumacher, Mappe 166.

157 ER, Rede auf der SPD-Kundgebung zur Währungsreform auf dem Hertha-Sportplatz am 24. Juni 1948, in: SR, Bd. 3, S. 400–412.

158 Clay an Department of the Army, 25. Juni 1948, in: *FRUS 1948*, Bd. 2, S. 917f.; Murphy an Secretary of State, 26. Juni 1948, in: ebenda, Bd. 2, S. 919ff. Vgl. ferner Murphy, *Diplomat among Warriors*, S. 311–316; Smith, *Lucius D. Clay*, S. 494–506.

159 Vgl. zum folgenden Abschnitt Keiderling, »*Rosinenbomber*«, S. 109–113.

160 Willy Brandt, *Mein Weg nach Berlin*, aufgezeichnet von Leo Lania, München 1960, S. 241; ders., *Erinnerungen*, Frankfurt/M. 1989, S. 22; auch zitiert in: Keiderling, »*Rosinenbomber*«, S. 111f. Vgl. Brandt/Lowenthal, *Ernst Reuter*, S. 425f.; Backer, *Winds of History*, S. 236; Smith, *Lucius D. Clay*, S. 501f.

161 Clay, *Entscheidung in Deutschland*, S. 404; Smith, *Lucius D. Clay*, S. 499ff.; Tusa/Tusa, *Berlin Blockade*, S. 143–146; Thomas Parrish, *Berlin in the Balance 1945–1949: The Blockade – The Airlift – The First Major Battle of the Cold War*, Reading/Massachusetts 1998, S. 194–203.

162 Robert Murphy an Secretary of State, 26. Juni 1948, *FRUS 1948*, Bd. 2, S. 918f.

163 Vgl. u.a. die Unterlagen in: *FRUS 1948*, Bd. 2, S. 995–1197; auch die wichtigen Telegramme von Robert Murphy, NACP, RG 84, POLAD, Top Secret Cables to the Secretary of State. Vgl. ferner Wolff, *Währungsreform*, S. 146–192.

164 Military Governor, Berlin, an Foreign Office, 27. Juni 1948, PRO, FO 371/70496.

165 A. G. Gilchrist, Kommentar vom 28. Juni 1948 zu Bericht über Reuter vom 27. Juni 1948, PRO, FO 371/70496.

166 Bullock, *Ernest Bevin*, S. 571–580; Herzfeld, *Berlin*, S. 246; Smith, *Lucius D. Clay*, S. 507–510; Tusa/Tusa, *Berlin Blockade*, S. 151–156; Keiderling, »*Rosinenbomber*«, S. 117ff.; Parrish, *Berlin in the Balance*, S. 190ff.

167 *FRUS 1948*, Bd. 2, S. 931; David McCullough, *Truman*, New York 1992, S. 630f., S. 646ff.; Alonzo L. Hamby, *Man of the People: A Life of Harry S. Truman*, New York/Oxford 1995, S. 444f.

168 Office of Military Government, Berlin Sector, Monthly OMG Report for July 1948, NACP, RG 260, OMGUS, Office of Military Government, Records of the Berlin Sector (OMGBS), Civil Administration and Political Affairs Branch, General Records 1945–1949, Box 71; Office of Military Government, Berlin Sector, Monthly OMG Report for December 1948, ebenda. Vgl. ferner die detaillierten Unterlagen in ebenda, Boxes 57–61.

169 Willy Brandt, »Chinesische Mauer durch Berlin«, in: *Sozialdemokratischer Pressedienst* vom 22. November 1948 (hektographiert), WBA, Publikationen, Mappe 42.

170 Stivers, »Blockade«, S. 593.

171 Robert M. Berry an Robert Murphy, 24. November 1948, NACP, RG 84, POLAD, Classified Correspondence of the Political Advisor with Officials from the Department of State, 1948. Vgl. jedoch die optimistische Einschätzung der Leistungen und Möglichkeiten der Luftbrücke in: Office of Military Government, Berlin Sector: Weekly Intelligence Reports Nos. 9–10 for weeks ending 2400 Hours, 10 and 17 November 1948, ebenda.

172 Stivers, »Blockade«, S. 573–585, S. 598ff.; Volker Koop, *Kein Kampf um Berlin? Deutsche Politik zur Zeit der Berlin-Blockade 1948/1949*, Bonn 1998, S. 211–246.

173 William Stivers, »The Incomplete Blockade: Soviet Zone Supply of West Berlin, 1948–49«, in: *Diplomatic History*, Bd. 21, H. 4 (Herbst 1997), S. 594–597. Zum sowjetischen »Fiasko« in Berlin vgl. Mastny, *Cold War*, S. 47–53.

174 Stivers, »Blockade«, S. 587.

175 Bezeichnend für die Darstellungsweise der späteren DDR-Historiographie: Gerhard Keiderling/Percy Stulz, *Berlin 1945–1968. Zur Geschichte der Hauptstadt der DDR und der selbständigen politischen Einheit Westberlin*, Berlin 1970, Kap. 6, insb. S. 157–161.

176 ER an Muhlis Ete, 17. August 1948, LAB, E Rep. 200-21, Nr. 173.

177 Vgl. z.B. Robert Murphy an Secretary of State, 11. September 1948, NACP, RG 59, Decimal File, 862.00/9-1148; Murphy, *Diplomat Among Warriors*, S. 319; H. Hays, Political Situation Report, 11. September 1948, PRO, FO 1012/282.

178 OMGBS, Report, 10 September 1948, Political Summary, Bl. 1, NACP, RG 260, OMGUS, Records of the Berlin Sector (OMGBS), Civil Administration and Political Affairs Branch, General Records 1945–1949, Box 71.

179 Interview Brewster Chamberlin und Jürgen Wetzel mit Karl F. Mautner, 4. Mai 1981 (maschinengeschrieben), LAB, B Rep. 37 Acc 3103, Nr. 92.

180 M. Koerfer, »Louise Schroeder«, in: Ribbe (Hg.), *Stadtoberhäupter*, S. 386f.

181 Vgl. hierzu die Dokumentation in: *FRUS 1948*, Bd. 2, S. 383–410. Zur Verstimmung Clays siehe Willy-Brandt-Berichte, Nr. 66 (13. Juli 1948), AdsD, Sammlung Kurt Schumacher, Mappe 167.

182 FRANCOMB Frankfurt, Weekly Political Summary, 23. Juli 1948, PRO, FO 1012/230.

183 ER, Rede auf der Konferenz der Ministerpräsidenten im Jagdschloß Niederwald am 22. Juli 1948, in: SR, Bd. 3. S. 424–428; Robert Murphy an Secretary of State, 26. Juli 1948, in: *FRUS 1948*, Bd. 2, S. 410ff.; Lucius D. Clay an Department of the Army, 27. Juli 1948, ebenda, Bd. 2, S. 413; Petra Weber, *Carlo Schmid 1896–1979. Eine Biographie*, München 1996, S. 334–340. Vgl. ferner Brandt/Lowenthal, *Ernst Reuter*, S. 471–476; SR, Bd. 3, S. 51ff.; Schlegelmilch, *Hauptstadt*, S. 540ff.

184 Bemerkungen ERs am 31. Juli 1948, abgedruckt in: SR, Bd. 3, S. 449 bis 452, S. 452–463.

185 NWDR-Interview anläßlich der Eröffnung des Parlamentarischen Rates in Bonn am 1. September 1948, in: SR, Bd. 3, S. 472f.; ER, Der Parlamentarische Rat, in: *Der Sozialdemokrat*, Nr. 208 (6. September 1948), abgedruckt in: SR, Bd. 3, S. 473–476.

186 Tusa/Tusa, *Berlin Blockade*, S. 193f.

187 Baldauf, »Ferdinand Friedensburg«, in: Ribbe (Hg.), *Stadtoberhäupter*, S. 404.

188 Friedensburg an Gert von Eynern, 17. November 1947, BAK, N 1114 (NL Ferdinand Friedensburg), Nr. 26, Bl. 138–139v.

189 Friedensburg an Arnold Brecht, 7. Dezember 1948, BAK, N 1114 (NL Ferdinand Friedensburg), Bl. 338.

190 Baldauf, »Ferdinand Friedensburg«, in: Ribbe (Hg.), *Stadtoberhäupter*, S. 406.

191 OMGBS, Civil Administration and Political Affairs Branch, Report, 10 September 1948, Political Summary, Bl. 19, NACP, RG 260, OMGUS, Office of Military Government, Records of Berlin Sector (OMGBS), Civil Administration and Political Affairs Branch, General Records 1945–1949, Box 71; Ferdinand Friedensburg, Aktenvermerk, 20. Juli 1948, BAK, N 1114 (NL Ferdinand Friedensburg), Nr. 34, Bl. 110–111, wo der amerikanische Offizier Ulrich Biel Friedensburg als »Verräter« beschreibt. Nach einem britischen Bericht seien die Amerikaner schon

Ende 1947 zum Schluß gekommen, daß Friedensburg »an unscrupulous opportunist« sei »and would be quite willing to have him dismissed from his present position«. P.H. Scott (Acting Head of Branch, Governmental Structures Branch) an Liaison Section, 2. Januar 1948, PRO, FO 1012/290.

192 Friedensburg an Theodor Eschenburg, 28. Dezember 1956, BAK, N 1114 (NL Ferdinand Friedensburg), Nr. 29, Bl. 11, Bl. 16; Friedensburg an Franz Amrehn, 31. August 1966, ebenda, Nr. 30a, Bl. 137. Vgl. Friedensburg, *Es ging um Deutschlands Einheit*, S. 159ff., S. 198, S. 260f. und passim.

193 Zu Reuters Ansichten über Friedensburg im Sommer 1948 vgl. H.P. Whitefoord, An American report of an interview at lunchtime today, 11. August 148, PRO, FO 1012/216; Governmental Structure Branch, Branch Report No. 14 (P. H. Scott), 16. August 1948, PRO, FO 1012/285; Governmental Structure Branch, Branch Report No. 34 (P.H. Scott), 25. August 1948, ebenda; Britisches Memorandum über Gespräch mit Friedensburg, 10. Oktober 1948, PRO, FO 1049/1356.

194 Louis Glaser (Chief, Civil Administration and Political Affairs Branch, OMGBS), Political Report No. 13, Week ending 4 September 1948, NACP, RG 59, Decimal File, 740.00119 Control (Germany)/9-2148; R. Garran (Chief, Political Division) an Christopher Steel, 4. Oktober 1948, PRO, FO 1049/1356.

195 Zitiert in: Keiderling, *»Rosinenbomber«*, S. 205. Vgl. die Bemerkungen Reuters anläßlich einer Sitzung des SPD-Landesvorstands am 16. September 1948: Genosse Reuter bat zu erkennen, daß die Illusionen um ein einheitliches Berlin zu Ende gehen. »Unsere Aufgabe kann es nur sein, ein Uebergreifen einer sowjetischen Verwaltung auf ganz Berlin zu verhindern.« Protokoll über die LV-Sitzungen vom 16.9., 19 Uhr, und 20.9., 9 Uhr, PA-HH.

196 Zur Gründung der Freien Universität Berlin vgl. vor allem James F. Tent, *The Free University of Berlin: A Political History*, Bloomington/Indiana 1988; ders., »The Free University of Berlin: A German Experiment in Higher Education, 1948–1961«, in: Diefendorf/Frohn/Rupieper (Hg.), *American Policy*, S. 237–256. Ferner Willy-Brandt-Berichte, Nr. 56 (8. Juni 1948), AdsD, Sammlung Kurt Schumacher, Mappe 166; Aufruf zur Gründung der Freien Universität, 23. Juli 1948, in: SR, Bd. 3, S. 439f.; ER an Friedrich Meinecke, 3. November 1948, in: ebenda, Bd. 3, S. 561f.; ER, Rede auf der Gründungsfeier der Freien Universität am 4. Dezember 1948, in: ebenda, Bd. 3, S. 543–549.

197 F. J. Jebens, Interview Dr. Friedensburg on 29 Sept 48, PRO, FO 1012/217.

198 Ferdinand Friedensburg, Vermerk, 31. Oktober 1948, BAK, N 1114 (NL Ferdinand Friedensburg), Nr. 34, Bl. 86–87. Vgl. Friedensburg, *Es ging um Deutschlands Einheit*, S. 275ff.; Keiderling, *»Rosinenbomber«*, S. 207f.

199 Governmental Structure Branch (H. Hays, Head of Branch), Report of conversation with the Political Leaders (Elections), 5. Oktober 1948, PRO, FO 1049/1356.

200 Friedensburg an Theodor Eschenburg, 28. Dezember 1956, BAK, N 1114 (NL Ferdinand Friedensburg), Nr. 29, Bl. 13–14; Friedensburg an Franz Amrehn, 31. August 1966, ebenda, Nr. 30a, Bl. 137f.; Friedensburg, *Es ging um Deutschlands Einheit*, S. 262, S. 314–318. Sicherlich spielten die Amerikaner eine erhebliche Rolle in den Auseinandersetzungen des Herbstes 1948: H. Hays, Political Situation Report, 11. September 1948, PRO, FO 1012/282.

201 Friedensburg, *Es ging um Deutschlands Einheit*, S. 316.
202 *Berlin-Chronik 1946–1948*, S. 659, S. 695; Keiderling, »*Rosinenbomber*«, S. 205.
203 *Berlin-Chronik 1946–1948*, S. 462f.; Office of Military Government, Berlin Sector, Monthly OMG Report for December 1948, S. 1, NACP, RG 260, OMGUS, Office of Military Government, Records of Berlin Sector (OMGBS), Civil Administration and Political Affairs Branch, General Records 1945–1949, Box 71. Summarisch zur Geschichte der Verfassungsdiskussion bis 1948: Schlegelmilch, *Hauptstadt*, S. 490–501.
204 *Berlin. Quellen und Dokumente*, 2. Halbband, S. 1698–1711; *Berlin-Chronik 1946–1948*, S. 627, S. 632, S. 660, S. 664, S. 674–679, S. 689; Tusa/Tusa, *Berlin Blockade*, S. 290f.; Keiderling, »*Rosinenbomber*«, S. 210.
205 *Berlin-Chronik 1946–1948*, S. 663f., 667f.; *Berlin. Quellen und Dokumente*, 2. Halbband, S. 1634–1648; Control Commission for Germany (British Element) an Foreign Office, 14. Oktober 1948, PRO, FO 1049/1356; Robert Murphy an Secretary of State, 14. Oktober 1948, in: *FRUS 1948*, Bd. 2, S. 1222; Keiderling, »*Rosinenbomber*«, S. 205f. Vgl. ferner Control Commission for Germany (British Element) an Foreign Office, 4. Oktober 1948, PRO, FO 1012/1355; Conversations with Dr. Suhr, 4. Oktober 1948, PRO, FO 1012/1356. Und am 5. Oktober meinte Reuter in einer Sitzung des SPD-Landesvorstands: »Waldemar Schmidt muß aus dem Magistrat ausgeschlossen werden,der Sitz des Magistrats ist nach dem Westen zu verlegen und eventuell auch der der Verwaltungen.« Protokoll der Sitzung des Landesvorstandes vom 5.10.1948, PA-HH. Zum Standpunkt der SPD siehe Willy-Brandt-Berichte, Nr. 101 (14. Oktober 1948), AdsD, Sammlung Kurt Schumacher, Mappe 167.
206 Foreign Office an His Majesty's Representatives Abroad, 2. Dezember 1948, PRO, FO 1049/1357. Vgl. ferner *Berlin. Quellen und Dokumente*, 2. Halbband, S. 1671; *Berlin-Chronik 1946–1948*, S. 696; Harry L. Franklin (Chief, Civil Administration and Political Affairs Branch) an Director, OMGBS, 16. November 1948, NACP, RG 260, OMGUS, Office of Military Government, Records of Berlin Sector (OMGBS), Civil Administration and Political Affairs Branch, General Records 1945–1949, Box 69.
207 *Berlin. Quellen und Dokumente*, 2. Halbband, S. 1681–1697; *Berlin-Chronik 1946–1948*, S. 716; Foreign Office an His Majesty's Representatives Abroad, 2. Dezember 1948, PRO, FO 1049/1357; Friedensburg, *Es ging um Deutschlands Einheit*, S. 304ff.; Keiderling, »Rosinenbomber«, S. 210–217.
208 Robert Murphy an Secretary of State, 15. Dezember 1948, NACP, RG 59, Decimal File, 862.00/12-1548. Vgl. ferner Office of Military Government, Berlin Sector, Monthly OMG Report for December 1948, S. 1–3, NACP, RG 260, OMGUS, Office of Military Government, Records of Berlin Sector (OMGBS), Civil Administration and Political Affairs Branch, General Records 1945–1949, Box 71; *Berlin. Quellen und Dokumente*, 2. Halbband, S. 1713–1716; Reichhardt, »Wiederaufbau«, in: Büsch u.a., *Berliner Demokratie*, Bd. 2, S. 48ff.; Schlegelmilch, *Hauptstadt*, S. 361–380; Keiderling, »Rosinenbomber«, S. 217–222.
209 Military Government Liaison Section an Political Division u.a., 2. Dezember 1948, PRO, FO 1049/1354; Governmental Structure Branch, Branch Report (P. H. Scott), 4. Dezember 1948, FO 1012/285 (»Reuter's

Opinion on Certain Proposals for Polling Day, and his intentions with regard to the Post of Oberbürgermeister«).

210 Conversation with Dr. Suhr on Berlin politics, 8. Dezember 1948, PRO, FO 1049/1357.

211 ER, Rede in der Stadtverordnetenversammlung nach der zweiten Wahl zum Oberbürgermeister am 7. Dezember 1948, in: SR, Bd. 3, S. 555; ER, Ansprache im RIAS nach der Wahl zum Oberbürgermeister am 7. Dezember 1948, in: ebenda, Bd. 3, S. 559.

212 Ferdinand Friedensburg, Tagebucheintragung, 31. Dezember 1948, BAK, N 1114 (NL Ferdinand Friedensburg), Nr. 23, unfoliiert.

213 Friedensburg, *Es ging um Deutschlands Einheit*, S. 320f.

214 Vgl. Memorandum by the Director of the Policy Planning Staff (Kennan) to the Secretary of State and the Under Secretary of State, 12. August 1948, in: *FRUS 1948*, Bd. 2, S. 1287–1297; George Kennan, »A Letter on Germany«, in: *The New York Review of Books*, Bd. 45, H. 19 (3. Dezember 1998), S. 19ff.; Leffler, *Struggle*, S. 60ff.; Ferdinand Friedensburg an Arnold Brecht, 7. Dezember 1948, BAK, N 1114 (NL Ferdinand Friedensburg), Nr. 27, Bl. 338.

215 Ferdinand Friedensburg an Heinrich Krone, 30. September 1949, BAK, N 1114 (NL Ferdinand Friedensburg), Nr. 26, Bl. 193.

216 ER, Kriegsgerichtsurteil, in: *Der Sozialdemokrat*, Nr. 216 (15. September 1948), abgedruckt in: SR, Bd. 3, S. 487.

217 ER an Margret Boveri, 27. Dezember 1948, in: ebenda, Bd. 3, S. 566.

6. Kapitel

1 Boethius, *Trost der Philosophie*, übersetzt und hg. von Karl Büchner, Stuttgart 1971, S. 77.

2 Die glückliche Formulierung »abnormal normality« stammt von Ann Tusa. Vgl. Ann Tusa, *The Last Division: Berlin and the Wall*, London 1996, Kap. 2.

3 ER an Franz Neumann, 21. Juni 1949, FNA, V a/1.

4 Text des Viermächtekommuniqués vom 4. Mai 1949, in: Forschungsinstitut der Deutschen Gesellschaft für Auswärtige Politik e.V., Bonn, in Zusammenarbeit mit dem Senat von Berlin (Hg.), *Dokumente zur Berlin-Frage 1944–1962* (= Dokumente und Berichte, Bd. 18), 2. Aufl., München 1962, S. 109; auch in: *FRUS 1949*, Bd. 3, S. 751. Zu den allgemeinen Berlin-Verhandlungen vgl. ebenda, Bd. 3, S. 643–855.

5 Vgl. James P. O'Donnell, »The Mayor Russia Hates«, in: *The Saturday Evening Post*, 5. Februar 1949, Exemplar in: LAB, E Rep. 200-21, Nr. 123.

6 ER an Gretel Burkill, 31. August 1948, LAB, E Rep. 200-21, Nr. 172; ER an Victor Schiff, 1. Januar 1949, in: SR, Bd. 3, S. 581.

7 Interview des Verfassers mit Harold Hurwitz, 19. Januar 1999.

8 Walter Sullivan, »Ernst Reuter Dies; Mayor of Berlin«, in: *New York Times*, Nr. 34948 (30. September 1953).

9 RIAS-Ansprache »Wo uns der Schuh drückt« am 3. Februar 1952 (Auszug), in: SR, Bd. 4, S. 511f.

10 Vgl. ERs unglaublich volle Terminkalender und Tagebücher für die Jahre 1949–1952, in: LAB, E Rep. 200-21, Nr. 83 und 84.

11 ER an A. L. Barber, 27. April 1948, in: SR, Bd. 3, S. 377.

12 Zum folgenden siehe Interview Harold Hurwitz mit Frau Hanna Reuter, Januar 1955, LAB, E Rep. 200-21-01, Nr. 337.
13 Edzard Reuter, *Schein und Wirklichkeit*, S. 65f., S. 71f., S. 95 und passim.
14 Vgl. ER an Hella Reuter, 3. Mai und 16. Oktober 1948, LAB, E Rep. 200-21, Nr. 158.
15 ER an Hikmet Somay, 1. Februar 1950, LAB, E Rep. 200-21, Nr. 176; Timothy Reuter an Verfasser, 30. März 1998.
16 ER an Robert Görlinger, 11. Mai 1946, in: SR, Bd. 2, S. 650; Kendell u.a., »Gerd Edzard Harry Reuter«, S. 177f.
17 Vgl. z.B. ER an Harry Reuter, 21. August 1948, LAB, E Rep. 200-21, Nr. 172; ER an Greta Burkill, 31. August 1948, ebenda.
18 Press Conference 13 December 1948: Introductory Speech by Oberbürgermeister Reuter, PRO, FO 1012/217; R. K. MacKenzie (Magistrat Control Section), Interview Oberbürgermeister Reuter 20 January 1949, ebenda.
19 Interview Harold Hurwitz mit Melitta Schulz und Rosemarie Schultz, ehemaligen Sekretärinnen von Ernst Reuter, Mitte Juli 1954, LAB, E Rep. 200-21-01, Nr. 337.
20 H.P. Whitefoord (Magistrat Control Section), Main SVV Committee on 22 Dec [1948], PRO, FO 1012/217.
21 H.P. Whitefoord (Magistrat Control Section), Interview Prof. Reuter p.m. 9 Dec [1948], PRO, FO 1012/217 (auch FO 1012/286); H.P. Whitefoord, Remarks of Reuter, 13. Dezember 1948, PRO, FO 1012/286. Vgl. ferner Press Conference 13 December 1948, PRO, FO 1012/217; Willy-Brandt-Berichte, Nr. 128 (14. Dezember 1948), AdsD, Bestand Kurt Schumacher, Mappe 167.
22 Harry L. Franklin (Chief, Civil Administration and Political Affairs Branch) an Frank Howley, 13. Dezember 1948 (»Attitude Which Commandants Should Adopt toward the Magistrat«), NACP, RG 260, OMGUS, Records of the Berlin Sector (OMGBS), Civil Administration and Political Affairs Branch, General Records 1945–1949, Box 69. Vgl. P.M. Scott (Governmental Structure Branch), Branch Report, Summary of recent events, 7. Januar 1949, PRO, FO 1012/285.
23 *Berlin. Quellen und Dokumente*, 2. Halbband, S. 1442–1445; Keiderling, *»Rosinenbomber«*, S. 223ff.
24 R. K. MacKenzie (Magistrat Control Section), Interview Oberbürgermeister Reuter, 20 January 1949, PRO, FO 1012/217.
25 Vorstellung des neuen Magistrats in der Stadtverordnetenversammlung am 18. Januar 1949, in: SR, Bd. 3, S. 626.
26 Willy-Brandt-Berichte, Nr. 128 (14. Dezember 1948), AdsD, Bestand Kurt Schumacher, Mappe 167.
27 P. Ramsbotham (Foreign Office), Minute setting out Herr Reuter's views on current German questions involving the future of Berlin, as an indication of the line he is expected to take with the Secretary of State, 6. Februar 1949, PRO, FO 371/76544.
28 Record of a conversation between Mr. Dean and Herr Reuter on 8th February, 1949, PRO, FO 371/76544.
29 Record of Conversation with Herr Reuter, Oberburgomaster of Berlin, on Monday, 7th February, 1949, PRO, FO 371/76544.
30 Willy-Brandt-Berichte, Nr. 172 (»Reuters Besprechungen in London und Paris«), AdsD, Bestand Kurt Schumacher, Mappe 168.
31 Record of Conversation with Herr Reuter, Oberburgomaster of Berlin, on Monday, 7th February, 1949, PRO, FO 371/76544.

32 Robert Murphy an Secretary of State Dean Acheson, 2. März 1949, in: *FRUS 1949*, Bd. 3, S. 220; *Berlin. Quellen und Dokumente*, 2. Halbband, S. 2037; Wolff, *Währungsreform*, S. 250f.

33 Willy-Brandt-Berichte, Nr. 176 (22. Februar 1949), AdsD, Bestand Kurt Schumacher, Mappe 168.

34 Wolff, *Währungsreform*, S. 223f.; vgl. Dean Acheson, *Present at the Creation: My Years in the State Department*, New York 1969, S. 267ff.; James Chace, *Acheson: The Secretary of State Who Created the American World*, New York 1998, S. 202f.

35 John B. Holt an Robert Murphy, 19. Februar und 21. Februar 1949, NACP, RG 84, POLAD, Berlin. Classified General Correspondence of the Political Advisor, 1944–1949, Box 12.

36 Wolff, *Währungsreform*, S. 266f.

37 Ebenda, S. 267–273; *Berlin. Quellen und Dokumente*, 2. Halbband, S. 1417–1423.

38 Fijalkowski u. a., *Hauptstadtanspruch*, S. 225.

39 ER, Erklärung zur Währungsumstellung in West-Berlin vor der Stadtverordnetenversammlung am 21. März 1949, in: SR, Bd. 3, S. 665. Vgl. die Bemerkungen Reuters in: Gespräch am Runden Tisch im RIAS Berlin am 20. März 1949, LAB, E Rep. 200-21, Nr. 101.

40 Fijalkowski u. a., *Hauptstadtanspruch*, S. 225.

41 SR, Bd. 3, S. 898, Anm. 183.

42 Rede auf der Jahreskonferenz der amerikanischen Bürgermeister in Washington am 23. März 1949, in: ebenda, Bd. 3, S. 668–674; Rede im Rathaus von New York am 2. April 1949, in: ebenda, Bd. 3, S. 675–678; Interview mit der »Stimme Amerikas« am 2. April 1949, in: ebenda, Bd. 3, S. 678ff.; ER an Hanna Reuter, 25. März und 26. März 1949, in: ebenda, Bd. 3, S. 674f.

43 Willy-Brandt-Berichte, Nr. 231 (»Reuters Amerika-Reise«), 9. April 1949, AdsD, Bestand Kurt Schumacher, Mappe 168.

44 Vgl. vor allem Richard Gid Powers, *Not without Honor: The History of American Anticommunism*, New York 1995, insb. S. 176–180, S. 199–207.

45 Walter Reuther an ER, 6. Februar 1950, LAB, E Rep. 200-21-01, Nr. 116; SR, Bd. 4, S. 899, Anm. 15; ebenda, Bd. 4, S. 898, Anm. 13; ER an Walter Reuther, 27. Februar 1950, in: ebenda, Bd. 4, S. 174f. Vgl. ferner Rupieper, *Der besetzte Verbündete*, S. 165.

46 Vgl. z. B. ER, Schlußwort zur Debatte über die Bildung des Senats auf der 5. Tagung des 7. Landesparteitages der Berliner SPD am 31. Januar 1951, in: SR, Bd. 4, S. 324f.

47 ER, »Flucht in die Selbsttäuschung«, in: *Der Monat*, 5. Jg., H. 50 (November 1952), abgedruckt in: SR, Bd. 4, S. 638.

48 »Teleconference TT-2215 (Lucius D. Clay, Robert Murphy und Tracy Voorhees), 13. Mai 1949«, in: Smith (Hg.), *Clay Papers*, Bd. 2, S. 1158–1161; James W. Riddleberger an Secretary of State, 11. Juni 1949, NACP, RG 84, POLAD, Top Secret Cables to the Secretary of State, Box 1.

49 »A Report to the President by the National Security Council on Possible U.S. Courses of Action in the Event the USSR Reimposes the Berlin Blockade (NSC 24/3), 14. Juni 1949«, Mikrofiche-Nr. 00081, in: National Security Archive (Hg.), *Presidential Directives on National Security: From Truman to Clinton* (Mikrofiche-Serie), Alexandria/Virginia 1994. Vgl. ferner die Dokumente in: *FRUS 1949*, Bd. 3, S. 818–840, unter anderem die Berichte NSC 24/2 und 24/4; Lucius D. Clay »Memorandum for

General Gruenther«, 25. Mai 1949, in: Smith (Hg.), *Clay Papers*, Bd. 2, S. 1168ff. Vgl. Tusa/Tusa, *Berlin Blockade*, S. 361.

50 ER, Erklärung zur Aufhebung der Blockade vor der Stadtverordnetenversammlung am 12. Mai 1949, in: SR, Bd. 3, S. 737.

51 ER, Rede auf der Kundgebung zur Aufhebung der Blockade am 12. Mai 1949 vor dem Schöneberger Rathaus, in: ebenda, Bd. 3, S. 742f.

52 Vgl. John Lewis Gaddis, *The Long Peace: Inquiries into the History of the Cold War*, New York 1987.

53 Vgl. zum folgenden die wichtige, knapp formulierte Darstellung in Leffler, *Struggle for Germany*, S. 58–71.

54 An Approach to the CFM, 11. Mai 1949, zitiert in: ebenda, S. 67f.

55 Vgl. Acheson, *Present at the Creation*, S. 276–284; Chace, *Acheson*, S. 203ff.; Bullock, *Ernest Bevin*, S. 670–675.

56 Vgl. u.a. *FRUS 1949*, Bd. 3, S. 1–266, insb. S. 252–262 (»Record of the Meeting of the Three Military Governors with the Parliamentary Council Delegation«, 26. April 1949).

57 ER, Erklärung zur Aufhebung der Blockade vor der Stadtverordnetenversammlung am 12. Mai 1949, in: SR, Bd. 3, S. 737.

58 List of Papers Agreed by the Foreign Ministers of France, the United Kingdom, and the United States, 8. April 1949, in: *FRUS 1949*, Bd. 3, S. 177–186.

59 Smith, *Lucius D. Clay*, S. 542.

60 Interview Harold Hurwitz mit Melvin Lasky, September 1954, LAB, E Rep. 200-21-01, Nr. 336.

61 Vgl. die Bemerkungen Clays über Reuter in: Smith, *Lucius D. Clay*, S. 502.

62 Ebenda, S. 544f., S. 554f.

63 Birke, *Nation ohne Haus*, S. 242.

64 Vgl. *FRUS 1949*, Bd. 3, S. 856–1065; Acheson, *Present at the Creation*, S. 291–301; Chace, *Acheson*, S. 208f.; Bullock, *Ernest Bevin*, S. 693–698; Mastny, *Cold War*, S. 64–67. Zu den Auswirkungen der Pariser Konferenz auf Berlin, siehe Dennis L. Bark, *Die Berlin-Frage 1949–1955. Verhandlungsgrundlagen und Eindämmungspolitik* (= Veröffentlichungen der Historischen Kommission zu Berlin, Bd. 36), Berlin 1972, S. 27–44.

65 Willy-Brandt-Berichte, Nr. 303 (29. Juni 1949), AdsD, Bestand Kurt Schumacher, Mappe 169.

66 *Berlin. Quellen und Dokumente*, 2. Halbband, S. 1726–1730; Alliierte Kommandantur an Vorsitzenden der Stadtverordnetenversammlung, Oberbürgermeister und Präsidenten des Kammergerichts, 14. Mai 1949, PRO, FO 1012/224; Berlin Weekly Summary No. 1, 19. Mai 1949, PRO, FO 371/76678; Allied Kommandatura Berlin. Minutes of the Commandants' Fifteenth Meeting held in Berlin on 14 May 1949 at 1015 hours, PRO, FO 1005/237; Diethelm Prowe, *Weltstadt in Krisen. Berlin 1949 bis 1958* (=Veröffentlichungen der historischen Kommission zu Berlin, Bd. 42), Berlin 1973, S. 26f.

67 Bark, *Berlin-Frage*, S. 21. Vgl. Prowe, *Weltstadt*, S. 20ff.

68 Ebenda, S. 22; James W. Riddleberger an Secretary of State, 20. Mai 1949, in: *FRUS 1949*, Bd. 3, S. 841.

69 Zum Verlauf des Streiks siehe die Dokumente in: *Berlin. Quellen und Dokumente*, 2. Halbband, S. 1749–1772.

70 Allied Kommandatura Berlin. Minutes of the Commandants' Sixteenth (Extraordinary) Meeting held in the Allied Kommandatura Building,

Berlin-Dahlem, on Monday, 23 May 1949, at 1000 hours, PRO, FO 1005/237.

71 Vgl. Brandt/Lowenthal, *Ernst Reuter*, S. 524–527; Bark, *Berlin-Frage*, S. 24ff.

72 Riddleberger an United States Delegation at the Council of Foreign Ministers, 26. Mai, 1949, in: FRUS 1949, Bd. 3, S. 844f.; Weekly Summary No. 3 (Based on information received up to and including 2 June), PRO, FO 371/76678.

73 Willy-Brandt-Berichte, Nr. 266 (30. Mai 1949), AdsD, Bestand Kurt Schumacher, Mappe 168; Riddleberger an Acting Secretary of State, 3. Juni 1949, in: *FRUS 1949*, Bd. 3, S. 847.

74 Siehe Howleys Beschreibung seines Treffens mit Kwaschnin am 10. Juni 1949, Anhang B zu Allied Kommandatura Berlin. Minutes of the Twentieth Meeting of the Commandants held in Berlin at the Allied Kommandatura Building on the 15th of June 1949, at 1000 hours, PRO, FO 1005/237; Howley, *Berlin Command*, S. 267.

75 Weekly Summary No. 5 (for the period up to and including 16 June), PRO, FO 371/76678.

76 Weekly Report No. 4 (for the period up to and including 9 June), PRO, FO 371/76678; Allied Kommandatura Berlin. Minutes of the Twentieth Meeting of the Commandants held in Berlin at the Allied Kommandatura Building on the 15th of June 1949, at 1000 hours, PRO, FO 1005/237.

77 Riddleberger an Acting Secretary of State, 12. Juni 1949, in: FRUS 1949, Bd. 3, S. 849.

78 Allied Kommandatura Berlin. Minutes of the Twenty-First Meeting of the Commandants held in Berlin at the Allied Kommandatura Building on the 21st of June 1949, at 1430 hours, PRO, FO 1005/237.

79 Riddleberger an Secretary of State, 25. Juni 1949, in: FRUS 1949, Bd. 3, S. 852f.; *Berlin. Quellen und Dokumente*, 2. Halbband, S. 1771f.; Willy-Brandt-Berichte, Nr. 301 (28. Juni 1949), AdsD, Bestand Kurt Schumacher, Mappe 169; Military Governor Berlin an Foreign Office, 1. Juli 1949, PRO, FO 371/76678; Tusa/Tusa, *Berlin Blockade*, S. 364f.

80 Willy-Brandt-Berichte, Nr. 301 (28. Juni 1949), AdsD, Bestand Kurt Schumacher, Mappe 169. Vgl. Howleys eigene Darstellung in: Howley, *Berlin Command*, S. 264–269.

81 Schlußbemerkungen ERs über »Aktuelle Aufgaben der Berliner Wirtschaftspolitik«, SPD-Funktionär-Konferenz, 21. Juli 1949, 18.00 Uhr, Taberna, LAB, E Rep. 200-21, Nr. 104, Bl. 45–47.

82 Willy-Brandt-Berichte, Nr. 284 (18. Juni 1949), AdsD, Bestand Kurt Schumacher, Mappe 169.

83 Allied Kommandatura Berlin. Minutes of the Twenty-Second Meeting of the Commandants held in Berlin at the Allied Kommandatura Building on the 29th of June 1949 at 1000 hours, PRO, FO 1005/237; Political Division Weekly Summary No. 7, for the period ending 30th June, 1949, PRO, FO 371/76678.

84 ER, Rede über aktuelle Aufgaben der Berliner Wirtschaftspolitik vor der Funktionärkonferenz der SPD am 21. Juli 1949, in: SR, Bd. 4, S. 76.

85 Willy-Brandt-Berichte, Nr. 307 (5. Juli 1949) und Nr. 315 (16. August 1949), AdsD, Bestand Kurt Schumacher, Mappe 169.

86 Rupieper, *Der besetzte Verbündete*, S. 18–25; Thomas Alan Schwartz, *America's Germany: John J. McCloy and the Federal Republic of Germany*, Cambridge/Mass. 1991, S. 40–45.

87 Cecil B. Lyon (HICOG Berlin) an HICOG Bonn, 5. April 1952, NACP, RG 466, HICOG, Office of the Executive Secretary, Miscellaneous Files Relating Primarily to Berlin, Box 6: Folder »Political Affairs«.
88 Willy-Brandt-Berichte, Nr. 305 (4. Juli 1949), AdsD, Bestand Kurt Schumacher, Mappe 169.
89 Communiqué of the Sixth Session of the Council of Foreign Ministers, 20. Juni 1949, in: *FRUS 1949*, Bd. 3, S. 1063.
90 Minutes of the Meeting of the Quadripartite Commandants held at ACA Building on 12 July 1949 at 1430 hours, NACP, RG 466, HICOG, Office of the Executive Secretary, General Records 1947–1952, Folder 681: Consultative Meetings of the Berlin Commandants.
91 Ebenda.
92 L. B. Richards (Foreign Office), Vermerk vom 27. August 1949 zum »Report of the Third Consultative Meeting of the Four Berlin Commandants on the 18th August, 1949«, PRO, FO 371/76789.
93 Fourth Quadripartite Meeting of the Commandants held at the ACA Building on Monday, 12 September 1949 at 1430 hours, NACP, RG 466, HICOG, Office of the Executive Secretary, General Records 1947–1952, Folder 681: Consultative Meetings of the Berlin Commandants. Vgl. die amtlichen Kommuniqués der Stadtkommandanten in: *Berlin. Quellen und Dokumente*, 2. Halbband, S. 1878 bis 1884.
94 Hubert G. Schmidt (mit Hilfe von Elisabeth Erdmann), Economic Assistance to West Berlin, 1949–1951 (hektographiert, 1951), Bl. 8, NACP, RG 466, HICOG, Office of the Executive Secretary, General Records 1947–1952, Folder 673: Berlin – Economic.
95 Protokoll. Fraktionsvorstand mit Landesausschuß am 24.10.1949, LAB, E Rep. 200-17, Nr. 42.
96 Siehe hierzu die äußerst überzeugende Darstellung von Stivers, »Incomplete Blockade«, S. 590–594. Vgl. Escher, *Strukturprobleme*, S. 213.
97 Committee on Berlin. Report, 27. September 1949, NACP, RG 260, OMGUS, Records of the Berlin Sector (OMGBS), Civil Administration and Political Affairs Branch, General Records 1945–1949, Box 43; Escher, *Strukturprobleme*, S. 209.
98 Schmidt, Economic Assistance, Bl. 1; Fijalkowski u.a., *Hauptstadtanspruch*, S. 226f.
99 Robert Berry, Berlin Magistrat Request to the French Authorities to Permit Resumption of Production in the Borsig Works, 17. Januar 1949; Robert Berry an Robert Murphy und James W. Riddleberger (Berlin Economic Series No. 5), 31. Januar 1949, NACP, RG 84, POLAD, Classified General Correspondence of the Political Advisor, 1944–1949, Box 12.
100 Prowe, *Weltstadt*, S. 27f. Vgl. die Ausführungen ERs hierzu in: Protokoll. Fraktionsvorstandssitzung am 3.1.1950, LAB, E Rep. 200-17, Nr. 42.
101 Committee on Berlin. Report, 27. September 1949, NACP, RG 260, OMGUS, Records of the Berlin Sector (OMGBS), Civil Administration and Political Affairs Branch, Box 43.
102 Fijalkowski u.a., *Hauptstadtanspruch*, S. 237–239.
103 Escher, *Strukturprobleme*, S. 214; Prowe, *Weltstadt*, S. 23.
104 Schmidt, Economic Assistance, Bl. 4.
105 Fijalkowski u.a., *Hauptstadtanspruch*, S. 244.
106 Berlin Military Governor an Foreign Office, 5. Juli 1949, PRO, FO 371/76789.
107 Oberbürgermeister Professor Dr. h. c. Reuter über Wiedervereinigung

Berlins zur Einheit Deutschlands. Kundgebung des Kreises Treptow der SPD im Südost-Kasino, Schlesische Str. 26, 9. November 1949, 19.30 Uhr, LAB, E Rep. 200-21, Nr. 103, Bl. 20f.

108 Brandt/Lowenthal, *Ernst Reuter*, S. 544; Fijalkowski u.a., *Hauptstadtanspruch*, S. 244f.; Prowe, *Weltstadt*, S. 28f.

109 Escher, *Strukturprobleme*, S. 216.

110 Interview mit Maxwell D. Taylor (1981), LAB, B Rep. 37 Acc. 3103, Nr. 96.

111 Lebenslauf Hans E. Hirschfelds, o. D. (1949), LAB, E Rep. 200-21, Nr. 176.

112 Hans E. Hirschfeld an Catherine Peiser, 24. April 1949, LAB, E Rep. 200-18, Nr. 42.

113 Hirschfeld an ER, 10. August 1949, LAB, E Rep. 200-21, Nr. 175; ER an Hirschfeld, 26. August 1949, ebenda; Hans E. Hirschfeld, Manuskript einer Rede im RIAS, 30. September 1963, LAB, E Rep. 200-18, Nr. 18.

114 Vgl. *New York Times,* 7. Juli 1961, 14. Oktober 1961, 4. November 1961; John Earl Haynes/Harvey Klehr, *Venona: Decoding Soviet Espionage in America*, New Haven 1999, S. 268–276, insb. S. 274.

115 Siehe Langkau-Alex, »Paul Hertz im Exil«.

116 Felix Escher, »Paul Hertz und die Übernahme der Initiative in der Berliner Wirtschaftspolitik der Nachkriegszeit durch die SPD«, in: *Jahrbuch für die Geschichte Mittel- und Ostdeutschlands*, Bd. 40 (1991), S. 120ff.

117 Ebenda, S. 121.

118 Ebenda, S. 125–129; Prowe, *Weltstadt*, S. 49–57.

119 Fijalkowski u.a., *Hauptstadtanspruch*, S. 250–253; Windsor, *City on Leave*, S. 145f.; Prowe, *Weltstadt*, S. 56f.; Escher, *Paul Hertz*, S. 127f.

120 Vgl. die biographischen Angaben in WBA wie auch Brandts diverse Erinnerungen: *Mein Weg nach Berlin*; *Links und frei. Mein Weg 1930–1950*; *Erinnerungen*. Vgl. ferner Barbara Marshall, *Willy Brandt: A Political Biography*, Houndmills/London 1997, S. 22–28.

121 Vgl. Willy Brandt an Halvard M. Lange, 7. November 1947; an Gunnar Myrdal, 8. November 1947; an Håkon Lie, 8. November 1947; an Inge Scheflo, 11. November 1947; an Stefan Szende, 11. Dezember 1947; und an Kurt Schumacher, 23. Dezember 1947, WBA, Berlin, Mappe 2.

122 Zum Führungsstil Schumachers vgl. Thomas Stamm, »Kurt Schumacher als Parteiführer«, in: *Geschichte in Wissenschaft und Unterricht*, 40. Jg., H. 5 (1987), S. 257–277; Helga Grebing, »Kurt Schumacher als Parteivorsitzender und seine Kontrahenten«, in: Haus der Geschichte der Bundesrepublik Deutschland in Zusammenarbeit mit der Friedrich-Ebert-Stiftung (Hg.), *Kurt Schumacher und seine Politik*, Bonn/Berlin 1996, S. 13–28.

123 Ernst Behm an Willy Brandt, 31. Januar 1948, WBA, Berlin, Mappe 3. Vgl. Brandt, *Mein Weg*, S. 213.

124 Brandt, *Links und frei*, S. 418.

125 Vgl. Grebing, »Kurt Schumacher«, S. 19.

126 Willy Brandt an Seymour Bolten, Juni 1950, WBA, Berlin, Mappe 6.

127 Brandt, *Mein Weg*, S. 211; Edzard Reuter, *Schein und Wirklichkeit*, S. 27f.

128 Brandt, *Links und frei*, S. 435; Stamm, »Kurt Schumacher«, S. 262f.

129 Brandt, *Links und frei*, S. 433.

130 Brandt, *Mein Weg*, S. 211, S. 213ff.

131 Rut Brandt, *Freundesland. Erinnerungen*, Hamburg 1992, S. 105f.

132 Interview des Verfassers mit Harold Hurwitz, 7. März 1997; Interview

des Verfassers mit Karl F. Mautner und Martha Mautner, 23. Juli 1999; Meyer, *Sozialdemokraten*, S. 97f.

133 Brandt, *Links und frei*, S. 438f.; ders., *Erinnerungen*, S. 25; Interview des Verfassers mit Edzard Reuter, 12. April 1997; Interview des Verfassers mit Harold Hurwitz, 7. März 1997.

134 Grundlegend zur Diskussion um Berlin als »12. Land«: Rupieper, *Der besetzte Verbündete*, S. 151–156.

135 ER an Günther Klein, 25. August 1951, LAB, E Rep. 200-21-01, Nr. 58. Vgl. SR, Bd. 4, S. 835, Anm. 74.

136 Ebenda, S. 573f.

137 Hans-Peter Schwarz, *Adenauer*, Bd. 1: *Der Aufstieg: 1876–1952*, 2. Aufl., Stuttgart 1986, S. 680.

138 Köhler, *Adenauer*, S. 574.

139 Zitiert in: Rupieper, *Der besetzte Verbündete*, S. 162.

140 Köhler, *Adenauer*, S. 576f.; Rupieper, *Der besetzte Verbündete*, S. 157.

141 Die Bemerkungen Adenauers und Reuters sind durch die Erinnerung Kleins überliefert und dürften daher nur sinngemäß sein: Günther Klein, Reuter und westdeutsche Persönlichkeiten (maschinengeschrieben), 30. Juli 1954, LAB, E Rep. 200-21-01, Nr. 336. Vgl. die Beschreibung dieses Vorfalls in: Brandt/Lowenthal, *Ernst Reuter*, S. 541f.; Prowe, *Weltstadt*, S. 37f.

142 Fijalkowski u.a., *Hauptstadtanspruch*, S. 258–261; Prowe, *Weltstadt*, S. 43f.

143 Fijalkowski u.a., *Hauptstadtanspruch*, S. 269–273.

144 Gustav Klingelhöfer an Hanna Reuter, 27. September 1959, in: SR, Bd. 4, S. 830, Anm. 47.

145 Ebenda, S. 48–57; Escher, *Paul Hertz*, S. 130–133.

146 Rupieper, *Der besetzte Verbündete*, S. 184.

147 Vgl. u.a. Prowe, *Weltstadt*, S. 91ff.; *Dokumente zur Berlin-Frage 1944–1962*, S. 161–166; Senat von Berlin (Hg., bearbeitet durch Hans J. Reichhardt/Joachim Drogmann/Hanns U. Treutler), *Berlin. Chronik der Jahre 1951–1954* (= Schriftenreihe zur Berliner Zeitgeschichte, Bd. 5), Berlin 1968, S. 369–372 (künftig zitiert: *Berlin-Chronik 1951–1954*).

148 Siehe z.B. Record of a meeting between the Chairman High Commissioner (US), the Deputy US High Commissioner, the Chairman Commandant (US), Dr. Hallstein, Dr. Klein, and the Governing Mayor of Berlin, held on 3 May 1952, Anhang zu: Allied Kommandatura Berlin. Minutes of the Thirteenth Meeting of the Commandants held in the Allied Kommandatura Building, Berlin-Dahlem, on Wednesday, 7 May 1952, at 1030 hours, PRO, FO 1005/240; ER an Major General Lemuel Mathewson, 7. Mai 1952, WBA, Berlin, Mappe 59; Mathewson an ER, 21. Mai 1952, ebenda.

149 Cecil B. Lyon, The Allied Kommandatura during November, NACP, RG 59, Decimal File, 762A.00/12-1751; John J. McCloy an Secretary of State, 29. Dezember 1951, ebenda, 762A.00/12-2951; McCloy an Secretary of State, 10. Januar 1952, ebenda, 762A.00/1-1052; *Dokumente zur Berlin-Frage 1944–1962*, S. 166–169; Prowe, *Weltstadt*, S. 92f.

150 *Dokumente zur Berlin-Frage 1944–1962*, S. 175ff.; *Berlin-Chronik 1951–1954*, S. 391; Prowe, *Weltstadt*, S. 74; Fijalkowski u.a., *Hauptstadtanspruch*, S. 275–281.

151 Vgl. *FRUS 1952–1954*, Bd. 7, S. 111–168; Thomas Alan Schwartz, *America's Germany: John Mc Cloy and the Federal Republic of Germany*,

Cambridge/Mass. 1991, Kap. 9, insb. S. 269–278; Rupieper, *Der besetzte Verbündete*, S. 119–139; Schwarz, *Adenauer*, Bd. 1, S. 880–897, S. 925–956; Köhler, *Adenauer*, S. 641–681.

152 ER an Alexander Rüstow, 24. Juni 1953, in: SR, Bd. 4, S. 740. Vgl. D.W. Maynard/Cecil B. Lyon (HICOG Berlin) an HICOG Bonn: Berlin Weekly Report No. 24 (May 20–May 26), 29. Mai 1952, NACP, RG 59, Decimal File, 762A.00/5-2952.

153 *Berlin-Chronik 1951–1954*, S. 266f. (17. Januar 1952).

154 Cecil B. Lyon, Memorandum of Conversation, by the Deputy Director of the Berlin Element, HICOG, 13. Januar 1952, in: *FRUS 1952–1954*, Bd. 7, S. 1235; Memorandum of Conversation, by Daniel W. Montenegro of the Office of German Political Affairs, 24. März 1953, in: ebenda, Bd. 7, S. 1320.

155 Summarisch zur Frage der Berliner Vertetung in Bonn: C. F. C. Coleman an Sir Ivone Kirkpatrick, 9. Juli 1953, PRO, FO 371/103798.

156 Cecil B. Lyon, Memorandum of Conversation, by the Deputy Director of the Berlin Element, HICOG, 13. Januar 1952, in: *FRUS 1952–1954*, Bd. 7, S. 1236. Vgl. Prowe, *Weltstadt*, S. 75.

157 Edzard Reuter, *Schein und Wirklichkeit*, S. 76.

158 O. G. W. White (Magistrat Liaison Section) an Office of the DDMG, 27. April 1950, PRO, FO 1012/221.

159 ER, Berliner Sorgen 1953. Vortrag vor dem Liberalen Club am 19. Januar 1953, in: SR, Bd. 4, S. 662–680.

160 Günther Klein, Reuter und westdeutsche Persönlichkeiten, 30. Juli 1954, LAB, E Rep. 200-21-01, Nr. 336; SR, Bd. 4, S. 1017, Anm. 12. Vgl. Brandt/Lowenthal, *Ernst Reuter*, S. 667f.

161 ER an Alexander Rüstow, 24. Juni 1953, in: SR, Bd. 4, S. 740f.

162 SR, Bd. 4, S. 835, Anm. 76.

163 Siehe hierzu Ernst Lemmer an Willy Brandt, 17. November 1950, WBA, Berlin, Mappe 7.

164 Fijalkowski u.a., *Hauptstadtanspruch*, S. 177–183, S. 194–200; Escher, *Strukturprobleme*, S. 210f.

165 Harold Hurwitz, Interview mit Herrn Senatsdirektor Dr. Hirschfeld, Presseamt Berlin-Schöneberg, Rathaus, Rudolph-Wilde-Platz im Dezember 1954, LAB, E Rep. 200-21-01, Nr. 335.

166 Hans Herzfeld, »Berlin 1951–1954 in Wiederaufbau und Konflikt«, Einleitung in: *Berlin-Chronik 1951–1954*, S. 16.

167 Franz Neumann an ER, 31. Oktober 1949, FNA, V a/1; Franz-Neumann-Archiv e.V. (Hg.), *Franz Neumanns letztes Interview*, S. 39f.

168 Siehe vor allem Hans J. Reichhardt (Hg., unter Mitarbeit von Werner Breunig und Josephine Gabler), *Die Entstehung der Verfassung von Berlin. Eine Dokumentation*, 2 Bde., Berlin 1990. Vgl. ferner *Berlin. Quellen und Dokumente 1945–1951*, 2. Halbband, S. 1966–1974.

169 Zu den amerikanischen Gesichtspunkten vgl. ebenda, 2. Halbband, S. 1987–1990; Edward Page, Jr., an Department of State, 4. August 1950, NACP, RG 59, Decimal File, 762A.03/8-450; ER an Maxwell Taylor, 4. August 1950, ebenda, 762A.03/8-850; Karl F. Mautner (Liaison Officer), Dr. Suhr further comments on attitudes connected with the Constitution, 9. August 1950, ebenda, 762A.03/8-950; John J. McCloy an Secretary of State, 9. August 1950, ebenda, 762A.03/8-950; Dean Acheson an HICOG Frankfurt (2 Telegramme), 9. August 1950, ebenda, 762A.03/8-950; Page an Secretary of State, 14. August 1950, ebenda, 762A.03/8-

1450; McCloy an Secretary of State, 18. August 1950, ebenda, 762 A. 03/8-1850.

170 Wortlaut der Verfassung in: *Berlin. Quellen und Dokumente 1945–1951*, 2. Halbband, S. 1974–1987. Vgl. ER, Rede in der Stadtverordnetenversammlung zum Inkrafttreten der Berliner Verfassung am 1. Oktober 1950, abgedruckt in: SR, Bd. 4, S. 250ff.

171 Magistrat von Groß-Berlin, Abteilung Personal und Verwaltung an E.A. Taylor (Alliierte Kommandantur), 16. August 1950, NACP, RG 466, HICOG, Office of Executive Secretary. General Records, 1947–1952, Folder 674.

172 Vgl. u.a. SR, Bd. 4, S. 839, Anm. 95.

173 Cecil B. Lyon an State Department, Despatch: One Year of Coalition Government in Berlin, 24. Januar 1952, NACP, RG 59, Decimal File, 762A.00/1-2452. Vgl. die verschiedenen Entwürfe des »Aktionsprogramms« der SPD (September 1950) mit handgeschriebenen Notizen und Marginalien von Willy Brandt, in: WBA, Berlin, Mappe 61.

174 Siehe die besonders ausführliche Darstellung dieser Vorgänge in: Political Affairs Division, HICOG, Berlin Element: Chronology of Negotiations for West Berlin Coalition Government, 25. Januar 1951, NACP, RG 59, Decimal File, 762A.00/1-2651.

175 4. Tagung des 7. Landesparteitages, 7. Januar 1951, 10.00 Uhr (maschinengeschrieben), FNA, IIb 2/10a, Bl. 3–31 (Referat Neumanns), insb. Bl. 11, Bl. 22, Bl. 26f., Bl. 31.

176 Ebenda, Bl. 32–52, abgedruckt in: SR, Bd. 4, S. 307–319, insb. S. 309f., S. 314, S. 318.

177 Protokoll über die Fraktionssitzung am 12. Januar 1951 (maschinengeschrieben), FNA, Ib 2/39.

178 Protokoll über die Fraktionssitzung am 16. Januar 1951 (maschinengeschrieben), ebenda (auch LAB, E Rep. 200-17, Nr. 43).

179 ER und Walther Schreiber an Otto Suhr, 18. Januar 1951, FNA, Vb 2/2.

180 R. K. MacKenzie (Magistrat Liaison Section), Remarks made by Reuter and Suhr about the Stalemate and further Expectations (Sunday, 14 January 1951, evening), 15. Januar 1951, PRO, FO 1049/2072.

181 Protokoll über die Fraktionssitzung am 18. Januar 1951 (maschinengeschrieben), FNA, Ib 2/39; B. M. Deavin (Magistrat Liaison), Report on the 3rd (Ordinary) Meeting of the Berlin House of Representatives held on January 18th, 1951, 19. Januar 1951, PRO, FO 1049/272; Political Affairs Division, HICOG, Berlin Element, Chronology of Negotiations for West Berlin Coalition Government, 25. Januar 1951, NACP, RG 59, Decimal File, 762A.00/1-2651; Edward Page, Jr., Analysis of Negotiations of the Major Berlin Political Parties for Formation of New Land Government, Despatch an State Department vom 2. Februar 1951, ebenda, 762A.00/2-251; ER, Rede nach der Wahl zum Regierenden Bürgermeister im Abgeordnetenhaus am 18. Januar 1951, in: SR, Bd. 4, S. 319ff.; Franz Neumann an ER, 24. Januar 1951, FNA, Vb 2/2.

182 5. Tagung des 7. Landesparteitages am 31. Januar 1951, 16 Uhr im Casino am Funkturm (maschinengeschrieben), FNA, IIb 2/10a, Bl. 39; ferner ER, Schlußwort zur Debatte über die Bildung des Senats auf der 5. Tagung des 7. Landesparteitages der Berliner SPD am 31. Januar 1951, abgedruckt in: SR, Bd. 4, S. 321–329.

183 Protokoll über die Fraktionssitzung am 30. Januar 1951 zusammen mit dem Landesausschuß, LAB, E Rep. 200-17, Nr. 43; *Berlin-Chronik*

1951–1954, S. 9f. Vgl. Edward Page, Jr., Analysis of Negotiations of the Major Berlin Political Parties for Formation of New Land Government, Despatch an State Department vom 2. Februar 1951, NACP, RG 59, Decimal File, 762A.00/2-251.

184 Cecil B. Lyon, One Year of Coalition Government in Berlin, Despatch an State Department, 24. Januar 1952, NACP, RG 59, Decimal File, 762A.00/1-2452. Vgl. Reuters Regierungserklärung vom 1. Februar 1951, in: SR, Bd. 4, S. 329–342.

185 Brandt/Lowenthal, *Ernst Reuter*, S. 650ff.; Senat Pressedienst: Berlin wird wieder Deutschlands Hauptstadt werden. Eine Rede des Regierenden Bürgermeisters von Berlin, Ernst Reuter, im Kunst-Theater von Detroit, 1. März 1951, LAB, E Rep. 200-21, Nr. 65; Protokoll der Fernsehsendung »Meet the Press« (deutsche Übersetzung), 4. März 1951, ebenda, Nr. 104.

186 ER, Gedenkrede zum 75. Geburtstag Gustav Stresemanns am 10. Mai 1953, in: SR, Bd. 4, S. 731f.

187 Protokoll über die Sitzung in Bonn am 9.9.1951 mit einigen Mitgliedern des Parteivorstandes und des Landesvorstandes Berlin, FNA, IIb 1/2a.

188 Protokoll über die Landesausschuß- und Fraktionssitzung am 15.9.1951, FNA, Ib 2/39.

189 R. K. MacKenzie (Magistrat Liaison Section), Interview Dr. Suhr – p. m. 23 October 50, PRO, FO 1012/222.

190 Günther Klein, Reuter und westdeutsche Persönlichkeiten (maschinengeschrieben), 30. Juli 1954, LAB, E Rep. 200-21-01, Nr. 336.

191 ER, Regierungserklärung im Abgeordnetenhaus am 27. September 1951, abgedruckt in: SR, Bd. 4, S. 423–435; *Berlin-Chronik 1951–1954*, S. 191, S. 197.

192 Beschlußprotokoll über die Landesausschuß-Sitzung vom 29. September 1951, 11.00 Uhr, Rathaus Neukölln – gemeinsam mit den Mitgliedern der Fraktion, LAB, E Rep. 200-17, Nr. 43. Vgl. Protokoll über die Fraktionssitzung am 29.9.1951, gemeinsame Beratung mit dem Landesausschuß, ebenda.

193 Protokoll über die Sitzung zwischen Mitgliedern des Gesamtparteivorstandes, des Landes- und des Fraktionsvorstandes Berlin am 14. Oktober 1951 in Bonn, FNA, IIb 1/2a.

194 2. Sitzung des 8. Landesparteitages der SPD am 28. Oktober 1951, 9.30 Uhr in der Onkel-Bräsig-Schule, FNA, IIb 2/12, Bl. 14.

195 Ebenda, Bl. 49–57, Bl. 171ff., abgedruckt in: SR, Bd. 4, S. 455–463.

196 Vgl. *Berlin-Chronik 1951–1954*, S. 218; Cecil B. Lyon, One Year of Coalition Government in Berlin, Despatch an State Department, 24. Januar 1952, NACP, RG 59, Decimal File, 762A.00/1-2452.

197 *Berlin-Chronik 1951–1954*, S. 303ff.

198 ER, Regierungserklärung im Abgeordnetenhaus am 3. April 1952, abgedruckt in: SR, Bd. 4, S. 530.

199 *Berlin-Chronik 1951–1954*, S. 328f.

200 ER, RIAS-Ansprache nach der »Senatskrise« am 6. April 1952, in: SR, Bd. 4, S. 546–549. Vgl. Willy Brandt an Erich Ollenhauer, 9. April 1952, WBA, Berlin, Mappe 9.

201 9. Landesparteitag der Sozialdemokratischen Partei Deutschlands Landesverband Berlin in der Kongreßhalle am Funkturm, FNA, IIb 2/14, Bl. 202–223, 347–355, abgedruckt in: SR, Bd. 4, S. 554–572. Vgl. Neu-

mann-Rede in: 9. Landesparteitag, FNA, IIb 2/14, Bl. 224 bis 247; Bemerkungen von Suhr, ebenda, Bl. 110–113, Bl. 333–337.

202 Interview des Verfassers mit Harold Hurwitz, 7. März 1997.

203 Willy Brandt an Vorstand und Landesausschuß, 19. Mai 1952, WBA, Berlin, Mappe 9.

204 9. Landesparteitag der Sozialdemokratischen Partei Deutschlands Landesverband Berlin in der Kongresshalle am Funkturm, FNA, IIb 2/14, Bl. 382, Bl. 386; Abstimmungsergebnis über die Anträge des 9. Landesparteitages (14./25.5.52), FNA, IIb 2/14.

205 Robert C. Creel (Chief, Political Affairs Section, HICOG Berlin), Berlin SPD Convention, May 24 and 25, Despatch an State Department, 4. Juni 1952, NACP, RG 59, Decimal File, 762A.00/6-452.

206 C. F. C. Coleman an Sir Ivone Kirkpatrick, 12. Mai 1953, PRO, FO 371/103798. Vgl. *Berlin-Chronik 1951–1954*, S. 678.

207 D. W. Maynard (HICOG Berlin) an HICOG Bonn, Berlin Weekly Report No. 17 (April 1–8), 10. April 1952, NACP, RG 59, Decimal File, 762A.00/4-1052.

208 ER, »Wo uns der Schuh drückt«, 18. November 1951, in: SR, Bd. 4, S. 487–492; Richard R. Brown (General Manager, Office of Public Affairs, HICOG Frankfurt) an Secretary of State, NACP, RG 59, Decimal File, 762A.00/12-2451.

209 Gustav Klingelhöfer an Harold Hurwitz, 28. März 1955, LAB, E Rep. 200-21-01, Nr. 58.

210 Klingelhöfer an ER, 27. Juli 1951 (Entwurf), ebenda; SR, Bd. 4, S. 27.

211 Interview mit Gordon A. Ewing, Anfang der 80er Jahre, LAB, B Rep. 37 Acc. 3103, Nr. 87.

212 SR, Bd. 4, S. 997, Anm. 114.

213 A. Dymshyts, »Portrait of Serfs« (englische Übersetzung des Artikels aus *Literaturnaja Gaseta*), 20. Oktober 1948, LAB, E Rep. 200-21, Nr. 176.

214 V. Vysotsky, *West Berlin*, ins Englische übersetzt von David Fidlon, Moskau 1974, S. 68.

215 LAB, E Rep. 200-21, Nr. 125–130.

216 Wilhelm Pieck, »Die Wandlung des Herrn Reuter zum deutschen Quisling«, in: *Neues Deutschland* (29. März 1949), Exemplar u.a. zu finden in: SAPMO-BArch, NY 4036 (NL Wilhelm Pieck)/438, Bl. 230; Keiderling/Stulz, *Berlin 1945–1968*, S. 125; Institut für Marxismus-Leninismus beim ZK der SED (Hg.), *Geschichte der deutschen Arbeiterbewegung. Biographisches Lexikon*, Berlin 1970, S. 383.

217 Fritz Lange an Wilhelm Pieck, 20. März 1951, SAPMO-BArch, NY 4036/666, Bl. 14f.; Otto Franke an Pieck, 5. April 1951, ebenda, Bl. 17f.; Pieck an Ottomar Geschke, 9. April 1951, ebenda, Bl. 19f.; Pieck an Hans Pfeiffer, 9. April 1951, ebenda, Bl. 21; Geschke an Pieck, 19. April 1951, ebenda, Bl. 22f.; Pfeiffer an Pieck, 20. April 1951, ebenda, Bl. 24.

218 Vgl. z.B. Franz Dahlem an Hermann Matern (Zentrale Parteikontrollkommission), 27. November 1952, SAPMO-BArch, DY 30/IV 2/4/386, Bl. 162; Zentralkomitee der Kommunistischen Partei Österreichs an Dahlem, 3. Mai 1952, ebenda, Bl. 166f.; SED-Hausmitteilung, Abt. Kultur an ZPKK, 20. Juni 1950, ebenda, Bl. 170.

219 Die amerikanische Fraktion in der Sozialdemokratie (maschinengeschrieben), 23. November 1953, SAPMO-BArch, DY 30/IV 2/10.02/98, Bl. 163–170; Sozialdemokraten fordern Neuorientierung der SPD (maschinengeschrieben), o. D. [1953], ebenda, Bl. 171–177.

220 Argumentation zum Ernst-Reuter-Brief Nr. 1 vom Dezember 1953: »Um die Erneuerung der SPD« durch Gustav Klingelhöfer, o. D. [1953/54], ebenda, Bl. 3–11.
221 ER, Rede auf dem Kongreß der »Internationalen Föderation freier Journalisten« in Berlin am 25. April 1952, in: SR, Bd. 4, S. 552.
222 ER, Berlin und das deutsche Schicksal. Vortrag im Außeninstitut der Technischen Universität am 16. Mai 1950, in: ebenda, Bd. 4, S. 219.
223 ER, Manuskript eines Vortrages für eine SPD-Veranstaltung in Wiesbaden am 11. November 1951, in: ebenda, Bd. 4, S. 482.
224 ER, Flucht in die Selbsttäuschung, in: *Der Monat*, 5. Jg., H. 50 (November 1952), abgedruckt in: SR, Bd. 4, S. 634.
225 Bark, *Berlin-Frage*, S. 130–136; Prowe, *Weltstadt*, S. 60f.
226 Rebecca Wellington, Periodic Review of Political Events in Berlin, February 10–16 [1951], NACP, RG 59, Decimal File, 762A.00/2-1951; Prowe, *Weltstadt*, S. 79f., S. 86f.
227 Vgl. vor allem Bark, *Berlin-Frage*, S. 228–241; Prowe, *Weltstadt*, S. 83–86.
228 *Berlin-Chronik 1951–1954*, S. 418; George Bailey/Sergej A. Kondraschow/David E. Murphy, *Die unsichtbare Front. Der Krieg der Geheimdienste im geteilten Berlin*, Berlin 1997, S. 39, S. 162–167.
229 Allied Kommandatura Berlin. Record of a Meeting held by the Commandants with Dr. Reuter at the Allied Kommandatura Building, Berlin-Dahlem, on 2 January 1953 at 11 15 hrs, PRO, FO 371/103800.
230 Powers, *Not without Honor*, S. 207.
231 Ebenda, S. 207f.
232 Francis Stonor Saunders, *Who paid the paper?, London 1999.*
233 Zum vorherigen vgl. ebenda, S. 209; Peter Coleman, *The Liberal Conspiracy: The Congress for Cultural Freedom and the Struggle for the Mind of Postwar Europe*, New York 1989, S. 16–19; Pierre Grémion, *Intelligence de l'anticommunisme. Le Congrès pour la liberté de la culture à Paris (1950–1975)*, Paris 1995, S. 16–22; Manfred Görtemaker, *Geschichte der Bundesrepublik Deutschland. Von der Gründung bis zur Gegenwart*, München 1999, S. 255ff. Leider konnte ich die neue Arbeit von Michael Hochgeschwenger zum Kongreß für Kulturelle Freiheit nicht mehr berücksichtigen.
234 Zum Programm des Kongresses siehe Tagesablauf des Oberbürgermeisters 1950, LAB, E Rep. 200-21, Nr. 86.
235 Coleman, *Conspiracy*, S. 19ff.
236 ER, Rede zur Eröffnung des »Kongresses für Kulturelle Freiheit« im Titania-Palast am 26. Juni 1950, in: SR, Bd. 4, S. 224.
237 Ebenda, Bd. 4, S. 909, Anm. 81. Zum Verlauf des Kongresses vgl. Coleman, *Conspiracy*, S. 22–32; Grémion, *Intelligence*, S. 22–51.
238 Ebenda, S. 42.
239 ER, Rede auf der SPD-Kundgebung in der Messehalle am Funkturm nach der Amerika-Reise am 18. März 1951, in: SR, Bd. 4, S. 351.
240 Dietrich Orlow, »German Social Democracy and European Unification, 1945 to 1955«, in: Barclay/Weitz (Hg.), *Between Reform and Revolution*, S. 479ff.
241 ER an Alexander Rüstow, 24. Juni 1953, in: ebenda, Bd. 4, S. 740. Vgl. ER, Rede auf einer SPD-Kundgebung in der Messehalle am Funkturm nach der Amerika-Reise am 10. April 1953, in: ebenda, Bd. 4, S. 706.
242 Orlow, »Social Democracy«, S. 468, S. 470–478. Vgl. Kurt Klotzbach, *Der Weg zur Staatspartei. Programmatik, praktische Politik und Organi-*

sation der deutschen Sozialdemokratie 1945 bis 1965, Berlin/Bonn 1982, S. 194–210.

243 ER, Die Rolle der Parteien in der Demokratie. Vortrag vor dem Deutschen Liberalen Club am 10. Juli 1950, in: SR, Bd. 4, S. 230.

244 Senat Pressedienst, Die Stellungnahme des Senats von Berlin zum Schumann-Plan, 26. Juni 1951, LAB, E Rep. 200-21, Nr. 65.

245 Brandt, *Erinnerungen*, S. 26.

246 Rupieper, *Der besetzte Verbündete*, S. 193–199.

247 Ebenda, S. 220–225; ER an Friedrich Ebert, 2. Dezember 1950, in: SR, Bd. 4, S. 298f.

248 Rupieper, *Der besetzte Verbündete*, S. 225f.; ER, Rede vor dem Zweiten Politischen Ausschuß der UN-Vollversammlung in Paris am 8. Dezember 1951 zur Frage gesamtberliner Wahlen, SR, Bd. 4, S. 498–503; Beschlußprotokoll über die Landesausschuß-Sitzung am 15. Dezember 1951, 11 Uhr, Möckernstraße, FNA, IIb 1/3a (»Bericht über die Tagung der Vereinten Nationen in Paris – Gen. Reuter«). Vgl. SR, Bd. 4, S. 42.

249 Aus der umfangreichen Literatur zur Stalin-Note vgl. Görtemaker, *Geschichte*, S. 305–310; Rolf Steininger, *Eine Chance zur Wiedervereinigung? Die Stalin-Note vom 10. März 1952. Darstellung und Dokumentation auf der Grundlage unveröffentlichter britischer und amerikanischer Akten.* (= Archiv für Sozialgeschichte, Beiheft 12), Bonn 1985; Rupieper, *Der besetzte Verbündete*, S. 240–300; Schwartz, America's Germany, S. 260–269; Gerhard Wettig, »Die Stalin-Note vom 10. März 1952 als geschichtswissenschaftliches Problem. Ein gewandeltes Problemverständnis«, in: *Deutschland-Archiv*, 25. Jg., H. 2 (Februar 1992), S. 157–166; Wilfried Loth, *Stalins ungeliebtes Kind. Warum Moskau die DDR nicht wollte*, Berlin 1994, S. 179–184; Ruud van Dijk, *The 1952 Stalin Note Debate: Myth or Missed Opportunity for German Reunification?* (Cold War International History Project, Working Paper No. 14, Mai 1996), Washington/D.C. 1996; Görtemaker, *Geschichte*, S. 305–310.

250 Karl F. Mautner, Remarks of Dr. Suhr, 12. Dezember 1951, NACP, RG 466, HICOG, Office of the Executive Secretary. Miscellaneous Files Relating Primarily to Berlin, Box 6: Folder »Political Affairs«.

251 C. F. C. Coleman an Sir Ivone Kirkpatrick, 12. Mai 1953, PRO, FO 371/103798.

252 Summarisch zu diesen Entwicklungen siehe: Wolfgang Ribbe, »Der 17. Juni 1953 in Berlin. Vorgeschichte, Verlauf und politische Folgen«, in: Landesarchiv Berlin (Hg.), *Berlin, 17. Juni 1953. Eine Ausstellung des Landesarchivs Berlin*, 17. Juni bis 15. Dezember 1993, Berlin 1993, S. 8–14. Vgl. Armin Mitter/Stefan Wolle, *Untergang auf Raten. Unbekannte Kapitel der DDR-Geschichte*, München 1995, S. 28–33; Ilko-Sascha Kowalczuk/Armin Mitter, »›Die Arbeiter sind zwar geschlagen worden, aber sie sind nicht besiegt!‹ Die Arbeiterschaft während der Krise 1952/53«, in: Ilko-Sascha Kowalczuk/Armin Mitter/Stefan Wolle (Hg.), *Der Tag X. Die »Innere Staatsgründung« der DDR als Ergebnis der Krise 1952/54* (= Forschungen zur DDR-Geschichte, Bd. 3), 2. Aufl., Berlin 1996, S. 34–48; Ilko-Sascha Kowalczuk, »›Wir werden siegen, weil uns der große Stalin führt!‹ Die SED zwischen Zwangsvereinigung und IV. Parteitag«, in: ebenda, S. 191–201.

253 D. W. Maynard, Memorandum of Conversation – December 31, 1952, NACP, RG 466, HICOG, Office of the Executive Secretary. Miscellaneous Files Relating Primarily to Berlin, Box 6: Folder »Political Affairs«.

254 ER, Berliner Sorgen 1953. Vortrag vor dem Liberalen Club am 19. Januar 1953, in: SR, Bd. 4, S. 676–679; Weekly Summary – Berlin and Soviet Zone, 22. Januar 1953, PRO, FO 371/103798; *Berlin-Chronik 1951–1954*, S. 624.

255 Ebenda, S. 639; ER, Ansprache zum Flüchtlingsproblem in der Sendereihe »Politik aus erster Hand« des Bayerischen Rundfunks am 25. Februar 1953, in: SR, Bd. 4, S. 686.

256 ER, Rede auf einer SPD-Kundgebung in der Messehalle am Funkturm nach der Amerika-Reise am 10. April 1953, in: ebenda, Bd. 4, S. 709; *Berlin-Chronik 1951–1954*, S. 655.

257 U.S. Department of State. Memorandum of Conversation, 20. März 1953, NACP, RG 59, Decimal File, 762.00/3-2053.

258 Gast in der amerikanischen Fernsehsendung »Meet the Press« am 22. März 1953, in: SR, Bd. 4, S. 698 (im Original englisch).

259 Vgl. u.a. Ribbe, *Der 17. Juni 1953*, S. 31f.; James Richter, »Re-examining Soviet Policy towards Germany in 1953«, in: *Europe-Asia Studies*, 45. Jg., H. 4 (1993), S. 676ff.; Christian F. Ostermann, *The United States, the East German Uprising of 1953, and the Limits of Rollback* (= Cold War International History Project, Working Paper No. 11, Dezember 1994), Washington/D.C. 1994, S. 4–8. Und als wichtige Dokumentation siehe: *Rudolf Herrnstadt: Das Herrnstadt-Dokument. Das Politbüro der SED und die Geschichte des 17. Juni 1953*, hg. von Nadja Stulz-Herrnstadt, Reinbek bei Hamburg 1990, S. 57–75.

260 Zu den Ereignissen am 17. Juni vgl. u.a. die in Anm. 262 angegebenen Arbeiten. Ferner die ausführlichen Literaturangaben in: Ostermann, *United States*, S. 1f., Anm. 2.

261 C. F. C. Coleman an Sir Ivone Kirkpatrick, 21. Mai 1953, PRO, FO 371/103798.

262 Protokoll über die Sitzung des Landesvorstandes und Fraktionsvorstandes am 8.5.1953, LAB, E Rep. 200-17, Nr. 45; Protokoll über die Fraktionssitzung am 19. Mai 1953, ebenda; John Foster Dulles an HICOG Bonn und HICOG Berlin, 16. April 1953, NACP, RG 59, Decimal Files, 762.00/4-1653; All-Berlin Elections, Anhang zu: Allied Kommandatura Berlin. Minutes of the Fourth Meeting of the Commandants held in the Allied Kommandatura Building, Berlin-Dahlem, on Saturday the 25th April 1953 at 1215 hours, PRO, FO 371/103800.

263 Protokoll über die Fraktionssitzung am 22.6.1953, LAB, E Rep. 200-17, Nr. 45; Brandt/Lowenthal, *Ernst Reuter*, S. 674.

264 Protokoll über die außerordentliche Landesausschuß-Sitzung am 18. Juni 1953, um 9.00 Uhr, AW, Möckernstraße 69, FNA, IIb 1/3a. Vgl. die Dokumentation zum Aufstand aus West-Berliner Sicht in: Manfred Rexin (Hg.), *Diesseits des Potsdamer Platzes. West-Berlin am 16. und 17. Juni 1953*. Eine Dokumentation des Franz-Neumann-Archivs in Zusammenarbeit mit dem August-Bebel-Institut (= Schriftenreihe des Franz-Neumann-Archivs, H. 4), Berlin 1983. Vgl. ferner Prowe, *Weltstadt*, S. 114–121.

265 ER, RIAS-Ansprache am Abend des 18. Juni 1953, in: SR, Bd. 4, S. 735.

266 Ebenda, Bd. 4, S. 736; Allied Kommandatura Berlin. Record of a Meeting Held by the Commandants with Dr. Reuter at the Allied Kommandatura Building, Berlin-Dahlem, on Friday, 19 June 1953 at 0930 hours, PRO, FO 371/103800.

267 RIAS Ansprache »Wo uns der Schuh drückt« am 19. Juli 1953, in: SR,

Bd. 4, S. 753ff.; ER an Dwight D. Eisenhower, 10. August 1953, in: ebenda, Bd. 4, S. 763f.; Prowe, *Weltstadt*, S. 121–124; Ostermann, *United States*, S. 26–44.

268 Ebenda, S. 35.

269 ER, Deutschlands Einheit – Berlins Aufgabe. Rede auf der SPD-Kundgebung im Sportpalast am 30. August 1953, in: SR, Bd. 4, S. 772.

270 Richter, *Soviet Policy*, S. 686f.

271 Alexander Rüstow an ER, 24. Mai und 8. September 1953, LAB, E Rep. 200-21, Nr. 174.

272 ER, Referat auf einer Referenten-Besprechung der Berliner SPD im Rathaus Schöneberg am 18. September 1953, in: SR. Bd. 4, S. 805.

273 ER an Alexander Rüstow, 14. September 1953, LAB, E Rep. 200-21, Nr. 174.

274 Interview des Verfassers mit Karl F. Mautner und Martha Mautner, 23. Juli 1999.

275 Bark, *Berlin-Frage*, S. 359–363.

276 Prowe, *Weltstadt*, S. 124f.

277 David M. Maynard, Berlin Weekly Report No. 94 (September 22–28), 1. Oktober 1953, NACP, RG 59, Decimal File, 762.00/10-153.

278 ER, Schlußwort auf der 6. Hauptversammlung des Deutschen Städtetages in Hamburg am 26. 9. 1953, in: SR, Bd. 4, S. 812.

279 Edzard Reuter, *Schein und Wirklichkeit*, S. 82.

280 *Berlin-Chronik 1951–1954*, S. 824.

281 SR, Bd. 4, S. 66.

282 Senat von Berlin (Hg., bearbeitet von Hans J. Reichhardt/Joachim Drogmann/Hanns U. Treutler), *Berlin. Chronik der Jahre 1955–1956* (= Schriftenreihe zur Berliner Zeitgeschichte, Bd. 6), Berlin 1971, S. 641ff.; Brandt, *Erinnerungen*, S. 31f.; Franz-Neumann-Archiv e.V. (Hg.), *Franz Neumanns letztes Interview*, S. 46ff.; Marshall, *Willy Brandt*, S. 33f.

Epilog

1 Interview Harold Hurwitz mit Emma Fanta, 9. April 1954, PA-HH.

2 Kundgebung der Heimatvertriebenen, 16. Oktober 1949, 11 Uhr, Waldbühne am Reichssportfeld, LAB, E Rep. 200-21, Nr. 104.

3 Ernst Reuter, Rede zur Verleihung des Friedenspreises des Deutschen Buchhandels an Romano Guardini in Frankfurt am 23. September 1952, in: *Börsenblatt für den deutschen Buchhandel, Frankfurter Ausgabe*, Nr. 80 (3. Oktober 1952), S. 401ff., abgedruckt in: SR, Bd. 4, S. 619.

Literatur

Ungedruckte Quellen

Archiv der sozialen Demokratie
der Friedrich-Ebert-Stiftung, Bonn (AdsD)

Bestand Kurt Schumacher.
Nachlaß Richard Lowenthal.
Nachlaß Kurt Mattick.
Nachlaß Otto Ostrowski.
Sammlung Personalia: Ernst Reuter.
SPD-Landesverband Berlin.
Willy-Brandt-Archiv im Archiv der sozialen Demokratie der Friedrich-Ebert-Stiftung (WBA):
Persönliche Unterlagen/biographische Materialien (Pers.).
Publizistische Äußerungen Willy Brandts 1933–1962 (Publikationen).
Beruflicher Werdegang und politisches Wirken in Berlin 1947–1966 (Berlin).

Bundesarchiv Koblenz (BAK)
Nachlässe:

N 1018: Nachlaß Jakob Kaiser.
N 1051: Nachlaß Walther Schücking.
N 1114: Nachlaß Ferdinand Friedensburg.
N 1169: Nachlaß Alexander Rüstow.
N 1199: Nachlaß Hans Wehberg.
N 1234: Nachlaß Fritz Baade.
N 1246: Nachlaß Rosa Meyer-Leviné.

Franz-Neumann-Archiv, Berlin (FNA)

Nachlaß Franz Neumann.

Landesarchiv Berlin (LAB)

B Rep. 002: Der Regierende Bürgermeister von Berlin/Senatskanzlei.
B Rep. 36: OMGBS Office of Military Government Berlin Sector (1944–1950).
B Rep. 37: Amerikanische Behörden, u. a. Office of Military Government Berlin Sector (OMGBS):
Acc. 3103: Interviews mit OMGUS/OMGBS-Beamten und amerikanischen Politikern.

C Rep. 900: Sozialistische Einheitspartei Deutschlands, Landesleitung Berlin, Bezirksparteiarchiv.
E Rep. 200: Nachlässe:
– 17: Nachlaß Otto Suhr.
– 18: Nachlaß Hans E. Hirschfeld.
– 21: Nachlaß Ernst Reuter.
– 21-01: Ernst-Reuter-Archiv.
– 23: Nachlaß Gustav Klingelhöfer.

Landesarchiv Magdeburg – Landeshauptarchiv (LA Magdeburg – LHA)

Rep. C 20 I b: Oberpräsident, Allgemeine Abteilung.
Rep. C 28 I e Spez. I: Regierung Magdeburg, Kommunalregistratur, Spezialia Städte:
Nr. 1450: Personalakten des Oberbürgermeisters Beims 1919–1933.
Nr. 1451: Personalakten des Oberbürgermeisters Reuter 1926–1935.
Rep. C 29 Anh. III: Gefangenenbuch B 1933/34.

National Archives at College Park, College Park/Maryland (NACP)

Record Group 59 (RG 59): General Records of Department of State:
Decimal Files: Lot Files Pertaining to Europe. Records of the Central European Division, 1944–1953.
Record Group 84 (RG 84): Foreign Service Posts:
U.S. Political Adviser – Berlin (POLAD).
Record Group 226 (RG 226): Office of Strategic Services.
Record Group 260 (RG 260): United States Occupation Headquarters, World War II., Office of Military Government for Germany (U.S. Zone) (OMGUS):
Records of the Berlin Sector (OMGBS).
Record Group 466 (RG 466): United States High Commissioner for Germany (HICOG).

Politisches Archiv des Auswärtigen Amts, Bonn (PA-AA)

Botschaft Ankara.
Botschaft Moskau.
Bestand Inland II A/B.

Persönliches Archiv Harold Hurwitz, Berlin (PA-HH)

Willy Brandt/Richard Lowenthal, Ernst-Reuter-Biographie, Manuskript (2. Fassung).
Interviews mit Zeitgenossen und Bekannten Ernst Reuters, 1954–1956.
Manuskripte und Notizen.
SPD-Berlin, Protokolle der Parteivorstands- und Parteiausschußsitzungen, 1946–1949.

Public Record Office, Kew/Surrey (PRO)

Foreign Office (FO):

FO 371: General Correspondence, Political from 1906.
FO 1005: Control Commission for Germany: Records Library.
FO 1012: Control Commission for Germany: Berlin. Control Commission for Germany: Headquarters Staff Special Echelon and Military Government Headquarters.
FO 1049: Control Commission for Germany: Political Division.

Special Operations Executive (SOE):

HS 3: Special Operations Executive: Middle East and Africa: Files.

Stadtarchiv Magdeburg (StA Magdeburg)

Biographische Angaben über Otto Baer.
Biographische Angaben über Herbert Goldschmidt.
Rep. 18^{4}: Magistrat und Stadtverordnetenversammlung 1832–1945.

Stiftung Archiv der Parteien und Massenorganisationen der DDR im Bundesarchiv, Berlin (SAPMO-BArch)

DY 30: Sozialistische Einheitspartei Deutschlands 1945–1989:
DY 30/IV 2/1: Tagungen, Parteivorstand/Zentralkomitee der SED 1946–1989.
DY 30/IV 2/2: Protokolle der Sitzungen des Politbüros.
DY 30/IV 2/4/386: Zentralkomitee, Zentrale Parteikontrollkommission.
DY 30/IV 2/10.02/98: Zentralkomitee, Westkommission, 1953.

NY: Nachlässe:
NY 4005: Nachlaß Clara Zetkin.
NY 4030: Nachlaß Edwin Hoernle.
NY 4036: Nachlaß Wilhelm Pieck.
NY 4076: Nachlaß Hermann Matern.
NY 4090: Nachlaß Otto Grotewohl.
NY 4126: Nachlaß Paul Levi.
NY 4404: Nachlaß Otto Brass.

RY 1: Kommunistische Partei Deutschlands 1916–1949:
RY 1/I 2/1: KPD, Zentralausschuß.
RY 1/I 2/2: KPD, Zentralkomitee.
RY 1/I 2/3: KPD, Politbüro.
RY 1/I 3/1-2: KPD, Bezirk Berlin/Brandenburg/Lausitz.

RY 5: Kommunistische Internationale 1919–1945:
RY 5/I 6/3: Exekutivkomitee – Vertretung der KPD.

RY 6: Russische Kommunistische Partei (Bolschewiki):
RY 6/I 6/4: Zentrales Büro der Deutschen Sektion bei der RKP (B).

SgY: Sammlungen:
SgY 30: Erinnerungen.

Gedruckte Quellen und Literatur

Gedruckte Werke und Schriften Ernst Reuters

Reuter, Ernst, *Schriften – Reden,* hg. von Hans E. Hirschfeld und Hans J. Reichhardt, 4 Bde., Berlin 1972–1975.

Biographische Arbeiten über Ernst Reuter

Altrichter, Helmut, »Ernst Reuter«, in: Walther L. Bernecker und Volker Dotterweich (Hg.), *Persönlichkeit und Politik in der Bundesrepublik Deutschland. Politische Porträts*, 2 Bde., Göttingen 1982, Bd. 2, S. 120–131.

Auer, Peter, *Ihr Völker der Welt. Ernst Reuter und die Blockade von Berlin*, Berlin 1998.

Brandt, Willy, und Richard Lowenthal, *Ernst Reuter. Ein Leben für die Freiheit. Eine politische Biographie*, München 1957.

»Erinnerungen an Ernst Reuter«, Beiträge von Boleslaw Barlog, Willy Brandt, Johan Baptist Gradl, Wilhelm Kaisen, Leyla Kudret-Erkönen, Kurt Mattick, John J. McCloy, Hans Reif, Wolf Jobst Siedler, Otto Theuner, Alexander Voelker, Fehmi Yavuz und Walter Rasch, in: *Berliner Forum*, 11. Jg., Nr. 6 (1978).

Ernst Reuter. Oberbürgermeister von Magdeburg. Beiträge zur Festveranstaltung der Friedrich-Ebert-Stiftung anläßlich des 60. Jahrestages der Amtseinführung Ernst Reuters als Oberbürgermeister in Magdeburg 1931, hg. von Ernst-Eugen Meckel (Büro Sachsen-Anhalt der Friedrich-Ebert-Stiftung), Magdeburg 1991.

Ernst Reuter. Sein Leben in Bildern 1889–1953, Berlin 1989.

Fuhr, Eckhard, »Ein Held wider Willen. Ernst Reuter – nicht nur ein Monument des Kalten Krieges«, in: *Frankfurter Allgemeine Zeitung*, Nr. 173 (29. Juli 1989).

Harpprecht, Klaus (Hg.), *Ernst Reuter. Ein Leben für die Freiheit. Eine Biographie in Bildern und Dokumenten*, München 1957.

Herr, Thomas, »Ein deutscher Sozialdemokrat an der Peripherie – Ernst Reuter im türkischen Exil 1935–1946«, in: Herbert A. Strauss, Klaus Fischer, Christhard Hoffmann und Alfons Söllner (Hg.), *Die Emigration der Wissenschaften nach 1933. Disziplingeschichtliche Studien*, München 1991, S. 193–218.

Keleş, Ruşen (Hg.), »Ernst Reuter'in Anısına/Zum Gedenken an Ernst Reuter 2.6.1986 – 3.6.1986«, Ankara 1986 (hektographiert).

Koerfer, Daniel, »Ernst Reuter«, in: Wolfgang Ribbe (Hg.), *Stadtoberhäupter. Biographien Berliner Bürgermeister im 19. und 20. Jahrhundert* (= Berlinische Lebensbilder, Bd. 7), Berlin 1992, S. 419–442.

Lehmann, Hans G., »Ernst Reuters Entlassung aus dem Konzentrationslager«, in: *Archiv für Sozialgeschichte*, 13 (1973), S. 483–508.

Lowenthal, Richard, »Zum 25. Todestag von Ernst Reuter.«, Vortrag von Professor Richard Lowenthal, Berlin, in der Sondersitzung des Rates der Stadt Leer/Ostfriesland am 29.9.1978, in: *Einweihung des Ernst-Reuter-Platzes in Leer/Ostfriesland am 27. September 1980*, o. O. o. J., S. 19–27.

Oschilewski, Walther G. (Hg.), *Ernst Reuter. Ein Leben für Freiheit und Sozialismus*, mit einer Biographie von Edzard Reuter, Berlin-Grunewald 1949.

Reichhardt, Hans J., *Ernst Reuter*, Hannover 1965.

Schönfeld, Martin, »*Kommen Sie, es lohnt sich* ... Ernst Reuter – Ein Zurückgekehrter ruft die Emigranten«, in: *1945. Jetzt wohin? Exil und Rückkehr ... nach Berlin*. Katalog zur Ausstellung vom 1. Mai bis 15. Juli 1995 auf dem Gelände des ehemaligen Anhalter Bahnhofs in Berlin-Kreuzberg, hg. vom Verein Aktives Museum, Berlin 1995, S. 286–303.

Schwenger, Hannes, *Ernst Reuter. Ein Zivilist im Kalten Krieg*, München/Zürich 1987.

Stephan, Klaus, »Politik und Wirtschaft. Ernst und Edzard Reuter«, in: Volkmar Braunbehrens u.a., *Väter und Söhne. Zwölf biographische Porträts*, Berlin 1996, S. 359–394.

Stern, Fritz, »Ernst Reuter. Der Werdegang eines demokratischen Sozialisten«, in: ders., *Der Traum vom Frieden und die Versuchung der Macht. Deutsche Geschichte im 20. Jahrhundert*, erw. Neuauflage, Berlin 1999, S. 97–116.

Hilfsmittel, Handbücher, Memoiren, Quellen usw.

Acheson, Dean, *Present at the Creation: My Years in the State Department*, New York 1969.

Annan, Noel, *Changing Enemies: The Defeat and Regeneration of Germany*, New York – London 1995.

Badstübner, Rolf, und Wilfried Loth (Hg.), *Wilhelm Pieck – Aufzeichnungen zur Deutschlandpolitik 1945–1953*, Berlin 1994.

Barth, Bernd-Rainer, Christoph Links, Helmut Müller-Enbergs und Jan Wielgohs (Hg.), *Wer war wer in der DDR? Ein biographisches Handbuch*, 3. Ausgabe, Frankfurt/M. 1995.

Berlin. Behauptung von Freiheit und Selbstverwaltung 1946–1948 (= Schriftenreihe zur Berliner Zeitgeschichte, Bd. 2), hg. vom Senat von Berlin, bearb. durch Albrecht Lampe, Richard Hebing und Hans-Karl Behrend, Berlin 1959.

Berlin. Chronik der Jahre 1951–1954 (=Schriftenreihe zur Berliner Zeitgeschichte, Bd. 5), hg. vom Senat von Berlin, bearb. durch Hans J. Reichhardt/Joachim Drogmann/Hanns U. Treutler, Berlin 1968.

Berlin. Kampf um Freiheit und Selbstverwaltung 1945–1946 (= Schriftenreihe zur Berliner Zeitgeschichte, Bd. 1), hg. vom Senat von Berlin, bearb. durch Albrecht Lampe, Hans Joachim Reichhardt und Hermann Krätschell, 2. Aufl., Berlin 1961.

Berlin. Quellen und Dokumente 1945–1951 (= Schriften zur Berliner Zeitgeschichte, Bd. 4/1 u. 2), hg. vom Senat von Berlin, bearb. durch Hans J. Reichhardt, Hanns U. Treutler und Albrecht Lampe, 2 Bde., Berlin 1964.

Berlin. Ringen um Einheit und Wiederaufbau 1948–1951 (= Schriftenreihe zur Berliner Zeitgeschichte, Bd. 3), hg. vom Senat von Berlin, bearb. durch Albrecht Lampe, Hans Joachim Reichhardt und Hermann Krätschell, Berlin 1962.

Boberach, Heinz, Patrik von zur Mühlen, Werner Röder und Peter Steinbach (Hg.), *Quellen zur deutschen politischen Emigration 1933–1945. Inventar von Nachlässen, nichtstaatlichen Akten und Sammlungen in Archiven und Bibliotheken der Bundesrepublik Deutschland*, bearb. von Ingrid Schulze-Bidlingmaier unter Mitwirkung von Ursula Adam, Volkmar Elstner und Mitarbeitern in den Archiven (= Schriften der Herbert und Elsbeth Weichmann Stiftung), München 1994.
Borsdorf, Ulrich, und Lutz Niethammer, *Zwischen Befreiung und Besatzung. Analysen des US-Geheimdienstes über Positionen und Strukturen deutscher Politik 1945*, Weinheim 1995.
Brandt, Rut, *Freundesland. Erinnerungen*, Hamburg 1992.
Brandt, Willy, *Mein Weg nach Berlin*, aufgezeichnet von Leo Lania, München 1960.
ders., *Links und frei. Mein Weg 1930–1950*, Hamburg 1982.
ders., *Erinnerungen*, Berlin – Frankfurt/M. 1989.
Buchholz, Ingelore, Maren Ballerstedt und Konstanze Buchholz, *Magdeburger Bürgermeister*, hg. vom Magistrat der Stadt Magdeburg, Magdeburg o.J. [1993].
Buchholz, Marlis, und Bernd Rother (Hg.), *Der Parteivorstand der SPD im Exil. Protokolle der Sopade 1933–1940* (= Archiv für Sozialgeschichte, Beiheft 15), Bonn 1995.
Churchill, Winston S., *The Second World War: The Gathering Storm*, Boston 1948.
Clay, Lucius D., Entscheidung in Deutschland, Frankfurt/M. o.J.
Degras, Jane (Hg.), *The Communist International, 1919–1943: Documents*, 2 Bde., London 1971.
Deutschkron, Inge, *Ich trug den gelben Stern*, 13. Aufl., München 1995.
Dokumente zur Berlin-Frage 1944–1962 (= Dokumente und Berichte, Bd. 18), hg. vom Forschungsinstitut der Deutschen Gesellschaft für Auswärtige Politik e.V., Bonn, in Zusammenarbeit mit dem Senat von Berlin, 2. Aufl., München 1962.
Erler, Peter, Horst Laude und Manfred Wilke (Hg.), *»Nach Hitler kommen wir«. Dokumente zur Programmatik der Moskauer KPD-Führung 1944/45 für Nachkriegsdeutschland* (= Studien des Forschungsverbundes SED-Staat an der Freien Universität Berlin), Berlin 1994.
Fladhammer, Christa, und Michael Wildt (Hg.), *Max Brauer im Exil. Briefe und Reden aus den Jahren 1933–1946* (= Quellen zur Sozial- und Zeitgeschichte), Hamburg 1994.
»Franz Neumanns letztes Interview«, in: *Franz-Neumann-Archiv e.V. Berlin. Tätigkeitsbericht 1974–1978*, 1 (1978), S. 1–56.
Fricke, Dieter, Werner Fritsch, Herbert Gottwald, Siegfried Schmidt u.a. (Hg.), *Lexikon zur Parteiengeschichte. Die bürgerlichen und kleinbürgerlichen Parteien und Verbände in Deutschland (1789–1945)*, 4 Bde., Leipzig 1983.
Friedensburg, Ferdinand, *Es ging um Deutschlands Einheit. Rückschau eines Berliners auf die Jahre nach 1945*, Berlin 1971.
A Four Year Report. Office of Military Government. U.S. Sector, Berlin. July 1, 1945–September 1, 1949, hg. vom Office of Military Government, Berlin Sector, Public Relations, Statistical and Historical Branch, Berlin o.J. [1949].

Geschichte der deutschen Arbeiterbewegung. Biographisches Lexikon, hg. vom Institut für Marxismus-Leninismus beim ZK der SED, Berlin 1970.

Gruber, Helmut, *International Communism in the Era of Lenin*, Greenwich/Connecticut 1967.

Heideking, Jürgen, und Christof Mauch (mit Marc Frey) (Hg.), *American Intelligence and the German Resistance to Hitler: A Documentary History* (= Widerstand: Dissent and Resistance in the Third Reich), Boulder/Colorado 1996.

Herrnstadt Rudolf, *Das Herrnstadt-Dokument. Das Politbüro der SED und die Geschichte des 17. Juni 1953*, hg. von Nadja Stulz-Herrnstadt, Reinbek bei Hamburg 1990.

Howard, Elizabeth F., *Across Barriers*, London 1941.

Howley, Frank, *Berlin Command*, New York 1950.

Jahresbericht 1948/49 des Landesverbandes Groß-Berlin der Sozialdemokratischen Partei Deutschlands, Berlin 1949.

Jahresbericht 1949. Landesverband Groß-Berlin der Sozialdemokratischen Partei Deutschlands, Berlin 1950.

Jahresbericht 1950. Landesverband Berlin der Sozialdemokratischen Partei Deutschlands, Berlin 1951.

Jahresbericht 1951. Landesverband Berlin der Sozialdemokratischen Partei Deutschlands, Berlin 1952.

Jahresbericht 1952. Landesverband Berlin der Sozialdemokratischen Partei Deutschlands, Berlin 1953.

Jahresbericht 1953. Landesverband Berlin der Sozialdemokratischen Partei Deutschlands, Berlin 1954.

Klöckner, Clemens (Hg.), *Protokoll des 1. ordentlichen Parteitages der Kommunistischen Arbeiterpartei Deutschlands*, Darmstadt 1981.

ders. (Hg.), *Protokoll des außerordentlichen Parteitages der Kommunistischen Arbeiter-Partei Deutschlands vom 15.–18. Februar 1921 im Volkshaus zu Gotha*, Darmstadt 1984.

ders. (Hg.), *Protokoll des außerordentlichen Parteitages der Kommunistischen Arbeiter-Partei Deutschlands vom 11. bis 14.9.1921 in Berlin*, Darmstadt 1986.

Krohn, Claus-Dieter, Patrik von zur Mühlen, Gerhard Paul und Lutz Winkler (Hg.), *Handbuch der deutschsprachigen Emigration 1933 bis 1945*, Darmstadt 1998.

Kroll, Hans, *Lebenserinnerungen eines Botschafters*, 3. Aufl., Köln – Berlin 1967.

Lazitch, Branko, mit Milorad M. Drachkovitch, *Biographical Dictionary of the Comintern*, Stanford 1973.

Leonhard, Wolfgang, *Die Revolution entläßt ihre Kinder*, Köln 1990.

Malycha, Andreas (Hg.), *Auf dem Weg zur SED. Die Sozialdemokratie und die Bildung einer Einheitspartei in den Ländern der SBZ. Eine Quellenedition* (= Archiv für Sozialgeschichte, Beiheft 16), Bonn 1995.

Matthias, Erich (Hg.), *Mit dem Gesicht nach Deutschland. Eine Dokumentation über die sozialdemokratische Emigration. Aus dem Nachlaß von Friedrich Stampfer ergänzt durch andere Überlieferungen*, bearb. von Werner Link, Düsseldorf 1968.

Meyer, Bernhard, *Sozialdemokraten in der Entscheidung. Biographien und Chronologie* (= Marginalien zur politischen Geschichte Berlin-Brandenburgs), Berlin 1994.
Michalski, Bettina, *Louise Schroeders Schwestern. Berliner Sozialdemokratinnen der Nachkriegszeit*, hg. vom Franz-Neumann-Archiv, Bonn 1996.
Murphy, Robert, *Diplomat Among Warriors*, Garden City/New York 1964.
Osterroth, Franz, und Dieter Schuster, *Chronik der deutschen Sozialdemokratie*, 3 Bde., 2. Aufl., Berlin – Bonn 1975–1978.
Pardon, Inge, Waleri W. Shurawljow und Redaktionskollegium (Hg.), *Lager, Front oder Heimat. Deutsche Kriegsgefangene in Sowjetrussland 1917 bis 1920*, 2 Bde., München 1994.
Pirker, Theo (Hg.), *Utopie und Mythos der Weltrevolution. Zur Geschichte der Komintern 1920–1940*, München 1964.
Pollock, James K., *Besatzung und Staatsaufbau nach 1945. Occupation Diary and Private Correspondence 1945–1948*, hg. von Ingrid Krüger-Bulcke (= Biographische Quellen zur deutschen Geschichte nach 1945, Bd. 14), München 1994.
Presidential Directives on National Security: From Truman to Clinton (Microfiche Series), hg. vom National Security Archive, Alexandria/Virginia 1994.
Protokoll vom Bezirksparteitag der SPD am Sonntag, dem 7. April 1946 in Berlin-Zehlendorf, hg. vom SPD-Landesverband Berlin in Zusammenarbeit mit dem Franz-Neumann-Archiv e.V. Berlin, Berlin o.J. (Nachdruck).
Protokoll des III. Kongresses der Kommunistischen Internationale (Moskau, 22. Juni bis 12. Juli 1921), Hamburg 1921.
Quack, Sibylle (Hg.), *Geistig frei und niemandes Knecht. Paul Levi, Rosa Luxemburg: Politische Arbeit und persönliche Beziehung*, mit 50 unveröffentlichten Briefen, Köln 1983.
Reichhardt, Hans J. (Hg.), *Die Entstehung der Verfassung von Berlin. Eine Dokumentation*, unter Mitarb. von Werner Breunig und Josephine Gabler, 2 Bde., Berlin 1990.
Reuter, Edzard, *Schein und Wirklichkeit. Erinnerungen*, Berlin 1998.
Rexin, Manfred (Hg.), *Diesseits des Potsdamer Platzes. West-Berlin am 16. und 17. Juni 1953*, eine Dokumentation des Franz-Neumann-Archivs in Zusammenarbeit mit dem August-Bebel-Archiv (= Schriftenreihe des Franz-Neumann-Archivs, H. 4), Berlin 1983.
Die rote Stadt im roten Land. Ein Buch über das Werden und Wirken der Sozialdemokratie in der Stadt Magdeburg und dem Bezirk Magdeburg-Anhalt, hg. vom Parteitagskomitee der Sozialdemokratischen Partei Deutschlands, Magdeburg 1929.
Ruck, Michael, *Bibliographie zum Nationalsozialismus*, Köln 1995.
Schröder, Wilhelm Heinz, *Sozialdemokratische Parlamentarier in den deutschen Reichs- und Landtagen 1867–1933. Biographie – Chronik – Wahldokumentation. Ein Handbuch* (= Handbücher zur Geschichte des Parlamentarismus und der politischen Parteien, Bd. 7), Düsseldorf 1995.
Schulz, Klaus-Peter, *Auftakt zum Kalten Krieg. Der Freiheitskampf der SPD in Berlin 1945/46*, Berlin 1965.

Schwineköper, Berent (Hg.), *Handbuch der historischen Stätten Deutschlands*, Bd. 11: *Provinz Sachsen/Anhalt*, Stuttgart 1987.
Severing, Carl, *Mein Lebensweg*, 2 Bde., Köln 1950.
Die Sitzungsprotokolle des Magistrats der Stadt Berlin 1945/46, Bd. 2, Teil 1: *1945* (= Schriftenreihe des Landesarchivs Berlin), bearb. von Dieter Hanauske, Berlin 1997.
Smith, Jean Edward (Hg.), *The Papers of General Lucius D. Clay: Germany 1945–1949*, 2. Bde., Bloomington 1974.
SPD Groß-Berlin 1947–1948. Als Manuskript gedruckt für die Delegierten zum 5. Landes-Parteitag am 8. u. 9. Mai 1948, Berlin 1948.
Stamm, Christoph (Hg.), *Die SPD-Fraktion im Frankfurter Wirtschaftsrat 1947–1949. Protokolle, Aufzeichnungen, Rundschreiben* (= Archiv für Sozialgeschichte, Beiheft 13), Bonn 1993.
Stephan, Cora (Hg.), *Zwischen den Stühlen oder die Unvereinbarkeit von Theorie und Praxis. Schriften Rudolf Hilferdings 1904 bis 1940*, Bonn 1982.
Teresiak, Manfred (Hg.), *Die SED in Berlin. Dokumente zur Vereinigung von KPD und SPD* (= Marginalien zur politischen Geschichte Berlin-Brandenburgs), 4 Bde., Berlin 1994/95.
Thesen und Resolutionen des III. Weltkongresses der Kommunistischen Internationale, Moskau, 22. Juni bis 12. Juli 1921, Hamburg 1921.
Thesen über die Taktik. Angenommen in der 24. Sitzung des III. Weltkongresses vom 12. Juli 1921 (= Flugschriften der Kommunistischen Internationale 3), Hamburg 1921.
U.S. Department of State: Foreign Relations of the United States 1947, Bd. 2: *Council of Foreign Ministers; Germany and Austria*, Washington/D.C. 1972.
U.S. Department of State: Foreign Relations of the United States 1948, Bd. 2: *Germany and Austria*, Washington/D.C. 1973.
U.S. Department of State: Foreign Relations of the United States 1949, Bd. 3: *Council of Foreign Ministers; Germany and Austria*, Washington/D.C. 1974.
U.S. Department of State: Foreign Relations of the United States 1950, Bd. 4: *Central and Eastern Europe; The Soviet Union*, Washington/D.C. 1980.
U.S. Department of State: Foreign Relations of the United States 1951, Bd. 3: *European Security and the German Question*, 2 Teile, Washington/D.C. 1981.
U.S. Department of State: Foreign Relations of the United States 1952–1954, Bd. 7: *Germany and Austria*, 2 Teile, Washington/D.C. 1986.
U.S. Department of State, Office of Public Affairs: Germany 1947–1949: The Story in Documents, Washington/D.C. 1950.
Von Fehden und Kämpfen. Bilder aus der Geschichte der Arbeiterbewegung Magdeburgs, hg. vom Parteitagskomitee der Sozialdemokratischen Partei, Magdeburg 1910.
Weber, Hermann (Hg.), *Der Gründungsparteitag der KPD. Protokoll und Materialien* (= Politische Texte), Frankfurt/M. 1969.
Weisz, Christoph (Hg.), *OMGUS-Handbuch. Die amerikanische Militär-*

regierung in Deutschland 1945–1949 (= Quellen und Darstellungen zur Zeitgeschichte, Bd. 35), München 1994.
Widerstand als »Hochverrat« 1933–1945, hg. vom Institut für Zeitgeschichte, München, Mikrofiche.

Zeitungen und Periodika

Magdeburger Amtsblatt, 8.–10. Jg. (1931–1933).
Magdeburger General-Anzeiger, 1931–1933.
Magdeburgische Zeitung, 1931–1933.
Die Rote Fahne, Berlin, 1919–1922.
Der Tagesspiegel, Berlin, 1947–1953.
Volksstimme (Magdeburg), 1931–1933 (bruchstückhaft).

Allgemeine Darstellungen und Literatur

Ambrose, Stephen E., *Eisenhower*, 2 Bde., New York 1983/84.
Angress, Werner T., *Stillborn Revolution: The Communist Bid for Power in Germany, 1921–1923*, Princeton 1963.
Asmus, Helmut, und Autorenkollektiv, *Geschichte der Stadt Magdeburg*, hg. vom Rat der Stadt Magdeburg, Berlin 1975.
Auftrag Luftbrücke. Der Himmel über Berlin 1948–1949, hg. vom Deutschen Technikmuseum Berlin und der Landesbildstelle Berlin, Berlin 1998.
Backer, John H., *Priming the German Economy: American Occupational Policies, 1945–1948*, Durham/North Carolina 1971.
ders., *The Decision to Divide Germany: American Foreign Policy in Transition*, Durham/North Carolina 1978.
ders., *Winds of History: The German Years of Lucius DuBignon Clay*, New York 1983.
Bailey, George, Sergej A. Kondraschow und David E. Murphy, *Die unsichtbare Front. Der Krieg der Geheimdienste im geteilten Berlin*, Berlin 1997.
Baldauf, Andreas, »Ferdinand Friedensburg«, in: Wolfgang Ribbe (Hg.), *Stadtoberhäupter. Biographien Berliner Bürgermeister im 19. und 20. Jahrhundert* (= Berlinische Lebensbilder, Bd. 7), Berlin 1992, S. 391–415.
Barclay, David. E., und Elisabeth Glaser-Schmidt (Hg.), *Transatlantic Images and Perceptions: Germany and America since 1776* (= Publications of the German Historical Institute, Washington/D.C.), New York 1997.
ders. und Eric D. Weitz (Hg.), *Between Reform and Revolution: German Socialism and Communism from 1840 to 1990*, New York – Oxford 1998.
Baring, Arnulf, *Der 17. Juni 1953*, 2. Aufl., Köln – Berlin 1965.
Bark, Dennis L., *Die Berlin-Frage 1949–1955. Verhandlungsgrundlagen und Eindämmungspolitik* (= Veröffentlichungen der Historischen Kommission zu Berlin, Bd. 36), Berlin 1972.
ders. und David R. Gress, *A History of West Germany*, 2 Bde., 2. Aufl., Oxford 1993.
Beradt, Charlotte, *Paul Levi. Ein demokratischer Sozialist in der Weimarer Republik*, Frankfurt/M. 1969.

Bergen, Werner von, und Walter H. Pehle, *Denken im Zwiespalt. Über den Verrat von Intellektuellen im 20. Jahrhundert*, Frankfurt/M. 1996.

Berndt, Roswitha, »Das Territorium Sachsen-Anhalt in der Weimarer Republik«, in: *Geschichte Sachsen-Anhalts*, Bd. 3: *Bismarckreich bis Gründung der Bezirke 1952*, hg. vom Landesheimatbund Sachsen-Anhalt e.V., München – Berlin 1994, S. 81–134.

Bernstein, Eduard, *Die Voraussetzungen des Sozialismus und die Aufgabe der Sozialdemokratie*, Stuttgart 1899.

Birke, Adolf M., *Nation ohne Haus. Deutschland 1945–1961* (= Die Deutschen und ihre Nation), Berlin 1989.

Blackbourn, David, *The Fontana History of Germany 1780–1918: The Long Nineteenth Century*, London 1997.

ders. und Richard J. Evans (Hg.), *The German Bourgeoisie: Essays on the Social History of the German Middle Class from the Late Eighteenth to the Early Twentieth Century*, London – New York 1991.

Bock, Hans Manfred, *Syndikalismus und Linkskommunismus von 1918–1923. Zur Geschichte und Soziologie der Freien Arbeiter-Union Deutschlands (Syndikalisten), der Allgemeinen Arbeiter-Union Deutschlands und der Kommunistischen Arbeiter-Partei Deutschlands* (= Marburger Abhandlungen zur Politischen Wissenschaft, Bd. 13), Meisenheim am Glan 1969.

Boethius, *Trost der Philosophie*, übersetzt und herausgegeben von Karl Büchner, Stuttgart 1971.

Borchardt, Knut, *Wachstum, Krisen, Handlungsspielräume der Wirtschaftspolitik* (= Kritische Studien zur Geschichtswissenschaft, Bd. 50), Göttingen 1982.

Borkenau, Franz, *World Communism: A History of the Communist International*, New York 1939.

Braunthal, Julius, *Geschichte der Internationale*, Bd. 2: *1914–1943*, Bonn – Berlin 1963.

Briegel, Manfred, und Wolfgang Frühwald (Hg.), *Die Erfahrung der Fremde. Kolloquium des Schwerpunktprogramms »Exilforschung« der Deutschen Forschungsgemeinschaft. Forschungsbericht*, Weinheim 1988.

Broszat, Martin, Klaus-Dietmar Henke und Hans Woller (Hg.), *Von Stalingrad zur Währungsreform. Zur Sozialgeschichte des Umbruchs in Deutschland* (= Quellen und Darstellungen zur Zeitgeschichte, Bd. 26), 3. Aufl., München 1990.

Buchholz, Ingelore und Konstanze, und Maren Ballerstedt, *Magdeburger Oberbürgermeister*, hg. vom Magistrat der Stadt Magdeburg, Magdeburg o.J (1993).

dies., *Magdeburg. Ein historischer Stadtführer*, Magdeburg 1994.

Bullock, Alan, *Ernest Bevin: Foreign Secretary 1945–1951*, New York – London 1983.

Bungert, Heike, *Das Nationalkomitee und der Westen. Die Reaktion der Westalliierten auf das NKFD und die Freien Deutschen Bewegungen 1943–1948* (= Transatlantische Historische Studien, Bd. 8), Stuttgart 1997.

Büsch, Otto, *Geschichte der Berliner Kommunalwirtschaft in der Weimarer Epoche* (= Veröffentlichungen der Berliner Historischen Kommis-

sion beim Friedrich-Meinecke-Institut der Freien Universität Berlin, Bd. 1), Berlin 1960.
Büsch, Otto, Wolfgang Haus, Georg Kotowski und Hans Joachim Reichhardt, *Berliner Demokratie 1919–1985*, 2 Bde. (= Veröffentlichungen der Historischen Kommission zu Berlin, Bd. 70/71 u. 72), Berlin 1987.
Carr, E.H., *The Bolshevik Revolution 1917–1923*, 3 Bde., London 1950 bis 1953.
Chace, James, *Acheson: The Secretary of State Who Created the American World*, New York 1998.
Chalou, George C. (Hg.), *The Secrets War: The Office of Strategic Services in World War II*, Washington/D.C. 1992.
Chickering, Roger, »The Reichsbanner and the Weimar Republic, 1924–1926«, in: *Journal of Modern History*, 40. Jg. (1968), S. 524–534.
Cicero, *De Re Publica/Vom Gemeinwesen*, übersetzt und herausgegeben von Karl Büchner, Stuttgart 1979.
Cohen, Hermann, *Werke*, Bd. 7, 2. Teil: *Ethik des reinen Willens*, 5. Aufl., Hildesheim – New York 1981.
Coleman, Peter, *The Liberal Conspiracy: The Congress for Cultural Freedom and the Struggle for the Mind of Postwar Europe*, New York 1989.
Crew, David F., »A Social Republic? Social Democrats, Communists, and the Weimar Welfare State, 1919 to 1933«, in: David E. Barclay und Eric D. Weitz (Hg.), *Between Reform and Revolution: German Socialism and Communism from 1840 to 1990*, New York – Oxford 1998, S. 223–249.
Crossman, Richard (Hg.), *The God That Failed*, New York 1965.
Daum, Andreas W., »America's Berlin, 1945–2000: Between Myths and Visions«, Aufsatzmanuskript 1999.
Davison, W. Phillips, *The Berlin Blockade: A Study in Cold War Politics*, Princeton 1958.
Deringil, Selim, *Turkish Foreign Policy during the Second World War: An »Active« Neutrality*, Cambridge 1989.
Diedrich, Torsten, *Der 17. Juni 1953 in der DDR. Bewaffnete Gewalt gegen das Volk*, Berlin 1991.
Diefendorf, Jeffry M., Axel Frohn und Hermann-Josef Rupieper (Hg.), *American Policy and the Reconstruction of West Germany, 1945–1955* (= Publications of the German Historical Institute, Washington, D.C.), New York – Cambridge 1993.
Diefendorf, Jeffry M., *In the Wake of War: The Reconstruction of German Cities after World War II*, New York – Oxford 1993.
Dijk, Ruud van, *The 1952 Stalin Note Debate: Myth or Missed Opportunity for German Reunification?* (= Cold War International History Project, Working Paper No. 14, Mai 1996), Washington/D.C. 1996.
Döscher, Hans-Jürgen, *Das Auswärtige Amt im Dritten Reich. Diplomatie im Schatten der »Endlösung«*, Berlin 1987.
Drechsler, Ingrun, »Die rote Stadt im roten Land. Die Magdeburger Sozialdemokratie unter besonderer Berücksichtigung ihrer Gründungsphase und Entwicklung vor dem Ersten Weltkrieg, als sozialdemokratische Hochburg im Spiegel ihrer Wahlergebnisse während der Weimarer

Republik und ihrer erfolgreichen Wohnungsbaupolitik«, in: *Internationale wissenschaftliche Korrespondenz zur Geschichte der deutschen Arbeiterbewegung*, 29. Jg. (1993), H. 2, S. 177–194.
Edinger, Lewis J., *German Exile Politics: The Social Democratic Executive Committee in the Nazi Era*, Berkeley 1956.
ders., *Kurt Schumacher: A Study in Personality and Political Behavior*, Stanford 1965.
Eisenberg, Carolyn Woods, *Drawing the Line: The American Decision to Divide Germany, 1944–1949*, Cambridge 1996.
Engeli, Christian, *Gustav Böß. Oberbürgermeister von Berlin 1921–1930* (= Schriftenreihe des Vereins für Kommunalwissenschaften e.V. Berlin, Bd. 31), Stuttgart u.a. 1971.
ders., »Krieg und Kriegsfolgen in Berlin im Vergleich zu anderen Großstädten«, in: Wolfgang Ribbe und Jürgen Schmädeke (Hg.), *Berlin im Europa der Neuzeit. Ein Tagungsbericht* (= Veröffentlichungen der Historischen Kommission zu Berlin, Bd. 75), Berlin 1990, S. 399–416.
Erichsen, Regine, »Die Emigration deutschsprachiger Naturwissenschaftler von 1933 bis 1945 in die Türkei in ihrem sozial- und wissenschaftshistorischen Wirkungszusammenhang«, in: Herbert A. Strauss, Klaus Fischer, Christhard Hoffmann, Alfons Söllner (Hg.), *Die Emigration der Wissenschaften nach 1933. Disziplingeschichtliche Studien*, München 1991, S. 73–104.
Escher, Felix, »Die Strukturprobleme Berlins nach der Blockadezeit und die Entstehung der West-Berliner Demokratie 1949/50«, in: Otto Büsch (Hg.), *Beiträge zur Geschichte der Berliner Demokratie 1919–1933/1945–1985* (= Einzelveröffentlichungen der Historischen Kommission zu Berlin, Bd. 65), Berlin 1988, S. 203–229.
ders., »Paul Hertz und die Übernahme der Initiative in der Berliner Wirtschaftspolitik der Nachkriegszeit durch die SPD«, in: *Jahrbuch für die Geschichte Mittel- und Ostdeutschlands*, Bd. 40 (1991), S. 119 bis 144.
ders., »Walther Schreiber«, in: Wolfgang Ribbe (Hg.), *Stadtoberhäupter. Biographien Berliner Bürgermeister im 19. und 20. Jahrhundert* (= Berlinische Lebensbilder, Bd. 7), Berlin 1992, S. 443–463.
Figes, Orlando, *Peasant Russia, Civil War: The Volga Countryside in Revolution (1917–1921)*, Oxford 1989.
ders., *A People's Tragedy: A History of the Russian Revolution*, New York 1996.
Fijalkowski, Jürgen, Peter Hauck, Axel Holst, Gerd-Heinrich Kemper und Alf Mintzel, *Berlin – Hauptstadtanspruch und Westintegration* (= Schriften des Instituts für politische Wissenschaft, Bd. 20), Köln – Opladen 1967.
Fischer, Ruth, *Stalin and German Communism: A Study in the Origins of the State Party*, Cambridge/Mass. 1948.
Flechtheim, Ossip K., *Die KPD in der Weimarer Republik*, Frankfurt/M. 1969.
Foitzik, Jan, »Politische Probleme der Remigration«, in: *Exilforschung. Ein internationales Jahrbuch*, Bd. 9 (1991), S. 104–114.
ders., »Remigranten im Bundestag und in den Länderparlamenten. Eine Bestandsaufnahme«, in: Claus-Dieter Krohn und Patrik von zur Müh-

len (Hg.), *Rückkehr und Aufbau nach 1945. Deutsche Remigranten im öffentlichen Leben Nachkriegsdeutschlands* (= Schriften der Herbert und Elsbeth Weichmann Stiftung), Marburg 1997, S. 71–90.
Foschepoth, Josef, und Rolf Steininger (Hg.), *Die britische Deutschland- und Besatzungspolitik 1945–1949*, Paderborn 1985.
Fritzsche, Peter, *Reading Berlin 1900*, Cambridge/Mass. 1996.
50 Jahre BVG. Ein Rückblick auf ein Stück Berliner Verkehrsgeschichte, hg. von den Berliner Verkehrs-Betrieben (BVG), Berlin 1979.
Gaddis, John Lewis, *The Long Peace: Inquiries into the History of the Cold War*, New York 1987.
ders., *We Now Know: Rethinking Cold War History*, New York 1997.
Gall, Lothar, *Bürgertum in Deutschland*, Berlin 1989.
ders., »›... ich wünschte ein Bürger zu sein‹. Zum Selbstverständnis des deutschen Bürgertums im 19. Jahrhundert«, in: *Historische Zeitschrift* 245 (1987), S. 601–623.
Gassert, Philipp: »›Without Concessions to Marxist or Communist Thought‹: Fordism in Germany, 1923–1939«, in: David E. Barclay und Elisabeth Glaser-Schmidt (Hg.), *Transatlantic Images and Perceptions: Germany and America since 1776* (= Publications of the German Historical Institute, Washington, D.C.), New York 1997, S. 217–242.
Gay, Peter, *The Dilemma of Democratic Socialism: Eduard Bernstein's Challenge to Marx*, New York 1952.
ders., *The Bourgeois Experience: Victoria to Freud*, 3. Bde., New York – Oxford 1984 und 1986, New York 1993.
German, Arkadi Adolfowitsch, *Njemetskaja awtonomija na Wolge 1918–1941*, Saratow 1992.
Geschichte Sachsen-Anhalts, hg. vom Landesheimatbund Sachsen-Anhalt e.V., Bd. 3: *Bismarckzeit bis Gründung der Bezirke 1952*, München/ Berlin 1994.
Gimbel, John, *The American Occupation of Germany: Politics and the Military, 1945–1949*, Stanford 1968.
Gleason, Abbott, *Totalitarianism: The Inner History of the Cold War*, New York – Oxford 1995.
Glees, Anthony, *Exile Politics during the Second World War: The German Social Democrats in Britain*, Oxford 1982.
Goder, Ernst (Hg.), *1945–1946. KPD und SPD in Ostberlin* (= Marginalien zur politischen Geschichte Berlin-Brandenburgs), Berlin 1992.
Goldbach, Marie-Luise, *Karl Radek und die deutsch-sowjetischen Beziehungen 1918–1923* (= Schriftenreihe des Forschungsinstituts der Friedrich-Ebert-Stiftung, Bd. 97), Bonn–Bad Godesberg 1973.
Gotschlich, Helga, *Zwischen Kampf und Kapitulation. Zur Geschichte des Reichsbanners Schwarz-Rot-Gold*, Berlin 1987.
Gori, Francesca, und Silvio Pons (Hg.), *The Soviet Union and Europe in the Cold War, 1943–1953*, New York 1996.
Grebing, Helga, *Kurt Schumacher als Parteivorsitzender und seine Kontrahenten*, in: *Kurt Schumacher und seine Politik*, hg. vom Haus der Geschichte der Bundesrepublik Deutschland in Zusammenarbeit mit der Friedrich-Ebert-Stiftung, Bonn – Berlin 1996, S. 13–28.
Grémion, Pierre, *Intelligence de l'anticommunisme. Le Congrès pour la liberté de la culture à Paris (1950–1975)*, Paris 1995.

Groh, Dieter, und Peter Brandt, *»Vaterlandslose Gesellen«. Sozialdemokratie und Nation 1860–1990*, München 1992.
Grzywatz, Berthold, »Arthur Scholtz«, in: Wolfgang Ribbe (Hg.), *Stadtoberhäupter. Biographien Berliner Bürgermeister im 19. und 20. Jahrhundert* (= Berlinische Lebensbilder, Bd. 7), Berlin 1992, S. 203 bis 233.
Hamby, Alonzo L., *Man of the People: A Life of Harry S. Truman*, New York – Oxford 1995.
Hanauske, Dieter, *»Bauen, bauen, bauen ... !« Die Wohnungspolitik in Berlin (West) 1945–1961* (= Publikationen der Historischen Kommission zu Berlin), Berlin 1995.
Hardach, Gerd, *Der Marshall-Plan. Auslandshilfe und Wiederaufbau in Westdeutschland 1948–1952*, München 1994.
Harsch, Donna, *German Social Democracy and the Rise of Nazism*, Chapel Hill 1993.
Haynes, John Earl, und Harvey Klehr, *Venona: Decoding Soviet Espionage in America*, New Haven 1999.
Hegemann, Werner, *Das steinerne Berlin. Geschichte der größten Mietkasernenstadt der Welt*, 4. Aufl., Braunschweig – Wiesbaden 1988.
Heimann, Siegfried, »Politische Remigranten in Berlin«, in: Claus-Dieter Krohn und Patrik von zur Mühlen (Hg.), *Rückkehr und Aufbau nach 1945. Deutsche Remigranten im öffentlichen Leben Nachkriegsdeutschlands* (= Schriften der Herbert und Elsbeth Weichmann Stiftung), Marburg 1997, S. 189–210.
Hein, Dieter, und Andreas Schulz (Hg.), *Bürgerkultur im 19. Jahrhundert. Bildung, Kunst und Lebenswelt*, München 1996.
Herf, Jeffrey, *Reactionary Modernism: Technology, Culture and Politics in Weimar and the Third Reich*, Cambridge 1984.
ders., *Divided Memory: The Nazi Past in the Two Germanys*, Cambridge/Mass. 1997.
Herzfeld, Hans, *Berlin in der Weltpolitik 1945–1970* (= Veröffentlichungen der Historischen Kommission zu Berlin, Bd. 38), Berlin 1973.
Hogan, Michael J., *The Marshall Plan: America, Britain, and the Reconstruction of Western Europe, 1947–1952*, Cambridge 1987.
Holt, Niles, »Ernst Haeckel's Monistic Religion«, in: *Journal of the History of Ideas* 32, H. 2 (April–Juni 1971), S. 265–280.
Holzhey, Helmut, »Der Neukantianismus«, in: Hügli, Anton, und Paul Lübcke (Hg.), *Philosophie im 20. Jahrhundert*, Bd. 1: *Phänomenologie, Hermeneutik, Existenzphilosophie und Kritische Theorie*, Reinbek bei Hamburg 1992, S. 19–51.
Hülsbergen, Henrike, »Otto Suhr«, in: Wolfgang Ribbe (Hg.), *Stadtoberhäupter. Biographien Berliner Bürgermeister im 19. und 20. Jahrhundert* (= Berlinische Lebensbilder, Bd. 7), Berlin 1992, S. 465–483.
Hüter, Karl-Heinz, »Neues Bauen in Magdeburg«, in: *Form und Zweck. Fachzeitschrift für industrielle Formgestaltung*, 15. Jg., H. 2 (1983), S. 25–39.
Hurwitz, Harold, *Demokratie und Antikommunismus in Berlin nach 1945*, Bd. 1: *Die politische Kultur der Bevölkerung und der Neubeginn konservativer Politik*, Köln 1983.
ders. und Klaus Sühl, *Demokratie und Antikommunismus in Berlin nach*

1945, Bd. 2: *Autoritäre Tradierung und Demokratiepotential in der sozialdemokratischen Arbeiterbewegung*, Köln 1984.
ders., *Demokratie und Antikommunismus in Berlin nach 1945*, Bd. 3: *Die Eintracht der Siegermächte und die Orientierungsnot der Deutschen 1945–1946*, Köln 1984.
ders., *Demokratie und Antikommunismus in Berlin nach 1945*, Bd. 4: *Die Anfänge des Widerstands*, unter Mitarbeit von Andreas Büning, Johannes-Berthold Hohmann, Klaus Sühl und Ingelore Mensch-Khan, 2 Teile, Köln 1990.
ders., *Die Stalinisierung der SED. Zum Verlust von Freiräumen und sozialdemokratischer Identität in den Vorständen 1946–1949* (= Schriften des Zentralinstituts für sozialwissenschaftliche Forschung der Freien Universität Berlin, Bd. 79), unter Mitarbeit von Ursula Böhme und Andreas Malycha, Wiesbaden 1997.
Huse, Norbert (Hg.), *Vier Berliner Siedlungen der Weimarer Republik. Britz – Onkel Toms Hütte – Siemensstadt – Weiße Stadt* (= Katalog zur Ausstellung vom 24.10.1984 – 7.1.1985 im Bauhaus-Archiv. Museum für Gestaltung), 2. Aufl., Berlin 1987.
Jakobs, Friedrich, »Johannes Göderitz: Der Stadthallenarchitekt«, in: *MZ am Wochenende* [Magdeburg], 28. Jg., Nr. 15 (11. April 1990), S. 10.
Jarausch, Konrad H., *Students, Society, and Politics in Imperial Germany: The Rise of Academic Illiberalism*, Princeton 1982.
Jodl, Markus, *Amboß oder Hammer? Otto Grotewohl. Eine politische Biographie*, Berlin 1997.
Kagan, Robert, »How Dean Acheson won the Cold War: Statesmanship, Morality, and Foreign Policy«, in: *The Weekly Standard* (14. September 1998), S. 29–39.
Keck, Timothy R., »The Marburg School and Ethical Socialism: Another Look«, in: *Social Science Journal 14*, H. 3 (Oktober 1977), S. 105–119.
Keiderling, Gerhard, und Percy Sulz, *Berlin 1945–1968. Zur Geschichte der Hauptstadt der DDR und der selbständigen politischen Einheit Westberlin*, Berlin 1970.
ders., *»Rosinenbomber« über Berlin. Währungsreform, Blockade, Luftbrücke, Teilung. Die schicksalsvollen Jahre 1948/49*, Berlin 1998.
Kelly, Alfred, *The Descent of Darwin: The Popularization of Darwinism in Germany, 1860–1914*, Chapel Hill 1981.
Kendall, D. G., N. H. Bingham und E. H. Sondheimer, »Obituary: Gerd Edzard Harry Reuter«, in: *Bulletin of the London Mathematical Society*, Nr. 125, Bd. 27, Teil 2 (März 1995), S. 177–188.
Kennan, George, »A Letter on Germany«, in: *The New York Review of Books*, Bd. 45, H. 19 (3. Dezember 1998), S. 19ff.
Keyder, Çaǝlar, »Manufacturing in the Ottoman Empire and in Republican Turkey, ca. 1900–1950«, in: Donald Quataert (Hg.), *Manufacturing in the Ottoman Empire and Turkey, 1500–1950* (= SUNY Series in the Social and Economic History of the Middle East), Albany/New York 1994, S. 123–163.
Kleine, Fritz, *Konzentrationslager. Ein Appell an das Gewissen der Welt. Ein Buch der Greuel. Die Opfer klagen an*, Karlsbad 1934.
Klotzbach, Kurt, *Der Weg zur Staatspartei. Programmatik, praktische Po-*

litik und Organisation der deutschen Sozialdemokratie 1945 bis 1965, Bonn – Berlin 1982.

Koçak, Cemil, *Türk-Alman İlişkileri, 1923–1939. Yki Dünya Savaşi Arasındaki Dönemde Siyasal, Kültürel, Askeri ve Ekonimik İlişkiler* (= Atatürk Kültür, Dil ve Tarih Yüksek Kurumu Türk Tarih Kurumu Yayınları, XVI. Dizi – Sa.66), Ankara 1991.

ders., *Türkiye'de Millî Şef Dönemi (1938–1945). Dönemin iç ve dış politikası üzerine bir araştırma*, 2 Bde., Istanbul 1996.

Koch-Baumgarten, Sigrid, *Die Märzaktion der KPD 1921* (= Geschichte der Arbeiterbewegung. Texte – Biographien – Dokumente), Köln 1987.

Kocka, Jürgen (Hg.), *Bürgertum im 19. Jahrhundert. Deutschland im europäischen Vergleich*, unter Mitarbeit von Ute Frevert, 3 Bde., München 1988.

Koebner, Thomas, Gert Sautermeister und Sigrid Schneider (Hg.), *Deutschland nach Hitler. Zukunftspläne im Exil und aus der Besatzungszeit 1939–1949*, Opladen 1987.

Koerfer, Marthina, »Louise Schroeder«, in: Wolfgang Ribbe (Hg.), *Stadtoberhäupter. Biographien Berliner Bürgermeister im 19. und 20. Jahrhundert* (= Berlinische Lebensbilder, Bd. 7), Berlin 1992, S. 373–390.

Köhler, Henning, »Berlin in der Weimarer Republik (1918–1932)«, in: Wolfgang Ribbe (Hg.), *Geschichte Berlins*, 2 Bde., München 1987, Bd. 2, S. 795–923.

ders., *Adenauer. Eine politische Biographie*, Frankfurt/M. – Berlin 1994.

Kolb, Eberhard, *Die Weimarer Republik* (= Oldenbourg Grundriß der Geschichte, Bd. 16), München/Wien 1984.

Koop, Volker, *Kein Kampf um Berlin? Deutsche Politik zur Zeit der Berlin-Blockade 1948/1949*, Bonn 1998.

Kowalczuk, Ilko-Sascha, Armin Mitter und Stefan Wolle (Hg.), *Der Tag X – 17. Juni 1953. Die »Innere Staatsgründung« der DDR als Ergebnis der Krise 1952/54* (= Forschungen zur DDR-Geschichte, Bd. 3), 2. Aufl., Berlin 1996.

Krauss, Marita, »Das ›Emigrantenproblem‹. Emigranten aus Hitlerdeutschland und ihre mühsame Annäherung an die ehemalige Heimat«, in: Georg Jenal (Hg.), *Gegenwart in Vergangenheit. Beiträge zur Kultur und Geschichte der Neueren und Neuesten Zeit. Festgabe für Friedrich Prinz zu seinem 65. Geburtstag*, München 1993, S. 319–334.

dies., »Die Rückkehr der ›Hitlerfrischler‹. Die Rezeption von Exil und Remigration in Deutschland als Spiegel der gesellschaftlichen Entwicklung nach 1945«, in: *Geschichte in Wissenschaft und Unterricht*, 48. Jg., H. 3 (März 1997), S. 151–160.

Krohn, Claus-Dieter, und Patrik von zur Mühlen (Hg.), *Rückkehr und Aufbau nach 1945. Deutsche Remigranten im öffentlichen Leben Nachkriegsdeutschlands* (= Schriften der Herbert und Elsbeth Weichmann Stiftung), Marburg 1997.

Kubatzki, Rainer, »Friedrich Ebert«, in: Wolfgang Ribbe (Hg.), *Stadtoberhäupter. Biographien Berliner Bürgermeister im 19. und 20. Jahrhundert* (= Berlinische Lebensbilder, Bd. 7), Berlin 1992, S. 573–590.

Kuhn, Gerd, *Wohnkultur und kommunale Wohnungspolitik in Frankfurt am Main 1880 bis 1930. Auf dem Wege zu einer pluralen Gesellschaft der Individuen*, Berlin 1998.

Kundler, Herbert, *RIAS Berlin. Eine Radio-Station in einer geteilten Stadt. Programme und Menschen – Texte, Bilder, Dokumente*, Berlin 1994.
Kurt Schumacher und seine Politik, hg. vom Haus der Geschichte der Bundesrepublik Deutschland in Zusammenarbeit mit der Friedrich-Ebert-Stiftung, Bonn – Berlin 1996.
Ladd, Brian, *The Ghosts of Berlin: Confronting German History in the Urban Landscape*, Chicago 1997.
Lange, Gunter, *Otto Suhr. Im Schatten von Ernst Reuter und Willy Brandt. Eine Biographie*, Bonn 1994.
Langkau-Alex, Ursula, »Zwischen Tradition und neuem Bewußtsein. Die Sozialdemokraten im Exil«, in: Manfred Briegel und Wolfgang Frühwald (Hg.), *Die Erfahrung der Fremde. Kolloquium des Schwerpunktprogramms »Exilforschung« der Deutschen Forschungsgemeinschaft. Forschungsbericht*, Weinheim 1988, S. 61–77.
dies., »›Es gilt, die Menschen zu verändern...‹ Zur Politik des Sozialdemokraten Paul Hertz im Exil«, in: *Exilforschung. Ein internationales Jahrbuch*, Bd. 8 (1990), S. 142–156.
Lazitch, Branko, und Milorad M. Drachkovitch, *Lenin and the Comintern*, Bd. 1, Stanford 1972.
Leffler, Melvyn P., *The Struggle for Germany and the Origins of the Cold War* (= German Historical Institute, Washington/D.C., Occasional Paper No.16: Sixth Alois Mertes Memorial Lecture), Washington, D.C. 1996.
Lehmann-Rußbüldt, Otto, *Der geistige Befreiungskrieg durch Kirchenaustritt*, Berlin 1914.
Lenin, W. I., *Der »Linke Radikalismus«, die Kinderkrankheit im Kommunismus*, Berlin (DDR) 1968.
Lerner, Warren, *Karl Radek: The Last Internationalist*, Stanford 1970.
Lösche, Peter, und Michael Scholing, »Solidargemeinschaft im Widerstand: Eine Fallstudie über ›Blick in die Zeit‹«, in: *Internationale wissenschaftliche Korrespondenz zur Geschichte der deutschen Arbeiterbewegung*, 19. Jg., H. 4 (1983), S. 517–561.
ders. und Franz Walter, »Organisationskultur der sozialdemokratischen Arbeiterbewegung in der Weimarer Republik. Niedergang der Klassenkultur oder solidargemeinschaftlicher Höhepunkt?«, in: *Geschichte und Gesellschaft*, 15. Jg. (1989), S. 511–536.
dies., *Die SPD: Klassenpartei – Volkspartei – Quotenpartei. Zur Entwicklung der Sozialdemokratie von Weimar bis zur deutschen Vereinigung*, Darmstadt 1992.
Long, James W., *From Privileged to Dispossessed: The Volga Germans, 1860–1917*, Lincoln/Nebraska 1988.
ders., »The Volga Germans and the Famine of 1921«, in: *The Russian Review*, Bd. 51, H. 4 (Oktober 1992), S. 510–525.
Loth, Wilfried, *Stalins ungeliebtes Kind. Warum Moskau die DDR nicht wollte*, Berlin 1994.
ders., »Stalin's Plans for Post-War Germany«, in: Francesca Gori und Silvio Pons (Hg.), *The Soviet Union and Europe in the Cold War, 1943–53*, New York 1996, S. 23–36.
Lübbe, Hermann, *Politische Philosophie in Deutschland. Studien zu ihrer Geschichte*, Basel – Stuttgart 1963.

Maier, Charles S., »Between Taylorism and Technocracy: European Ideologies and the Vision of Industrial Productivity in the 1920s«, in: *Journal of Contemporary History*, Bd. 5, H. 2 (1970), S. 27–61.
Malycha, Andreas, *Partei von Stalins Gnaden? Die Entwicklung der SED zur Partei neuen Typs in den Jahren 1946 bis 1950*, Berlin 1996.
Marshall, Barbara, *Willy Brandt: A Political Biography*, Basingstoke – London 1997.
Mastny, Vojtech, *The Cold War and Soviet Insecurity: The Stalin Years*, New York – Oxford 1996.
McClelland, Charles E., *State, Society, and University in Germany 1700–1914*, Cambridge 1980.
McCullough, David, *Truman*, New York 1992.
McDermott, Kevin, *The Comintern: A History of International Communism from Lenin to Stalin*, Houndmills – Basingstoke 1996.
Meckel, Ernst-Eugen (Hg.), *Hermann Beims. Magdeburgs großer Oberbürgermeister 1919–1931. Beiträge zur Gedenkveranstaltung der Friedrich-Ebert-Stiftung anläßlich des 60. Todestages von Hermann Beims*, Magdeburg 1992.
Mehringer, Hartmut, »Impulse sozialdemokratischer Remigranten auf die Modernisierung der SPD«, in: Claus-Dieter Krohn und Patrik von zur Mühlen (Hg.), *Rückkehr und Aufbau nach 1945. Deutsche Remigranten im öffentlichen Leben Nachkriegsdeutschlands* (= Schriften der Herbert und Elsbeth Weichmann Stiftung), Marburg 1997, S. 91–110.
Mende, Roswitha, »Die Provinz Sachsen und das Herzogtum Anhalt im Kaiserreich«, in: *Geschichte Sachsen-Anhalts*, hg. vom Landesheimatbund Sachsen-Anhalt e.V., Bd. 3: *Bismarckreich bis Gründung der Bezirke 1952*, München – Berlin 1994, S. 41–80.
Merseburger, Peter, *Der schwierige Deutsche. Kurt Schumacher. Eine Biographie*, Stuttgart 1995.
Miller, Susanne, »Sozialdemokratische Oberbürgermeister in der Weimarer Republik«, in: dies., *Sozialdemokratie als Lebenssinn. Aufsätze zur Geschichte und Gegenwart der SPD. Zum 80.Geburtstag*, hg. von Bernd Faulenbach, Bonn 1995, S. 191–206.
Mitter, Armin, und Stefan Wolle, *Untergang auf Raten. Unbekannte Kapitel der DDR-Geschichte*, München 1995.
Moeller, Robert G., »War Stories: The Search for a Usable Past in the Federal Republic of Germany«, in: *American Historical Review*, Bd. 101, H. 4 (Oktober 1996), S. 1008–1048.
Naimark, Norman M., *The Russians in Germany: A History of the Soviet Zone of Occupation, 1945–1949*, Cambridge/Mass. 1995.
ders., »The Soviets and the Christian Democrats: The Challenge of a ›Bourgeois‹ Party in Eastern Germany, 1945–49«, in: Francesca Gori und Silvio Pons (Hg.), *The Soviet Union and Europe in the Cold War, 1943–53*, New York 1996, S. 37–56.
Narinski, M. M., »Berlinski krisis 1948–1949 gg. Nowye dokumenty is rossiskich archiwow«, in: *Nowaja i nowejschaja istorija*, Nr. 3 (Mai–Juni 1995), S. 16–29.
ders., »The Soviet Union and the Berlin Crisis, 1948–49«, in: Francesca Gori und Silvio Pons (Hg.), *The Soviet Union and Europe in the Cold War, 1943–53*, New York 1996, S. 57–75.

Nelson, Daniel J., *Wartime Origins of the Berlin Dilemma*, University/Alabama 1978.
Neumark, Fritz, *Zuflucht am Bosporus. Deutsche Gelehrte, Politiker und Künstler in der Emigration 1933–1953*, Frankfurt/M. 1980.
Nipperdey, Thomas, *Deutsche Geschichte 1866–1918*, Bd. 1: *Arbeitswelt und Bürgergeist*, München 1990.
ders., *Deutsche Geschichte 1866–1918*, Bd. 2: *Machtstaat vor der Demokratie*, 3. Aufl., München 1995.
Oberreuter, Heinrich, und Jürgen Weber (Hg.), *Freundliche Feinde? Die Alliierten und die Demokratiegründung in Deutschland* (= Akademiebeiträge zur politischen Bildung, Bd. 29), München – Landsberg am Lech 1996.
Oleschinski, Brigitte, »Julius Lippert«, in: Wolfgang Ribbe (Hg.), *Stadtoberhäupter. Biographien Berliner Bürgermeister im 19. und 20. Jahrhundert* (= Berlinische Lebensbilder, Bd. 7), Berlin 1992, S. 261–276.
Orlow, Dietrich, »German Social Democracy and European Unification, 1945 to 1953«, in: David E. Barclay und Eric D. Weitz (Hg.), *Between Reform and Revolution: German Socialism and Communism from 1840 to 1990*, New York – Oxford 1998, S. 467–488.
Ostermann, Christian F., *The United States, the East German Uprising of 1953, and the Limits of Rollback* (= Cold War International History Project, Working Paper No. 11, Dezember 1994), Washington/D.C. 1994.
Ott, Astrid, »›Fliegende Güterzüge‹. Organisation und Ablauf der amerikanischen ›Operation Vittles‹«, in: *Auftrag Luftbrücke. Der Himmel über Berlin 1948–1949*, hg. vom Deutschen Technikmuseum Berlin und der Landesbildstelle Berlin, Berlin 1998, S. 64–78.
Parrish, Scott D., *The Turn toward Confrontation: The Soviet Reaction to the Marshall Plan, 1947* (= Cold War International History Project, Working Paper No. 9), Washington/D.C. 1994.
Parrish, Thomas, *Berlin in the Balance 1945–1949: The Blockade, the Airlift, the First Major Battle of the Cold War*, Reading/Mass. 1998.
Peterson, Edward N., *The American Occupation of Germany: Retreat to Victory*, Detroit 1978.
Petzold, Joachim, *Franz von Papen. Ein deutsches Verhängnis*, München – Berlin 1995.
Peukert, Detlev J. K., *Die Weimarer Republik. Krisenjahre der Klassischen Moderne* (= Neue Historische Bibliothek), Frankfurt/M. 1987.
Pfiffich, Ute, »Ein ungeliebter Magdeburger Oberbürgermeister. War der Nachfolger von Hermann Beims ein Sowjetkommissar?«, in: *Magdeburger Stadtjournal. Linkes Wochenblatt*, Nr. 43 (27.10.1995), S. 4.
Pierson, Stanley, *Marxist Intellectuals and the Working-Class Mentality in Germany, 1887–1912*, Cambridge/Mass. 1993.
Pipes, Richard, *The Russian Revolution*, New York 1990.
ders., *Russia under the Bolshevik Regime*, New York 1993.
Poma, Andrea, *Filosofia critica di Hermann Cohen*, Mailand 1988.
Powers, Richard Gid, *Not without Honor: The History of American Anticommunism*, New York 1995.
Prowe, Diethelm, *Weltstadt in Krisen. Berlin 1949–1958* (= Veröffentlichungen der Historischen Kommission zu Berlin, Bd. 42), Berlin 1973.

Puhle, Matthias (Hg.), »*Dann färbte sich der Himmel blutrot...« Die Zerstörung Magdeburgs am 16. Januar 1945. Ausstellung im Kulturhistorischen Museum Magdeburg vom 15. Januar 1995 bis 14. Mai 1995*, 2. Aufl., Magdeburg 1995.
Raleigh, Donald J., *Revolution on the Volga: 1917 in Saratov*, Ithaca/New York 1986.
Reich, Jens, »Wie mörderisch ist Utopie? Terror im Namen der ›guten‹ Sache«, in: Werner von Bergen und Walter H. Pehle (Hg.), *Denken im Zwiespalt. Über den Verrat von Intellektuellen im 20. Jahrhundert*, Frankfurt/M. 1996, S. 20–33.
Reichhardt, Hans J., »Wiederaufbau und Festigung demokratischer Strukturen im geteilten Berlin 1945–1963«, in: Georg Kotowski und Hans J. Reichhardt, *Berliner Demokratie 1919–1985*, Bd. 2: *Berlin als Hauptstadt im Nachkriegsdeutschland und Land Berlin 1945–1985* (= Veröffentlichungen der Historischen Kommission zu Berlin, Bd. 70/2), Berlin 1987, S. 5–138.
Ribbe, Wolfgang (Hg.), *Geschichte Berlins*, 2 Bde., München 1987.
ders. und Wolfgang Schäche (Hg.), *Baumeister – Architekten – Stadtplaner. Biographien zur baulichen Entwicklung Berlins*, Berlin 1987.
ders.(Hg.), *Stadtoberhäupter. Biographien Berliner Bürgermeister im 19. und 20. Jahrhundert* (= Berlinische Lebensbilder, Bd. 7), Berlin 1992.
ders., »Der 17. Juni 1953 in Berlin«, in: *Berlin, 17. Juni 1953. Eine Ausstellung des Landesarchivs Berlin 17. Juni bis 15. Dezember 1993*, hg. vom Landesarchiv Berlin, Berlin 1993.
Richter, James, *Reexamining Soviet Policy towards Germany during the Beria Interregnum* (= Cold War International History Project, Working Paper No. 3, Juni 1992), Washington/D.C. 1992.
ders., »Re-examining Soviet Policy towards Germany in 1953«, in: *Europe-Asia Studies*, 45. Jg., H. 4 (1993), S. 671–691.
Röder, Werner, *Die deutschen sozialistischen Exilgruppen in Großbritannien 1940–1945. Ein Beitrag zur Geschichte des Widerstandes gegen den Nationalsozialismus* (= Forschungsinstitut der Friedrich-Ebert-Stiftung. B. Historisch-politische Schriften), Hannover 1968.
Rohe, Karl, *Das Reichsbanner Schwarz Rot Gold. Ein Beitrag zur Geschichte und Struktur der politischen Kampfverbände zur Zeit der Weimarer Republik* (= Beiträge zur Geschichte des Parlamentarismus und der politischen Parteien, Bd. 34), Düsseldorf 1966.
Rubin, Barry, *Istanbul Intrigues*, New York 1989.
Rupieper, Hermann-Josef, *Der besetzte Verbündete. Die amerikanische Deutschlandpolitik 1949–1955* (= Studien zur Sozialwissenschaft, Bd. 95), Opladen 1991.
ders., *Die Wurzeln der westdeutschen Nachkriegsdemokratie. Der amerikanische Beitrag 1945–1952*, Opladen 1993.
Sandvoß, Hans-Rainer, *Widerstand in Neukölln* (= Schriftenreihe über den Widerstand in Berlin, H. 4), Berlin 1990.
Sassoon, Donald, *One Hundred Years of Socialism: The West European Left in the Twentieth Century*, New York 1996.
Scarpa, Ludovica, *Martin Wagner e Berlino. Casa e città nella Repubblica di Weimar 1918–1933* (= Colanna di Architettura 24), Rom 1983.

dies., »Das Großsiedlungs-Modell: Von der Rationalisierung zum Städtebau«, in: Norbert Huse (Hg.), *Vier Berliner Siedlungen der Weimarer Republik. Britz – Onkel Toms Hütte – Siemensstadt – Weiße Stadt* [Ausstellungskatalog], 2. Aufl., Berlin 1987, S. 21–26.
dies., »Martin Wagner«, in: Wolfgang Ribbe und Wolfgang Schäche (Hg.), *Baumeister – Architekten – Stadtplaner. Biographien zur baulichen Entwicklung Berlins*, Berlin 1987, S. 452–466.
Schlegelmilch, Arthur, *Hauptstadt im Zonendeutschland. Die Entstehung der Berliner Nachkriegsdemokratie 1945–1949* (= Schriften der Historischen Kommission zu Berlin, Bd. 4.), Berlin 1993.
ders., »Otto Ostrowski und die Neuorientierung der Sozialdemokratie in der Viersektorenstadt Berlin«, in: *Jahrbuch für die Geschichte Mittel- und Ostdeutschlands*, Bd. 42 (1994), S. 59–80.
Schleuning, Johannes, *Die deutschen Kolonien im Wolgagebiet*, 2. Aufl., Portland/Oregon o.J. (urspr. 1919).
Schmädeke, Jürgen, und Peter Steinbach (Hg.), *Der Widerstand gegen den Nationalsozialismus. Die deutsche Gesellschaft und der Widerstand gegen Hitler*, 3. Aufl., München – Zürich 1994.
Schmidt, Sigurd-H., Heike Schroll und Volker Viergutz, *Vor 75 Jahren: Groß-Berlin entsteht. Eine Ausstellung des Landesarchivs Berlin in Zusammenarbeit mit der Senatskanzlei 28. September bis 29. Dezember 1995* (= Ausstellungskataloge des Landesarchivs Berlin 14), Berlin 1995.
Schmitt, Hans A., *Quakers and Nazis: Inner Light in Outer Darkness*, Columbia/Missouri 1997.
Schneider, Michael, *Das Arbeitsbeschaffungsprogramm des ADGB. Zur gewerkschaftlichen Politik in der Endphase der Weimarer Republik* (= Schriftenreihe des Forschungsinstituts der Friedrich-Ebert Stiftung, Bd. 120), Bonn–Bad Godesberg 1975.
Schöllgen, Gregor, *Geschichte der Weltpolitik von Hitler bis Gorbatschow 1941–1991*, München 1996.
Schwartz, Thomas Alan, *America's Germany: John J. McCloy and the Federal Republic of Germany*, Cambridge/Mass. 1991.
Schwarz, Hans-Peter, *Adenauer. Der Aufstieg: 1876–1952*, 2. Aufl., Stuttgart 1986.
ders., *Adenauer. Der Staatsmann: 1952–1967*, Stuttgart 1991.
Seebacher-Brandt, Brigitte, *Ollenhauer. Biedermann und Patriot*, Berlin 1984.
Shaw, Stanford J., *Turkey and the Holocaust: Turkey's Role in Rescuing Turkish and European Jewry from Nazi Persecution, 1933–1945*, New York 1993.
Shlaim, Avi, *The United States and the Berlin Blockade, 1948–1949: A Study in Crisis Decision-Making*, Berkeley 1983.
Smith, Bradley F., *The Shadow Warriors: O.S.S. and the Origins of the C.I.A.*, New York 1983.
Smith, Jean Edward, *Lucius D. Clay: An American Life*, New York 1990.
Splanemann, Andreas, »Adolf Wermuth«, in: Wolfgang Ribbe (Hg.), *Stadtoberhäupter. Biographien Berliner Bürgermeister im 19. und 20. Jahrhundert* (= Berlinische Lebensbilder, Bd. 7), Berlin 1992, S. 167–183.
Staffelt, Ditmar, *Der Wiederaufbau der Berliner Sozialdemokratie 1945/46 und die Einheitsfrage. Ein Beitrag zur Nachkriegsgeschichte der unte-*

ren und mittleren Organisationsgliederungen der SPD (= Europäische Hochschulschriften, Reihe III, Bd. 314), Frankfurt/M. – Bern – New York 1986.
Stamm, Thomas, »Kurt Schumacher als Parteiführer«, in: *Geschichte in Wissenschaft und Unterricht*, 40. Jg., H. 5 (1987), S. 257–277.
Steinberg, Hans-Josef, *Sozialismus und deutsche Sozialdemokratie. Zur Ideologie der Partei vor dem 1. Weltkrieg* (= Schriftenreihe des Forschungsinstituts der Friedrich-Ebert-Stiftung, B. Historisch-politische Studien), Hannover 1967.
Steininger, Rolf, *Deutsche Geschichte 1945–1961. Darstellung und Dokumente*, 2 Bde., Frankfurt/M. 1983.
ders., *Eine Chance zur Wiedervereinigung? Die Stalin-Note vom 10. März 1952. Darstellung und Dokumentation auf der Grundlage unveröffentlichter britischer und amerikanischer Akten* (= Archiv für Sozialgeschichte, Beiheft 12), Bonn 1985.
Stivers, William, »The Incomplete Blockade: Soviet Zone Supply of West Berlin, 1948–49«, in: *Diplomatic History*, Bd. 21, H. 4 (1997), S. 569–602.
Strauss, Herbert, Klaus Fischer, Christhard Hoffmann und Alfons Söllner (Hg.), *Die Emigration der Wissenschaften nach 1933. Disziplingeschichtliche Studien*, München 1991.
Tent, James F., *The Free University of Berlin: A Political History*, Bloomington/Indiana 1988.
ders., »The Free University of Berlin: A German Experiment in Higher Education, 1948–1961«, in: Jeffry M. Diefendorf, Axel Frohn und Hermann-Josef Rupieper (Hg.), *American Policy and the Reconstruction of West Germany, 1945–1955* (= Publications of the German Historical Institute, Washington, D.C.), New York – Cambridge 1993, S. 237–256.
Tuchel, Johannes, *Konzentrationslager. Organisationsgeschichte und Funktion der »Inspektion der Konzentrationslager« 1934–1938* (= Schriften des Bundesarchivs 39), Boppard am Rhein 1991.
Tuck, Jim, *Engine of Mischief: An Analytical Biography of Karl Radek* (= Contributions to the Study of World History, Nr. 11), Westport/Connecticut 1988.
Tusa, Ann und John, *The Berlin Blockade*, London 1988.
Tusa, Ann, *The Last Division: Berlin and the Wall*, London 1996.
Vega, Rafael de la, und Hans Jörg Sandkühler (Hg.): Marxismus und Ethik. Texte zum neukantianischen Sozialismus, Frankfurt am Main 1970.
Vysotsky, V., *West Berlin*, Moskau 1974.
Wachenheim, Hedwig, *Vom Großbürgertum zur Sozialdemokratie. Memoiren einer Reformistin* (= Beihefte zur Internationalen wissenschaftlichen Korrespondenz zur Geschichte der deutschen Arbeiterbewegung 1), Berlin 1973.
Weber, Hermann, *Die Wandlung des deutschen Kommunismus. Die Stalinisierung der KPD in der Weimarer Republik*, 2 Bde., Frankfurt/M. 1969.
Weber, Petra, *Carlo Schmid 1896–1979. Eine Biographie*, München 1996.

Weber, Stefan, *Ein kommunistischer Putsch? Märzaktion 1921 in Mitteldeutschland*, Berlin 1991.
ders., »Die Märzaktion in Mitteldeutschland – Putsch oder Provokation?«, in: *Beiträge zur Geschichte der Arbeiterbewegung*, 33. Jg., H. 2 (1991), S. 147–164.
Wehler, Hans-Ulrich, *Deutsche Gesellschaftsgeschichte*, Bd. 3: *Von der »Deutschen Doppelrevolution« bis zum Beginn des Ersten Weltkrieges 1848–1914*, München 1995.
Weißbecker, Manfred, »Paul Levi (1883–1930). Biographische und andere Gedanken zu seinem Weg in und zwischen den Parteien der deutschen Arbeiterbewegung«, in: *Beiträge zur Geschichte der Arbeiterbewegung*, 37. Jg., H. 1 (1995), S. 98–112.
Weitz, Eric D., *Creating German Communism, 1890–1990: From Popular Protests to Socialist State*, Princeton 1997.
Wernicke, Kurt, »Arthur Werner«, in: Wolfgang Ribbe (Hg.), *Stadtoberhäupter. Biographien Berliner Bürgermeister im 19. und 20. Jahrhundert* (= Berlinische Lebensbilder, Bd. 7), Berlin 1992, S. 327–355.
Wettig, Gerhard, »Die Stalin-Note vom 10. März 1952 als geschichtswissenschaftliches Problem. Ein gewandeltes Problemverständnis«, in: *Deutschland-Archiv*, 25. Jg., H. 2 (Februar 1992), S. 157–166.
Wetzel, Jürgen, »Office of Military Government for Berlin Sector«, in: Christoph Weisz (Hg.), *OMGUS-Handbuch. Die amerikanische Militärregierung in Deutschland 1945–1949* (= Quellen und Darstellungen zur Zeitgeschichte, Bd. 35), München 1994, S. 671–738.
Wetzlaugk, Udo, *Berliner Blockade und Luftbrücke 1948/49*, Berlin 1998.
Wheeler, Robert F., *USPD und Internationale. Sozialistischer Internationalismus in der Zeit der Revolution*, Frankfurt/M. 1975.
Widmann, Horst, *Exil und Bildungshilfe. Die deutschsprachige akademische Emigration in die Türkei nach 1933*, mit einer Bio-Bibliographie der emigrierten Hochschullehrer im Anhang, Frankfurt/M. 1973.
Wille, Manfred, *Die Goldenen Zwanziger. Magdeburg vom Ausgang des Ersten Weltkrieges bis zum Beginn der NS-Diktatur*, Magdeburg 1994.
ders., *Magdeburgs Aufbruch in die Moderne. Magdeburger Kommunalpolitik vom Ausgang des ersten Weltkrieges bis zum Beginn der NS-Diktatur* (= Landeshauptstadt Magdeburg. Stadtplanungsamt Magdeburg 39/II/95), Magdeburg 1995.
Willey, Thomas E., *Back to Kant: The Revival of Kantianism in German Social and Historical Thought, 1860–1914*, Detroit 1978.
Willis, F. Roy, *The French in Germany 1945–1949*, Stanford 1962.
Windsor, Philip, *City on Leave: A History of Berlin 1945–1962*, London 1963.
Winkler, Heinrich August, *Von der Revolution zur Stabilisierung. Arbeiter und Arbeiterbewegung in der Weimarer Republik 1918 bis 1924* (= Geschichte der Arbeiter und der Arbeiterbewegung in Deutschland seit dem Ende des 18. Jahrhunderts, Bd. 9), Berlin – Bonn 1984.
ders., *Der Schein der Normalität. Arbeiter und Arbeiterbewegung in der Weimarer Republik 1924 bis 1930* (= Geschichte der Arbeiter und der Arbeiterbewegung in Deutschland seit dem Ende des 18. Jahrhunderts, Bd. 10), Berlin – Bonn 1985.

ders., *Der Weg in die Katastrophe. Arbeiter und Arbeiterbewegung in der Weimarer Republik 1930 bis 1933* (= Geschichte der Arbeiter und der Arbeiterbewegung in Deutschland seit dem Ende des 18. Jahrhunderts, Bd. 11), Bonn 1990.
ders., *Weimar 1918–1933. Die Geschichte der ersten deutschen Demokratie*, München 1993.
Wolfe, Robert (Hg.), *Americans as Proconsuls: United States Military Government in Germany and Japan, 1944–1952*, Carbondale – Edwardsville 1984.
Wolff, Michael W., *Die Währungsreform in Berlin 1948/49* (= Veröffentlichungen der Historischen Kommission zu Berlin, Bd. 77; Publikationen der Sektion für die Geschichte Berlins), Berlin 1991.
Wolfrum, Edgar, »Geschichtspolitik und deutsche Frage. Der 17. Juni im nationalen Gedächtnis der Bundesrepublik (1953–89)«, in: *Geschichte und Gesellschaft*, Jg. 24, H. 3 (Juli–September 1998), S. 382–411.
Ziemke, Earl F., »Improvising Stability and Change in Postwar Germany«, in: Robert Wolfe (Hg.), *Americans as Proconsuls: United States Military Government in Germany and Japan, 1944–1952*, Carbondale – Edwardsville 1984, S. 52–66.
Zubok, Vladislav, und Constantine Pleshakov, *Inside the Kremlin's Cold War: From Stalin to Khrushchev*, Cambridge/Mass. 1996.
Zürcher, Erik J., *Turkey: A Modern History*, rev. Aufl., London – New York 1997.

Personenregister

Abbildungen

Archiv für Kunst und Geschichte, Berlin: 112
Bildarchiv Preußischer Kulturbesitz, Berlin: 91
Bilderdienst Süddeutscher Verlag, München: 155, 195
Franz-Neumann-Archiv, Berlin: 311
Kreismuseum Wittenberg, Schloß Lichtenburg: 147
Landesarchiv Berlin: 24, 43, 60, 102, 143, 166, 260, 266, 268, 298, 316, 342
Landesbildstelle Berlin: 16, 33, 39, 79, 118, 123, 173, 193, 245, 276, 285, 337, Umschlag
Stadtarchiv Magdeburg: 136
Ullstein Bilderdienst, Berlin: 113, 127, 202, 210, 229

Lektorat: Andrea Böltken
Register: Brigitte Speith-Kochmann
Schutzumschlag: Rothfos & Gabler, Hamburg
Satz: Ditta Ahmadi, Berlin
Druck und Buchbinder: Pustet, Regensburg
Printed in Germany 2000
ISBN 3-88680-527-1
Erste Auflage